KB047979

제2판

# 과학기술과 특허

구대환 · 차성민

박영사

# 제2판 머리말

초판이 나온 지 3년 만에 제2판이 출판되었다. 그 동안 특허법이 바뀌고, 새로운 판례가 많이 나왔을 뿐 아니라 초판에서 다루지 못한 내용을 추가하고 싶었기 때문에 제2판은 상당한 내용이 추가되고 수정되었다. 추가된 부분은 초판에서 누락되었던 '특허를 받을 수 있는 권리', '통상의 기술자의 기술수준', '특허권의 공유'에 관한 부분, 침해소송 또는 권리범위확인심판에서 진보성 판단을 인정하는지의 여부에 대한 대법원 전원합의체 판결의 내용 등이다.

이 책은 이공계 학생이 특허제도를 이해하는 데 매우 유익할 것으로 보인다. 과학기술의 특성, 과학기술과 지식재산의 관계, 과학기술의 보호방안, 그리고 특허에 의한 과학기술의 보호방안을 비교적 이해하기 쉽도록 기술하였다. 상당히 심도 있게 특허법적 이론을 다룬 부분은 논문작성에 이용될 수 있을 것으로 사료된다.

이 책이 멋진 모습으로 다시 태어날 수 있도록 여러 가지 모양으로 수고해 주신 박영사 관계자 분들 특히, 김효선님과 표지디자인 담당 홍실비아님께 감사의 말씀을 드린다.

2015년 9월, 저자를 대표하여
구대환

# 머리말

　　이공계 대학을 졸업한 공학도는 통상 졸업 후 연구개발 관련 일선 조직에서 근무하게 되고, 삼십대 중반이 되면 엔지니어로서 기술개발을 위한 프로젝트의 책임자로서 일하게 된다. 그러나 연륜과 경력이 쌓이면서 엔지니어로서의 활동범위를 넘어서서 한 사업부문, 나아가 기업의 경영자로서 활동해야 하는 경우도 많다. 이 경우 자신의 전공분야 이외에도 여러 가지 전문지식이 필요한데, 그 중 점점 더 중요해지고 있는 것이 바로 특허 지식이다.

　　미국을 비롯한 선진국들은 현재 무역을 특허와 연계시켜 강력한 특허 공세를 펼치고 있으며, 이러한 시장 압력은 날이 갈수록 더욱 강화될 것이다. 이에 각 나라들은 특허중시정책을 채택하여 전 국가적으로 특허 및 지식재산의 창출과 활용에 총력을 기울이고 있다. 우리나라의 경우도 최근에 와서야 정부와 대기업 등 각계에서 특허 지식의 중요성을 깨닫고 정책 및 경영전략 수립에 나서고 있다.

　　그러나 모든 정책과 전략에서 가장 기본적이고 중요한 것은 교육이다. 이공계 학생들을 포함하여 장래에 과학기술의 연구개발이나 지원 업무에 종사할 학생들에게 미리 특허에 관한 기본적이고 주요한 지식을 습득하도록 하는 것은 매우 중요하다.

　　이 책은 이공계 학생들을 비롯한 다양한 전공분야의 학생들에게 과학기술에 대한 특허보호의 중요성을 알리고, 특허와 관련된 업무를 수행하는 데 필요한 기본적인 지식을 전달하기 위해 집필되었다. 그래서 각종 특허법 이슈들을 가능한 한 쉬운 용어와 문체를 통해 전달하고자 노력했다. 판례의 소개는 전반적인 내용을 이해하는 데에 필요한 경우로 한정하는 대신, 시사적인 이슈들과 연관시켜 설명하려고 했다.

　또한 이 책은 특허분야에서 현실적으로 일어날 수 있는 문제를 해결할 수 있는 실무능력을 향상시킬 목적을 가지고 만들어졌다. 따라서 이 책을 공부하는 동안 독자들은 특허자료의 검색능력 및 활용능력, 신기술, 즉 발명에 대한 특허출원과 특허권 획득을 위한 실무적 능력, 관리자로서 연구의 방향과 전략 설정 능력, 특허자산의 활용을 통한 수익창출 능력, 타인이 자신의 특허를 침해하는 경우의 대응능력 및 자신이 타인의 특허를 침해하였다는 통지를 받았을 경우의 대처능력들을 갖추게 될 것이다. 또한 특허제도가 가지고 있는 근본적인 문제점을 이해하고, 이 문제를 해결하기 위하여 시장참여자들이 만들어 낸 특허풀, 크로스라이선스, 특허플랫폼에 대하여도 공부하게 될 것이다.

　저자들은 대학생이라면 누구나 읽기 편하면서도 특허와 관련된 내용을 대부분 포함하고, 과학기술과 특허의 관계성에 대한 해답을 담고 있는 책이 필요하다고 생각했다. 그러나 이러한 요구를 충족시킬 수 있을지에 대해 확신할 수 없었기 때문에 이 책을 출판하기로 한 것은 어려운 결정이었다. 만약 한국연구재단의 연구과제 지원에 따라 서울시립대학교에 '과학기술과 특허'라는 교과과정이 개설되지 않았다면 출판되지 않았을 것이다.

　이 책은 13개의 장으로 구성되어 있다. 각 장의 앞부분마다 '목차, 학습목표, 예제'를 두었다. 굳이 각 장마다 목차와 학습목표를 기술한 것은 각 장의 내용을 한 눈에 파악할 수 있도록 하기 위해서였다. 예제는 문제의식을 가지고 책을 읽을 수 있도록 하기 위한 것이다. 강의를 듣거나 책을 읽으면서 쉽게 이해할 수 있는 내용도 있지만, 때에 따라서는 풀기 어려운 문제도 포함된 것 같다. 책의 뒷부분에는 부록으로 특허법, 특허법시행령, 실용신안법, 실용신안법시행령을 실었다. 이것은 특허 관련 법령집을 별도로 가지고 다니기 어려운 학생들을 고려한 것이다.

　이 책을 쓰면서 특허제도의 기본원리를 손쉽게 이해할 수 있도록 설명했다. 분량도 가능한 한 줄여서 이 책을 통해 특허법을 처음 접하는 독자들이 부담을 갖지 않도록 하려고 노력했다. 그러나 주요한 논점들을 두루 다루고 있기 때문에, 법과대학이나 법학전문대학원의 특허법 또는 특허법을 중심으로 한 지적재산권법 강의에서도 활용될 수 있을 것이다.

　이 책이 나오기까지 많은 분들의 도움이 있었다. 서울시립대학교 김대환,

문상덕 교수는 이 책을 출판하도록 격려해 주었고, 김호기 교수는 '과학기술과 특허 총론' 부분을 검토하고 오류를 바로잡아 주었다. 서울대학교 박사과정에 있는 장재원 군 역시 도움을 주었다. 이 책을 출판하기로 결정해 주고 멋진 모습으로 탄생할 수 있도록 끝까지 수고를 아끼지 않으신 박영사 관계자 여러분께도 감사의 마음을 전한다. 마지막으로 이 책이 널리 이용되고 많은 독자들에게 도움이 되기를 기도하며 끊임없이 후원해 준 나의 사랑하는 가족에게 깊은 고마움을 전한다.

2012년 2월, 저자를 대표하여

구대환

# 차 례

## 제1장 · 과학기술과 특허 총론

# 제 2 장  과학기술의 보호방안

# 제 4 장 · 특허명세서의 작성

# 제 5 장 · 대학 연구개발의 특허보호

# 제 6 장  특허권의 가치평가와 실시권

# 제 7 장 · 특허권의 내용과 청구범위해석

# 제 8 장 · 특허침해에 대한 대응

# 제10장 특허맵의 작성과 이용

# 제11장  특허심판 및 특허소송

# 제12장 · 특허권의 공유와 변동

# 제13장 특허제도의 문제점과 효율화 노력

# 과학기술과 특허 총론

▶ 과학기술의 특성을 이해한다.
▶ 과학기술이 특허를 통하여 사회에 어떠한 영향을 미쳐 왔는지를 공부한다.
▶ 특허와 유사한 개념인 지적재산권, 실용신안, 디자인, 상표의 개념을 이해하고 이들과 과학기술의 관계를 파악한다.
▶ 기술혁신에 대한 특허의 역할을 이해한다.

1. 과학기술의 특성을 통해서 볼 때 현대 과학기술을 특허로써 보호하는 것은 적절한가?
2. 성공적인 발명의 공통적인 특성은 무엇인가?
3. 특허를 중시하는 정책, 즉 프로페이턴트 정책은 과학기술 발전에 긍적적인가?
4. 물건(또는 서비스)을 시장에서 판매함으로써 얻을 수 있는 총수익을 특허가 있을 때와 없을 때로 나누어 도시하고, 특허가 있음으로 인하여 추가적으로 발생하는 수익의 증가부분, 즉 특허가 없을 때의 총수익에서 특허가 있음으로 인하여 추가적으로 발생하는 수익의 증가액을 도시하고 설명하시오.

# I. 과학과 기술과 과학기술

## 1. 과학과 기술

16~17세기 이전까지는 과학과 기술 간에 특별한 상호 관련성이 없어서 과학은 대학의 철학자와 신학자의 영역이었고, 기술은 장인과 엔지니어의 영역이었다고 하는 주장이 있으나,[1] 휴머니즘을 추구하던 르네상스시기(1400~1530년)에 이미 학자, 예술가, 장인 사이의 교류가 매우 활발했다고 하는 견해도 있다.[2] 17세기 이후 이 구분된 영역은 ① 과학기기와, ② 과학자와 엔지니어가 만나 정보를 교환하던 학회(대표적으로, 영국 런던의 왕립학회와 버밍엄의 월광학회)와, 그리고 ③ 과학과 기술 모두에 관심을 가진 사람들에 의하여 파괴되었다.[3]

이 중 망원경, 현미경, 프리즘, 진공펌프 등의 과학기기는 기술이 과학의 영역으로 들어가는 통로의 역할을 하였고, 엔지니어들은 이러한 과학기기를 발전시켜 나감으로써 과학자들이 새로운 과학적 발견을 이루는 데 중요한 역할을 하였다. 그런데 여기서 간과된 것은 현미경 등의 과학기기의 제작에 이미 엔지니어의 도움이 있었을 것이라는 것이다. 현미경이나 망원경과 같은 과학기기를 철학자나 신학자가 스스로 제작하였다고 하기에는 이것들이 지나치게 정밀하고 정교하게 구성되어 있다. 따라서 과학기기의 제작에 직접적이든 간접적이든, 전체적이든 부분적이든 기술자가 이미 참여했으리라고 추론하는 것은 그다지 무리가 아닐 것이다.[4]

1950년대에서 1970년대까지 일반적으로 기술이란 과학을 응용하는 것, 즉 기술은 응용과학이라고 인식되었다.[5] 그래서 기술은 과학을 인공물에 응

---

1) 한양대학교 과학철학교육위원회 편, 「(이공계 학생을 위한) 과학기술의 철학적 이해」, 한양대학교 출판부(이하, 과학철학교육위원회, 과학기술의 철학적 이해), pp. 102-103.
2) 진원숙, 「시민적 휴머니즘과 인간·역사·과학」, 야스미디어, 2005, p. 281.
3) 과학철학교육위원회, 「과학기술의 철학적 이해」, pp. 103-104.
4) 후크, 레벤후크 등은 자신이 직접 만든 현미경으로 자연현상을 관찰하였다고 전해지나, 이를 일반화하기는 어려울 것이라 생각된다.
5) 이장규·홍성욱, 「공학기술과 사회」, 지호출판사, 2006(이하, 이장규·홍성욱,

용할 때 생겨나는 것이라고 생각하였다. 그러나 레이턴은 기술도 과학과 마찬가지로 지식이며, 과학과 기술의 상호작용은 (과학이 사물에 응용되는 것이 아니라) 지식과 지식 간의 상호침투라고 주장하였다.[6] 다만 기술지식은 구체적이며 실용성과 디자인을 추구하고 과학지식은 추상적이고 본질에 대한 이해를 추구한다는 점에서 차이가 있다고 하였다. 이러한 측면에서 볼 때 기술은 기구와 지식을 응용하고, 과학은 현상을 추상화·일반화·이론화한다고 할 수 있다. 그리고 기술자는 실행을 추구하고 과학자는 앎을 추구한다고 할 수 있는 것이다.

이러한 논리에는 '과학은 기술을 낳는다'는 사고가 기초하고 있다.[7] 그런데 20세기 실용주의 철학자 존 듀이(John Dewey)와 마틴 하이데거(Martin Heidegger)는 "기술이 과학을 낳는다"고 하여 과학에 대한 기술의 우위를 주장한다.

기술은 도구의 사용과 함께 발생하였다고 할 수 있다.[8] 인간이 생존하기 시작하면서 돌과 같은 도구를 사용하였으므로 기술의 역사는 인간의 역사라고 할 수 있다. 이러한 기술은 원시인간이 손으로 다룰 수 있는 단순하고 작은 것에서부터 점점 복잡하고 거대한 것으로 발전해 왔다. 그래서 대부분의 첨단기술은 한 사람이나 몇 사람이 다루기에는 불가능할 정도로 복잡하고 거대한 것이 되었다.

칼 미첨(Carl Mitcham)은 '공학'을 포함하는 의미로서 기술을 인간 외부의 기술과 인간 내부의 기술로 구분하고, 인간 외부의 기술은 '대상으로서의 기술'과 '과정으로서의 기술'을 의미하고, 인간 내부의 기술은 인간이 소유한 '지식으로서의 기술'과 '의지로서의 기술'을 의미한다고 하였다.[9] '의지로서의 기

---

「공학기술과 사회」, pp. 27-28.

6) Edwin T. Layton, *Technology as Knowledge*, Technology and Culture 15(1974), pp. 31-41; 이장규·홍성욱, 「공학기술과 사회」, pp. 29-31에서 재인용.

7) 이장규·홍성욱, 「공학기술과 사회」, p. 32.

8) 한국공학교육학회, 「공학기술과 인간사회」, 지호출판사, 2005. 2(이하, 한국공학교육학회, 「공학기술과 인간사회」), pp. 16-18, 73; 이장규·홍성욱, 「공학기술과 사회」, pp. 34-36.

9) Mitcham, *Thinking through Technology: The Path between Engineering and Philosophy*, University of Chicago Press, 1994, p. 160 이후; 이장규·홍성욱, 「공학기술과 사회」, p. 56에서 재인용.

술'은 기술이 세상을 특정한 방식으로 변형시키려는 인간의 의지를 포함하고 있다는 의미이다. '과정으로서의 기술'은 대부분 공학에 포함된다.[10] 기술에 대한 미첨의 정의에 의하면 기술은 대상, 과정, 지식, 의지라는 차원에서 존재한다.

## 2. 기술의 특성

### (1) 공공재적 성격을 갖는다

기술이 공공재적 성격을 갖는다는 것은 기술을 개발한 사람 이외의 다른 사람이 사용한다고 하더라도 기술개발자의 활용에 의한 효용이 감소하지 않는다는 것이다.[11] 이러한 공공재적 특성을 이유로 기술 정보를 오로지 공유에 속하는 것으로 보게 되면 기술개발자는 개발비용을 회수할 수 없게 되어 기술개발자의 기술개발 의욕을 저감시킨다. 따라서 기술의 공공재적 성격을 제한하고 사적 재화로서의 성격을 도입하려는 방안이 특허제도이다.[12]

### (2) 가치중립적이지만 항상 그렇지는 않다

1950년대까지 기술의 발전은 풍요를 가져오는 것으로 인식되었다.[13] 그러나 1960년대부터 기술은 대량학살에 이용되거나 환경파괴를 가져올 수 있다고 인식하게 되면서 기술의 순기능과 역기능에 대한 논쟁이 시작되었다.

우선 기술은 양날의 칼이라고 하면서 사용하는 사람에 따라 그 가치가 결정된다는 주장이 있다.[14] 예를 들어 자동차 기술은 이동성을 증대시켰으나 탄산가스의 배출을 증대시켜 지구온난화에 중요한 요인이 되었다. 원자력기술은 이것을 원자력발전이나 방사선치료에 이용할 경우 인류의 복지에 기여한다고

---

10) 미첨은 '지식으로서의 기술'도 대부분 '공학'에 포함되는 것으로 분류하였으나 특별히 그렇게 분류할 이유를 알 수 없으며 '지식으로서의 과학'도 존재할 수 있다는 점에서 '지식으로서의 기술'을 공학에 포함시킬 필요는 없다고 본다.
11) 공공재와 반대로 사적 재화는 그 재화의 소유자가 그 재화를 소비하고 있으면 다른 사람은 이를 사용할 수 없다. 한국공학교육학회, 「공학기술과 인간사회」, p. 398.
12) 한국공학교육학회, 「공학기술과 인간사회」, p. 399.
13) 한국공학교육학회, 「공학기술과 인간사회」, p. 72.
14) 이장규·홍성욱, 「공학기술과 사회」, p. 79.

할 수 있으나 원자탄에 활용할 경우 인류의 생존을 위협하는 것이 될 수 있다. 그래서 원자력기술은 가치중립적이라고 할 수 있다. 다른 예를 들면, 칼은 요리를 위해서도 사용할 수 있는 반면 무기로 사용할 수도 있다는 점에서 칼을 만드는 기술은 가치중립적이라고 할 수 있다.

그러나 총이나 포 또는 총알이나 포탄을 만드는 기술은 인간 살상 또는 불법적 시설파괴 등에 주로 활용될 위험이 있는 것으로서 이를 항상 가치중립적이라고 할 수는 없을 것이다. 원자폭탄제조기술도 현실적으로는 전쟁무기 제조를 주목적으로 활용되고 있다는 점을 고려할 때 마찬가지다. 이와 같이 주된 결과가 인류에게 위해를 끼치는 것으로 나타나게 되는 기술이 있다는 점을 고려하여 기술자는 자신이 설계하는 기술에 책임감을 가져야 한다.

### (3) 사회와 상호작용한다

기술은 사회와 상호작용한다. 기술이 발전하여 개별 기술 간에 새로운 연관이 발생하여 거대한 기술시스템이 형성되면 이것은 개별 기술이 갖지 않았던 거대한 관성을 갖게 되고 사회구조를 변화시키고 변화된 사회구조는 다시 기술의 발전에 영향을 준다.[15] 19세기 이후에 수많은 기술시스템이 발생하여 인류사회에 막대한 영향을 끼치기 시작하였다.

우선 기술이 발전하면서 사회에 영향을 주어온 과정을 몇 가지 예를 통하여 살펴보자. 전등은 심야작업을 가능하게 하여 노동자의 작업시간을 연장시켰지만 기계의 이용률을 높이고 생산성을 향상시켰다. 그러나 여공과 연소자를 보호하기 위하여 이들의 심야작업을 금지하는 입법이 1929년 일본에서 이루어졌다. 자동화 기술의 도입으로 인류는 시간적 여유를 갖게 되었고 여가를 즐기기 시작하면서 다양한 운동과 게임을 만들어냈다. 더욱 효율적인 기술이 개발되면서 운동이나 게임만을 직업으로 삼는 사람들이 생겨났고, 이들을 통하여 수입을 추구하는 직업군(프로모터, 매니저 등)이 생겨나게 되었다. 정보통신기술의 발전으로 지구 반대편의 사회적 현상을 실시간으로 바라볼 수 있게 되었고, 이것을 증권투자에 이용하는 사람들이 증가하면서 이제 증권시장은 한 나라 안에 국한된 현상으로 파악되지 않고 지구적으로 공조하는 현상으로

---

15) 기술시스템의 출현과 진화에 관하여는 한국공학교육학회, 「공학기술과 인간사회」, pp. 43-57; 과학철학교육위원회, 「과학기술의 철학적 이해」, pp. 99-102 참조.

파악되게 되었다.

사회가 기술에 영향을 미치기도 하였다. 핵발전소에 대한 주민들의 저항은 핵발전소의 건설을 늦추거나 추가적 건설을 중단시켰다. 1941년 이후 독일의 전략폭격 능력은 미미하였기 때문에 연합군의 방공능력은 독일만큼 발전하지 못했다.16) 반면, 독일의 방공기술은 연합군 전폭기의 폭격에 대응하기 위하여 발전하여 수천 미터 고도에서 시속 400km로 비행하는 연합군 항공기를 식별하고 위치 및 속도를 파악하여 격추시킬 수 있었다. 또한 도시화에 따라 직장과 거주지가 분리됨으로써 교통수단이 발달하게 되고 대중교통의 불편함으로부터 자가용의 수요가 증대되어 자동차기술이 발전하게 되었다. 컴퓨터 교육을 전혀 받지 않은 사람들이 컴퓨터를 사용해야 할 필요성이 커지면서 소프트웨어 기업은 컴퓨터프로그램을 개발하여 이 같은 소비자들이 개인용 컴퓨터를 손쉽게 이용할 수 있는 프로그램을 개발하고 발전시켰다. 그래픽 유저 인터페이스(GUI: Graphic User Interface)와 같은 컴퓨터프로그램 기술이 그것이다.

기술의 역사를 통해 볼 때 기술이 사회에 영향을 주는 것은 전혀 예기치 않았던 경우도 있었다.17) 예를 들면 정보기술은 권력자가 민중을 감시하는 도구로 사용되었지만 민중이 권력자를 감시하는 도구로도 사용되었다. 그런데 권력자가 정보기술을 민중에 대한 감시도구로 사용하는 것은 민중이 정보기술을 역으로 사용하는 것보다 용이하다는 사실을 인식해야 한다. 그래서 시민운동과 비정부기구의 활동을 통하여 의정과 언론에 대하여, 대기업의 횡포와 인터넷기업의 개인정보유출에 대하여 지속적인 감시를 하여야 한다.

## (4) 복잡성과 많은 정보의 처리를 요구한다

기술은 발전할수록 복잡해지고 복잡한 기술은 정보의 양을 증대시키며 처리할 정보량의 증대는 탁상업무의 증대와 정보처리기기의 발전을 가져왔다.18) 결국 기술의 발전은 현장근로자의 수를 감소시키는 대신 탁상근로자의 증가와

---

16) 마틴 반 클레벨트, 「과학기술과 전쟁」, 이동욱 번역, 도서출판 황금알, 2006 (이하, 마틴 반 클레벨트, 「과학기술과 전쟁」), p. 291.
17) 이장규 · 홍성욱, 「공학기술과 사회」, pp. 126-127.
18) 마틴 반 클레벨트, 「과학기술과 전쟁」, p. 290.

컴퓨터와 같은 정보처리기술을 발전시켰다.[19] 군대에 컴퓨터가 도입되고 이것
들이 서로 네트워크로 연결된 것은 처리할 정보가 증가하였기 때문이고, 이러
한 네트워크의 형성은 정보를 종합하고 가공하여 고급화할 수 있는 환경을 가
능하게 함으로써 또다시 처리할 정보의 급격한 증가를 가져왔다.[20]

### (5) 인간의 의사소통 방식을 변화시켰다

통신기술의 발전은 인간의 의사소통 방식을 변화시켰다.[21] 전신기술은 모
스부호를 이용하여 메시지를 전달하였다. 전화는 수천 킬로 떨어진 사람과도
대화할 수 있게 해 주었다. 라디오와 텔레비전의 출현으로 대규모 통신이 가
능하게 되고 정보의 확산속도가 급격히 빨라지게 되었다. 그리고 방송국이 어
떤 사건의 방송 여부뿐 아니라 방송 내용까지 편집할 수 있게 되면서 언론의
영향력이 막대해지게 되었다. 최근에는 인터넷 화상전화가 공간의 의미를 감
소시켰다.

## 3. 현대기술의 특성

### (1) 전문적이고 복잡하고 거대하다

현대기술은 복잡하고 거대하여 비전문가가 이해하기 어렵다.[22] 이렇게 복
잡하고 거대한 기술의 속성으로 말미암아 기술전문가라 할지라도 어떤 기술의
전체를 통제할 수는 없고 자신의 전문분야만을 담당할 수밖에 없는 경우가 많
다. 따라서 기술자의 기술적 지식은 부품에 불과한 경우가 많다.

### (2) 현대인의 삶을 지탱한다

과거에는 기술에 문제가 생기면 불편하였으나 이제는 현대기술에 문제가
발생하면 위험한 상황에 처하게 된다.[23] 여객기는 해외여행에 필수적인 것이

---

19) 정보처리기술은 전쟁의 승패를 가르기도 하였다. 마틴 반 클레벨트, 「과학기술
    과 전쟁」, pp. 290-291 참조.
20) 마틴 반 클레벨트, 「과학기술과 전쟁」, p. 296.
21) 한국공학교육학회, 「공학기술과 인간사회」, pp. 50-54.
22) 한국공학교육학회, 「공학기술과 인간사회」, pp. 101, 188.
23) 한국공학교육학회, 「공학기술과 인간사회」, p. 188.

되었으나 작은 기술적 결함이라도 사고를 유발할 수 있고 사고가 나면 수많은 인명피해를 가져온다. 핵발전소는 우리에게 전기를 공급해 주지만 사소한 기술적 결함이나 실수가 사고를 유발할 수 있고, 일단 사고가 나면 대규모 재앙이 된다. 고층빌딩은 공간의 효율적 이용과 집약의 효과를 추구하는 현대 문명의 상징이지만 지진이나 화재에 따르는 위험이 크고 테러의 표적이 될 수 있다.

### (3) 파괴력이 증가했다

기술의 발전에 따라 전쟁무기의 파괴력은 물론 현대기술의 응용에 의한 대형 토목구조물의 환경 파괴력이 증가했다.[24] 현대의 대규모 댐, 방조제, 고속도로, 철도, 원자력발전소, 대형 유조선 등은 자체적으로 생태계에 미치는 영향이 크거나 일단 사고가 발생하면 인간과 환경을 파괴하게 되며 그 피해는 대단히 크고 회복이 어렵다. 이러한 예는 타이타닉호 참사, 체르노빌원전 사고, 미국 스리마일섬 원전 사고, 성수대교 붕괴, 삼풍백화점 붕괴, 대구지하철 화재, 서해안 기름유출사고, 후쿠시마 원전사고 등에서 볼 수 있었다.

### (4) 자율성과 거대한 관성을 갖는다

기술은 이제 자율적인 존재가 되었고 인간이 간섭할 수 없게 되었다.[25] 기술이 발전하여 일단 어느 수준에 이르러 기술시스템을 형성하면 이해집단의 경쟁적 필요에 의하여 누구도 통제할 수 없는 방향으로 발전해 가는 엄청난 힘을 갖게 된다.[26] 손쉬운 예로, 일단 미국이 원자폭탄을 개발하여 소유하게 된 후부터는 이것이 소련, 중국, 인도, 파키스탄 등으로 확산되어가는 것을 막을 수 없게 되었다.

### (5) 위험(risk)과 불확실성을 수반한다

기술의 발전은 지속적으로 위험(risk)의 증대를 초래했다. 그래서 현대기술

---

24) 한국공학교육학회, 「공학기술과 인간사회」, p. 139.
25) 이장규·홍성욱, 「공학기술과 사회」, p. 90.
26) 이장규·홍성욱, 「공학기술과 사회」, pp. 78, 128-129; 한국공학교육학회, 「공학기술과 인간사회」, pp. 138-139.

은 인류에게 증폭된 위험 또는 새로운 위험을 안겨주고 있다. 여기서 위험은
"현재의 방식으로 계속 유지하다가는 확률적으로 사고나 재난이 닥치는 상태"
라고 할 수 있다.[27] 기계기술의 발전은 탄산가스 배출의 증가로 이어지고 이
것은 지구온난화로 인한 다양한 위험을 초래했다. 오존층이 파괴되어 인류는
강렬한 자외선에 노출될 위험에 처해 있다. 이 외에도 핵발전소의 방사능유출
의 위험, 유전자조작식품의 불확실한 위험,[28] 방부제로 처리된 음식물의 위험,
농산물 재배과정에서 사용된 농약으로 인한 위험, 생명공학기술에 의해 생겨
나는 새로운 유기체로 인한 위험 등, 우리의 삶의 모든 부분이 위험과 불확실
에 노출되어 있다. 이 모든 것은 인류의 복지와 편의를 증대하기 위한 목적에
서 개발되고 사용된 기술에서 비롯된 것이다. 이제까지 기술의 발전이 위험과
불확실성을 증대시켜 왔다면 장차 기술이 발전할수록 지구적 차원의 위험과
불확실성의 총량은 점점 더 증가한다고 할 수 있다.

### (6) 네트워크 효과를 갖는다

현대기술 중 컴퓨터프로그램이나 DVD 등의 정보통신기술은 네트워크 효
과(network effect)를 갖고 있기 때문에 누구든 이러한 제품을 시장에 최초로
도입하면 네트워크 효과에 의하여 시장을 거의 독점하는 결과를 얻게 된다.
이를 "First mover takes all."이라고 한다. '네트워크 효과'란 네트워크에 가입
한 사람의 수가 증가할수록 네트워크의 가치가 향상되는 현상을 말한다.[29] 여
기서 네트워크의 가치는 가입자 수의 제곱에 비례한다.[30] 따라서 현재 네트워

---

27) 한국공학교육학회, 「공학기술과 인간사회」, p. 165.
28) 유전자조작식품은 식량증산 등의 유익이 있지만 그것이 인체에 미치는 해악이
   나 환경과 생태계에 미치는 폐해는 충분히 검토되지 않았다. 유전자조작 농산
   물에 대한 위험으로서는 슈퍼해충과 슈퍼잡초의 탄생, 새로운 바이러스의 출
   현, 농약사용량 증대, 유전자 오염, 종의 다양성 파괴, 생태계 균형 파괴 등의
   위험이 지적되고 있다. 이장규·홍성욱, 「공학기술과 사회」, pp. 230-231.
29) 이를 특히 "정(+)의 네트워크효과"라고 부르기도 한다.
30) 이를 "메트칼피의 법칙"이라고 한다. 로버트 메트칼피는 이더넷의 창시자이다.
   예를 들어, 전화가입자가 10명이라면 2사람이 통화할 수 있는 경우의 수는
   $1/2 \times n(n-1) = 1/2 \times 10(10-1) = 45$이다. 100명이면 $1/2 \times 100(100-1) = 4,950$
   이다. 가입자가 90명 증대했는데 네트워크의 가치는 4,905가 증대했다. 이것은
   2사람이 통화하는 경우만의 네트워크의 가치를 산정한 것이고 다수가 동시에
   통화하는 경우도 고려하면 그 가치는 더욱 증대한다. 또한 휴대폰의 경우와

크에 가입해 있는 사람은 다른 사람이 그 네트워크에 가입하면 네트워크의 가치가 향상되므로 자신의 노력이나 투자에 의하지 않고도 향상된 네트워크의 가치를 향유할 수 있게 된다. 이러한 현상을 네트워크 외부성(network ex-ternality)이라고 한다.

지구적으로 형성된 정보통신 네트워크로 인하여 전 세계의 정보와 지식이 하나의 네트워크로 연결하고, 가장 큰 이익을 좇아 생산과 시장의 위치가 이동하고, 나의 결정이 지구 반대편 사람들에게, 그리고 반대로 지구 반대편 사람의 결정이 나에게 영향을 미치게 되었다. 따라서 이러한 네트워크로 연결된 현대 사회는 지역의 문제를 지구적인 것으로 만들었고, 문제가 지구상의 어떠한 곳에서나 일어날 수 있다는 점에서 위험이 누적적으로 증가하였다.[31]

이러한 정보통신 네트워크는 시간과 공간이 압축된 새로운 사회를 출현시켰다.[32] 빛의 속도로 정보가 이동하는 네트워크를 통하여 세계에서 일어나는 사건들을 실시간으로 알 수 있고(예를 들면, 뉴욕증시 현황이나 유럽 학자의 미국 경제성장 전망치를 국내 미디어를 통하여 실시간으로 알 수 있다.), 인터넷을 통하여 전 세계 어느 곳에 있는 친구나 동료와도 통신이 가능하다. 한마디로 정보가 보편성을 갖게 되고 시간과 공간의 의미가 축소되었다.

### (7) 분산적이다

네트워크의 네트워크라고 불리는 인터넷은 분산적이다. 인터넷에서 서비스를 제공하는 자는 누구나 인터넷이라는 거대한 조직에서 중심이 될 수 있다. 인터넷을 통제하고 규율하는 중앙 집중적 기구는 존재하지 않기 때문이다.

### (8) 환경을 고려해야 한다

현대기술은 환경을 고려하지 않고서는 지속적인 발전을 할 수 없다.[33] 건

---

같이 1 대 1 통화 외에도 1인이 다수에게 동시 메시지를 발송하는 경우도 있는 것이다. 이장규·홍성욱, 「공학기술과 사회」, p. 252.
31) 이를 특히 "부(−)의 네트워크 효과"라고 부르기도 한다. 네트워크 사회에 대한 논의는 이장규·홍성욱, 「공학기술과 사회」, pp. 251-261; 홍성욱, 「네트워크 혁명, 그 열림과 닫힘」, 들녘, 2002.
32) 이장규·홍성욱, 「공학기술과 사회」, p. 254.
33) 이장규·홍성욱, 「공학기술과 사회」, p. 285.

축토목기술, 생명공학기술, 조선기술, 페인트기술, 자동차기술, 에너지기술 등 어느 것도 환경 문제로부터 자유로운 기술은 없어졌다.

## 4. 현대과학의 특성

### (1) 기하급수적으로 성장한다

17세기 이후 현대과학은 기하급수적으로 빠르게 성장해 왔다.[34] 17세기 이후부터 과학은 15년마다 2배로 증가하여 총 100만 배 증가했다.

### (2) 연구자에 따라 과학적 생산성에 큰 차이가 있다

현대과학은 연구자에 따라서 과학적 생산성에 큰 차이가 있다. 연구에 따르면 2%의 과학자가 전체 논문의 25%, 상위 10%의 과학자가 전체 논문의 50%, 그리고 그 외의 90%가 나머지 50%의 논문을 쓴다.[35]

### (3) 유용성의 수명이 짧다

과학적 지식은 그 발전 속도만큼 그 유용성과 인용지수가 시간에 따라 급격히 감소한다.[36] 역사적인 과학자의 80~90%가 현재 생존해 있고, 오래된 과학적 지식일수록 현재의 과학자에게 덜 유용하고, 과학의 발전이 현대에 이르러 폭발적으로 빠르게 이루어지기 때문에 과학지식의 유용성은 다른 인문학이나 사회학 혹은 법학 등에 비하여 매우 짧다. 셰익스피어의 작품은 현대의 작가에게도 종종 인용된다. 로마시대의 법학은 지금도 연구의 대상인 반면 셰익스피어나 로마시대의 과학은 현대의 과학적 연구에 이용되는 경우가 거의 없다.

### (4) 기술과 융합했다

과학과 기술은 역사 속에서 늘 별개로 존재해 왔으나 19세기에 서로 융합되기 시작하였고 현대에 이르러서는 더욱 빠르게 융합되고 있다.[37] 과학의 새

---

34) 제임스 E. 매클렐란 3세(James E. McClellan Ⅲ) · 해럴드 도른(Harold Dorn), 「과학과 기술로 본 세계사 강의」, 전대호 번역, 모티브 BOOK, 2006, p. 546.
35) 매클렐란 · 도른, 앞의 책, p. 547.
36) 매클렐란 · 도른, 앞의 책, pp. 546-548.
37) 매클렐란 · 도른, 앞의 책, pp. 469-470, 549-552, 558-564, 569-570.

로운 발견은 즉각 새로운 기술의 개발로 연결되고 새로운 기술의 개발에 의해 과학의 영역이 확장되고 다시금 새로운 과학의 탄생으로 이어진다. '과학기술' 이라는 용어도 이러한 배경에서 나오게 된 것이다.

이와 같이 과학이 기술과 결합한 예로 전신기술, 전기조명기술, 전파통신 기술, 원자폭탄 제조기술 등을 들 수 있다.[38] 1831년 패러데이가 발견한 전자기 유도현상을 이용하여 1837년 찰스 위트스톤(Charles Wheatstone)이 최초의 전신기를 발명하였다. 전기과학을 이용하여 1879년 토마스 에디슨은 뉴저지에서, 조셉 스완(Joseph Swan)은 영국에서 각각 독자적으로 백열등을 발명하였다. 맥스웰의 전자기이론을 입증하기 위한 노력 끝에 1887년 헤르츠는 전자기파의 존재를 입증하였고, 이것을 마르코니는 무선전신에 이용하여 1896년 영국에서 특허를 획득하고 1901년 대서양 횡단 전파 전송 실험에 성공하였다. 마르코니는 이러한 무선전신에 대한 공로를 인정받아 1909년 노벨물리학상을 수상하였지만 라디오 방송의 출현과 그로 말미암은 엄청난 사회적 변혁을 예측하지는 못했을 것이다. 미생물과 병원균 및 발효에 관한 많은 업적을 이룩한 파스퇴르 연구는 후에 저온살균법에 의한 낙농제품, 포도주, 식초, 맥주 생산에 응용되었고, 파스퇴르 스스로 탄저병과 광견병 예방접종 개발을 위한 실험에 이용하였다. 이외에 원자폭탄 관련 과학이론은 원자폭탄 제조기술의 개발에 이용되었다. 1938년과 1939년에 원자폭탄의 과학적 이론이 나왔고, 이것은 1945년 원자폭탄 개발에 사용되었다.

## (5) 연구에 거대한 규모를 필요로 한다

식물학, 수학, 고생물학 등의 분야에서는 아직도 소규모 집단이 연구를 수행하고 있다. 그러나 입자물리학, 생명의학, 우주과학 등 현대과학은 그 연구에 거대한 규모를 필요로 한다.[39] 거대한 시설과 고가의 장비가 없으면 연구를 진행할 수 없는 것이다. 그런데 이러한 거대한 시설이나 장비는 고도의 기술이 없으면 제작과 가동이 불가능하다는 점에서 기술의 발전을 수반하지 않고서는 현대과학은 발전할 수 없다고 할 것이다.

---

38) 매클렐란·도른, 앞의 책, pp. 470-475.
39) 예를 들어, 1995년 '톱 쿼크' 발견은 미국 국립 페르미 가속기 연구소의 900명의 연구원에 의해 이루어졌다. 매클렐란·도른, 앞의 책, pp. 551-552.

### (6) 국가나 기업의 지원을 필요로 한다

현대과학의 연구와 실험에는 거대한 장비와 시설이 필요하므로 현대과학의 연구는 개인이 감당할 수 없게 되고 국가나 기업이 주도하게 되었다. 이러한 상황에서는 국가나 기업의 이익에 의하여 연구의 방향이나 연구결과의 응용방식이 설정되므로 개인의 윤리의식은 그 영향이 극히 미미하게 된다. 이러한 경우, 개인적 양심으로는 바람직하지 않다고 생각되는 일이라 할지라도 국가나 자신이 소속된 기업의 이익을 위한 것이라면 어쩔 수 없이 연구를 수행해야 한다.

### (7) 과학자 개인은 부품적 역할을 할 뿐이다

현대과학의 연구 활동은 극히 거대하여 과학자 개인은 전체 프로젝트 중에서 매우 작은 요소를 담당하는 데 그친다. 따라서 과학자는 자신이 참여하고 있는 전체 프로젝트가 무엇을 위한 것인지 모르는 경우도 있다. 예를 들어 우주항공기 개발에 있어서 새로운 부품이나 소재를 개발하는 과학자나 기술자는 자신이 개발하는 제품이 어디에 사용될 것인지 알려주지 않으면 모를 것이다.

### (8) 윤리기구가 필요하다

현대과학의 연구는 국가나 기업 차원에서 이루어지고 개별 과학자는 부품적 역할을 수행할 뿐이므로 과학 연구의 윤리성을 검토할 별도의 기구가 필요하다. 이러한 기구가 존재하지 않으면 비윤리적인 방향으로 나아가는 연구를 중단시킬 수 있는 방법이 없다.

## Ⅱ. 성공적인 발명[40]

성공적인 발명을 한 가지로 정의하기는 어렵다. 기술적으로는 성공하였으나 상업적으로는 성공하지 못한 경우도 있고 반대로 기술적으로는 급격하거나

---

40) 이 내용은 이장규·홍성욱, 「공학기술과 사회」, pp. 133-192에서 발췌 정리한 것이다.

혁신적인 것이 아니면서도 상업적으로 크게 성공한 경우가 있다. 그리고 기술적으로나 상업적으로나 모두 성공적이어서 그 기술이 후속 기술의 발전을 유발하여 기술시스템을 형성하고 사회적으로 큰 영향을 끼쳤을 뿐 아니라 상업적으로도 성공하여 큰 기업을 이루거나 부를 축적하게 된 경우도 있다. 여기서는 기술적으로도 상업적으로도 성공적이었던 몇 가지의 사례를 분석해 보고 그 성공의 요인이 무엇이었는지 찾아보도록 한다.

## 1. 제임스 와트와 증기기관

와트의 증기기관은 산업혁명의 원동력이라고 할 만큼 그 사회적 영향력이 컸다. 보통 증기기관은 와트가 발명한 것으로 인식되고 있으나 엄밀하게 말하면 와트는 그 전에 뉴커멘이 발명한 증기기관을 훨씬 효율적인 것으로 개량하였다. 와트는 뉴커멘의 엔진이 피스톤의 상하운동에서 상향운동은 증기의 힘을 이용하고 하향운동은 실린더 내에 찬물을 뿜어 실린더의 낮아진 온도를 이용하고, 후속 상향운동을 위해서는 실린더 온도를 다시 높이는 일을 반복했기 때문에 열효율이 매우 낮다는 문제점을 인식하였다. 와트는 이 문제를 실린더 내의 온도는 항상 뜨겁게 유지한 채 공기냉각용 콘덴서를 분리 설치하여 이것을 차게 유지함으로써 해결하였다. 와트의 증기기관은 기존의 증기기관에 비하여 열효율이 현저하게 높아졌다.

와트는 증기기관에 대한 첫 특허를 취득하고(1769), 증기기관을 사업화할 만한 자금이 없었기 때문에 1773년 사업자 매튜 볼턴(Mattthew Boulton)과 동업을 시작하였다. 그는 1775년 자신의 증기엔진에 대한 포괄적인 특허를 취득하고, 증기기관의 보편적 사용을 위하여 회전 증기기관(1781), 복동식 엔진(1788), 조속기(調速機, 1788), 평행운동 메커니즘(1788), 마력이라는 동력단위를 개발하였다. 이러한 지속적 혁신을 통한 특허 포트폴리오 덕택에 와트는 증기기관을 30년 정도 독점적으로 생산할 수 있어서 1790년에 이미 큰 부자가 되었고 1800년 기업에서 은퇴하고 연구에 전념하였다.

## 2. 마르코니와 무선전신

마르코니는 헤르츠의 전자기파 실험에 대한 기사를 읽고 이를 통신에 이용할 수 있다고 직감하였다. 전자기파를 통신에 이용함에 있어서의 마르코니가 인식한 문제점은 전자기파의 전파거리가 너무 짧다는 것과 수신기가 불안정하고 비효율적이어서 민감도가 떨어진다는 것이었다.

마르코니는 발진기의 유도코일을 확대하고 절연을 완벽하게 함으로써 강력한 스파크를 얻어냈다. 수신기의 문제를 해결하기 위하여 마르코니는 수백 가지 재료에 대한 실험을 반복하고 수신기를 두드리는 태퍼(tapper)를 발명하여 계전기[41]와 연결시키고, 발진기와 수신기에 금속 콘덴서를 달았다. 그리고 3.2킬로미터 정도의 거리에서 전자기파를 이용한 무선전신에 성공하였다.

그러나 이탈리아에서는 이를 별로 중요시 여기지 않아 영국으로 건너가 우선 자신이 개발한 무선전신기술의 모든 것을 빈틈없이 포함하는 특허출원을 하고 영국 체신국 기술자들 앞에서 이 기술을 선보이며 체신국을 통하여 기술을 홍보하였다. 1897년 특허가 나오자 마르코니는 부유한 사촌의 투자를 받아 자신의 회사를 설립하였다.

회사를 통하여 큰 부(富)를 축적하였으나 마르코니는 자신의 전신기술이 가지고 있는 문제점을 해결하기 위한 연구를 계속하였다. 당시의 기술은 전파들 사이에 혼선과 교란이 심하고 도청이 용이하며 수신거리가 제한되어 있었다. 2년간의 실험과 연구를 통하여 100마일 이상 송신할 수 있는 공조시스템을 개발하여 1900년 특허를 획득하였다.

그러나 당시 전 세계는 전신이 거미줄처럼 형성되어 있었고 전화가 신속하게 보급되고 있었기 때문에 무선전신은 전신이나 전화가 담당할 수 없는 곳으로 제한되었다. 마르코니는 영국에서 대서양을 건너 미국에 이르는 장거리 무선전신의 기술적 가능성을 실험하였다. 첫 번째 문제는 전자기파를 멀리 보낼 수 있는 강력한 송신기를 만드는 것이었고, 두 번째 문제는 전자기파가 직진하기 때문에 지구의 곡률로 인하여 영국에서 발신한 전자기파는 미국에 도달하지 못하고 우주로 진행한다는 것이었다. 첫 번째 문제는 플레밍(J. A. Fleming)의 도움으로 400배 이상의 출력을 내는 송신기를 제작함으로써 해결

---

41) 미세전류를 큰 전류로 변화시키는 기계.

하고 두 번째 문제는 전자기파가 지구의 표면을 타고 휘어져 진행한다는 학설을 믿음으로써 무시하였다. 마르코니와 플레밍은 1900년 무선전신의 대서양 횡단 실험에 착수하여 1901년 12월 12일 이 실험에 성공하였다. 두 번째 문제는 전자기파가 지구표면을 따라 이동한 것이 아니라 지구 대기 상층권의 이온층이 전파를 반사했기 때문에 해결되었던 것이다.

마르코니는 연구를 계속하여 1902년 전자기파가 금속의 자기적 성질을 바꾼다는 러더포드의 과학적 발견을 이용하여 자석수신기를 발명하였다. 1907년 마르코니는 플레밍이 1904년 발명한 2극진공관을 수신기에 접목시켜 거의 연속적인 무선전신 파형을 가능하게 하는 원판회전송신기를 발명하였다. 이러한 일련의 발명과 이에 대한 특허권으로 말미암아 마르코니는 세계 무선전신 시장을 거의 독점할 수 있었다. 마르코니의 무선전신은 영국과 미국 사이의 직접적 송수신에 이용되었고, 타이타닉 참사 이후에는 대서양을 항해하는 모든 선박이 의무적으로 장착하게 되었다. 그는 1909년 노벨물리학상을 수상하고 1929년 이탈리아 학사원 원장으로 추대되었다.

마르코니와 와트의 성공에는 공통되는 사항이 많다. 자신들의 급진적 기술혁신을 특허로 보호하였다는 점, 자신의 발명을 실시할 회사를 설립하였다는 점, 처음의 특허 획득과 상업적 성공에 만족하지 않고 이후에도 수많은 실험을 통하여 지속적으로 기술을 향상시켜 나갔다는 점, 이렇게 개발되어 향상된 보완적인 기술들에 대하여 특허를 획득함으로써 완벽한 특허 포트폴리오를 구축하였다는 점, 그리고 이러한 특허 포트폴리오에 의하여 경쟁자의 시장진입을 거의 불가능하게 하고 시장을 독점할 수 있었다는 점 등이 그렇다.

### 3. 조지 이스트먼과 사진기술

사진은 루이스 다게르(Louis J. M. Daguerrre)가 1839년 발명하였다. 그는 원래 풍경화를 그리는 화가였는데, 어두워지면 그림그리기를 중지해야 하는 불편함을 해소하기 위하여 개발하였다. 그의 사진기술은 노출시간이 길어서 움직이는 물체를 찍을 수 없고 인물사진을 찍기 위해서는 몇 분 동안 움직이지 않고 있어야 했다. 또한 사진을 찍는 과정이 매우 복잡하였다.

조지 이스트먼(George Eastman)은 영국에서 개발된 젤라틴 건판을 현저히 개량시킨 건판을 개발하여 특허를 출원하고, 자금지원을 맡은 사업가 헨리 스트롱(Henry A. Strong)과 파트너십을 체결하여 1881년 1월 1일 이스트먼 건판회사를 설립하였다. 건판회사는 1881년부터 1883년까지 대단히 성공적이었으나 1884년부터 치열한 가격경쟁으로 이윤이 줄어들기 시작하였다.

이 문제를 이스트먼은 단기 전략과 장기 전략을 통하여 해결하고자 하였다. 단기 전략은 건판회사들 간에 연합을 결성하여 가격을 안정시키는 것이었고 장기 전략은 건판을 대체할 "필름 사진 시스템"을 개발하는 것이었다. 그가 목표로 한 필름은 종이처럼 둘둘 말리는 식의 롤필름이었고, 이 "롤필름 시스템"은 롤홀더, 롤필름, 롤필름 생산기계로 구성되었다. 이 구성요소에 대한 개발은 건판 생산업자인 윌리엄 워커(William Walker)와 함께 진행하여 전체 시스템에 대한 개별 구성요소를 각각 공동으로 특허출원하였다. 이스트먼은 새로운 시스템 전체를 특허로써 체계적으로 보호하였을 뿐 아니라 시스템의 실시에 있어서 자사가 특허 침해를 할 우려가 있는 특허들을 매입함으로써 시장에서 독점적 지위를 유지할 수 있는 기초를 구축하였다. 1884년 "롤필름 시스템"의 세 가지 요소의 개발을 완성하고 미국과 유럽에 특허를 출원하였다.

이스트먼은 「이스트먼 사진건판 및 필름회사」를 미국에 설립하고 유럽에까지 도매점을 내고 진출하려 하였으나 롤필름 사진이 전문 사진사들에게 그다지 인기가 없어 사업이 실패할 위기에 있었다. 이유는 롤필름이 복잡한 조작과 처리과정을 요하기 때문이었다.

이스트먼은 사진을 찍는 과정을 간단하게 하면 전문 사진사뿐 아니라 일반대중까지도 소비자로 끌어들일 수 있어서 고객층이 크게 확대되고 사업이 확장될 수 있다고 확신하였다. 이러한 목표를 달성하기 위하여 이스트먼은 일반대중이 사용할 수 있는 방식으로 카메라를 개조하여 사물을 향하여 버튼을 누르기만 하면 사진이 찍히도록 하였다. 1888년 이러한 개념을 구현한 카메라를 100장의 사진을 찍을 수 있는 롤필름과 함께 판매하여 큰 성공을 거두었다. 이로써 사진 찍기에 대중이 참여하게 되었다.

이스트먼은 이러한 성공에 그치지 않고 지속적인 연구를 통하여 셀룰로이드 필름을 개발하고(1889), 「이스트먼 코닥회사」를 설립하고(1892), 포켓용 카메라(1895)와 접는 카메라(1897)를 출시하고, 6장의 필름이 든 1달러짜리 브라우니 카메라를 출시했다(1901). 1901년 코닥회사는 전 세계 필름 판매의 80%

를 점유하였다. 한발 더 나아가 1912년에는 컬러필름 시대에 대비하여 연구를 시작하였다.

이스트먼의 성공요인은 건판에 대한 기술적 우위와 특허획득, (롤필름 시스템이라는) 획기적인 개발계획과 실패에서 교훈을 얻는 긍정적 자세, 기술과 시장의 상호관계에 대한 이해, 대중시장이라는 새롭고 거대한 시장의 창조, 지속적인 기술혁신 등이라고 할 수 있다.

## Ⅲ. 지적재산과 특허

### 1. 지적재산과 특허의 의의 및 중요성

발명을 이루는 데에는 많은 투자가 요구되므로 일정 기간 동안 특허를 부여하여 시장에서 경쟁자에 대한 리드타임을 갖게 해 줌으로써 특허권자로 하여금 자신의 투자비를 회수하고 그 이상의 이익도 창출할 수 있는 기회를 부여하도록 한다는 점에서 특허는 발명에 대한 중요한 인센티브로서의 역할을 한다. 이러한 특허제도가 없을 때 발명자의 발명제품은 시장에서 경쟁자에 의하여 손쉽게 모방되기 때문에 발명제품은 시장에서 경쟁제품에 대하여 경쟁력을 갖출 수가 없고, 발명자는 더 이상 발명의욕을 상실하게 되고 투자자도 발명제품에 대한 투자를 꺼리게 된다. 결국 특허는 발명의욕을 고취하고 산업을 발전시키는 데 결정적으로 중요한 역할을 한다고 할 수 있는 것이다.

### 2. 지적재산의 종류

지적재산은 무형자산의 하나로서 산업재산권과 저작권을 포함하고, 산업재산권에는 특허권, 실용신안권, 디자인권, 상표권이 있다. 이 중에서 특허와 실용신안권은 기술과 직접적인 관련성이 있는 것으로서 과학기술의 연구를 통한 발명이나 고안을 이룩한 자에게 보상으로 주어지는 것이다.

## 3. 특허중시시대(pro-patent era)

지금은 특허중시시대이다. 이를 인식한 일본은 총리를 중심으로 지적재산권입국을 실현하기 위한 체제를 갖추고 지적재산시대에 걸맞도록 변리사의 역할을 강화하였다. 즉, 변리사의 업무영역을 대폭 확장하고 일정한 경우에 변호사와 더불어 침해소송대리를 할 수 있도록 변리사제도를 개혁하였다.

미국 기업들은 특허 라이선싱을 통하여 1990년 150억 달러, 1998년 1,000억 달러의 수익을 올렸다.[42] 스테이트 스트리트 뱅크(State Street Bank)社는 시그니처 파이낸셜 그룹(Signature Financial Group)과의 특허사용계약에 관한 협상이 결렬되자, 해당 특허의 무효를 주장하였고, 1998년 미국 연방순회항소법원(CAFC: Court of Appeals for the Federal Circuit)은 이 사건(*State Street Bank & Trust Company v. Signature Financial Group, Inc.*)[43]에서 인터넷을 통한 영업방법의 일종인 시그니처 파이낸셜 그룹의 「hub and spoke」 발명[44]에 대하여 그 특허성을 확인해 주었다.

이 사건은 금융서비스 방법에 관한 발명에 대하여 특허성을 인정한 것이었지만 그 영향은 전 산업분야에 미쳤다. 왜냐하면 종래 인터넷을 이용하지 않고 행하여 오던 영업방법이 인터넷을 이용하는 방식으로 전환되면서 특허성이 인정되게 되었고, 이를 인식하고 '영업방법(business method)'에 관한 특허를 취득한 기업은 막대한 부를 창출할 수 있었기 때문이었다.[45] 결국 전자상거래 방법, 즉 영업방법에 관한 특허출원은 전 산업분야에 걸쳐 전 세계적으로 급격히 증가하게 되었다.

1999년 델은 매출 180억 달러, 순이익 15억 달러의 실적을 달성하였다.[46] 델의 성공비결은 한마디로 통신판매를 통하여 소비자가 직접 맞춤형 컴퓨터를

---

42) 케빈 G. 리베트/데이비드 클라인, 「지식경영과 특허전략」, 세종서적, 1999, p. 22.
43) 이 판결은 영업방법에 대한 특허성을 인정한 것으로서 중요성을 갖는다.
44) 「hub and spoke」 시스템은 다수의 뮤추얼펀드가 하나의 펀드에 공동으로 출자함으로써 세금을 절감하고 규모의 경제를 실현할 수 있도록 한다. 발명의 상세한 내용에 대하여는 미국특허 5,193,056호 참조.
45) 예를 들어 프라이스라인(priceline)사는 「역경매특허(reverse auction patent)」를 통하여, 인터넷서점인 아마존닷컴은 「원클릭 특허」를 통하여 각각 엄청난 수익을 거둔 바 있다.
46) 케빈 G. 리베트/데이비드, 앞의 책, p. 60.

주문하는 '주문생산' 시스템을 개발하여 이에 대한 특허를 취득한 데 있다. 이 특허를 통하여 델은 IBM과 160억 달러에 달하는 크로스라이선스 계약을 체결하였다.[47] 이 계약으로 말미암아 델은 IBM이 보유하고 있는 컴퓨터 부품들에 관한 특허발명에 대한 실시권을 얻고, IBM은 델이 보유하고 있는 '주문생산' 시스템 특허발명에 대한 실시권을 얻었다.

마이크로소프트(MS)社는 윈도우 NT를 개발하는 과정에서 DEC(Digital Equipment Corporation)의 소프트웨어 관련기술을 이용하였다. 이를 이유로 DEC는 MS사를 기소하였고 MS사는 DEC와 타협하기 위하여 1억 6천만 달러를 지불했다. 이 당시 빌게이츠는 늘어가는 특허소송에 대한 해결책으로 '가능한 한 많은 특허를 획득하는 것'을 제시했다고 한다.[48]

즉석카메라와 즉석카메라용 필름을 개발하기 위한 연구에 착수했던 코닥은 폴라로이드의 기술에 막혀 이를 모방할 수밖에 없었다.[49] 모방에 따르는 특허침해의 위험을 감지한 코닥은 저명한 뉴욕 법률회사를 고용했으나, 연구원들에게 침해로 생각되더라도 연구를 계속하라고 지시했다. 폴라로이드의 특허에 무효의 가능성이 있다는 사실에만 의존한 코닥의 그릇된 특허전략은 코닥에게 10억 달러의 손실을 입혔다.[50]

## (1) 미국의 특허중시정책

미국은 독점금지법에 중점을 두고 있었으나 1970년대 후반 일본이 기술혁신정책에서 미국보다 우월하다고 인식하고, 1980년대 초 미국경제가 산업경쟁력 저하로 심각한 위기에 봉착하자 특허중시정책을 채택하기 시작하였다.

특허중시정책하에서 특허는 강하고 넓게 보호된다. 이 정책은 특허에 힘을 실어 주고 특허보호의 범위를 확장시키고 특허의 보호기간을 연장시켰다. 1980년 미국 대법원은 인공미생물에 대한 특허를 인정하고(*Diamond v. Chakrabarty*),[51] 1982년 Diehr 판결에서 컴퓨터소프트웨어를 특허될 수 있는

---

47) 케빈 G. 리베트/데이비드, 앞의 책, p. 63.
48) 케빈 G. 리베트/데이비드, 앞의 책, p. 74.
49) 케빈 G. 리베트/데이비드, 앞의 책, p. 134.
50) 케빈 G. 리베트/데이비드, 앞의 책, pp. 75, 134-136.
51) *Diamond v. Chakrabarty*, 447 U.S. 303(1980). 이 판결에서 미국 연방대법원은 하늘 아래 인간이 만든 모든 것은 특허대상이 된다고 판시한 바 있다.

것으로 공식적으로 인정하였다.[52] 특허보호의 대상을 지속적으로 확대하여 온 미국 법원은 유전자조작식물(1985, 히바도판결)과 동물에 대하여도 특허를 인정하였다(1988).[53]

CAFC의 설립(1982)은 미국 특허중시정책의 핵심이라고 할 수 있다. CAFC 에서 미국의 특허중시정책이 가장 두드러지게 나타나기 때문이다. CAFC는 모든 특허항소사건의 관할법원으로서 설립되었다. CAFC 설립 이전에는 특허항소사건들이 여러 법원에서 다루어졌고, 특허항소사건들이 때로는 반독점 관점에서 처리됨으로써 특허 관련 판결에 일관성과 예측가능성을 확보하기 어려웠다. 그러나 모든 특허항소사건이 CAFC에서 다루어지면서 특허중시정책의 기조에서 특허의 유효성 판단을 하였기 때문에 특허의 유지결정률이 대폭 증가하고 손해배상액이 확대되었다. 이에 따라 특허권의 가치가 상승하고, 기업의 연구개발 투자가 확대되었다.

미국은 TRIPs(1986)와 WTO를 활용해 무역정책에 지적재산권 이슈를 연계시켜 국제적으로 특허보호를 강화시키고, TRIPs로 교역상대국의 지적재산권 보호수준을 제고시킴으로써 자국의 지적재산의 가치를 확대하고 지적재산을 통한 수익의 극대화를 도모하고 있다.

또한 바이돌법(Bayh-Dole Act)을 통과시켜(1980) 연방정부의 자금지원에 따른 연구 성과라도 소기업, 대학, 비영리기업의 경우 이에 대한 권리를 소유할 수 있도록 하여 대학과 정부로부터 산업으로의 기술이전을 적극 도모하였다.[54] 바이돌법은 미국 정책의 대전환을 상징하는 것이다. 이 법률이 제정되기

---

52) *Diamond v. Diehr*, 450 U.S. 175(1981).

53) 세계적으로 최초의 동물특허는 1988년 Harvard대학 Philip Leder와 Timothy Steward이 미국 특허청에 등록한 Harvard Mouse로 알려져 있다. 그러나 전기억은 "신기술분야의 특허정책"에서 1985년 다배체굴에 대한 특허가 최초라고 기술하고 있다. 전기억, "신기술분야의 특허정책," http://bric.postech.ac.kr/bbs /biostat/2003/20030218_2.pdf, 2007. 12. 22.

54) 바이돌법(Bayh-Dole Act)의 목적은 미국 특허법 200조에 잘 나타나 있다. United States Code(USC), Title 35, Chapter 18, §200(Policy and Objective). 이 조문의 주요 내용은 다음과 같다. ① 연방정부 지원 연구개발로 발생한 발명의 이용 장려, ② 연방정부 지원 연구개발에 소기업의 적극 참여 장려, ③ 대학을 포함해 영리기업체와 비영리단체와의 협력 촉진, ④ 소기업 및 비영리단체에 의한 발명의 실용화 촉진, ⑤ 미국에서 발생한 발명의 상업화와 공적이용 도모.

까지 일반적으로 과학지식은 인류공통의 자원이라고 보아왔다. 과학자들은 정식 계약을 체결하지 않고서도 연구자재나 정보를 비교적 자유롭게 교환해 왔다. 공중은 연방정부가 출자한 연구소에서 개발된 발명을 자유롭게 이용할 수 있었다. 국민이 세금으로 부담한 연구 성과가 공익 목적으로 충분하게 이용되도록 되어 있었다. 바이돌법이 통과되기 전에는 정부 지원금으로 이루어진 연구의 4%만이 상업화되었다.[55] 그러나 바이돌법 제정 이후, 연방자금을 제공받은 수많은 연구자나 연구기관은 라이선스 제공을 통한 수입을 위하여 새로운 발명에 대하여 특허를 출원하였다.

이 법률을 지지하는 사람들은 미국정부자금을 받은 연구기관이 각자 발명에 대하여 특허를 취득하고, 그 기술을 민간 기업에 라이선스하는 것은 기술혁신, 특히 생명공학기술의 상업화를 촉진한다고 생각하였다.[56] 이 바이돌법은 실질적으로 미국의 정책이, 정부의 자금을 받은 연구 성과를 공공영역(public domain)에 두는 입장에서 투자에 대한 인센티브로서 특허 취득을 강조하는 프로페이턴트 입장으로 전환하였음을 의미한다. 배타적 권리는 성공이 보장되어 있지 않은 미숙한 기술에 기업이 자원을 투자할 인센티브가 되기 때문에 이러한 기술의 개발에 있어서 결정적으로 중요한 것이다.

바이돌법은 대학이 각자의 발명에 대하여 특허를 취득하고 산업계와 협력하여 새로운 기술을 상업화하도록 촉진하였다.[57] 또한 이 법은 특허 로열티를 대학이 개인 발명자에게 분배하도록 의무화시켰기 때문에 자신의 발명에 대하여 특허 취득할 인센티브를 연구자에게도 제공하였다. 미국 대학기술관리자협회(Association of University Technology Managers)의 발표에 따르면, 2000년에 학술연구를 통하여 347개의 신제품이 소개되었고, 1999년에 대학과 사기업의 협력이 미국 경제에 410억 달러의 기여를 했고, 27만 개의 일자리를 지탱하고, 5백만 달러의 세입을 창출하였다고 한다.[58]

---

55) Michael S. Mireles, *An Examination of Patents, Licensing, Research Tools, and the Tragedy of the Anticommons in Biotechnology Innovation*, 38 U. Mich. J.L. Reform 141(2004), p. 156.

56) Ramirez, Heather H., *Defending the Privatization of Research Tools: An Examination of the "Tragedy of the Anticommons" in Biotechnology Research and Development*, 53 Emory L.J. 359(2004), at 365.

57) Ramirez, 앞의 논문, at 366.

58) Mireles, 앞의 논문, p. 156.

그런데 이 법률은 대학의 연구결과를 상업화하는 것으로서 대학의 본래의 이념, 즉 지식과 진리의 탐구라는 대학의 설립 목적과 정면으로 충돌한다.[59] 이 법률은 연구자들이 스스로 중요하다고 생각하는 것이면 어떠한 것이나 추구할 학문적 자유를 부당하게 제한할 우려가 있다. 대학의 연구자들은 종래 이 법이 효력을 발하기 전에는 일반적으로 기초연구에 치중해 왔으나, 이 법이 시행된 후로는 경제적 이익에 좌우되고 응용연구에 치중하게 되었다. 또한 연구결과로 얻어진 기술에 대하여 특허권을 취득하기 위하여 연구결과를 비밀로 유지하고 공유하기를 꺼리게 되었다. 이해관계가 있는 사기업은 대학의 연구자들로 하여금 연구결과를 공개하거나 공유하지 못하도록 종용하였을 것이다.

### (2) 일본의 특허중시정책

미국이 특허중시정책을 채택하면서 일본 기업들은 특허소송의 결과로 미국 기업에 엄청난 액수의 손해배상을 해야 했다.[60] 일본은 종래 기본기술을 도입하여 생산현장에서 이를 개량하여 고품질의 제품을 생산하여 판매하는 방식으로 수익을 올렸다. 원천기술을 어렵게 개발하기보다는 쉽게 외국 기술을 도입하여 개량하는 데에 온 국가자원을 집중했던 것이다. 이러한 안이한 방식의 기술혁신체제는 원천기술 및 원천특허를 만들어내지 못하는 결과를 초래했고 일본의 국가경쟁력은 하락하기 시작하였다. 경제의 중심이 지적재산으로 변환되었음에도 불구하고 구시대의 성공체험에 입각한 경제논리를 답습하였기 때문이었다. 즉, 지식이 만들어내는 고부가가치의 중요성을 간과한 결과였다.

1990년대 초까지 세계 1위였던 일본산업의 국제경쟁력은 유럽 국가들뿐 아니라 일부 개발도상국들에게까지 추월당하기 시작하였다. 일본은 '잃어버린 10년' 동안 경제구조개혁에 노력했으나 실패하였고 1990년대에도 고부가가치 성장산업을 창출하지 못하였다. 기술무역에 있어서 일본은 1987년에서 1996년

---

59) Mireles, 앞의 논문, p. 157.

60) Toshiba가 Texas Instrument사에 5억 달러(1990)를 지불한 것이 대표적인 사례이다. 일본의 특허중시정책에 관한 개관은 JPO, *Pro-patent Era in Japan*, February 1997. The Planning Subcommittee of the Industrial Property Council, *Report of the Planning Subcommittee of the Industrial Property Council-to the better understanding of pro-patent policy*, November 1998년 참조.

까지 329억 달러의 누적적자를 기록했고, 미국은 1,471억 달러의 흑자를 기록한 사실을 통하여 일본은 미국과의 기술력 격차를 뚜렷이 인식했다.[61]

결국, '21세기 지적재산권을 생각하는 간담회 보고서(1997. 4.)'에서 "일본도 이제부터는 지적창조시대"라고 선언하면서 일본은 공식적으로 특허중시정책을 채택했다.[62] 일본은 미국의 특허중시정책이 미국 산업경쟁력의 회복에 결정적 역할을 하였음을 인식하고 미국이 80년대에 채택했던 '특허중시정책'을 도입하여 자국에 맞도록 적용하기 시작하였다. 1998년 2월 일본대법원은 Spline Shaft 케이스에서 균등론의 개념을 처음으로 채택하였고,[63] 동경지방법원은 1998년 10월 약 30억 엔의 손해배상을 인정하는 판결을 내렸다. 그러나 이러한 손해배상액은 미국에 비하여 극히 미미하다는 것을 알 수 있다.[64]

미국에서 특허소송의 평균배상금액이 1980년대 초반까지만 해도 1,800만 달러였으나 1990년대에 들어서면서 9,200만 달러가 되어 거의 1억 달러가 되었다. 1975년에서 1990년까지 미국은 7배 증가하였고, 일본은 3배 증가하였다. 일본의 평균배상액은 미국의 1 / 200 수준에 불과하지만 역시 증가하였다.

현재 일본은 국가경쟁력 제고를 위해 총리, 장관, 민간전문가 11명으로 「지적재산전략회의」를 구성하고(2002. 2. 25), 이를 총리가 주재하도록 하였다. 지적재산전략회의는 "지적재산전략 대강"을 확정하고(2002. 7. 3),[65] 지적재산기본법을 중의원에서 통과시켰다(2002. 11. 27). 지적재산기본법에 기초하여 총리는 「지

---

61) JPO, *Annual Report on Patent Administration*, 1998.
62) Council for Consideration of Intellectual Property Rights in the 21st Century, Japan, 1997년 4월.
63) *The Spline Shaft* 케이스, 1998년 2월 24일, 일본최고재판소, 1630 Hanji 35 (1998). 균등론이라 함은 청구범위해석에 활용하는 이론으로서, 특허청구범위를 문언적으로만 해석하지 아니하고 균등의 범위까지 고려하여 침해여부를 판단한다. 즉, 청구범위의 구성요소와 침해추정 대상물의 구성요소 사이에 서로 다른 부분이 있다 하더라도 이들이 균등한 것으로 볼 수 있다면 특허권의 범위에 속하는 것으로 인정하는 것이다.
64) 荒井壽光, 「특허전략시대」, 일간공업신문사, 1999. 9. 20. p. 56; 양지원, 지식기반경제시대의 특허쟁송의 증가와 변리사 역할의 중요성, 특허소송 당사자 대리체제에 관한 한일 전문가 세미나(한국과학기술단체총연합회 주최), 2007. 3. 9. 발표내용에서 재인용.
65) 지적재산전략대강에 대하여는 일본 수상 관저 홈페이지에 상세히 설명되어 있다. http://www.kantei.go.jp/jp/singi/titeki/kettei/020703taikou.html, 2012. 1. 9. 접속.

적재산전략본부」를 설치하여 총리 스스로 본부장의 역할을 맡아 국가전체의 지적재산전략과 정책을 주도해 나가고 있다.[66]

이러한 지적재산전략을 통하여 일본은 대학에 지적재산본부와, 대학 연구 성과의 기업이전을 촉진하기 위하여 기술이전기관(technology licensing office, 이하 'TLO'라 한다)를 정비하였다.[67] 또한 일본판 바이돌법을 제정하여 국립대학을 법인화 한 후, 대학 등의 연구 성과를 대학에 귀속시켰다. 이러한 노력의 결과 2000년 특허출원 618건에 로열티 128백만 엔이었으나 2003년 특허출원 1,679건에 로열티 554백만 엔으로 증가하였다. 나아가 일본판 CAFC라 할 수 있는 「지적재산고등재판소」[68]를 설치하여(2005. 4.) 전국의 모든 특허항소사건과 특허청 심판원의 심결에 대한 소송사건, 그리고 동경고등법원이 취급하는 지적재산권 관련 모든 사건을 맡도록 하였다.[69] 한편, 2004년 설치된 68개의 모든 로스쿨은 지적재산권 관련 과목을 개설하였다.

### (3) 한국에 주는 시사점

1987년 한국 특허청은 물질특허제도를 채택하였다.[70] 현행 특허법에 따르면 사람을 대상으로 하는 외과적 처치와 진단방법을 제외하고 의학기술과 외과적 기술(surgical technology)에 관한 모든 발명이 특허될 수 있다. 유전자 단편은 그 유용성이 명확하게 확인되면 특허될 수 있다.[71] 대법원은 2000년 특허권의 권리범위확인 판결에서 균등론의 개념을 적용했다.[72]

---

66) 지적재산기본법 제24조 지적재산의 창조, 보호 및 활용에 관한 시책을 집중적 또는 계획적으로 추진하기 위하여 내각에 지적재산전략본부를 둔다.

67) 일본의 TLO(기술이전기관)에 관한 상세한 사항은 知的財産戰略大綱, 「知的財産戰略会議」, 2002. 7. 3, pp. 5-8 참조.

68) 지적재산고등법원은 동경고등법원의 특별 지부이다.

69) 지적재산에 관한 사건의 재판을 보다 충실하고 신속하게 처리할 수 있도록 하기 위하여 이를 전문적으로 처리할 재판소를 설치한 것이다. 지적재산고등재판소는 2004년 6월 제정된 지적재산고등재판소설치법에 의하여 특별 지부로서 동경고등재판소에 2005년 4월 1일 설치되었다. 지적재산고등재판소에 관한 상세한 사항은 http://www.ip.courts.go.jp/aboutus/history.html, 2012. 1. 9. 접속.

70) Keun Lee, *The Role of the Industrial Property System in Technological Development in the Republic of Korea*, WIPO, 2003, at 111-112.

71) 유전자 서열 데이터만으로는 특허될 수 없다. *Examination Guidelines for Biotechnological Inventions*, KIPO, 1999.

72) 대법원 2000. 7. 28. 선고 97후2200 판결.

일본은 기술경쟁력에 있어서 미국에 비해 크게 뒤쳐져 있고, 이를 극복하기 위해서는 지적재산을 중시하고 이를 적극적으로 창조하고 활용하는 국가적 전략을 채택하였다. 이러한 노력의 결과로 일본은 2004년 기술무역수지에 있어서 111억 달러의 흑자를 기록하게 되었다.

이것은 이러한 시책을 적극적으로 펼치지 않았던 우리나라와 크게 비교되는데, 1987년 한국과 일본의 기술무역수지는 약 5억 달러 적자로서 거의 비슷했다.[73] 이러한 상황은 1995년부터 반대의 경향을 보이기 시작하는데, 한국은 18.35억 달러 적자인 반면, 일본은 18.11억 달러 흑자를 보이고 있고, 급기야 2004년에는 우리나라 27.31억 달러 적자, 일본은 111.07억 달러 흑자를 기록하였다. 국가적으로 지적재산중시정책을 시행해 온 일본과 그렇지 못했던 우리나라가 극명하게 차이를 보이게 된 것이다.

# Ⅳ. 첨단기술과 특허

## 1. 첨단기술의 종류와 특성

첨단기술에는 크게 정보통신기술, 생명공학기술, 우주항공기술, 녹색에너지기술, 나노기술 등이 있다고 볼 수 있다. 이 중에서 정보통신기술은 현대의 사회와 문화 및 산업을 지배하고 있다고 할 수 있다. 정보통신기술은 컴퓨터, 컴퓨터프로그램, 인터넷, 전자문서시스템, 방송, 통신, 전파 기술 등을 포함하는 방대한 영역이다. 이러한 정보통신기술의 특성은 세계화가 진행되는 과정에서 상당한 표준화가 이룩되었고 앞으로 더욱 심화될 것이라는 점이다. 서울에서 작성한 문서를 인터넷으로 보내면 영국 런던이나 캐나다 토론토 혹은 이집트 카이로에서도 읽을 수 있는 것은 표준 때문이다.

표준화의 정도가 높아질수록 표준을 사용하는 이용자는 편리하지만 표준에서 벗어나려고 할 때 전환비용이 크게 된다. 그래서 어떤 정보통신기술 제품이 시장에 출시되고 그것이 사실상의 표준이 될 경우, 이용자는 이 표준 이외의 다른 제품으로 전환할 때 상당한 어려움을 겪는다. 이러한 현상은 컴퓨

---

73) 매일경제, 2005. 12. 29.

터에서 윈도우와 다른 운영체제(OS: Operation system) 간에 볼 수 있다. 윈도우는 시장에서 사실상의 표준이 되었기 때문에 대부분의 소비자는 컴퓨터를 구매할 때 본인이 선택하지 않더라도 운영체제로서 윈도우가 설치된 제품을 제공받는다. 전 세계 대부분의 컴퓨터 이용자는 운영체제로서 윈도우를 사용하고 있기 때문에 윈도우가 아닌 운영체제, 예를 들어 리눅스 또는 매킨토시 등을 이용할 경우 윈도우와의 호환성이 떨어져 파일이 제대로 열리지 않는다든가 주변기기가 잘 작동하지 않는다든가 혹은 응용프로그램이 제대로 구동하지 않는 등의 문제가 발생한다. 따라서 비록 윈도우제품이 특허되지 아니하였다 하더라도 표준화의 결과로 소비자들은 윈도우를 쓰지 않을 수 없고[74] 리눅스나 매킨토시 등의 다른 운영체제는 그 점유율이 갈수록 낮아진다.

이와 같은 표준화 현상은 네트워크 효과를 갖는 정보통신기술 관련 제품의 경우에 두드러진다. 정보통신기술 제품(예, 컴퓨터프로그램으로서 윈도우)이 시장에 출시되면 네트워크 외부효과로 인하여 첫 주자 제품이 형성하는 네트워크의 고객흡인력이 후발주자 네트워크에 비하여 급격하게 커져서 후발주자 네트워크를 압도한다. 이와 같이 표준화된 환경에서는 기술혁신이 급격하게 일어나기 어렵기 때문에 호환성과 상호연동성을 유지한 채 종전의 기술을 바탕으로 그 연속선상에서[75] 조금씩 일어날 수밖에 없다.

정보통신기술의 뒤를 이어 인간의 생명과 질병, 그리고 건강과 직접적인 관련이 있는 생명공학기술이 급격히 그 중요성을 더해 가고 있다. 생명공학기술은 정보통신기술과는 다른 특성을 가지고 있다. 정보통신기술은 인터넷이라는 전 세계적인 정보통신망을 통하여 서로 유기적으로 연결되어 작용하는 특성을 가지고 있는 반면, 생명공학기술은 개별적으로 이용되고 발전하는 특성을 가지고 있다. 특히 생명공학기술을 이용하여 의약품을 개발하는 기술의 경우에는 그 기술의 개발과 제품화에 막대한 투자가 요구된다. 어떠한 의약품에 대한 아이디어를 상품화된 제품으로까지 개발하는 데에는 일반적으로 8억 달러 내지 10억 달러 정도의 비용이 든다고 한다.[76] 따라서 이러한

---

74) 이러한 소비자를 'locked in user'라고 한다.
75) 종전의 기술과 단속된 제품은 표준에서 벗어나게 되고 호환성 및 상호연동성이 떨어지기 때문에 소비자들이 외면한다.
76) 김원배, "생명공학기술 상업화 현황과 문제점," pp. 5-7; http://bric.=postech.ac.kr/myboard/view.php?Board=review0&id=185&filenameim0406.pdf&fidx

막대한 투자비용의 회수를 위하여 의약기술에 있어서 특허제도는 필수적인 것이다.

그러나 생명공학기술 중에서도 유전자 서열을 밝히는 기술은 정보통신기술을 이용하게 되면서 상당히 발전하였고 정보통신기술의 발전 속도와 더불어 대단히 빠른 속도로 발전하고 있다. 이러한 분야에 있어서의 생명공학기술 개발을 위한 투자비는 다른 생명공학분야에 비하여 현저히 낮다고 할 수 있고 따라서 이러한 분야에서 특허제도는 반드시 필수적인 것이라고 할 수는 없다. 아래에서는 현대 첨단기술을 대표하는 정보통신기술 및 생명공학기술과 특허의 관계에 대하여 살펴보기로 한다.

## 2. 정보통신기술과 특허

### (1) 정보통신기술의 특성

정보통신기술의 발전은 미국의 특허중시정책과 더불어 지적재산법의 보호대상을 확장시키고 보호를 강화시켜 왔다. 컴퓨터프로그램은 주로 저작권으로 보호되어 왔으나 최근에는 보다 강력한 특허로 보호되는 경향이 강하게 되었다. 전자상거래 관련 발명은 새로운 특허대상이 되었다. 정보통신기술의 발전은 수많은 디지털콘텐츠의 창조와 유통을 가능하게 할 뿐 아니라 데이터베이스(DB)도 증대함으로써 저작권법의 보호대상이 크게 확대되었다. 또한 급격히 발전하고 있는 정보통신기술을 이용함으로써 DNA 서열분석기술을 비롯한 생명공학기술도 발전하게 되고 이러한 분야에서도 특허대상이 새롭게 창출되어 특허보호대상은 확대되고 있다.

인터넷기술의 발전으로 인터넷주소와 관련한 도메인네임 문제, 개인정보의 유출과 보호의 문제, 사이버공간에서 표현의 자유의 확대에 따른 프라이버시의 문제도 발생하게 되었다.

현대 정보통신기술은 호환성과 상호연동성이 필요하고 이로 인하여 표준화가 촉진되었다. 어떤 일을 동일한 기술로 해결하는 사용자의 수가 증가하면서 정보통신기술의 표준화 정도가 증가했다. 표준화 경향은 인터넷 출현으로

---

=2&mode=down, 2011. 6. 24. 1998년 기준으로 이미 미국 제1의 제약회사 Merck는 총수입의 7%인 약 15억 달러를 R&D 비용으로 지출하고 있었다.

가속화되었다. 인터넷을 통해 다른 사람과 통신할 필요가 증가하면서 높은 표준화가 이루어졌다. 그러나 표준을 준수할 필요성 때문에 회사들은 디자인 선택에 제한을 받게 되었다. 정보통신기술의 기술혁신은 이제 프로그램들, 시스템들, 네트워크들 간에 호환성과 상호연동성을 유지할 필요성에 의해 상당히 제한받게 되었다. 현대 정보통신기술의 성숙으로 기술혁신은 점점 어려워지고 비용을 많이 요구하고 있다. 또한 컴퓨터프로그램으로 대표되는 정보통신기술은 통합과 요소화 경향 때문에, 그 기술혁신은 연속적이고 누적적이고 점증적으로 이루어지게 되었다.

### (2) 정보통신기술의 특허성

이와 같이 현대 정보통신기술은 연속적·누적적·점증적으로 이루어지기 때문에 특허제도의 진보성 요건을 충족시키기 어려운 특성이 있다. 그래서 이러한 기술혁신을 특허로써 보호하게 되면 진보성 요건을 무시하거나 과도하게 낮출 수밖에 없어서 기술혁신 과정에서 통상의 기술자가 자연스럽게 도출해 낼 수 있는 기술에 대하여 특허를 부여하는 것이 되어 부적절하다.

그러나 이러한 작은 기술혁신들은 누적되었을 때 매우 중요한 의미를 갖게 되므로 어떠한 형태로든 보호의 필요성이 있다. 그렇지 않으면 비밀로 간직하거나 기술혁신에 대한 인센티브를 상실하게 된다.

## 3. 생명공학기술과 특허

### (1) 생명공학산업과 특허의 중요성

특허는 벤처자본이 연구개발에 거액의 투자를 하고 신생 기업이 기술혁신을 해 나가는 유인(誘因)이 된다. 신흥 소규모 생명공학기업은 일반적으로 제품을 판매하는 데 필요한 기술이나 자본이 없기 때문에 자사의 기술을 이용할 수 없다. 대부분의 신흥 생명공학회사는 대규모 제약회사에 자사의 기술을 라이선스하려고 한다.[77] 이러한 이유 때문에 회사들은 그들의 연구결과에 대하여 특허를 얻으려고 노력할 수밖에 없는 것이다. 생명공학기업은 DNA 재조합 기술을 이용하여 인슐린이나 에리쓰로포이에틴(erythropoietin, 적혈구생성촉진인

---

77) Mireles, 앞의 논문, pp. 161-165.

자)과 같은 치료용 단백질을 생산하고 있다.[78]

현대 생명공학기술에 대한 특허법적 보호는 차크라바티 사건(*Diamond v. Chakrabarty*(1980))[79]에서 미국 대법원이 내린 판결과 함께 태동했다고 볼 수 있다.[80] 차크라바티 사건에서 미국 대법원은 특허법 제101조에 의하여 생물체도 특허될 수 있다고 판시하였다. 생물학자인 아난다 차크라바티(*Ananda Chakrabarty*)는 유전자 처리를 통해 원유를 소화시키는 능력을 갖도록 만든 박테리아에 대하여 특허를 신청했다. 차크라바티는 기존의 박테리아에 자연 상태에서는 찾을 수 없는 새로운 속성을 지니도록 하기 위하여 그 박테리아에 DNA 단편을 삽입했다. 이 결정이 있기 전에 생물은 일반적으로 특허될 수 없는 것으로 간주되었다.

그러나 차크라바티 법정은 그 생물이 자연에 존재하지 않는, 인간 창의성의 산물인 제품 혹은 조성물이라고 인정했다. 이 박테리아에는 자연에 존재하는 동종의 다른 어떠한 박테리아와도 다른 특징이 있고, 발명자의 손으로 만든 산물인 이상 그 박테리아는 미국 특허법 제101조의 특허대상으로서의 자격을 명백하게 구비하고 있다고 미국대법원은 판시했다. 미국 대법원은 미국특허법을 광의로 해석하면서, 미국 의회가 "태양 아래 인간이 만든 모든 것"을 특허대상으로 하는 것을 의도한 것이라고 판시했다.[81] 미국 대법원은 특허대

---

78) Rebecca S. Eisenberg, *Re-Examining the Role of Patents in Appropriating the Value of DNA Sequences*, 49 Emory L.J. 783(2000). Rebecca S. Eisenberg 는 1980년대의 생명공학기술은 재조합 DNA 기술(recombinant DNA technology)을 통하여 단백질 생산을 할 수 있게 해 주는 복제 유전자(cloned genes)에 치중되어 있었다고 설명한다.

79) *Diamond v. Chakrabarty*, 447 US 303(1980).

80) Giunta, *Fee Structure for Patent Applications*, at 2363. 일반인들이 알고 있는 바와는 달리 차크라바티 특허가 최초로 생명체에 주어진 특허는 아니다. 핀란드는 1843년 7월 24일부터 생물체(living organisms)에 특허보호를 해 왔다. Tade M. Spranger, *Europe's Biotech Patent Landscape: Conditions and Recent Developments*, 3 Minn. Intell. Prop. Rev. 235(2002), at 241[이후, Spranger, *Europe's Biotech Patent Landscape*]. 더욱이, 1873년 루이스 파스퇴르는 1873 년 "유기적 병원균이 없는, 제조물로서의 이스트(yeast, free from organic germs of disease, as an article of manufacture)"에 대하여 미국특허 141,072로 특허받았다.

81) *Diamond v. Chakrabarty*, 447 US 309. 이 판시내용은 다음 사이트에서 볼 수 있다. http://digital-law-online.info/cases/206PQ193.htm, 2008. 10. 4. 접속. 이

상 여부 판단의 핵심은 "생물인지 무생물인지"가 아니라 "인간이 개입한 산물인지 아닌지"라고 했다. 차크라바티 판결은 특허될 수 있는 대상의 범위를 확대시키고 생명공학연구에 있어서 지적재산권의 중요성을 제고시켰다.

미국 생명공학산업의 발전에 있어서 중요한 또 하나의 요인은 미국 의회가 1980년 바이돌법을 제정한 것이다. 이 바이돌법은 미국정부가 출자한 연구기관이 각자 발명한 것에 대하여 특허를 취득하고 그 기술에 대하여 민간 기업에 라이선스를 제공하는 것을 장려한다.

### (2) DNA 특허출원건수의 급증

미국특허청에는 유전자단편에 관한 많은 특허출원이 있었다. 특허가 생체 및 유전물질에까지 확장됨으로써 유전자 자원은 인류의 공동유산이라고 하는 종래의 패러다임이 침식되었다.[82] 현재는 인간의 DNA 서열에도 특허가 부여되고 있다. 인간의 DNA 서열에 대한 이해는 예를 들어 결핵, 당뇨병, 암, 다발성경화증, 알츠하이머병, 백혈병 등, 인간의 질병을 이해, 진단, 검출, 또는 통제하는 데 중요한 역할을 한다.[83]

2000년 중반까지 미국특허청은 생체에서 분리된 전장유전자에 관한 6,000건 이상의 특허를 부여했고, 심사를 대기하고 있는 20,000건 이상의 유전자 관련 특허출원을 보유하고 있다. 대부분의 선진국에서 미생물, 유전자변환 식물 및 동물, 그리고 분리되고 정제된 유전자 및 유전자 서열에 특허가 부여되고 있다.[84] 예를 들어 식물 또는 어류의 유전자 등과 같이 자연에 존재하는 유전

---

글귀는 의회보고서에서 인용된 것이다.

82) Safrin Sabrina, *Hyperownership in a Time of Biotechnological Promise: The International Conflict to Control the Building Blocks of Life*, 98 A.J.I.L. 641(2004)(이하, Safrin, *Hyperownership of Biotechnological Building Blocks of Life*), at 641, 645-646.

83) Demaine, Linda J. and Fellmeth, Aaron Xavier, *Reinventing the Double Helix: A Novel and Nonobvious Reconceptualization of the Biotechnology Patent*, 55 Stan. L. Rev. 303(2002)(이하, Demaine and Fellmeth, *Reinventing the Double Helix*), at 307.

84) 미국 특허청에 따르면, 분리되고 정제된 DNA 분자는 그것이 자연적으로 발생하는 유전자와 동일한 서열을 가지고 있더라도 다음과 같은 이유로 특허될 수 있다.
① 절제된(excised) 유전자는, 그 DNA 분자가 그와 같이 분리된 형태로 자연에서 발생하지 않기 때문에, 조성물(a composition of matter)로서 혹은 제조물(an

물질에는 특허가 부여되지 않지만, 분리되고 그것에 대한 유용한 기능을 명기한 유전자는 특허될 수 있다. 분리되고 정제된 유전자는 그와 같은 형태로 자연에 존재하지 않기 때문이다.

차크라바티 판결 및 1980년 바이돌법으로 인한 특허발명의 대폭적인 증가는 DNA 서열과 같은 리서치툴(research tools)에 대한 지적재산권의 적절한 범위를 둘러싸고 상당한 논쟁을 불러 일으켰다. 리서치툴은 새로운 제품을 개발하기 위하여 생명공학연구소에서 이용하는 중요한 자원이다.[85] 리서치툴은 과학적인 발명에 있어서 결정적으로 중요하기 때문에 대단한 가치가 있고, 그것에 대한 접근성(accessibility)은 많은 연구자들의 주된 관심이다.[86] 이러한 유전자의 특허권자가 되면 다른 사람들이 그 유전자를 생산하거나 사용하는 것을 막을 수 있기 때문에 이러한 유전자에 대하여 특허를 취득할 수 있는지의 여부는 대단히 중요하다.

1980년 차크라바티 판결 이래 인간 유전자에 특허를 부여할 수 있는 것인지의 여부를 둘러싸고 격론이 계속되고 있지만, 차크라바티 판결 이후 10여 년 동안 인간 또는 동물의 유전자에 관한 5,000건 이상의 미국특허가 발행되었다.[87] 특별한 유전자나 유전자 단편을 대상으로 하는 DNA 서열에 대하여 특허가 부여되고 있다.[88] 미국에서는 유전자가 자연에서 발견되는 다른 화학물질과 똑같이 취급된다.[89] 기업이나 대학은 4,000개 이상의 인간 유전자에

---

article of manufacture)로서 특허될 수 있다. ② 인공적 DNA 조제품은 정제된 상태의 것이라는 점에서 자연적으로 발생하는 화합물과 다르기 때문에 특허될 수 있다. Utility Examination Guidelines, 66 Fed. Reg. 1092, 1093 (January 5, 2001).

85) Ramirez, 앞의 논문, at 367.

86) 미국국립보건원이 리서치툴에 대하여 정의하고 있지만, 어떤 자원이 리서치툴인지의 여부를 결정하는 것은 정말 어렵다. 이것은 어떤 자원이 리서치툴과 최종제품으로 모두 사용될 수 있기 때문이다. 예를 들어, 세포수용체(a cell receptor)는 호르몬을 찾기 위하여 screening assays에 사용되는 리서치툴일 뿐 아니라 상업적으로 판매되는 의약 최종제품이다.

87) Olsen, Byron V., *The Biotechnology Balancing Act: Patents for Gene Fragments, and Licensing the "Useful Arts,"* 7 Alb. L.J. Sci. & Tech. 295 (1997)(이하, Olsen, *Patents for Gene Fragments*), at 319-320.

88) Safrin, *Hyperownership of Biotechnological Building Blocks of Life*, at 668-669; Burk et al., *Policy Levers in Patent Law*.

89) Michael J. Malinowski and Radhika Rao, *Legal History and Legal Theory: Legal Limitations on Genetic Research and the Commercialization of its*

대하여 특허를 취득했다. 이것은 대략 24,000개의 인간 유전자의 거의 20%에 이른다.[90] 미국에서 1980년부터 1997년까지 동안에 완전한 유전자 서열에 관한 특허를 청구하는 약 5,000건의 특허출원이 이루어지고, 이 결과로서 1,500건 이상의 특허가 부여되었다.

유전자의 상업적 이용가능성이 크기 때문에 유전자에 대한 특허 경쟁이 벌어지고 있는 것이다. 최근 치료용 유전자 생산물이 상업적으로 성공함에 따라, 하이테크 투자가들은 의료 목적을 위하여 인간 게놈을 찾는 노력을 계속하고 있다. 그러나 이러한 노력은 무용지물이 될 수도 있다.[91] 공중영역의 많은 연구자들이 가능한 한 많은 인간게놈 정보를, 이것들이 특허로 보호되기 전에, 공개시킴으로써 공중이 자유롭게 이용할 수 있도록 노력하고 있기 때문이다. 그렇지만 유전병을 치료할 가능성이 있는 치료법 또는 의약품의 생산에 사용되는 유전자에 대하여 소유권을 주장하는 데 성공한다면 극히 높은 이윤을 취할 수 있게 된다.[92] 중요한 유전자에 특허를 취득하면 특허권자는 생화학물질을 종래 방식으로 생산할 수밖에 없는 경쟁자보다 훨씬 유리하게 될 것이기 때문이다.

미국 국립보건원(NIH: National Institute of Health)은 유전자 생산물의 기능적 성질이나 생산물의 전체 DNA 서열이 알려지기 전에 유전자 단편에 대하여 특허를 받으려고 시도했다.[93] 이것은 생명공학산업에 큰 동요를 가져왔다. NIH는 1991년 6월, 351개의 cDNA 유전자 서열 또는 유전자 단편에 특허를 출원했다. 1992년 2월, NIH는 추가로 2,400개의 유전자 단편에 대하여 별도의 특허를 출원했다. 생명공학산업 전체는 NIH가 출원한 단편의 숫자뿐 아니라, NIH가 이런 조치를 신속하게 반복할 가능성에 주목했다. 기업이나 개인 연구자들은 자신들의 연구결과를 특허로 보호받지 못하고 투자를 회수할 수 없게 될 것을 염려했다. 그들은 NIH의 조치를 따라서 그들 자신이 찾아낸 유전자 단편의 방대한 라이브러리에 대하여 특허출원하였다.

---

*Results*, 54Am. J. Comp. L. 45(2006)(이하, Malinowski et al., *Legal History and Legal Theory*), at 48.

90) Malinowski et al., *Legal History and Legal Theory*, at 47-48.
91) Olsen, *Patents for Gene Fragments*, at 306-307.
92) Olsen, *Patents for Gene Fragments*, at 308.
93) Olsen, *Patents for Gene Fragments*, at 320-321.

# V. 특허와 유사개념

## 1. 지적재산권

지적재산권은 인간의 지적 활동을 통하여 창작된 결과에 대하여 창작자가 갖는 권리로서 크게 산업재산권과 저작권으로 구분된다. 산업재산권법은 특허법, 실용신안법, 상표법, 디자인보호법 등을 포함하며 산업의 발달을 목표로 하는 반면, 저작권은 문화 및 관련 산업의 향상 발전을 목표로 한다.[94]

## 2. 실용신안

실용신안법은 실용적인 고안을 보호·장려하고 그 이용을 도모함으로써 기술의 발전을 촉진하여 산업발전에 이바지함을 목적으로 한다.[95] 실용신안법이 보호하는 고안은 '자연법칙을 이용한 기술적 사상의 창작'이다. 이러한 고안을 실용신안법에 따라 등록하여 취득한 권리를 실용신안이라고 한다. 따라서 자연법칙을 이용한 기술적 사상의 창작 중 고도한 것이 발명이라고 한다면 그렇지 아니한 것은 고안이라고 할 것이다. 그러나 실무에서는 어느 정도의 것을 고도한 것, 즉 발명이라고 할 것인지에 대하여 그 기준이 정하여진 바가 없으므로 출원인과 심사관의 판단에 의하여 정하여진다. 실용신안은 일반적으로 특허와 달리 방법, 공정, 물질과 같이 형상이 없는 것을 보호하지 아니하고, 모양, 형상, 구조 및 이들의 조합을 보호한다. 그런데 실용신안의 본래 취지가 소발명의 보호를 통한 국내 산업의 보호에 있는 한 모양이나 형상이 없는 것을 실용신안의 보호대상에서 제외시킬 특별한 이유가 없다. 형상이 없는 공정이나 방법 및 조성물이라 하더라도 소발명으로 평가될 수 있는 것이 있을 수 있다는 점에서 볼 때 더욱 그러하다. 이러한 관점에서, 독일이 1990년 실용신안법을 개정하여 실용신안의 보호대상에서 입체적 형상의 요건을 삭제함으로써 조성물이나 화합물도 실용신안의 보호대상이 될 수 있도록 한 것은 주목

---

94) 저작권법 제1조 목적(개정 2009. 4. 22.).
95) 실용신안법(제9371호 2009. 1. 30 일부개정) 제1조.

할 일이다.[96] 그러나 독일의 실용신안법도 방법 발명은 보호의 대상으로 하고 있지 아니하다.

실용신안권은 실용신안권의 설정등록을 한 날부터 실용신안등록출원일 후 10년이 되는 날까지 존속한다.[97]

## 3. 디 자 인

디자인보호법도 디자인의 보호 및 이용을 도모함으로써 디자인의 창작을 장려하여 산업발전에 이바지함을 목적으로 한다.[98] 디자인이라 함은 물품(물품의 부분 및 글자체를 포함한다.)의 형상·모양·색채 또는 이들을 결합한 것으로서 시각을 통하여 미감을 일으키게 하는 것을 말한다.[99] 따라서 디자인보호법의 보호대상인 디자인이 실용신안의 보호대상인 고안과 공통되는 것은 모양, 형상 및 이들의 조합이라고 하는 점이다. 반면에 차이점은 색채 또는 색채가 형상·모양과 결합한 것을 보호한다는 점, 그리고 이러한 것이 시각을 통하여 미감을 일으키는 것을 보호한다는 점에 있다고 할 수 있다. 그리고 실용신안권은 등록일로부터 10년간 존속하는 데 반하여, 디자인권은 디자인권의 설정등록이 있는 날부터 15년 동안 존속한다.[100]

## 4. 상    표

상표라 함은 상품을 생산·가공·증명 또는 판매하는 것을 업으로 영위하는 자가 자기의 업무에 관련된 상품을 타인의 상품과 식별되도록 하기 위하여 사용하는 것으로서, 기호·문자·도형·입체적 형상·색채·홀로그램·동작 또는 이들을 결합한 것 혹은 그 밖에 시각적으로 인식할 수 있는 것을

---

96) 따라서 독일의 실용신안제도는 컴퓨터프로그램 기술혁신이나, 화학적 요소의 새로운 조합에 의한 화학발명과 같은 소발명의 보호에 적합할 것이다. 윤선희, 「특허법」 제3판, 법문사, 2007. 9, p. 1148.
97) 실용신안법(제9371호 2009. 1. 30 일부개정) 제22조 제1항.
98) 디자인보호법(제09764호 2009. 6. 9.) 제1조.
99) 디자인보호법(제09764호 2009. 6. 9.) 제2조 제1호.
100) 디자인보호법(제09764호 2009. 6. 9.) 제40조 제1항.

말한다.[101)

상표와 함께 상표법에 의하여 규율되는 것으로서 서비스표, 단체표장, 지리적 표시, 업무표장 등이 있는데, 광의의 상표라고 할 때에는 이들을 포함하는 것으로 이해할 수 있다.

상표법은 이와 같은 상표를 보호함으로써 상표사용자의 업무상의 신용유지를 도모하여 산업발전에 이바지함과 아울러 수요자의 이익을 보호함을 목적으로 한다.[102)

## 5. 저 작 권

「저작권법」은 저작자의 권리와 이에 인접하는 권리를 보호하고 저작물의 공정한 이용을 도모함으로써 문화 및 관련 산업의 향상발전에 이바지함을 목적으로 한다.[103) 즉, 저작권법이 보호하는 권리는 저작자의 권리와 저작인접권이다.

저작권이 보호하는 저작자는 저작물을 창작한 자를 말하고 저작자가 보호받는 권리, 즉 저작권은 크게 저작인격권과 저작재산권으로 나눌 수 있다. 저작인격권은 저작재산권과는 달리 일신전속적인 권리로서 이를 양도하거나 이전할 수 없다.[104) 따라서 타인이 무단으로 자기의 저작물에 관한 저작자의 성명, 칭호를 변경하거나 은닉하는 것은 고의, 과실을 불문하고 저작인격권의 침해가 된다.

저작재산권에는 복제권·공연권·공중송신권·전시권·배포권·대여권·2차적 저작물작성권 등이 있다. 저작재산권은 저작자의 생존기간과 저작자의 사망 후 50년간 존속한다.

---

101) 상표법(제09678호 2009. 5. 21.) 제 2 조 제 1 항 제 1 호.
102) 상표법(제09678호 2009. 5. 21.) 제 1 조.
103) 저작권법(제09785호 2009. 7. 31.) 제 1 조.
104) 대법원 1995. 10. 2. 94마2217 결정.

## Ⅵ. 기술혁신과 특허

### 1. 기술혁신

"발명"은 '자연법칙을 이용하여 창작된 기술적 사상'인 데 반하여, "기술혁신"은 이러한 사상이 구체적으로 구현된 것을 의미하므로 이들은 서로 다르게 이해하는 것이 옳을 것이다.[105] 특허청에 따르면 2004년 특허기술의 사업화 비율은 38.9%에 불과했다. 특허청은 이를 2015년까지 50%까지 확대하기 위한 노력을 하고 있다.[106] 발명은 그것이 특허되는 데 그치지 않고 사업화됨으로써 기술혁신이 일어날 때 그 사회에 실질적 유익을 가져오기 때문이다.

### 2. 기술혁신과 특허

원래의 특허는 기술혁신에 부여되었다. 실질적으로 구현되어 사용이 가능하게 된 물품에 대하여 부여되었던 것이다. 그러나 현행 특허제도는 발명, 즉 새로운 아이디어나 정보를 보호하는 것으로 변화되었다. 정보를 보호하는 것으로 변화됨에 따라서 해당 정보가 출원 전에 이미 국내에서나 혹은 세계의 어디에서라도 접근만 가능하면 특허로서 보호받지 못하게 되었다. 특허제도가 '기술혁신(innovation)'의 보호에서 '발명(invention)'의 보호로 전환됨으로써 기술혁신은 직접 보호되지 못하고 간접적으로 보호될 수밖에 없게 된 것이다.[107] 즉, 현행 특허제도하에서 새로운 아이디어를 구비한 물건을 처음으로 시장에 내놓은 기술혁신자는 해당 물건에 내포된 아이디어만을 보호받기 때문에 자신의 기술혁신에 대하여 간접적으로만 보호받게 된다. 왜냐하면 해당 아이디어가 여러 가지 방식으로 구현될 수 있는 한, 기술혁신자가 실제로 시장에 내놓은 물건 이외의 것을 경쟁자가 동일 시장에서 만들어 팔 경우 분쟁이나 소송

---

105) William Kingston, *Direct Protection of Innovation*, Kluwer Academic Publishers(Dordrecht, the Netherlands, Boston), 1987, pp. 1-2, 9, 25 참조.
106) 특허청, 지식재산강국 실현을 위한 추진전략 및 과제, 2005. 10(이하, 특허청, 지식재산강국이라 한다), p. 17.
107) William Kingston, *Direct Protection of Innovation*, p. 9 참조.

이 뒤따를 수밖에 없게 되기 때문이다. 이러한 점에서 절대적 신규성 요건은 국내의 기술혁신을 촉진하는 역할을 제대로 하지 못하고 분쟁을 야기할 소지를 갖고 있는 것이다.

따라서 기술적 사상만 기재하여 출원한 경우에는 절대적 신규성 요건을 그대로 적용하는 데 무리가 없다. 그러나 새로운 기술적 사상과 더불어 이것이 실질적으로 이용 가능하고 상업적으로 판매 가능한 상태의 물건으로 제시되었음에도 불구하고 이 정보, 즉 기술적 사상에 대한 접근이 가능하다는 이유만으로 이를 거절한다면 국내에서의 기술혁신을 저해할 수 있다. 따라서 기술혁신이 일어났다고 인정되는 경우에는 "절대적 신규성" 요건 대신에 "상대적 신규성" 요건을 적용하여 국내에서만 '새로운 것'이라고 인정되더라도 특허를 부여한다면 국내에서의 기술혁신을 자극할 수 있을 것이다.[108]

## 3. 기술혁신에 있어서 독점과 경쟁의 역할

산업구조와 기술혁신 간의 관계에 대하여 두 견해가 있다. 하나는 집중에 따른 장점(virtues of concentration)을 선호한다.[109] 이 견해에 따르면 독점권을 가지고 있는 기업은 기술혁신의 주요 성장엔진이다. 독점은 기업이 기술혁신을 함에 있어서 안전과 자유를 보장해 준다. 독점력은 기업이 경쟁기업에게 지식확산을 제한함으로써 자신들의 노력의 결과를 보다 충분히 활용할 수 있게 해 준다. Edmund Kitch는 기업으로 하여금 개발 이익을 충분하게 활용할 수 있도록 해 주고 또한 연구개발에 있어서 중복투자를 감소시키기 위하여 특허권이 필요하다고 주장한다.[110]

다른 견해는 경쟁의 역할을 중시하는 것이다. Robert Merges와 Richard Nelson은 특허가 중복투자를 다소 감소시킬지 모르나 기술혁신을 가속하기 위해서는 경쟁이 필요하다고 주장한다.

---

108) William Kingston, *Direct Protection of Innovation*, pp. 24-25 참조.
109) 이 견해는 경제학자 Joseph Schumpeter의 견해와 공통점이 있다. Arti K. Rai, *Forstering Cumulative Innovation in the Biopharmaceutical Industry: The Role of Patents and Antitrust*, 16 Berkeley Tech. L.J. 813(2001)(이하, Rai, *Fostering Cumulative Innovation*), at 819.
110) Rai, *Fostering Cumulative Innovation*, at 819-820.

생의약(biopharmaceutical) 연구[111]의 높은 개발비와 비용 회수의 어려움을 고려하면 특허보호는 기술혁신을 촉진한다. 그러나 다양한 독립적 연구 방법들이 창의적 개발을 촉진하기 때문에 경쟁은 보호되어야 한다. 따라서 충분한 경쟁을 확보하면서 연구개발투자에 대한 인센티브를 유지하기 위하여 특허와 독점금지법을 어떻게 서로 조화시킬 것인지가 중요하다.

집중이 기술혁신을 촉진하는지 방해하는지에 관하여 해답을 제시하기는 어렵다. F. M. Scherer는 높은 집중도와 연구개발비 사이에 부정적 관계가 존재한다고 주장하는 반면,[112] 이것은 산업에 따라 다르다는 연구결과도 있다.[113] 그래서 기술혁신에 있어서 경쟁의 중요성을 주장하는 측조차도 이 문제는 산업에 따라 달리 해석해야 함을 인정한다.[114]

이와 같이 연구개발의 결과를 이용하는 제도로서 특허의 중요성은 산업에 따라 다르다는 사실은 많은 연구로 뒷받침되고 있다. 예를 들어, 네트워크 외향성이 강한 산업(예, 소프트웨어 산업)에서는 독점을 금지하는 것이 필요하다. 이러한 산업에서 지적재산권은 독점적 집중의 강력한 원인이 될 수

---

111) 모든 새로운 제품은 FDA의 엄격한 심사과정을 거쳐야 하는데, 이 심사과정은 안전성과 performance를 평가하기 위하여 동물에 대한 생체 내 시험(in vivo testing)을 포함하는 임상 전 시험으로부터 시작된다. 회사가 이들 테스트에서 만족스러운 결과를 받으면, 다음 단계의 시험은 인간에 대한 3단계 임상시험을 한다. 이것은 최소한 2년이 소요된다. 첫 단계에서, 새로운 약품에 대한 시험은 건강한 사람들로 구성된 적은 그룹에 대하여 이루어진다. 두 번째 단계 시험에서는 해당 약품이 목표로 하는 질병을 앓고 있는 소그룹의 환자를 대상으로 한다. 세 번째 단계 시험에서는 보통 1,000 내지 3,000명의 환자를 대상으로 상업적 형태로 이루어진다. 이들 3단계에서 약 20%만이 FDA 요건을 충족시켰다. 3단계를 통하여 약품이 안전하고 효과적이라는 것이 입증되면 기업은 'a Product License Application(PLA) for a Biologic Compound'를 준비하여 FDA에 검토를 요청한다. 이때부터 FDA의 승인절차는 약 2년이 소요된다. 임상실험과 허가과정은 최소한 5년이 소요되고 단일 제품의 총 연구개발과 상업화에 소요되는 비용의 40%를 차지한다. http:// www-personal.umich.edu/~afuah/cases/case5.html, 2006. 8. 26. 접속.

112) F.M. Scherer는 집중도가 비교적 낮을 때 집중에 따른 기술개발의 활기가 나타난다고 한다. Rai, *Fostering Cumulative Innovation*, at fn. 57.

113) Richard C. Levin, Wesley M. Cohen and David C. Mowery, *R&D Appropriability, Opportunity, and Market Structure: New Evidence on Some Schumpeterian Hypotheses*, 75 Am. Econ. Rev. 20(1985).

114) Rai, *Fostering Cumulative Innovation*, at 828.

있다. 생의약 분야에서 넓은 특허권은 반경쟁적 상황을 일으킬 수 있지만,
어느 정도 제한된 특허권은 그다지 쉽게 집중을 일으키지 않는다.

# 과학기술의 보호방안

학습목표

▶ 과학기술의 보호를 위하여 사용할 수 있는 다양한 방안을 이해한다.

예    제

1. 회사의 기술을 보호함에 있어서 특허에 의한 보호와 영업비밀에 의한 보호 중 어느 것이 더 적절한가?
2. 성공적인 발명의 공통적인 특성은 무엇인가?
3. 특허를 중시하는 정책은 과학기술 발전에 긍정적인가? 그렇다면 왜 그런가? 그렇지 않다면 그 이유는 무엇인가?

# Ⅰ. 특허권과 실용신안권

특허권은 발명을 한 자 또는 승계인에게 주어지는 것으로서 발명에 대한 정보의 공개에 대한 대가로 주어진다. 특허제도는 발명가와 공중(public) 간의 계약으로 볼 수 있다. 발명가가 자신의 발명 정보를 공개하면 공중은 그 정보를 이용하는 대가로 특허라고 하는 독점권을 부여한다. 여기서 공중의 역할은 특허청이 대신한다.

특허를 부여할 수 있는 발명은 그 대상이 자연법칙을 이용한 기술적 사상의 창작으로 고도의 것이어야 하고, 산업상 이용가능하고, 새롭고(신규성),[1] 통상의 기술자가 선행기술에 의하여 용이하게 발명할 수 없을 만큼 통상의 기술자에게 자명하지 않은 것이어야 하고(진보성),[2] 발명을 통상의 기술자가 쉽게 실시할 수 있을 만큼 그 내용을 명확하고 상세하게 발명의 상세한 설명란에 기재해야 하고(공개요건),[3] 특허청구범위를 기재할 때에는 보호받고자 하는 사항을 명확히 할 수 있도록 발명을 특정하는 데 필요하다고 인정되는 구조·방법·기능·물질 또는 이들의 결합관계 등을 기재하여야 한다.[4]

특허권에 의한 과학기술의 보호에 대하여는 뒤에서 상세히 설명할 것이므로 여기서는 생략한다.

실용신안법은 기술적 사상의 창작을 보호한다는 점에서 특허법과 그 이념을 같이 한다. 다만, 특허의 대상이 '기술적 사상의 창작으로서 고도한 것'을 보호하는 데 반하여 실용신안의 보호대상은 '기술적 사상의 창작'으로서 고도하지 않아도 된다는 점이 다르다.

실용신안은 신규성과 진보성에 대한 사전심사가 없는 나라도 있지만 우리나라는 현재 사전심사를 하고 있다. 실용신안은 특허에 비하여 비교적 완화된 기준에 의하여 신규성 및 진보성 심사를 하므로 컴퓨터프로그램과 (인터넷을 통한) 영업방법과 같이 기술이 빠르게 진보하여 상대적으로 짧은 라이프사이클을 갖는 작은 기술진보의 보호에 편리할 수 있다. 이는 실용신안이 특허발

---

1) 특허법 제29조 제1항.
2) 특허법 제29조 제2항.
3) 특허법 제42조 제3항.
4) 특허법 제42조 제6항.

명의 신규성과 비자명성의 수준에 미치지 못하는 작은 기술혁신5)을 보호할 수 있기 때문이다.

우리나라에서 실용신안의 보호대상은 물건의 형상이나 구조에 한정되어 있다. 그런데 작은 기술혁신은 물건의 형상이나 구조에 한정되어 일어나지 않고 기술혁신이 일어나는 모든 분야에서 나타날 수 있다. 그러나 실용신안은 물건의 형상이나 구조에 한정하여 보호하고, 특허는 기술적 사상의 창작으로서 고도의 것만 보호하기 때문에 화학적 공정이나 방법 등에서 나타나는 작은 기술혁신들은 특허로서도 실용신안으로서도 보호받을 수 없게 되어 있다. 기술, 자본, 인력 등에 있어서 선진국에 비해 열위에 있는 개발도상국에 있어서의 기술혁신은 대부분이 특허의 진보성 요건을 충족하기 어려운 작은 기술혁신이다. 따라서 특허제도에서 요구하는 진보성 요건하에서는 선진국의 대기업이 출원한 큰 발명만 특허를 받게 되고 개발도상국의 국내 출원은 대부분 거절되거나 실용신안을 받는 데 그치게 될 것이다. 개발도상국의 산업을 보호하기 위해서는 개발도상국 내의 공정이나 방법에 속하는 작은 발명을 어떠한 형태로든 보호할 필요가 있다. 더욱이 작은 기술혁신은 이들이 누적될 경우 발명에 못지않은 중요성을 갖게 되고 이를 방치할 경우 기술혁신에 대한 의욕을 상실하게 되거나 연구개발의 결과를 비밀로 유지하려고 하는 경향이 발생할 것이므로 이를 보호할 필요성이 있다.

현행 실용신안제도에 있어서 "절대적 신규성(absolute novelty)" 요건은 보호대상이 국내뿐 아니라, 전 세계에서 새로워야 함을 요구한다. 절대적 신규성 기준의 채택은 국내에서 기술혁신이 실질적으로 일어나지 않았다 하더라도 동일한 내용의 정보에 접근할 수만 있다면 출원을 거절할 수 있음을 의미한다.

그러나 원래의 특허제도는 국내에서 기술혁신이 잘 일어날 수 있도록 유도하기 위한 것으로서 "상대적 신규성(relative novelty)"만을 요구하였다.6) 그리고 특허는 일정한 사회 내에서 실제로 새롭게 만들어진 "물건"을 보호하였고 어떤 새로운 물건의 제작에 관한 아이디어는 보호하지 않았다.7) 즉, 아무리 새롭고 놀라운 아이디어라 할지라도 이것이 구체적으로 만들어져 사용될 수 있

---

5) 이를 'sub-patentable innovations'라고도 한다.
6) William Kingston, *Direct Protection of Innovation*, pp. 24-25 참조.
7) William Kingston, *Direct Protection of Innovation*, p. 2 참조.

는 상태로 되어 있지 않으면 보호하지 않았던 것이다. 따라서 기술혁신이 일어났다고 인정되는 경우에는 "절대적 신규성" 요건 대신에 "상대적 신규성" 요건을 적용하여 국내에서만 '새로운 것'이라고 인정되면 실용신안을 부여하는 것이 국내 산업의 육성을 위해서는 바람직하다고 할 수 있다. 1905년 제정된 일본 실용신안법은 소발명을 보호함으로써 국내 산업을 육성하기 위하여 일본에서 공지되지 않았으면 신규성 요건이 충족되는 "상대적 신규성 요건"을 채택하였다.

　요약하면, 특허제도의 근본취지는 국내에서 기술혁신이 잘 일어나도록 장려하기 위한 것이다. 따라서 일단 어떠한 기술혁신이 국내에서 최초로 일어났다고 인정되는 한, 해당 기술혁신에 포함된 '정보'와 동일한 정보가 국내뿐 아니라 해외에서 발견되더라도 그것이 국내에서 구체적으로 구현되지 않은 한, 신규성이 상실되지 않은 것으로 하는 것이 국내 기술혁신을 장려할 수 있다고 볼 수 있다.

　실용신안의 보호대상이 될 만한 진보성 요건의 최저수준은 불명확하다. 예를 들어 모든 종류의 '선택, 추가, 재배열, 수정, 조정' 등이 실용신안으로 보호될 수는 없다. 이러한 것들이 해당 기술 분야에서 통상의 지식을 가진 자(통상의 기술자)에 의해 극히 용이하게 창작될 수 있을 정도로 자명해서는 안 된다.[8] 즉, 실용신안의 보호대상이 될 수 있는 진보성의 최저수준은 통상의 기술자가 '극히 용이하게' 창작할 수 없는 정도의 것이라고 할 수 있다.

　그런데 어떤 고안이 통상의 기술자에게 '극히' 용이하게 실시할 수 있는 것인지의 여부와 동일성의 것 혹은 균등물을 정확하게 구분하는 것은 매우 힘든 일이고 따라서 진보성 판단에 명확성을 기하기 어렵다. 즉, 실용신안에 있어서의 진보성 요건이라고 하는 것은 '동일성의 범주에 속하지 아니하고 기술적 균등물이 아닌 발명으로서 수치, 형상, 구조, 요소, 순서, 조성 등의 변경에 따른 기술적 효과를 갖는 것'이라고 할 수 있다. 사실 해당분야의 통상의 지식을 가진 자가 극히 용이하게 창작할 수 있을 정도의 것에 해당하지만 않으면 되기 때문에 실용신안을 받을 만한 발명의 진보성은 극히 작아도 되는 것이다. 그런데 이와 같이 그 기준이 애매할 뿐 아니라 극히 작아도 되

---

8) 발명은 특허출원 이전에 해당 기술 분야에서 통상의 지식을 가진 자에 의해 용이하게 창작될 수 있는 것이면 특허될 수 없다.

는 진보성 요건을 굳이 존치할 필요성이 있는지에 대하여는 숙고할 필요가 있다.[9] 즉, 진보성 요건은 특허법상의 특허요건에만 존치시키고 실용신안에는 그 요건 자체를 폐지하는 것이 실용신안에 의한 소발명의 보호에 보다 적절하지 않을까 생각한다.

# II. 디자인권

## 1. 디자인보호법의 보호대상과 목적

"디자인"은 물품(물품의 부분과 글자체를 포함한다)의 형상·모양·색채 또는 이들을 결합한 것으로서 시각을 통하여 미감을 일으키게 하는 것을 말한다.[10] 따라서 디자인은 ① 물품과 결합되어 있어야 하고[11] ② 형상·모양·색채 또는 이들을 결합한 것이므로 구체적인 형태를 가져야 하고, ③ 시각, 즉 육안을 통하여 인식할 수 있어야 하고, ④ 미감을 일으켜야 한다.

디자인은 완성품은 물론 물품의 부품이라 할지라도 호환성이 있고 독립적으로 거래의 대상이 되면 디자인의 보호대상이 된다. 또한 디자인에 대한 정의규정[12]에서 밝힌 바와 같이 디자인보호법은 '물품의 부분'의 디자인과 글자체의 디자인도 보호한다.

한편, 글자체의 디자인은 비록 물품성이 없음에도 불구하고 디자인보호법에 의하여 보호하고 있다. 디자인보호법에 의한 글자체 디자인의 보호는 글자체의 개발에 투여된 노력과 자본을 보호할 필요에서 비롯되었다. 또한 미국, 영국, 프랑스, 독일, 유럽연합 등 많은 국가에서 이를 디자인보호법으로 보호하고 있기 때문에 국제적 추세를 반영한 것이기도 하다.[13]

디자인보호법은 이러한 디자인의 보호 및 이용을 도모함으로써 디자인의

---

9) 이에 대한 상세한 논의는 Kingston, *Direct protection of Innovation* 및 Koo, *Information Technology and Law*에서 다루고 있다.
10) 디자인보호법(제09764호 2009. 6. 9.) 제 2 조 제 1 호.
11) 물품을 떠나서는 디자인이 존재할 수 없다.
12) 디자인보호법(제09764호 2009. 6. 9.) 제 2 조 제 1 호.
13) 노태정 외 1, 「디자인보호법」, 세창출판사, 2005, p. 165.

창작을 장려하여 산업발전에 이바지함을 목적으로 한다.[14] 디자인보호법은 디자인 등록요건인 신규성과 진보성 요건(제5조), 신규성 상실의 예외규정(제8조), 선출원주의(제16조), 출원의 분할(제19조), 조약에 의한 우선권주장(제23조) 등 많은 부분에 있어서 특허법과 그 사상을 공유하고 있다.

## 2. 디자인등록 요건

### (1) 공업상 이용가능성

디자인등록이 되기 위해서는 공업상 이용가능해야 한다.[15] 여기서 공업상 이용가능하다는 것은 공업적으로 동일물을 양산할 수 있는 것을 의미한다.[16] 즉, 공업성이라 함은 동일물을 양산할 수 있는 것을 의미하는 것으로서, 동일 물품의 반복생산성, 양산성, 기술적 달성가능성을 모두 갖추고 있어야 한다. 따라서 일품제작을 목적으로 하는 회화나 조각은 공업상 이용가능성이 없으므로 디자인보호법의 보호대상이 될 수 없다.[17]

한편, 유사한 개념으로 산업상 이용가능성이 있는데 이는 1차 산업에서 3차 산업에 이르기까지 모든 산업분야에 걸쳐 이용가능함을 의미하고 양산이 가능함을 필요로 하지 않는다는 점에서 양산성을 필요로 하는 공업상 이용가능성과 구별된다.[18]

### (2) 신 규 성

디자인제도도 특허제도와 같이 새로운 디자인을 공개한 자에게 공개의 대가로 일정기간 독점권을 부여한다. 즉, 이미 공개되어 공유자산(public domain)이 된 디자인에 대하여는 독점권을 부여하지 않는다. 따라서 디자인권을 인정받기 위해서는 신규성이 인정되어야 한다.

---

14) 디자인보호법(제09764호 2009. 6. 9.) 제1조.
15) 디자인보호법 제5조 제1항.
16) 노태정 외 1, 「디자인보호법」, 세창출판사, 2005, p. 173.
17) 판화는 동일품을 다수 제작한다는 점에서 일반 회화와 다르다고 할 수도 있으나 그 제작 숫자를 제한한다는 점에서 동일물을 양산한다고 볼 수는 없을 것이다.
18) 노태정 외 1, 「디자인보호법」, 세창출판사, 2005, p. 174.

### (3) 창작비용이성

창작비용이성이란 디자인등록출원 전에 그 디자인이 속하는 분야에서 통상의 지식을 가진 자가 공지된 디자인의 결합에 의하거나 국내에서 널리 알려진 형상·모양·색채 또는 이들의 결합에 의하여 용이하게 창작할 수 없음을 의미한다. 신규성이 있는 디자인이라 하더라도 통상의 기술자가 용이하게 창작할 수 있는 디자인에 대하여는 등록을 받을 수 없다는 것으로서, 이 기준은 특허법의 진보성 기준과 유사하다.

창작비용이성의 지역적 판단기준은 판단의 기초가 되는 자료에 따라 다르다. 공지 등이 된 디자인은 국내외의 것을 포함하고, 널리 알려진 형상 등은 국내의 것으로 한정하고 있다. 널리 알려진 형상 등에 대하여 국내로 한정하는 것은 국가마다 문화나 관습이 달라 그 나라에서 널리 알려진 것인지의 여부에 대한 판단이나 입증이 곤란함을 고려한 점이라 할 것이다.

## 3. 디자인의 유사 여부 판단

디자인의 유사 여부는, 디자인을 구성하는 각 요소를 분리하여 개별적으로 대비해서는 안 되고, 그 외관을 전체적으로 대비 관찰하여 보는 사람으로 하여금 상이한 심미감을 느끼게 하는지의 여부에 따라 판단하여야 한다.[19] 따라서 그 지배적인 특징이 유사하다면 세부적인 점에 다소 차이가 있을지라도 유사하다고 보아야 한다. 그리고 디자인의 구성요소 중 물품의 기능을 확보하는 데 필요한 형상 또는 공지의 형상 부분이 있더라도 이 부분까지 포함하여 전체로서 관찰하여 느껴지는 심미감에 따라 판단해야 한다.[20]

---

19) 대법원 2007. 1. 25. 선고 2005후1097 판결.
20) 대법원 2009. 1. 30. 선고 2007후4830 판결. 유사한 취지로서 대법원 1992. 11. 10. 선고 92후490 판결; 대법원 2005. 6. 10. 선고 2004후2987 판결 등 참조.

# Ⅲ. 상 표 권

상표권 자체에 의하여 과학기술을 직접적으로 보호할 수는 없다.[21] 상표에 의한 과학기술의 보호는 간접적으로 이루어진다. 이를 테면, 특허권은 등록함으로써 발생하고 출원일로부터 20년까지 존속한다. 특허권에 의하여 특허권자는 자신의 발명을 독점적으로 실시할 수 있다. 특허권자는 이 특허권 존속기간 동안 가지는 독점권으로 말미암아 경쟁에 의한 가격보다 높은 가격에 제품을 판매함으로써 투자에 대한 대가를 얻을 수 있다.

그런데 이러한 독점권은 존속기간의 만료로 소멸되므로 그 후에는 상표에 의하여 독점적 지위를 연장할 수 있다. 즉, 소비자가 특허권 존속기간 동안 특허제품에 대하여 쌓아온 신뢰는 특허권 소멸 후에도 특허제품의 상표를 통하여 지속되게 된다. 즉, 상표는 상표사용자의 제품에 대한 신용을 유지시켜 줌으로써 소비자의 이익을 보호하고 산업을 발전시키는 효과를 갖는다.

## 1. 상　표

상표법은 "상표를 보호함으로써 상표사용자의 업무상의 신용유지를 도모하여 산업발전에 이바지함과 아울러 수요자의 이익을 보호함을 목적으로 한다."(상표법 제1조 제1항) 상표법의 목적은 상표사용자의 신용유지를 통한 산업발전과 수요자의 이익보호로 규정할 수 있다.

상표라 함은 상품을 생산·가공·증명 또는 판매하는 것을 업으로 영위하는 자가 자기의 업무에 관련된 상품을 타인의 상품과 식별되도록 하기 위하여 사용하는 ① 기호·문자·도형·입체적 형상 또는 이들을 결합한 것과, ② 이들에 색채를 결합한 것, ③ 기타 시각적으로 인식할 수 있는 것을 말한다.

상표에는 상품상표, 서비스표, 단체표장, 업무표장 등이 있다. 여기서 서

---

21) 입체상표 보호제도의 도입 이후 특허와 상표의 중첩보호가 가능할 수 있게 되었다. 그러나 상표법 제7조 제1항 제13호가 "상표등록을 받고자 하는 상품 또는 그 상품의 포장의 기능을 확보하는 데 불가결한 입체적 형상만으로 되거나 색채 또는 색채의 조합만으로 된 상표"에 대한 상표등록을 부정하고 있기 때문에 여전히 상표권에 의한 과학기술의 보호는 제한적이다.

비스표란 무형의 상품(예, 은행업, 통신업, 운송업, 연예업 등의 서비스업)을 판매
하는 것을 업으로 영위하는 자가 자기의 업무에 관련된 상품을 타인의 상품과
식별되도록 하기 위하여 사용하는 상표를 말한다. 이러한 상표는 자타상품 식
별·출처표시·품질보증·광고 등의 기능과 더불어, 근래에는 상표 자체로서
자산가치를 갖게 되어 재산적 기능을 하고 있다.

　　상표는 타인의 상표와 구별할 수 있는 식별력이 있어야 등록상표로서 보호
될 수 있다. 예를 들어 상품의 보통명칭, 관용상표, 성질표시적 상표, 현저한
지리적 명칭, 그 약어 또는 지도, 흔한 성 또는 명칭, 간단하고 흔히 있는 표장,
기타 식별력이 없는 표장은 상표로서 등록될 수 없다(상표법 제6조 제1항).

　　그러나 식별력이 없는 상표라도 출원 전에 상당기간 사용한 결과 그 상표
가 수요자간에 누구의 업무에 관련된 상품을 표시하는 것인가 현저히 인식되
어 있는 상표는 등록을 받을 수 있다(상표법 제6조 제2항). 예를 들어 '종로학
원'의 경우는 '종로'라고 하는 현저한 지리적 명칭과 '학원'이라고 하는 보통명
칭으로만 구성되어 있지만 그 상표가 누구의 업무에 관련된 것인지 현저하게
인식되어 있기 때문에 상표로서 보호될 수 있는 것이다. 이것은 사용에 의한
식별력 인정의 한 예라 할 수 있다.[22]

## 2. 도메인이름

### (1) 도메인이름의 정의와 기능

　　도메인이름은 원래 인터넷상에 서로 연결되어 존재하는 컴퓨터 및 통신장
비가 인식하도록 만들어진 인터넷 프로토콜 주소(IP 주소)를 사람들이 인식·
기억하기 쉽도록 숫자·문자·기호 또는 이들을 결합하여 만든 것이다.[23] 부정
경쟁방지법은 "도메인이름"을 '인터넷상의 숫자로 된 주소에 해당하는 숫자·
문자·기호 또는 이들의 결합'이라고 정의하고 있다.[24] 즉, 도메인이름은 인터

---

[22] "종로학원"의 사용에 의한 식별력을 인정한 판례로서, 대법원 1999. 4. 23. 선고
97도322 판결. '뉴욕제과' 상표와 관하여는 1984. 5. 22. 선고 81후70 판결. 대법
원은 1990. 12. 21. 선고 90후38 판결(상표등록존속기간갱신등록무효) 사건에서,
등록상표 '새우깡'을 장기간의 사용에 의한 특별현저성이 형성된 상표라고 보았
다. 대법원 1984. 5. 22. 선고 81후70 판결(거절사정).

[23] 대법원 2004. 5. 14. 선고 2002다13782 판결.

[24] 부정경쟁방지 및 영업비밀보호에 관한 법률[일부개정 2004. 12. 31 법률 제7289

넷을 하는 자가 정보를 송수신할 수 있도록 인터넷상의 위치를 나타내는 주소에 해당하는 것으로, 기억하기 어렵게 숫자로 된 주소를 기억하기 쉽도록 구성한 것이다.[25] 그런데 도메인이름은 인터넷의 발달로 말미암아 단순한 주소기능만이 아니라 상호 또는 상표의 기능도 하게 되었다.

## (2) 도메인이름분쟁해결규정

인터넷주소를 관리하는 국제기구인 인터넷주소관리기구(ICANN: Internet Corporation for Assigned Names and Numbers)는 도메인이름의 등록과 사용에 관한 분쟁의 해결을 위하여, 통일도메인이름분쟁해결규정(UDRP: Uniform Domain Name Dispute Resolution Policy) 및 그 절차규칙(Rules for Uniform Domain Name Dispute Resolution Policy, 이하 'Rules'라고 한다)에 다음과 같은 사항들을 규정하고 있다.

### 1) 등록취소, 이전 및 변경
ICANN이 채택한 UDRP에 따라 진행되고 등록자가 당사자가 된 강제적 행정절차에서 도메인이름의 등록취소, 이전 또는 변경 결정이 있는 경우에는 도메인이름의 등록을 취소, 이전 또는 변경한다.[26]

### 2) 적용대상 분쟁
신청인이 분쟁조정기관에 대하여 다음 세 가지 사실을 주장하는 경우에 도메인이름의 등록자는 강제적 행정절차에 따라야만 하고, 강제적 행정절차에서 신청인은 다음 세 가지 사실을 입증하여야 한다.[27]

① 도메인이름이 신청인에게 권리가 있는 상표 또는 서비스표와 동일하거나 혼동을 일으킬 정도로 유사하다.
② 도메인이름의 등록자가 당해 도메인이름에 관하여 권리나 정당한 이익을 가지고 있지 않다.

---

호](이하, 부정경쟁방지법이라 한다.) 제2조(정의) 제4호.
25) 윤선희, 「상표법」, 법문사, 2007, p. 88.
26) UDRP 제3조(등록취소, 이전 및 변경).
27) UDRP 제4조 a항(적용대상분쟁).

③ 도메인이름의 등록자가 당해 도메인이름을 부정한 목적으로 등록·사
용하고 있다.

### 3) 부정한 목적에 의한 등록 및 사용의 증거

도메인이름의 취득비용을 상당히 초과하는 대가를 얻기 위해서 등록상표
의 권리를 보유한 신청인(또는 신청인의 경쟁자)에게 도메인이름의 이전·매도
혹은 임대를 목적으로 도메인이름을 등록한 경우에는 부정한 목적으로 도메인
이름을 등록·사용한다는 증거가 된다.[28]

# Ⅳ. 저 작 권

## 1. 저작권의 보호대상

저작권법 제 2 조 제 1 호는 저작물을 "문학·학술 또는 예술의 범위에 속
하는 창작물을 말한다"고 규정하고 있다.[29] 이 정의에 기초하여 도출되는 저
작물의 성립요건에는 ① 창작성이 있을 것, ② 인간의 사상이나 감정을 표현
한 것일 것 등이 있다.[30] 신규성은 절대적인 개념인 데 반하여 창작성은 상대
적인 개념이다. 즉, 실질적으로 모방되지 않고 독자적으로 창작된 것을 의미한
다.[31] 그래서 만약 어느 작가가 자신의 노력으로 그 동안 보지도 듣지도 못했

---

28) UDRP 제 4 조 b항(부정한 목적에 의한 등록 및 사용의 증거) ⅰ 호.
29) 미국 저작권법 제102조는 저작물을 "……original works of authorship fixed in
any tangible medium of expression, now known or later developed, from
which they can be perceived, reproduced, or otherwise communicated, either
directly or with the aid of a machine or device."라고 규정하고 저작물에는
'(1) literary works; (2) musical works, including any accompanying words;
(3) dramatic works, including any accompanying music; (4) pantomimes and
choreographic works; (5) pictorial, graphic, and sculptural works; (6) motion
pictures and other audiovisual works; (7) sound recordings; and (8)
architectural works' 등이 포함된다고 규정하고 있다. US Copyright Law,
Chapter 1. § 102. Subject matter of copyright: In general (a).
30) 오승종, 「저작권법」, 박영사, 2007, p. 40.
31) 오승종, 「저작권법」, 박영사, 2007, p. 41.

던 윤동주의 「序詩」와 완전히 동일한 시를 작성하였다면 그것은 독립된 저작물로 성립할 수 있고, 제 3 자가 비록 윤동주의 「序詩」를 복제할 권리를 가지고 있다고 하더라도 이 작가의 시를 복제할 수는 없다.[32] 또한 진보성은 선행기술에 비하여 기술적 진보를 가져온 것을 가리키는 반면 창작성은 기존의 작품에 비하여 문학적, 학문적, 또는 예술적으로 진보되어 있을 것을 요구하지 않는다. 그래서 저작권법이 요구하는 저작물의 요건은 특허법이 요구하는 특허요건에 비하여 훨씬 완화된 것이라고 하겠다.

## 2. 창작성의 기준

창작성 기준은 최저기준으로서 이마의 땀 기준(sweat of the brow: 노동이론)[33]에서부터 최고기준으로서 작품에 저자의 인격의 刻印이나 지적창작기준까지 다양하다. 노동이론에서는 작품 제작에 있어서 저자의 지적창작이 적용되었는지의 여부에 관계없이 저자의 노력을 인정한다. 이 기준에서는 작품을 제작하는 데 투여된 노력의 양을 고려하여 저작권 보호가 주어진다. 그래서 저작자의 투자가 저작권의 보호대상이다. 최고기준으로서 지적창작기준에서는 작품에 지적창작이 있어야 한다.

지적창작기준에서는 작품의 아이디어가 새롭거나 진보적이거나 독창적일 것을 요구하지 않는다. 왜냐하면 저작권은 아이디어를 보호하지 않고 아이디어의 표현을 보호하기 때문에 아이디어의 표현만 독창적이면 된다. 그러나 단순한 정보나 데이터와 같은 콘텐츠의 편집은 창작성을 갖기 어렵기 때문에 데이터베이스를 저작권으로 보호하는 데는 곤란한 점이 있다. 저작권은 이미 존재하는 작품이나 데이터에 주어지는 것이 아니므로, 데이터베이스에 대한 저작권은 사전에 존재하는 작품이나 데이터를 획득하고 증명하고 선택하고 배열한 것에 존재한다고 할 것이다.

극단적인 노동이론에 의하면 문화발전에 도움이 안 되는 저작물도 보호하게 되어 저작권법의 취지가 몰각되고, 극단적인 유인이론(지적창작기준)에 의하면 예술성·학술성 등 주관적인 가치판단에 좌우되어 법적 안정성을 잃게 된

---

32) 유사한 사례들의 소개를 보려면, 오승종, 「저작권법」, 박영사, 2007, p. 43 참조.
33) 이하에서 '노동이론'은 '이마의 땀 요건'과 같은 의미로 사용된다.

다. 따라서 어느 정도의 창의성을 요구할 것인지는 해당 사회의 문화수준을 고려하여 법정책적 입장에서 결정해야 할 것이다.

우리나라 대법원은 저작물로 인정되기 위한 창작성의 정도를 최소한의 정도에 그쳐야 한다는 입장을 취하고 있다.

> "저작권법에 의하여 보호되는 저작물이기 위하여는 문학·학술 또는 예술의 범위에 속하는 창작물이어야 하므로(저작권법 제 2 조 제 1 호) 그 요건으로서 창작성이 요구되나 여기서 말하는 창작성이란 완전한 의미의 독창성을 말하는 것은 아니며 단지 어떠한 작품이 남의 것을 단순히 모방한 것이 아니고 작자 자신의 독자적인 사상 또는 감정의 표현을 담고 있음을 의미할 뿐이어서 이러한 요건을 충족하기 위하여는 단지 저작물에 그 저작자 나름대로의 정신적 노력의 소산으로서의 특성이 부여되어 있고 다른 저작자의 기존의 작품과 구별할 수 있을 정도이면 충분하다······."34)

저작권의 보호대상은 표현이므로 아이디어, 절차(procedure), 공정(process), 시스템, 작동방법(method of operation), 개념(concept), 원리(principle), 발견(discovery) 등은 보호하지 않는다.35)

## 3. 저작권자의 권리

저작권자는 저작재산권을 갖고, 저작재산권에는 복제권, 공중송신권, 대여권, 배포권 등이 있다. 또한 정당한 권한 없이 고의 또는 과실로 기술적 보호조치를 제거·변경하거나 우회하는 등의 방법으로 무력화하여서는 아니 된다.36)

### (1) 복제권(Right of reproduction)

복제권은 저작자가 자신의 저작물을 스스로 복제하거나 타인에게 이를 하

---

34) 대법원 1995. 11. 14. 94도2238 판결.
35) US Copyright Law, Chapter 1. §102. Subject matter of copyright: In general (b) The restricted items, e.g. idea, procedure, process, system, method of operation, concept, principle, or discovery, may be under the patent protection.
36) 저작권법 제104조의2 제 1 항; 미국 Article 11 of the Copyright Treaty.

도록 허락하거나 하지 못하도록 금지할 배타적인 권리를 말한다(저작권법 제16조). 따라서 타인이 저작권자의 허락 없이 저작물을 복제할 경우 복제권의 침해가 된다.

### (2) 배포권(Right of distribution)

배포권은 저작물의 원작품이나 그 복제물을 스스로 배포하거나 이를 금지시킬 배타적 권리를 말한다(저작권법 제20조). 여기서 배포는 저작물의 원작품 또는 그 복제물을 일반공중에게 대가를 받거나 받지 아니하고 양도 또는 대여하는 것을 말한다(저작권법 제2조 제23호). 배포권은 권리소진의 원칙[37]에 의하여 제한된다. 즉, 저작물의 배포권은 1회의 판매로써 소진된다.

### (3) 대여권(Right of rental)

최초판매가 이루어지면 저작권자의 배포권은 소진되기 때문에 양수인은 이를 재판매하거나 대여할 수 있다. 그러나 상업적 대여는 저작권자의 수익을 감소시킬 수 있다. 그래서 권리소진의 원칙에 대한 예외로 저작권자에게 인정한 권리로서 최초판매 이후에 저작권자가 저작물의 적법한 양수인에게 저작물을 상업적으로 대여할 수 있도록 허락하거나 이를 금지할 수 있는 권리를 대여권이라 한다(저작권법 제21조).

대여권은 TRIPs에 규정되어 있다.[38] 이 권리를 선진국들은 1996년까지, 개발도상국들은 2000년까지 국내법으로 입법하도록 되어 있다.

### (4) 공중송신권(Right of communication to the public)

"공중송신"은 저작물, 실연·음반·방송 또는 데이터베이스를 공중이 수신하거나 접근하게 할 목적으로 무선 또는 유선통신의 방법에 의하여 송신하거나 이용에 제공하는 것을 말한다(저작권법 제2조 제7호). 따라서 저작물을 공중이 수신하거나 접근하게 할 목적으로 송신하는 것은 물론 웹사이트에 올려서 다른 이용자가 다운로드 할 수 있도록 하는 것만으로도 공중송신권의 침해를 구성하는 것이 된다.

---

37) 오승종, 「저작권법」, 박영사, 2007, p. 461. 이를 '최초판매의 원칙'이라고도 한다.
38) Article 11 of TRIPs.

공중송신의 유형에는 방송, 전송, 디지털음성송신 등이 있다. 여기서 방송은 공중이 동시에 수신하게 할 목적으로 음·영상 또는 음과 영상 등을 송신하는 것을 말한다. 전송은 공중의 구성원이 개별적으로 선택한 시간과 장소에서 접근할 수 있도록 저작물 등을 이용에 제공하는 것과 그에 따라 이루어지는 송신을 말한다. 방송은 동시적 송신의 경우만을 의미하고 1 대 다수, 일방향성, 실시간 진행 등의 특성이 있는 반면, 전송은 쌍방향성, 이시성(異時性)을 띤다는 점에서 방송과 다르다.[39] 즉, 전송은 1 대 1로 이루어지고 개인이 개별적으로 선택한 시간과 장소에서 작품에 접근할 수 있도록 대중에게 작품을 이용 가능하게 하는 것을 포함한다. 디지털음성송신은 공중이 동시에 수신하게 할 목적으로 공중의 구성원의 요청에 의하여 개시되는 음의 디지털 방식의 송신을 말하고 전송을 제외한다.

### (5) 기술적 보호조치에 대한 보호

저작자는 기술적 보호조치를 우회하도록 개발된 장치로부터 보호받을 권리가 있다. 저작권조약(WCT) 제11조는 그러한 보호를 제공할 의무를 부과하고 있다. 우리나라 저작권법에서도 "누구든지 정당한 권한 없이 고의 또는 과실로 …… 기술적 보호조치를 제거·변경하거나 우회하는 등의 방법으로 무력화하여서는 아니 된다"고 규정하여 무력화 행위를 금지하고 있다.[40]

## V. 영업비밀에 대한 권리

"영업비밀"이라 함은 공연히 알려져 있지 아니하고 독립된 경제적 가치를 가지는 것으로서, 합리적인 노력에 의하여 비밀로 유지된 생산방법·판매방법 기타 영업활동에 유용한 기술상 또는 경영상의 정보를 말한다.[41] 따라서 영업비밀에는 생산방법이나 영업활동에 유용한 기술상의 정보뿐 아니라 판매방법

---

39) 오승종 외 1, 「저작권법」, 박영사, 2005. 3. pp. 296-298.
40) 제104조의2(기술적 보호조치의 무력화 금지) 제 1 항(법률 제12137호 2013. 12. 30. 일부개정).
41) 부정경쟁방지법 제 2 조 제 2 호.

이나 경영상의 정보도 포함된다. 여기서 기술정보는 설계방법, 설계도면, 실험데이터(실패한 실험데이터 포함), 제조기술(코카콜라의 향을 내는 방법, 고려청자의 상감기법 등) 등을 말하고, 경영정보는 고객명부, 거래선명부, 판매계획, 제품의 할인시스템, 부기방법, 사무실관리방법 등이 포함된다.[42]

그리고 "영업비밀침해행위"는 크게 ① 영업비밀의 부정취득행위, 부정취득된 영업비밀을 사용 또는 공개하는 행위와 ② 영업비밀의 비밀유지의무자가 부정한 이득을 위하여 이를 사용하거나 공개하는 행위로 분류할 수 있다.[43]

산업기술이 영업비밀로 관리되고 있는 경우에는 영업비밀보호법에 의하여 보호를 받을 수가 있었다. 그러나 어떠한 산업기술이 영업비밀로 인정되기 위해서는 i) 보유주체의 영업활동에 유용한 것이어야 하고, ii) 그 기술이 공지되어 있지 않아야 하며, iii) 상당한 노력에 의해 비밀로 유지되고 있어야 할 뿐만 아니라, iv) 독립된 경제적 가치를 지니는 것이어야 한다. 그러므로 영업비밀보호법 또한 모든 기술개발주체의 다양한 산업기술을 보호하는 데에는 한계가 있었다.

「부정경쟁방지법」의 제정목적은 "건전한 거래질서의 유지"에 있고,[44] 이 법에서 보호하는 영업비밀은 "영업활동에 유용"한 것이어야 한다. 「영업비밀보호법」은 영업상의 "비밀"을 유출하는 행위만을 처벌하기 때문에 i) 비밀로 취급되고 있는 것은 아니지만 사실상 업계에 알려져 있지 않은 보호가치 있는 산업기술, 또는 ii) 이미 그 내용이 업계에 널리 알려져 있기는 하지만 그 실제적 활용이 용이하지 않아 후발사업자와 일정한 격차가 벌어져 있는 산업기술 등의 경우에 부당한 침해행위가 있어도 이를 막기 어려운 측면이 있다.[45]

---

42) http://www.kipo.go.kr/ippc/secret/secret_01-1.htm, 2007. 10. 30.

43) 부정경쟁방지법 제2조 제3호.

44) 부정경쟁방지법 제1조(목적) 이 법은 국내에 널리 알려진 타인의 상표·상호 등을 부정하게 사용하는 등의 부정경쟁행위와 타인의 영업비밀을 침해하는 행위를 방지하여 건전한 거래질서를 유지함을 목적으로 한다.

45) 이러한 이유에서 「산업기술의 유출방지 및 보호에 관한 법률」이 제정되었다.

# Ⅵ. 반도체집적회로배치설계권

## 1. 개  요

반도체집적회로배치설계는 반도체집적회로를 만들기 위하여 각종 회로소자 및 이들을 연결하는 도선을 평면적·입체적으로 배치한 설계를 말한다.[46] 반도체집적회로배치설계는 회로의 배치를 어떻게 효율적으로 집약시킬 것인가에 관한 것이므로 특허법에 의한 신규성 또는 진보성을 구비하기가 어렵고, 따라서 이들에 대하여 특허를 부여하는 것은 적절하지 않다.

그러나 작은 공간에 회로를 효율적으로 배치하기 위하여 엄청난 노력을 하여야 하고 연구결과를 보호하지 않으면 누구나 극히 작은 비용으로 복제가 가능하게 되어 기술개발을 하려 하지 않을 것이기 때문에 보호의 필요성이 있다. 이러한 이유로 특별법, 즉 「반도체집적회로배치설계에 관한 법률」(1992년 12월 8일 법률 제4526호)을 제정하여 반도체집적회로의 배치설계를 보호하게 된 것이다.

## 2. 설정등록

특허청장은 배치설계권의 설정등록 신청이 있는 경우 각하할 사유가 없는 한 설정등록을 하여야 한다.[47]

## 3. 등록의 효력

다음 사항은 특허청장에게 등록하여야 제 3 자에게 대항할 수 있다.[48] 등록은 특허청장이 배치설계등록원부에 기재함으로써 이루어진다.[49]

---

46) 반도체집적회로배치설계에 관한 법률 제 2 조(정의) 제 2 호.
47) 반도체집적회로배치설계에 관한 법률 제21조 제 1 항.
48) 반도체집적회로배치설계에 관한 법률 제23조 제 1 항 제 1 호 내지 제 4 호.
49) 반도체집적회로배치설계에 관한 법률 제23조 제 3 항.

① 배치설계권의 이전 또는 처분의 제한
② 전용이용권의 설정·이전·변경·소멸 또는 처분의 제한
③ 통상이용권의 설정·이전·변경·소멸 또는 처분의 제한
④ 배치설계권·전용이용권 또는 통상이용권을 목적으로 하는 질권의 설정·이전·변경·소멸 또는 처분의 제한

# Ⅶ. 컴퓨터프로그램에 대한 권리

컴퓨터프로그램이란 "특정한 결과를 얻기 위하여 컴퓨터 등 정보처리능력을 가진 장치(이하 "컴퓨터"라 한다) 내에서 직접 또는 간접으로 사용되는 일련의 지시·명령으로 표현된 창작물"[50]을 말한다.

컴퓨터프로그램을 포함하는 발명은 특허로 보호할 수 있고 컴퓨터프로그램의 문자적 표현이라고 할 수 있는 소스코드와 오브젝트코드는 저작권법에 의하여 보호된다.

그런데 컴퓨터프로그램은 컴퓨터라는 물리적 도구를 이용하여 어떠한 문제를 해결하기 위한 아이디어를 담고 있고 동시에 목적하는 기능을 수행하는 반면, 문제해결을 위하여 논리적·수리적 연산방법을 사용하기 때문에 특허 또는 저작권으로 보호할 수 있는 대상인지에 관하여 많은 논란이 있어 왔다. 더구나 새로운 컴퓨터프로그램은 호환성과 상호연동성이 있어야 하기 때문에 기존 컴퓨터프로그램의 특성이나 기능으로부터 크게 벗어날 수 없다. 그래서 비록 새롭게 개발된 컴퓨터프로그램이라 할지라도 이것은 사실상 기존의 컴퓨터프로그램에 포함되어 있는 대부분의 요소들을 그대로 사용하고 일부 요소들에 대하여서만 약간의 업그레이드를 한 것에 불과한 경우가 많다. 따라서 특허법에서 규정하고 있는 특허요건인 진보성 요건을 충족하기가 쉽지 않다. 이러한 이유 때문에 기업들은 컴퓨터프로그램의 보호를 위하여 심사를 요건으로 하지 않고 자동적으로 보호할 수 있는 저작권법에 의한 보호를 일반적으로 선호한다.

---

50) 저작권법 제2조(정의) 제16호.

저작권법은 "컴퓨터프로그램저작물"을 저작물의 하나로 예시하고 있다.[51] 그러나 컴퓨터프로그램은 본질적으로 어떠한 문제를 해결하는 과정에서 특정의 기능을 발휘하고 문제를 해결하는 도구라는 점[52]에서 일반적인 저작물과는 다른 특성이 있다. 따라서 표현만을 보호하는 저작권법적 보호만으로는 이러한 측면을 충분히 보호할 수 없기 때문에 추가적인 보호가 요구된다.

저작권법은 컴퓨터프로그램을 저작물로서 보호하는 외에 다른 보호를 특별히 추가적으로 제공하고 있다. 이 법은 컴퓨터프로그램을 보호하기 위한 "기술적 보호조치"[53]를 보호하고 있는 것이다.[54] 이는 컴퓨터프로그램이 본질적으로 기능적인 저작물이고 컴퓨터프로그램의 가치의 본질이 기능에 있음에도 불구하고 저작권법은 컴퓨터프로그램의 기능을 보호하지 않기 때문에 이를 보완하기 위하여 컴퓨터프로그램제작자가 사적 보호조치를 통하여 보호를 확장하는 것을 지원하려는 의도로 해석할 수 있다. 저작권법이 컴퓨터프로그램 보호법을 포섭하면서 저작권법 제 1 조에서 문화 및 관련 산업의 향상발전을 목적으로 한다고 규정함으로써 산업의 진흥을 통하여 국민경제에 이바지할 수 있도록 한다는 점에서 특허법을 위시한 산업재산권법의 목적과 유사한 측면을 가지게 되었다. 이에 따라 컴퓨터프로그램은 문화·예술 방면뿐 아니라 기술·산업 방면에서도 활발하게 이용되는 것으로서 그 가치를 보호함에 있어서 컴퓨터프로그램의 표현에 대한 저작권법에 의한 보호와 그 기능에 대한 특허법에 의한 보호를 동시에 추구하고 있음이 명확하게 되었다.

## Ⅷ. 종자산업법에 의한 품종보호권[55]

우리나라에서 식물에 대한 지적재산권의 보호는 특허법과 종자산업

---

51) 저작권법 제 4 조(저작물의 예시 등) 제 1 항 제 9 호.
52) 이러한 의미에서 컴퓨터프로그램을 일종의 기계라고 일컫는다.
53) 저작권법 제 2 조(정의) 제28호. "기술적 보호조치"는 저작권 그 밖에 이 법에 따라 보호되는 권리에 대한 침해행위를 효과적으로 방지 또는 억제하기 위하여 그 권리자나 권리자의 동의를 얻은 자가 적용하는 기술적 조치를 말한다.
54) 저작권법 제124조 제 2 항 등.
55) 구대환 외 1, 「변화하는 국내외 환경과 변리사업계의 향후 과제 및 대책」, 대한변리사회, 2008. 1. 31, pp. 149-157 참조.

법56)에 의해 이루어지고 있다. 특허법이나 종자산업법은 유성번식이든 무성번식이든 가리지 않고 식물품종을 보호하고 있다.57)

## 1. 보호대상

종자산업법은 특허법과 같이 식물품종을 보호의 대상으로 하고 있는 점에서 같다.58) 식물의 육종·번식·재배방법, 식물의 개량·처리·가공방법, 식물로부터의 특정물질의 추출방법, 식물로부터 채취된 물질을 이용한 가공품과 그 제조방법 등 식물에 관한 모든 '발명'을 보호한다.59)

## 2. 품종보호제도의 신규성·구별성 요건

특허제도는 발명의 신규성, 진보성 등을 요건으로 하고, 품종보호제도는 신규성·구별성 등을 요건으로 하고 있다.60) 여기서 구별성이라 함은 일반인

---

56) 종자산업법은 식물의 신품종에 대한 육성자의 권리보호, 주요작물의 품종성능의 관리, 종자의 생산·보증 및 유통 등에 관한 사항을 규정함으로써 종자산업의 발전을 도모하고 농업·임업 및 수산업생산의 안정에 이바지함을 목적으로 한다(종자산업법 제1조).

57) 이한영 외, "주요국의 생명공학과 관련된 특허성 판단기준에 대한 연구 – 미국, 일본, 유럽특허청의 심결 판결례를 중심으로 –," 한국발명진흥회 지식재산권연구센터, 2002. 12. 참조; 권오희, "논문발표와 식물지적재산권 출원 관계 고찰," pp.108-114. biozine.kribb.re.kr/kboard_trend/download.php?codesystem&no=813, 2007. 10. 27. 접속.

58) 종자산업법은 식물의 신품종에 대한 육성자의 권리를 보호함으로써 종자산업의 발전을 도모한다. 종자산업법 제1조(목적). 특허법(2006. 3. 3. 개정되기 전) 제31조의 규정에 의해 무성적으로 반복생식할 수 있는 변종식물에 한하여 특허보호를 받을 수 있었고, 유성적으로 번식되는 종자식물은 특허법으로 보호될 수 없었다. 그러나 이 규정이 2006. 3. 3.자 삭제됨에 따라 유성적이든 무성적이든 식물품종 자체에 대하여 특허를 받을 수 있게 되었다.

59) 종자산업법 제57조 제1항은 "품종보호권자는 업으로서 그 보호품종을 실시할 권리를 독점한다"라고 하고 있고, 동조 제3항은 "품종보호권자는 제1항에 따른 권리 외에 업으로서 그 보호품종의 종자의 수확물이나 그 수확물로부터 직접 제조된 산물에 대하여도 실시할 권리를 독점한다"라고 하고 있어, 어떠한 의미에서는 특허법보다 더 넓게 식물품종을 보호하고 있다.

60) 종자산업법 제14조(구별성).

에게 알려져 있는 품종과 명확하게 구별되는 성질을 말하는 것으로, 새로운 식물품종과 유사한 품종이 있을 경우에 이 품종과 구별되는 성질을 가지고 있어서 새로운 식물품종에 구별성이 있다고 인정된다면 특허제도에서 발명에 진보성이 있다고 인정되는 경우와 상당히 유사한 측면이 있는 것이다.

### 3. 품종보호제도의 균일성·안정성 요건

특허보호는 반복재현성, 즉 실시가능성을 요건으로 하고 있고, 품종보호는 균일성과 안정성을 요건으로 하고 있다.

품종은 충분히 균일하여야 하고(균일성),[61] 반복적으로 증식된 후에도 그 품종의 본질적인 특성이 변하지 아니하는 '안정성'을 가져야 한다.[62] 이러한 균일성과 안정성은 "품종보호권자"(품종보호권을 보유하고 있는 자)뿐 아니라 제3자가 실시하더라도 본질적 특성이 균일하고 변하지 않아서 당해 식물품종을 반복적으로 재현하거나 실시할 수 있어야 함을 의미한다고 할 것이다.

### 4. 선출원주의

종자산업법 제21조(선출원)에 의하면 동일 품종에 대하여 2 이상의 품종보호출원이 있을 경우 먼저 출원한 자만 품종보호를 받을 수 있다.

### 5. 정당한 권리자의 보호

품종보호는 정당한 권리자를 보호한다는 점에서 특허제도와 극히 유사하다. 종자산업법 제20조에 의하면 품종보호를 무효로 한다는 심결이 확정된 경우에는 그 품종보호출원 후에 한 정당한 권리자의 품종보호출원은 무효로 된 그 품종보호의 출원시에 품종보호출원을 한 것으로 본다.

---

61) 종자산업법 제15조.
62) 종자산업법 제16조.

## 6. 독점배타권의 부여

품종보호제도는 품종보호권이라는 독점배타권을 부여한다. "품종보호권"
이라 함은 종자산업법에 의하여 품종보호를 받을 수 있는 권리를 말한다.[63]
종자산업법 제84조에 의하면, 품종보호권자 또는 전용실시권자는 자기의 권리
를 침해한 자 또는 침해할 우려가 있는 자에 대하여 그 침해의 금지 또는 예방
을 청구할 수 있다. 이는 특허법 제126조에서 특허권자 또는 전용실시권자의
보호를 위해 권리침해에 대한 금지청구권을 부여한 것과 동일하다.

종자산업법에 손해배상청구권(제86조)이 있고, 손해배상청구에 관하여 특
허법 제128조(손해액의 추정 등)와 제132조(서류의 제출)[64]의 규정을 준용하도록
하고 있다.[65] 아울러 종자산업법 제85조와 특허법 제127조에서 "침해로 보는
행위"는 특허제도와 유사하다.

## 7. 종자산업법의 특허법 준용규정

종자산업법은 품종보호에 관한 절차에 관하여 다수의 특허법을 준용하도
록 규정하고 있다. 즉, 종자산업법 제10조는 품종보호에 관한 절차에 관하여는
특허법 제 3 조(미성년자 등의 행위능력) · 제 4 조(법인이 아닌 社團 등) · 제 7 조(대
리권의 증명) · 제 8 조(대리권의 불소멸) · 제 9 조(개별대리) · 제10조(대리인의 改任
등) 제 1 항 · 제 2 항 및 제 4 항 · 제13조(재외자의 裁判籍) · 제14조(기간의 계산) ·
제17조(절차의 추후보완) · 제18조(절차의 효력의 승계) · 제19조(절차의 續行) · 제20
조(절차의 중단) · 제21조(중단된 절차의 受繼) · 제22조(受繼신청) · 제23조(절차의
중지) · 제24조(중단 또는 중지의 효과) · 제148조 제 1 항 제 1 호 내지 제 5 호 및
제 7 호의 규정을 준용하도록 규정하고 있다.

---

63) 종자산업법 제 2 조(정의) 제 6 호.
64) 특허법 제132조. 법원은 특허권 또는 전용실시권의 침해에 관한 소송에 있어
  서 당사자의 신청에 의하여 타당사자에 대하여 침해행위로 인한 손해산정에
  필요한 서류의 제출을 명할 수 있다.
65) 종자산업법 제86조 제 2 항.

## 8. 출원·심사·공개·공개의 효과·등록 등의 절차

종자산업법에 의한 품종보호의 출원절차, 출원공개, 출원공개의 효과, 심사절차, 설정등록, 품종보호권의 효력, 품종보호권의 존속기간 등이 특허제도와 극히 유사하다.

## 9. 권리의 효력 및 실시권에 관한 사항의 유사성

품종보호권의 효력, 품종보호권의 전용실시권 및 통상실시권에 관한 사항이 특허법의 관련 규정과 극히 유사하다.

## 10. 심판제도

종자산업법에 의한 심판제도는 특허법에 의한 심판제도와 극히 유사하다. 종자산업법상 거절사정에 대한 심판(제93조),[66] 품종보호의 무효심판(제94조),[67] 심판청구방식(제95조),[68] 심판의 합의체구성(제98조)[69] 등은 특허법에 의한 관련 규정과 극히 유사할 뿐 아니라, 종자산업법 제100조(특허법의 준용)는 심판과 관련된 대부분의 사항들에 대하여 특허법의 관련 규정을 준용하고 있다.[70]

## 11. 재심 및 소송제도

종자산업법에 의한 재심 및 소송은 특허법의 관련 규정과 극히 유사하거나 특허법을 준용하고 있다. 즉, 품종보호심판위원회의 결정에 불복하면 특허

---

66) 특허법 제132조의3(특허거절결정 또는 특허취소결정 등에 대한 심판).
67) 특허법 제133조(특허의 무효심판).
68) 특허법 제140조(심판청구방식).
69) 특허법 제146조(심판의 합의체).
70) 종자산업법 제100조(특허법의 준용) ① 제92조 내지 제94조의 규정에 의한 심판에 관하여는 특허법 제139조·제141조·제142조·제147조 내지 제160조·제161조 제1항·제3항·제162조 내지 제166조·제171조 제2항·제172조 및 제176조의 규정을 준용한다.

법원에,  특허법원의  결정에  불복하면  대법원에  상고할  수  있다.[71]

# IX.  데이터베이스에  대한  권리

## 1.  데이터베이스의  정의

데이터베이스란  "소재를  체계적으로  배열  또는  구성한  편집물로서  개별적
으로  그  소재에  접근하거나  그  소재를  검색할  수  있도록  한  것"을  말한다.[72]
데이터베이스는  그  정의에서  알  수  있듯이  ①  소재를  수집하고  ②  이를  정
리·편집함으로써  완성된다.  데이터베이스에  대한  보호와  그  소재에  대한  보
호는  전혀  별개의  것이다.[73]  데이터베이스에  이용되는  컴퓨터프로그램의  보호
역시  데이터베이스의  보호와는  완전히  구별되는  것이다.[74]

데이터베이스는  "소재의  선택·배열  또는  구성에  창작성"이  있는  경우  편
집저작물로서  보호된다.[75]  또한  창작성이  전혀  없는,  단지  개별  소재를  수집하
여  놓기만  한  경우에도  데이터베이스  및  데이터베이스제작자에  대한  정의  규
정과[76]  저작권법  제4장의  제  규정에[77]  의하여  저작권법에  의한  보호가  일반
적으로  인정된다.  이처럼  저작권법에  의한  데이터베이스의  보호는  저작권법의
보호대상이  되는  저작물에  창작성이  없는  경우에도  "제작  또는  그  소재의  갱
신·검증  또는  보충에  인적  또는  물적으로  상당한  투자"가  있기만  하면  일정한
보호를  하여  준다.[78]  이  점에서  현  저작권법에  의한  데이터베이스의  보호는
전통적인  저작권법에  의한  보호와  차이가  있다.

---

71)  종자산업법  제105조(심결  등에  대한  소)  ①  심결에  대한  소와  품종보호출원
    서·심판청구서  또는  재심청구성의  보정각하결정에  대한  소는  특허법원의  전속
    관할로  한다.  ⑦  특허법원의  판결에  대하여는  대법원에  상고할  수  있다.
72)  저작권법  제2조  제19호.
73)  저작권법  제93조  제3항  및  제4항.
74)  저작권법  제92조.
75)  저작권법  제2조  제18호.
76)  저작권법  제2조  제19호  및  동조  제20호.
77)  저작권법  제91조  내지  제98조.
78)  저작권법  제2조  제20호.

## 2. 데이터베이스 보호의 연혁

데이터베이스 보호입법의 필요성이 제기된 것은 미국에서 소위 Feist 판결[79]이 인명별 전화번호부의 저작물성을 부인하면서부터라고 할 수 있다. 미국 연방대법원은 이 사건의 판결에서 저작권법이 보호하는 저작물로 인정되기 위해서는 "독자적으로 작성되었을 것"이라는 요건 외에 "최소한의 독창성을 가질 것"이 요구된다고 하면서, 사실에 불과할 뿐인 전화번호를 단지 인명 순으로 나열한 것에 불과한 전화번호부는 저작권법의 보호를 받을 수 있는 독창성을 갖추고 있지 않다고 판시하였다.

그러나 인명별 전화번호부가 매우 유용하고 가치 있는 데이터베이스라는 사실을 부정할 수는 없다. 그런데 이를 법적으로 보호하지 않으면 누구나 쉽게 복제할 수 있다. 그러면 아무도 막대한 시간과 노력과 비용을 들여 전화번호부를 제작하려고 하지 않을 것이다. 이렇게 되면 결국 전화번호부라는 유용한 책은 우리 곁에서 사라지게 될지 모른다. 창작성이 없는 데이터베이스에 대한 보호를 위한 입법의 필요성은 여기에 있다.

창작성이 없는 데이터베이스가 저작권법의 보호를 받지 못한다는 점이 확인된 후 이러한 데이터베이스에 대한 보호는 크게 두 가지 방식으로 전개되어 왔다. 첫째는 데이터베이스 제작자가 사적으로 데이터베이스를 보호하는 한편 법은 그러한 사적 보호를 배후에서 간접 지원하는 방식이고, 둘째는 "타인의 노력에 무단편승하여 이익을 취하는 것은 불법적"이라는 오래된 믿음에서 출발하는 넓은 의미의 부정경쟁방지법상 "부정이용"의 법리를 채용하거나 데이터베이스를 보호하기 위한 새로운 체계를 입법을 통하여 마련함으로써 직접적인 법적 보호를 제공하는 방식이다. 아래에서는 이들 두 가지 방식에 의한 데이터베이스의 보호에 대하여 살펴본다.

## 3. 기술적 보호조치에 의한 데이터베이스의 보호

데이터베이스 제작자들은 저작권법에 의한 데이터베이스 보호 범위의 불

---

79) *Feist Publications, Inc. v. Rural Telephone Service Co.*, 499 U.S. 340, 18 U.S.P.Q. 2d1275(1991).

확실성을 제거하고 소재에 대한 지배권을 강화하기 위하여 제 3 자가 데이터베이스에 접속하거나 소재를 복제하지 못하도록 기술적 보호조치를 마련하는 경우가 많다.

그런데 이러한 기술적 보호조치가 만들어지면 곧바로 이를 우회하거나 무력화하기 위한 기술이 개발되기 때문에 데이터베이스에 대한 권리를 보호하기 위한 기술과 이를 침해하기 위한 기술은 기술적 경쟁관계를 형성하며 빠른 속도로 발전하는 경향이 있다. 따라서 어떠한 데이터베이스에 기술적 보호조치를 취할 필요가 있는지, 만약 보호할 필요가 있다면 어떠한 기술로 어느 정도의 보호를 할 것인지, 기술적 보호조치의 갱신 내지 강화의 정도 및 주기는 어느 정도로 할 것인지 등을 결정하는 일은 데이터베이스 시장 및 보호기술과 이들의 발전 추이에 폭넓은 지식을 가진 기술전문가가 아니면 감당하기 어려운 일이다.

한편 데이터베이스를 보호하기 위한 기술적보호조치 자체에 대하여는 저작권법으로 보호하지 않았으나 한미 FTA에 따른 저작권법 개정에 의하여 이를 법적으로 보호하게 되었다. 현행 우리나라 저작권법에 의하면, "저작권 그 밖에 이 법에 따라 보호되는 권리에 대한 침해 행위를 효과적으로 방지 또는 억제하기 위하여 그 권리자나 권리자의 동의를 얻은 자가 적용하는 기술적 조치를 제거·변경하거나 우회하는 등의 방법으로 무력화하여서는 아니 된다."[80] 또한 정당한 권한 없이 "① 기술적 보호조치의 무력화를 목적으로 홍보, 광고 또는 판촉되는 것이나, ② 기술적 보호조치를 무력화하는 것 외에는 제한적으로 상업적인 목적 또는 용도만 있는 것이나, ③ 기술적 보호조치를 무력화하는 것을 가능하게 하거나 용이하게 하는 것을 주된 목적으로 고안, 제작, 개조되거나 기능하는 것" 등의 장치, 제품 또는 부품을 제조, 수입, 배포, 전송, 판매, 대여, 공중에 대한 청약, 판매나 대여를 위한 광고, 또는 유통을 목적으로 보관 또는 소지하거나, 서비스를 제공하여서는 아니 된다.[81]

---

80) 저작권법 제2조 제28호; 저작권법 제104조의2(기술적 보호조치의 무력화 금지) 제1항.

81) 저작권법 제104조의2(기술적 보호조치의 무력화 금지) 제2항.

## 4. 부정경쟁행위 금지를 통한 데이터베이스의 보호

한편 유럽과 미국에서는 저작권법 외의 수단으로 데이터베이스를 보호할 수 있는 직접적 방안을 모색하여 왔는데, 그 대표적인 것이 데이터베이스의 무단 복제 및 사용을 부정경쟁행위로 보아 규제하려는 것이었다. 미국의 경우 *International New Service v. The Associated Press* [82]에서는 저작권법의 보호를 받지 못하는 사실보도에 불과한 뉴스라 하더라도 이를 상업적으로 무단이용한 경우 "부정이용(misappropriation)"에 해당하는 불법행위로 보았다. 이러한 법리를 명문화한 것이 유럽의 "데이터베이스 보호에 관한 EU 지침"이고 미국의 "H. R. 3531 Database Investment and Intellectual Property Antipiracy Act of 1996"이다.

데이터베이스 보호에 관한 EU 지침은 각 회원국에게 데이터베이스에 관하여 저작권이 아니면서 15년간 보호되는 독자적인 권리를 창설할 것을 요구한다. EU 지침은 권한 없이 데이터베이스를 이용하는 것은 투자자가 마땅히 누려야 할 이익에 부당히 편승하는 것이라는 전제에서 데이터베이스 작성에 관련된 투자를 보호한다.

보호기간을 25년으로 하고 있고, 기술적 보호조치의 무력화 금지조항을 포함하고 있는 점이 다르긴 하지만 미국의 데이터베이스보호법도 EU 지침과 유사한 내용을 담고 있다.

우리나라에서는 저작권법의 틀 안에서 데이터베이스에 대한 법적 보호를 하고 있는데, 데이터베이스제작자는 "그의 데이터베이스의 전부 또는 상당한 부분을 복제·배포·방송 또는 전송할 권리"를 가지며,[83] 데이터베이스의 개별 소재는 당해 데이터베이스의 상당한 부분으로 간주되지 아니함이 원칙이지만, "데이터베이스의 개별 소재 또는 그 상당한 부분에 이르지 못하는 부분의 복제 등이라 하더라도 반복적이거나 특정한 목적을 위하여 체계적으로 함으로써 당해 데이터베이스의 통상적인 이용과 충돌하거나 데이터베이스제작자의 이익을 부당하게 해치는 경우"에는 당해 데이터베이스의 상당한 부분의 복제등으로 보아 데이터베이스제작자를 보호하고 있다.[84]

---

82) 248 U.S. 215(1918).
83) 저작권법 제93조 제 1 항.
84) 저작권법 제93조 제 2 항.

이것은 데이터베이스의 소재를 보호하지 않는다고 하는 기본 원칙을 무시하는 것이다. 즉, 개별 소재라 할지라도 반복적 체계적으로 이용하여 데이터베이스 제작자의 이익을 해치는 경우 이를 금하는 것은 사실상 데이터베이스 소재를 보호하는 것이 되기 때문이다.


## 5. 소  결

데이터베이스의 보호는 저작권법에 의한 저작물의 보호라기보다는 넓은 의미에서의 부정경쟁방지법에 의한 부정경쟁행위의 금지라는 측면이 강하며, 데이터베이스 제작자의 권리를 효과적으로 보호하기 위해서는 데이터베이스가 만들어지고 이용되고 있는 시장의 환경 및 관련 기술에 대한 깊은 이해와 폭넓은 지식이 필수적이다. 다시 말하면, 데이터베이스는 문화입법으로서의 저작권법과 산업입법으로서의 산업재산권법의 경계에 걸쳐 있기는 하지만, 그 본질이 산업 투자의 보호 및 기술적 문제의 해결에 있는 만큼 산업재산권법의 보호영역에 해당하는 측면이 더 강하다고 할 수 있다.


# X. 디지털콘텐츠에 대한 권리

## 1. 디지털콘텐츠의 의의와 특성

'디지털콘텐츠(digital contents)'는 '디지털(digital)'과 '콘텐츠'의 합성어이므로 디지털콘텐츠의 개념을 정의하기 위해서는 이 두 개념의 의의에 대해 먼저 살펴볼 필요가 있다. 우선 '디지털'이란 '아날로그(analog)'라는 개념과 함께 컴퓨터의 처리방식을 지칭하는 데서 유래하는 개념으로, 아날로그가 연속적인 범위를 갖는 수치 값으로 이루어지는 데 반해, 디지털은 0과 1로 구성된 이진수를 조작하여 처리하는 방식이다.[85] 디지털 기술의 발달은 콘텐츠의 내용을 불문하고 이를 디지털 기술에 의해 통합함으로써 단일한 플랫폼에서 이용할 수

---

85) 참고로 디지털 신호는 시간과 크기가 모두 이산적(離散的) 형태의 파형을 갖는 신호로 구성되며 on, off의 전자 펄스로 나타낸다.

있게 해 준다. 또한 디지털 기술은 정보의 처리와 가공은 물론, 정보의 탐색 및 수집도 매우 경제적이고 효율적인 특성을 가진다.

다음으로 '콘텐츠(contents)'는 문자, 소리, 화상, 영상 등의 형태로 이루어진 정보의 내용물을 의미하는데, 여기에는 출판, 음악, 영화 등의 영상, 사진 등의 화상, 게임, 데이터베이스(Database)[86] 정보 등이 포함된다. 그러나 현재 콘텐츠의 개념은 협의로 사용되는 경우도 있고 광의로 사용되는 경우도 있어 이를 명확히 정의하는 것은 용이하지 않다.

이와 같은 개념 정의를 바탕으로 디지털콘텐츠의 개념에 대해 살펴보면 다음과 같다. 일반적으로 '디지털콘텐츠'란 전술한 디지털 기술에 의해 전자화된 정보를 의미한다고 본다.[87] 현재 통용되는 디지털콘텐츠의 경우 전술한 여러 콘텐츠들이 복합적으로 결합한 형태인 경우가 대부분인데 이를 멀티미디어 콘텐츠라고 정의하기도 하나, 이는 결국 디지털콘텐츠의 개념에 포섭되는 것으로 볼 수 있다.

콘텐츠산업진흥법 제2조 제1호에서는 "부호·문자·도형·색채·음성·음향·이미지 및 영상 등(이들의 복합체를 포함한다)의 자료 또는 정보"를 "콘텐츠"라 정의하고 있으므로, 디지털콘텐츠란 이러한 콘텐츠가 특히 디지털 형식으로 이루어진 것을 의미한다고 하겠다. 이와 관련하여 OECD에서는 디지털 콘텐츠를 전통 콘텐츠와의 비교개념으로 '전통 text, data, 화상, 동영상 등을 디지털화하여 이용자들의 참여가능성 및 상호작용이 가능하도록 한 것'이라고 정의하고 있으며, 유럽 IMO(International Market Observatory)에서는 멀티미디어 콘텐츠에 대해 '소설, 그림, 사진, 비디오, 음악을 막론하고 멀티미디어 재화나 서비스의 근간을 이루는 지적재산을 말한다'고 정의하고 있다.[88]

디지털콘텐츠에는 매우 다양한 매체들이 포함되므로 그 특성을 한 마디로 정의하기는 용이하지 않다. 그럼에도 불구하고 디지털콘텐츠는 전술한 디지털 기술의 발달에 따라 상호 융합 내지는 통합화되는 경향을 보이고 있는데, 이

---

86) 데이터베이스(DB: Database)란 소재를 체계적으로 배열 또는 구성한 편집물로서 그 소재를 개별적으로 접근 또는 검색할 수 있도록 한 것을 말한다.

87) (사)한국저작권법학회, 「디지털콘텐츠 보호강화를 위한 법령 연구」, 한국소프트웨어진흥원, 2004. 12[이하 (사)한국저작권법학회, 「디지털콘텐츠 보호강화를 위한 법령 연구」], p. 5.

88) (사)한국저작권법학회, 「디지털콘텐츠 보호강화를 위한 법령 연구」, p. 5 참조.

에 근거하여 디지털콘텐츠의 특성에 대해 검토해 보면 다음과 같다.

### (1) 항상성 및 보존성[89]

종래의 아날로그 방식에 의한 콘텐츠에 비해 디지털콘텐츠는 그 정보의 소모 내지는 품질 저하 현상이 거의 없다는 특성을 갖는다. 따라서 정보의 수집 및 보존이 용이하고 일단 저장된 정보를 오래도록 유지할 수 있다는 장점을 가지며, 그 결과 지식정보화사회의 근간을 형성하는 정보의 영구적인 보관이 가능해진다. 한편 CD-ROM이나 DVD와 같은 작은 저장매체에 엄청난 양의 정보의 저장이 가능하다는 점과, 적은 비용으로 많은 정보를 집약적으로 저장할 수 있다는 점에서 보관의 효율성 및 편리성을 도모하는 것도 가능하다.

### (2) 복제성 및 재생가능성

디지털콘텐츠의 항상성에 기해 아무리 복제가 이루어진다고 하더라도 본래의 디지털콘텐츠의 품질은 무한히 유지되는 특성을 가진다. 또한 디지털콘텐츠의 복제방법은 용이하며 비용도 매우 저렴하다. 그리고 이렇게 복제된 디지털콘텐츠는 원형의 변화가 거의 없이 반복 재생이 가능하다. 그 결과 디지털콘텐츠의 복제물을 전송하는 것 또한 손쉽게 이루어질 수 있다.

### (3) 정보 접근 및 검색의 용이성

정보의 디지털화와 집적은 당해 정보를 이용하고자 하는 자들에게 있어서도 매우 유리하다. 디지털 기술의 발달로 인해 이용자들은 필요에 따라 정보의 영역이나 내용을 불문하고 이를 쉽게 찾아내고 이용하는 것이 가능해졌기 때문이다. 그러므로 디지털콘텐츠는 정보 이용자의 정보에 대한 접근권과 이용권을 보장해 준다는 특성을 갖는다.

### (4) 변경의 용이성

기존의 아날로그 정보와는 달리 디지털콘텐츠의 제작자는 큰 비용을 들이지 않고도 원래의 디지털콘텐츠에 대한 추가, 삭제 및 변경 등의 업데이트를

---

89) 이하의 내용은 주로 (사)한국저작권법학회, 「디지털콘텐츠 보호강화를 위한 법령 연구」, pp. 6-7 참조.

용이하게 할 수 있다. 따라서 디지털콘텐츠의 품질 개선은 보다 경제적으로 자유롭게 이루어질 수 있다는 특성을 갖는다.

그런데 디지털콘텐츠는 그것의 변경이 용이하기 때문에 그 위조 또는 변조 역시 손쉽게 행해질 수 있다. 특히 불법복제 내지 위조 또는 변조된 경우에도 당해 정보를 원본과 구별해 내는 것이 쉽지 않기 때문에 이러한 특성은 디지털콘텐츠산업의 육성과 디지털콘텐츠제작자의 보호에 많은 어려움을 던져 준다.

### (5) 결합성과 호환성 및 상호연동성

디지털화된 정보는 그 내용이 무엇이건 간에 하나의 형태로 융합될 수 있다는 특성을 갖는다. 그 결과 텍스트, 음향, 영상, 이미지 등을 불문하고 다양한 정보가 하나의 콘텐츠 형태로 결합될 수 있다. 뿐만 아니라 한 콘텐츠의 정보의 전부 또는 일부를 추출·결합하여 새로운 정보를 가진 디지털콘텐츠를 만들어 낼 수 있으며, 이를 통해 엄청난 양의 정보군(情報群)을 형성하는 것이 가능하다.

한편, 새롭게 업그레이드 된 디지털콘텐츠는 종전의 것과 호환성을 가져야 한다. 호환성이 없으면 이용자는 새로운 디지털콘텐츠를 손쉽게 이용할 수 없다. 예를 들어, 업그레이드 된 게임은 종전 버전의 게임과 호환성을 가지고 있어야 이용자가 편리하게 이용할 수 있다.

또한 디지털콘텐츠는 그것이 이용되는 주변기기와 상호연동성을 갖는 것이 필수적이다. 따라서 디지털콘텐츠의 활발한 유통 및 이용을 도모하기 위해서는 사용자들에게 익숙한 이용 방법을 채택하여 호환성을 유지하고, 응용프로그램과 컴퓨터 및 주변기기와 상호연동성을 유지할 필요가 있다.

### (6) 비경합성 및 비배제성

대부분의 경우 디지털콘텐츠는 그 이용에 물리적 점유를 요하지 않는 경우가 많다. 따라서 디지털콘텐츠는 당해 정보의 이용이라는 관점에서 보면 비경합성 및 비배제성이라는 특성을 갖는다. 여기서 비경합성이란 어떤 한 사람에 의한 소비나 이용이 다른 사람의 소비나 이용에 부정적으로 작용하지 않는 성질을 의미한다. 또한 비배제성이란 어떤 한 사람의 소비나 이용이 다른 사람의 소비나 이용을 배제하지 않는 성질을 말한다. 인터넷을 통해 음악을 듣거나 영화를 볼 때, 수많은 이용자가 실시간으로 동일한 정보를 동시에 이용하거나 이를 공유하는 것이 가능한 것은 디지털콘텐츠에 비경합성과 비배제성이 있기 때문이다.

### (7) 높은 개발비용

높은 시장가치를 가지는 디지털콘텐츠를 제작함에 있어서는 어느 정도의 차이는 있겠으나 대체로 그 제작 과정에 상당한 노력과 비용이 요구된다. 이러한 특성은 특히 경제적 가치 및 그 유용성이 높은 디지털콘텐츠의 경우에 더욱 두드러지게 나타나는데, 이 경우 어떠한 방법으로 디지털콘텐츠의 높은 개발비용의 회수를 보장해 주느냐가 문제될 수 있다. 이는 디지털콘텐츠의 경우 개발비용은 높은 반면에 복제비용은 매우 낮다는 특성을 가진다는 점에서 더욱 그러하다.

즉, 이와 같은 디지털콘텐츠의 특성에 따라 그 불법복제, 위조 또는 변조 등의 위법행위가 용이하게 이루어질 수 있으며 그 결과 디지털콘텐츠 관련 산업의 성장에 장애가 될 우려가 있고 디지털콘텐츠 제작자의 보호에도 문제가 생길 수 있다. 또한 디지털화된 정보는 전술한 바와 같이 정보의 집약 및 관리가 비교적 용이하므로 개인정보가 남용되거나 개인의 사생활이 침해될 가능성도 배제할 수 없다.

그러므로 디지털콘텐츠 산업의 보호와 육성을 도모하여 이를 미래의 국가 경쟁력 있는 핵심산업으로 키우기 위해서는 이상과 같은 디지털콘텐츠의 특성을 올바로 파악하여 적정한 대책을 강구할 필요가 있다. 현행 「콘텐츠산업진흥법」 역시 이러한 입법의도를 가지고 제정되어 현재 시행 중에 있다.

## 2. 디지털콘텐츠 보호의 의의와 성격

콘텐츠산업진흥법은 저작권법에 의하여 보호되지 않는 좁은 의미의 콘텐츠를 보호하기 위한 법이다. 콘텐츠는 "부호·문자·도형·색채·음성·음향·이미지 및 영상 등(이들의 복합체를 포함한다)의 자료 또는 정보"이며,[90] 디지털

---

90) 콘텐츠산업진흥법 제 2 조 제 1 호.

콘텐츠는 콘텐츠 중 특히 디지털화되어 있는 콘텐츠를 의미한다. 그리고 콘텐츠를 제작한다는 것은 "창작·기획·개발·생산 등을 통하여 콘텐츠를 만드는 것을 말하며, 이를 전자적인 형태로 변환하거나 처리하는 것을 포함한다."[91] 온라인디지털콘텐츠는 "온라인" 환경에 "디지털" 형태로 되어 있는 "콘텐츠" 이므로, 무단복제가 매우 쉽고 이로 인한 피해의 확산도 빠르기 때문에 법적 보호가 필요한 것이다.

우리나라 저작권법과 판례는 법적 보호를 받을 수 있는 저작물성을 갖기 위해서는 어느 정도의 창작성이 있어야 한다고 보고 있는데, 아날로그 정보의 디지털화권을 독자적인 권리로 인정하지 않는 저작권법의 태도상 단순히 아날로그 형태의 원정보를 디지털화한 것에 불과하거나 디지털 형태의 원정보를 사용 목적에 따라 단순 가공한 것에 불과한 경우 저작물성이 인정될 여지는 없는 것으로 보인다. 그러므로 디지털콘텐츠의 보호는 저작권법에 입각한 보호가 아니라고 보아야 할 것이다. 콘텐츠산업진흥법에서 "콘텐츠제작자가 「저작권법」의 보호를 받는 경우에는 같은 법을 이 법에 우선하여 적용한다"[92]고 규정하고 있는 점도 이 법이 저작물성이 없는 보호대상을 저작권법과는 다른 목적과 방법으로 보호하려고 하는 것임을 암시한다.

콘텐츠산업진흥법은 "누구든지 정당한 권한 없이 콘텐츠제작자가 상당한 노력으로 제작하여 대통령령으로 정하는 방법에 따라 콘텐츠 또는 그 포장에 제작연월일, 제작자명 및 이 법에 따라 보호받는다는 사실을 표시한 콘텐츠의 전부 또는 상당한 부분을 복제·배포·방송 또는 전송함으로써 콘텐츠제작자의 영업에 관한 이익을 침해"하는 행위를 불법으로 규정하고, 콘텐츠의 보호기간을 5년으로 명시하고 있다.[93] 이는 콘텐츠에 대한 보호가 저작권법 논리에 기반을 둔 것이라기보다 콘텐츠제작자의 노력과 투자를 보호하기 위한 넓은 의미의 부정경쟁방지의 논리에 기반을 둔 것이라고 볼 수 있다.[94]

---

91) 콘텐츠산업진흥법 제 2 조 제 3 호.
92) 콘텐츠산업진흥법 제 4 조 제 2 항.
93) 콘텐츠산업진흥법 제37조 제 1 항.
94) 오승종·이해완, 「저작권법」, 박영사, 2004, p. 279.

## 3. 콘텐츠산업진흥법

디지털콘텐츠산업이 발전하기 위해서는 이에 대한 각종 정책 지원과 함께, 산업발전을 위한 법제 정립이 무엇보다도 중요하다. 디지털콘텐츠는 그 시장가치 또는 효용성이 높은 것일수록 대규모의 투자가 요구되는데, 이러한 투자와 노력의 회수를 보장하여 디지털콘텐츠의 창출을 활성화하고 나아가 사회 일반의 이익을 증대시키기 위해서는 디지털콘텐츠에 대한 부정이용을 방지하고 콘텐츠제작자의 권리를 보호하는 것이 필수적이기 때문이다. 물론 디지털콘텐츠의 개념이 매우 광범위하므로 디지털콘텐츠 중에서도 저작권법에 의한 보호의 대상이 되는 경우가 있을 수 있다.[95]

그러나 저작권법의 창작성 요건을 충족하지 못하는 디지털콘텐츠의 경우 법적 보호의 공백이 생길 우려가 있으며, 이는 디지털콘텐츠의 중요성을 감안할 때 사회 전체적으로 바람직하지 못하다. 이와 관련하여 우선 콘텐츠산업진흥법의 입법이 어떠한 의의를 가지는가는 동법 제 1 조 목적 규정을 살펴보면 보다 명확해진다.

"이 법은 콘텐츠산업의 진흥에 필요한 사항을 정함으로써 콘텐츠산업의 기반을 조성하고 그 경쟁력을 강화하여 국민생활의 향상과 국민경제의 건전한 발전에 이바지함을 목적으로 한다."

그러므로 동법은 지식정보화사회의 근간이 되는 콘텐츠산업의 보호 · 육성을 도모하고 이를 위해 콘텐츠의 유통을 활성화하는 한편 콘텐츠제작자를 보호하기 위한 규정을 주요 내용으로 하고 있다.

---

95) 박덕영 · 김혜창, p. 230 참조.

# 특허요건 및 특허제도의 주요원칙

▶ 특허를 받기 위해서 발명이 갖추어야 할 요건은 무엇인지 확인한다.

▶ 특허를 받기 위해서는 발명이 특허의 대상이어야 하고, 산업상 이용가능하고, 신규성과 진보성을 갖추고 있어야 한다. 그리고 나아가 명세서에 발명의 내용을 충분히 기재하고 청구범위에 보호받고자 하는 사항을 간결하고 명확하게 기재하여야 한다.

▶ 특허의 대상이 될 수 없는 발명은 어떤 이유에서 특허 대상에서 제외된 것인지를 이해한다.

▶ 신규성과 진보성의 차이와 각각의 판단기준을 이해한다.

▶ 선원주의, 우선권주장제도 등의 특허제도 주요원칙을 이해한다.

1. 미완성 발명은 보정에 의하여 그 하자를 치유할 수 없다. 그 이유는 무엇인가?

2. 특허를 부여하기 위하여 신규성과 진보성 및 발명의 상세한 설명과 특허청구범위의 기재를 심사하는 이유를 발명자와 사회 간의 사회경제적 계약관계의 입장에서 설명하시오.

3. 선원주의와 선발명주의의 차이는 무엇인가?

4. 조약에 의한 우선권제도의 취지와 국내 우선권제도의 차이를 설명하시오.

# Ⅰ. 서   론

특허제도는 발명을 보호·장려하고 그 이용을 도모해 기술발전을 촉진하기 위하여 발명자에게 특허권이라는 독점배타적인 재산권을 부여하여 보호하는 한편, 그 발명을 공개하게 함으로써 그 발명의 이용을 통하여 산업발전에 기여하고자 하는 목적을 가지고 있다. 이러한 특허를 받기 위해서는 어떠한 요건을 갖추어야 하는지 알아보자.

특허를 받기 위해서는 우선 보호받고 싶은 나라에 출원해야 한다. 출원하지 않은 발명은 특허로 보호되지 않고, 출원하지 않은 국가에서는 보호되지 않기 때문이다. 또한 연구결과가 출원 전에 누설되지 않도록 주의해야 하고 혹시 학술지 등에 공개하였다면 이를 증명하는 서류를 첨부하여 공개일로부터 12개월 이내에 특허출원을 함으로써 신규성 상실로 인한 거절을 피하도록 한다.[1]

또한 자신의 연구결과가 비록 사소하게 보일지라도 특허될 수 있는지 진단해 보는 것이 좋다. 산업상 유용한 것인지, 새로운 것인지(신규성),[2] 당업계의 전문가가 쉽게 생각해 낼 수 없는 정도의 것인지(진보성) 등을 검토해 보고 이러한 요건들이 충족된다고 생각되면 출원을 검토할 필요가 있다.

특허출원은 국내출원과 외국출원으로 구분할 수 있다. 국내 또는 외국의 어느 한 나라에 출원한 후 다른 나라에 출원할 예정인 경우에는 최초출원일로부터 1년 이내에 출원함으로써 신규성과 진보성 등의 검토에 있어서 출원 일자를 최초출원일로 소급하여 인정받을 수 있도록 하는 것이 유리하다. 또한, 출원 후 일정기간이 경과하면 발명의 내용이 공개공보에 게재됨으로써 신규성을 잃게 되고 따라서 공개된 후에는 타국에 출원하여도 특허를 받을 수 없게 되므로 주의해야 한다.

---

1) 공개되면 신규성이 상실되어 특허받을 수 없다. 그러나 발명의 효과를 시험하기 위해서 공개하거나, 간행물 등에 발표하거나, 연구집회에서 발표하거나, 박람회에 출품하여 공개한 경우에는 신규성이 상실되지 않은 것으로 인정받을 수 있다(특허법 제30조).
2) 특허법상의 신규성은 일정한 지역이나 국가 내에서만 새로운 상대적 신규성이 아니라 전 세계적으로 새로운 절대적 신규성이 있을 때 특허될 수 있다.

# Ⅱ. 발    명

## 1. 발명의 요건

특허를 받으려면 연구개발의 결과물이 특허의 대상이 되어야 한다. 우리 특허법은 특허의 대상인 발명을 다음과 같이 적극적으로 규정하고 있다.

"발명"이라 함은 자연법칙을 이용한 기술적 사상의 창작으로서 고도한 것을 말한다.[3]

여기서 자연법칙이라 함은 자연에서 경험으로 발견되는 법칙을 말하는 것으로 경제법칙, 심리법칙 등은 자연법칙이 아니다. 발명이 되기 위해서는 자연법칙을 이용한 것이어야 하는데, 자연법칙을 부분적으로 이용한 것은 발명이될 수 없다. 즉, 발명 전체가 자연법칙을 이용하고 있어야 한다.

또한 발명이 되기 위해서는 기술적 사상이어야 하는데, 여기서 기술이란일정한 목적을 달성하기 위한 구체적 수단으로서 타인에게 지식으로서 전달할수 있는 객관성이 있어야 한다. 기술과 기술적 사상으로서의 발명은 모두 하나의 자연법칙을 이용하는 구체적 수단이라는 점에서는 일치하나 기술은 산업상 그대로 이용할 수 있는 수단 그 자체로 볼 수 있는 데 반해, 발명은 그 단계로까지 도달하지 않은 추상적, 개념적인 수단, 즉 사상으로서의 수단이라고할 수 있다.

이와 같이 우리나라는 특허가 될 수 있는 발명을 적극적으로 규정하고 있는 반면, 유럽특허조약, 즉 EPC(European Patent Convention)는 특허가 될 수 없는 발명을 소극적으로 규정하는 방식을 취하고 있다. EPC는 특허를 받을 수 없는 발명을 다음과 같이 규정하고 있다. EPC Article 52(2) (a) 발견(discoveries), 과학적 이론(scientific theories)과 수학적 방법(mathematical methods); (b) 미적창작; (c) 정신적 활동이나 게임이나 영업을 하기 위한 체계, 규칙 및 방법과, 컴퓨터프로그램;[4] (d) 정보의 제시(presentations of information).

---

3) 특허법[시행 2014. 01. 21][법률 제12313호, 2014. 01. 21, 일부개정] 제2조 제1호.
4) schemes, rules and methods for performing mental acts, playing games or

## 2. 특허의 대상이 될 수 없는 발명

특허는 발명자가 자신의 발명을 공중에게 공개하는 대가로 특허청이 공중을 대신하여 부여하는 것이다. 따라서 공중에 해가 되는 발명, 즉 공공의 질서 또는 선량한 풍속을 문란하게 하거나 공중의 위생을 해할 염려가 있는 발명은 공익을 위하여 특허를 부여하지 않는다.5) 그리고 개인의 소유로 두어서는 안 되는 것으로서 공중의 영역에 두어 모두가 활용할 수 있도록 해야 하는 자연법칙, 자연현상, 자연의 산물 등에 대하여는 특허를 부여하지 않는다.

### (1) 자연법칙 자체

발명이 될 수 있는 것은 자연법칙을 '이용한' 기술적 사상이다. 따라서 자연법칙 그 자체는 자연법칙을 이용한 것으로 볼 수 없는 것으로서 발명이 될 수 없는 것이므로 특허될 수 없다.

### (2) 자연법칙을 이용하지 아니한 것

발명은 자연법칙을 이용한 것이어야 함에도 불구하고 자연법칙을 이용하지 아니하고 자연법칙 이외의 다른 법칙을 이용한 것은 특허될 수 없다. 자연법칙을 이용한 것이라고 볼 수 없는 발명으로는 계산법, 작도법, 암호작성방법, 과세방법 등을 들 수 있다.6)

### (3) 단순한 발견

발견이란 자연계에 이미 존재하는 물건이나 법칙을 단순히 찾아내는 것을 말하므로 이는 창작이 아니다. 즉, 발명의 정의에 따르면 발명이 되기 위해서는 기술적 사상의 '창작'이 행해져야 하는데 발견은 이미 존재하고 있던 것을 찾아낸 것에 불과하므로 발명이 될 수 없다. 따라서 천연물(예: 광석)이나 자연현상 등의 발견은 발명에 해당되지 않는다.

---

doing business, and program for computers.
5) 특허법 제32조(특허를 받을 수 없는 발명).
6) 자연법칙을 이용하지 아니한 발명으로 알파벳, 숫자, 기호 등을 조합하여 암호를 작성하는 방법, 외국어 발음표기 문자를 형성하는 방법(2001허3453 참조) 등을 들 수 있다.

그러나 물질 자체의 발견이 아니라 천연물에서 어떤 물질을 인위적으로 분리하는 방법을 개발한 경우 그 방법은 발명에 해당한다. 또한 DNA 단편이나 유전자의 경우 이들에 대하여는 원래 존재하던 곳에서 분리하고 정제하여 그 기능과 유용성을 확인하면 특허를 부여한다. 이들은 명백히 발견에 해당하지만 이를 특허로써 보호하는 것은 이러한 발견이 있기까지의 투자를 보호함으로써 연구개발에 대한 적절한 보상을 하기 위한 것이라고 볼 수 있다.

### (4) 자연법칙에 위배되는 것

발명은 자연법칙을 이용한 것이어야 하므로 자연법칙에 위배되는 것, 예를 들어 영구기관은 발명에 해당되지 않는다. 그리고 청구항에 기재된 발명의 구성요소 중 일부라도 자연법칙에 위배되는 부분이 있으면 발명에 해당되지 않는다.[7]

### (5) 단순한 정보의 제시

단순히 정보를 제시하는 내용은 발명에 해당하지 않는다. 예로서 CD에 녹음된 음악, 디지털 카메라로 촬영된 사진이나 동영상과 같은 데이터 등은 발명이라고 볼 수 없다.

그림 3-1   무한동력장치

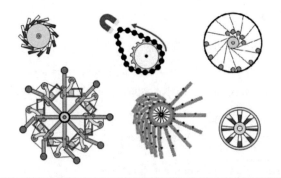

---

7) 대법원 1998. 9. 4. 선고 98후744 판결.

### (6) 반복하여 동일한 효과를 얻을 수 없는 것

발명의 목적을 달성하기 위한 수단이 제시되어 있기는 하나 그 수단으로 발명자가 얻은 성과와 동일한 결과를 얻을 수 없는 경우, 즉 반복 실시할 수 없는 것은 발명이 될 수 없다. 여기에서 반복재현성은 100%의 확률을 가질 필요는 없고 효과를 얻을 수 있는 것이 확실하다면 반복재현성이 있다고 할 것이다.

### (7) 미완성 발명

미완성 발명이라 함은 발명의 과제를 해결하기 위한 구체적 수단이 결여되어 있거나 제시된 과제 해결수단만으로는 과제의 해결이 명백하게 불가능한 것을 말한다. 이러한 것은 발명에 해당하지 않는다.

특허를 받을 수 있는 발명은 완성된 것이어야 하고 완성된 발명이란 그 발명이 속하는 분야에서 통상의 지식을 가진 자가 반복 실시하여 목적하는 기술적 효과를 얻을 수 있을 정도까지 구체적·객관적으로 구성되어 있는 발명으로 그 판단은 특허출원의 명세서에 기재된 발명의 목적, 구성 및 작용효과 등을 전체적으로 고려하여 출원 당시의 기술수준에 입각하여 판단하여야 할 것이다.[8]

미완성 발명과 명세서 기재불비는 서로 다르다. 미완성 발명은 출원 당시 발명이 완성되지 않은 것으로서 출원 후 보정으로 그 하자를 치유할 수 없다. 그러나 명세서 기재불비는 출원 당시 발명은 완성하였으나 기재를 제대로 하지 못한 것으로서 보정으로 그 하자를 치유할 수 있다.

## 3. 특허대상의 확대

특허대상의 확대는 공유자산의 축소와 사유재산의 확대를 가져온다. 특히 생명공학기술의 발전에 따라 새로운 발견에 대하여 특허를 부여하는 태도는 명백히 공유영역(public domain)의 축소를 가져오고, 과학적 연구의 자연스러운 공유의 관습을 깨뜨린다. 아래에서는 특허대상의 영역이 어떻게 확대되었

---

8) 대법원 1994. 12. 27. 선고 93후1810 판결.

는지 분야별로 살펴본다.

### (1) 동물·식물 특허

생물학자 차크라바티는 기름을 분해하는 미생물을 유전자조작에 의하여 개발하고 특허출원하였으나 미국특허청에서 거절을 받았고 미국 연방대법원까지 상고하여 5 대 4의 미세한 차이로 1980년 특허를 획득하였다. 1987년 미국특허청은 동물을 포함하여 모든 다세포유기체가 특허될 수 있는 대상이라고 공포하였다.[9] 이에 따라 미생물, 식물, 동물 모두 특허대상이 되었다.

### (2) 컴퓨터프로그램 특허

컴퓨터는 초기에는 암호해독 등과 같은 군사 목적으로 개발되었으나, 그 발전이 가속화되면서 일반인들도 쉽게 사용할 수 있게 변모하였다. 이 과정에서 큰 역할을 수행한 것이 바로 각종 컴퓨터프로그램이다. 컴퓨터프로그램은 복잡한 작업을 손쉽게 해결할 수 있도록 도와줌으로써 우리의 일상생활에 많은 편리를 가져다 주었고, 그 결과 컴퓨터는 우리 일상생활과 밀접한 관계를 맺게 되었다.

컴퓨터프로그램이 현대 사회에서 중요한 역할을 차지함에 따라, 후속개발자들이 선행개발자들의 기술을 쉽게 복제함으로써 경제적 이익을 얻고자 하는 시도가 계속되어져 왔다. 초기에 컴퓨터프로그램은 저작권으로 보호되었다. 그러나 컴퓨터프로그램은 본질적으로 복제에 취약하고 동일한 기능을 수행하면서도 달리 표현하면 저작권 침해를 주장할 수 없게 되는 문제점을 갖고 있었다. 이러한 문제점에 대하여 소프트웨어 개발업자 및 기업들은 소프트웨어에 대한 특허보호를 요구하였다.

1972년 Benson case [10]에서 미국 대법원은 처음으로 소프트웨어의 특허성을 심사했다. Benson 발명은 10진 수치정보를 2진수로 변환하는 것을 포함하고 있었다. 미국특허청은 출원발명이 정신과정과 수학적 과정을 포함하고 있기 때문에 법정 특허대상이 아니라고 하면서 거절하였다. 그러나 CCPA (Court of Customs and Patent Appeals)는 "정신과정의 원칙(mental steps doctrine)

---

9) 김석관, 「생명공학 패러다임, 과학과 사회」, 김영사, 2001, pp. 174-176.
10) *Gottschalk v. Benson*, 409 U.S. 63 (1972).

은 거의 남아있지 않다"고 하면서, Benson 발명은 일단 장치가 설정되면 인간의 관여 없이 수행될 수 있기 때문에 인간의 판단이나 결정이 필요 없다고 판시하였다.[11] CCPA는 미국특허청의 거절을 전원일치로 번복했다. 특허청은 이 판결을 재고하기 위해 이송명령을 제출했고, 미국 대법원은 이를 승인했다.[12]

미국 대법원은 CCPA의 결정을 번복하면서 그 수학적 절차가 기존 컴퓨터에서 혹은 컴퓨터 없이도 수행될 수 있다고 했다. 미국 대법원은 이 케이스에서 10진법 코드를 순수한 2진법으로 바꾸는 수학적 공식은 디지털 컴퓨터와 관련하여 아무런 실질적 적용을 가지고 있지 않으며, 그에 대한 특허는 알고리즘 자체에 대한 특허가 될 것이고 그 수학적 공식을 완전히 독점할 것이라고 하면서 출원발명에 대한 특허를 거절한 미국특허청을 지지했다.[13]

그러나 9년 후 Diehr case[14]를 계기로 컴퓨터프로그램은 특허로써 보호되기에 이르렀다. 컴퓨터프로그램에 대한 특허 보호의 의미는 이것이 아이디어나 사상을 보호할 수 있다는 점이다. 저작권은 이것들을 보호하지 못하고 소스코드 및 목적코드 등의 표현만을 보호할 뿐이다.

### (3) 영업방법특허

"영업방법(BM)"은 '컴퓨터와 인터넷을 이용하여 사업을 하는 방법이나 시스템'을 말한다. 이 정의에 따르면, "영업방법발명"(BM발명)은 '컴퓨터와 인터넷을 이용하여 사업을 하는 방법이나 시스템과 관련된 발명'이라고 할 수 있다. 그리고 "영업방법특허"(BM특허)는 '컴퓨터와 인터넷을 이용하여 사업하는 방법이나 시스템과 관련된 특허'라고 정의할 수 있다.

영업방법발명은 특허대상이 아니었으나 특허대상이 되었다. 컴퓨터와 인터넷이 일반화되기 전에는 대부분의 영업방법이 기술과 관련이 없었고 따라서 이것은 특허의 대상이 될 수 없었다. 그러나 인터넷이 보편화되면서 영업방법은 컴퓨터시스템과 인터넷을 이용하여 이루어지게 되었고, 기업으로서는 이에 대한 특허보호의 필요성이 긴요하였고 특허중시정책에 힘입은 미국 법원은

---

11) H.W.A.M. Hanneman, *The Patentability of Computer Software*, Kluwer Law and Taxation Publishers, 1985(afterwards, H.W.A.M. Hanneman), p. 49.
12) Writ of certiorari(*Benson and Tabbot*) granted, 172 USPQ 577.
13) 175 USPQ 673 p. 676.
14) *Diamond v. Diehr*, 450 U.S. 175, 186 (1981).

Alappat case[15])와 State Street case[16])를 계기로 영업방법에 대한 특허보호의 가능성을 완벽하게 열었다.

미국이 영업방법에 특허를 부여하는 것을 본 일본과 한국 및 유럽특허청은 영업방법이 자연법칙을 이용하는 기술적 사상인지(일본과 한국) 혹은 기술적 특성을 갖는 것인지(유럽)를 검토하고 영업방법이 하드웨어를 이용하여 기술적 효과를 발생시키는 경우 특허요건을 충족하는 것이라고 하며 이들에 대한 특허를 부여하기 시작하였다.

유럽특허조약(EPC)에는 컴퓨터프로그램과 영업을 하는 방법이 특허될 수 없다고 하는 제외 조항이 있다. 유럽특허조약의 제외 규정에도 불구하고 기술적 특성을 갖는 소프트웨어 관련 발명에 관한 유럽특허청 판례에 의해 이들의 특허성이 인정되었고, 컴퓨터프로그램과 영업을 하는 방법에 대하여 유럽특허청에서 수많은 특허가 주어져 왔다.

### (4) 유전자 특허

자연에 존재하는 유전자의 서열을 밝히고 분리정제하고 그 기능을 밝히면 특허를 받을 수 있다. 유전자는 유전에 관한 정보를 전달하는 정보전달체이면서 화학물질이기도 하다. 유전자 또는 DNA를 화학물질로 파악하는 입장에서는 자연에 존재하는 유전자를 분리하고 정제하기만 하면 특허를 받을 수 있다고 한다. 분리와 정제의 과정을 인간의 개입으로 보는 것이다. 반면 유전자의 중요성은 염기서열에 있고 이 염기서열은 자연현상을 나타내는 것이므로 정보전달체로서의 기능을 수행하는 유전자는 특허될 수 없는 것이라는 주장이 있다. 유전자의 특허성을 부인하는 입장에서는 유전자가 본래 자연에 존재했었던 물질, 즉 자연의 산물(product of nature)이기 때문이라는 이유를 들기도 한다.[17] 인간이 새롭게 만든 것이 아니라 자연이 만든 자연의 산물은 특허될 수 없다는 것이다.

---

15) *In re Alappat*, 33 F.3d 1526.
16) *State Street Bank v. Signature Financial Group, INC* 38 USPQ 2d 1530 (D. Mass, 1996), 149 F.3d 1368 (Fed. Cir., 1998).
17) DNA의 특허보호에 대한 논쟁은 구대환, "DNA 단편에 대한 특허보호의 문제점과 해결방안," 「인권과 정의」(제395호), 2009. 7, pp. 140-159 참조.

# Ⅲ. 특허를 받을 수 있는 자

## 1. 특허를 받을 수 있는 권리

특허를 출원한 것은 특허를 받은 것이 아니라 단지 특허를 받을 수 있는 권리를 갖게 된 것이다. 특허를 출원하면 심사관은 출원된 발명이 특허를 받기에 적절한 것인지를 심사하여 거절할 이유를 발견하지 못할 때 특허결정을 하여야 하고, 거절할 이유를 발견하면 거절결정을 하게 된다. 심사관의 특허결정에 대하여 출원인이 설정등록을 하면 비로소 특허권이 발생한다. 즉, 특허를 받을 수 있는 권리는, 특허출원에 의하여 발생하고, 심사관의 특허결정에 따른 출원인의 설정등록 또는 특허거절결정의 확정에 의하여 소멸한다.[18] 특허출원에 대하여 심사관이 특허결정을 하였다 하더라도 아직 특허권이 형성된 것은 아니므로 특허결정만으로 특허받을 권리가 소멸한다고 볼 수는 없다. 마찬가지로 특허거절결정을 하더라도 특허거절결정취소심판을 통하여 거절결정이 취소되고 특허결정이 될 수 있는 것이므로 거절결정이 확정되기 전까지는 특허권이 소멸되었다고 할 수는 없다.

## 2. 특허를 받을 수 있는 자

발명은 자연법칙을 이용하여 창작한 기술적 사상 혹은 자연법칙을 이용한 기술적 사상의 창작을 말한다. 따라서 기술적 사상을 창작한 자인 발명자가 특허를 받을 수 있는 자이다.[19] 발명자는 특허를 받을 수 있는 권리를 원시적으로 취득한다. 그래서 특허법은 발명을 한 사람 또는 그 승계인(즉, 정당한 권리자)이 특허를 받을 수 있는 권리를 가진다고 규정하고 있다.[20]

---

18) 김원준, 「특허법」, 박영사, 2009. p. 104. 김원준 교수는 특허결정에 의하여 특허받을 권리가 소멸한다고 기술하고 있다. 그러나 특허결정만으로 특허권이 형성된 것은 아니므로 설정등록에 의하여 특허받을 권리가 소멸한다고 보는 것이 정확하다고 본다.

19) 김원준, 「특허법」, 박영사, 2009. p. 105.

20) 특허법 제33조 제1항. 다만, 특허청 직원 및 특허심판원 직원은 상속이나 유증

특허권을 얻기 위해서는 특허출원을 하여 등록을 받아야 하고, 특히 선출원주의를 취하는 국가에서는 먼저 발명한 자가 아니라 먼저 출원한 자가 특허를 등록받을 수 있다.[21] 또한 발명자라 하더라도 반드시 직접 출원을 하여야 하는 것은 아니다.

한편, 단순히 발명에 대한 기본적인 과제와 아이디어만을 제공한 경우, 연구자를 일반적으로 관리하였거나, 연구자의 지시로 데이터를 정리하고 실험을 한 경우, 자금·설비 등을 제공하여 발명의 완성을 후원·위탁하였을 뿐인 경우에는 발명자가 될 수 없다.[22]

발명자(공동발명자 포함)가 되기 위해서는 발명의 기술적 과제를 해결하기 위한 구체적인 착상을 새롭게 제시·부가·보완하거나, 실험을 통하여 새로운 착상을 구체화하거나, 발명의 목적과 효과를 달성하기 위한 구체적인 수단이나 방법을 제공하여 발명을 가능하게 한 경우 등과 같이 기술적 사상의 창작행위에 실질적으로 기여하여야 한다.[23]

실험의 과학이라고 하는 화학발명의 경우에는 예측가능성 내지 실현가능성이 현저히 부족하여 실험데이터가 제시된 실험예가 없기 때문에 완성된 발명으로 보기 어려운 경우, 실제의 실험을 통하여 구체적인 데이터를 확보함으로써 발명을 완성하는 데 실질적으로 기여하였다면 발명자로 보아야 할 것이다.[24] 한편, 직무발명의 경우 사전에 명시적인 예약승계 계약이 있다면 특허받을 권리는 사용자에게 승계될 것이다.

2명 이상이 공동으로 발명한 경우에는 공동발명자들이 특허를 받을 수 있

---

(유증)의 경우를 제외하고는 재직 중 특허를 받을 수 없다.

21) 서울고등법원 2011. 6. 30. 선고 2010나62415(본소) 2010나62422(반소병합) 판결.
22) 대법원 2012. 12. 27 선고 2011다67705, 67712 판결.
23) 대법원 2012. 12. 27 선고 2011다67705, 67712 판결.
24) 대법원 2012. 12. 27 선고 2011다67705, 67712 판결; 대법원 2011. 7. 28. 선고 2009다75178 판결. 기계장치 발명에 있어서는 명세서에 실시예가 기재되지 않더라도 통상의 기술자가 발명의 구성으로부터 그 작용과 효과를 명확하게 이해할 수 있는 경우가 많으나, 화학발명의 경우에는 예측가능성이 현저히 부족하여 실험데이터가 제시된 실험예가 기재되지 않으면 통상의 기술자가 그 발명의 효과를 명확하게 이해하기 어려워 완성된 발명으로 보기 어려운 경우가 많다. 이와 같이 시험예의 기재가 필요함에도 불구하고 최초 명세서에 기재되어 있지 않던 것을 보정하는 것은 요지변경에 해당한다. 대법원 2001. 11. 30 선고 2001후65 판결.

는 권리를 공유한다.[25] 또한 발명자가 특허를 받을 수 있는 권리의 일부를 양도한 경우에도 이 권리는 공유된다. 특허법상 공유관계의 지분을 어떻게 정할 것인지에 관하여는 아무런 규정이 없으나, 특허를 받을 수 있는 권리도 재산권이므로 민법의 공유에 관한 규정을 준용할 수 있다.[26] 따라서 특허를 받을 수 있는 권리의 공유자 사이에 지분에 대한 별도의 약정이 있으면 그에 따르겠지만, 약정이 없는 경우에는 민법 제262조 제2항에 의하여 지분 비율은 균등한 것으로 추정한다.[27]

### 3. 무권리자의 특허

정당한 권리자 아닌 자(즉, 무권리자)가 한 특허출원에 대하여 특허권의 설정등록이 이루어지면 특허무효사유에 해당하고, 이러한 특허에 대하여 이해관계인 또는 심사관은 무효심판을 청구할 수 있다.[28] 직접 발명에 참여하지 아니하고 단순히 자금이나 설비만을 지원한 자는 특허를 받을 수 없다. 또한 무권리자가 발명자의 발명의 구성을 일부 변경하여 출원한 경우 그 변경이 통상의 기술자가 보통으로 채용하는 정도의 기술적 구성의 부가·삭제·변경에 지나지 아니하다면 이러한 특허출원도 무권리자의 특허출원에 해당하여 무효로 되어야 한다.[29]

무권리자의 출원에 해당하여 특허를 무효로 한다는 심결이 확정된 경우 정당한 권리자는 그 특허의 등록공고가 있는 날부터 2년 이내 혹은 심결이 확정된 날부터 30일 이내에 특허출원을 함으로써 그 특허의 출원 시에 출원한 것으로 간주되어 구제받을 수 있다.[30]

---

25) 특허법 제33조 제2항.
26) 민법 제278조(준공동소유). 본절의 규정은 소유권 이외의 재산권에 준용한다. 그러나 다른 법률에 특별한 규정이 있으면 그에 의한다.
27) 대법원 2014. 11. 13. 선고 2011다77313 판결. 민법 제262조(물건의 공유) ① 물건이 지분에 의하여 수인의 소유로 된 때에는 공유로 한다. ② 공유자의 지분은 균등한 것으로 추정한다.
28) 특허법 제133조 제1항 제2호. 이때 청구항이 둘 이상인 경우에는 청구항마다 청구할 수 있다.
29) 대법원 2011. 09. 29. 선고 2009후2463 판결.
30) 특허법 제35조.

이와 같이 특허법은 정당한 권리자를 보호하기 위하여 선출원주의에 일정한 예외규정을 두고 있으므로 무권리자의 특허출원에 따라 특허등록이 이루어졌더라도 정당한 권리자는 무권리자에 대하여 직접 특허권의 이전등록을 구할 수 없다.[31] 즉, 정당한 권리자는 특허무효심판을 통하여 일정 기간 내에 특허출원을 하는 방법을 취하지 아니하고, 무권리자를 상대로 직접 특허권의 이전을 청구할 수는 없다.

# Ⅳ. 산업상 이용가능성

발명이 특허를 받기 위하여서는 산업상 이용할 수 있는 것이어야 한다.[32] 특허법 제29조 제1항 본문의 '산업상 이용가능성'이 있기 위해서는 기술적 의미에서 생산 또는 사용할 수 있는 것이어야 하고 만일 그 실시가 기술적으로 전혀 불가능한 것은 산업상 이용가능성이 없다.[33] 여기서 말하는 실시가능성은 그 발명의 성질에 따라 당해 특허발명이 속하는 기술분야에서 통상의 지식을 가진 자가 특허출원의 명세서에 기재된 발명의 목적, 구성 및 작용효과 등을 전체적으로 고려하여 기술적 의미에서 생산 또는 사용할 수 있다는 것을 의미한다.

그리고 발명이 산업상 이용가능하다는 말은 그 발명을 통해서 경제적으로 이익을 얻을 수 있어야 한다는 의미도 아니고, 나아가 어떠한 기술적 문제점도 수반하여서는 안 된다는 것까지 요구하는 것은 아니다.

한편, 특허출원된 발명이 출원일 당시가 아니라 '장래'에 산업적으로 이용될 가능성이 있다 하더라도 특허법이 요구하는 산업상 이용가능성의 요건을 충족한다.[34] 그런데 이러한 법리는 해당 발명의 산업적 실시화가 장래에 있어도 좋다는 의미일 뿐 장래 관련 기술의 발전에 따라 기술적으로 보완되어 장래에 비로소 산업상 이용가능성이 생겨나는 경우까지 포함하는 것은 아니다.

---

31) 대법원 2014. 5. 16. 선고 2012다11310 판결.
32) 특허법 제29조(특허요건) 제1항.
33) 특허법원 2004. 10. 15. 선고 2003허6524 판결.
34) 대법원 2003. 3. 14. 선고 2001후2801 판결.

인체를 필수 구성요건으로 하는 발명은 특허의 대상에서 제외된다. 이러한 법리의 근거는 다음 사항에서 찾을 수 있다.[35]

① 의료행위는 인간의 존엄 및 생존에 깊이 관계되어 있다.
② 모든 사람은 의사의 도움을 통하여 질병의 진단, 치료, 경감 또는 예방할 수 있는 의료방법을 선택하고 접근할 수 있는 권리가 보호되어야 한다.
③ 의료행위에 관한 발명을 특허의 대상으로 하게 되면 의사가 의료행위를 수행함에 있어 특허의 침해 여부를 신경 쓰게 되어 의료행위에 대한 자유로운 접근이 어렵게 된다.

그런데 인체를 필수 구성요건으로 하는 발명이라 하더라도 인체에 행하여지는 수술 또는 치료방법 등 의료행위에 해당하지 않는 한, 그 발명을 실행할 때 필연적으로 신체를 손상하거나, 신체의 자유를 비인도적으로 구속하여 '공공의 질서 또는 선량한 풍속을 문란하게 하거나 공중의 위생을 해할 염려가 있는 발명'[36]에 해당되어 특허가 허용될 수 없는 경우를 제외하고는, 산업상 이용이 가능하여 특허로서 보호받을 수 있다.[37] 예를 들어 특허법원 2003허6104 판결에서는, '모발의 웨이브방법'에 관한 출원발명이 인체를 필수 구성요건으로 하고는 있지만, 이것은 의료행위가 아니라 미용행위에 해당하며, 그 발명을 실행할 때 반드시 신체를 손상하거나 신체의 자유를 비인도적으로 구속하는 것이라고도 볼 수 없으므로 '산업상 이용할 수 있는 발명'에 속한다고 하였다.

# V. 신 규 성

## 1. 신규성 기준

신규성이 없는 발명, 즉 창작성이 없는 발명에는 특허를 부여하지 않는다.

---

35) 특허법원 2004. 7. 15. 선고 2003허6104 판결.
36) 특허법 제32조(특허를 받을 수 없는 발명).
37) 특허법원 2004. 7. 15. 선고 2003허6104 판결.

이것은 특허제도의 원리상 당연히 도출되는 요건으로서 특허는 공중을 대신하여 특허청이 발명을 한 자에게 부여하는 것이기 때문에, 공중과 발명자의 관계에 있어서 발명자가 신규성이 없는 발명, 즉 이미 공중에게 알려져 있거나 공중이 알 수 있는 상태에 놓여져 있는 발명을 공중에게 제공하였다면 공중은 이에 대하여 발명자에게 아무런 대가를 지급할 필요가 없을 것이다.

신규성이 없는 발명, 즉 공지발명이란 특허 출원시를 기준하여 ① 공지된 발명, ② 공연히 실시된 발명, ③ 간행물에 게재된 발명, ④ 대통령령이 정하는 전기통신회선을 통하여 공중이 이용가능하게 된 발명을 말한다. 그리고 공지되었거나 공연히 실시된 발명과 동일한 것뿐만 아니라 그러한 발명과 매우 유사하여 특별히 새로운 발명이라고 볼 수 없는 것, 즉 실질적으로 동일한 것도 포함된다.[38] 대법원 91마540 판결은 이를 명쾌하게 판시하고 있다.

> "발명이 공지공용의 것이라 함은 공지공용의 기술과 동일한 경우에 한정할 필요는 없고, 어느 발명이 선행의 공지공용의 기술로부터 이루어진 것이라고 하여도 이것이 공지공용의 기술에 근사한 것이 명백하여 특별히 새로운 기술이라고 볼 수 없는 경우에는 진보성에 앞서 그 신규성 자체를 부정할 수 있을 것이다."[39]

## 2. 신규성 판단

신규성 판단은 출원발명이 출원 전에 공지되었는지의 여부에 대한 판단이다. 이때 판단의 기준시점은 출원 시로서 특허출원일 뿐 아니라 시, 분, 초까지도 고려한 시간이다.[40] 신규성 판단은 특허출원된 명세서의 청구항에 기재된 발명이 특허법 제29조 제1항 각호의 1에 해당하는 발명과 동일한지 여부를 판단하는 것이다.[41] 동일하면 신규성이 없고 동일하지 아니하면 신규성이 있다. 출

---

38) 대법원 2004. 6. 11. 선고 2002도3151 판결; 대법원 2003. 1. 10. 선고 2002도5514 판결; 대법원 2001. 3. 23. 선고 98다7209 판결.

39) 대법원 1992. 6. 2. 선고 91마540 판결.

40) 특허법 제29조 제1항 제1호 및 제2호. 특허요건 심사기준 개정사항(제3부 특허요건), 특허청 심사정책과, 2009. 12.(이하, 특허청, 특허요건 심사기준 개정사항) pp. 9-16.

41) 특허청, 「특허ㆍ실용신안 심사기준」, 2014. p. 3214.

원발명에 대한 동일성 판단은 청구항이 2 이상인 경우 청구항마다 해야 한다.

공지기술에서 공지(公知), 즉 공연히 알려졌다고 함은 공연히 알려져 있거나 공연히 알 수 있는 상태에 있는 기술을 말하고, 알려진다는 것은 기술적으로 이해된다는 뜻으로서 타인이 알려주어서 알게 되거나 스스로 그것을 깨달아 자신의 지식으로 하고 있는 경우도 포함한다.[42] 따라서 다수의 '통상의 기술자'가 그것을 이해하고 자신의 지식으로 하고 있는 것은 하나의 상식에 불과하여 공지된 것이라고 할 수 있다.[43]

발명의 신규성 판단은 '통상의 기술자'가 청구항에 기재된 발명(이하, 출원발명이라고 한다.)과 특허법 제29조 제1항 각호에 게재된 발명으로서 인용하는 발명(즉, 인용발명)을 일 대 일로 대비하여 출원발명을 특별한 숙고 없이 실시할 수 있는지의 여부를 판단한다.[44] 즉, 신규성의 판단은 출원된 발명과 선행기술의 동일성 여부를 판단하는 것이므로 청구발명과 단 하나의 인용발명을 서로 대비하여야 하고 복수의 증거자료에 의하여 신규성을 부정하지는 못한다. 복수의 인용발명을 조합하여 대비하는 것은 진보성 판단에서 할 일이다.[45] 이때 발명의 효과도 참작하여야 하고 구성에 차이점이 있다 하더라도 실질적으로 동일한 경우에는 신규성이 없는 발명이라고 할 수 있다.

특허법은 진보성 판단의 주체는 '통상의 기술자'로, 진보성 판단기준은 '용이하게 실시할 수 있는가의 여부'로 제시하고 있으나 신규성 판단의 주체와 기준은 제시하고 있지 아니하다.[46] 그렇다고 해서 심사관마다 혹은 판사마다 각자 자신의 입장에서 신규성을 판단함으로써 신규성 판단의 주체가 달라져서는 안 될 것이다. 따라서 신규성 판단은 심사관이든 판사든 통상의 기술자의 관점에서 하여야 한다. 따라서 신규성 판단에서 출원발명과 인용발명의 인정의 주체는 통상의 기술자가 될 것이다.

이하에서는 신규성 판단의 방법을 설명하고자 한다. 신규성 판단은 먼저

---

42) 요시후지, 「특허법개설」, 대광서림, 2000(이하, 요시후지, 「특허법개설」), pp. 103-104.
43) 요시후지, 「특허법개설」, p. 104.
44) 신규성 판단의 주체는 '통상의 기술자'라는 취지의 설명에는 송영식 외 2, 지적소유권법, p. 231 참조.
45) 특허청, 특실심사지침서, 2006. p. 2322.
46) 특허법 제29조 제1항, 제2항.

출원발명을 확정하고, 인용발명을 특정한 후, 이들이 서로 동일하거나 동일성의 것인지를 판단하는 순서로 진행한다.

### (1) 출원발명의 확정

신규성 판단의 대상이 되는 발명은 특허청구범위에 기재된 사항에 의하여 확정하여야 한다.[47] 그리고 발명의 상세한 설명이나 도면 등 다른 기재에 의하여 특허청구범위를 제한하거나 확장하여 해석해서는 안 된다.

청구항에 기재된 발명의 내용이 명확한 경우에는 청구항에 기재된 내용에 의하여 출원발명을 확정하고, 발명의 설명이나 도면의 기재에 의하여 제한해석하여서는 안 된다.[48]

청구항에 기재된 내용만으로는 그 기술적 의미를 명확하게 이해할 수 없거나 발명을 특정할 수 없는 경우에는 발명의 상세한 설명이나 도면의 기재 및 기술상식을 고려하여 출원발명을 확정하여야 한다. 그런데 여기서 기술상식이란 주지관용기술을 포함하여 '통상의 기술자'에게 일반적으로 알려져 있는 기술 또는 경험칙으로 명확한 사항을 의미한다.[49] 여기서 "주지기술(周知技術)이란 그 기술에 관해 상당히 다수의 문헌이 존재하거나, 또는 업계에 알려져 있거나, 혹은 예시할 필요가 없을 정도로 잘 알려진 기술과 같이 그 기술분야에서 일반적으로 알려진 기술을 말하며, 관용기술(慣用技術)은 주지기술 중 자주 사용되고 있는 기술을 말한다."[50]

### (2) 인용발명의 확정

인용발명은 공지기술 중에서 출원발명에 가장 가까운 것을 특정하여야 한다. 여기서 인용발명 중에서 '간행물에 기재된 발명'이란 반포된 간행물에 기재되어 있는 사항뿐만 아니라 그로부터 '통상의 기술자'가 반포 시의 기술상식으로부터 파악할 수 있는 발명을 말한다.[51] 이를 테면 통상의 기술자가 파악

---

47) 대법원 2007. 10. 25. 선고 2006후3625 판결.
48) 대법원 2007. 9. 21. 선고 2005후520 판결.
49) 특허청, 「특허·실용신안 심사기준」, 2014. 6. p. 3220; 요시후지, 「특허법개설」, pp. 122-123.
50) 특허청, 「특허·실용신안 심사기준」, 2014. 6. p. 3220.
51) 특허청, 「특허·실용신안 심사기준」, 2014. 6. p. 3221; 요시후지, 「특허법개설」,

할 수 없는 발명은 간행물에 게재된 발명이라고 할 수 없고 인용발명으로 할 수 없다.

### (3) 출원발명과 인용발명의 대비

통상의 기술자가 출원발명과 인용발명을 서로 대비하였을 때, 차이점이 없으면 출원발명은 신규성이 없는 것으로 판단한다. 그리고 이들 간에 "기술적 구성에 차이가 있더라도 그 차이가 과제해결을 위한 구체적 수단에 있어서 주지관용기술의 부가, 삭제, 변경 등으로 새로운 효과의 발생이 없는 정도의 미세한 차이에 불과하다면 양 고안은 서로 동일하다고 보아야 한다."[52] 예를 들어, 수치한정발명의 신규성은 발명에서 이루어진 수치의 한정에 임계적 의의가 있는지의 여부에 의하여 판단하는데,[53] 출원 시의 기술을 참작할 때 수치한정이 '통상의 기술자'가 임의로 선택할 수 있는 수준에 불과한 경우에는 신규성이 부정된다.

카탈로그가 선행기술로 제시되어 이것을 간행물로 인정할 것인지의 여부가 문제되는 경우가 있다. 판례는 당해 카탈로그가 반포되지 않았다는 특별한 사정이 있는 경우를 제외하고는 제작되었으면 반포된 것으로 인정하고 있다.[54]

"기업에서 자사의 제품을 소개 또는 선전하기 위하여 제작되는 카탈로그의 배부는 국내에 한정되지 않고 오늘날과 같이 교역이 빈번하고 교통이 편리하여짐에 따라 국제간에도 상품 및 기술정보를 입수하기 위하여 타사의 카탈로그를 신속히 수집 이용하고 있음도 우리의 경험칙상 알 수 있는 것이므로 사회통념상 카탈로그는 제작되었으면 배부 반포되는 것이라 하겠으며 제작한 카탈로그를 배부 반포하지 아니하고 사장하고 있다는 것은 경험칙상 수긍할 수 없는 것이다. 따라서 카탈로그의 배부범위, 비치장소 등에 관하여 구체적인 증거가 없다고 하더라도 그 카탈로그가 반포 배부되었음을 부인할 수 없다

---

pp. 126-127; 中山信弘, 註解 特許法, p. 427.

52) 대법원 2003. 2. 26. 선고 2001후1624 판결. 같은 내용으로 中山信弘, 註解 特許法, p. 427 참조.
53) 수치한정 발명이란 청구항에 기재된 발명의 구성의 일부가 수량적으로 표현된 발명을 의미한다. 특허청, 특허요건 심사기준 개정사항, p. 23.
54) 특허청, 「특실심사지침서」, 2006, p. 2320.

면 본 건 발명의 출원 전에 카탈로그가 반포되었다고 인정하여 신규성을 부인
하는 것이 타당하다."[55]

학위논문의 반포시점은 그 내용이 논문심사 전후에 공개된 장소에서 발표
되었을 때는 그 발표시를 반포시기로 보고, 일반적으로는 최종심사 이후 대학
도서관 등에 입고되거나 불특정인에게 배포된 시점을 반포시기로 인정한다.
박사학위논문은 논문심사위원회에서 심사를 받기 위하여 일정한 부수를 대학
원 당국에 제출하지만 이는 논문심사에 관련된 한정된 사람들에게 배포하기
위한 것에 불과하므로 인쇄시나 대학원 당국에의 제출시 또는 논문심사 위원
회에서의 인준시에 곧바로 반포된 상태에 놓이거나 논문내용이 공지된다고 보
기는 어렵다.[56] 일반적으로 논문은 심사에 통과된 이후에 인쇄 등의 방법으로
복제되어 대학도서관 등에 입고됨으로써 비로소 일반 공중이 그 기재내용을
인식할 수 있는 '반포된 상태'에 놓이게 된 것이라고 본다. 인터넷(전기통신회
선)에서의 공개시점은 인터넷에 관련기술을 게재한 시점이 된다.[57] 출원일과
간행물의 발행일이 같은 경우에는 그 출원발명은 신규성이 상실되지 않는 것
으로 본다.[58]

특허법은 특허가 일정한 사유에 해당하는 경우에 무효심판절차를 거쳐 특
허를 무효로 할 수 있도록 규정하고 있다.[59] 따라서 특허는 일단 등록이 된 이
상 이와 같은 심판에 의하여 특허를 무효로 한다는 심결이 확정되지 않는 한
유효한 것이며, 법원은 무효사유가 있더라도 다른 소송절차에서 그 전제로서
특허가 당연무효라고 판단할 수 없다.[60]

그러나 특허된 발명이 그 출원 전에 공지되었거나 공연히 실시된 고안으로
서 신규성이 없는 경우에는 그에 대한 등록무효의 심결이 없어도 그 권리범위

---

55) 대법원 1992. 2. 14. 선고 91후1410 판결. 같은 취지로 대법원 1985. 12. 24. 선
　　고 85후47 판결 참조.
56) 대법원 1996. 6. 14. 선고 95후19 판결.
57) 따라서 이미 간행된 간행물을 전기통신회선을 통하여 공개한 경우라도 전기통
　　신회선에 공개된 발명을 인용하는 경우에는 발명이 전기통신회선에 공개된 시
　　점을 공개일로 하여야 한다. 특허청, 「특실심사지침서」, 2006, pp. 2314, 2315.
58) 특허청, 「특실심사지침서」, 2006, p. 2320.
59) 특허법 제133조.
60) 대법원 1998. 12. 22. 선고 97후1016, 1023, 1030 판결; 대법원 1998. 10. 27. 선
　　고 97후2095 판결.

를 인정할 수 없고 이와 같이 권리범위가 인정되지 아니하는 특허에 대하여는 그 특허내용과 동일한 물품을 제작, 판매하였다 하더라도 특허권침해죄를 구성하지 않는다.[61] 침해소송에서 대법원은 신규성은 있으나 진보성이 없는 경우까지 법원이 다른 소송에서 당연히 권리범위를 부정할 수 있는 것은 아니라고 했었으나 대법원 2010다95390 전원합의체 판결에서 진보성이 결여되어 특허가 무효로 될 것이 명백한 경우 진보성 판단을 할 수 있다고 판단하였다.[62]

## 3. 신규성 의제

신규성이 상실되었음에도 불구하고 신규성을 인정해 주는 신규성 의제 규정은 다음과 같은 요건이 갖추어지고, 이러한 요건에 해당하는 날부터 12개월 이내에 특허출원을 하면 그 특허출원된 발명에 적용된다.[63]

① 특허를 받을 수 있는 권리를 가진 자에 의하여 국내외에서 공지·공용되거나 국내외에서 간행물에 기재되거나 인터넷에 게재(이하, 공개라함)된 경우

이 규정을 적용받고자 하는 자는 특허출원서에 그 취지를 기재하여 출원하고, 이를 증명할 수 있는 서류를 특허출원일부터 30일 이내에 특허청장에게 제출하여야 한다. 다만, 조약 또는 법률에 따라 국내 또는 국외에서 출원공개되거나 등록공고된 경우는 이를 제외한다.[64]

② 특허를 받을 수 있는 권리를 가진 자의 의사에 반하여 공개된 경우

신규성 의제 규정이 적용되려면 간행물에 발표함으로써 출원발명이 국내또는 국외에서 반포된 간행물에 기재되어야 한다. 여기에서 '공지되었다'고 함은 반드시 불특정다수인에게 인식되었을 필요는 없고 불특정다수인이 인식할수 있는 상태에 놓여져 있음을 의미한다.[65] 그리고 '반포된 간행물'이라 함은

---

61) 대법원 2004. 6. 11. 선고 2002도3151 판결. 같은 취지로 대법원 1987. 6. 23. 선고 86도2670 판결; 2003. 1. 10. 선고 2002도5514 판결 등 참조.
62) 대법원 1992. 6. 2. 선고 91마540 판결; 대법원 2012. 1. 19. 선고 2010다95390 전원합의체 판결.
63) 특허법 제30조.
64) 특허법 제30조 제1항 제1호.
65) 대법원 1996. 6. 14. 선고 95후19 판결.

불특정 다수의 일반 공중이 그 기재내용을 인식할 수 있는 상태에 있는 간행물을 말한다.

특허출원 전에 발명 내용을 박사학위논문으로 발표한 출원인이 신규성 의제의 적용을 받기 위해서는, 박사학위논문이 대학도서관에 입고된 사실을 증명하면 된다.


# VI. 진 보 성

## 1. 진보성 기준

특허출원 전에 그 발명이 속하는 기술분야에서 통상의 지식을 가진 자(즉, 통상의 기술자)가 선행기술(특허법 제29조 제1항 각 호의 1에 기재된 발명)에 의하여 용이하게 발명할 수 있는 것일 때에는 그 발명에 대하여는 특허를 받을 수 없다.[66] 이러한 특허발명의 진보성 판단은 신규성이 있음을 전제로 하는 것이다.[67] 즉, 진보성을 판단하기 위해서는 먼저 신규성 판단을 하여야 한다. "진보성"(inventive step)이란 통상의 기술자가 공지기술에 의하여 용이하게 창작해 낼 수 없는 정도, 즉 발명 창작의 곤란성을 말한다. 따라서 진보성이 있는 발명이란 통상의 기술자가 특허출원시의 공지기술로부터 용이하게 발명할 수 없는 정도의 난이도를 갖춘 발명을 말한다. 공지기술에 의하여 용이하게 창작해 낼 수 있는 발명은 진보성이 없다고 할 것이다. 진보성은 산업상 이용가능하고 신규성을 갖춘 발명이 추가적으로 갖추어야 할 특허요건이다.[68]

진보성 판단은 특허 등록 여부의 결정과 침해 여부 판단에 있어서 대단히 중요하다.[69] 심사관의 특허출원에 대한 거절이유로서 진보성 결여를 이유로

---

66) 특허법 제29조 제2항.
67) 대법원 1992. 6. 2. 선고 91마540 판결.
68) 대법원 1991. 10. 22. 선고 90후2003 판결.
69) 우리나라 특허법은 통상의 기술자를 진보성 판단의 기준이 되는 인물로 설정하고 있다. 특허법 제29조 제2항; 조영선, "특허쟁송과 당업자의 기술수준," 한국법학원, 저스티스 통권 제86호, 2005. 8.('통상의 기술자의 기술수준'은 발명의 진보성 판단뿐 아니라 명세서의 기재요건 구비 여부, 청구범위의 해석과

한 것이 전체 거절 건수의 54.4%에 해당하고, 특실분야 거절결정에 대한 취소환송 사유로서 진보성 판단의 차이에 의한 것이 79.2%, 기재불비에 의한 것이 14.7%이다.[70] 그리고 특허무효심판에서 무효된 건 중에서 진보성에 근거한 비율이 70%에 달한다. 이러한 통계는 진보성 판단의 중요성을 나타내 준다. 특허발명을 실시하고 있다는 이유로 특허소송에 휘말리더라도 특허발명의 진보성을 부인할 수 있으면 침해를 구성하지 않게 된다.[71]

진보성 판단의 기준이 되는 자는 통상의 기술자이다. 통상의 기술자란 출원시의 발명의 과제와 관련되는 기술분야의 지식을 자신의 지식으로 할 수 있는 자로서 특허법상의 상상의 인물이다.[72] 통상의 기술자는 기술수준을 숙지하고 있거나 일정 정도의 창작능력이 있는 자라고 특허법상 의제된 추상적인 존재이다.

출원된 발명에 진보성이 없으면 특허를 부여하지 않는다.[73] 진보성이 없는 발명에 대하여 특허를 부여하지 않도록 한 이유는 ① 종래 기술로부터 통상의 기술자가 공지된 기술에 의하여 용이하게 창작해 낼 수 있는 발명에 대하여서는 구태여 특허를 부여하지 않더라도 통상의 기술자의 통상적 노력에 의하여 기술개발을 이루어낼 것이므로 달리 특허권이라는 인센티브를 부여할 필요가 없고, ② 이러한 미미한 기술적 진보에 대하여 특허를 부여하면 일반인이 공지의 기술을 자유롭게 실시하는 것을 제한하는 것이 되고, ③ 사실상 종래 기술에 대하여 특정인에게 독점권을 부여하는 것과 마찬가지가 되어 특허제도의 취지와 부합하지 않기 때문이다.

출원발명의 진보성 요건에 대한 심사는 출원발명을 특허출원시의 기술수준에 비추어 볼 때 통상의 기술자가 용이하게 실시할 수 있었는지에 대한 판

---

권리범위의 확정, 균등침해 판단 등의 핵심적 요건사실이다.)

70) 정차호, 「특허법의 진보성」, 박영사, 2014. pp. 607-609.

71) 대법원 2012. 01. 19. 선고 2010다95390 전원합의체 판결. 무효심결 확정 전이라도 특허발명의 진보성이 부정되어 그 특허가 특허무효심판에 의하여 무효로 될 것이 명백한 경우에는 그 특허권에 기초한 침해금지 또는 손해배상 등의 청구는 권리남용에 해당하여 허용되지 않고, 특허권침해소송 법원도 그러한 항변이 있는 경우 특허발명의 진보성 여부에 대하여 심리·판단할 수 있다.

72) 특허청, 「특실심사지침서」, 2006, p. 2404. A person skilled in the art who can carry out the claimed invention with sufficient information.

73) 특허법 제29조 제 2 항.

단에 의하여 이루어진다.[74) 동일하거나 동일한 것으로 인정할 수 있는 것이 이미 존재하였는지의 여부를 심사하는 신규성 판단과는 달리, 진보성 심사는 통상의 기술자가 출원발명을 공지기술에 의하여 용이하게 실시할 수 있었는지의 여부를 판단하는 것이므로 단일 증거자료 또는 복수 증거자료의 조합을 출원발명과 서로 대비함으로써 이루어진다.

## 2. 통상의 기술자의 기술수준

진보성 판단은 통상의 기술자를 기준으로 해야 하므로 통상의 기술자의 기술수준을 확정하는 것은 대단히 중요하다. 그런데 "발명이 속하는 기술분야에서 통상의 지식을 가진 자"라고 할 때의 "통상의 지식"은 어떠한 수준을 의미하는 것인지 명확하지 않을 뿐 아니라, 통상의 기술자의 기술수준은 발명이 속하는 기술분야마다 다르기 때문에 이를 특정하기 어렵다.

우리 법원은 특허침해소송에서 특허발명 기술분야의 통상의 기술자의 기술수준을 확정하지 아니한 채 발명의 진보성을 판단하고 있다. 즉, 단지 선행기술과 출원발명의 (목적, 구성, 작용효과에 있어서의) '차이'를 확인한 후 "이러한 정도의 차이라면 [통상의 기술자]가 선행기술로부터 용이하게 실시할 수 있는 것에 해당하기 때문에 진보성을 인정할 수 없다"고 하거나[75) "이와 같이 기술적 구성이 상이하고 작용효과에 있어서도 현저한 차이가 있어 [통상의 기술자]가 용이하게 실시할 수 있는 것으로 볼 수 없다"는 방식으로 진보성 판단을 하고 있다.[76)

그런데 이러한 진보성 판단은 통상의 기술자가 누구인지, 그의 기술수준은 어느 정도인지를 확정하지 아니한 채 실시한 것이어서 그 객관성을 담보할 수 없다. 왜냐하면 진보성 판단은 통상의 기술자가 선행기술을 이용하여 청구된 발명을 용이하게 실시할 수 있는지의 여부를 판단하는 것인데 통상의 기술자의 기술수준(즉, 해당 기술에 대한 이해력, 교육수준, 창의력 등)을 확정하지 않

---

74) 특허법 제29조 제 2 항.
75) 대법원 1998. 11. 27. 선고 97후3722 판결; 대법원 1994. 12. 27. 선고 93후1896 판결 등 다수가 있다.
76) 대법원 1998. 12. 11. 선고 97후846 판결; 대법원 1997. 11. 28. 선고 96후1873 판결 등 다수가 있다.

고는 그가 용이하게 실시할 수 있는지의 여부를 판단하는 것이 불가능하기 때문이다. 즉, 발명이 속하는 기술에 대한 통상의 기술자의 기술수준을 확정하지 않은 채 "통상의 기술자가 용이하게 실시할 수 있다"거나 "통상의 기술자가 용이하게 실시할 수 없다"고 판단하는 것은 기준이 없는 판단에 불과한 것이다.[77] 대법원은 2007후3660 판결에서, 발명의 진보성 판단에 있어서 증거 등 기록에 나타난 자료에 따라 통상의 기술자의 기술수준을 파악한 후 이를 기초로 진보성 판단을 하여야 한다고 판시하였다.[78] 그러나 필자로서는 대법원이 통상의 기술자의 기술수준을 확정하고 그에 기초하여 진보성을 판단한 사례를 아직 발견할 수 없었다.[79] 이러한 사례가 없었던 것은 특허분쟁에서 당사자 간에 통상의 기술자의 기술수준을 쟁점으로 다투지 않았기 때문일 수도 있다.

### (1) 유인이론과 특허

유인이론에 따를 때, 특허유인이 없더라도 개발되는 기술은 통상의 기술자가 용이하게 실시할 수 있거나 특허 이외에 다른 인센티브가 있는 기술이므로 이러한 기술에는 특허를 부여할 필요가 없고,[80] 특허유인이 없으면 발명되

---

77) Dan L. Burk · Mark A. Lemley, "Is Patent Law Technology-specific?" (17 Berkeley Tech. L.J. 1155) (Fall 2002) at 1206. "Clarifying the role of the PHOSITA will help courts avoid making bad decisions."

78) 대법원 2009. 11. 12. 선고 2007후3660 판결.

79) 진보성 판단이 타당성을 갖추기 위해서는 무엇보다 판단의 전제로서 통상의 기술자의 수준에 대한 심리를 강화할 필요가 있다. 신혜은, "최근 진보성관련 판례동향 및 객관적 판단기준을 위한 제안," 전남대학교 법학연구소, 법학논총 (제30집 제3호), 2010. 12, p. 204.

80) Michael Abramowicz · John F. Duffy, "The Inducement Standard of Patentability," Yale Law Journal, May, 2011 (120 Yale L.J. 1590) at 1614, 1625-1626. "유인이론(inducement standard)이란 특허라는 유인이 없었더라면 상당기간 동안 공개되거나 발명되지 아니하였을 발명에 대하여서만 특허로써 보호할 필요가 있다고 하는 이론이다." "[T]he inducement standard is best interpreted as requiring patents to cover only those inventions that, but for the inducement of a patent, would not have be disclosed or devised for a substantial period of time." Michael Abramowicz · John F. Duffy, 앞의 논문, at 1599. 유인이론은 미국 대법원이 *Graham v. John Deere Co* 판결에서 "새롭고 유용할 뿐 아니라 인류의 지식을 확장시키는 발명만이 일정기간의 독점권이라고 하는 유인을 정당화할 수 있다"고 판시한 데서 비롯되었다. *Graham v. John Deere Co.* of Kansas City, 383 U.S. 1, at 8.

기 어려운 기술에 한해서 특허를 부여해야 한다.[81]

특허유인이 필요한 기술과 특허유인이 필요하지 아니한 기술의 양 극단 사이에는 다양한 스펙트럼의 기술과 그 기술에 대한 통상의 기술자가 있다. 특허유인이 없는 상태에서도 통상의 기술자가 용이하게 개발할 수 있는 발명인지의 여부를 판단함에 있어서 통상의 기술자는 특허유인에 의하여 영향을 받지 아니한 자, 즉 특허유인이 없을 때 해당 기술 분야에 종사하는 사람이어야 한다.[82] 따라서 특허유인에 의하여 이미 영향을 받은 전문연구자는 통상의 기술자라고 할 수 없다.

특허는 특정인에게 일정기간 발명을 배타적으로 실시할 수 있도록 함으로써 기술혁신의 제한에 따른 비용, 특허제도 운영에 따른 행정비용, 소송비용 등의 사회적 비용을 초래한다.[83] 그럼에도 불구하고 특허제도를 유지하는 이유는 기업이 특허제도가 없을 경우 투자하지 않지만 특허를 받을 수 있게 되면 발명을 위하여 투자하고 그 결과 이룩한 발명을 공중이 이용할 수 있기 때문이다. 이러한 관점에서 볼 때 특허유인이 없더라도 자연스럽게 이루어질 발명에 대하여 특허를 부여하는 것은 사회적 비용만을 초래한다. 반대로 특허유인이 없으면 이루어지지 않을 발명은 (사회가 부담하는 비용에도 불구하고) 특허를 부여함으로써 발명을 위한 투자를 유도할 필요가 있다.

그런데 사실 특허제도가 없더라도 발명이나 기술혁신은 이루어진다.[84] 특

---

81) Robert P. Merges, *Uncertainty and the Standard of Patentability*, High Technology Law Journal (Spring, 1992) 7 High Tech. L.J. 1, at 18. "The conventional ideal standard of patentability is that patents should only be awarded to those inventions that would not have been made without the availability of the patent."; Edmund W. Kitch, "Graham v. John Deere: New Standards for Patents," 1966 SUP. CT. ReV. 293, 301 (stating that "a patent should not be granted for an innovation unless the innovation would have been unlikely to have been developed absent the protection of a patent") cited by Robert P. Merges, 앞의 논문, fn 6.

82) Michael Abramowicz · John F. Duffy, 앞의 논문, at 1615.

83) Michael Abramowicz · John F. Duffy, 앞의 논문 at 1594.

84) Michael Abramowicz · John F. Duffy, 앞의 논문 at 1599; Robert P. Merges, 앞의 논문, at 31. "There are more projects with a high probability of promising results that would still be undertaken without a patent system than there are such projects that need the extra incentive of a patent. ··· [A] relatively small number of projects depend critically on the availability of patent protection."

허제도는 발명을 가속화시키는 기능을 한다고 할 수 있다.[85] 즉, 특허제도는 기업들이 특허를 취득하기 위하여 경쟁하도록 함으로써 발명과 출원시점을 앞당기는 역할을 한다. 이러한 점에서 다수의 발명자가 동일한 발명을 이룬 경우 맨 첫 출원인만 특허를 받을 수 있도록 한 특허법의 취지를 이해할 수 있다. 그래서 특허제도는 발명 그 자체의 가치를 보상하는 것이 아니라 첫 번째가 된 것을 보상하는 것이라고 할 수 있다.

문제는 특허유인이 발명을 얼마나 앞당겼는지를 평가하는 것이다. 만약 특허로 인하여 어떤 발명을 (특허제도가 없었을 때에 비하여) 20년 이상 앞당길 수 있었다면 그 발명에 대하여 특허를 부여하는 것은 매우 바람직할 것이다.[86] 일반적으로 기술혁신 비용이 거의 변화가 없는 경우 특허 외에 다른 동기에 의하여 발명이 이룩되기까지 많은 시간이 걸릴 것이므로 특허유인이 필요하다.

이와 반대로, 특허로 인하여 어떤 발명을 며칠이나 한두 달 앞당기는 정도에 불과했다면 그런 발명은 특허가 없다 하더라도 조만간 발명될 것이므로 이러한 발명에는 특허를 부여할 필요가 없다.[87] 이러한 발명에 대하여 특허를 부여하면 특허에 따른 유익에 비하여 사회적 비용이 너무 크므로 정당화 될 수 없다.[88] 특허 이외의 다른 동기가 매우 큰 기술의 경우 특허를 부여하지 않

---

85) Michael Abramowicz · John F. Duffy, 앞의 논문, at 1626; Tun-Jen Chiang, "A Cost-Benefit Approach to Patent Obviousness," St. John's Law Review: Vol. 82: Iss. 1, Article 2 (2008), pp. 41, 57-58.

86) Michael Abramowicz · John F. Duffy, 앞의 논문, at 1626.

87) "Patents are superfluous for products that would be invented anyway." Stephen M. Maurer, "How Well Does U.S. Patent Law Implement Modern Innovation Theory?" John Marshall Review of Intellectual Property Law, (Summer, 2013) 12 J. Marshall Rev. Intell. Prop. L. 644), at 659; "[T]he patent system need not reward inventions that are made by accident, because of market demand or for scientific curiosity because they are made for reasons unrelated to the existence of the patent reward. Protecting these inventions would be unnecessary and costly to the public because they would be disclosed to the public eventually." Phanesh Koneru, "To Promote the Progress of Useful Articles?: An Analysis of the Current Utility Standards of Pharmaceutical Products and Biotechnology Research Tools," 38 IDEA 625 (1998) at 632.

88) 사회는 배타적 권리인 특허라는 비용을 지불하지 않았더라도 그 기술을 획득할 수 있었을 것이기 때문이다.

더라도 조만간 발명이 이루어질 것이고 이러한 기술은 발명시점이 특허에 의하여 별로 영향을 받지 않을 것이므로 이러한 기술에 대하여는 특허를 부여하지 않는 것이 좋다. 또한 DNA 서열을 밝히는 기술과 같이 기술혁신 비용이 급격히 떨어지는 기술 분야에서는 조만간 적은 비용으로 발명을 이룩할 수 있을 것이기 때문에 특허유인이 불필요하고 따라서 이러한 경우에는 특허를 부여하지 않거나 매우 좁은 특허를 부여하는 것이 타당하다.[89]

### (2) 유인이론과 진보성 판단

통상의 기술자가 선행기술로부터 용이하게 실시할 수 있는 기술은 특허유인이 없더라도 통상의 기술자가 필요에 따라서 자유롭게 실시할 것이기 때문에 이러한 기술은 진보성을 부인해야 한다. 반대로 통상의 기술자가 선행기술로부터 용이하게 실시할 수 없는 기술은 그 개발에 상당한 투자를 요하기 때문에 투자를 회수할 수 있도록 특허로써 보호할 필요가 있다.[90]

특허는 이를 부여함으로써 발생하는 사회적 유익이 비용보다 클 때 정당화될 수 있다.[91] 발명의 난이도가 높을수록 특허유인에 의하여 앞당겨지는 시간이 길고 난이도가 낮을수록 앞당겨지는 시간이 짧을 것이다. 특허로 앞당겨지는 시간이 길수록 그 발명에 대한 특허의 유용성은 커진다. 특허로 인한 유용성보다 비용이 큰 발명에 대하여 특허를 부여하는 것은 부당하다는 점에 착안하여 특허로부터 발생할 수 있는 유익이 그 비용을 초과하는 지점을 확정하면 그것이 진보성 판단의 합리적 기준이 될 것이다.

선행기술에 나타나 있는 발명과 동일한 기술은 통상의 기술자가 어려움 없이 실시할 수 있다. 선행기술에 나타나 있지 않지만 선행기술과 유사하여 발명의 난이도가 매우 낮은 기술도 통상의 기술자가 용이하게 실시할 수 있을 것이다. 반대로 선행기술과 크게 다르고 발명의 난이도가 매우 높은 기술은 통상의 기술자가 용이하게 실시할 수 없고, 특허유인이 없다면 빠른 시일 내에 발명하기 어렵기 때문에 이러한 기술에 대하여는 특허를 부여할 필요가 있

---

89) 특허옹호론자는 특허가 발명을 2~3년 앞당기더라도 특허제도가 유용하다고 여길 것이지만, 특허반대론자는 20년 정도를 앞당겨야 특허제도를 정당화할 수 있다고 할 것이다.

90) Michael Abramowicz · John F. Duffy, 앞의 논문, at 1597-1599.

91) Tun-Jen Chiang, 앞의 논문, p. 66.

다. 문제는 특허유인이 없어도 통상의 기술자에 의하여 일어날 수 있는 발명의 곤란성의 상한선 즉, 특허를 부여할 수 있는 최소한의 진보성을 결정하는 것이다. 진보성 판단의 기준이 되는 발명의 곤란성의 상한선은 경제학적 방식에 의하여 결정할 수 있다.

특허에 의하여 발명이 앞당겨짐으로써 사회가 얻는 이익($\int Bt$)이 특허에 의한 비용($\int Ct$)보다 클 때, 특허가 정당화될 수 있다.[92] '특허유인이 없는 상태에서 독립적으로 이루어지는 발명(이하, "독립발명"이라 한다)'의 시점(I)(이하, 독립발명의 시점을 "독립발명시점"이라 한다)은, 특허제도 하에서 발명이 출원되는 특허출원일(P)보다 상당 기간 늦을 것이다. 발명의 곤란성이 높을수록 특허에 의하여 당겨지는 기간(P–I)이 길어지므로 특허에 의한 사회적 이익이 커진다. 따라서 이러한 경우 진보성을 크게 보아서 특허 받을 가능성을 높여야한다.[93]

이를 구체적으로 적용하기 위해서는 ① "독립발명시점"(I)을 확정하고, ② 특허발명이 출원일(P)로부터 독립발명시점(I)까지 가져올 이익의 총합($\int_P^I Bt$)을 구하고, ③ 특허가 (그 독점으로 말미암아) 독립발명 시점(I)으로부터 특허 만료시점(E)까지 유발할 비용의 총합($\int_I^E Ct$)을 구하여, ④ 이익의 총합($\int_P^I Bt$)과 비용의 총합($\int_I^E Ct$)을 비교한다.

위 ①, ②, ③을 그림으로 표현하면 [그림 3–2] 및 [그림 3–3]과 같다.

[그림 3–2]에서 특허로 인한 이익의 총합($\int_P^I Bt$)은 출원일이 독립발명시점(I)으로부터 특허출원일(P)까지 당겨짐으로써, 사회가 얻는 순이익의 총합이다.[94]

[그림 3–3]에서 특허로 인한 비용의 총합($\int_I^E Ct$)은 독립발명시점(I)으로부터 특허가 만료되는 시점(E)까지의 기간 동안 특허에 따른 비용의 총합이다. 특허제도가 없었다면 독립발명시점(I)으로부터 특허가 만료되는 시점(E)

---

92) Robert P. Merges, 앞의 논문, at 30, 35. "In an ideal patent system, the social benefit of the invention would be weighed against the cost of creating it and the social costs accompanying exclusive rights to it."; Tun-Jen Chiang, 앞의 논문, p. 66.

93) Robert P. Merges, 앞의 논문, at 35.

94) 편의상 발명시점을 출원시점과 동일시하고 있으나 실상은 동일하지 않다.

까지의 기간 동안에는 독립발명에 대하여서도 특허를 부여하지 않았을 것이
므로 특허가 없었을 것이고, 특허에 의한 사회적 비용도 발생하지 않았을 것
이다. 그런데 특허제도의 도입에 의하여 사회적 비용이 발생하게 되었으므로
이 기간(I−E) 동안의 비용은 특허제도의 도입으로 추가적으로 발생하게 된
비용이다.

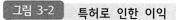
**그림 3-2**   **특허로 인한 이익**

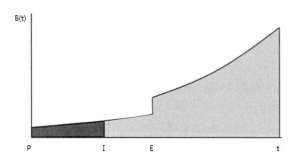

t=시간, B(t)=특허에 의한 순이익, P=특허출원일, I=독립발명시점, E=특허만료일

출처: Tun-Jen Chiang, 앞의 논문, p. 65.

**그림 3-3**   **특허로 인한 손실**

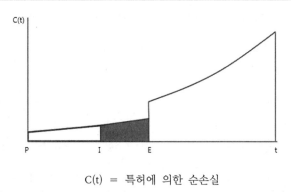

C(t) = 특허에 의한 순손실

출처: Tun-Jen Chiang, 앞의 논문, p. 65.

그래서 (P－I) 기간 동안 이익의 총합 $\int_{P}^{I} Bt$ 가 (I－E) 기간 동안 비용의 총합, $\int_{I}^{E} Ct$ 보다 클 때 (즉, $\int_{P}^{I} Bt \geqq \int_{I}^{E} Ct$) 특허를 부여한다.

그리고 이익의 총합 $\int_{P}^{I} Bt$ 이 비용의 총합 $\int_{I}^{E} Ct$ 보다 작을 때(즉, $\int_{P}^{I} Bt \leqq \int_{I}^{E} Ct$)에는 특허를 부여하지 않아야 한다.

### (3) 유인이론으로 본 통상의 기술자의 기술수준

유인이론의 관점에서, 특허제도는 통상의 기술자가 용이하게 발명할 수 없는 기술을 개발하도록 유인하기 위하여 특허라는 별도의 인센티브를 제공하기 위하여 고안된 것이다. [그림 3－4]에서 통상의 기술자(o)가 용이하게 실시할 수 있는 기술의 난이도는 a이다. 즉, 통상의 기술자(o)는 난이도가 a 이하의 기술혁신은 용이하게 실시할 수 있지만 a 이상의 기술은 용이하게 실시할 수 없기 때문에 진보성이 있다. a 이하의 기술은 특허유인이 없더라도 통상의 기술자가 개발하는 기술이므로 특허를 부여할 필요가 없다. a 이상의 기술(IO)은 통상의 기술자가 용이하게 실시할 수 없는 것이므로 특허유인이 필요하다. 유인이론에 따르면, 이러한 정도의 기술적 진보를 이루고 특허를 취득하기 위해서는 기업이 추가적으로 투자하지 않으면 안 된다.

**그림 3-4** **통상의 기술자(o)의 기술수준과 특허의 관계**

기술혁신의 난이도

0: 통상의 기술자(o)의 기술수준
a: 통상의 기술자(o) 기준의 진보성 요건
통상의 기술자(o): 특허가 없을 때의
　　　　　　　　　통상의 기술자
IO: 진보성이 있는 기술

그림 3-5   **통상의 기술자(r)의 기술수준과 특허의 관계**

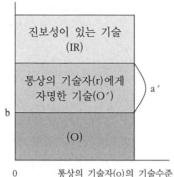

기술혁신의 난이도

진보성이 있는 기술
(IR)

통상의 기술자(r)에게
자명한 기술(O′)

b

(O)

0   통상의 기술자(o)의 기술수준   a′

0: 통상의 기술자(o)의 기술수준
b: 통상의 기술자(r)의 기술수준
a′: 통상의 기술자(r) 기준의 진보성 요건
통상의 기술자(o): 특허가 없을 때의 통상의
  기술자
통상의 기술자(r): 특허가 있을 때의 통상의
  기술자
기술(O): 통상의 기술자(o)에게 자명한 기술
기술(O′): 통상의 기술자(r)에게 자명한 기술
IR: 통상의 기술자(r) 기준의 진보성이 있는
  기술

한편, [그림 3–5]에서와 같이 통상의 기술자를 해당 기술 분야의 박사나 교수로 구성된 연구전문가로 설정할 경우, 통상의 기술자(r)는 통상의 기술자(o)에 비하여 기술수준이 훨씬 높고 창의력이나 기술상식이 월등하기 때문에 그가 용이하게 실시할 수 있는 기술혁신의 난이도 즉, 통상의 기술자(r)를 기준으로 한 진보성 요건은 (b+a′)가 된다. 즉, 통상의 기술자(r)는 (b+a′)보다 어려운 기술은 용이하게 실시할 수 없다. 여기서 통상의 기술자(r)는 기술(O) 뿐만 아니라 기술(O′)까지도 용이하게 실시할 수 있다.

기술(O′)는 통상의 기술자(o)에게는 용이하게 실시할 수 없는 기술이지만 통상의 기술자(r)에게는 용이하게 실시할 수 있는 기술이다. 따라서 기술(O′)는 통상의 기술자를 통상의 기술자(o)로 설정하면 진보성을 인정받을 수 있지만 통상의 기술자(r)로 설정하면 진보성을 인정받을 수 없다. 한편, 통상의 기술자를 통상의 기술자(r)로 설정할 경우 진보성이 있는 것으로 인정할 수 있는 기술은 기술(IR)이다. 이와 같이 통상의 기술자의 기술수준을 높게 설정하면 특허될 수 있는 기술이라 하더라도 진보성 결여로 거절될 수 있다.

기업은 유인이 없을 때에는 통상의 기술자만으로 생산라인을 가동하여 제품을 생산하고 판매하지만, 특허유인이 제공되면 첨단기술을 보유한 연구자를

영입하고 최신 장비를 도입하여 새로운 기술을 개발함으로써 특허를 취득하려
고 노력한다. 특허제도는 생산에 투자할 자원을 연구개발 투자에 전환함으로
써 기술적 진보를 이룬 사람에게 정부가 보상해 주는 계약으로 볼 수 있다.[95]
이러한 투자로 발명이 이루어지면 그에 대하여 특허를 부여하는 것이 당연하
다. 따라서 진보성 판단에 있어서 통상의 기술자의 기술수준을 특허유인에 의
하여 기업이 추가적으로 투자하여 채용한 (첨단기술을 보유한 전문연구자나 교수
와 같은) 자의 기술수준으로 설정하는 것은 계약조건의 일방적 변경으로서 잘
못이다.[96] 통상의 기술자를 전문연구자로 설정하면 통상의 기술자의 기술수준
이 과도하게 높게 되고 기업은 추가적 투자에 따른 연구결과에 대하여 진보성
결여로 특허를 받을 수 없게 되어 연구개발 투자에 대한 의욕을 상실하게 되
기 때문이다.[97]

### (4) 기술별 통상의 기술자의 기술수준

기술은 발전 속도와 개발비용 등의 특성이 분야별로 다르다.[98] 다양한 특
성을 가진 기술을 하나의 특허제도에 의하여 관리하는 것은 적절하다고 할 수
없다.[99] 기술별로 특허의 필요성이 다르므로 특허보호의 정도를 달리해야 한

95) Jonathan J. Darrow, "The Neglected Dimension of Patent Law's PHOSITA Standard," 23 Harv. J.L. & Tech. 227 (2009) at 254.
96) 추가적 투자에 의하여 채용된 전문연구자의 기술수준은 [그림 3-5]에서 b이다. "A "Researcher" Conception Assumes that Research Will Occur Without Patents[.]" Jonathan J. Darrow, 앞의 논문, at 253; Dan L. Burk·Mark A. Lemley, 앞의 논문, at 37. "[P]atent law measures the chances of success not against the inventor's subjective evaluation, but against the objective standard of [PHOSITA]. Because this [PHOSITA] is endowed with only publicly available technical knowledge-the prior art-the proprietary knowledge of the actual inventor is immaterial to the obviousness inquiry." 진보성 판단은 발명자의 주관적 입장이 아니라 통상의 기술자의 객관적 관점에서 이루어져야 하고, 통상의 기술자가 지니고 있는 지식은 당업계의 일반인들에게 알려진 선행기술이지 발명가의 개인적 지식이 아니다.
97) Jonathan J. Darrow, 앞의 논문, at 253. "PHOSITA as 'Researcher' Reduces Incentives to Invent"; Michael Abramowicz·John F. Duffy, 앞의 논문, at 1615.
98) Dan L. Burk·Mark A. Lemley, 앞의 논문, at 1576.
99) Dan L. Burk·Mark A. Lemley, 앞의 논문, at 1581. "For innovation, one size definitely does not fit all."

다.[100] 특히 진보성 판단에 있어서 기술개발비용이 낮고 투자위험이 작은 기술과 기술개발비용이 높고 투자위험이 큰 기술에 대하여 동일한 기준을 적용하는 것은 적절하지 않다.

컴퓨터프로그램 기술과 관련한 사건에서 통상의 기술자를 정보처리기술 분야의 대학졸업자로 볼 것인지 컴퓨터공학박사나 컴퓨터공학교수로 볼 것인지에 따라서 침해 여부가 달라진다. 의약발명 관련 사건에서도 통상의 기술자를 의약개발전문가로 보는지 의약품을 처방하는 일반의사로 보는지에 따라서 침해 여부가 달라진다. 그래서 법원이 특허발명의 진보성을 판단하기 위해서는 통상의 기술자의 기술수준을 제시하는 것이 합리적이다.[101] 모든 기술에 대한 통상의 기술자의 기술수준을 제시하는 것은 비현실적이므로 여기서는 그 특성이 서로 대비되는 소프트웨어기술과 의약기술의 특성을 고려하여 이들 기술에 있어서 통상의 기술자의 기술수준을 가늠해 보기로 한다.

### 1) 소프트웨어기술

소프트웨어산업은 설비투자가 필요 없고, 새로운 소프트웨어가 인간이나 환경에 미치는 영향을 고려할 필요가 없어서 투자비가 적다.[102] 신기술 개발에 소요되는 시간이 짧아서 제품을 시장에 빠르게 출시할 수 있고,[103] 제품수

---

100) Benjamin N. Roin, 앞의 논문, at 672; Michael Abramowicz, 앞의 논문, 1406-1407; Michael W. Carroll, 앞의 논문, 847-849; Eric E. Johnson, 앞의 논문, 269; Dan L. Burk·Mark A. Lemley, 앞의 논문, at 1650. "Overwhelming evidence indicates that the application of the PHOSITA standard varies by industry, leading for example to fewer, but broader, software patents and more, but narrower, biotechnology patents."

101) Benjamin N. Roin, 앞의 논문, at 759. ("[I]nventions' time-to-market could serve as a reliable proxy for their optimal patent strength, and that because time-to-market is relatively observable, the government could use it as a framework for an administrable system of tailoring patent awards.") Roin 교수는 제품출시시간(time-to-market)이 연구개발비, 실패의 위험, 불확실성, 제품수명 등과 상관관계가 있음을 밝히고, 제품출시시간에 따라 기술별 특허보호기간을 달리하는 것이 바람직하다고 주장하였다. 일반적으로 소프트웨어기술은 제품출시가 빠르기 때문에 독립발명 시점(I)도 빠르다. 반면에 의약기술은 제품출시가 늦고 독립발명시점(I)도 늦다.

102) Dan L. Burk·Mark Lemley, *Policy Levers in Patent Law*, Virginia Law Review (November, 2003) (89 Va. L. Rev. 1575) at 1622.

103) 소프트웨어 제품은 특허제도의 유무와 상관없이 '제품출시시간'이 짧은 것이

명이 짧다.104) 소프트웨어기술혁신은 빠르고 누적적 점증적으로 일어나고,105)
생명공학이나 의약기술에 비하여 불확실성이 크지 않다.106) 따라서 소프트웨
어기술은 특허보호가 필수적이라고 할 수도 없고, 배타적 권리를 부여하는 것
이 적절하지 않다.107) 소프트웨어는 특허로써 보호하지 않더라도 저작권이나

특징이다.

104) Dan L. Burk·Mark A. Lemley, 앞의 논문, at 1582-1583, 1622. 컴퓨터프로
그램의 제품수명은 짧다. "The software industry also has relatively low
fixed costs and a short time to market." "Computer program life cycles are
short."; Ted Sichelman, "Purging Patent Law of "Private Law" Remedies,"
Texas Law Review (February, 2014) (92 TXLR 517). fn 26; Benjamin N.
Roin, 앞의 논문, at 685.

105) 소프트웨어기술은 빠르게 누적적으로 발전한다. Dan L. Burk·Mark A.
Lemley, 앞의 논문, at 1620; Suzanne Scotchmer, "Standing on the
Shoulders of Giants: Cumulative Research and the Patent Law." Journal of
Economic Perspectives, 5(1) (1991): 29-41.

106) Samuelson, Pamela., Randall Davis, Mitchell D. Kapor, and J. H.
Reichman, *A Manifesto Concerning The Legal Protection of Computer
Programs*, 94 Colum. L. Rev. 2308 (1994) at 2330-2331. "Innovation in
Programs is Largely Incremental and Cumulative in Character[.]"

107) James Bessen·Eric Maskin, *Sequential innovation, patents, and imitation*,
RAND Journal of Economics, Vol. 40, No. 4, Winter 2009; Benjamin N.
Roin, 앞의 논문, at 697. "[T]he patent awards should be weaker when
(1) innovation is more cumulative … ; (2) transaction costs are high; and
(3) firms can appropriate a significant portion of the social value of their
inventions without lengthy patent rights." Benjamin N. Roin, 앞의 논문,
fn. 114. "[P]atents are more likely to hinder later advances in technology
when granted on inventions the public would receive anyway."; Heidi L.
Williams, "Intellectual Property Rights and Innovation: Evidence From the
Human Genome," Journal of Political Economy, 2013, vol. 121, no. 1 (121
J. Pol. Econ. 1), 24-25 (2013); 누적적 기술혁신을 특징으로 하는 소프트웨
어기술분야에서 특허권은 홀드업(hold-up)으로 작용하여 기술혁신을 방해하
기 때문이다. Carl Shapiro, "Injunctions, Hold-Up, and Patent Royalties,"
American Law and Economics Review, October 19, 2010; Mark A. Lemle
y·Carl Shapiro, "Patent Holdup and Royalty Stacking," Texas Law Review
[Vol. 85: 1991] (2007); Samuelson, Pamela., Randall Davis, Mitchell D.
Kapor, and J. H. Reichman, 앞의 논문, at 2368. 소프트웨어 개발자들은 저
작권 보호 외에 특허보호를 기대하지 않았다. 그들은 시장에서 보상을 찾았
다; Dan L. Burk·Mark Lemley, 앞의 논문, *Policy Levers in Patent Law*, at
1622-1623. 기술적 보호조치는 프로그램기술의 발달에 따라 무력화될 수 있
고, 저작권 보호는 프로그램의 기능을 보호할 수 없다는 한계가 있다.

기술적 보호조치로 보호할 수 있기 때문에 소프트웨어 기업의 입장에서는 제품을 기술적 보호조치로 보호하여 가급적 빨리 출시함으로써 '첫주자의 이익(first-mover advantages)'을 향유하는 것이 중요하다.[108] 이러한 기술에 있어서 독립발명시점(I)은 특허제도하에서의 출원일로부터 그다지 멀지 않은 곳에 있게 된다. 소프트웨어기술은 출원일(F)로부터 독립발명시점(I)까지의 기간이 짧고, 독립발명시점(I)으로부터 특허만료시점(E)까지의 기간이 길기 때문에, 소프트웨어기술에 있어서 특허제도의 유익($\int Bt$)은 비용($\int Ct$)보다 크기 어렵다. 이러한 소프트웨어기술을 특허로써 보호하는 것은 과도한 사회적 비용을 초래하고 수 세대에 걸쳐서 후속 기술혁신에 부담을 주게 된다.

따라서 소프트웨어산업 종사자의 기술수준은 특허유인에 의하여 통상의 기술자의 기술수준으로부터 크게 상승되었다고 볼 수 없다.[109] 그래서 Burk & Lemley는 소프트웨어기술에서 통상의 기술자의 기술수준을 종래보다 높게 설정하여 새로운 기능을 실현함으로써 현저한 작용효과를 가져오는 중요한 기술에 대하여만 특허를 부여하는 것이 바람직하다고 하였다.[110] 이것은 비공유지의 비극,[111] 특허숲,[112] 홀드업[113]의 문제를 막을 수 있고, 누적적·점증적 기

108) Dan L. Burk · Mark Lemley, 앞의 논문, *Policy Levers in Patent Law*, at 1582, 1622-1623. 소프트웨어 제품은 특허보다 '첫 주자의 이익'이 더 중요한 경우가 많다. 그런데, 반도체 기술에 있어서 마이크로프로세서의 경우, 개발 기간이 길고 비용도 엄청나다. "[T]he design of a new generation of microprocessor takes years of planning and construction and can cost more than four billion dollars."

109) Michael Abramowicz · John F. Duffy, 앞의 논문, at 1615; Benjamin N. Roin, "The Case for Tailoring Patent Awards Based on Time-to-market," UCLA Law Review (February, 2014) at 683-694; Harvard Law Review Association, "Everlasting Software," Harvard Law Review, April, 2012, (125 Harv. L. Rev. 1454) at 1471.

110) Dan L. Burk · Mark Lemley, 앞의 논문, *Policy Levers in Patent Law*, at 1622.

111) '비공유지의 비극(tragedy of anticommons)'은 '공유지의 비극'이라는 비유에 대한 반대 개념으로서, 사용자가 하나의 유용한 제품을 생산해 내기 위하여 복수의 특허에 접근해야 할 필요가 있을 때 생기는 복잡한 장애물, 즉 과도하게 많은 특허로 생길 수 있는 문제를 의미한다. 구대환, "특허풀의 결성과 운영," 저스티스, 통권 제109호 2009. 2, p.192; Michael A. Heller · Rebecca S. Eisenberg, "Can Patents Deter Innovation? The Anti-commons in Biomedical Research," 280 Science 698, (May 1, 1998); Bradley J. Levang, *Evaluating*

술혁신의 보호에 관한 다른 학자들의 주장과도 부합한다.114)

---

the Use of Patent Pools For Biotechnology: A Refutation to the USPTO White Paper Concerning Biotechnology Patent Pools, 19 Santa Clara Computer & High Tech. L.J. 229 (2002) at 234-235; Michael S. Mireles, An Examinaton of patents, Licensing, Research Tools, and the Tragedy of the Anticommons in Biotechnology Innovation, 38U. Mich. J. L. Reform 141 (2004) pp. 142, 145-147, 220-221).

112) 특허숲(patent thicket)이란, 일련의 중복하는 특허권이 존재하기 때문에, 새로운 기술을 상업화하려는 자가 복수의 특허권자로부터 사용허락을 취득하지 않으면 안 되는 상황을 말한다. 시장참가자는 이 '특허숲'을 제거하기 위하여 크로스라이선스와 특허풀이라는 자연스럽고 효과적인 방법을 사용하고 있다. 구대환, 앞의 논문, p. 196.

113) 홀드업(hold-up)의 사전적 의미는 지연, 지체, 협박, 폭력 등이다. http://endic. naver.com/search.nhn?sLn＝kr&query＝hold－up&searchOption＝thesaurus, 2014. 11. 17. 최종 접속. 구대환, 앞의 논문, p. 192.

114) Julie E. Cohen·Mark A. Lemley, "Patent Scope and Innovation in the Software Industry," 89 Cal. L. Rev. 1, 3 (2001) at 41 소프트웨어기술은 본래 점증적 연속적 특성을 갖는다. 앞의 논문, at 56. 이러한 독특한 기술적·경제적 특성으로 말미암아 소프트웨어를 특허로써 넓게 보호하면 후속기술혁신을 촉진시키기는커녕 저해하는 결과를 초래한다.; James Bessen·Eric Maskin, Sequential innovation, patents, and imitation, RAND Journal of Economics, Vol. 40, No. 4, Winter 2009; Suzanne Scotchmer, "Standing on the Shoulders of Giants: Cumulative Research and the Patent Law," 5 J. Econ. Persp. 29, 31 (1991) at 34. 누적적 점증적 기술혁신에 있어서 소유권 제도는 첫 주자와 후속주자에게 적절한 인센티브를 줄 수 없으므로 라이선싱을 필요로 하지 않는 제도가 효과적이다; J. H. Reichman, Of Green Tulips and Legal Kudzu: Repackaging Rights in Subpatentable Innovation, 53 Vand. L. Rev. 1743, 1744 (2000) 누적적 점증적 특성을 갖는 기술분야에서 후속기술혁신을 저해하지 않으면서 선행기업의 기술혁신을 보호하기 위하여서는 배타적 권리를 부여하는 특허나 저작권보다 채권적 권리에 입각한 '보상책임제도(Compensatory Liability Rules)'가 효과적이다.; Samuelson, Pamela., Randall Davis, Mitchell D. Kapor, and J. H. Reichman, 앞의 논문, at 2330, 2376. "[I]nnovation in the software market is primarily incremental [and cumulative]. Invention in the formal sense of the term is rare." 일반적으로 소프트웨어기술혁신은 주로 점증적·누적적이어서 특허법상 진보성 요건을 충족시키기 어려워서 특허법상 '발명'이 극히 드물다. 그리고 누적적 기술혁신에 배타적 권리인 특허를 부여하는 것은 후속 기술혁신을 저해한다.; Richard R. Nelson, "Intellectual Property Protection for Cumulative Systems Technology," 94 Colum. L. Rev. 2674, 2676 (1994).

---

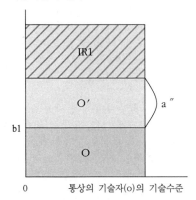

**그림 3-6** 소프트웨어기술에 있어서 통상의 기술자(r1)의 기술수준(b1)과 특허의 관계

기술혁신의 난이도

IR1

O'

a″

b1

O

0 　　 통상의 기술자(o)의 기술수준

0: 통상의 기술자(o)의 기술수준
b1: 통상의 기술자(r1)의 기술수준
a″: 통상의 기술자(r1) 기준의 진보성 요건
b1+a″: 통상의 기술자(r1) 기준의 진보성
　　 요건
통상의 기술자(o): 특허가 없을 때의 통상의
　　 기술자
통상의 기술자(r1): 특허 하의 해당 업계 종사자
O: 통상의 기술자(o)에게 자명한 기술
O': 통상의 기술자(r1)에게 자명한 기술
IR1: 통상의 기술자(r1) 기준의 진보성이 있는
　　 기술

---

　[그림 3-6]에서 0은 특허제도가 없는 상태에서 통상의 기술자(o)의 기술수준이다. 그런데 특허제도가 도입되었을 때 해당 업계 종사자인 통상의 기술자(r1)의 기술수준은 b1이 된다. 그리고 통상의 기술자(r1)을 기준으로 할 때 진보성 기준은 (b1+a″)이 되므로, 그 이하의 기술 O′는 진보성이 없고, (b1+a″) 이상의 기술, IR1만이 진보성을 갖춘 기술이 된다.

　소프트웨어기술분야는 특허보호에 크게 의존하지 않으므로 특허제도하에서의 통상의 기술자(r1)의 기술수준(b1)은, 통상의 기술자(o)의 기술수준(0)에 비하여 크게 변화하지 않을 것이다.

### 2) 의약기술

　새로운 의약품을 개발하는 데는 10년 이상의 기간과 10억 달러 정도의 비용이 소요되는 반면 불확실성과 투자위험이 크다.[115] 그래서 의약기술은 기술

---

115) Dan L. Burk · Mark Lemley, 앞의 논문, *Policy Levers in Patent Law*, at 1581. "In the pharmaceutical industry ··· R&D, drug design, and testing of a new drug can take a decade or more and cost, on average, hundreds of millions of dollars." Dan L. Burk · Mark Lemley, 앞의 논문, *Policy Levers in Patent Law*, at 1581-1582, 1676. 또한 신세대 마이크로프로세서의

혁신속도가 늦고 제품출시시간이 길며 제품수명도 길다. 그런데 의약기술의 개발에 엄청난 비용이 요구됨에도 불구하고 경쟁업자는 신약을 용이하게 복제할 수 있기 때문에 의약산업에는 특허가 필수적이다.[116]

이러한 점에서 의약산업의 통상의 기술자의 기술수준은, 특허를 받을 목적으로 연구하는 전문연구자들의 기술수준보다 크게 낮다고 보아야 한다.[117] 의약기술은 인간과 환경에 미치는 영향을 평가해야 하는데 그에 요구되는 시간이 많이 걸리고, 그 결과는 불확실하고 성공을 예측하기 어렵다.[118] 그래서 의약기술 제품은 '출시시간'이 길고 투자비용이 막대하면서도 예측가능성이 낮아서 투자위험이 크므로 의약기술 분야는 상당히 큰 인센티브가 요구된다.[119]

또한 불확실성이 큰 의약기술의 개발을 유도하기 위한 인센티브로서 기업이 특허받을 가능성을 높이기 위하여 통상의 기술자의 기술수준을 낮게 설정하는 것이 타당하다.[120] 특허출원에 대하여 등록가능성이 50%인 경우와 25%

개발에는 전문기술자, 엄청난 설비투자, 수년간의 연구 및 40억 달러 이상의 비용이 소요된다. Office of Tech. Assessment, U.S. Cong., Pharmaceutical R & D: Costs, Risks and Rewards 214 (1993), available at http://www.fas.org/ota/reports/9336.pdf("Total estimated preclinical pharmaceutical R & D constituted approximately $450 million in 1988."); Benjamin N. Roin, 앞의 논문, at 702.

116) Benjamin N. Roin, 앞의 논문, at 680, 702. "[P]harmaceutical companies generally consider strong patent protection a prerequisite for investing in a drug's development." 그러나 정보통신기술 및 생명정보공학의 도움으로 생명공학기술분야도 빠르게 발전하고 있다. Dan L. Burk·Mark Lemley, 앞의 논문, Policy Levers in Patent Law, at 1583, 1677. "[T]he development of mass-production techniques like polymerase chain reaction ("PCR") have revolutionized the biotechnology industry, making the identification of gene sequences and the development of related therapies much cheaper and quicker than they were in preceding decades." 또한 연구설비(research tools)의 발전으로 고분자를 분리해 내고 그 특성을 밝히는 것이 용이해졌다. 그 결과 생명공학기술 관련 사건에서 CAFC의 비자명성 판단에 대하여 상당한 비판이 제기되었다.

117) Michael Abramowicz·John F. Duffy, 앞의 논문 at 1616.

118) Dan L. Burk·Mark Lemley, 앞의 논문, Policy Levers in Patent Law, at 1676, 1682-1683.

119) Robert P. Merges, 앞의 논문, at 69.

120) Dan L. Burk·Mark Lemley, 앞의 논문, Policy Levers in Patent Law, at 1681-1682. "Lowering the obviousness threshold is only one way to

인 경우 투자의욕은 달라질 것이다. 그런데 Burk & Lemley 교수는 생명공학 기술에 대하여 진보성 기준을 낮추는 것은, 진보성 기준을 낮추지 않더라도 특허를 받을 수 있었던 기술에는 아무런 영향이 없고, 경계선 근처의 발명이 추가적으로 특허를 받게 되어 '비공유지의 비극'의 문제를 가속시킬 수 있으므로 적절한 방안이 아니라고 주장한다.[121]

그러나 이것은 적절한 주장이라고 할 수 없다. 불확실성이 큰 기술을 개발하는 기업의 입장에서는 연구로 나오게 될 기술의 진보성을 사전에 예측하기 어렵다. 이것을 예측할 수 있다면 그 기술은 이미 불확실성이 크다고 할 수 없다. 따라서 불확실성이 큰 기술에 대한 투자 여부를 결정함에 있어서 기업은 해당 기술 분야의 특허 가능성을 염두에 둘 가능성이 높다. 그렇다면 이러한 기술의 경우 통상의 기술자 수준을 낮추어서 특허 받을 가능성을 높이는 것은 투자유도에 상당한 효과가 있다고 할 수 있다. 그럼에도 불구하고 권리범위가 좁은 다수의 특허가 부여된다는 사실을 고려하여 투자를 망설일 수 있으므로 통상의 기술자의 기술수준을 낮춤과 동시에 특허권의 보호범위를 가급적 확대하여 해석하고 침해에 대한 보상 및 손해배상액을 높여 특허의 가치를 높이는 것이 중요하다.[122]

정리하면, 기술혁신 속도가 늦고 제품수명이 긴 의약기술의 통상의 기술

---

encourage investment in uncertain technologies. An alternative is to broaden the scope of the patents[.]" Geertrui Van Overwalle, "Policy Levers Tailoring Patent Law to Biotechnology: Comparing U.S. and European Approaches," UC Irvine Law Review (June, 2011) at 473-474. "[The Technical Boards of Appeal] have argued that the PHOSITA in biotechnology is considered to be conservative. [He] would never go against an established prejudice, ⋯ nor take incalculable risks. [He] would perform a transfer of technology from a neighboring field to [his] specific field of interest, only if this transfer involved routine experimental work[.]"; Robert P. Merges, 앞의 논문, at 55, 69. 고비용이 요구되고 불확실성이 큰 연구개발과 관련된 기술에 대하여는 진보성 판단기준을 완화하여 특허 취득 가능성을 높여 주는 것이 바람직하다.

121) Dan L. Burk · Mark Lemley, 앞의 논문, *Policy Levers in Patent Law*, at 1681.

122) Dan L. Burk · Mark Lemley, 앞의 논문, *Policy Levers in Patent Law*, at 1681-1683. "Biotechnological inventions need more incentive than other types of inventions if they are actually to make it to market."

자의 기술수준은 상대적으로 낮게 보아야 한다.[123) 이러한 기술분야는 특허제도가 없으면 신약개발과 같이 엄청난 투자를 요하는 발명을 추구하지 않을 것이기 때문에 독립발명시점(I)은 매우 멀리 있게 된다. 즉, 출원일(F)로부터 독립발명시점(I)까지의 기간이 길고, 독립발명시점(I)으로부터 특허만료시점(E)까지의 기간이 짧다. 따라서 이러한 기술에 대한 특허는 유익($\int Bt$)이 비용($\int Ct$)보다 클 가능성이 높다.

한편, 의약기술과 같이 독립발명시점(I)이 늦을수록 제품출시시간이 길고, 소프트웨어기술과 같이 독립발명시점(I)이 빠를수록 제품출시시간이 짧다. 이와 같이 독립발명시점(I)은 제품출시시간과 상관관계가 있음을 알 수 있다.[124) 독립발명시점(I)을 구하는 것은 쉽지 않으므로 이러한 상관관계를 고려하여 독립발명시점(I) 대신 제품출시시간에 따른다면 통상의 기술자의 기술수준 설정의 실행가능성을 높일 수 있을 것이다.

[그림 3-7]은 의약기술에 있어서 특허유인이 있을 때 통상의 기술자의 기술수준을 보여주고 있다. 의약기술은 특허보호에 크게 의존하므로 특허제도가 있게 되면 통상의 기술자의 기술수준은 크게 변화한다.

---

123) CAFC는 생명공학기술 관련 발명에 대하여 비자명성 기준을 낮게 설정하였다. Dan L. Burk·Mark Lemley, 앞의 논문, *Policy Levers in Patent Law*, at 1593.

124) Benjamin N. Roin, 앞의 논문, at 759. ("[I]nventions' time-to-market could serve as a reliable proxy for their optimal patent strength, and that because time-to-market is relatively observable, the government could use it as a framework for an administrable system of tailoring patent awards.")

---

**그림 3-7**  의약기술에 있어서 통상의 기술자(r2)의 기술수준(b2)과 특허의 관계

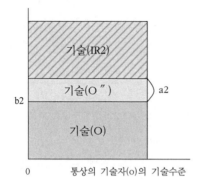

기술혁신의 난이도

0: 통상의 기술자(o)의 기술수준
b2: 통상의 기술자(r2)의 기술수준
a2: 통상의 기술자(b2) 기준의 진보성 요건
b2+a2: 통상의 기술자(r2) 기준의 진보성
　　　　요건
통상의 기술자(o): 특허가 없을 때의 통상의
　　　　　　　　　기술자
통상의 기술자(r2): 특허제도 하의 해당업계
　　　　　　　　　종사자
기술(O): 통상의 기술자(o)에게 자명한 기술
기술(O″): 통상의 기술자(r2)에게 자명한
　　　　　기술
IR2: 통상의 기술자(r2) 기준의 진보성이 있는
　　　기술

---

3) 사례

2007년 *Daiichi Sankyo Co., Ltd. v. Apotex, Inc.* 사건에서 지방법원은 통상의 기술자(PHOSITA)를 "의학학위를 갖고 있는 소아과의사나 일반의로서 귀의 감염증 환자를 치료한 경험과, 의학교육을 통하여 약리학(pharmacology) 및 항생물질의 사용에 관한 지식을 가진 자"로 보았다.[125]

그러나 연방순회항소법원(CAFC)은 통상의 기술자를 발명자로 설정하고, 특허발명이 통상의 기술자에게 자명한 것이라는 이유로 특허를 무효로 판단하였다.[126] CAFC는 특허발명의 해당 기술분야는 환자의 청력을 손상시키지 않고 귀의 감염을 치료하는 물질을 창조하는 것이고, 특허발명의 발명자들은, 소아과의사나 일반의가 아니라, 귀의 치료를 전문으로 하는 연구전문과학자(a research scientist) 또는 대학교수라고 해야 한다고 하면서 다음과 같은 이유를 제시하였다.[127]

---

125) *Daiichi Pharmaceutical Co., Ltd. v. Apotex, Inc.* 380 F.Supp.2d 478, D.N.J.,2005. (August 08, 2005) at 485. ("[PHOSITA] would have a medical degree, experience treating patients with ear infections, and knowledge of the pharmacology and use of antibiotics. This person would be … a pediatrician or general practitioner").

126) *Daiichi Sankyo Co. v. Apotex, Inc.* 501 F.3d 1254 (Fed. Cir. 2007).

127) *Daiichi Sanko Co. v. Apotex, Inc.*, 501 F.3d 1254 (Fed. Cir. 2007) 1257.

(1) 발명자 사토(Sato)는 이비인후과 교수이고, 발명자 한다(Handa)는 다이이치에서 신약 개발 및 임상실험을 책임지는 임상개발팀장이고, 발명자 기타하라(Kitahara)는 다이이치에서 항생물질 연구개발을 책임지고 있는 연구전문 과학자이다.

(2) 발명자들이 "실험대상(guinea pigs)"을 처리한 실험을 상세히 기술하고 있는 명세서 기술내용은 소아과의사나 일반의가 하는 일이 아니다. 통상의 기술자는 의약개발전문가(a pharmaceutical research specialist), 즉 "귀의 감염을 치료하기 위한 의약 처방약품과 치료방법을 개발하는 자" 혹은 의약 처방약품에 관한 훈련을 받은 이비인후과 의사나 이비인후과 학자 혹은 이과(耳科) 의학자와 같은 귀 치료 전문가로 보아야 한다. 그 이유는 ① 이 사건 특허발명에서[128] 해결하려 한 문제는 귀에 손상을 일으키지 않고 귀의 감염증을 치료할 수 있는 국부 항생물질을 개발하는 것이고, ② 특허명세서의 상세한 설명은 발명자가 ofloxacin를 guinea pigs에 실험한 내용과 결과에 대한 것이고, ③ 이러한 동물실험은 일반의나 소아과의사의 영역이 아니고, ④ 일반의나 소아과의사는 귀의 염증을 치료하기 위하여 특허발명을 처방할 수는 있지만, 특허발명의 발명자들과 같이 전문훈련을 받지 않은 이상, 특허발명을 개발할 수 있는 지식을 가지고 있다고 할 수 없다.

이 판결에서 CAFC는 통상의 기술자를 "귀의 감염을 치료하기 위한 의약품과 치료방법을 개발하는 전문가"로 보았고 이 통상의 기술자의 입장에서 특허발명이 자명하기 때문에 특허가 무효라고 판단하였다.

그런데 통상의 기술자를 이와 같이 '의약연구전문가'로 상정하는 것은 잘못이다.[129] 왜냐하면 발명을 이룩하더라도 특허를 받을 수 없는 환경이라면

---

128) *Daiichi Sanko Co. v. Apotex, Inc.*, 501 F.3d 1254 (Fed. Cir. 2007) 1257. 이 사건 특허번호: 미국특허 5,401,741, 발명의 명칭: Topical Preparation for Treating Otopathy, 특허등록일: 1995. 03. 28, 출원일: 1993. 04. 12, 특허권자: Daiichi Pharmaceutical Co., Ltd.

129) 이 사건을 다수의 학자들이 비판하고 있다. Robert P. Merges, 앞의 논문, at 14. "The probability of the invention is viewed from the perspective of an ordinary skilled artisan, not from the perspective of the actual inventor."; Nicholas J. Gingo, "Dumb Inventors Rejoice: How Daiichi Sankyo v. Apotex Violated the Federal Patent Statute," 17 TEX. INTELL. PROP. L.J. 81, 96 (2008) at 96. "The Federal Circuit's test for determining the level

특허권자 Daiichi는 사토(Sato), 한다(Handa), 기타하라(Kitahara)와 같은 '의약연구전문가'로 하여금 이 사건 발명의 치료방법(Topical Preparation for Treating Otopathy)을 발명하도록 투자하지 않았을 것이기 때문이다. 특허제도가 없었다면 이와 같은 치료방법은 출원일(1993. 04. 12.)보다 훨씬 늦게 발명되었거나 아직도 발명되지 않았을지도 모른다.

　　더욱이 이 판결에서 CAFC는 "일반의나 소아과의사는 귀의 염증을 치료하기 위하여 특허발명을 처방할 수는 있지만, 특허발명의 발명자들과 같이 전문훈련을 받지 않은 이상, 특허발명을 개발할 수 있는 지식을 가지고 있다고 할 수 없다"고 하였다. 그러나 이러한 논리에 따르면 다음과 같은 모순에 빠지게 된다.[130]

　① 통상의 기술자는 해당 특허발명을 개발하는 데 필요한 전문훈련과 전문지식을 가지지 않으면 안 된다.
　② 그런데 통상의 기술자가 어떤 특허발명을 개발하는 데 필요한 전문훈련과 전문지식을 가지고 있다면, 그 발명은 통상의 기술자가 용이하게

---

of ordinary skill in the art, as applied in Daiichi, violates the first sentence of 35 U.S.C. § 103(a) ⋯ [T]he level of ordinary skill would be the routine or usual level of skill"; at 93. "[I]n *Daiichi Sankyo Co. v. Apotex, Inc.* ⋯ the Federal Circuit not only added to the existing tangle of inconsistent case law, but also violated § 103(a) of the Patent Act by basing its determination of the level of ordinary skill in the art exclusively on the education and skill level of the inventors." Gingo는 *Daiichi Sankyo v. Apotex* 사건에서 CAFC가 통상의 기술자의 기술수준을 어떤 점에서 잘못 설정하였는지 구체적으로 설명하고 있다. Nicholas J. Gingo, 앞의 논문, at 81-99; Janice M. Mueller, "Chemicals, Combinations, and 'Common Sense': How The Supreme Court's KSR Decision Is Changing Federal Circuit Obviousness Determinations in Pharmaceutical and Biotechnology Cases," Northern Kentucky Law Review (2008) (35 N. Ky. L. Rev. 281) at 303. "The Daiichi court's emphasis on the skill level of the inventors is difficult to square with the Supreme Court's observation in KSR". Janice M. Mueller, 앞의 논문, at 304-305. "For a court or patent examiner inclined to hold an invention obvious, Daiichi provides a potent tool. ⋯ As applied to the facts in Daiichi, however, this tool was ill-used."

130) Gregory Mandel, "The Non-obvious Problem: How the Indeterminate Nonobviousness Standard Produces Excessive Patent Grants," U.C. Davis Law Review (November, 2008, 42 U.C. Davis L. Rev. 57) at 74.

실시할 수 있는 것이므로 특허될 수 없다.

③ 따라서 모든 발명은 특허될 수 없다.

### 4) 정리

통상의 기술자의 기술수준을 어떻게 보느냐에 따라 특허의 유효성과 침해 여부가 결정됨에도 불구하고 통상의 기술자의 기술수준을 확정하지 않은 채 진보성을 판단하는 것은 객관성과 논리성을 결여한 것이다. 진보성 판단에 있어서 통상의 기술자의 기술수준은 특허제도가 없는 상태를 가정하여 설정하여야 하고,[131] 특허유인에 의하여 고용된 고급연구자나 발명자를 기준으로 설정해서는 안 된다.[132] 그리고 통상의 기술자의 기술수준은 기술분야별로 다르므로 특허발명 기술의 특성을 고려하여 설정하여야 한다.[133] 따라서 진보성 판

---

131) "Basing the PHOSITA standard on production activities thus provides a stable frame of reference that is not dependent on the effects of the patent system itself." Jonathan J. Darrow, 앞의 논문 "The Neglected Dimension" at 253-254.

132) *Standard Oil Co. v. American Cyanamid Co.* 774 F.2d 448, at 454 (발명자는 통상의 기술자와 관계없다.)

133) 이러한 점에서 특허제도가 기술분야마다 기술의 특성에 맞게 재구성되어야 한다는 주장은 상당한 설득력을 갖는다. Benjamin N. Roin, 앞의 논문 at 672 ("[T]here is a strong, positive correlation between the amount of time needed to complete an R&D project and the amount of patent protection necessary to motivate investment in that R&D project. [T]ime-to-market is likely a uniquely powerful indicator of the optimal patent strength for different types of inventions."); Michael Abramowicz, "Orphan Business Models: Toward a New Form of Intellectual Property," 124 Harv. L. Rev. 1362 (2011), at 1406-1407. 소프트웨어 특허에 대한 대안으로서 비자명성 요건을 강화하는 방안, 특허존속기간을 단축하는 방안을 제시하고 있다. Michael W. Carroll, "One for All: The Problem of Uniformity Cost in Intellectual Property Law," 55 Am. U. L. Rev. 845, at 847-849 (2006) ("[U]niformity cost is particularly high in relation to patent law's application to software and biotechnology, and that these costs can be reduced by differential application of the Patent Act."); Eric E. Johnson, "Calibrating Patent Lifetimes," 22 Santa Clara Computer & High Tech. L.J. 269 (2006) ([V]arying adjustments to the duration of patent monopoly rights offers the potential to better calibrate incentives so as to grow the economy in a more efficient and effective way.)

단에 있어서 소프트웨어기술의 통상의 기술자의 기술수준은 특허제도하에서의 소프트웨어기술자보다 크게 낮지 않게 설정하고, 의약기술의 통상의 기술자의 기술수준은 특허제도 하의 의약연구전문가보다 상당히 낮게 설정하는 것이 바람직하다.[134)

## 3. 진보성 판단기준

진보성 판단은 "선행기술로부터 용이하게 발명할 수 있는가?"를 판단하는 것으로서 진보성을 부인하는 데는 1 또는 2 이상의 증거자료에 의한 입증이 가능하다. 단순한 수치한정(93후657), 단순한 수집(97후266 판결), 선택, 치환, 설계변경, 재질변경 등은 현저한 작용효과가 없는 한 진보성이 부인된다. 진보성 유무는 그 기술구성의 차이와 작용효과를 고려하여 판단하여야 한다.[135) 따라서 특허된 기술의 구성이 선행기술과 차이가 있을 뿐 아니라 그 작용효과에 있어서 선행기술에 비하여 현저하게 향상 진보된 것인 때에는 진보성을 인정하여야 한다.[136) 그리고 특허발명의 작용효과가 상세한 설명에 기재되어 있지 아니하더라도 통상의 기술자가 상세한 설명의 기재로부터 작용효과를 추론할 수 있을 때에는 진보성 판단을 함에 있어서 그 효과도 참작하여야 한다.[137)

---

134) 소프트웨어기술은 누적적 점증적으로 기술혁신이 일어나는 특성이 있으므로 새로운 기능을 구현하고 중요성이 큰 기술에 대하여서만 특허가 부여되도록 하는 것이 적절하다. Dan L. Burk · Mark Lemley, 앞의 논문, *Policy Levers in Patent Law*, at 1650. "Overwhelming evidence indicates that the application of the PHOSITA standard varies by industry, leading for example to fewer, but broader, software patents and more, but narrower, biotechnology patents."
135) 대법원 2002. 8. 23. 선고 2000후3234 판결.
136) 대법원 2002. 8. 23. 선고 2000후3234 판결. 같은 취지로서 대법원 1997. 12. 9. 선고 97후44 판결; 대법원 1999. 4. 9. 선고 97후2033 판결 등 참조.
137) 대법원 2002. 8. 23. 선고 2000후3234 판결.

**그림 3-8** 단순한 수집

단순한 수집 또는 집합: 5+5=10

(대법원 1997. 11. 28. 선고 97후266 판결): 이 사건 등록고안은 …… 인용고안(1)과 인용고안(2)를 단순히 결합한 고안으로서, 이 건 등록고안의 작용효과는 인용고안들의 작용효과의 단순한 집합에 불과하여 …… 진보성이 없다.

### (1) 복수의 구성요소와 복수의 선행기술

어느 특허발명의 특허청구범위에 기재된 청구항이 복수의 구성요소로 되어 있는 경우에 진보성 판단의 대상은 각 구성요소가 유기적으로 결합한 '전체로서'의 기술사상이 되는 것이지 각각의 독립된 구성요소가 되는 것은 아니다.[138] 따라서 그 특허발명의 진보성을 판단함에 있어서는 청구항에 기재된 복수의 구성을 분해한 후 각각 분해된 개별 구성요소들이 공지된 것인지 여부만을 따져서는 안 되고, 특유의 과제 해결원리에 기초하여 유기적으로 결합된 '전체로서의' 구성의 곤란성을 검토하여야 하며, 이때 결합된 '전체 구성으로서의' 발명이 갖는 특유한 효과도 함께 고려하여야 한다. 그리고 복수의 구성요소로 되어 있는 경우 특허발명의 요지는 그 각 구성요소가 유기적으로 결합된 전체가 되는 것이고 구성요소의 일부를 배제해서는 안 된다.[139]

복수의 선행기술문헌을 인용하여 특허발명의 진보성을 판단함에 있어서는 그 인용되는 기술을 결합하면 당해 특허발명에 이를 수 있다는 암시나 동기가 선행기술문헌에 제시되어 있지 않거나, 당해 특허발명의 출원 당시의 기술수준 등에 비추어 보아 통상의 기술자가 용이하게 그와 같은 결합에 이를 수 있다고 인정할 수 없는 경우에는 당해 특허발명의 진보성을 인정하여야 한다.[140]

---

138) 대법원 2007. 9. 6. 선고 2005후3284 판결.
139) 대법원 2001. 12. 24. 선고 99후2181 판결.
140) 대법원 2007. 9. 6. 선고 2005후3284 판결.

## (2) 선택발명

선택발명이라 함은 선행 또는 공지의 발명에 구성요건이 상위개념으로 기재되어 있고 위 상위개념에 포함되는 하위개념만을 구성요건의 전부 또는 일부로 하는 발명을 말한다.[141] 선택발명은 특허될 수 있는 경우가 상당히 제한적이다. 즉, 선행발명이 ① 선택발명을 구성하는 하위개념을 구체적으로 개시하지 아니하고, ② 선행발명이 선택발명에 포함되는 하위개념들 모두가 선행발명이 갖는 효과와 질적으로 다른 효과를 갖고 있거나, 양적으로 현저한 차이가 있는 경우에 한하여 선택발명은 특허를 받을 수 있다.[142] 따라서 선택발명이 특허를 받기 위해서는 선택발명의 상세한 설명에 통상의 기술자가 선택발명으로서의 효과를 이해할 수 있을 정도로 명확하고 충분하게 기재하여야 한다.

## (3) 치환발명

치환발명의 진보성 심사에 있어서 ① 양 발명에서 과제의 해결원리가 동일하고, ② 치환에 의하더라도 특허발명과 동일한 목적을 달성하고, ③ 실질적으로 동일한 작용효과를 나타내며, ④ 그와 같이 치환하는 것을 통상의 기술자가 용이하게 생각해 낼 수 있을 정도로 자명하다면 진보성이 없다.[143] 일반적으로 인용발명의 각 구성요소 간의 유기적 결합관계가 출원발명에 그대로 포함되어 있을 때 출원발명의 진보성은 부정된다. 그런데 출원발명에서는 인용발명의 구성요소 중 일부가 치환되어 있는 경우라도 위 ① 내지 ④의 요건에 해당하면 진보성이 없는 것으로 판단한다.

---

141) 대법원 2007. 9. 6. 선고 2005후3338 판결.
142) 대법원 2003. 4. 25. 선고 2001후2740 판결.
143) 대법원 2002. 8. 23. 선고 2000후3517 판결. 같은 취지로 대법원 2000. 7. 28. 선고 97후2200 판결; 대법원 2001. 8. 21. 선고 98후522 판결 등 참조.

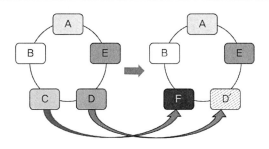

그림 3-9 치환발명

### (4) 수치한정발명

수치한정발명은 명세서에 수치한정으로 인한 임계적 효과를 명확히 기재하여야 한다.[144] 수치의 한정이 반복시험을 통하여 최적 수치를 적절히 선택하여 실시할 수 있는 단순한 수치의 한정에 해당하여 구성의 곤란성이 인정되지 아니하고, 당해 수치한정으로 인한 임계적 효과가 인정되지 않을 때 특허성은 인정될 수 없다.

"특허등록된 발명이 공지된 발명의 구성요건을 이루는 요소들의 수치를 한정함으로써 이를 수량적으로 표현한 것인 경우, 그것이 그 기술분야에서 통상의 지식을 가진 사람이 적절히 선택하여 실시할 수 있는 정도의 단순한 수치한정으로서 그러한 한정된 수치범위 내외에서 이질적(異質的)이거나 현저한 작용효과의 차이가 생기지 않는 것이라면 그 특허발명은 진보성의 요건을 갖추지 못하여 무효라고 보아야 한다."[145]

여기서 임계적 효과라 함은 한정된 수치를 전후로 발명의 효과가 현저하게 변화되는 것을 의미한다.[146] 수치한정에 관한 발명에 대하여 대법원은 2000후1283 판결에서 이 사건 특허발명의 명세서의 실시예에는 30%부터 90%에 이르기까지 10% 단위별로 BOD의 평균 감소율이 증가한다는 기재만 있을 뿐 그 전과 후의 범위에 있어서 하수의 정제능력에 현저한 차이, 즉 임계적 차

---

144) 특허법원 2005. 11. 3. 선고 2004허6521 판결.
145) 대법원 2005. 1. 28. 선고 2003후1000 판결. 같은 취지로 대법원 1993. 2. 12. 선고 92다40563 판결; 2001. 7. 13. 선고 99후1522 판결 참조.
146) 대법원 2000. 11. 10. 선고 2000후1283 판결.

이가 확인되고 있지 아니하므로 수치한정에 효과의 현저성이나 구성의 곤란성이 인정되지 아니하고, "간행물에 기재된 인용발명의 일부 구성요소의 수치를 한정한 것에 불과한 것으로 특허발명은 인용발명과 기술적 구성이 실질적으로 동일"하다고 판시하여 거절하였다.[147]

### (5) 설계변경

공지의 기술을 단순히 설계변경한 것은 진보성이 없기 때문에 특허성을 인정하지 않는다. 예를 들어 대법원은 지주의 개수, 천막지붕의 형상, 지붕 버팀지주의 형상 등을 변경하여 육각형상의 천막으로 구성되는 것을 특징으로 하는 등록고안에 대하여, 4개의 지주와 4개의 코너 연결구 등으로 연결한 사각형상의 천막인 비교대상고안과 기술적 구성이 달라 신규성은 인정하지만 사각형상의 텐트를 육각형상의 텐트로 변경하는 것은 통상의 기술자가 극히 용이하게 고안할 수 있는 단순한 설계변경에 해당하여 진보성은 인정하지 않았다.[148]

단순한 설계변경이라 하여 진보성을 인정하지 아니한 판례로서 대법원 1994. 12. 23. 선고 93후2080 판결을 들 수 있다. 이 사건에서 대법원은 등록고안이 인용고안의 구성을 생략하여 단순하게 하였으나 인용고안에 비하여 증진된 작용효과가 없이 단순히 설계변경한 것에 불과하다는 이유로 통상의 기술자가 용이하게 고안할 수 있는 것이라고 판시하였다.[149]

### (6) 현대 기술혁신의 특성과 진보성 요건의 부조화

빠르게 발전하고 있는 첨단산업 기술은 시장에서의 수명이 짧다. 이러한 산업에서는 어떠한 성취를 이루었다고 하여도 그것이 항상 특허될 수 있는 것은 아니다. 이를 테면 점증적 개선은 새롭다고 볼 수는 있을지 모르나 진보성이 있다고 보기는 어렵다.[150] 반도체 기술은 빠르고 누적적으로 발전한다. 이

---

147) 대법원 2000. 11. 10. 선고 2000후1283 판결.
148) 대법원 2006. 2. 23. 선고 2005후2441 판결.
149) 대법원 1994. 12. 23. 선고 93후2080 판결.
150) Christopher A. Cotropia, *"After-arising" Technologies and Tailoring Patent Scope*, 61 N.Y.U. Ann. Surv. Am. L. 151 (2005), at 192-193 [hereinafter Cotropia, *Technologies and Tailoring Patent Scope*].

기술은 수명이 짧기 때문에 기술변화가 보다 빈번하게 일어난다. 이러한 발전에는 특허될 수 없을 정도로 작은 기술혁신을 포함하여 다양한 기술진보가 포함되어 있다. 대부분의 새로운 제품이나 공정은 다른 사람이 개발한 기존의 기술을 바탕으로 하고 있다. 새로운 반도체칩의 설계는 기존 기술로부터 자연스럽게 도출된다.

　　기술혁신은 점증적인 것도 있고 혁신적인 것도 있다.[151] 어떠한 기술이든지 원천발명과 개량발명이 있다. 대체로 원천발명은 선행기술이 적기 때문에 혁신적이라고 할 수 있고 개량발명은 선행기술이 된 이 원천발명을 이용하여 개량하였기 때문에 점증적이다. 기술은 기존의 기술을 바탕으로 보통 점증적으로 진보한다. 원천발명의 특허권자는 일반적으로 연구개발에 많은 투자를 하고 결과적으로 넓은 특허권을 획득하게 된다. 그렇지만 점증적인 기술진보라고 하여 이것에 요구되는 투자가 항상 적게 요구되는 것은 아니다. 점증적인 기술혁신은 원천발명에 대한 개량이고 따라서 개량의 정도를 기준으로 본 스펙트럼상에서 원천발명이 이룩한 획기적인 진보의 반대편 끝단에 위치하고 있을 뿐이다.

**그림 3-10**　**점증적 기술혁신과 진보성 요건**

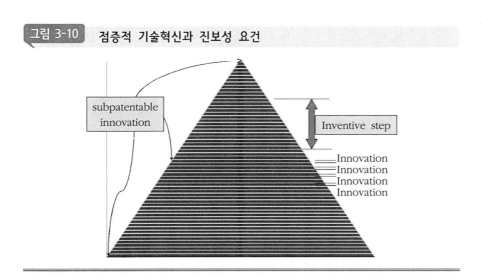

---

151) Peter L. Giunta, *Quid Pro Whoa!: An Exponential Fee Structure For Patent Applications*, 25 Cardozo L. Rev. 2317 (2004), at footnote 267 [hereinafter Giunta, *Fee Structure For Patent Applications*].

과학은 일반적으로 'snowball effect'를 갖는 누적적인 노력의 결과이다.[152] 기술혁신(innovations)은 새로운 아이디어를 불러일으킴으로써 새로운 기술혁신의 시작이 되거나 기술지식의 영역을 확장한다. 어떤 기술이 태동하는 단계에서는 기술진보에 대한 신규성이나 진보성을 판단할 선행기술이 없기 때문에 대부분의 기술진보가 새롭고 독창적이다. 기술이 발전함에 따라 관련되는 선행기술이 축적되고 관련 기술의 전 분야에 걸쳐 개량이 이루어진다. 이 단계에서는 혁신적인 진보보다는 점증적인 진보가 일어난다. 결국, 이러한 진보에 부여된 특허는 좁을 수밖에 없다. 그리고 이러한 진보는 너무 작기 때문에 특허심사관이 이러한 진보를 통상의 기술자에게 자명한 것이라고 판단하면 특허될 수 없다. 그래서 기술이 성숙해지고 제품이나 공정이 표준화되면 기술혁신은 점증적인 것이 되고 진보성을 갖추기 어렵게 된다.

누적적 기술혁신에 있어서 최종 제품은 하나 이상의 기술혁신으로부터 비롯된다.[153] 누적적 기술 산업에 있어서 발명은 현행 기술을 개선시키거나 변형시킨 것이 대부분이다.[154] 이러한 산업에서의 기술진보는 기존 발명들 위에서 점증적·누적적 형태로 일어난다. 산업의 특성이 누적적인 때, 기술발전 속도는 빠르게 되고 따라서 시장에 제품을 신속하게 낼 수밖에 없게 된다. 후속 기술이 빠르게 발전할수록 이미 특허된 제품이나 공정도 시장에서 곧바로 도전에 직면하게 된다. 소프트웨어 산업은 누적적 기술에 기초한 산업이다.[155]

### (7) 신규성 판단과 진보성 판단의 비교

특허발명의 신규성이나 진보성을 판단하는 것은 신규성 또는 진보성이 없는 자유기술, 즉 공지의 영역에까지 특허의 권리범위가 확장되는 것을 막기

---

152) Philip G. Pardey, Bonwoo Koo & Carol Nottenburg, *Creating, Protecting, and Using Crop Biotechnologies Worldwide in an Era of Intellectual Property*, 6 Minn. J.L. Sci. & Tech. 213 (2004), at 218-219 [hereinafter Nottenburg *et al.*, *Using Crop Biotechnologies in an Era of IP*].

153) Dan L. Burk and Mark A. Lemley, *Policy Levers in Patent Law*, at 1607.

154) Cotropia, *Technologies and Tailoring Patent Scope*, at 188-189.

155) Koo Dae Hwan, *Information Technology and Law - Computer Programs and Intellectual Property Law in the US, Europe, Japan, Korea*(Seoul, Korea: Pakyoungsa 2005), [이하, Koo, *Information Technology and Law*], at 47.

위함이다.156) 따라서 특허발명의 권리범위를 확정함에 있어서는 신규성 또는 진보성이 없는 기술이 포함되지 않도록 하여야 한다.

신규성 판단은 어떠한 기술이 선행기술과 동일한지의 여부를 판단하는 것이다. 반면에 진보성 판단은 통상의 기술자가 특허법 제29조 제1항 각호 1에 규정된 발명에 의하여 용이하게 발명할 수 있는지의 여부를 판단한다. 따라서 신규성 판단에 있어서는 판단의 주체와 기준이 특허법에 제시되어 있지 않지만 진보성 판단에 있어서는 판단의 주체는 '통상의 기술자', 판단의 기준은 '용이하게 발명할 수 있는지의 여부'라고 지정되어 있다.157)

따라서 진보성은 선행기술을 이용하여 용이하게 발명할 수 있는지의 여부를 판단하는 것이기 때문에 통상의 기술자 이하의 기술자로서는 통상의 기술자를 상정할 수 없는 한계가 있고 선행기술을 이용하여 창작하는 것이 용이한 것인지의 여부를 판단할 수도 없다. 따라서 이러한 판단의 주체와 기준이 제시되어 있지 아니하여 단순히 동일성만을 판단하는 신규성 판단은 통상의 기술자의 창작의 용이성을 판단하는 진보성 판단에 비하여 단순하고 주관적 요소가 개입될 소지가 적다고 할 수 있다.

또한 신규성 판단은 동일성을 심사하고 진보성 판단은 유사성을 심사한다는 점에서 차이가 있다고 할 수 있다. 즉, 신규성 판단은 완전히 동일한지의 여부로부터 사실상 동일한 것인지의 여부까지를 심사하는 것이다. 진보성 판단은 발명의 경우 통상의 기술자가 용이하게 창작할 수 있는 정도로 유사한 것인지의 여부를 심사하고, 고안의 경우 통상의 기술자가 극히 용이하게 창작할 수 있을 정도로 유사한 것인지의 여부를 심사한다.158) 따라서 출원발명의 신규성 판단에 의하면 출원발명과 완전히 동일한 공지기술로부터 동일성의 마지막 한계선에 존재하는 공지기술까지를 동일성의 기술에 포함시켜야 하고, 출원발명의 진보성 판단에 따르면 동일성의 마지막 한계선의 외연(外緣)으로부

---

156) 자유기술이라 함은 신규성이 없는 기술 또는 신규성이 있다 하더라도 공지기술로부터 통상의 기술자가 용이하게 실시할 수 있어서 진보성이 결여된 기술까지를 포함하는 것이라고 할 것이다.

157) 특허법 제29조 제1항, 제2항. 김원준, 「특허법원론」, 박영사, 2009, p. 168.

158) 여기서 '용이하다'는 용어의 사전적 의미는 '어렵지 아니하고 매우 쉽다'는 말이고, '극히'는 '더 할 수 없을 정도로'라는 의미이므로 '극히 용이하다'는 말은 '더할 수 없을 정도로 어렵지 아니하고 매우 쉽다'는 말이다. 네이버 국어사전 http://krdic.naver.com, 2011. 6. 6. 최종 접속.

터 진보성이 인정되기 직전 지점까지의 공지기술을 진보성이 부인되는 발명으로 인정하여야 한다. 그래서 신규성의 외연과 진보성의 내연(內緣)은 서로 접촉하고 있다.[159]

그런데 사실상 통상의 기술자 이하의 기술자로서는 출원발명이나 인용발명을 특정하거나 이들을 서로 비교할 수 없기 때문에 신규성 판단도 통상의 기술자의 관점에서 실시해야 한다는 점에서 신규성 판단과 진보성 판단은 서로 유사하다고 할 수 있다.[160] 즉, 신규성 판단과 진보성 판단은 모두 출원 당시의 해당 분야의 기술을 이해할 수 있는 통상의 기술자의 입장에서 이루어져야 하는 것이므로 통상의 기술자 수준의 기술지식을 요한다는 점에서 유사하다.

이와 같이 신규성 판단과 진보성 판단은 서로 유기적으로 관련되어 있을 뿐 아니라 그 한계를 설정하기 어렵다. 신규성 판단의 폭이 진보성 판단의 폭에 비하여 좁다고 할 수 있다.[161] 그런데 출원발명이 출원 전에 부주의에 의하여 공지된 경우를 제외하고 완전히 동일한 발명이 공지되어 있는 경우는 드물다. 또한 신규성 판단은 특허법 제29조 제1항에서 규정하고 있는 바와 같이 기술 분야를 불문하고 동일한 기술이 출원 전에 공지되었는지의 여부를 심사하게 된다.[162]

그런데 진보성 판단에 있어서 인용발명의 분야를 해당 기술 분야로 제한하지 않으면 통상의 기술자가 인용발명으로부터 용이하게 발명할 수 있는 것이라고 단정할 수 없는 것이 될 것이므로 진보성 판단에서 인용발명은 해당 기술 분야로 한정하여야 한다.[163] 그래서 통상의 기술자의 입장에서 출원발명

---

159) 같은 취지의 설명은 송영식 외 2, 지적소유권법, pp. 224, 240 참조.

160) 특허청, 「특허·실용신안 심사기준」, 2014. 6. pp. 3220-3221.

161) 같은 취지의 설명으로 양영환, "권리범위확인심판의 실무," 지식재산21, 특허청, 2000. 11. (이하, 양영환, 권리범위확인심판의 실무) pp. 138-139.

162) 김원준, 「특허법원론」, 박영사, 2009, pp. 168-169; 임호, "신규성 판단에 있어서 동일성의 범위," 저스티스 통권 제99호, pp. 124-125. 임호 교수는 신규성 판단 시 해당 기술 분야를 한정하지 않는다는 점에서 신규성 판단이 진보성 판단보다 더 어려울 수 있다고 설명한다.

163) 김원준, 「특허법원론」, 박영사, 2009, pp. 168-169. 김원준 교수는 EPO에서는 해당 기술 분야의 범위를 국제특허분류(IPC)의 클래스(Class)까지로 본다고 한다. 임호, 신규성 판단에 있어서 동일성의 범위, pp. 124-125; 박승문, "발명의 진보성에 관한 소고," 특허소송연구 제1집, 특허법원, 1999, p. 16. 다른 분야의 기술을 인용하여 진보성이 없다고 판단하는 것은 원칙적으로 허용되

과 대비되는 공지기술에 대하여 동일성을 판단하는 것이 진보성 판단을 위하
여 유사성을 판단하는 것보다 더 수월하다고 단정할 수 있는 것은 아니다.

## Ⅶ. 명세서 기재 요건

발명의 상세한 설명은 그 발명이 속하는 기술분야에서 통상의 지식을 가
진 자가 그 발명을 쉽게 실시할 수 있도록 명확하고 상세하게 기재하여야 하
고, 청구범위의 청구항은 발명의 상세한 설명에 의하여 뒷받침되어야 한
다.164) 이와 같이 발명의 상세한 설명에 통상의 기술자가 그 발명을 실시할
수 있을 정도로 기재하도록 요구하는 것은 공중과 발명가 사이의 계약관계로
서 이해할 수 있다. 즉, 발명의 상세한 설명의 기재내용은 발명자가 공중에게
공개하는 기술적 사상이고 이에 대한 대가로서 특허를 부여하는 것이기 때문
에 통상의 기술자가 해당 발명을 실시할 수 있을 정도로 구체적이고 충분하
게 기재하지 않았을 경우에는 공중을 대신하는 특허청이 해당 출원인에게 특
허를 부여하지 않는 것이다. 다시 말해서 청구범위의 청구항이 발명의 상세
한 설명에 의하여 뒷받침되어야 한다는 규정(특허법 제42조 제 4 항 제 1 호)은
"발명의 상세한 설명에 기재되지 않은 사항이 청구항에 기재됨으로써 출원인
이 공개하지 않은 발명에 대하여 특허권이 부여되는 부당한 결과를 막기 위
한 것"이다.165) 그리고 청구항이 발명의 상세한 설명에 의하여 뒷받침되고 있
는지에 관하여는 특허출원시의 기술수준을 기준으로 하여 통상의 기술자가
볼 때 특허청구범위 기재사항과 대응되는 사항이 발명의 상세한 설명에 기재
되어 있는지 여부에 의하여 판단한다. 그래서 출원시의 기술수준으로 볼 때
발명의 상세한 설명에 기재된 내용을 특허청구범위까지 확장하거나 일반화할
수 없는 경우에는 그 특허청구범위는 발명의 상세한 설명에 의하여 뒷받침되
어 있다고 볼 수 없다.166)

---

지 아니한다.
164) 특허법 제42조 제 3 항 및 제 4 항.
165) 대법원 2006. 10. 13. 선고 2004후776 판결.
166) 대법원 2006. 5. 11. 선고 2004후1120 판결.

## Ⅷ. 청구범위 기재 요건

본래 청구범위에는 '발명의 구성에 없어서는 안 될 사항만'을 기재하도록 하였으나,[167] 특허청은 2007. 1. 3. 출원인이 권리범위를 기재함에 있어서 보다 융통성이 있도록 하고 자신의 권리를 효과적으로 보호할 수 있도록 하기 위하여 청구범위 기재에 관한 규정을 개정하였다. 즉, 발명의 구성에 없어서는 안될 사항만으로 기재되어야 한다는 규정을 삭제하고, 그 대신 청구범위는 보호받고자 하는 사항을 명확히 할 수 있도록 발명을 특정하는 데 필요하다고 인정되는 구조·방법·기능·물질 또는 이들의 결합관계 등을 기재하도록 하는 내용을 추가하였다.[168]

특허권의 범위는 청구범위에 의하여 정해진다. 따라서 청구범위의 기재가 명확하여 청구범위만으로 권리의 범위를 명확하게 이해할 수 있다면 발명의 상세한 설명이나 도면에 의하여 청구범위를 제한하여 해석해서는 안 된다. 그러나 특허청구범위에 기재된 발명은 발명의 상세한 설명이나 도면을 전혀 참작하지 않는다면 그 기술적인 의미가 정확하게 이해될 수 없는 것이므로, 특허청구범위의 해석은 특허청구범위에 기재된 문언의 의미를 기초로 하면서 동시에 발명의 상세한 설명이나 도면을 참작하여 객관적·합리적으로 하여야 한다.[169]

## Ⅸ. 특허제도의 주요원칙과 제도

### 1. 선원주의

동일한 발명에 대하여 다른 날에 2 이상의 특허출원이 있을 때 먼저 특허출원한 자만이 그 발명에 대하여 특허를 받을 수 있다.[170] 그리고 동일한 발명에 대하여 같은 날에 2 이상의 특허출원이 있는 때에는 특허출원인의 협의에

---

167) 특허법 제42조 제 4 항 제 3 호(삭제 2007. 1. 3: 2007. 7. 1 시행).
168) 특허법 제42조 제 6 항(신설 2007. 1. 3: 2007. 7. 1 시행).
169) 대법원 2007. 9. 21. 선고 2005후520 판결.
170) 특허법 제36조 제 1 항.

의하여 정하여진 하나의 특허출원인만이 그 발명에 대하여 특허를 받을 수 있다.[171] 협의가 성립하지 아니하거나 협의를 할 수 없는 때에는 어느 특허출원인도 특허를 받을 수 없다. 이것을 선원주의라고 한다. 선원주의에 관한 사항은 실용신안등록출원과 특허출원 사이에도 동일하게 적용된다.[172] 선원주의의 원칙을 적용함에 있어서 어떤 특허출원 또는 실용신안등록출원이 무효·취하또는 포기되거나 거절결정이나 거절한다는 취지의 심결이 확정된 때에는 당해출원은 처음부터 없었던 것으로 본다.[173] 무권리자에 의한 특허출원 또는 실용신안등록출원은 처음부터 없었던 것으로 본다.[174]

선원주의는 선후 판단이 명확하여 절차가 간편하다는 장점이 있는 반면, 진정한 선발명자의 보호가 미흡하고 선출원의 지위를 확보하기 위하여 서둘러 출원함으로써 보정 등으로 절차가 지연되는 문제가 있다. 선원주의와 대조되는 개념으로 선발명주의가 있다. 선발명주의 하에서는 동일한 발명에 대하여 다른 날에 2 이상의 특허출원이 있을 때 먼저 발명한 자만이 그 발명에 대하여 특허를 받을 수 있다. 선발명주의는 누가 먼저 발명하였는지를 밝히는 데 복잡성이 있는 반면 진정한 선발명자를 보호할 수 있고 선출원의 지위를 확보하기 위하여 출원을 서두름에 따라 보정 등으로 절차가 지연되는 일이 적다는 장점이 있다. 선발명주의는 미국만이 채택하고 있었으나, "미국 개정 특허법(America Invents Act: 2011)"에 따라 미국도 특허제도의 국제적 통일화의 관점에서 선출원주의를 따르게 되었다.

## 2. 1발명 1출원주의

특허출원은 1발명을 1특허출원으로 한다. 즉, 하나의 특허출원에는 하나의 발명만을 출원할 수 있다. 이것을 1발명 1출원주의라고 한다. 다만, 하나의 총괄적 발명의 개념을 형성하는 1군의 발명에 대하여는 1특허출원으로 할수 있다.[175] 다시 말해서 다수의 발명이라 할지라도 하나의 총괄적 개념에 속

---

171) 특허법 제36조 제 2 항.
172) 특허법 제36조 제 3 항.
173) 특허법 제36조 제 4 항.
174) 특허법 제36조 제 5 항.
175) 특허법 제45조 제 1 항.

하면 이를 하나의 출원으로 할 수 있다. 이와 같이 다수의 발명을 하나의 특허출원으로 할 수 있기 위해서는 ① 청구된 발명 간에 기술적 상호관련성이 있고, ② 청구된 발명들이 동일하거나 상응하는 기술적 특징을 가지고 있고, 이 경우 기술적 특징은 발명 전체로 보아 선행기술에 비하여 개선된 것이어야 한다.176)

1군의 발명에 포함될 수 있는 경우의 예로는, 어떤 물건의 발명, 그 물건의 제조방법의 발명, 그 물건의 사용방법에 관한 발명, 그 물건의 용도에 관한 발명 등과 같이 하나의 발명 개념에 대하여 카테고리가 서로 다른 발명, 그리고 하나의 발명에 대하여 이를 구체적으로 한정하거나 부가함으로써 구체화한 발명 등이 있다.

## 3. 출원공개주의

모든 특허출원은 ① 특허출원일, ② 조약에 의한 우선권주장의 기초가 된 출원일이나 ③ 국내우선권주장의 기초가 된 선출원의 출원일이나 ④ 위의 ① 또는 ②에 의한 2 이상의 우선권주장을 수반하는 특허출원에 있어서 해당 우선권주장의 기초가 된 출원일 중 최선일로부터 1년 6월이 경과한 때 또는 1년 6월 전이라도 출원인의 신청이 있는 때 특허공보에 게재하여 출원공개한다.177)

특허출원인은 출원공개가 있은 후 그 특허출원된 발명을 업으로서 실시한 자에게 특허출원된 발명임을 서면으로 경고할 수 있다.178) 특허출원인은 경고를 받고도 특허출원된 발명을 업으로 실시한 자에게 그 경고를 받은 때부터 특허권의 설정등록시까지의 기간 동안 그 특허발명의 실시에 대하여 보상금의 지급을 청구할 수 있다.179)

---

176) 특허법시행령 제6조 제1호 및 제2호.
177) 특허법 제64조 제1항.
178) 특허법 제65조 제1항.
179) 특허법 제65조 제2항. 한편, 이의신청제도는 2006. 3. 3. 특허법이 개정되면서 2007. 7. 1. 이후부터 폐지되었다. 특허청, 「2008년 지식재산백서」, p. 137.

## 4. 심사주의와 심사청구제도

특허출원은 심사청구가 있을 때에 한하여 이를 심사한다.[180] 이것을 심사청구제도라고 한다. 심사청구는 출원일로부터 5년 이내(실용신안은 3년 이내)에 누구든지 청구할 수 있고, 특허출원인은 특허청구범위가 첨부된 때에 한하여 심사를 청구할 수 있다.[181] 심사청구는 이를 취하할 수 없고[182] 특허의 경우 출원일로부터 5년(실용신안은 3년)까지 심사청구가 없으면 당해 출원은 취하된 것으로 본다.[183] 따라서 특허출원은 심사청구가 있을 때 특허등록 요건을 갖추고 있는지 여부에 관한 심사를 거쳐 특허등록이 되는 것이다. 즉, 심사를 거쳐서 특허를 부여하는 제도를 심사주의라고 하며 심사를 거치지 않고 특허를 부여하는 제도를 무심사주의라고 한다.

## 5. 조약에 의한 우선권주장제도

우선권주장제도에는 조약에 의한 우선권주장과 국내의 특허출원 또는 실용신안등록출원에 기초한 우선권주장이 있다. 파리협약에 의한 우선권주장제도란 어떤 동맹국(제 1 국)에 출원한 자가 일정 기간 내에 다른 동맹국(제 2 국)에 동일대상에 대하여 출원하여 우선권을 주장하는 경우 신규성·진보성·선원주의 관련 규정(특허법 제29조 및 제36조)을 적용함에 있어서 제 2 국에서의 출원일을 제 1 국의 최초출원일로 인정하여 주는 제도를 말한다. 조약에 의한 우선권주장을 할 수 있는 기간은 특허와 실용신안의 경우 제 1 국에서의 출원일로부터 1년 이내에 제 2 국에 출원할 때까지이고, 의장이나 상표의 경우 6개월 이내에 제 2 국에 출원할 때까지이다. 우선권은 제 1 국의 관련대상에 대한 최초출원만을 기초로 할 수 있다. 이는 동일한 대상에 대하여 계속적인 일련의 우선권주장을 피하기 위한 것이다.

[그림 3-11]에서 우선권주장제도가 없으면 A, B국 출원을 제외한 C, D, E국 출원은 증거자료 1에 의하여 신규성 또는 진보성을 상실할 수 있다. B국

---

180) 특허법 제59조 제 1 항.
181) 특허법 제59조 제 2 항.
182) 특허법 제59조 제 4 항.
183) 특허법 제59조 제 5 항.

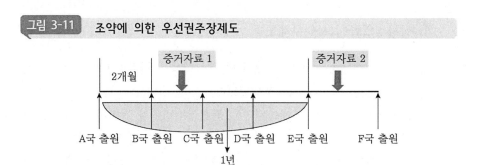

그림 3-11  조약에 의한 우선권주장제도

출원은 증거자료 1보다 먼저 출원되었으므로 우선권주장(또는 우선권주장제도) 여부와 상관없이 증거자료 1의 영향을 받지 않는다. 우선권주장을 수반한 B 내지 E국 출원은 A국 출원일에 출원한 것으로 보아 신규성과 진보성 및 선출 원 여부를 심사하게 된다. 한편, 제1국에 출원하고 1년이 경과한 후에 이루어 진 F국 출원은 우선권주장을 할 수 없으므로 증거자료 1과 2에 의하여 신규성 이나 진보성 혹은 선출원으로서의 지위를 상실할 수 있다.

## 6. 국내 우선권주장제도

국내 우선권주장제도는 우리나라에 먼저 출원된 특허출원 또는 실용신안 등록출원(이하, "선출원"이라 한다)의 출원서에 최초로 첨부된 명세서 또는 도면 에 기재된 발명 또는 고안에 기초한 우선권을 주장하여 동일인이 선출원일로 부터 1년 이내에 특허출원 또는 실용신안출원을 하는 경우에 특허심사 등(특허 법 제29조의 신규성, 진보성, 확대된 선원의 지위, 제30조의 신규성 의제, 제36조 선출 원, 제96조 제1항 제3호의 특허권의 효력이 미치지 아니하는 범위[184] 등)의 기준일 을 선출원일로 인정하는 제도이다.[185]

우선권주장의 기초가 된 선출원은 그 출원일로부터 1년 3월을 경과한 때 에 취하된 것으로 본다.[186] 다만 그 선출원이 ① 포기·무효·취하 또는 각하 된 경우, ② 특허 여부나 실용신안등록 여부의 결정 또는 심결이 확정된 경우,

---

184) 특허출원시부터 국내에 있는 물건.
185) 특허법 제55조.
186) 특허법 제56조 제1항.

그리고 ③ 당해 선출원을 기초로 한 우선권주장이 취하된 경우에는 그렇지 않다. 그리고 우선권주장을 수반하는 특허출원의 출원인은 출원일로부터 1년 3월을 경과한 후에는 그 우선권주장을 취하할 수 없다.[187] 우선권주장을 수반하는 특허출원이 선출원의 출원일로부터 1년 3월 이내에 취하된 때에는 우선권주장도 취하된 것으로 본다.[188]

[그림 3-12]에서 볼 때 국내 우선권주장제도가 없었다면 1출원과 2출원을 제외하고 3출원 내지 5출원은 증거자료 1에 의하여 신규성이나 진보성을 상실할 가능성이 있다. 그러나 국내 우선권주장제도로 말미암아 2출원 내지 5출원의 {A, B, C, D} 요소는 1출원의 출원일에 출원된 것으로 간주하므로 증거자료 1 또는 증거자료 2의 영향을 받지 않는다. 그리고 6출원은 우선권주장을 할 수 없으므로 6출원의 출원일을 기준으로 증거자료 1, 2, 3과 대비하여 심사를 하게 된다. 그래서 6출원과 동일하거나 동일성의 것으로 인정할 만한 증거자료가 없으므로 6출원의 {A, B, C, D, X} 요소가 유기적으로 결합된 전체로서의 발명을 통상의 기술자가 증거자료 1 {A, B, C, D}과 증거자료 3 {D, X}에 의하여 용이하게 실시할 수 있는 정도의 것인지를 판단하게 될 것이다. 이때 증거자료 1이나 증거자료 3에 이들의 결합을 암시하는 내용이 전혀 없는 경우, 특히 이들 증거자료 1과 3의 기술분야가 서로 달라서 통상의 기술자가 이러한 결합을 예측할 수 없었다고 인정될 때에는 진보성을 인정해야 할 것이다.

**그림 3-12** 국내 우선권주장제도

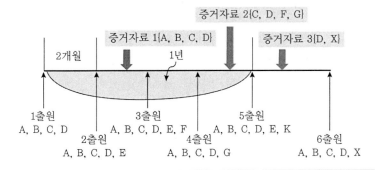

---

187) 특허법 제56조 제2항.
188) 특허법 제56조 제3항.

## 7. 우선심사제도

특허출원에 대한 심사는 원칙적으로 심사청구의 순서에 따르지만 출원발명의 특성상 또는 심사대기시간이 길어지면 사실상 특허가 되더라도 특허발명에 대한 보호를 제대로 할 수 없는 경우, 심사청구순서에 의하지 아니하고 우선적으로 심사하는 제도를 우선심사제도라고 한다. 우선심사의 대상으로는 크게 다음 두 가지로 구분된다.[189]

① 출원공고 후 특허출원인이 아닌 자가 업으로서 특허출원된 발명을 실시하고 있다고 인정되는 경우
② 대통령령에 의하여 긴급처리가 필요하다고 인정되는 경우[190]

긴급처리가 필요하다고 인정되는 경우에는 다음과 같은 특허출원이 포함된다.

① 방위산업분야의 출원
② 공해방지에 유용한 출원
③ 수출촉진에 직접 관련된 출원
④ 국가 또는 지방자치단체의 직무에 관한 출원
⑤ 벤처기업의 출원
⑥ 중소기업의 출원
⑦ 국가의 신기술개발지원사업 또는 품질인증사업의 결과물에 관한 출원
⑧ 조약에 의한 우선권주장의 기초가 되는 출원으로서 당해 특허출원을 기초로 하는 우선권주장에 의하여 외국특허청에서 특허에 관한 절차가 진행중인 출원
⑨ 특허출원인이 특허출원된 발명을 실시하고 있거나 실시준비중인 특허출원
⑩ 전자거래와 직접 관련된 특허출원
⑪ 특허청장이 외국특허청장과 우선심사하기로 합의한 특허출원

---

189) 특허법 제61조 제1호, 제2호.
190) 특허법시행령 제9조.

⑫ 우선심사의 신청을 하려는 자가 특허출원된 발명에 관하여 법 제58조
제 1 항에 따른 전문기관에 선행기술의 조사를 의뢰한 경우로서 그 조
사결과를 특허청장에게 통지하도록 해당 전문기관에 요청한 특허출원

우선심사를 신청하는 자는 우선심사신청서를 특허청장에게 제출하여야
하고,[191] 우선심사신청이 있을 때 특허청장은 우선심사 여부를 결정하여야
한다.[192] 우선심사를 신청할 수 있는 자에 관하여는 특허법에 아무런 언급이
없다. 그러나 특허심사신청을 누구나 할 수 있으므로[193] 심사신청의 특별한
경우에 속하는 우선심사신청도 누구나 할 수 있다고 볼 수 있을 것이다.[194]
그런데 이러한 우선심사신청은 심사처리기간이 크게 단축되면 사실상 크게
중요하지 않게 된다. [표 3-1]을 보면 2006년 및 2007년의 심사처리기간은
9.8개월이었다.

| 표 3-1 | 특허 · 실용신안 출원건수 및 심사처리기간 현황 [195] | |
|---|---|---|
| 연 도 | 출원건수 | 심사처리기간(개월) |
| 1999 | 111,292 | 23.6 |
| 2000 | 139,173 | 20.6 |
| 2001 | 145,416 | 21.3 |
| 2002 | 145,329 | 22.6 |
| 2003 | 159,477 | 22.1 |
| 2004 | 177,868 | 21.0 |
| 2005 | 198,096 | 17.6 |
| 2006 | 199,097 | 9.8 |
| 2007 | 191,709 | 9.8 |
| 2008 | 188,037 | 12.1 |
| 2009 | 180,667 | 15.4 |
| 2010 | 183,230 | 18.5 |
| 2011 | 190,687 | 16.8 |
| 2012 | 200,727 | 14.8 |
| 2013 | 215,557 | 13.2 |
| 2014 | 219,476 | 11.0 |

---

191) 특허법시행령 제10조 제 1 항.
192) 특허법시행령 제10조 제 2 항.
193) 특허법 제59조 제 2 항.
194) 같은 취지로서 최문기 외 2, 「과학기술과 지식재산권법」, 신지서원, 2007, p. 90.
195) 특허청, 「2008년 지식재산백서」, p. 92; 특허청, 「2013년 지식재산백서」, pp.
462-509; 특허청, 「2014년 지식재산백서, pp. 574, 624.

# 특허명세서의 작성

▶ 「발명의 상세한 설명」의 작성능력을 배양한다.
▶ 특허청구범위의 작성능력을 배양한다.

예 제

1. 종래 연필에는 지우개가 달려 있지 않았다. 이에 불편을 느껴 지우개 달린 연필을
   처음으로 발명하였다. 이 "지우개 달린 연필"에 대한 「발명의 상세한 설명」과 청
   구범위를 작성해 보시오.

2. 종래 의자에는 등받침이 없었다. 이에 불편을 느낀 A는 등받침이 있는 의자를 발
   명하였다. 이 등받침이 있는 의자에 대한 명세서를 작성해 보시오.

# Ⅰ. 명세서의 작성 실무

발명자는 스스로 출원서류를 작성하거나 변리사에게 출원서류 작성 업무를 위임한다. 특허출원서류는 대단히 전문적이고 어떻게 작성하느냐에 따라 특허 여부와 특허권의 범위가 결정되므로 전문가인 변리사에게 맡기는 것이 좋다. 변리사에게 특허출원을 위임하는 경우라 하더라도 자신의 발명을 변리사에게 명확하게 설명하여 출원서류의 정확한 작성을 도와야 한다. 또한 명세서와 청구범위의 작성이 적절한지의 여부를 검토할 수 있는 능력이 있어야 한다. 발명자가 회사에 소속된 경우에도 자신의 발명을 특허관리부서 담당자에게 서면으로 알려야 하고 작성된 출원서류가 적정한지 여부를 검토해야 하는데 이를 위해서는 명세서 작성능력이 요구된다.

## 1. 출 원 서

발명자는 자신의 발명에 대하여 특허를 받을 수 있다. 그러나 발명을 하였다 하더라도 형식에 맞도록 특허출원서와 명세서 및 요약서를 특허청에 제출하지 않으면 특허를 받을 수 없다. 특허출원서에는 특허출원인의 성명 및 주소(법인인 경우에는 그 명칭 및 영업소의 소재지), 특허출원인의 대리인이 있는 경우 그 대리인의 성명 및 주소나 영업소의 소재지, 발명의 명칭, 발명자의 성명 및 주소 등을 기재한다.[1]

특허출원서에는 다음 각 호의 사항을 기재한 명세서와 필요한 도면 및 요약서를 첨부하여야 한다.

① 발명의 명칭
② 도면의 간단한 설명
③ 발명의 상세한 설명
④ 특허청구범위

---

[1] 특허법 제42조 제1항.

위에서 '④ 특허청구범위'는 출원시에 첨부하지 아니하여도 출원할 수 있으나 일정기간 내에 제출하여야 한다.[2] 소정 기간 내에[3] 제출하지 아니하면 취하된 것으로 본다.[4] 또한 특허출원인의 경우에는 특허청구범위가 기재된 명세서가 첨부된 때에 한하여 출원심사의 청구를 할 수 있다.[5]

## 2. 명세서의 의미

명세서에는 발명의 명칭, 도면의 간단한 설명, 발명의 상세한 설명, 특허청구범위 등을 기재하는데 발명의 상세한 설명과 특허청구범위의 작성이 가장 중요한 부분이라고 할 수 있다.[6] 왜냐하면 발명의 상세한 설명은 출원인이 공중에게 발명의 정보를 공개하는 부분이고 특허청구범위는 이와 같은 발명 정보의 공개에 대한 대가로서 장차 부여될 특허권의 범위가 될 것이기 때문이다.

## 3. 명세서의 내용 및 작성 방법

### (1) 발명의 명칭

발명의 명칭은 발명의 내용에 따라 간단 명료하게 기재하여야 하고, 추상적 기능이나 "특허"라는 단어를 사용하여서는 안 된다. 예를 들어 「최신식」, 「개선된」, 「최상의」 등과 같은 용어는 불명료한 것으로서 발명의 명칭에 포함될 수 없다.

특허청구범위에 2 이상의 카테고리(물건, 제조방법, 제조장치, 사용방법 등)에 대한 청구항을 기재하는 경우에는 이들 카테고리를 모두 포함하는 명칭으로 기재하여야 한다. 즉, 청구항에 물건, 그 물건의 제조방법, 그 물건의 제조장치 등이 포함되어 있으면 「물건, 그 제조방법, 그 제조장치」로 기재한다. 예를 들어 커피의 경우에는, 「커피, 그 제조방법 및 제조장치」와 같이 기재하면 된다.

---

2) 특허법 제42조 제5항.
3) 특허법 제42조 제5항 제1호 및 제2호.
4) 특허법 제42조 제7항.
5) 특허법 제59조 제2항.
6) 특허법 제42조 제2항.

### (2) 도면의 간단한 설명

도면이 있는 경우에는 도면의 간단한 설명란에 도면에 대한 간단한 설명, 즉 각 도면에 무엇을 나타내는지를 기재한다.

### (3) 발명의 상세한 설명

발명의 상세한 설명에는 다음과 같은 사항을 기재하여야 한다.[7]

① 기술분야
② 해결하고자 하는 과제
③ 과제의 해결 수단
④ 그 밖에 그 발명이 속하는 기술분야에서 통상의 지식을 가진 자가 그 발명의 내용을 쉽게 이해하기 위하여 필요한 사항

그러나 위 각 호의 사항은 해당하는 사항이 없는 경우에는 그 사항을 생략할 수 있다.[8]

발명의 상세한 설명은 그 발명이 속하는 기술분야에서 통상의 지식을 가진 자가 그 발명을 쉽게 실시할 수 있도록 명확하고 상세하게 기재되어야 한다.[9] "그 발명이 속하는 기술분야에서 통상의 지식을 가진 자"란 그 출원이 속하는 기술분야에서 보통 정도의 기술적 이해력을 가진 자, 즉 「평균적 기술자」를 의미한다.[10]

이는 해당 업계의 평균적 지식을 가진 통상의 기술자가 출원시 그 발명이 속하는 기술분야의 일반적 기술지식과 명세서 및 도면에 기재된 사항에 의하여 그 발명을 쉽게 실시할 수 있을 정도로 명확하고 구체적으로 기재해야 함을 의미한다. 이러한 기재요건을 충족할 때 발명의 상세한 설명은 기술문헌 및 권리서로서의 역할을 할 수 있게 된다.

실시 가능여부 판단의 대상은 출원발명으로서 청구항에 기재된 발명이다.

---

7) 특허법시행규칙([시행 2009. 1. 1][지식경제부령 제51호, 2008. 12. 31, 일부개정]) 제21조 제3항.
8) 특허법시행규칙 제21조 제4항.
9) 특허법 제42조 제3항. 특허법시행규칙 제21조 제3항 제4호.
10) 특허청, 「특실심사지침서」, 2002. 3(2009년 추록분), pp. 4110-4114.

청구항에 기재된 발명을 실시함에 있어서 과도한 시행착오나 실험을 필요로 한다면, 발명의 상세한 설명은 통상의 기술자가 쉽게 실시할 수 있도록 기재되어 있다고 볼 수 없고 이것은 기재불비로서 거절의 이유가 된다.

발명에 대한 설명은 출원시의 기술수준으로 보아 당해 발명이 어떤 기술적인 진보를 가져왔는가를 기재하는 것이 중요하다. 이를 위해서는 어떤 과제를 어떤 수단으로 해결하였는가 하는 설명이 필요하다.

### (4) 요 약 서

요약서는 기술정보로서의 용도로만 사용되는 것으로, 발명의 보호범위를 정하는 데에는 사용할 수 없다.[11] 미첨부시에는 보정명령을 하고 이에 응하지 않을 경우에는 특허출원절차를 무효 처분한다.

### 4. 「발명의 상세한 설명」의 구체적 기재 방법[12]

「발명의 상세한 설명」은 원칙적으로 [기술분야], [배경기술], [발명의 내용], [발명의 실시를 위한 구체적인 내용] 및 [산업상 이용가능성] 란으로 구분하여 기재한다.

① 기술분야
기술분야에는 출원발명이 속하는 기술분야를 기재한다.
② 배경기술
발명의 이해와 심사에 유용하다고 생각되는 종래 기술을 기재한다.
③ 발명의 내용
발명의 내용은 [해결하고자 하는 과제], [과제의 해결수단], [효과] 란으로 구분하여 기재한다.
[해결하고자 하는 과제]에는 발명이 과제로 하고 있는 종래 기술의 문제점을 기재한다.
[과제의 해결수단]에는 해당 과제를 해결한 수단을 기재한다. 이 해결수단

---

11) 특허법 제43조.
12) 이 내용은 특허청, 「특실심사지침서」, 2002. 3(2009년 추록분), pp. 4110-4114를 참고하여 요약·정리한 것이다.

은 일반적으로 특허를 받고자 하는 발명이 된다.

[효과]에는 해결수단에 의해 발휘되는 효과를 기재한다. 이는 종래 기술과 대비하여 우수하다고 인정되는 점이다.

④ 발명을 실시하기 위한 구체적인 내용

[발명을 실시하기 위한 구체적인 내용]에는 통상의 기술자가 출원발명을 쉽게 알 수 있도록 출원발명의 실시를 위한 구체적인 내용을 하나 이상의 형태로 기재한다. 필요한 경우에는 [실시예]와 도면에 대한 설명을 기재한다.

⑤ 산업상 이용가능성

[산업상 이용가능성]은 일반적으로 명세서의 다른 기재로부터 충분히 인정될 수 있으므로 별도로 기재할 필요가 없다. 그러나 출원발명의 산업상 이용가능성이 불분명할 때에는 발명의 산업상 이용방법이나 생산방법을 기재한다.

# Ⅱ. 특허청구범위의 작성 실무

## 1. 특허청구범위의 의미

특허청구범위에는 보호를 받고자 하는 사항을 기재한 항(이하 "청구항"이라 한다)이 1 또는 2 이상 있어야 하며, 청구항은 발명의 상세한 설명에 의하여 뒷받침되고, 발명이 명확하고 간결하게 기재되어야 한다.[13] 여기서 '발명의 상세한 설명에 의하여 뒷받침'된다는 것은 청구항은 특허출원 당시의 통상의 기술자의 입장에서 그 특허청구범위의 내용이 발명의 상세한 설명의 내용과 일치함으로써 발명의 상세한 설명 내용을 통하여 특허청구범위에 기재되어 있는 기술적 구성과 작용효과를 명확하게 이해할 수 있어야 한다는 것이다.[14] 그리고 '발명이 명확하고 간결하게 기재되어야 한다'는 것은 특허발명의 보호범위는 특허청구범위에 기재된 사항에 의하여 정하여지므로[15] 청구항의 기재는 명확하게 해야 하고 발명의 구성을 불명료하게 하는 용어는 허용되지 아니하며,

---

13) 특허법 제42조 제4항.
14) 대법원 2006. 11. 24. 선고 2003후2089 판결; 대법원 2003. 8. 22. 선고 2002후 2051 판결; 대법원 2005. 11. 25. 선고 2004후3362 판결.
15) 특허법 제97조.

발명의 상세한 설명에서 정의하고 있는 용어의 정의와 다른 의미로 용어를 사용하는 등 청구범위를 불명료하게 하여서는 안 된다는 것이다.[16] 발명의 구성을 불명료하게 하는 용어로는 「소망에 따라」, 「필요에 따라」, 「특히」, 「예를 들어」, 「및, 또는」, 「적합한」, 「적량의」, 「…을 제외하고」, 「…이 아닌」, 「…이상」, 「… 이하」, 「0~10」(0을 포함하는 수치한정), 「120~200, 바람직하게는 150~180」(이중한정) 등이 있다.

특허청구범위는 출원인이 보호받고자 하는 사항을 기재한 것으로서 특허의 범위 혹은 권리의 범위라고 할 수 있다. 특허청구범위는 부동산 등기권리증에서 권리의 대상이 되는 부동산의 위치, 구조, 건축면적, 연면적, 층수 등의 사항에 해당하는 부분이라고 할 수 있다. 따라서 특허는 청구범위에 의하여 그 가치가 설정되는 것이므로 특허청구범위는 지극히 신중하고 효과적으로 작성하여야 한다. 부동산의 등기권리증에 비하여 특허출원서의 특허청구범위의 작성이 어려운 것은 부동산은 유형자산이므로 그것을 명확하게 기술할 수 있는 반면, 특허청구범위, 즉 발명은 무형자산이기 때문에 이것을 문장에 의하여 구체적으로 명확히 특정하기가 곤란하기 때문이다.

## 2. 특허청구범위 작성시 고려사항

### (1) 특허청구범위 작성시기의 유예

특허청구범위는 출원시에 특허출원서와 함께 제출하지 않아도 되므로 충분한 시간을 가지고 신중하게 작성하도록 한다. 발명의 보호범위가 이로써 정해지기 때문이다. 그러나 지정기간 내에 이를 제출하지 아니하면 취하된 것으로 간주되어 회복할 수 없으므로 주의해야 한다.

### (2) 특허청구범위 작성방법의 융통성

특허청구범위를 기재할 때에는 보호받고자 하는 사항을 명확히 할 수 있도록 발명을 특정하는 데 필요하다고 인정되는 구조·방법·기능·물질 또는 이들의 결합관계 등을 기재하여야 한다.[17] 특허법 제42조 제 6 항에 규정된 이

---

16) 대법원 2006. 11. 24. 선고 2003후2089 판결.
17) 특허법 제42조 제 6 항.

조항은 기술이 발전함에 따라 발명을 설명함에 있어서 물리적 구조나 수단 및 장치에 의하여서는 설명하기 곤란하고, 장치나 수단의 동작이나 기능에 의하여 표현하는 것이 보다 적절한 경우를 위하여 출원인의 표현방식에 융통성을 더하기 위하여 2007. 1. 3. 신설되었다. 이 규정은 거절이유나 무효의 이유가 되지 않으므로 심사관은 이 규정에 위반되었다는 이유로 거절이유통지나 거절결정을 할 수 없다.[18]

종래에는 특허법 제42조 제6항 제3호에서 청구항에는 '발명의 구성에 없어서는 아니 되는 사항만으로 기재될 것'을 규정하고 있었으나 2007. 1. 3. 이를 삭제하였다. 이 규정은 특허청구범위에 일단 기재된 사항은 모두 발명의 구성에 없어서는 아니 될 필수구성요소로 간주하여 청구범위를 파악하여야 한다는 것을 의미하였다. 즉, 청구범위에 기재되어 있는 내용 중 어떤 구성요소가 중요하지 않다고 하여 이를 제외한 채 청구범위를 해석해서는 안 되고, 반대로 청구범위에 기재되어 있지 아니한 구성요소가 중요한 구성요소라 하여 청구범위해석에 있어서 이를 포함시켜 해석할 수 없다는 것이다.[19]

그러나 과거 위와 같이 청구범위의 기재를 발명의 구성에 없어서는 아니되는 사항만을 기재하도록 요구하고 이에 기초하여 청구범위를 해석할 경우, 청구범위의 작성에 있어서 중요성이 극히 떨어지는 구성요소를 청구범위에 포함시켜 기재함으로써 청구범위가 매우 협소하게 되어버리거나 반대로 중요한 구성요소를 누락함으로써 청구범위가 불명확하게 되는 등 그 기능을 제대로 발휘하지 못하게 되고, 결과적으로 청구범위의 작성이 지극히 어렵게 되어 특허출원이 지연되는 폐단이 있었다. 이 점을 감안하여 출원인의 입장에서 청구범위 작성의 편의를 도모함으로써 청구범위의 작성에 과도한 시간이 소요되는 것을 막고 출원을 신속하게 할 수 있도록 함으로써 기업이 치열한 기술경쟁에서 뒤지지 않도록 하게 하기 위하여 이 규정을 삭제한 것이다.

### (3) 다항제의 활용

청구범위는 하나의 항만 기재할 수 있는 것이 아니라 하나 이상의 항을 기재할 수 있으므로 발명의 내용을 카테고리별로 구분하고, 독립항 및 종속항

18) 특허청, 「특실심사지침서」, pp. 4122-4126.
19) 대법원 2006. 11. 24. 선고 2003후2089 판결.

으로 나누어 발명이 명확하게 표현되어 향후 효과적으로 보호될 수 있도록 기재한다.

### (4) 카테고리가 다른 청구항을 인용하는 청구항의 기재

특허를 받고자 하는 물건의 구성을 적절히 기재하기 어려운 경우, 예를 들어 새로운 물질이나 식물 또는 음식물 등은 "⋯⋯ 방법으로 제조된 물건" 또는 "⋯⋯ 장치로 제조된 물건" 등의 형식으로 기재할 수 있다. 이와 같은 경우에는 방법, 장치, 물건에 대하여 1군의 발명으로서 하나의 출원으로 할 수 있다.

이와 같이 방법 또는 장치의 형식으로 기재한 물건에 대한 청구항은 보호 대상이 물건이므로 신규성 및 진보성 판단의 대상은 사용된 방법이나 장치가 아니라 물건의 구조이다. 따라서 청구항에 기재된 방법 또는 장치가 특허성이 있는지의 여부와 관계없이 물건의 구조를 공지된 물건의 구조와 비교하여 신규성 및 진보성을 판단한다.


## 3. 특허청구범위의 종류와 기재요령

특허청구범위에는 독립항과 종속항이 있다. 독립항은 다른 항을 인용하지 아니한 청구항이고, 종속항은 독립항이나 다른 종속항을 인용하고 이를 한정하거나 부가하여 구체화하는 청구항을 말한다. 종속항은 인용하는 다른 청구항의 내용이 변경됨에 따라 그 청구항에서 기재하는 발명의 내용이 변경되는 청구항이다. 여기서 "독립항을 한정하거나 부가하여 구체화"하는 것은 구성요소를 부가하거나 상위개념을 하위개념으로 한정함으로써 발명을 구체화하는 것을 말한다.

그러나 다른 청구항을 내용적으로 부가하거나 한정하고 있다 하더라도 형식적으로 인용하고 있지 않다면 종속항이라 할 수 없다. 역으로 독립항을 인용하고 있다 하더라도 독립항을 한정하거나 부가하지 않는 청구항은 이를 종속항이라고 할 수 없다. 예를 들어 청구항 1의 발명이 (A+B+C)이고, 청구항 2가 "청구항 1의 발명(A+B+C)에 있어서 A를 F로 치환하는 물건"이라면 청구항 2는 형식적으로는 청구항 1을 인용하고 있으나 내용적으로 이를 한정하거나 부가하는 것이 아니므로 이를 종속항이라고 할 수 없다.

### (1) 독립항의 기재요령

#### 1) 다른 독립항을 인용하는 독립항

독립항은 다른 청구항을 인용하지 아니한 청구항이지만 필요에 따라 다른 독립항을 인용하기도 한다. 즉, 다른 독립항을 형식적으로는 인용하고 있다 하더라도 종속항이 아니라 독립항인 경우도 있다. 예를 들어 청구항 3이 어떤 물건을 제작하는 방법 발명인 경우 청구항 4가 "청구항 3의 방법으로 제작된 물건"으로 기재되어 있다면 청구항 4는 인용된 청구항과 카테고리가 다르기 때문에 독립항이다. 아래의 예 ① 내지 ④에 기재된 청구항은 다른 독립항을 인용하는 형식을 갖고 있지만 사실상 모두 독립항이다.

① 제○항의 방법으로 제조된 ~ 물건
② ~하여 제○항의 물건을 제조하는 방법
③ 제○항의 방법으로 제조된 물건을 이용하여 ~하는 방법
④ 제○항 또는 제○항의 방법으로 제조된 ~ 물건
⑤ 제○항 내지 제○항 중 어느 하나의 항의 방법으로 제조된 ~ 물건

#### 2) 부적절한 독립항

아래의 ① 내지 ③은 부적절한 독립항이다.

① 2 이상의 항을 인용하는 독립항이 2 이상의 항을 인용한 다른 청구항을 인용한 경우

2 이상의 항을 인용하는 독립항은 2 이상의 항을 인용한 다른 청구항을 인용할 수 없다.

---

**[부적절한 독립항의 예 1]**

1. …… 방법
2. 청구항 1에 있어서, …… 방법
3. 청구항 1 또는 청구항 2에 있어서, …… 방법
4. 청구항 2 또는 3의 방법으로 제조된 …… 물건

위에서 청구범위 제4항은 2 이상의 항(청구항 2 또는 3)을 인용하고 있으면서 청구항 1 또는 청구항 2를 인용하고 있는 제3항을 인용하고 있으므로 부적절하게 기재된 독립항이다.

　② 2 이상의 항을 인용하는 독립항이 2 이상의 항을 인용한 항을 인용하고 있는 다른 청구항을 인용한 경우

2 이상의 항을 인용하는 독립항은 2 이상의 항을 인용한 항을 인용하고 있는 다른 청구항을 인용할 수 없다.

---

**[부적절한 독립항의 예 2]**

1. …… 방법
2. 청구항 1에 있어서, …… 방법
3. 청구항 1 또는 청구항 2에 있어서, …… 방법
4. 청구항 3에 있어서, …… 물건
5. 청구항 2 또는 4의 방법으로 제조된 …… 물건

---

위에서 청구항 5는 청구항 2와 4를 인용하고 있고, 청구항 5에 인용된 청구항 4는 2개의 청구항 1 또는 청구항 2를 인용하고 있는 청구항 3을 인용하고 있으므로 부적절하다.

　③ 2 이상의 항을 인용하고 다시 2 이상의 항을 인용하는 경우

2 이상의 항을 인용하고 동일 청구항 내에서 다시 2 이상의 항을 인용할 수는 없다.

---

**[부적절한 독립항의 예 3]**

1. …… 방법
2. 청구항 1에 있어서, …… 방법
3. 청구항 1에 의하여 제조된 …… 물건
4. 청구항 1 또는 2의 방법으로 제조된 …… 물건
5. 청구항 1 또는 2의 방법으로 제조된 청구항 3 또는 4의 물건

---

위에서 청구항 5는 청구항 1과 2를 인용하고 또한 청구항 3과 4를 인용하고 있으므로 부적절한 인용방식을 취하고 있다.

### (2) 종속항의 기재요령

1) 한정과 부가

종속항은 다른 청구항을 한정하거나 부가하여 구체화하는 청구항이다. 여기서 '한정'이라 함은 상위개념을 하위개념으로 한정하는 것을 말한다. 예를 들어 보자.

> 1. 미끄럼방지 횡간부(H)가 있는 타이어체인
> 2. 제1항에 있어서 횡간부(H)가 스테인리스로 구성된 타이어체인

위에서 제2항은 제1항의 횡간부(H)를 스테인리스로 제한함으로써 제1항을 한정한 것이다.

부가는 다른 청구항의 구성요소에 요소를 추가하는 것이다. 즉, 청구항 1의 발명 P는 (A+B)이고 여기에 C를 부가하는 청구항 2의 발명 P1은 (A+B+C)가 된다. 예를 들어 보자.

> 1. 미끄럼방지 횡간부(H)가 있는 타이어체인
> 2. 제1항에 있어서 횡간부(H)의 양측에 롤러(R)를 형성한 타이어체인

위에서 제2항은 제1항에 롤러(R)를 부가하여 제1항을 구체화하였다.

2) 내적 부가와 외적 부가

그런데 부가의 개념에는 외적 부가와 내적 부가가 있다. 외적 부가는 위에서 살핀 내용과 같이 구성요소의 추가와 유사한 개념이라고 할 수 있으나, 내적 부가는 한정의 개념과 유사하다. 예를 들어 보자.

> 1. 축의 단면을 다각형으로 만든 연필
> 2. 제1항에 있어서 축의 단면을 다각형으로 한 지우개가 달린 연필

위에서 제2항은 제1항의 다각형 연필에 지우개라는 구성요소를 외적 부가한 것이라고 할 수 있다.

1. 축의 단면을 다각형으로 만든 연필
2. 제1항에 있어서 축의 단면을 6각형으로 한 연필

위에서 제2항은 제1항의 다각형 연필에 있어서 6각형의 것으로 내적 부가하여 구체화한 것이다.

3) 부적절한 종속항
① 발명의 효과나 용도만의 한정

1. 미끄럼방지 횡간부(H)가 있는 타이어체인
2. 제1항에 있어서 횡간부(H)의 **미끄럼방지 효과**를 제고시킨 타이어체인

② 인용되는 항의 구성요소의 감소

1. 횡간부(H)의 양측에 롤러(R)를 형성한 타이어체인
2. 제1항에 있어서 롤러(R)를 제거한 타이어체인

③ 인용되는 항의 구성요소의 치환

1. 횡간부(H)의 양측에 6각형 롤러(R)를 형성한 타이어체인
2. 제1항에 있어서 6각형 롤러(R)를 4각형 롤러로 대체한 타이어체인

④ 2 이상의 다수인용항 세트로 기재된 종속항

1. …… 방법
2. 청구항 1에 있어서, …… 방법
3. 청구항 1에 의하여 제조된 …… 물건
4. 청구항 1 또는 2의 방법으로 제조된 …… 물건
5. 청구항 1 또는 2의 방법으로 제조된 청구항 3 또는 4의 물건

⑤ 다수항 인용 종속항에서 인용되는 항의 비택일적 기재

> 1. …… 장치
> 2. 제 1 항에 있어서, …… 장치
> 3. 제 2 항에 있어서, …… 장치
> 4. 제 1 항 또는 제 2 항에 있어서, …… 장치(택일적 기재)
> 5. 제 1 항 및 제 2 항에 있어서, …… 장치(비택일적 기재)
> 6. 제 1 항 또는 제 4 항에 있어서, …… 장치(택일적 기재)

⑥ 다수항 인용 종속항이 다수항을 인용하는 다른 항을 인용

> 1. …… 장치
> 2. 제 1 항에 있어서, …… 장치
> 3. 제 2 항에 있어서, …… 장치
> 4. 제 1 항 내지 제 3 항에 있어서, …… 장치(비택일적 기재)
> 5. 제 1 항 및 제 2 항에 있어서, …… 장치(비택일적 기재)
> 6. 제 1 항 또는 제 4 항에 있어서, …… 장치(다수항 인용종속항이 다른 다수항 인용 종속항 인용)

⑦ 카테고리가 다른 청구항의 인용

> 1. …… 방법
> 2. 청구항 1에 있어서, …… 방법
> 3. 청구항 2에 있어서, …… 물건(카테고리가 다른 청구항의 인용)
> 4. 청구항 2 또는 3의 방법 또는 물건으로 제조된 …… 물건(카테고리가 다른 청구항의 인용)

## 4. 특허청구범위의 작성 연습

[사례 1] 아래 그림에서 선행기술인 인용발명을 참고하여 출원발명에 대한 청구범위를 작성하시오.

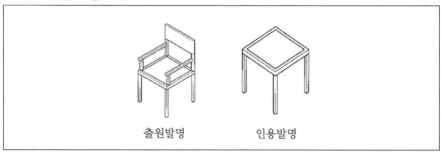

출원발명            인용발명

[사례 2] 아래 그림에서 선행기술인 인용발명을 참고하여 출원발명에 대한 청구범위를 작성하시오.

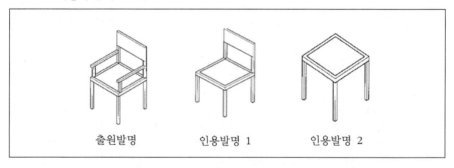

출원발명            인용발명 1            인용발명 2

[사례 3] 아래 그림에서 선행기술인 인용발명을 참고하여 출원발명에 대한 청구범위를 작성하시오.

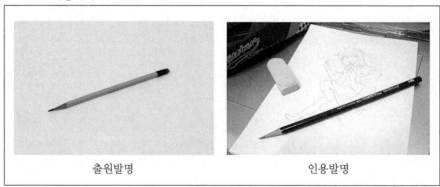

출원발명            인용발명

[사례 4] 종래 기술을 참고하여 출원발명(본 발명)에 대한 청구범위를 작성하시오.

【도면의 간단한 설명】
[도 1]은 종래의 다이어프램형 수격방지기의 구성을 보인 단면도
[도 2]는 종래의 피스톤형 수격방지기의 구성을 보인 단면도
[도 3]은 또 다른 종래의 피스톤형 수격방지기의 구성을 보인 단면도
[도 4]는 본 발명 실시예의 수격방지기 구성을 보인 단면도
[도 5]는 본 발명 실시예의 작동상태를 보인 단면도
* 주요부분에 대한 부호의 설명
100: 실린더    110: 피스톤    111: 피스톤패킹   120: 영구자석   130: 투명관
140: 자성체    150: 연결플랜지  151: 연결통로    160: 커버       170: 압력계
180: 플랜지    181: 고정링     182: 고정나사

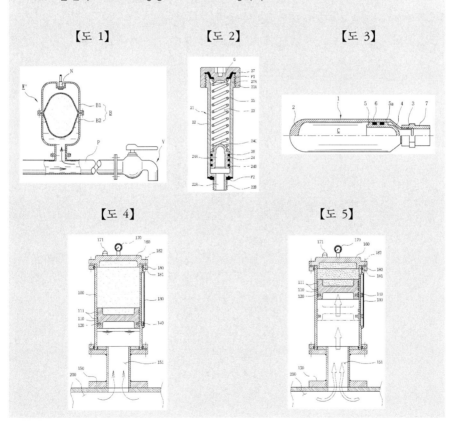

# 대학 연구개발의 특허보호

▶ 직무발명의 의의를 이해한다.

▶ 직무발명과 자유발명의 차이를 이해한다.

▶ 직무발명이 되기 위한 요건을 이해한다.

1. 직무발명제도를 활성화시켜야 할 필요성은 어디에 있는가?

2. 고속도로휴게소에서 호두과자 제조기계를 이용하여 호두과자를 만들어 팔던 호두과자 제조회사 종업원이 평소 느끼던 문제점을 해결하여 개량된 호두과자 제조기계를 발명하였다. 이 개량된 호두과자 제조기계는 직무발명에 해당하는가?

# I. 서　론

　　최근 법률개정으로 종전에는 국가에 귀속되던 국립대학교수들의 직무발명이 이제는 대학의 소유로 되고[1] 이들 지식재산을 관리하는 전담부서가 그 관리를 강화하고 있다. 또한 대학마다 지식재산권 관리규정을 만들어 시행하는 등 대학의 지식재산에 대한 권리의식이 강화되면서 대학교수의 발명이 대학에 속하는지 아니면 발명자인 대학교수에게 속하는지에 관하여 의견이 엇갈리는 경우가 생기고 있다. 이 장은 우리나라와 미국의 직무발명제도를, 특히 대학교수 등[2]의 발명을 중심으로 비교 검토하여 현행 제도의 문제점을 도출함으로써 우리 현실에 맞는 직무발명의 범위기준과 보상기준의 설정에 도움이 될 만한 개선사항을 제시하고자 한다.

　　직무발명제도의 핵심은 직무발명의 범위를 어떻게 설정할 것인지[3]와 그에 대한 보상을 어떻게 할 것인지의 문제로 압축할 수 있다. 이 장의 주된 목적은 종업원발명의 귀속에 관한 문제를 직무발명의 범위를 통하여 고찰하는 데 있다. 예를 들어, 국립대학교수들이 대학측으로부터 과제를 지정받지도 아니하고 연구비의 지원도 받지 않은 채 자신의 전공과 관련하여 이룩한 발명이 직무발명인지 불명확한 점이 있다. 직무발명인지의 여부를 결정하는 기준이 명확하지 않을 뿐 아니라 기준이 있다고 하더라도 직무발명보상기준에 따라 충분한 보상이 이루어지지 않고 있기 때문에 종업원과 사용자 간에 분쟁이 발생하고 있으며 앞으로 훨씬 더 크고 많은 분쟁이 발생할 것으로 예측된다.

　　이 장의 다른 목적은 직무발명의 종류에 따른 합리적인 보상방안을 사용자와 종업원의 입장에서 제시하는 데에 있다. 적절한 보상이 이루어지지 않을 때 분쟁이 발생하기 때문에 직무발명에 대한 보상은 직무발명제도의 성공 여

---

1) 종래에는 국립대학이 법인격을 갖지 못하여 전담조직을 법인으로 하고 특허권을 전담조직의 소유로 해야만 하였으나, 「국립대학법인 서울대학교 설립·운영에 관한 법률」이 2011. 12. 28. 시행됨으로써 서울대학교가 특허권의 보유주체가 될 수 있게 되었다.
2) 이 장에서 '대학교수 등'은 대학교수, 학생, 조교, 교직원 등을 포괄하는 개념으로 사용한다.
3) 종업원의 발명이 직무발명인지 아닌지를 판단하기 위해서는 직무발명의 범위를 설정해야 한다.

부에 결정적인 요인이라고 할 수 있다.

일본 시마즈제작소의 연구원인 다나카 주임이 노벨화학상을 수상한 것은 직무발명 보상에 대한 관심을 촉발하였다. 다나카의 노벨상 수상 발표 이후 시마즈제작소의 주가는 261엔에서 한때 475엔까지 급등하였고, 11일간 주가가 82% 상승하여 시가총액이 478억 엔 증가하였다.[4] 그러나 노벨상의 영광을 안겨준 특허를 1985년 등록했을 당시, 시마즈제작소가 다나카에게 지불한 돈은 불과 1.1만 엔에 불과하였다.

일본에서 청색 발광다이오드(LED: Light-Emitting Diode)[5]를 발명한 사원에게 200억 엔을 지급하라는 판결이 있었다. 청색 발광다이오드는 전 세계 휴대전화 90%에 들어있는 것으로 1993년 말 일본 니치아화학공업주식회사 연구원으로 근무하던 나카무라 슈지에 의해 최초로 만들어졌으며, 2014년에는 드디어 나카무라에게 노벨물리학상을 안겨주었다. 그러나 개발 당시 회사는 개발의 성과급으로 2만 엔의 포상금을 나카무라에게 지불하였다. 그러나 나카무라는 2000년 초 미국 캘리포니아 산타바버라 대학으로 이적하고, 일본 동경지방법원에 200억 엔의 직무발명 보상을 요구하는 소송을 제기하였다. 2004. 1. 30. 법원은 회사측이 이 특허로 얻은 이익을 1,208억 엔으로 추산하고 발명자의 기여를 50%로 보고 600억 엔을 보상해야 하지만 원고의 청구액이 200억 엔이므로 청구액 전액을 보상하라고 판결하였다. 동경고등법원은 원고와 피고 양

---

4) 삼성경제연구소, "직무발명을 어떻게 보상할 것인가 - 기업 연구원의 노벨상 수상이 제기한 이슈 - ," *CEO Information*, 2002. 11. 20, 제375호(이하, 삼성경제연구소, 직무발명을 어떻게 보상할 것인가).

5) 발광다이오드(LED: Light Emitting Diode)는 전기를 통해 주면 전자가 에너지 레벨이 높은 곳에서 낮은 곳으로 이동하며 특정한 파장의 빛을 내는 반도체소자를 말한다. LED는 컴퓨터 본체에서 하드디스크가 돌아갈 때 깜빡이는 작은 녹색 불빛이나 대형 전광판, 핸드폰 등 다양한 곳에 사용된다. 전력소비량이 기존 전구의 1/12 수준이며 수명은 전구의 100배 이상, 전기에 대한 반응속도는 1,000배 이상이다. 저전력에서 고휘도의 빛을 내기 때문에 디스플레이용으로도 각광받고 있다. LED는 어떤 화합물반도체(예: GaP, GaAs)를 쓰느냐에 따라 빛의 색깔이 달라진다. 예를 들어 셀렌(Se)이나 실리콘탄화물(SiC)을 이용하면 500nm 이상의 장파장 녹청색 소자가 된다. 적색이나 녹색을 내는 것은 수십 년 전에 개발되어 산업 및 생활가전 등에 폭넓게 쓰이고 있다. 수많은 연구기관에서 도전하였으나 450nm 이하 고휘도 청색 LED 개발에는 성공하지 못하다가 1990년 일본의 니치아화학공업의 나카무라 연구팀에서 질화갈륨(GaN)을 이용하여 개발에 성공하게 되었다.

측이 1심 판결에 불복해 항소한 소송에 대해 화해를 권고하면서 직무발명의 대가로서 과거의 판례를 참고하여 해당특허로 기업이 얻은 이익의 5%를 제시했다. 이 분쟁은 기업이 발명자에게 발명대가로 약 6억 엔에 지연손해금을 합쳐 8억 4,000만 엔(약 84억 원)을 지불하고 화해하는 것으로 결론이 났다. 니치아 회사와 일본국가는 인재와 그의 지식을 한꺼번에 잃은 것이다. 한 명의 핵심인력이 수만 명을 먹여 살리는 시대에 이들에 대한 적절한 보상제도는 기업의 생존이 걸린 문제이다.[6] 직무발명제도는 이러한 문제를 다룬다.

미국에서는 직무발명에 대해 보상규정이 정착되어 있으며 소송으로까지 가는 경우가 상대적으로 적다. 개인은 자신의 노력에 의해서만 직무발명이 이루어졌다기보다는 회사의 급여, 연구설비 제공, 연구비 지원 등이 있었기 때문에 가능했다고 인식하고, 회사는 보상규정에 따라 적절하게 보상하기 때문이다.[7] 일본뿐 아니라 국내에서도 직무발명의 보상을 둘러싸고 기술인력과 회사 간에 갈등이 증가하는 추세에 있다.[8] 직무발명제도가 제대로 정착되지 않은 결과로 볼 수 있다.

# Ⅱ. 직무발명의 의의와 현황

## 1. 직무발명의 의의

종업원이 한 발명은 크게 직무발명과 자유발명으로 나눌 수 있다. 직무발명이란 종업원 등이 그 직무에 관하여 발명한 것이 성질상 사용자 등의 업무 범위에 속하고 그 발명을 하게 된 행위가 종업원 등의 현재 또는 과거의 직무에 속하는 발명을 말한다.[9] 「발명진흥법」 제2조 제2호는 직무발명을 다음과

---

6) 과거에는 수십만 명이 군주와 특권층을 먹여 살렸다.
7) 미국에서는 사용자(회사)가 직무발명의 실시권을 보유하고 그 대가로 보상을 실시하는 관행이 정착되었다. 종업원이 근무시간중에, 사용자의 자료나 도구를 이용하거나 사용자의 자금을 이용하여, 발명을 고안하고 완성하여 특허권을 취득하였을 경우, 회사는 무상으로 특허권을 실시할 권리를 갖는다.
8) 삼성경제연구소, 직무발명을 어떻게 보상할 것인가.
9) 예를 들어 종업원의 직책으로 보아서 발명을 하는 것이 예상되거나 기대되는 연구소의 연구원, 설계부의 설계사, 공장장, 기술담당이사 등의 발명은 직무발

같이 규정하고 있다.

'"직무발명"이란 종업원, 법인의 임원 또는 공무원(이하 "종업원 등"이라 한
다)이 그 직무에 관하여 발명한 것이 성질상 사용자·법인 또는 국가나 지방
자치단체(이하 "사용자 등"이라 한다)의 업무 범위에 속하고 그 발명을 하게
된 행위가 종업원 등의 현재 또는 과거의 직무에 속하는 발명을 말한다.'

"업무발명"은 종업원이 한 발명이 종업원의 직무와는 무관하나 사용자의
업무범위에 속하는 발명이다. 즉, 사용자의 업무에 속하는 발명으로서 직무발
명을 제외한 것을 업무발명이라고 한다. "자유발명"은 종업원이 한 발명이지
만 직무발명에 해당하지 않는 발명을 가리킨다.[10] 자유발명은 당연히 종업원
에게 특허권이 주어지고, 직무발명도 원칙적으로 종업원에게 특허권이 주어지
도록 되어 있다. "종업원발명"이란 고용관계에 있는 종업원 또는 근로자가 완
성한 발명을 가리키는 것으로 직무발명, 자유발명, 업무발명을 모두 포괄하는
발명이다.

직무발명을 활성화시키기 위해서는 사용자와 종업원 간의 이익배분에 있
어서 균형이 필요하다. 사용자와 종업원 사이에 발명에 대한 권리를 합리적으
로 배분할 때, 사용자는 연구개발투자를, 종업원은 연구개발을 적극적으로 할
인센티브를 갖게 되는 것이다. 양자간의 합리적인 권리배분을 위해서는 우선,
직무발명의 범위를 명확히 설정하는 일이 중요하다. 즉, 직무발명과 자유발명
의 경계를 바로 설정하여야 어느 쪽도 불만이 없게 된다. 다음으로, 직무발명
에 대한 보상이 사용자와 종업원 모두에게 적절해야 한다. 우리나라의 경우
일반적으로 고용관계에 있어서 약자인 종업원에게 불리한 입장이 많다.[11]

---

명으로 해석될 수 있다. "그 발명을 하게 된 행위가 피용자 등의 현재 또는
과거의 업무에 속하는 것"이라 함은 피용자가 담당하는 직무내용과 책임범위
로 보아 발명을 꾀하고 이를 수행하는 것이 당연히 예정되거나 또는 기대되는
경우를 뜻한다. 대법원 1991. 12. 27. 선고, 91후1113.
10) 이재성, "직무발명에 관한 연구-독일의 종업원발명법을 중심으로-," 한남대
학교 박사학위논문, 2002. 8, pp. 6-7.
11) 현실적으로는 계약이나 근무규정에 의하여 발명자의 권리가 사용자에게 자동
승계되는 경우가 많다.

## 2. 직무발명제도의 현황

산업혁명의 여명기에는 발명이 천재의 직관과 영감에 의존한 것이 많았다. 현대의 발명은 주로 조직력과 투자자본에 따른 기업활동의 성과로 이루어진다. 현대 과학기술은 고도화되어 기존의 기술을 뛰어넘는 새로운 기술의 개발에 막대한 연구비와 대규모의 연구시설이 필요하고, 기술혁신은 축적된 지식과 기술을 바탕으로 이루어질 수밖에 없는 특성을 가지고 있다. 그래서 현대의 발명은 개인보다는 조직화된 기업체나 연구소·대학·국가기관 등에 의해서 이루어지고 있다. 우리나라도 직무발명은 개인발명에 비하여 그 비중이 절대적으로 높다. 우리나라 특허출원 중 직무발명이 차지하는 비율은 1993년에 66.5%였다가, 1999년 82.6%, 2000년 76.6%, 2001년 79.5%, 2002년 81%, 2007년 81.3%로서 대략 80% 정도를 점유하고 있다.[12]

따라서 회사의 발전과 나아가 국가의 경쟁력 향상은 직무발명을 어떻게 활성화시켜 나가는가에 달려있다고 해도 과언이 아니다.[13] 우리 발명진흥법은 직무발명(제2조 제2호)과 그 보상(제15조)에 대한 규정이 있다. 직무발명 규정은 종업원의 정당한 권익을 보호하여 줌으로써 발명을 장려하고 이를 효율적으로 활용하여 기술혁신을 촉진하며, 산업을 발전시키고 국가경쟁력을 강화하기 위하여 마련된 것이다. 직무발명의 중요성에도 불구하고, 2001년 노동부의 직무발명보상제도조사에 의하면, 직무발명보상제도를 채택하고 있는 기업은 15.6%에 불과하고, 그것도 시혜적 보상이 주를 이루고 있고 실적보상이나 처분보상을 실시하고 있는 기업은 각각 5.6% 및 1.1%에 불과하였다.[14]

이에 비하여 일본기업은 조사대상기업의 62.1%가 직무발명보상을 실시하고 있으며, 이 중 실적보상을 실시하고 있는 기업이 60% 이상으로 나타났

---

12) 국가전문행정연수원 국제특허연수부, 「산업재산권과정」, 2003, p. 94. 텍사스인스트루먼트사는 영업이익의 30%를 기술 로열티에서 획득하고, IBM은 특허 한 건당 평균 로열티가 7.5만 달러이다.
13) 1980~2000년 기간 중 특허권 등 사용료의 국제수지에서 489억 9,360달러의 누적적자가 발생하였다. 민철구 외, 「대학연구시스템의 활성화 방안」, 과학기술정책연구원, 2002, p. 83.
14) 삼성경제연구소, 직무발명을 어떻게 보상할 것인가, p. 10; 2001년 노동부 직무발명보상 조사, 조사대상 중 설문에 회신한 1,565개 기업 중 직무발명보상을 하고 있는 244개(조사대상기업의 15.6%) 기업의 복수응답 결과.

다.[15] 높아진 생산성에 대하여 응분의 보상이 주어질 때 생산성 향상을 기대할 수 있기 때문에 실적보상은 보상체제의 선순환에 결정적이다. 높아진 생산성만큼의 경제적 보상을 해 주기 때문에 실적보상은 시혜적 보상보다 보상금액이 클 가능성이 많다. 일본기업의 직무발명 보상실태를 살피면, 금전적 보상으로서 상여일시금이 58.1%로 가장 큰 비중을 차지하고 스톡옵션과 연구비 증액이 각각 2.9%와 2.2%이다.[16] 그리고 비금전적 보상으로 표창 60.3%, 승진승격 43.3%로 나타났다. 우리 국내기업의 직무발명 보상실태와 크게 대비된다. 한편, 직무발명보상제도 실시율은 기업규모가 클수록 높아지는 경향을 보인다.

## Ⅲ. 직무발명의 범위와 귀속

직무발명에 대한 특허권의 귀속에 관하여는 발명자주의(發明者主義)와 사용자주의(使用者主義)의 두 가지 시각이 있다.[17] 발명자주의는 근로자에 의한 발명에 대한 권리는 원시적으로 근로자인 발명자에게 귀속한다는 사상으로서, 발명자는 자신의 착상 또는 관념에 대한 자연권을 갖는다는 사상에 기초하고 있다. 발명자주의는 제퍼슨의 미국독립선언문과 장자크 루소의 사회계약설에서 그 이념을 찾을 수 있다.[18] 사용자주의는 근로자의 발명에 관한 권리는 사용자에게 원시적으로 귀속한다는 사상으로, 노동원칙에 입각하여 발명은 근로의 성과이므로 그 발명에 대한 권리도 사용자에게 귀속되어야 한다는 주장이다.[19] 사용자주의는 초기산업사회에서 근로자의 지위가 저하되어 있던 시대를 배경으로 하고 있다. 아래에서는 현행 제도상 직무발명의 요건과 대학교수발

---

15) 이재억, 「과학기술계 지식가치 보상체계의 문제점과 개선방향」, 과학기술정책연구원, 2002. 11, p. 70.
16) 이재억, 「과학기술계 지식가치 보상체계의 문제점과 개선방향」, 과학기술정책연구원, 2002. 11, p. 71; "종업원의 발명에 대한 처우조사," 일본노동기구 (2002. 8.), 복수응답조사 결과.
17) 이외에 이론적으로는 사용자와 종업원이 공동으로 소유하는 방식도 가능할 것이다.
18) 이재성, "직무발명에 관한 연구," p. 15.
19) 이재성, "직무발명에 관한 연구," p. 14.

명의 귀속 및 보상에 대하여 살펴본다.

## 1. 직무발명의 요건

직무발명의 범위와 귀속의 문제는 직무발명의 요건과 직접 연관되어 있다. 요건이 구비되어 있지 않은 발명은 직무발명에서 제외될 것이다. 직무발명이 되기 위해서는 다음과 같은 요건을 갖추어야 한다. 즉, (1) 발명이 종업원 등에 의하여 창출되었고, (2) 발명이 성질상 사용자 등의 업무범위에 속하고, (3) 발명을 하게 된 행위가 종업원의 직무에 속하는 발명이고, (4) 현재 또는 과거의 직무에 속하는 발명이어야 한다. 아래에서는 위 요건들에 대하여 상세히 살펴보기로 한다.

### (1) '종업원 등'의 발명

직무발명에서의 '종업원등'이라 함은 사용자(국가, 법인, 사장 등)에 대한 노무제공의 사실관계만 있으면 된다. 따라서 고용관계가 계속적이지 않은 임시 고용직이나 수습공을 포함하고, 상근·비상근, 보수지급 유무에 관계없이 사용자와 고용관계에 있는 한 종업원이다. 예를 들어, 어떤 연구과제가 부여되어, 연구시설 및 재료, 보조직원이 제공되고 일정한 보수를 지급받은 자가 그 연구의 수행중에 이룬 발명은 비록 그 직무가 1주일에 2~4일 정도에 불과한 경우에도 직무발명으로 본다. 한편, 종업원이 타 회사에 출장 가서 직무발명을 한 경우 그 직무발명은 어느 회사에 귀속되는가? 출장기간 중 그곳의 사원이 되어 그 회사에서 급여를 받고 있다면 그 회사, 그 반대라면 출장 보낸 곳에 귀속된다. 다만, 연구개발의 지휘 내지 명령이 급여지급측에 있지 않는 특수한 경우에는 지휘 내지 명령하는 측에 귀속된다고 해석해야 할 것이다.

종업원 등에는 법인의 임원,[20] 국가공무원, 지방공무원이 포함된다. 직무발명에서의 공무원이란 국가 또는 지방자치단체의 공무에 종사하는 자로서 입법부 또는 사법부에 종사하는 자도 포함하는 넓은 의미의 공무원을 말한다. 따라서, 국가공무원, 지방공무원을 불문하며 육·해·공군의 기술문관, 기계

---

20) 법인의 임원이란 법인의 업무를 운영·감독하는 자를 말하므로 일반적으로 이사급 이상의 직에 있는 사람을 말한다.

적·육체적 노무에 종사하는 공무원(고용직, 기능직 등)도 포함된다. 고등교육법에 의한 국·공립학교 교직원은 국가공무원 또는 지방공무원에 해당되어, 이들 학교 교직원의 직무발명에 대해서는 「공무원직무발명의 처분·관리 및 보상 등에 관한 규정(대통령령) 및 동 시행규칙」 또는 조례나 규칙을 적용하여 왔다. 그러나 국·공립학교 교직원의 연구개발 활성화와 개발된 특허권의 기술이전 및 사업화를 촉진시키기 위해 특허법과 기술이전촉진법을 2001. 12. 31. 개정하였다. 이들 법 개정에 따라 국·공립학교 교직원의 직무발명에 대하여 특허권의 처분, 관리 및 보상금에 관한 모든 사항은 「공무원직무발명의 처분·관리 및 보상 등에 관한 규정」을 적용하지 아니하고 「기술이전촉진법시행령」을 적용하여 기술이전전담조직에서 운영·관리하도록 2002. 7. 1.부터 시행하고 있다. 그리고 현재는 특허법 등에 산재하던 직무발명 관련 규정을 「발명진흥법」에서 통일적으로 규율하도록 일원화하였다.

직무발명에 있어서 누구를 발명자로 볼 것인지는 특허법 제2조 발명의 정의 규정을 참조하여 판단하는 것이 바람직하다. 정확한 발명자의 결정은 발명자에 대한 보상과 업적평가에 매우 중요하므로 당해 발명을 중심으로 실질적 협력자인지 단순한 협력자인지를 판단해야 한다. 그런데 발명자가 한 사람일 경우에는 문제가 없으나 공동발명, 특히 다수인이 참여하여 특정의 프로젝트를 수행한 경우에는 현실적으로 진정한 발명자가 누구인지 쉽게 판단하기 어렵다. 발명, 즉 '기술적 사상의 창작'에 기여하지 않은 자를 발명자로 기재하거나 발명의 완성에 있어서 기여가 미미함에도 불구하고 (직위 등을 고려하여) 지분비율을 높여주는 불합리가 없도록 해야 한다. 발명자를 결정하는 기준은 다음과 같다.[21]

직무발명자에 해당하는 자로서는 ① 어떤 문제를 해결하기 위한 기술적 수단을 착상한 자, ② 타인의 착상에 의거 연구를 하여 발명을 완성하게 한 자, ③ 타인의 착상에 대하여 구체화하는 기술적 수단을 부가하여 발명을 완성한 자, ④ 구체화하기 위해서는 약간 불완전한 착상을 하고 타인에게 일반적인 지식의 조언 또는 지도를 얻어 발명을 완성한 자, ⑤ 타인의 발명에 힌트를 얻고 다시 그 발명의 범위를 확대하는 발명을 한 자 등을 들 수 있다.

반면, ① 발명자에게 자금을 제공하여 설비이용의 편의를 주는 등 발명의

---

21) 윤선희, 「특허법」, 법문사, 2007, pp. 286-287 참조.

완성을 원조하거나 위탁한 자(단순후원자, 위탁자), ② 문제를 제시하고 그것을 해결할 구체적인 기술적 수단을 제공하지 않은 자, ③ 타인이 제시한 착상 속에서 실용성이 있을 것 같은 것을 선택한 것에 지나지 않는 자, ④ 당해 발명에 관하여 착상만 하고 구체화하는 과정에서 실질적으로 관여하지 않은 자, ⑤ 발명의 과정에서 연구자의 지시로 단순히 데이터를 정리하거나 제도 또는 실험 등을 한 것에 지나지 않는 자(단순보조자), ⑥ 단지, 일반 지식을 조언하거나 제시하기만 한 자 등은 직무발명자로 볼 수 없다.

한편, 관리자의 경우 직무발명자에 해당하는 경우로는, ① 구체적인 착상을 하고 부하에게 그 발전 및 실현을 하게 한 자, ② 부하가 제출한 착상에 보충적 착상을 가한 자, ③ 부하가 행한 실험 또는 실험의 중간결과를 종합적으로 판단하여 새로운 착상을 가하여 발명을 완성한 자, ④ 소속 부서 내의 연구가 혼미하고 있을 때, 구체적인 지도를 하여 발명을 완성시킨 자 등을 들 수 있다. 그러나 관리자로서 ① 부하인 연구자에 대한 일반적 관리 및 연구에 대한 일상적 관리를 한 자, ② 구체적인 착상을 나타내지 않고 단지 어떤 연구과제를 주어 발명자인 부하에 대하여 일반적인 관리를 한 자, ③ 부하의 착상에 대하여 단지 양부(良否)의 판단을 한 자, ④ 부하의 발명에 의한 결과를 관리자의 업무로서 단지 종합적으로 정리하여 문서화한 자 등은 직무발명자라고 볼 수 없다.

### (2) '사용자 등'의 업무범위

종업원 등의 발명이 사용자 등의 업무범위에 속하지 아니하면 직무발명이 아니므로 사용자 등의 업무범위 설정은 직무발명인지를 결정하는 데 필수적이다. 직무발명은 대부분 법인격을 갖춘 기업체에서 발생하므로 대부분 법인이 사용자가 되고, 법인격이 없는 소규모 개인기업의 경우는 기업의 대표자인 자연인이 사용자가 된다. 법인격을 갖춘 개인회사의 대표자(자연인)와 회사(법인)는 각각 법률상 독립된 별개의 인격체로 보아서 대표자라 할지라도 사용자가 될 수 없고 법인이 사용자가 된다.

'사용자 등'의 업무범위는 사용자가 개인, 법인, 국가일 때 각각 달리 해석된다.

#### 1) 개인의 업무범위

사용자의 업무범위는 사용자가 개인일 경우 그 개인이 추구하는 현실적인 사업내용을 중심으로 업무범위를 파악한다.

#### 2) 법인의 업무범위

법인의 업무범위는 정관에 정해진 법인의 목적으로 결정한다. 정관에는 구체적인 사업내용을 특기할 뿐 아니라 '기타 이것에 부대하는 사업'이라고 기재하는 것이 보통인데, 이를 어디까지 포함하는 것으로 해석하는지가 문제이다. 일반적으로 넓게 해석하지만, 본래의 업무를 수행하는 데 필요한 연구사업을 포함하는 정도로 해석하는 것이 무난할 것이다.[22]

#### 3) 국가의 업무범위

국가의 업무범위는 발명을 한 공무원이 소속되어 있는 기관의 직제와 사무분장규칙에 의하여 정해진 업무의 범위로 한정하는 것이 타당하며, 국가공무원이라 하여 모든 국가기관의 업무를 포괄하는 것으로 해석할 경우 그 범위가 지나치게 넓어져서 불합리하다는 견해가 있을 수 있다. 그러나 직무발명은 사용자의 업무범위와 종업원의 직무에 모두 속하는 것에 한하여 인정되는 것이므로, 국가의 업무범위를 일단 넓게 해석하고 이후 "종업원의 직무" 범위를 살필 때에 소속 공무원 담당 직무를 좁혀 살피는 것이 논리적이라는 반론 역시 가능할 것으로 보인다.

### (3) 종업원의 직무

종업원 등의 발명이 사용자 등의 업무범위에 속하더라도 그 발명을 하게 된 행위가 종업원 등의 현재 또는 과거의 직무에 속하는 발명이 아니면 자유발명이다. 예를 들어, 법랑욕조 판매회사의 시장개발·판매·기획을 직무로 하는 종업원이 법랑욕조와 동종(同種)의 물건을 개발하여 실용신안을 얻은 경우 그 고안은 회사의 업무범위에는 속하지만 그 종업원의 직무에 속하는 것이라

---

22) 예를 들면, 주방용기계·기구를 제조·판매하는 기업이라면 선반, 그릇 넣는 장치, 배수장치 기계·기구는 부수사업에 해당한다. 천효남, 「특허법」, 법경사 21C, 2009, p. 312.

고 할 수 없기 때문에 직무발명이 될 수 없다.[23]

　또한, 고속도로휴게소를 관리하는 A회사의 B휴게소 호두과자 판매원이 기존의 호두과자를 만드는 기계를 개량하여 자동식 호두과자 제작기계를 발명한 경우, A회사의 주업무는 고속도로시설관리이고, 호두과자 판매원의 직무는 호두과자 제조와 판매이므로 그의 부대업무는 호두과자 제작기계를 관리하고 재료를 준비하는 것이라고 볼 것이다. 따라서 호두과자 판매원의 호두과자 제작기계의 발명은 사용자의 업무범위나 종업원의 직무범위에 속하지 아니하므로 판매원의 자유발명이다.[24]

　발명을 하게 된 행위가 종업원의 직무에 속하는지의 여부를 판단하기는 항상 수월한 것은 아니다. 대법원은 "발명을 하게 된 행위가 종업원의 직무에 해당하는 발명"이란 종업원 등이 담당하는 직무내용과 책임범위로 보아 발명을 수행하는 것이 당연히 예정되거나 기대되는 경우를 말하는 것이므로 발명하는 것이 직무가 아닌 경우에는 직무발명이라 할 수 없다고 전제하면서, 악기 회사의 공작과 기능직 숙련공으로서 금형제작 등의 업무에 종사한 자가 피아노 부품의 하나인 플랜지의 구멍에 붓싱을 효과적으로 감입하는 장치를 고안한 경우 직무발명에 해당한다고 판시하였다.[25]

　즉, 악기회사의 공작과 기능직 사원으로 입사하여 회사를 퇴직할 때까지 공작과 내 여러 부서에 숙련공으로 근무하면서 금형제작, 센터핀압입기 제작, 치공구 개발 등의 업무에 종사한 자가 피아노 부품의 하나인 플랜지의 구멍에 붓싱을 효과적으로 감입하는 장치를 고안한 경우, 위 근무기간 중 위와 같은 고안을 시도하여 완성하려고 노력하는 것은 일반적으로 기대되는 사항이므로 위 고안은 직무발명에 해당한다.

　그러나 회사 사장이 모든 종업원에게 회사제품에 대하여 발명을 하라는 훈시를 한 결과, 발명과 관련이 없는 사무적·기계적·육체적 노동을 직무로

---

23) 일본 東京高判 1969. 5. 6. 국가전문행정연수원 국제특허연수부, 「산업재산권과정」, 2003, p. 122에서 재인용.
24) 국가전문행정연수원 국제특허연수부, 「산업재산권과정」, 2003, p. 122.
25) "그 발명을 하게 된 행위가 피용자 등의 현재 또는 과거의 업무에 속하는 것"이라 함은 피용자가 담당하는 직무내용과 책임범위로 보아 발명을 꾀하고 이를 수행하는 것이 당연히 예정되거나 또는 기대되는 경우를 뜻한다. 대법원 1991. 12. 27. 선고 91후1113 판결 참조.

하고 있는 종업원이 한 발명은 직무발명이 아니다. 예를 들면, 자동차회사 사장이 배기가스의 무독화 장치를 고안하라는 지시를 내린 결과, 회사의 일반 사무직원이나 영업부 직원이 무독화 장치를 발명하였다 하더라도 이는 직무발명이 아니다.[26]

그런데 발명을 하게 된 행위가 종업원 등의 직무인 한, 발명이 사용자 등으로부터 구체적인 과제를 부여받아서 한 것이든, 발명을 의도하지 아니하고 직무수행의 결과 성립된 것이든 모두 직무발명에 해당한다. 예를 들어, 발명의 완성 당시 석탄질소 제조로에 관한 제조·판매를 업으로 하는 회사의 기술부문 담당 최고책임자의 지위(이사)에 있었고, 또 회사의 석탄질소 생산향상을 위하여 그 제조로의 개량·고안을 시도하고 그 효율을 높이도록 노력해야 할 임무를 부담하고 있다고 인정되는 경우에는 그 자가 한 석탄질소 제조로에 관한 고안은 종업원으로서의 직무에 속한다.[27]

발명을 하게 된 행위는 반드시 종업원의 근무시간 중에 이루어질 필요가 없고, 발명한 장소도 전혀 문제되지 않는다. 직무발명은 비록 퇴근 후 가정에서 이루어졌더라도 직무에서 터득한 지식과 경험 및 발명 완성시까지의 사용자 등의 지원(사용자의 설비, 자원, 급여 등)을 바탕으로 하고 있다고 보아야 하기 때문이다.

### (4) 현재 또는 과거의 직무

직무발명은 종업원 등이 현재는 물론 과거에 담당하고 있던 직무에 속하는 발명도 포함된다. 그러나 여기서의 직무란 동일 기업 내에서 당해 종업원이 담당하였던 과거와 현재의 직무를 말한다. 예를 들어 과거에 A전자회사의 TV영상회로연구소에 근무하던 자가 A전자회사 TV 완성품 검사부서에 근무하면서 발명한 TV회로에 관한 발명과 TV 품질검사방법에 관한 발명은 모두 직무발명에 해당한다. TV회로에 관한 발명은 과거의 직무에 속하는 발명이고, TV 품질검사방법에 관한 발명은 현재의 직무에 속하는 발명이다.[28]

---

26) 국가전문행정연수원 국제특허연수부, 「산업재산권과정」, 2003, pp. 120-121.
27) 일본 최고재판소 1968. 12. 13. 국가전문행정연수원 국제특허연수부, 「산업재산권과정」, 2003, p. 121에서 재인용.
28) 국가전문행정연수원 국제특허연수부, 「산업재산권과정」, 2003, p. 123 참조.

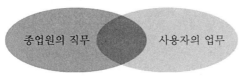

**그림 5-1  직무발명**

종업원의 직무    사용자의 업무

그러면 퇴직 후의 발명은 어떠한가? 퇴직 후에 한 발명이 퇴직 전의 직무와 관련되는 경우에 대하여 특허법에는 명문규정이 없다. 직무발명에 관한 규정 중에 명문은 없으나 직무발명의 요건에서 '과거의 직무'라 함은 고용관계에 있는 경우에 있어서 과거의 직무만을 말하고 고용관계가 종료된 경우에 있어과거의 직무를 지칭하지 않는다는 것이 일본에서의 통설이다.[29] 발명자의 입장에서는 자신은 더 이상 사용자의 종업원이 아니므로 직무발명이 아니라고 주장할 수 있다. 그러나 발명을 완성하기 직전에 퇴직한 경우 또는 재직기간 동안에 체득한 지식과 경험이 발명의 완성에 결정적인 역할을 하였다고 인정되는 등 특별한 사정이 있음에도 불구하고 사용자 등에 아무런 권리가 없다는 것은 오히려 형평을 잃은 것이다. 따라서 이러한 부분에 대해서는 사전에 합리적인 계약을 체결할 필요가 있을 것인데, 1년 정도의 기간이 적절하다고 본다.[30]

## 2. 자유발명으로 보는 직무발명

발명진흥법 제13조 제 1 항 및 제 3 항, 그리고 발명진흥법 시행령 제 7 조를 종합하면, 직무발명에 대해 사용자 등이 당해 직무발명 완성의 통지를 수령한 후 4개월 내에 승계 여부를 알리지 아니한 경우에는 사용자 등은 그 발명에 대한 권리의 승계를 포기한 것으로 본다. 그리고 이 경우 사용자 등은 그 발명을 한 종업원 등의 동의를 받지 아니하고는 통상실시권을 가질 수 없다.

---

29) 요시후지, 「특허법개설」 제13판, YOU ME 특허법률사무소 譯, 대광서림, 2000(이하, 요시후지, 「특허법개설」), p. 273.

30) 영업비밀 침해금지청구의 목적으로 종업원의 경업 또는 전직금지를 청구하는 경우에 많은 판례가 금지기간을 1년으로 정하는 것과 맥을 같이 한다. 대법원 2003. 7. 16. 2002마4380 결정 등 참조.

발명진흥법 관련 조항은 경제적 약자인 종업원을 보호하기 위한 규정이므로, 강행규정에 속한다고 볼 것이다. 따라서 사용자 등이 당해 직무발명 완성의 통지를 수령한 후 4개월 내에 승계 여부를 종업원 등에게 알리지 아니하는 경우에는 당해 직무발명은 자유발명으로 전환된다.

종업원이 발명신고서를 제출하면 사용자는 직무발명에 해당하는지의 여부와 출원여부를 결정하기 위하여 당해 직무발명을 평가하는 절차를 거친다. 일반적으로 발명신고서에 기재된 내용은 그대로 출원하기에 미비하고, 신고된 직무발명을 출원하기로 결정한 경우에도 미비한 내용에 대하여 발명자가 보완한 후에야 출원이 가능한 것이 보통이다.

## 3. 직무발명과 영업비밀

사용자 등은 직무발명을 공개할 경우 중대한 손해가 야기될 우려가 있다고 판단되는 경우 그 직무발명을 한 종업원 등의 동의를 얻어 당해 발명의 출원을 유보할 수 있다. 이때 사용자 등은 종업원 등과 직무발명을 영업비밀로서 관리하는 것을 내용으로 하는 비밀유지계약과 보상계약을 마련해야 할 것이다.

그런데 비밀유지계약을 체결하고 이행함에 있어서 종업원의 비밀유지계약에 따른 의무에 대해서는 연구가 필요하다. 즉, 종업원은 비밀유지계약을 이유로 언제까지 비밀을 유지해야 하는지, 비밀유지계약을 이유로 퇴직한 종업원의 직업선택의 자유를 제한할 수 있는지, 종업원이 계약을 어기고 (퇴직 후에) 출원하였을 경우 권리의 귀속과 보상은 어떻게 되는지, 그리고 출원시 종업원은 어떠한 책임을 부담하게 되는지 등의 다양한 문제가 예상된다.

## 4. 대학교수의 발명

### (1) 대학교수의 직무와 발명

대학교수의 연구결과로 이룩된 발명은 직무발명인가 아니면 자유발명인가? 교수가 고용될 때에는 강의뿐만 아니라 연구도 수행할 것이 기대되었기 때문에, 교수가 자신의 전공분야에 속하는 연구를 수행한 결과로 발명이 완성되었다면 당해 발명을 교수의 직무발명이라고 주장하는 견해가 있을 수 있다.

그러나 대학교수의 연구의무는 일반 기업의 종업원의 연구의무와 다르다. 기업의 종업원은 고용되어 있는 기업을 위하여 연구개발하고 재산적 가치가 있는 연구결과를 만들어내야 할 의무가 있다. 반면, 대학교수는 대학을 위해서가 아니라 연구결과를 널리 공개하여 지식의 발전에 기여하고 강의에 활용하기 위하여 연구한다. 대학교수가 자신의 연구결과를 공개하여 연구결과에 대한 특허 취득을 불가능하게 하고 재산적 가치를 상실케 하더라도 이를 이유로 대학이 손해를 입었다고 하여 교수를 징계하는 경우는 찾기 어렵다. 이는 대학의 목적이 투하자본에 따른 수익을 올리는 것이 아니고 교육 및 학술연구의 발전을 꾀하는 데 있기 때문이다.[31] 따라서 대학교수의 발명은 특별한 경우[32]를 제외하고 원칙적으로 사용자 등에게 귀속시키지 않는 것이 타당하다.

직무발명제도는 발명을 이루게 된 연구개발에 비용과 시설 등을 제공한 사용자와 창의적 연구개발 노력을 제공한 종업원 사이에 합리적인 이익배분을 함으로써, 사용자는 종업원의 연구개발에 보다 적극적으로 투자하고 종업원은 자신의 연구개발에 보다 적극적으로 노력할 수 있도록 인센티브를 제공하는 데에 그 목적이 있다. 그런데 기업과 달리 교수의 연구개발에 비용이나 시설을 제공하는 등의 특별한 투자를 하지 아니하는 대학과 교수 간에는 직무발명제도의 개념을 그대로 적용할 수 없다. 대학이 특정 교수에게 특정 연구과제를 지정하여 연구비를 제공한 결과로 발명이 완성되었다면 이 발명은 직무발명으로 볼 수 있겠지만, 연구과제를 특정하지도 않고 연구비를 지급하지도 아니한 가운데 교수가 일상적인 학술활동을 통하여 이룩한 발명은 직무발명으로 취급할 수 없다.[33]

## (2) 대학교수의 직무발명

대학교수가 대학으로부터 특정 연구과제를 지정받고 연구비와 연구시설

---

31) 요시후지, 「특허법개설」, pp. 271-272.
32) 특별한 경우에는 ① 응용개발을 목적으로 하는 특정한 연구과제 하에 대학으로부터 특별한 연구경비를 받아 연구한 결과 발명이 이루어진 경우, ② 대학이 특별한 연구목적을 위해 설치한 특수한 연구설비에 의해 연구가 행해진 결과 발명이 이루어진 때를 들 수 있다. 요시후지, 「특허법개설」, p. 272.
33) 요시후지, 「특허법개설」, pp. 270-272.

을 제공받아서 연구하여 발명을 완성하는 경우가 있을 수 있다. 이러한 발명은 직무발명에 해당되어 대학이 학칙 등에 의하여 특허받을 권리를 승계할 수 있다.

### (3) 계약관계의 대학교수와 발명

대학교수가 외부 기업과 연구용역계약을 체결하면서 특허받을 권리를 해당 기업에 귀속시키는 약정을 한 경우, 해당 대학교수는 특허받을 권리를 해당 기업에 양도할 의무를 부담하게 되고 기업이 특허권을 취득하게 된다.

### (4) 대학교수 발명에 관한 법률의 변화

대부분의 학자들은 독일 종업원발명법 제42조의 사상(思想)에 따라 대학교수의 발명을 직무발명으로 보지 않았다. 즉, 대학교수의 연구결과는 연구비 지급 또는 특허비용 지급의 결과이기도 하지만, 또한 교수가 되기까지 오랜 기간 개인의 교육비 지출을 통한 교육과 경험 등 개인의 노력에 기인한 결과물이기도 하며, 더욱이 대학교수의 연구의 목적이 학술연구 및 교육에 있기 때문에 대학교수의 발명을 자유발명으로 보아야 한다는 것이 통설의 입장이었다.[34]

특허청, 「지식재산백서 2002」에 나타난 바에 의하면 국립대학교수의 특·실 보유현황을 살펴보면 대학명의(63건)에 비하여 교수개인명의(1,051건)가 절대 다수임을 알 수 있다. 이러한 현황은 대학교수의 발명을 자유발명으로 간주하는 것이 관행으로 되어 있음을 보여준다.

발명진흥법 개정에 의하여 국·공립학교의 교직원이 한 직무발명은 「기술의 이전 및 사업화 촉진에 관한 법률」 제11조 제 1 항 후단 규정에 의한 전담조직(이하 전담조직이라 한다)이 승계하며, 전담조직이 승계한 국·공립학교 교직원의 직무발명에 대한 특허권은 전담조직의 소유로 한다(발명진흥법 제10조 제 2 항). 또한 공무원의 직무발명에 대하여 위 특별규정에 의하여 전담조직이 이를 승계한 경우에는 정당한 보상금을 지급하여야 한다(발명진흥법 제15조 제 4 항). 이러한 법의 변화는 대학교수의 '직무발명'을 국가 또는 지방자치단체가 승계하지 아니하고 이제 전담조직이 승계하도록 하여 기술의 이전과 상업화가 원활하게 일어날 수 있는 여건을 조성하겠다는 의사로 파악할 수 있다.

---

34) 윤선희, 「특허법」, 법문사, 2007, p. 284; 요시후지, 「특허법개설」, pp. 270-272.

사립대학도 산업교육진흥 및 산학협력촉진에 관한 법률(2003. 5. 27. 법 6878호, 2003. 9. 1. 시행) 제25조 제1항에 대학의 장 소속하에 산학협력사업 전담조직으로 「산학협력단」을 설치하고, 이를 법인으로 해(동법 제25조 제2항) 지적재산권의 취득 및 관리에 관한 업무와 기술의 이전 및 사업화 촉진에 관한 업무를 수행할 수 있도록 했다(동법 제27조 제1항 제3호 및 제5호). 산학협력단은 산학협력계약에 따라 지적재산권을 취득·사용 및 관리할 수 있다(동법 제35조).

이와 같이 대학교수도 이제 종업원에 해당함이 명확해진 만큼 대학교수의 직무발명도 더 이상 자유발명처럼 취급될 수 없는 것이 현실이다.[35] 대학교수의 발명이 직무발명으로서 성립하기 위해서는 그가 발명한 결과물이 대학의 업무범위에 속하고 발명을 하게 된 연구행위가 교수의 직무에 속하여야 한다(발명진흥법 제2조 제2호). 그런데 대학의 업무범위는 대단히 넓고 교수의 직무는 연구뿐 아니라 교육도 포함되므로 교수발명이 직무발명에 속하는지를 판단하기는 손쉬운 일이 아니다. 대학교수가 자신의 전공과 관련하여 완성한 발명은 다음 5가지로 분류할 수 있다.

① 교수가 대학으로부터 특정연구비를 지원받았거나 특별한 연구목적을 위해 설치된 특수한 연구설비를 이용하여 행한 발명

직무발명의 일반원칙이 적용되므로 원칙적으로 발명자주의를 취하는 우리 법제하에서 특허권은 발명자에게 귀속하고 대학은 무상의 통상실시권을 취득하게 된다. 그러나 국립대학교수의 발명인 경우에는 전담조직이 승계하고, 일반 사립대학의 경우 근무규칙 또는 산학협력단과의 산학협력계약에 의거하여 특허권을 대학으로 예약승계하도록 할 수 있고 예약승계를 한 경우에는 교수에게 정당한 보상금을 지급하여야 한다.

② 특정한 연구과제의 지정과 연구비의 지원이 없이 대학에서 자신의 전공과 관련하여 완성한 발명

이 경우는 비록 대학교수가 자신의 전공과 관련하여 발명을 완성했더라도 자유발명에 해당한다.[36]

---

35) 윤선희, 「특허법」, 법문사, 2007, p. 285.
36) 그러나 이 경우에도 대학의 설비나 시설 또는 인력을 이용하였다면 서울대학의 규정에서는 이를 직무발명으로 보는데, 이러한 태도는 미국 대학의 직무발

③ 대학교수가 외부 기업체의 연구개발 의뢰에 의하여 연구과제와 연구비
를 지급받고 연구하여 완성한 발명

대학교수와 연구개발을 의뢰한 외부 기업 간에 체결한 계약서에 의해 처
리될 사안이므로 대학측의 관여가 배제되는 자유발명이라고 보아야 할 것이
다. 다만, 대학의 연구시설 등을 이용한 경우 대학은 연구계약·학칙·직무발
명규정 등에 따라 일부 권리를 주장할 수 있다.[37)]

④ 대학교수가 외부 기업체의 기술고문으로 재직하면서 그 기술분야에서
이룩한 발명

대학교수가 기술고문, 즉 종업원의 지위에서 완성한 발명이므로 그 교수
가 기술고문으로 재직중인 기업의 직무발명에 해당한다.

⑤ 교수가 대학으로부터 연구비를 지원받지 않고 대학의 연구시설도 이용
하지 않고 완성한 발명

대학의 자원을 전혀 이용하지 않은 경우나 교수의 전공과 전혀 관련성이
없는 발명은 교수의 순수한 자유발명으로서 발명에 관련된 모든 권리는 전적
으로 교수 개인에게 귀속된다.

### (5) 대학별 규정

#### 1) 서울대학교 지식재산권 관리규정

「서울대학교 지식재산권 관리규정」(2012. 9. 17. 전부개정, 이하 "서울대규정"
이라 한다)은 제2조 제5호에서 직무발명을 다음과 같이 정의하고 있다.

"직무발명"이란 본교의 연구시설이나 인력을 활용하여 교직원 등이 그 직
무와 관련하여 창출한 지식재산이거나, 본교, 본교 산하 법인 또는 정부부처
와 그 출연기관으로부터 연구비를 지원받은 연구과제를 수행한 결과로서 창
출한 지식재산을 말한다. 법률이나 그 밖에 제3자와의 연구용역계약에 의하여
그 권리가 본교에 귀속된 지식재산은 직무발명으로 보며, 제3자와의 연구용역
과제라도 대학시설이나 인력을 활용하여 수행한 결과로서 창출한 지식재산은

---

명 계약서에서도 발견할 수 있다.
37) 예를 들어 서울대학교 지식재산권 관리규정 제2조 제5호는 제3자와의 연구
용역과제라도 대학시설이나 인력을 활용하여 수행한 결과 창작하게 된 발명을
직무발명으로 본다고 규정하고 있다.

원칙적으로 직무발명으로 본다. 다만, 지식재산 중 컴퓨터 프로그램을 제외한 저작물의 경우 본교의 명의로 공표된 경우에 한하여 직무발명으로 본다.

여기서 지식재산은 인간의 창조적 활동 또는 경험 등에 의하여 창출되거나 발견된 지식, 정보, 기술, 사상이나 감정의 표현, 영업이나 물건의 표시, 생물의 품종이나 유전자원(遺傳資源) 및 그 밖에 무형적인 것으로서 재산적 가치가 실현될 수 있는 것을 말한다(서울대학교 지식재산권 관리규정 제2조 제2호).

따라서 서울대학교 지식재산권 관리규정은 직무발명의 개념을 일체의 지적재산을 포괄하는 것으로 규정하고 있다. 따라서 이 규정에 의하면 대학교수의 업무와 관련하여 이루어진 발명은 물론 저작활동의 결과물에 대하여서도 서울대학교는 직무발명으로서의 권리를 주장할 수 있게 된다. 서울대학교의 직무발명으로 창출된 지식재산은 「발명진흥법」 제10조 제2항 및 「산업교육진흥 및 산학연협력촉진에 관한 법률」 제27조 제2항에 따라 서울대학교 산학협력단이 승계한다. 특히 서울대규정은 제3자와의 연구용역과제라도 대학시설이나 대학의 인력을 활용하여 수행한 결과 창작하게 된 발명을 원칙적으로 직무발명으로 보기 때문에(서울대규정 제2조 제5호) 이러한 발명은 산학협력단이 승계한다.

### 2) 한양대학교 지식재산권관리 규정

「한양대학교 지식재산권관리 규정」(이하 "한양대규정"이라 한다)[38] 제2조 제1호는 직무발명을 다음과 같이 규정하고 있다.

"직무발명"이라 함은 교직원이 그 직무에 관련하여 발명한 것이 그 성질상 본 대학의 사업범위에 속하며 그 발명을 하게 된 행위가 당해 교직원의 재직 중에 이루어진 경우를 말한다.

한양대규정은 "종업원의 직무" 관련성을 규정에서 전혀 언급하고 있지 않아 대학의 사업범위에만 속하는 것이면 모두 직무발명이 될 수 있다고 확대 해석될 여지를 남긴다는 점에서 비판의 여지가 있다. 지식재산권의 개념을 아래와 같이 정의하고 있는데, 저작에 대한 언급을 피하고 있는 것은 대학교수

---

38) http://www.hanyang.ac.kr/hylaw/1HAF10/1HAF10019.html, 2005. 8. 19.

의 저작행위에 대하여는 관여하지 않겠다는 의도로 파악할 수 있다.

　　"지식재산권"이라 함은 특허, 실용신안, 의장, 상표 등 산업재산권과 그 외
신지식재산권을 포함한 지식재산권과 그러한 연구수행 과정중 획득한 know-
how 등을 포함하는 의미의 통칭을 말한다.[39]

　　"발명자"라 함은 발명을 한 교직원을 말한다고 규정하여,[40] 서울대학교 규
정상의 발명자 개념(서울대학교의 전임교원, 기금교수, BK계약교수, 초빙교원, 조교, 직
원, 연구원, 학생, 수료생)보다 제한적으로 규정하였다. 일반적으로 학생이나 수료생
은 교직원이라고 볼 수 없기 때문이다. 학생도 직무발명에 있어서의 종업원에 포
함시키는 태도는 가톨릭대학교, Stephen F. Austin State University, Temple
University, University of Denver도 마찬가지이다.[41] 「가톨릭대학교 직무발명 및
실시보상 등에 관한 규정」은 "직무발명"을 '교직원 등이 그 직무에 관해 발명한
것이 성질상 본교의 업무범위에 속하고, 그 발명을 하게 된 행위가 교직원 등의
현재 또는 과거의 직무에 속하는 경우를 말한다'고 하고 "교직원 등"을 '본교에
근무하는 교수, 직원, 연구원 및 학생'이라고 규정하고 있다. 이 규정에 의하면
연구원이나 학생의 발명도 직무발명이 될 수 있다. 단, 이들이 가톨릭대학교에
근무하고 발명을 하게 된 행위가 현재 또는 과거에 이들의 직무에 속하는 경우
가 아니면 직무발명이 될 수 없다. 이 점에서 가톨릭대학은 한양대학보다 직무발
명을 좁게, 그러나 합리적으로 규정하고 있다고 볼 수 있다.

　　한양대규정은 직무발명에 대한 대학의 권리승계에 있어서,

　　"본 대학은 직무발명의 경우 본 규정이 정하는 바에 따라 발명자의 특허를
받을 수 있는 권리 또는 특허권을 승계한다. 다만 교직원 이외의 자와 공동으
로 이루어진 경우에는 교직원이 가지는 권리의 지분만 승계한다."[42]

---

39) 한양대규정 제 2 조 제 4 호.
40) 한양대규정 제 2 조 제 3 호.
41) Stephen F. Austin State University. "본 대학은 교수, 종업원 혹은 학생이 이
　　룬 연구결과에서 파생되는 모든 발견과 발명에 대한 모든 권리를 소유한다."
　　(The University shall own all rights in any discovery or invention resulting
　　from research carried on by any faculty member, employee or student.)
　　http://www.du.edu/intellectualproperty/patentAgreement.html, 2012. 1. 9.
42) 한양대규정 제 4 조 제 1 항.

고 규정함으로써, 직무발명이 교직원 이외의 자와 공동으로 이루어진 경우에
는 교직원이 가지는 권리의 지분만 승계한다고 하여 권리관계를 명확히 하고
있다. 서울대규정 제2조 제5호에 의하면 제3자와의 연구용역과제라도 대학시
설이나 인력을 활용하여 수행한 결과 창작하게 된 지식재산은 원칙적으로 직
무발명이 되어 재단에 귀속된다. 기업을 포함한 제3자는 공동연구결과에 대
한 권리관계에서 한양대학교 교수의 경우에 비하여 현저하게 불리하기 때문
에, 서울대학교 교수와의 공동연구에 소극적일 수밖에 없을 것이다. 그러나 한
양대 규정에 따르면 제3자와의 관계에서도 교직원이 직무발명을 완성한 경우
특허를 받을 수 있는 권리의 전부가 제3자인 사용자에게 이전되어 자기의
"지분"이 존재할 수 없는 경우에 학교가 전혀 권리를 갖지 못하게 되어 반대
로 대학이 공동연구에 소극적이 될 수 있다는 비판이 가능하다.

### 3) 미국의 대학발명 취급[43]

전체 특허건수에서 대학이 차지하는 비율에 있어서 한국 대학은 1998,
1999, 2000년에 각각 0.30%, 0.34%, 0.51%인 데 반하여, 미국 대학은 1998,
1999년에 각각 2.13%, 2.18%를 차지하고 있다. 미국 대학의 연구활동이 한국
대학에 비하여 매우 활동적임을 알 수 있다.[44]

2001년도 신규 특허출원건수는 포항공대 163건, 한국과학기술원 333건,
컬럼비아대 96건, 존스홉킨스대 180건 등으로 큰 차이가 없다.[45] 그러나 기술
이전금액에 있어서 존스홉킨스대학은 7.28억 달러, 컬럼비아대학은 1.39억 달
러의 수입을 올리고 있는 데 반하여, 포항공대는 1.85억원, 한국과학기술원은
4.74억원에 그치고 있다. 이러한 결과는 각 대학의 연구능력과 연구환경의 차
이는 물론 대학의 연구결과를 산업계에 연결시켜 주는 조직적인 특허관리체제
의 미흡 때문이라고 볼 수 있을 것이다.

이러한 미국 대학의 성공을 가져온 가장 중요한 계기는 1980년의 바이돌
법(Bayh-Dole Act) 제정이다.[46] 이 법의 주요 내용은 ① 연방정부의 자금지원

43) 이재성, "직무발명에 관한 연구", pp. 53-55.
44) 민철구 외, 「대학연구시스템의 활성화 방안」, 과학기술정책연구원, 2002, p.
324.
45) 민철구 외, 「대학연구시스템의 활성화 방안」, 과학기술정책연구원, p. 325.
46) 바이돌법은 United States Code(USC), Title 35, Chapter 18, §§200-212로 편

에 의하여 이루어진 연구성과에 대한 특허권 등의 권리를 대학 및 참여기관(이하 "수혜대학 등"이라 함)이 보유할 수 있도록 하고, ② 국유특허에 대하여 민간기업체에게 전용실시권을 허용하는 것이다. 이 법은 연방자금에 의해 실시된 연구성과의 사업화를 촉진하여 대학에서 기업으로의 기술이전을 원활하게 하였고, 대학으로 하여금 연구결과로부터 수익을 얻을 수 있도록 하여 대학에서의 연구활동이 활성화되도록 하였다. 이에 따라 대학은 연구프로젝트를 적극적으로 유치하기 시작하였고, 연구결과를 통한 수익창출을 위하여 특허로 보호하는 등의 활발한 지적재산권 관리를 시작하였다.

수혜대학 등은 발명을 한 후 상당한 기간 이내에 연구비를 지급한 정부부처에 발명사실을 서면으로 통지하고 통지한 날로부터 2년 이내에 당해 발명에 대한 특허권 취득 여부를 결정해야 한다. 수혜대학 등이 특허를 취득하지 않거나 일정한 통지기간 내에 특허취득 여부를 서면으로 통지하지 아니한 경우에는 연구비를 지급한 정부부처가 당해 발명에 대한 특허받을 권리를 취득한다. 수혜대학 등이 특허권을 취득하더라도 연방정부는 당해 특허발명에 대하여 무상의 통상실시권을 가진다.

연방정부는 계약자가 동의한 기한 내에 정부지원으로 얻어진 발명특허기술의 사업화를 추진하지 않거나 보건 및 안전의 필요성을 위한 조치가 필요한 경우 등 다음과 같은 상황에서 정부가 개입할 수 있는 "국가개입권(march-in right)"을 보유한다.[47]

① 납득할 만한 기간 안에 특허의 실시 등의 상용화 조치가 이루어지지 않을 때
② 공공의 보건과 안전에 필요하거나, 공공 목적 달성에 필요할 때
③ 지식재산권의 실시 활용이 미국 영토 내에서 이루어지고 있지 않은 경우

실시허락을 거절할 경우에는 연방정부 스스로 신청인에게 실시권을 부여할 수 있다. 이 제도는 공중의 보건에 긴요한 특허, 예를 들어 의약발명에 관한 특허의 공적 활용에 유용하게 적용될 수 있을 것이다.

---

제되어, 1981. 12. 1. 발효되었다. 고영수 외 2인, 「주요국의 발명진흥시책 비교연구」, 발명진흥회 지식재산권연구센터, 2001, pp. 58-59.
47) Bayh-Dole Act, 1980년.

미국의 각 대학은 교수발명의 소유권 문제를 일반적으로 학교와 교수 간의 계약으로 해결한다. 계약에 따르면 일반적으로 대학의 인적·물적 자원을 이용한 발명, 대학의 연구기금으로 행해진 발명, 발명을 조건으로 임용된 대학 구성원의 발명은 대학에 귀속된다.

### (6) 대학의 연구 환경

대학교수의 연구개발을 활성화하며 민간기업에의 이전 및 사업화를 촉진하고자 한다면, 대학교수의 연구개발에 대한 재정적 지원을 확대하고 직무발명에 대해서는 교수의 연구의욕이 저하되지 않도록 적절한 보상을 해야 한다. [표 5-1]에 의하면 서울대학교의 연구개발비는 존스홉킨스대학의 1/10, UCLA나 버클리대학의 1/5도 되지 않음을 알 수 있다. 이러한 상황은 지방대로 갈수록 더욱 열악해지고 있다.

**표 5-1** 한국과 미국 주요대학별 연구개발비 현황(2000년)[48]

| 대 학 | 연구개발비 |
|---|---|
| 서울대학교 | 1,437억 원 |
| 한국과학기술원 | 824억 원 |
| 연세대학교 | 549억 원 |
| 포항공대 | 557억 원 |
| 고려대학교 | 448억 원 |
| 전남대학교 | 307억 원 |
| 충남대학교 | 210억 원 |
| 전북대학교 | 159억 원 |
| Johns Hopkins University | 9.01억 달러 |
| University of Wisconsin at Madison | 5.54억 달러 |
| University of Michigan | 5.51억 달러 |
| University of California at Los Angeles | 5.30억 달러 |
| University of Washington | 5.29억 달러 |
| University of California at San Diego | 5.19억 달러 |

48) 이 표는 다음 두 자료를 이용하여 작성하였다. 민철구 외, 「대학연구시스템의 활성화 방안」, pp. 174, 256; http://chronicle.com/weekly/ almanac/2002/nation, 교육인적자원부 학술학사지원과(2001)의 자료를 기초로 작성한 우리나라 대학의 연구비 규모비교.

# Ⅳ. 결    론

미국의 경우 사용자와 종업원 간에 명시적인 예약승계 계약이 없는 경우에는 종업원에게 권리가 귀속하고 사용자는 shop right(회사의 발명사용권)를 가지게 된다. 우리나라는 발명진흥법 제 2 조 제 2 항에서 직무발명을 정의함으로써 그 귀속을 규정하고 직무발명에 대하여 종업원 등이 특허를 받은 때에는 사용자 등은 통상실시권을 갖는다고 규정하고 있다.

대학발명에 대하여, 미국은 바이돌법에 따라 연방정부로부터 자금을 받아 이루어진 연구개발의 결과로 만들어진 발명은 대학이 특허권을 소유하되 연방정부는 무상의 통상실시권을 갖는 것으로 하였다. 우리나라도 이 영향을 받아 특허법을 개정하여 국·공립학교의 교직원이 한 직무발명을 전담조직이 승계하며, 전담조직이 승계한 직무발명에 대한 특허권을 전담조직의 소유로 하였다. 이는 국가로 귀속되던 대학의 직무발명과 그에 대한 특허권을 대학이 보유하고 이를 통하여 대학 스스로 수익을 얻을 수 있도록 함으로써 대학발명의 산업계로의 기술이전과 상업화를 촉진하는 동시에 대학의 재정문제도 해결하려는 데 그 목적이 있다고 할 수 있다.[49] 이 제도는 직무발명의 체계적 관리를 가능하게 하고 대학에 인센티브를 부여하여 지식재산권 취득을 증가시키며 기술라이선싱이 공식적 채널, 즉 TLO를 통하여 이루어지도록 하여 라이선싱 성과가 증가하는 결과를 가져올 것으로 평가된다.

미국에서도 대학교수의 발명에 있어서 대학의 시설, 즉 실험실이나 장비 등을 이용한 경우는 직무발명으로서 규정하는 경우가 있다.[50] 이는 대학에서 자신의 전공과 관련하여 특정한 연구과제의 지정이나 연구비의 지원이 없었다

---

49) 일본은 1999년 "산업활력재생특별조치법"이라는 일본판 바이돌법을 제정하여 국가 R&D 사업성과를 연구개발기관에게 귀속시키되 다음과 같은 의무사항을 부여하였다. ① 연구개발자는 새로운 기술의 발명에 대하여 지체없이 정부에 보고한다. ② 공공의 이익을 위하여 필요하다고 판단되는 경우 국가는 무상으로 통상실시권을 실시할 수 있다. ③ 특허권을 상당기간 동안 활용하지 않거나 활용되지 못하는 정당한 사유가 인정되지 않은 경우 국가는 해당 특허의 활용촉진을 위하여 제 3 자에게 특허실시권을 허락할 수 있다.
50) University of California, Stephen F. Austin State University, Temple University 가 대표적이다.

할지라도 대학의 시설을 이용하여 완성한 발명은 직무발명에 해당한다는 것이다. 이러한 점은 서울대학 및 가톨릭대학도 마찬가지다.

## 1. 결    론

국립대학교수들의 발명이 직무발명이기 위해서는 그 발명을 하게 된 행위가 직무에 속하고 발명이 사용자 등의 업무범위에 속하여야 한다. 그러나 연구소 교수를 제외하고는 발명을 하는 것이 의무로 기대되어 있다고 단정할 수 없고, 발명이 사용자 등의 업무범위에 속한다고 보기도 어렵다. 따라서 국립대학교수들이 대학측으로부터 과제를 지정받지도 아니하고 연구비의 지원도 받지 않은 채 자신의 전공과 관련하여 연구를 수행한 결과 이룩한 발명은 직무발명이라고 볼 수 없다. 그리고 대학교수가 외부기업과 연구계약을 체결하여 과제를 지정받고 연구비를 지급받아 완성한 발명은 원칙적으로 대학의 관여가 배제되는 발명으로서 직무발명이 될 수 없다. 다만, 대학의 연구시설 등을 이용한 경우 대학은 계약이나 각 대학의 지적재산권관리규정 등에 따른 권리를 주장할 수 있다.

정부지원이 불충분한 상황에서 대학의 시설이나 인력을 이용하였다는 이유만으로 대학교수의 발명을 직무발명으로 보아 대학교수 개인명의의 발명까지 전담조직에 승계하도록 하는 것은 교수의 연구의욕을 상실하게 할 우려가 있으므로 대학에서 직무발명을 정의함에 있어서 주의가 요망된다. 미국에서 종업원이 사용자의 자원을 이용하여 발명한 경우 사용자에게 shop right를 부여하는 정도에 그치고 있음은 좋은 참고가 된다.

서울대규정 제2조 제5호에서 제3자와의 연구과제라도 대학시설이나 대학인력을 활용하여 수행한 결과로 창작된 발명은 이를 원칙적으로 서울대학교의 직무발명으로 보도록 하는 규정은 교수와 제3자(기업체)의 공동연구에 장애가 될 수 있다.[51] 그러나 한양대규정은 교직원 이외의 자와 공동으로 이루어진 연구의 결과물에 대하여 그것이 한양대학교와의 관계에서 직무발명으로 성립하는 경우에도 한양대학교는 교직원이 가지는 권리의 지분만 승계하도록

---

[51] 이러한 규정은 여러 연구주체가 다양한 형태로 참여하여 추진될 수 있는 공동연구프로젝트의 형성을 저해할 수 있다.

규정하고 있다. 예를 들어, 한양대교수가 외부기업의 연구프로젝트를 수행하여 그의 종업원으로서 발명을 완성하였는데, 그 기업이 특허를 받을 수 있는 권리의 전부를 승계하도록 되어 있는 경우 한양대는 자기의 지분을 전혀 주장할 수 없게 되는 문제가 있다.

현대 과학기술의 특성상 공동연구, 특히 외국 대학교수와의 국제적 공동연구의 필요성이 날로 커지고 있는 현실을 감안하여 공동연구프로젝트의 결과로 발생한 직무발명에 대한 합리적인 권리 조정이 필요할 것이다. 이 경우 대학과 기업체가 서로 그 지분비율을 협의하여 결정하도록 규정하는 것이 바람직할 것이다.

## 2. 제    안

대학교수가 대학으로부터 과제를 지정받지도 아니하고 연구비의 지원을 받지도 않은 채 자신의 전공과 관련하여 이룩한 발명에 대하여, 대학의 인력이나 시설을 이용하였다는 이유만으로 이를 직무발명으로 인정하여 대학에 그에 따른 모든 권리를 귀속시키는 지식재산권규정은 충분히 공정하다고 볼 수는 없다. 그렇다고 하여 교수와 대학의 공유로 하면 처분이나 라이선스에 따른 권리관계가 복잡해지므로 바람직하지 않다. 이와 같은 경우에는 보상비율의 조정을 통하여 균형을 모색하는 것이 적절한 방안이 될 수 있다.

California Institute of Technology(Caltech)의 「특허 및 저작권 협약」은 미국 내뿐만 아니라 해외에서의 권리까지 포괄하여 규정하고 있다.[52] 그러나 국내 대학들은 대부분 해외출원에 대한 권리를 명시적으로 포함하고 있지는 않다.[53]

해외출원에 대한 권리도 당연히 승계하는 것으로 해석해야 하겠지만, 사용자가 국내에만 출원하고 해외에는 출원하지 아니하거나 해외 국가 중 일부 국가에만 한정하여 출원하는 경우 해외에서의 권리 혹은 출원하지 아니한 국가에서의 권리에 대하여 사용자와 발명자 간에 마찰이 있을 수 있다. 따라서 출원하지 아니한 국가에 있어서 발명에 대한 모든 권리를 자동으로 발명자에

---

52) http://www.ott.caltech.edu/security/Patent_Copyright_Agrmnt.htm, 2005. 8. 30.
53) 이러한 태도는 한양대학교, 아주대학교, 가톨릭대학교, 경상대학교, 서울여자대학교, 호서대학교 등도 마찬가지다.

게 귀속시키는 것이 편리하다고 생각한다. 직무발명이라 할지라도 사용자가 시장상황 등에 따라 국내출원조차 포기하는 경우가 있으며, 더욱이 해외출원의 경우에는 그 비용이 대단히 커서 사용자가 이를 기피하거나 출원대상국의 숫자를 극히 제한하는 경우가 일반적이고 이러한 경우 발명자에게 기회를 부여하는 것이 적절하기 때문이다.

　　서울대규정에는 외국에 특허출원하는 경우에 대하여 별도로 규정하고 있지 않다. 따라서 해외출원에 있어서도 동일하게 동 규정이 적용되는 것으로 보아야 할 것이다. 그렇다면 산학협력단이 권리승계 결정의 통지를 함에 있어서 국내출원과 해외출원을 구분하고, 나아가서 해외의 비출원국가에 대하여도 권리승계 여부를 명확히 할 필요가 있다.[54]

---

54) 가톨릭대학교 「직무발명 및 실시보상 등에 관한 규정」 제9조에는 '본교가 발명자로부터 직무발명에 대한 지적재산권 또는 특허를 받을 수 있는 권리를 승계하는 경우에 특허출원 및 등록에 관한 비용은 본교가 전액 부담한다'고만 되어 있고 해외출원비용에 대한 언급이 없다.

제 6 장

# 특허권의 가치평가와 실시권

학습목표

▶ 특허권에 대한 가치평가방법의 기초를 이해한다.
▶ 특허권자가 자신의 특허권에 대하여 타인에게 설정하는 전용실시권 또는 통상실시권을 이해한다.
▶ 일정한 조건이 성취되면 발생하는 법정통상실시권의 종류와 각각의 의미를 이해한다.

예 제

1. 특허권의 가치평가가 필요한 이유를 토론하여 보시오.
2. 특허권의 가치평가제도가 정착되기 위한 조건을 토론하여 보시오.
3. 전용실시권과 통상실시권의 차이는 무엇인가?

# Ⅰ. 특허권의 가치평가

기술가치평가방법은 구체적으로 어떠한 기술을 어떠한 목적으로 평가하는가에 따라 크게 달라질 수 있다.[1] 각각의 기술은 그 분야별로 그 기술 자체의 속성에 차이가 있을 뿐만 아니라 시장의 특성 역시 차이가 있게 마련이므로 이를 평가하기 위한 방법에는 차이가 있을 수밖에 없다. 가치평가의 목적이 거래를 위한 것인지, 투자를 위한 것인지, 주식을 공모하기 위한 것인지 등에 따라서도 기술가치의 평가방법에는 차이가 있어야만 할 것이다. 예를 들어 동일한 대상에 대하여 동일한 시점에 동일한 자료를 가지고 평가를 하는 경우에 있어서도 기술을 도입하는 측에서는 기술의 가치를 가급적 낮게 평가하고자 하는 반면, 기술을 제공하는 측에서는 그 가치를 가급적 높게 평가하고자 할 것이기 때문이다. 그러나 모든 유형의 기술에 대하여 모든 목적의 평가에 공통적으로 적용할 수 있는 일반적인 원리와 방법을 생각해 볼 수는 있다. 이하에서는 이처럼 가장 기본적이고 일반적인 기술가치평가에 대하여 살펴보도록 한다.

## 1. 기술가치평가의 전제

기술가치평가는 기본적으로 어떠한 형태로든 기술을 매개로 하는 거래를 전제로 하는 것이다. 따라서 어떠한 기술가치평가에 있어서도 시장의 존재는 필수적 전제가 된다. 여기에는 실제로 거래가 일어나는 시장을 전제로 하는 경우와 가상의 거래를 상정하는 가상의 시장을 전제로 하는 경우가 있다. 실제의 시장을 통한 접근법을 시장접근법, 그리고 가상의 시장을 통한 접근법을 가상시장접근법이라고 한다. 그리고 시장접근법은 다시 시장을 기반으로 하는 가치 기준의 평가방법과 시장을 기반으로 하지 않는 가치를 기준으로 하는 평가방법으로 세분할 수 있다.[2] 이하에서는 각각의 기술가치평가방법에 대하여

---

1) 설성수·서상혁·송경모, 「기업 및 기술의 가치요인 분석」, 한남대학교출판부, 2003, pp. 144-147.
2) 시장접근법 중 시장기반가치평가법에 속하는 사례접근법을 시장접근법이라고 부

보다 상세히 살펴본다.[3]

## 2. 시장접근법

### (1) 시장기반가치평가방법

#### 1) 사례접근법[4]

사례접근법은 평가대상 기술과 유사하거나 대체적인 기술 및 관련 시장정보를 고려하고, 이를 바탕으로 비교 조정절차를 거쳐 가치추정치를 산출한다. 일반적으로, 평가대상이 되는 기술은 시장에서 거래된 적이 있는 유사한 기술의 판매액과 비교된다. 청약 가격 등 객관적으로 확인 가능한 다른 요소들도 고려할 수 있다.

이 접근법을 사용하려면 기술거래시장이 존재하여야 하고 비교할 수 있는 유사한 기술이 시장에 존재하여야 한다.[5] 시장기능이 정상적으로 작동하지 않는 상황에서 이루어진 거래정보는 비교사례로 이용할 수 없다. 사례접근법이 유용한 기술가치평가방법이 되기 위해서는 거래당사자는 상호 독립적이어서 자유로운 의사에 따라 거래할 수 있어야 하고, 비교 가능한 평가대상 기술이 활발하게 거래되고 있어야 하며, 비교 가능한 기술들의 거래사례가 충분하게 축적되어 있어야 하고, 이렇게 축적된 정보에 대하여 자유로운 접근이 가능해야 한다.[6]

#### 2) 소득접근법[7]

가치평가 대상기술에 관련된 수익과 비용정보를 고려하고, 이로부터 얻어

---

르는 경우도 있지만, 이는 가치평가기준 및 관행에 일치하지 않는다는 점에 유의해야 한다. 기술·기업가치평가기준위원회, 「기술·기업가치평가기준 2000」, 경문사, 2001, pp. 29-30.

3) 국제가치평가기준위원회, *International Valuation Standards 2005*를 참조한다. http://www.ivsc.org/standards/, 2012. 1. 9.

4) 감정평가에 관한 법규나 관행에서는 이를 거래사례비교법(Sales Comparison Approach)이라고 부르기도 한다.

5) 허재관, 「기술거래실무가이드」, 새로운 제안, 2001, p. 100.

6) 김홍수, 「무형자산 가치평가론」, 부연사, 2005, p. 189.

7) 감정평가에 관한 법규나 관행에서는 이를 수익환원법(Income Capitalization Approach)이라고 부르기도 한다. 감정평가 실무에서는 현금흐름의 원천을 구

지는 장래의 소득을 추정하여 이의 자본화 과정을 통해 기술가치를 측정하는 방법이다. 간단히 말하면, 소득접근법에서는 기술의 가치가 그 기술을 통하여 기술수명 동안 얻을 것으로 추정되는 순이익의 현재가치로 평가된다.

이 방법을 사용할 때 필요한 요소는 기술이 창출하는 미래 수익의 총액, 수익이 창출되는 기간, 그리고 기대수익의 실현에 대한 리스크의 추정치 등 3가지이다. 이 방법은 리스크의 수준이 주어지면 그 수준에서 가장 높은 보수를 얻을 수 있는 수익흐름으로부터 가치를 평가할 수 있다는 전제에 입각한 것이다. 기술이 창출하는 미래의 수익을 현재가치로 환산하기 위해서는 직접적인 방법으로서 자본화율을 적용하거나, 혹은 투자에 대한 대가로서의 이자율 내지 할인율, 또는 양쪽 모두를 적용할 수 있다. 이 방법은 이윤추구라고 하는 기업의 목표를 반영하는 평가법이기 때문에 가장 현실성이 높은 평가방법 중 하나이다.[8]

### 3) 비용접근법

평가대상이 되는 기술을 외부로부터 도입하는 대신에 그 기술을 똑같이 재현할 수 있거나 그 기술이 제공하는 것과 똑같은 효용을 제공할 수 있는 기술을 개발할 수 있을 것이라는 가능성에서 출발하는 것이 비용접근법이다. 즉, 목적 달성에 필요한 기술을 직접 개발하는 경우에 소요되는 비용을 기초로 하여 기술의 가치를 평가한다.

실제 이 방법을 활용할 때에는 새로운 기술의 개발비용이 평가대상 기술을 시장에서 직접 도입할 때의 적정가격을 크게 초과하게 되는 경우에 오래되어 구식이 되어버리는 등으로 인하여 발생하는 기술에 대한 감가상각을 고려하여 기술가치를 평가한다.[9] 따라서 이 방법에 의하는 경우에도 회계기록 등에 의한 기본적인 자료만으로 바로 기술의 가치를 평가할 수 있는 것이 아니

---

분할 필요가 상대적으로 떨어지기 때문에, income과 yield를 구분하는 것은 실제로 크게 의미가 있는 것은 아니다.

8) 손영욱, "대학의 기술가치평가 방안에 관한 연구: 기술거래를 위한 가치평가를 중심으로," 한양대학교 경영대학원 석사학위논문, 2005. 8, p. 20.

9) 그러므로 감가상각된 대체비용에는 시장가치뿐 아니라 비시장가치 요소가 함께 포함되지 않을 수 없고, 이러한 범위에서 감가상각된 대체비용법에 의한 가치평가의 경우에는 비시장기반가치평가방법으로 구분하기도 한다. 즉, 상황에 따라 비용접근법에 의한 평가결과는 시장가치일수도, 비시장가치일수도 있다.

고 기술수명이나 대체기술의 개발기간 등의 요소를 고려한 조정이 필요하게
된다.

### (2) 비시장기반가치평가방법

비시장기반가치평가에서도 시장기반가치평가에서와 유사한 접근방법을
사용한다. 다만 주관적인 요소가 지배적인 경우, 자산의 경제적 효용이나 기능
만이 강조되는 경우, 예외적인 시장상황이 존재하는 경우 등 특수한 가치개념
이 반영되는 경우에 다음과 같은 점에서 차이를 나타낼 수 있다.

1) 예를 들어 어떠한 기술 A의 보유자는 그 기술의 활용을 위하여 특정한
다른 기술 B를 반드시 필요로 하는 경우가 있다. 이 경우에는 A기술의 보유자
가 B기술을 취득하기 위하여 B기술의 시장가격보다 훨씬 높은 가격을 제시할
가능성이 있다. 이러한 경우 일반적으로 사례접근법이 적용되는 것이지만 특
수한 구매자에게만 의미를 갖기 때문에 시장에 기반하지 않는 가치를 고려하
지 않을 수 없게 된다.[10)

2) 기술개발에 투자하고 있는 사람의 경우에는 일반적으로 투자하지 않고
있는 사람들에 비해 더 높은 수익률을 상정하고 있을 것이다. 그리고 어떤 투
자자의 경우에는 시장가치가 아니라 자기에게만 특별한 의미를 갖는 가치에
기반하여 투자수익률을 기대하고 있을 수 있다. 이러한 경우에 특정 투자자가
자기의 기대수익률에 근거하여 특정 투자에 지출할 금액의 범위를 결정하기
위해 소득접근법을 적용하게 되면, 가치평가의 결과는 시장가액보다 어느 정
도 높은 투자자 개인의 예상 투자가치에 도달하게 될 것이다.

3) 일반적인 비용접근법은 특정 기술의 대체비용을 시장가치로부터 구하
여 이를 그 특정 기술의 가치로 추정하는 방법이다. 그런데 다른 기술의 원가
를 그 특정 기술의 원가와 비교하기 위하여 비용접근법을 사용하는 경우도 있
다. 이 경우 특정 기술의 특성은 시장에 존재하는 많은 다른 기술들의 특성과

---

10) 부동산 시장에서 종종 볼 수 있는 소위 "알박기"라는 행태를 생각하면 특수한 구
매자에게만 의미가 있는 비시장가치의 개념을 보다 잘 이해할 수 있을 것이다.

다양한 각도에서 비교되며, 이를 통하여 많은 다른 기술이 갖고 있는 다양한
가격들 사이에서 특정 기술에 가장 부합하는 할인·할증치를 유도할 수 있게
된다. 즉, 시장가치란 독립적인 당사자 사이에서의 거래를 가정하고 이들 사이
에 형성될 수 있는 실제의 거래가격 중 가장 빈도가 높은 가격을 객관적으로
의미하는 것이라고 하면, 특정 기술의 가치를 직접 구하는 이러한 경우에는
시장이나 거래를 가정하지 않고 오로지 특정 기술에 대한 주관적 가치에 초점
을 맞춘다는 점에 차이가 있다.

### 3. 가상시장접근법

국제가치평가기준에서와는 달리 기술·기업가치평가기준에서는 가상적인
시장거래를 기반으로 하는 가상시장접근법을 명시하고 있다. 가상시장접근법
은 시장에서 특정 기술에 대한 비교대상기술을 찾을 수 없는 경우에 이용된다.
완전히 새로운 신기술에 대한 평가라든지 또는 아직 구상단계에 있어 실제로
는 존재하지 않는 기술에 대한 개발이나 투자결정을 위한 평가 등에 있어서는
가상적인 시장에서의 거래를 바탕으로 하는 평가가 필요하다. 가상적인 시장
을 상정하기 때문에 매우 주관적인 평가가 이루어질 위험이 있어 이를 객관화
하기 위한 추가적인 노력이 요구된다. 기술적·절차적 측면에서는 상당부분
시장기반가치평가방법의 예를 원용한다.

# II. 특허권의 활용(라이선스)

## 1. 전용실시권

특허권자는 자신의 특허권에 대하여 타인에게 전용실시권을 설정할 수 있
다.[11] 전용실시권의 설정·이전·변경·소멸 또는 처분의 제한에 대해서는 등
록을 하지 아니하면 그 효력이 발생하지 아니한다.[12] 통상실시권의 경우 등록

---

11) 특허법 제100조 제1항.
12) 특허법 제101조 제1항 제2호.

은 그 후에 특허권이나 전용실시권을 취득한 자에 대한 대항요건에 불과하나,[13] 전용실시권의 경우 등록은 효력발생요건이다.

전용실시권자는 설정행위로 정한 범위 안에서 업으로서 그 특허발명을 실시할 권리를 독점하기 때문에[14] 타인이 특허발명을 실시하는 것을 금지하거나[15] 실시에 따른 손해가 발생한 경우 손해배상청구를 할 수 있다.[16] 여기서 '정한 범위'라 함은 계약에 의하여 정한 내용·지역·기간을 말한다.[17]

## 2. 통상실시권

특허권자는 그 특허권에 대하여 타인에게 통상실시권을 허락할 수 있다.[18] 통상실시권자는 설정행위로 정한 범위 안에서 업으로서 그 특허발명을 실시할 수 있는 권리를 가진다.[19] 통상실시권은 특허권을 계약의 내용에 따라 업으로서 실시할 수 있는 채권적 권리이므로 당사자의 설정계약에 의하여 발생하고 이중으로 통상실시권을 허락한 경우에는 중첩적으로도 존재할 수 있다. 특허권이 다른 특허권자에게 이전된 경우 통상실시권자는 새로운 특허권자에 대하여 통상실시권을 주장할 수 없어 그 법적 지위가 불안정하므로 제3자에 대항하기 위해서는 등록을 필요로 한다.[20] 따라서 통상실시권자는 다른 사람이 발명을 실시하더라도 이를 금지하거나 발명의 실시에 따른 손해가 발생하더라도 이에 대한 손해배상을 청구할 수 없다.

통상실시권은 이와 같이 계약에 따라 발생하는 것이 일반적이지만 특허권자나 전용실시권자의 의사와는 무관하게 법령의 규정에 의하여 발생하는 법정실시권과 정부의 결정이나 재정 또는 심판에 의하여 발생하는 강제실시권이 있다.

---

13) 특허법 제118조 제1항.
14) 특허법 제100조 제2항.
15) 특허법 제126조 제1항.
16) 특허법 제128조.
17) 특허청, 「우리나라 특허법제에 대한 연혁적 고찰」, 2007. 5, p. 547.
18) 특허법 제102조 제1항.
19) 특허법 제102조 제2항.
20) 통상실시권의 등록은 대항요건에 불과하다.

## 3. 법정실시권에 의한 통상실시권

법정실시권은 특허권자와의 협의에 의하여 발생하는 것이 아니고 일정한 조건이 성취되면 발생하는 것이므로 등록이 없더라도 그 이후에 특허권자·전용실시권을 취득한 제 3 자에 대하여 대항할 수 있다.[21]

법정실시권에는 다음과 같은 것들이 있다.

(1) 직무발명에 대한 사용자의 통상실시권
(2) 선사용에 의한 통상실시권
(3) 무효심판 청구등록 전의 실시에 의한 통상실시권
(4) 디자인권 존속기간 만료 후의 통상실시권
(5) 질권행사로 인한 특허권의 이전에 따른 통상실시권
(6) 재심에 의하여 회복한 특허권에 대한 선사용자의 통상실시권
(7) 재심에 의하여 통상실시권을 상실한 원권리자의 통상실시권
(8) 특허료의 추가납부에 의하여 회복한 특허권 등에 대한 통상실시권

아래에서는 이들에 대하여 차례로 알아본다.

### (1) 직무발명에 대한 사용자의 통상실시권

직무발명이란 종업원이 고용자의 업무범위 내에서 자신의 직무에 관하여 이룩한 발명을 말한다. 직무발명에 대하여 종업원이 특허를 받으면 사용자는 그 특허권에 대하여 통상실시권을 가진다.[22] 그러나 공무원의 직무발명은 국가나 지방자치단체가 이를 승계하여 국유나 공유로 하고, 국·공립학교 교직원의 직무발명에 대한 권리는 전담조직이 승계하고 소유한다.[23] 한편, 직무발명 외의 종업원의 발명, 즉 업무발명이나 자유발명에 대하여 미리 사용자에게 특허받을 수 있는 권리를 승계시키거나 사용자를 위하여 전용실시권을 설정하는 계약이나 근무규정은 무효이다.[24]

종업원이 직무발명을 완성한 경우에는 지체없이 그 사실을 사용자에게 문

---

21) 특허청, 「우리나라 특허법제에 대한 연혁적 고찰」, 2007. 5, pp. 608-609.
22) 발명진흥법 제10조 제 1 항.
23) 발명진흥법 제10조 제 2 항.
24) 발명진흥법 제10조 제 3 항.

서로 알려야 하고,[25] 사용자는 통지받은 날로부터 4월 이내에 그 발명에 대한
권리의 승계 여부를 종업원에게 문서로 알려야 한다.[26] 사용자가 그 발명에
대한 권리의 승계 의사를 알린 때에는 그때부터 그 발명에 대한 권리는 사용
자 등에게 승계된 것으로 본다.[27] 그러나 사용자가 제1항에 통지받은 날로부
터 4월 이내에 승계 여부를 알리지 아니한 경우에는 사용자는 그 발명에 대한
권리의 승계를 포기한 것으로 보고, 이 경우 사용자는 그 종업원의 동의를 받
지 아니하고는 통상실시권을 가질 수 없다.[28]

### (2) 선사용에 의한 통상실시권

선사용에 의한 통상실시권이란 특허출원시 그 특허출원된 발명의 내용을
알지 못하고 (선의로) 국내에서 실시사업을 하거나 사업의 준비를 하고 있는
자가 가지는 실시권을 말한다.[29] 선의로 사업을 하고 있던 자에 대하여 특허
권이 설정되었다는 이유로 사업을 중지시키면 형평에 어긋나고 국민경제상 손
실을 가져오기 때문이다. 이러한 선사용에 의한 통상실시권이 발생하기 위해
서는 ① 특허출원시 그 특허출원된 발명의 내용을 알지 못하고, ② 특허출원
시 발명을 실시하거나 실시의 준비를 하고 있으며, ③ 국내에서 실시사업이나
사업준비를 하였어야 한다. 이 통상실시권은 선사용자의 권리를 인정하는 것
이기 때문에 실시에 대한 대가를 지급할 필요가 없다.[30]

### (3) 무효심판 청구등록 전의 실시에 의한 통상실시권

특허권자 등이 자신의 권리에 무효사유가 있는 줄 모르고 국내에서 그 발
명 또는 고안의 실시사업을 하거나 사업준비를 하고 있는 경우에는 그 실시
또는 준비를 하고 있는 발명 또는 고안 및 사업의 목적의 범위 안에서 그 특허
권에 대하여 통상실시권을 가지거나 특허나 실용신안등록이 무효로 된 당시에
존재하는 특허권에 대한 전용실시권에 대하여 통상실시권을 가진다.[31] 이는

---

25) 발명진흥법 제12조.
26) 발명진흥법 제13조 제1항; 발명진흥법시행령 제7조.
27) 발명진흥법 제13조 제2항.
28) 발명진흥법 제13조 제3항.
29) 특허법 제103조.
30) 최문기 외 2, 「과학기술과 지식재산권법」, 신지서원, 2007, p. 109.
31) 특허법 제104조 제1항; 실용신안법 제26조 제1항.

특허가 잘못 부여된 것은 국가의 잘못이기도 하며 권리자로서도 알 수 없었던 것이기 때문에 자신의 권리를 신뢰하여 사업을 준비하거나 발명을 실시한 선의의 권리자를 보호하기 위한 제도로서 이들에게는 현존하는 특허권·실용신안권에 대하여 통상실시권을 갖는다.

이러한 통상실시권은 다음과 같은 자에게 인정된다.

① 동일발명에 대한 2 이상의 특허 중 그 하나를 무효로 한 경우의 원특허권자
② 특허발명과 등록실용신안이 동일하여 그 실용신안등록을 무효로 한 경우의 원실용신안권자
③ 특허를 무효로 하고 동일한 발명에 관하여 정당한 권리자에게 특허를 한 경우의 원특허권자
④ 실용신안등록을 무효로 하고 그 고안과 동일한 발명에 관하여 정당한 권리자에게 특허를 한 경우의 원실용신안권자
⑤ 위의 ① 내지 ④에서 무효로 된 특허권 또는 실용신안권에 대하여 무효심판청구의 등록 당시에 이미 전용실시권이나 통상실시권 또는 그 전용실시권에 대한 통상실시권을 취득하고 그 등록을 받은 자

이러한 통상실시권이 발생하기 위한 요건은 다음과 같이 정리할 수 있다.

① 자신의 권리가 무효인 사실을 '알지 못하고'
② '무효심판 청구등록 전'에 실시 또는 사업준비를 하고
③ '국내에서' 실시 또는 사업준비를 하고 (따라서 외국에서 실시 또는 사업의 준비를 한 것은 해당되지 아니한다.)
④ 실시자의 특허권 등이 심판에 의해 무효되었을 것

이러한 경우에 통상실시권을 부여하는 것은 특허권자나 실용신안권자가 자신의 권리에 기초하여 사업을 실시하거나 준비하였으나 그 권리에 무효의 사유가 있다는 이유만으로 사업을 금지시키는 것은 국민경제에 손실을 가져오기 때문이다.[32] 이러한 통상실시권자는 특허권자 또는 전용실시권자에게 상당

---

32) 최문기 외 2, 「과학기술과 지식재산권법」, 신지서원, 2007, p. 109.

한 대가를 지급하여야 한다.[33]

### (4) 디자인권 존속기간 만료 후의 통상실시권

특허권과 디자인권이 저촉하더라도 디자인의 등록출원일이 특허출원일과 같거나 이보다 빠르면 디자인권자는 특허권의 존재 여부와 관계없이 자신의 디자인을 실시할 수 있다.[34] 이러한 디자인권에 기초하여 사업을 실시해 오던 디자인권이 존속기간 만료로 인하여 소멸하게 되었고 아직 특허권은 존속기간이 만료되지 아니하였기 때문에 이 특허권에 따라 디자인권자로 하여금 사업의 실시를 중단하고 설비를 폐기하도록 하면 이는 국가경제에 손실이므로 디자인권자에게 통상실시권을 부여하는 것이다. 그래서 특허출원일 또는 특허출원일 전에 출원되어 등록된 디자인권이 그 특허권과 저촉되는 경우 그 디자인권의 존속기간이 만료되는 때에는 그 원디자인권자 및 전용실시권자, 그리고 등록된 통상실시권자는 특허권에 대하여 통상실시권을 가진다.[35] 여기서 원디자인권자를 제외한 다른 통상실시권자는 특허권자 또는 전용실시권자에게 상당한 대가를 지급하여야 한다.[36]

디자인권자에게 이러한 통상실시권이 발생하기 위해서는 ① 디자인이 특허와 같은 날 또는 그보다 먼저 출원되어야 하고, ② 특허권과 저촉하는 디자인권이 존속하였다가 ③ 디자인권은 존속기간 만료로 소멸되었으나 특허권은 존속하고 있어야 한다.

### (5) 질권 행사로 인한 특허권의 이전에 따른 통상실시권

특허권자는 특허권을 목적으로 하는 질권 설정 이전에 그 특허발명을 실시하고 있는 경우에는 그 특허권이 경매 등에 의하여 이전되더라도 그 특허발명에 대하여 통상실시권을 가진다.[37] 특허권에 대한 질권이 실행되어 특허권이 제3자에게 이전되고, 특허를 실시해 오던 종래의 특허권자는 새로운 특허권자의 특허권 행사로 더 이상 특허를 실시할 수 없고 영업을 폐쇄해야 한다

---

33) 특허법 제104조 제2항; 실용신안법 제26조 제2항.
34) 특허법 제105조 제1항 및 제2항.
35) 특허법 제105조 제1항 및 제2항.
36) 특허법 제105조 제3항.
37) 특허법 제122조.

면, 이것은 개인적·국가적으로 손실이다. 이러한 손실을 방지하기 위하여 질권의 행사로 특허권이 이전되면 종전의 특허권자는 통상실시권을 갖도록 하였다. 그러나 이 경우에는 특허권자는 경매 등에 의하여 특허권을 이전받은 자에게 상당한 대가를 지급하여야 한다.

### (6) 재심에 의하여 회복한 특허권에 대한 선사용자의 통상실시권

아래 ①, ②, ③ 경우에 당해 심결이 확정된 후 재심청구 등록 전에 선의로 국내에서 그 발명을 실시 또는 실시 준비하고 있는 자는 통상실시권을 가지며 실시에 대한 대가를 지급할 필요가 없다.[38]

①  재심으로, 무효로 된 특허권이 회복되거나 또는 무효로 된 존속기간 연장등록 특허권이 회복된 경우
②  권리범위에 속하지 아니한다는 심결이 확정된 후 재심에 의하여 속한다는 심결이 확정된 경우
③  재심으로, 거절심결된 특허출원이 등록되거나 존속기간연장등록출원이 존속기간의 연장등록이 된 경우

이러한 통상실시권을 부여하는 것은 선의의 사업자를 보호하고 사업의 폐지로 인한 경제적 손실을 방지하기 위한 것이다.

### (7) 재심에 의하여 통상실시권을 상실한 원권리자의 통상실시권

통상실시권을 허여한다는 심결이 확정된 후 재심에 의하여 상반된 심결이 확정된 경우 재심청구 등록 전에 선의로 국내에서 그 발명의 실시사업을 하거나 사업의 준비를 하고 있는 자는 통상실시권을 갖는다.[39] 즉, 심결로 통상실시권이 부여되었다가 재심에 의하여 부정된 경우로서 원래 실시에 대한 대가를 지불해 오던 것이므로 회복된 통상실시권의 실시에 대하여 대가를 지불하여야 한다.[40] 이도 마찬가지로 선의의 사업자를 보호하고 사회적 손실을 방지하기 위한 것이다.

---

38) 특허법 제182조.
39) 특허법 제183조.
40) 특허법 제183조 제 2 항; 동법 제104조 제 2 항.

## (8) 특허료의 추가납부에 의하여 회복한 특허권 등에 대한 통상실시권

특허료의 납부기간이 경과하면 특허권은 소멸되고 특허발명은 공중의 영역에 속하게 된다. 그러나 특허권 설정등록을 받고자 하는 자가 일정 기간에 소정의 특허료를 납부하면 특허권은 소급하여 존속하는 것으로 본다.[41] 이때 특허료 납부기간이 경과한 날부터 납부한 날까지의 기간 동안 다른 사람이 특허발명을 실시한 행위에 대하여는 특허권의 효력이 미치지 아니하고,[42] 국내에서 선의로 특허출원된 발명에 대한 사업의 실시나 사업준비를 한 자에 대하여는 특허출원된 발명에 대하여 통상실시권을 부여한다.[43] 이때 통상실시권을 가진 자는 특허권자에게 상당한 대가를 지급하여야 한다.[44]

## 4. 강제실시권에 의한 통상실시권

강제실시권은 정부의 결정이나 재정 또는 심판에 의하여 발생하는 통상실시권을 말한다.[45] 강제실시권에는 비상시에 정부의 결정에 의한 것,[46] 재정에 의한 것,[47] 이용저촉관계에 따른 심판에 의한 것[48]이 있다.

### (1) 비상시 정부의 결정에 의한 통상실시권(특허법 제106조)

정부는 특허발명이 전시·사변 또는 이에 준하는 비상시에 있어서 국방상 필요한 때 혹은 공공의 이익을 위하여 비상업적으로 실시할 필요가 있을 때, 특허권을 수용하거나(국방상 필요한 때에 한한다) 특허발명을 실시하거나 정부 외의 자로 하여금 실시하게 할 수 있다.[49]

정부가 특허권을 수용하게 되면 특허권 외에 특허발명에 관한 모든 권리

---

41) 특허법 제81조의3 제 2 항·제 3 항.
42) 특허법 제81조의3 제 4 항.
43) 특허법 제81조의3 제 5 항.
44) 특허법 제81조의3 제 6 항.
45) 최문기 외 2,「과학기술과 지식재산권법」, 2007, p. 112.
46) 특허법 제106조.
47) 특허법 제107조.
48) 특허법 제138조 및 제98조.
49) 특허법 제106조 제 1 항.

는 소멸된다.[50] 정부가 특허권을 수용하거나 실시하거나 제3자로 하여금 실시하게 하는 경우 특허권자·전용실시권자·통상실시권자에게 정당한 보상금을 지급하여야 한다.[51]

### (2) 재정에 의한 통상실시권(특허법 제107조)

특허법은 특허발명을 실시하려는 자가 특허권자와 합리적인 조건하에 통상실시권 허락에 관한 협의를 하였으나 합의에 이르지 못한 경우 혹은 협의를 할 수 없는 경우 다음 각 호의 1에 해당하면 통상실시권 설정에 관한 재정을 청구할 수 있도록 규정하고 있다.[52]

① 특허발명이 정당한 이유없이 계속하여 3년 이상 국내에서 실시되고 있지 아니한 경우(제1항 제1호)

② 특허발명이 정당한 이유없이 계속하여 3년 이상 국내에서 상당한 영업적 규모로 실시되고 있지 아니하거나 국내수요를 충족시키지 못한 경우(제1항 제2호)

③ 특허발명의 실시가 공공의 이익을 위하여 특히 필요한 경우(제1항 제3호)

④ 불공정거래행위로 판정된 사항의 시정을 위하여 특허발명을 실시할 필요가 있는 경우(제1항 제4호)

⑤ 자국민의 보건을 위협하는 질병의 치료를 위하여 의약품을 수입하려는 국가에 그 의약품을 수출하고자 특허발명을 실시할 필요가 있는 경우(제1항 제5호)

공공의 이익을 위하여 상업적으로 실시하고자 하는 경우 또는 불공정거래행위로 판정된 사항을 시정하기 위하여 특허발명을 실시할 필요가 있는 경우에는 협의를 하지 않고도 재정을 청구할 수 있다. 의약품에 관한 통상실시권 설정의 재정청구를 허락하는 것은 개발도상국과 최빈국의 공중보건문제를 해결하기 위한 것으로, WTO 각료회의에 의하여 2001년 1월 시작된 도

---

50) 특허법 제106조 제2항.
51) 특허법 제106조 제3항.
52) 특허법 제107조 제1항.

하개발어젠더의 일부로 WTO 일반이사회가 2003. 8. 30. 채택한 'TRIPs협정과 공중보건에 관한 특별선언문'을 승인함으로써 특허법에 반영하게 된 것이다.[53] 그리고 반도체기술에 대하여는 우리나라의 반도체기술 수준을 고려하여 공공의 이익을 위한 비상업적 실시와 불공정거래행위의 경우로만 한정하여 재정을 청구할 수 있도록 제한하였다.[54]

특허청장은 재정의 청구가 있으면 재정청구서 부본을 특허권자에게 송달하고 기간을 정하여 답변서를 제출할 수 있는 기회를 주어야 한다.[55] 특허청장은 재정청구일부터 6월 이내에 재정에 관한 결정을 해야 한다.[56] 재정은 서면으로 하고 통상실시권의 범위와 기간, 대가와 지급방법 및 지급시기 등을 명시하여야 한다.[57] 특허청장은 필요하다고 인정되는 경우 산업재산분쟁조정위원회 및 관계 부처의 장의 의견을 들을 수 있다.[58] 이러한 재정을 함에 있어서 특허청장은 대가가 지급될 수 있도록 하여야 한다.[59]

우리나라에서 특허발명에 대하여 강제실시를 청구한 사례로는 다음과 같은 것들이 있다. 제철화학 사례(1978년)에서는 특허권자인 일본 소다(주)가 특허발명을 3년 이상 국내에서 실시하지 않았음을 이유로 특허법 제107조의 규정에 따라 통상실시권 설정의 재정이 청구된 사건이다. 특허청은 실시료 3%로 특허발명의 강제실시를 허락하였다. Mifepristone 사례(1993년, 관련 발명은 낙태를 위한 약품에 관한 것이었다)에서는 특허발명이 3년 이상 국내에서 실시되지 않았음을 이유로 통상실시권 설정의 재정이 청구되었으나 특허권자의 불실시에 대한 정당한 사유가 인정되어 재정이 인정되지 아니하였다. 글리벡 사례(2003년, 글리벡은 노바티스(사)가 특허권을 가진 만성골수성 백혈병 치료제이다)에서 청구인은 비싼 약값으로 의약품에 대한 환자의 접근권이 제한되므로 공공의 이익을 위하여 강제실시를 통하여 의약품을 저렴하게 공급하여야 한다고 주장하였다. 이에 대하여 피청구인은 강제실시의 허락은 실시의 긴급성, 환자의

---

53) 특허청, 「우리나라 특허법제에 대한 연혁적 고찰」, 2007. 5, p. 585.
54) 특허법 제107조 제6항.
55) 특허법 제108조.
56) 특허법 제110조 제3항.
57) 특허법 제110조 제2항.
58) 특허법 제109조.
59) 특허법 제107조 제5항.

수, 전염성, 약에 대한 접근성, 대체 수단의 존부, 질병의 치명성 등을 고려하여 결정하여야 한다고 전제하고, 환자 수가 6백 명에 불과하고, 전염성이 없고, 의약품이 무난히 공급되어 왔기 때문에 강제실시는 허락되지 않아야 한다고 주장하였다. 특허청은 약품에 보험이 적용되므로 환자의 부담액은 약값의 10%에 불과하고, 약품 공급이 제대로 이루어져 왔다는 점을 고려하여 강제실시를 허락하지 않았다.[60]

### (3) 심판에 의한 통상실시권(특허법 제138조)

특허법 제138조에 따르면 특허권자 · 전용실시권자 또는 통상실시권자는 당해 특허발명이 타인의 특허발명이나 고안을 이용하거나 타인의 디자인권 또는 상표권과 저촉되어 특허법 제98조의 규정에 따라 실시의 허락을 받고자 하는 경우에 그 타인이 정당한 이유없이 허락하지 아니하거나 그 타인의 허락을 받을 수 없는 때에는 자기의 특허발명의 실시에 필요한 범위 안에서 통상실시권 허여의 심판을 청구할 수 있다.[61] 또한 이와는 반대로 통상실시권을 허여한 자가 통상실시권의 허여를 받은 자의 특허발명을 실시할 필요가 있는 경우 통상실시권의 허여를 받은 자가 실시허락을 하지 아니하거나 실시허락을 받을 수 없는 때에는 통상실시권의 허여를 받아 실시하고자 하는 특허발명의 범위 안에서 통상실시권 허여의 심판을 청구할 수 있다.[62] 이렇게 허여된 통상실시권의 통상실시권자는 특허권자 · 실용신안권자 · 디자인권자에게 대가를 지급하여야 하고, 자기가 책임질 수 없는 사유로 지급할 수 없는 때에는 이를 공탁하여야 하며,[63] 대가를 지급하거나 공탁하지 아니하면 실시할 수 없다.[64]

그런데 제138조 제 2 항은 타인의 특허발명이나 실용신안등록고안을 이용하는 특허발명이 그보다 먼저 출원된 타인의 발명이나 고안에 비하여 '상당한 경제적 가치가 있는 중요한 기술적 진보'(an important technical advance of considerable economic significance)를 가져오는 것이 아니면 통상실시권을 허여

---

60) 특허청, 제261366호 특허권에 대한 재정청구기각결정서, 2003. 2.
61) 특허법 제138조 제 1 항.
62) 특허법 제138조 제 3 항.
63) 특허법 제138조 제 4 항.
64) 특허법 제138조 제 5 항.

해서는 안 된다고 규정하고 있다.[65] 이것은 TRIPs 제31조 (l)에서 정하는 요건
을 반영한 것이다.[66]

그러나 현대 대부분의 과학기술의 진보는 종래의 기술 위에 누적적·점증
적으로 이루어지고 있다고 하는 사실을 감안할 때,[67] 선출원된 타인의 발명에
비하여 '상당한 경제적 가치가 있는 중요한 기술적 진보를 가져오는 것'에 대
하여서만 통상실시권의 허여를 하는 것은 비판의 여지가 있다. 왜냐하면, 대부
분의 기술혁신은 원천적인 것이라기보다 원천발명을 이용하거나 개량한 것에
불과한 경우가 많아서 '상당한 경제적 가치가 있는 중요한 기술적 진보를 가
져오는 것'에 미치지 못한다. 더욱이 경제적 가치가 있는지의 여부는 상업적으
로 시장에서 판매해 보지 않고는 이를 미리 판단하기 어려운 측면이 있다. 나
아가서 '중요한 기술적 진보'는 진보성을 인정할 수 있을 정도의 기술적 진보
를 훨씬 능가하는 것이라고 할 것이므로 진보성을 인정받은 발명이라 하더라
도 이를 실시할 수 없는 경우가 많다.

특히 개발도상국에 있어서는 원천발명에 대한 자국민의 개량발명의 실시
를 위하여 통상실시권 허여의 대상을 확대하는 방향으로 운용함이 바람직하다
고 본다. 첨단기술분야에서 원천발명을 이루어내기 어려운 개발도상국에 있어
서 외국기업이 자국에서 첨단기술 발명에 대한 특허를 취득하고 이에 대한 사
업을 할 때 자국 기업이나 국민이 이를 개량하거나 이용하는 발명을 하더라도
이러한 개량발명이나 이용발명이 상당한 경제적 가치가 있는 동시에 중요한
기술적 진보를 가져오는 것이 아닌 한 정당한 절차를 통하여 특허청으로부터
특허를 받고도 이들 발명을 실시할 수 없을 것이기 때문이다.

---

65) 특허법 제138조 제2항.
66) TRIPs 제31조 (l) 이러한 사용(통상실시권)은 다른 특허(제1차 특허)를 침해
    하지 않고는 실시할 수 없는 특허(제2차 특허)의 이용을 허락할 목적으로 승
    인된 때에는 다음의 추가적 조건이 적용된다.
    (i) 제2차 특허에서 청구된 발명과 관련, 상당한 경제적 중요성이 있는 중요
    한 기술적 진보를 포함한다.
67) Jerome H. Reichman, *Of green tulips and legal Kudzu: Repackaging rights
    in subpatentable innovation*, Expanding the Boundaries of Intellectual
    Property, edited by Rochelle Dreyfuss et al. Oxford University Press, 2001
    (이하, Jerome H. Reichman, *Of green tulips and legal Kudzu*) p. 26.

제 7 장

# 특허권의 내용과
# 청구범위해석

▶ 특허권의 성질을 이해한다.

▶ 특허권의 효력이 제한되는 경우를 이해한다.

▶ 청구범위해석에 있어서의 원칙과 유의사항을 이해한다.

▶ 균등론의 의미와 그 적용의 필요성 및 요건을 이해한다.

▶ 이용관계의 의미를 이해한다.

예 제

1. 한국과 일본의 균등론을 적용하기 위한 요건을 비교하여 설명하시오. 특히 한국 대법원이 제시한 균등론의 첫 번째 요건과 일본 대법원이 제시한 균등론의 첫 번째 요건은 동일한 것으로 해석할 수 있는가? 다르다면 어떤 점에서 다른 것인가?

2. 공지기술배제의 원칙에 따르면 청구범위에 기재되어 있는 공지기술은 이를 제외한 채 해석하여야 한다. 그런데 권리일체의 원칙에 따르면 공지기술이라고 하여 이를 제외한 채 해석해서는 안 된다. 이와 같이 이 두 원칙은 서로 모순되는 것처럼 보인다. 권리범위확정시 이들의 조화로운 적용을 위하여 공지기술배제의 원칙에 따라 청구범위에 기재된 사항 중 권리범위에서 배제해야 할 사항과 권리범위에 포함시켜야 할 사항을 구별하여 설명하시오.

# Ⅰ. 특 허 권

## 1. 특허권의 형성

특허권은 설정등록에 의하여 발생한다.[1] 특허료를 납부하면 특허청장은 특허권 설정을 위한 등록을 하고 그 특허를 특허공보에 게재하여 등록공고를 하여야 한다.[2] 특허청장은 등록공고일부터 3월간 출원서류 및 관련 물건을 공중에게 열람하여야 한다.[3]

## 2. 특허권의 성질

### (1) 독점적·배타적 권리

특허권자는 업으로서 그 특허발명을 실시할 권리를 독점한다.[4] 즉, 특허권은 독점적 권리이다. 또한 특허권자(또는 전용실시권자)는 자기의 권리를 침해한 자 또는 침해할 우려가 있는 자에 대하여 침해금지 또는 침해예방을 청구할 수 있다.[5] 이때 침해행위를 조성한 물건(물건을 생산하는 방법의 발명인 경우에는 침해행위로 생긴 물건)의 폐기, 침해행위에 제공된 설비의 제거 기타 침해의 예방에 필요한 행위를 청구할 수 있다.[6] 이러한 점에서 특허권은 타인의 실시를 금지할 수 있는 배타적 권리라고 할 수 있다.

### (2) 재산적 권리

특허권은 양도할 수 있고 공유할 수 있는 재산적 권리이다.[7] 따라서 특허권자는 자신의 재산적 권리인 특허권으로부터 재산적 이익을 향유하기 위하여

---

1) 특허법 제87조 제 1 항.
2) 특허법 제87조 제 2 항.
3) 특허법 제87조 제 3 항.
4) 특허법 제94조. 그 특허권에 대하여 전용실시권을 설정한 때에는 전용실시권자의 실시권의 범위는 제외한다.
5) 특허법 제126조 제 1 항.
6) 특허법 제126조 제 2 항.
7) 특허법 제99조.

특허권을 실시하거나 타인에게 특허권을 이전하거나 타인에게 특허발명을 실시하도록 실시권을 부여할 수도 있다. 이러한 실시권에는 통상실시권과 전용실시권이 있다.

### (3) 무체재산권

특허권의 보호범위는 청구범위에 의하여 결정된다.[8] 청구범위에는 보호받고자 하는 사항을 명확히 할 수 있도록 구조·방법·기능·물질 또는 이들의 결합관계 등을 글로써 기재한다. 즉, 특허발명의 실체는 기술적 사상이고 그 보호범위도 이 기술적 사상을 글로써 표현한 것에 의하여 결정된다. 따라서 특허권은 무체재산권의 일종으로서 부동산이나 동산과 같이 형체를 가진 유체물과는 달리 그 권리의 범위를 특정하기 어려운 특성이 있다.

특허권은 무체재산이기 때문에 유체재산과는 다른 여러 가지 특이한 성질을 가지고 있다. 특허권자가 어떤 발명에 대하여 특허권을 가지고 있다고 하더라도 유체재산에 대한 소유권자가 가지는 점유는 불가능하고 점유권을 담보로서 제공할 수도 없다. 즉, 유체재산은 이를 여러 사람이 동시에 점유하여 각각 자신의 목적에 따라 사용하는 데 제약이 따르지만 특허권의 대상이 되는 발명은 이를 여러 사람이 동시에 실시하는 데 있어서 아무런 제약이 따르지 않는다. 유체재산은 다른 사람에게 이를 사용하게 하려면 점유를 이전하여야 하지만 특허권은 다른 사람에게 (통상실시권의 허여 등에 의하여) 특허발명을 실시하게 하더라도 이를 여전히 보유할 수 있다. 또한 발명은 타인에게 양도하더라도 본인이 가지고 있는 지식을 완전히 제거할 수 없다. 마찬가지로 타인에게 빌려주었던 것을 돌려받으려 하여도 타인이 가지고 있는 특허에 대한 지식을 돌려받기 위하여 타인이 갖고 있는 지식을 완전히 망각시키는 것은 불가능하다.

### (4) 유 한 성

특허권은 시간적으로는 특허권 설정등록일로부터 발생하고 특허출원일 후 20년이 되는 날까지 존속하고, 공간적으로는 특허를 출원하여 등록받은 국가 내에서만 존재한다.[9] 특허권은 그 존속기간이 정해져 있어서 유체재산의

---

8) 특허법 제42조 제 2 항 제 4 호 및 제 6 항.
9) 특허법 제88조 제 1 항.

소유권에는 기한이 없는 것과 대조적이다. 특허권의 존속기간이 만료되면 당해 특허발명은 공중의 영역(public domain)에 들어가게 되어 일반인이 자유롭게 이용할 수 있게 된다. 특허권은 이와 같이 특허권자에게 제한된 기간 동안 특허권이 부여된 국내에서만 행사할 수 있다는 점에서 유한성을 가지고 있다.

## 3. 특허권의 효력

특허권에는 적극적 효력과 소극적 효력이 있다. 특허권자가 자신의 발명을 업으로서 독점적으로 실시할 수 있는 권리를 적극적 권리라고 한다면, 다른 사람이 허락 없이 발명을 실시하는 것을 금지하거나 예방할 수 있는 권리를 소극적 권리라고 할 수 있다.

### (1) 공간적·시간적 범위

특허권의 효력의 범위는 효력이 미치는 공간에 따라 공간적 범위, 특허권의 존속기간에 따른 시간적 범위, 특허권의 내용 및 대상에 의한 실체적 범위로 구분할 수 있다. 공간적 범위는 속지주의에 따라 특허를 받은 국가의 영토 내에서만 효력이 미친다. 따라서 다른 나라에서 특허를 획득하지 아니하였다면 다른 나라에서 특허권에 대한 침해가 있다고 하더라도 이에 대한 구제를 받을 수 없다. 특허권은 설정등록일부터 발생하되 출원일 후 20년까지 존속하는 시간적 제한이 있다.

### (2) 실체적 범위

특허권의 실체적 범위는 업으로서 실시할 권리를 독점하도록 허락된 청구범위에 의하여 정해진다.[10] 여기서 '업으로서'라고 함은 일정한 반복성이 있거나 직업적·영업적 목적을 위하여 실시한 경우라고 할 수 있다.[11] 따라서 영업적 목적으로 실시하였다면 이득을 남겼는지의 여부는 문제가 되지 않는다. 그리고 설사 단 한번 실시하였다 하더라도 영업적 목적으로 실시하였다면 업으로서 실시한 것이 되고 특허권 침해가 된다. 그러나 개인적 호기심으로 실시

---

10) 특허법 제97조, 제42조 제 6 항, 제94조.
11) 최문기 외 2, 「과학기술과 지식재산권법」, 2007, p. 98.

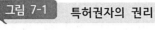

**그림 7-1** 특허권자의 권리

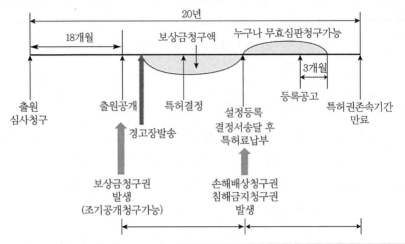

해 보는 것이나 가정 내에서의 이용을 위하여 실시하는 것은 업으로서 실시하였다고 볼 수 없다.

특허법은 특허권의 대상이 되는 발명의 실시에 대하여 물건, 방법, 물건을 생산하는 방법에 대한 실시로 나누어 규정하고 있다.[12] 여기서 '실시'라 함은 ① 물건의 발명인 경우에는 그 물건을 생산·사용·양도·대여 또는 수입하거나 그 물건의 양도 또는 대여의 청약 및 이를 위한 전시를 하는 행위, ② 방법의 발명인 경우에는 그 방법을 사용하는 행위, 그리고 ③ 물건을 생산하는 방법의 발명인 경우에는 그 방법을 사용하는 행위 외에 그 방법에 의하여 생산한 물건을 사용·양도·대여 또는 수입하거나 그 물건의 양도 또는 대여의 청약 및 이를 위한 전시를 하는 행위를 포함한다.[13] 한편, 물건을 생산하는 방법의 발명에 관한 특허의 경우 그 물건과 동일한 물건은 그 특허발명의 방법에 의하여 생산된 것으로 추정한다.[14]

특허발명의 권리범위는 특허청구범위에 의하여 정하여지지만, 특허청구범위에 기재된 용어의 의미가 명료하더라도 그 용어에 의하여 발명의 구체적인

---

12) 특허법 제2조 제3호.
13) 대법원 2004. 10. 14. 선고 2003후2164 판결.
14) 특허법 제129조.

기술적 구성을 알 수 없는 경우에는 그 발명의 상세한 설명과 도면의 기재를 참작하여 특허발명의 권리범위를 정하여야 한다.[15)]

## 4. 특허권의 효력 제한

특허법은 다음과 같은 경우에 특허권의 효력이 미치지 않도록 규정하고 있다.[16)] (1) 연구 또는 시험을 하기 위한 특허발명의 실시, (2) 국내를 통과하는 데 불과한 선박·항공기·차량 또는 이에 사용되는 기계·기구·장치 기타의 물건, (3) 특허출원시부터 국내에 있는 물건, (4) 조제행위와 조제에 의한 의약

### (1) 연구 또는 시험을 하기 위한 특허발명의 실시

특허법은 산업의 발전을 목적으로 하는 것이기 때문에 특허법에 의하여 부여된 특허권이 산업의 발전을 저해하여서는 안 될 것이다. 특허발명에 대한 연구나 시험은 추가적 기술의 발전에 필요한 것이고 이러한 연구나 시험을 특허권에 의하여 금지하게 되면 특허발명을 이용하는 이용발명이나 특허발명에 대한 개량발명은 이루어지기 어려울 것이다.

### (2) 국내를 통과하는 운송수단

특허권을 부여하는 목적은 특허권자가 특허된 발명을 시장에서 독점적으로 사용할 수 있도록 함으로써 리드타임을 통하여 인센티브를 부여하는 데 있다. 따라서 국내를 통과하는 데 불과한 선박이나 차량 또는 이에 사용되는 물건은 시장에 아무런 영향을 미치는 바가 없으므로 이를 제한할 필요도 없고 불편만 야기할 뿐이다.

### (3) 특허출원시부터 국내에 있는 물건

특허권의 존속기간은 설정등록일로부터 출원일 후 20년이 되는 날까지이므로 특허출원시 이미 존재하고 있었던 물건은 특허권의 존속기간 이전에 있

---

15) 대법원 2007. 6. 14. 선고 2007후883 판결.
16) 특허법 제96조.

었던 것이 되어 특허권의 효력이 미치지 않는다.

### (4) 조제행위와 조제에 의한 의약

2 이상의 의약(여기서 의약은 사람의 질병 진단·경감·치료·처치 또는 예방을 위하여 사용되는 물건을 말한다)을 혼합함으로써 상호작용에 의하여 새로운 상승 효과가 있을 때 특허를 받을 수 있으나 제조되는 의약 또는 이렇게 의약을 제조하는 방법에는 특허권의 효력이 미치지 않는다. 이것은 약사의 조제행위는 국민의 건강 회복에 대한 사회적 임무와 관련된 것이기 때문이다.

한편, 소멸되었던 특허권이 회복된 경우, 즉 특허료의 추가납부로 회복된 특허권17) 및 재심으로 회복된 특허권18)도 특허권의 행사에 제한이 따른다.

### (5) 특허료의 추가납부로 회복된 특허권

특허료·등록료 및 수수료는 접수번호를 부여받은 날의 다음 날까지 납부하여야 한다.19) 이 납부기간이 경과하였으면 6월 이내에 특허료를 추가납부할 수 있는데, 특허권자 또는 특허권의 설정등록을 받고자 하는 자가 책임질 수 없는 사유로 말미암아 이 추가납부기간에도 특허료를 납부하지 아니한 경우에는 그 사유가 종료한 날로부터 14일 이내에 특허료를 납부하여 특허권을 회복시킬 수 있다.20) 그리고 실시중인 특허발명의 특허권이 소멸한 경우 특허권자는 추가납부기간 만료일로부터 3월 이내에 특허료의 2배를 납부하여 소멸된 권리의 회복을 청구할 수 있다.21) 이때 그 특허권은 특허료 납부기간이 경과한 때에 소급하여 존속하고 있었던 것으로 본다.

그러나 이때 회복된 특허권의 효력은 특허권이 소멸되었던 기간 동안 다른 사람이 특허발명을 실시한 행위에 대하여 그 효력이 미치지 않는다.22)

---

17) 특허법 제81조의3 제 1 항.
18) 특허법 제181조.
19) 특허법 제79조 및 특허료 등의 징수규칙 제 8 조 제 1 항.
20) 특허법 제81조의3 제 1 항.
21) 특허법 제81조의3 제 3 항.
22) 특허법 제81조의3 제 4 항.

### (6) 재심으로 회복된 특허권

특허를 무효로 하는 심결이 확정되었다가 재심에 의하여 회복된 경우, 권리범위에 '속하지 않는다'는 심결이 확정된 후 재심에 의하여 '속한다'는 심결이 확정된 경우, 거절사정불복심판에서 '거절한다'는 심결이 있었던 특허출원이 재심에 의하여 특허권의 설정이 된 경우, 특허법은 심결확정 후 재심청구 등록 전에 선의로 특허를 실시한 자를 보호하기 위하여 이러한 실시자의 선의의 실시행위에 대하여는 특허권의 효력이 미치지 않도록 제한하고 있다.[23]

### (7) 병행수입

병행수입이란 국내외 특허권자가 동일한 경우 외국에서 특허권자가 생산한 진정상품을 구매하여 국내로 수입하는 것을 말하는 것으로, 해외에서 수입하는 진정상품이 국내 특허제품보다 저렴한 경우 발생한다. 이때 특허권의 역외적용 여부의 문제가 발생하는데 특허권을 많이 가지고 있는 선진국의 입장에서는 병행수입을 인정하지 않으려 하지만 개발도상국의 입장에서는 국내 소비자가 보다 저렴한 물건을 선택할 기회를 제공하고 물가의 안정을 위하여 병행수입을 허락하는 것을 선호한다.

### (8) 이용 및 저촉 관계

이용관계는 후발명이 선발명의 요지를 포함하고 다른 요소를 부가하여 구성됨으로써, 후발명자가 자신의 특허발명을 실시하면 선발명의 특허권을 침해하게 되는 관계를 말한다. 그리고 이용발명이란 자신의 특허발명을 실시하면 선발명의 특허권을 침해하는 특허발명을 말한다. 따라서 후발명, 즉 이용발명의 발명자는 선발명자의 허락이 없이는 자신의 발명을 실시할 수 없으므로 비록 특허를 받았다 하더라도 이를 자유롭게 실시할 수 없고 자신의 발명을 실시함에 있어서 선발명자의 허락을 받아야 한다.

저촉관계란 어느 한쪽 특허발명을 실시하면 다른 쪽 특허발명을 실시하게 되는 관계가 상호간에 성립되는 관계를 말한다. 따라서 저촉관계에 있을 때 양측 권리자는 서로 상대방의 허락이 없이는 자신의 발명을 실시할 수 없으므

---

23) 특허법 제181조.

로 자신의 발명을 실시함에 있어서 제한을 받게 된다. 예를 들어 이용관계에 있는 선후발명에 있어서 선발명만으로는 상업성이 없는 반면 후발명은 상업적 성공가능성이 있는 경우 후발명자는 선발명을 이용하여야 하고, 선발명자도 상업화를 위해서는 후발명을 이용하여야 한다. 이러한 경우 선후발명은 단순한 이용관계를 넘어 저촉관계에도 있게 된다.

## 5. 특허발명의 보호범위

특허발명의 보호범위는 특허청구범위에 기재된 사항에 의하여 정하여진다.[24] 특허출원서에 첨부되는 특허청구범위에는 보호를 받고자 하는 사항을 1 또는 2 이상 기재하여야 하는데,[25] 이 청구항은 발명의 상세한 설명에 의하여 뒷받침되어야 한다.[26]

특허제도의 원리상 '발명의 상세한 설명'은 발명자가 사회에 공개하는 내용이라고 볼 수 있고 '특허청구범위'는 이 공개에 대한 대가라고 할 것이다. 그런데 발명자가 자신의 발명을 공개함에 있어서 해당 업계에 종사하는 통상의 지식을 가진 자가 용이하게 실시할 수 있을 정도로 기재하지 아니하면 이를 제대로 공개하였다고 볼 수 없으므로 '발명의 상세한 설명'에는 발명을 통상의 기술자가 용이하게 실시할 수 있을 정도로 기재하지 않으면 안 된다.[27] 그리고 '발명의 상세한 설명'에 기재되지 않은 사항을 청구범위에 기재하여 이에 대한 보호를 청구하는 것은 특허제도의 취지에 맞지 않는 것이어서 특허법은 청구범위가 '발명의 상세한 설명'에 의하여 뒷받침되어야 한다고 규정하고 있는 것이다.

---

24) 특허법 제97조.
25) 특허법 제42조 제2항.
26) 특허법 제42조 제4항 제1호.
27) 특허법 제42조 제3항.

# Ⅱ. 특허청구범위의 해석

## 1. 청구범위해석의 필요성

특허청구범위의 해석은 특허 허여 여부를 결정하고 제 3 자가 실시하고 있는 행위가 특허침해인지의 여부를 판단하기 위하여 필요하다. 먼저 특허성 판단은 특허출원인이 특허출원서에 첨부한 특허청구범위에 기재한 발명이 발명의 성립성을 만족하고 있는지, 그리고 이 발명이 선행기술과 비교하여 볼 때 신규성과 진보성을 갖추고 있는지를 판단한다. 즉, 청구범위는 특허출원을 심사함에 있어서 선행기술과 대비하여 신규성·진보성 등을 판단하는 대상이다. 따라서 비록 발명의 상세한 설명에 기재된 내용 중에는 신규성·진보성이 있는 발명이 포함되어 있다고 하더라도 청구범위에 기재된 발명에 신규성·진보성이 없으면 해당 특허출원은 특허될 수 없다. 이것은 특허청구범위를 자신이 발명한 내용보다 확대하여 기재하거나 자신이 발명한 내용 이외의 것으로 기재한 경우에 발생할 수 있다. 그러므로 발명의 상세한 설명에 기재한 내용 중에서 선행기술과 비교하여 신규성·진보성이 있는 발명에 대하여서만 특허청구범위에 기재함으로써 이를 보호범위로서 청구하여야 한다.

특허청구범위의 해석은 특허침해 여부의 판단을 위하여서도 필요한데, 이때 특허청구범위에 기재된 발명과 제 3 자가 실시하고 있는 발명(이를 (가)호 발명 혹은 확인대상발명이라 한다[28])을 서로 대비하여 침해 여부를 판단한다.

## 2. 중심한정주의와 주변한정주의

### (1) 중심한정주의(Central Definition)

중심한정주의란 특허청구범위의 기재에 구애되지 않고 거기에 나타난 발명사상을 실질적으로 보호할 수 있도록 해석하는 것을 말한다. 즉, 발명의 보호범위를 청구범위의 문언범위 외에 발명의 상세한 설명, 도면, 청구범위를 일

---

[28] (가)호 발명이란 침해품을 특정하기 위하여 심판 또는 소송에서 제시한 발명을 말한다.

체로 하여 이를 기초로 하여 추출되는 기술적 사상으로 정한다. 그래서 특허침해소송의 권리범위해석에 있어서 청구범위에 기재된 문언에 구애받지 않고 발명의 상세한 설명과 도면의 내용 및 출원시의 기술수준 등을 종합적으로 고려하여 권리범위를 확정한다. 그래서 침해대상물이 특허청구범위에 기재된 문언의 범위 밖에 놓이더라도 특허발명의 핵심적 기술사상을 포함하고 있는 한 특허침해가 성립한다고 본다. 따라서 출원인은 발명의 내용 및 구성요소를 최대한 넓혀서 기재하려고 애쓸 필요가 없으며 균등물에 의한 실시예를 일일이 다 기재하지 않아도 그에 대한 보호가 이루어질 수 있다. 한마디로 중심한정주의에 있어서 특허청구범위의 문언은 발명의 보호범위를 구현한 일종의 '가이드라인'으로서의 역할을 할 뿐이다. 이러한 해석은 특허출원발명의 특허 허여 여부를 결정하는 심사관 또는 심판관, 그리고 침해 여부를 판단하는 심판관이나 법관의 판단에 따라 직권으로 이루어진다는 점에서 직권주의적 성격을 가지고 있다.

중심한정주의에 의한 청구범위해석에 따르게 되면 발명의 보호범위가 청구범위에 기재된 사항에 의하여 객관적으로 명확히 드러나지 않고 심사관, 심판관, 법관 등의 판단에 좌우되는 경향이 있기 때문에 법적 안정성과 예측가능성이 확보되지 않는다는 문제가 있다. 그러나 중심한정주의적 해석은 그 자체가 균등물에 대하여서까지 권리범위를 인정하여 주는 것을 핵심적 내용으로 하고 있기 때문에 균등론을 적용할 필요가 없고 출원인은 청구범위 작성의 부담이 크게 경감된다는 장점이 있다.

중심한정주의에 입각한 청구범위의 해석은 일반적으로 단항제를 채택하던 시절에 적용되었다. 그러나 단항제를 채택하던 시절에 등록된 특허라 할지라도 특허의 권리범위는 특허청구범위에 기재된 사항에 의하여 정해지고 명세서 중의 다른 기재에 의하여 특허청구범위를 확장해석할 수는 없다.[29] 특허청구범위 기재만으로는 특허의 기술구성을 알 수 없거나 알 수는 있더라도 그 기술적 범위를 확정할 수 없는 경우에 한하여 특허청구의 범위에 발명의 상세한 설명이나 도면 등 명세서의 다른 기재부분을 보충하여 명세서 전체로서 특허의 권리범위를 확정할 따름이다.

중심한정주의적 사고에 기초하여 판단한 것이라고 추측할 수 있는 판례로

---

29) 대법원 1992. 6. 23. 선고 91후1809 판결.

서 예를 들면 92후1493 판결, 92후1509 판결과 96후870 판결을 들 수 있다.[30)]
92후1493 판결에서 대법원은,

> "(가)호 발명은 이 사건 특허발명과 일부 기술적 구성과 작용효과가 다르지
> 만 그 기술적 구성의 핵심적인 부분이 동일할 뿐 아니라 기술적 구성의 일부
> 변경으로 인하여 그 작용효과가 오히려 감소되었으므로 위와 같은 기술적 구
> 성의 차이는 유해적 공정의 부가에 지나지 아니하다고 보여진다. 결국 (가)호
> 발명은 이 사건 특허발명과 동일한 영역에 있는 것으로서 이 사건 특허발명의
> 권리범위 내에 있다."[31)]

고 판시하였다. 또한 96후870 판결에서는, "(가)호 고안은 등록고안의 핵심적
인 기술사상을 모두 포함하면서 몇 가지 다른 효과가 있다"고 할 것이지만 이
는 등록고안의 기술사상을 뛰어넘는 뛰어난 작용효과가 있다고 인정할 정도의
새로운 고안이라고는 할 수 없다고 하여 (가)호 고안은 등록고안의 권리범위
에 속한다고 판단하였다.[32)]

### (2) 주변한정주의(Peripheral Definition)

주변한정주의는 발명의 보호범위를 청구범위의 문언의 범위로 한정하여
그 범위 내에 놓여진 대상만을 보호범위에 속하는 것으로 보는 청구범위해석
방법이다. 주변한정주의식 해석에 있어서는 특허청구범위에 기재된 사항 이외
에 발명의 상세한 설명 부분까지 확장해서는 안 된다. 이것은 청구범위해석에
있어서 다항제를 채택하고 있는 우리 특허청의 실무일 뿐 아니라 우리 법원의
해석 방식이다. "다항제를 채택한 취지는 발명을 여러 각도에서 다면적으로
기재하여 발명을 충실히 보호할 수 있도록 하고, 발명자의 권리범위와 일반인
의 자유기술영역과의 경계를 명확하게 구별하여 특허분쟁의 경우 특허침해 여
부를 명확하고 신속하게 판단할 수 있도록 하기 위한 것"이다.[33)]

다항제 하에서는 청구범위 작성의 책임을 출원인에게 부담시키고 출원인
자신이 보호받고자 하는 범위를 청구범위에 기재하도록 요구하고 있다. 다항

---

30) 대법원 1993. 3. 23. 선고 92후1509 판결; 대법원 1996. 11. 26. 선고 96후870 판결.
31) 대법원 1993. 3. 23. 선고 92후1493 판결.
32) 대법원 1996. 11. 26. 선고 96후870 판결.
33) 대법원 2001. 5. 29. 선고 98후515 판결.

제를 채택하고 있고,[34] 출원인 스스로 보호받고자 하는 사항을 청구범위에 기재하도록 하고 있으며,[35] 특허발명의 보호범위는 특허청구범위에 기재된 사항에 의하여 정하여지도록[36] 하고 있는 법제도 하에서는 청구범위의 해석도 주변한정주의식으로 하는 것이 타당할 것이다.

그래서 다항제를 채택하고 있는 나라는 일반적으로 주변한정주의식 청구범위해석방법을 적용한다. 다항제와 주변한정주의를 채택하고 있는 경우 특허침해소송이 발생하면 특허의 권리범위를 청구범위에 기재된 내용으로 가급적 한정하여 해석하게 된다.

이러한 청구범위 해석방식은 출원인의 청구범위 작성 부담을 가중시키고 청구범위에 기재되지 않은 내용에 대하여서는 비록 그것이 특허출원인의 실질적인 발명의 내용에 속한다 하더라도 이를 사실상 보호하기 어려운 문제가 있다. 이러한 문제를 해소하기 위하여 문언적으로 다르거나 청구범위에 기재되어 있지 않았다 하더라도 청구범위 기재사항과 균등의 구조를 가지고 동일한 기능을 발휘하는 대상에 대하여는 이를 청구범위에 속하는 것으로 해석할 필요가 있게 되었다. 이러한 방식으로 청구범위를 해석하는 것이 균등론이다. 따라서 균등론을 적용하게 됨으로써 출원인의 보호범위는 문언적 범위보다 확대되었다고 할 수 있다. 그러나 특허출원인의 발명을 청구범위에 기재된 문언에만 의존하지 아니하고 청구범위 기재의 문언사항과 실질적으로 동일한 균등물에까지 적용시켰을 뿐이기 때문에 특허출원인의 보호에 보다 정확성을 기하게 된 것이라고 해야 할 것이다.

주변한정주의적 청구범위해석은 청구범위에 기재된 내용을 중심으로 객관적으로 이루어지므로 법적 안정성과 예측가능성이 있다. 이러한 특성으로 말미암아 주변한정주의는 특허발명의 주변기술을 개량함으로써 새로운 발명을 해 나갈 수 있는 여지를 준다. 즉, 특허된 발명의 보호범위가 명확하기 때문에 개량된 자신의 발명이 특허발명의 범위에 속하는지의 여부를 예측할 수

---

34) 특허법 제42조 제4항.
35) 특허법 제42조 제6항. <신설 2007. 1. 3> 특허청구범위를 기재할 때에는 보호받고자 하는 사항을 명확히 할 수 있도록 발명을 특정하는 데 필요하다고 인정되는 구조·방법·기능·물질 또는 이들의 결합관계 등을 기재하여야 한다.
36) 특허법 제97조.

있고 이러한 예측가능성으로 말미암아 추가적 발명을 촉진하는 것이다.

그러나 균등론을 적용함에 있어서도 특허출원이나 소송과정에서 특허권
자가 스스로 특허청구의 범위에서 제외시킨 것에 대하여는 이를 보호범위에
포함되지 않는 것으로 해석한다(출원금반언의 원칙, file wrapper estoppel).

## 3. 청구범위해석의 원칙

### (1) 청구범위 우선의 원칙

특허권의 권리범위는 특허청구범위에 기재된 사항에 의하여 정하여지는
것이 원칙이다.[37] 다만 그 기재만으로 특허의 기술적 구성을 알 수 없거나 알
수는 있더라도 권리범위를 확정할 수 없는 경우에는 발명의 상세한 설명이나
도면 등 명세서의 다른 기재에 의하여 보충하여 명세서 전체로서 권리범위를
확정하여야 한다(발명의 상세한 설명 참조의 원칙).[38] 그러나 그 경우에도 명세서
기재내용에 의하여 권리범위를 확장 또는 제한 해석해서는 안 된다.[39] 그리고
"특허청구범위에 기재된 용어의 의미가 명료하더라도, 그 용어로부터 기술적
구성의 구체적인 내용을 알 수 없는 경우에는 그 발명의 상세한 설명과 도면
의 기재를 참작하여 그 용어가 표현하고 있는 기술적 구성을 확정하여 특허발
명의 권리범위를 정하여야 한다."[40]

### (2) 권리일체의 원칙

특허발명의 특허청구범위의 청구항이 복수의 구성요소로 되어 있는 경우
에는 그 각 구성요소가 유기적으로 결합된 '전체로서의'기술사상을 보호범위
로 하여야 하고 각 구성요소를 독립하여 보호해서는 안 된다. 따라서 특허발명
과 대비되는 확인대상발명이 특허발명의 청구항에 기재된 필수적 구성요소들
중의 일부만을 갖추고 있고 나머지 구성요소가 결여된 경우에는 확인대상발명

---

37) 특허법 제97조.
38) 대법원 2005. 11. 25. 선고 2004후3478 판결; 대법원 2006. 6. 9. 선고 2004후
  509 판결. 등록실용신안의 권리범위에 대하여는 대법원 2001. 6. 1. 선고 98후
  2856 판결 참조.
39) 대법원 2006. 6. 9. 선고 2004후509 판결.
40) 대법원 2007. 6. 14. 선고 2007후883 판결.

은 특허발명의 권리범위에 속하지 아니한다.[41] 즉, 특허발명의 청구항이 복수의 구성요소로 되어 있는 경우에는 그 각 구성요소가 유기적으로 결합된 전체로서의 기술사상이 보호되는 것이지 각 구성요소가 독립하여 보호되는 것은 아니므로, 특허발명과 대비되는 확인대상발명[42]이 특허발명의 청구항에 기재된 필수적 구성요소들 중의 일부만을 갖추고 있고 나머지 구성요소가 결여된 경우에는 원칙적으로 확인대상발명은 특허발명의 권리범위에 속하지 아니한다.[43]

### (3) 다기재 협범위의 원칙

청구범위에 기재되어 있는 내용이 많을수록 보호범위는 좁아진다. 다기재 협범위의 원칙은 권리일체의 원칙에서 자연스럽게 파생되는 것이라고 할 수 있다. 즉, 청구범위에 기재되어 있는 각 구성요소들은 이를 분리하여 이들 각자마다 개별적으로 보호범위를 설정하는 것이 아니다. 특허발명의 보호범위는 이들 구성요소들이 유기적으로 결합된 하나의 '전체로서' 정해지는 것이므로 구성요소가 많을수록 보호의 대상은 더욱 한정되는 것이다.

### (4) 발명의 상세한 설명 참조의 원칙

청구범위의 기재내용이 명세서 기재내용보다 확대되어 기재된 경우 명세서 내용을 참작해서 제한적으로 해석한다. 그리고 청구범위해석은 명세서의 상세한 설명 및 도면을 참고하되 출원 당시 기술수준과 "출원 경과"를 참조하여 한정 해석한다.

"실용신안명세서의 기재 중 실용신안청구의 범위의 기재만으로는 실용신안의 기술구성을 알 수 없거나 설사 알 수는 있더라도 그 기술적 범위를 확정할 수 없는 경우에는 발명의 상세한 설명이나 도면 등 명세서의 다른 기재부분을 보충하여 명세서 전체로서 실용신안의 기술적 범위 내지 그 권리범위를 해석하여야 한다."[44]

---

41) 대법원 2001. 8. 21. 선고 99후2372 판결; 대법원 2006. 1. 12. 선고 2004후1564 판결.
42) 확인대상발명은 일반적으로 (가)호 발명이라고 하여 특정한다.
43) 대법원 2006. 1. 12. 선고 2004후1564 판결; 대법원 2001. 6. 1. 선고 98후2856 판결; 특허법원 2007. 6. 22. 선고 2007허1008 판결 참조.
44) 대법원 1995. 12. 12. 선고 94후1787 판결.

그리고 발명의 상세한 설명이나 도면 등 명세서의 다른 기재부분을 보충하여 명세서 전체로서 발명의 기술적 범위 내지 권리범위를 확정하여야 하는 것이지만, 그 경우에도 명세서 중의 다른 기재에 의하여 특허청구범위를 확장해석하거나 제한해석해서는 안 된다.[45] 즉, 대법원은 96후1118 판결에서 다음과 같이 판시하고 있다.[46]

"특허권의 권리범위 내지 실질적 보호범위는 특허출원서에 첨부한 명세서의 청구범위에 기재된 사항에 의하여 정하여지는 것이 원칙이고, 다만 그 기재만으로 특허의 기술적 구성을 알 수 없거나 알 수 있더라도 기술적 범위를 확정할 수 없는 경우에는 명세서의 다른 기재에 의한 보충을 할 수가 있는데, 이 경우에도 명세서의 다른 기재에 의하여 특허범위의 확장해석이 허용되지 아니함은 물론 청구범위의 기재만으로 기술적 범위가 명백한 경우에 명세서의 다른 기재에 의하여 청구범위의 기재를 제한해석할 수는 없다."

이러한 청구범위의 문언을 해석하는 데 있어서는 해당 기술분야에서 인식되는 의미와 명세서의 다른 기재와 출원인의 의사와 제 3 자에 대한 법적 안정성을 고려하여 합리적으로 해석해야 한다. 그래서 대법원은 이에 대하여 다음과 같이 판시하고 있다.

"당해 기술분야에서 통상적으로 인식되는 용어의 의미에 따라야 할 것이고, 그 의미가 불명확하거나 문언 그대로의 해석이 명세서의 다른 기재에 비추어 보아 명백히 불합리한 경우에는 출원된 기술사상의 내용과 명세서의 다른 기재 및 출원인의 의사와 제 3 자에 대한 법적 안정성을 두루 참작하여 정의와 형평에 따라 합리적으로 해석하여야 한다."[47]

### (5) 출원경과 참작의 원칙

특허발명의 보호범위는 특허청구범위에 의하여 정하여지는 것이 원칙이지만 출원 및 심사과정에서 자신이 기술한 내용과 모순되는 주장은 이를 금지한다. 이것을 출원경과 참작의 원칙 또는 출원금반언의 원칙(file wrapper estoppel)

---

45) 대법원 1996. 12. 6. 선고 95후1050 판결; 대법원 1997. 5. 28. 선고 96후1118 판결; 대법원 1998. 4. 10. 선고 96후1040 판결.
46) 대법원 1997. 5. 28. 선고 96후1118 판결.
47) 대법원 1998. 4. 10. 선고 96후1040 판결.

이라고 한다. 즉, 청구범위를 해석함에 있어서, "특허발명의 출원과정에서 어떤 구성이 특허청구범위로부터 의식적으로 제외된 것인지 여부는 명세서뿐만 아니라 출원에서부터 특허될 때까지 특허청심사관이 제시한 견해 및 출원인이 심사과정에서 제출한 보정서와 의견서 등에 나타난 출원인의 의도 등을 참작하여 판단하여야"48) 한다. 그리고 "특허청구의 범위가 수 개의 항으로 이루어진 발명에 있어서는 특별한 사정이 없는 한 각 청구항의 출원경과를 개별적으로 살펴서 어떤 구성이 각 청구항의 권리범위에서 의식적으로 제외된 것인지를 확정하여야 한다."49)

### (6) 균 등 론

특허권의 보호범위는 청구범위에 의하여 정하여지므로 청구범위에 기재하지 아니한 사항은 원칙적으로 청구범위에서 제외된다. 그런데 출원인이 자신의 발명에 대한 보호범위를 기재함에 있어서 발명의 모든 변환을 빠짐없이 포괄할 수 있도록 기재하는 것은 지극히 어려운 일이므로 청구범위에 기재된 내용과 문언적으로는 서로 다르다 할지라도 사실상 등가관계에 있는 경우 이를 청구범위에 포함되는 것으로 해석하는 것을 균등론이라고 한다. 이렇게 함으로써 발명의 실질적인 내용을 제대로 보호하고, 발명자의 청구범위 작성부담을 경감시켜 줄 수 있다.

균등론의 적용요건은 대법원 97후2200 판결에서 찾을 수 있다.50) 이 판례에서 대법원은 "(가)호 발명이 특허발명의 출발물질 및 목적물질과 동일하고 다만 반응물질에 있어 특허발명의 구성요소를 다른 요소로 치환한 경우, (가)

---

48) 대법원 2002. 9. 6. 선고 2001후171 판결.
49) 대법원 2002. 9. 6. 선고 2001후171 판결.
50) 대법원 2000. 7. 28. 선고 97후2200 판결. 이외에도 균등론을 적용한 판결로는 대법원 2002. 9. 6. 선고 2001후171 판결이 있다. 그리고 '균등물'이라는 용어를 사용하고 사실상 균등론의 법리를 적용한 사례로는 대법원 1996. 2. 23. 선고 94후1176 판결과 대법원 1986. 6. 10. 선고 83후2 판결이 있다. 94후1176 사건에서 대법원은 심판청구인의 고안 중의 기술구성은 등록고안의 기술구성에 대한 단순한 균등물의 치환 내지는 설계변경 정도에 지나지 아니하여 등록고안의 권리범위에 속한다고 인정하였다. 또한 83후2 판결에서 대법원은 본원발명의 구성을 구체화한 실시예와 인용발명의 구성을 구체화한 실시예가 완전히 동일하다면 인용발명과 대비할 때 본원발명은 단순한 균등물의 치환에 불과하여 그 기술사상이 동일한 것이므로 특허받을 수 없다고 판시하였다.

**판례연구**

**균등론 관련 판례**(대법원 2000. 7. 28. 선고 97후2200 판결)

(가)호 발명이 특허발명과, 출발물질 및 목적물질은 동일하고 다만 반응물질에 있어 특허발명의 구성요소를 다른 요소로 치환한 경우라고 하더라도, 양 발명의 기술적 사상 내지 과제의 해결원리가 공통하거나 동일하고, (가)호 발명의 치환된 구성요소가 특허 발명의 구성요소와 실질적으로 동일한 작용효과를 나타내며, 또 그와 같이 치환하는 것 자체가 그 발명이 속하는 기술분야에서 통상의 지식을 가진 자이면 당연히 용이하게 도 출해 낼 수 있는 정도로 자명한 경우에는, (가)호 발명이 당해 특허발명의 출원시에 이 미 공지된 기술이거나 그로부터 통상의 기술자가 용이하게 도출해 낼 수 있는 것이 아 니고, 나아가 당해 특허발명의 출원절차를 통하여 (가)호 발명의 치환된 구성요소가 특 허청구의 범위로부터 의식적으로 제외되는 등의 특단의 사정이 없는 한, (가)호 발명의 치환된 구성요소는 특허발명의 그것과 균등물이라고 보아야 한다.

호 발명의 반응물질이 특허발명의 반응물질과 균등물로 인정되기 위한 요건"을 다음과 같이 제시하였다.[51]

① 양 발명에서 기술적 사상 내지 과제의 해결원리가 동일하고

② 치환된 구성요소가 특허발명의 구성요소와 실질적으로 동일한 작용효과를 나타내며

③ 그와 같이 치환하는 것을 통상의 기술자가 용이하게 도출해 낼 수 있을 정도로 자명하고

④ 특허발명의 출원시에 이미 공지된 기술이거나 그로부터 통상의 기술자가 용이하게 도출해 낼 수 있는 것이 아니고

⑤ 특허발명의 출원절차에서 치환된 구성요소가 특허청구의 범위로부터 의식적으로 제외된 것이 아니어야 한다.

이 사건에서 대법원은 (가)호 발명의 치환된 구성요소가 위의 요건을 모

---

51) 대법원 2000. 7. 28. 선고 97후2200 판결. 균등론을 적용한 판례로는 대법원 2000. 7. 28. 선고 97후2200 판결; 대법원 2001. 6. 15. 선고 98후836 판결; 대 법원 2001. 8. 21. 선고 98후522 판결; 대법원 2001. 9. 7. 선고 2001후393 판결; 대법원 2002. 8. 23. 선고 2000후3517 판결 등이 있다. 이 외에 특허법원 판례 로는 특허법원 2007. 6. 22. 선고 2007허1008 판결이 있다.

두 충족하고 있으므로 특허발명의 그것과 균등물이라고 보아야 한다고 판시하였다.

위에서 기술적 사상 내지 과제의 해결원리가 동일하다는 것은 종래 기술에서 해결되지 못했던 특유한 기술적 과제를 해결하기 위한 수단의 기초가 되는 기술적 사상 내지 해결원리가 동일하다는 것을 의미한다.[52] 그리고 나아가 어떠한 기술적 과제의 해결수단이 다수 밀집되어 있는 기술분야에서는 기술적 사상이나 과제 해결원리의 동일성의 폭이 좁아지므로 이러한 분야에서 균등론을 적용할 때에는 균등의 범위를 좁게 보아야 할 것이다.

그런데 위의 균등론 조건 중 ① 양 발명에서 기술적 사상 내지 과제의 해결원리가 동일해야 한다는 조건은, 이 조건이 만족되면 양 발명은 균등관계에 있다고 볼 수 있는 것이고, 사실상 균등관계에 있으면 기술적 사상 내지 과제의 해결원리가 동일한 것이므로 균등론의 조건으로 제시할 필요가 있는지에 관하여는 의심해 볼 여지가 있다. 이 요건에 대하여 "균등한 것은 균등한 것"이라는 요건에 불과하다는 지적이 있는 것은 이러한 견해와 맥을 같이 한다고 볼 수 있다.[53] 이 조건을 제시하게 된 배경에는 청구범위해석에 있어서 중심한정주의적 사고가 기초하고 있지 않은가 하는 의구심이 생긴다. 즉, 양 발명의 기술적 사상 내지 과제의 해결원리라고 하는 핵심적·중심적 내용이 동일하다면 나머지 부분이 특별한 작용효과를 나타내지 않는 한, 양 발명은 동일성의 범주에 속하는 것으로 볼 수 있다는 중심한정주의적 사고로부터 비롯된 것이라는 추측이다.[54] 중심한정주의적 청구범위해석에서는 동일성 판단에서 "기술적 구성의 핵심 부분"이나 "핵심적인 기술사상"이 동일한지의 여부를 판단한다.[55] 그래서 중심한정주의적 해석은 요소 대 요소의 대비를 원칙으로 하

---

52) 특허법원 2007. 6. 22. 선고 2007허1008 판결.

53) 유영일, "특허소송에서의 균등론의 체계적 발전방향 – 대법원 2000. 7. 28. 선고 97후2200 판결을 중심으로 –," 특허소송연구, p. 296.

54) 이성호 외 4인 편, 「지적재산소송실무」, 박영사, 2006. p. 221; 이수완, 「특허청구범위의 해석」, 특허소송연구 제2집, 특허법원, 2001(이하, 이수완, 특허청구범위의 해석), pp. 147-148.

55) 대법원 1993. 3. 23. 선고 92후1493 판결에서 "신규발명이 특허발명과 기술적 구성의 핵심적 부분이 동일"하다고 하였다. 대법원 1996. 11. 26. 선고 96후870 판결에서 "(가)호 고안은 등록고안의 핵심적인 기술사상을 모두 포함"하고 있다고 판시하였다. 대법원 2000. 7. 4. 선고 97후2194 판결에서 "기술적 사상과 핵심적

는 균등론에 있어서 발명을 개별적인 구성의 동일성뿐 아니라 유기적 결합체로서 파악한 전체로서의 발명을 서로 대비할 것을 요구하는 것이다.[56] 그런데 이러한 대비 방식은 요소별로 대비하는 것에 비하여 다소 추상적이어서 구체적 사안을 해결하기 위한 기준으로 적용하기는 어렵다.[57] 그래서 "과제해결원리의 동일성 요건"은 구성 부분에 치환된 요소가 있다 하더라도 발명으로 해결하려는 기술적 과제와 해결수단으로서의 기술적 구성 및 이로 인한 작용효과가 동일하여 균등하다는 기준으로 해석하는 것이 보다 구체적 사안의 해결에 도움이 된다고 할 수 있다.[58]

그런데 중심한정주의적 청구범위해석은 특허발명의 보호범위는 특허청구범위의 기재에 의한다는 특허법 규정에 부합하는 것이라고 할 수 없다. 왜냐하면 특허발명의 보호범위는 청구범위에 의하여 정해지므로 특허청구범위에 기재된 사항은 모두 발명의 구성에 없어서는 안 될 필수적인 구성이고,[59] 따라서 특허발명과 균등의 것으로 인정되기 위해서는 확인대상발명이 특허발명의 모든 구성요소를 갖추고 있지 않으면 안 된다. 그럼에도 불구하고 중심한

---

인 구성에 있어서 특허발명과 동일"하다고 판시하였다. 대법원 1997. 11. 14. 선고 96후1002 판결.

56) 미국 대법원이 *Warner-Jenkinson* 사건에서 "특허청구범위의 각 구성요소는 권리범위를 확정함에 있어서 중요한 것으로 간주해야 한다. 그래서 균등론은 전체로서의 발명이 아니라 청구범위의 개별 요소에 적용되어야 한다"고 판시한 바와 같이 균등론은 구성요소 대 구성요소의 비교에 의하는 것을 원칙으로 하는 것이다. *Warner-Jenkinson Co., Inc. v. Hilton Davis Chemical Co.* 520 U.S. 29, 117 S.Ct. 1049, (1997); 이수완, 특허청구범위의 해석, pp. 169-170; 조지훈, "균등요건 중 과제의 해결원리가 동일하다는 것의 의미,"「지식재산 21」, 특허청, 2011. 1, p. 70; 中山信弘, 「註解 特許法(上卷)」, 靑林書院, 2000, p. 716.

57) 전통적으로 침해 여부는 발명을 전체로서 비교하여 판단하였다. 이와 대조적으로 'all elements rule'에 따르면 침해대상제품이 청구범위 구성요소 중 하나의 균등물이라도 가지고 있지 않으면 침해가 아니다. Meurer and Nard, Invention, Refinement and Patent Claim Scope, at 1979.

58) 유영일, 특허소송에서의 균등론의 체계적 발전방향, pp. 294-296, 313-314. 중심한정주의적 입장에서 핵심적 구성이 동일하여 권리범위에 속한다고 판단한 사례로는 대법원 1996. 11. 26. 선고 96후870 판결; 대법원 1993. 3. 23. 선고 92후1493 판결 등이 있다. 따라서 대법원 균등론 첫 번째 요건은 요소 대 요소의 대비에 의하는 주변한정주의보다는 양 발명을 전체로서 대비하는 중심한정주의적 사고에서 비롯되었다고 할 수 있는 것이다.

59) 이수완, 특허청구범위의 해석, pp. 148-149.

정주의적 해석에 따르면, 확인대상발명이 특허발명의 구성요소 중 핵심적인 부분 혹은 핵심적인 기술사상과 동일하면서도 특허발명의 청구범위 구성 중 일부 구성을 보유하고 있지 아니한 경우도 있기 때문이다.

97후2200사건 이전에 사실상 균등론을 적용한 사례로서 대법원 94후1176 판결은 "심판청구인의 고안이 등록고안의 단순한 균등물의 치환 내지 설계변경 정도에 불과하여 등록고안의 권리범위에 속한다"고 판시하였다.[60] 이 판결에서 대법원은 "발열체의 전력제어회로에 관한 심판청구인의 고안 중의 기술구성은 등록고안의 기술구성에 대한 단순한 균등물의 치환 내지는 설계변경 정도에 지나지 아니하여 등록고안의 권리범위에 속한다"고 함으로써 균등론을 적용하여 판시하였다.

일본에서 균등론을 최초로 적용한 사건은 Spline Shaft 사건이다.[61] 이 사건에서 일본 최고재판소는 균등론을 적용하기 위한 요건을 다음과 같이 제시하고 있다.

① 특허발명의 본질적 부분이 아닐 것(비본질적 부분 요건)
② 그 부분을 대상제품의 것으로 치환하여도, 특허발명의 목적을 달성할 수 있고, 동일한 작용효과를 발휘할 것(치환가능성)
③ 그와 같은 치환이, 대상제품 제조시 통상의 기술자에게 용이할 것(치환용이성)
④ 대상제품이 특허발명 출원시 공지되었거나 공지기술로부터 출원시 용이하게 추고할 수 없을 것(추고 비용이성)
⑤ 대상제품이 특허발명 출원절차에서 특허청구범위로부터 의식적으로 제외된 것이 아닐 것(출원금반언의 원칙)

그런데 위 ①의 요건은 청구범위에 기재된 사항은 모두 중요사항임에도 불구하고 이를 본질적 부분과 비본질적 부분으로 구분하여 비본질적인 부분에만 균등론을 적용하는 것이 되기 때문에 부적절하다고 사료된다. 그리고 청구범위를 본질적인 부분과 비본질적인 부분으로 구분하여 본질적인 부분이 다르

---

60) 대법원 1996. 2. 23. 선고 94후1176 판결.
61) The *Spline Shaft* case, judgment of 24 February 1998, Japan Supreme Court, 1630 Hanji 35 (1998).

다면 균등관계가 성립할 수 없다고 하는 것은 중심한정주의적 사고에서 완전히 벗어나지 못하고 있음을 보여주는 단면이라고 하겠다. 더욱이 본질적 부분이라 할지라도 균등한 것이 있을 수 있으므로 일본 최고재판소의 균등론 적용요건에 따르면 본질적 부분이 균등한 것으로 치환된 경우에는 균등론을 적용할 수 없게 되는 중대한 모순이 발생하게 된다.

종래에는 치환용이성의 판단시점에서 출원시설이 유력하였음에도 불구하고 위 ③에서 치환용이성 여부의 판단시점을 제품제조시, 즉 침해시로 한 것은 상당히 중요한 의미를 갖는다. 왜냐하면 침해시를 치환용이성 판단의 기준시점으로 취하면, 출원시와 침해시 사이에 기술발전이 이루어지므로 그 사이에 누적된 기술을 바탕으로 그 연속선상에서 치환의 용이성 여부를 판단하게 되므로 균등론적 침해의 범위가 출원시 예측하지 못한 부분에까지 확대될 수 있기 때문이다. 이러한 판단시점의 이동은 균등영역을 확대하여 특허를 많이 보유한 기술선진국에게 유리한 결과를 가져다 줄 것이다. 따라서 우리가 실무에서 어떤 입장을 취해야 할 것인지에 대한 결정은 우리나라의 기술수준을 바탕으로 하지 않을 수 없다.

한편, 대법원은 2009년 2007후3806 판결에서부터 균등론 관련 사건에서 "과제의 해결원리가 동일하다는 것"은 "침해대상제품 등에서 치환된 구성이 특허발명의 비본질적인 부분이어서 침해대상제품 등이 특허발명의 특징적 구성을 가지는 것을 의미한다"고 판시하기 시작하였다.[62] 이 해석은 "과제해결원리의 동일성 요건"을 "비본질적 부분 요건"과 실질적으로 동일시하는 것이다. 그리고 국내에서 이들을 서로 동일한 것으로 보는 견해도 있다.[63]

---

[62] '특허발명과 그 과제의 해결원리가 동일'하다는 것은 대상제품에서 치환된 구성이 특허발명의 "비본질적인 부분"이어서 대상제품이 특허발명의 특징적 구성을 가지는 것을 의미한다는 취지의 판결로는 다음과 같은 것들이 있다. 대법원 2010. 5. 27. 선고 2010후296 판결; 대법원 2009. 12. 24. 선고 2007다66422 판결; 대법원 2009. 10. 15. 선고 2009다46712 판결; 대법원 2009. 6. 25. 선고 2007후3806 판결; 특허법원 2010. 11. 19. 선고 2010허4250 판결; 특허법원 2009. 12. 18. 선고 2008허13299 판결; 특허법원 2009. 7. 24. 선고 2008허12142 판결.

[63] 김병필, 균등침해 요건 중 '과제해결원리의 동일성' 요건에 대한 고찰, 지식재산연구 제8권 제1호, 2013. 3.(이하, 김병필, 균등침해 요건 중 과제해결원리의 동일성 요건에 대한 고찰), pp. 5, 19, 30-31.

---

판례연구

⚗️ 균등론(과제해결원리의 동일성 요건)(대법원 2009. 6. 25. 선고 2007후3806 판결)

양 발명에서 과제의 해결원리가 동일하다는 것은 확인대상발명에서 치환된 구성이 특허발명의 비본질적인 부분이어서 확인대상발명이 특허발명의 특징적 구성을 가지는 것을 의미하고, 특허발명의 특징적 구성을 파악함에 있어서는 특허청구범위에 기재된 구성의 일부를 형식적으로 추출할 것이 아니라 명세서의 발명의 상세한 설명의 기재와 출원 당시의 공지기술 등을 참작하여 선행기술과 대비하여 볼 때 특허발명에 특유한 해결수단이 기초하고 있는 과제의 해결원리가 무엇인가를 실질적으로 탐구하여 판단하여야 한다.

---

그런데 이들을 서로 동일시하는 것은 실제 사안에서 이 두 요건이 서로 일치하는 경우에는 문제가 없으나 서로 다른 경우에는 침해 여부의 결론이 달라질 수 있기 때문에 중요한 문제를 야기할 수 있다.[64] 일본 균등론의 "비본질적 부분 요건"에 의하면 치환이 "비본질적인 부분"에서 이루어진 것이면 균등론을 적용할 수 있지만 "본질적인 부분"에서 이루어진 것이면 균등론을 적용할 수 없게 되기 때문에 균등론 적용 여부 및 침해 여부를 결정하기 위해서는 반드시 치환된 부분이 본질적인 부분인지의 여부를 구별하여야 한다.[65] 반면, 우리나라에서는 청구범위해석에 있어서 청구범위 구성요소를 "본질적인 부분"과 "비본질적인 부분" 혹은 "필수적인 부분"과 "비필수적인 부분"으로 구분하지 아니하고, "본질적인 부분"이라 하더라도 실질적으로 동일한 효과를 발휘하는 한 균등물로 치환되면 침해를 인정할 수 있다.[66]

"본질적인 부분"은 특허발명의 "특징적 구성" 또는 "기술적 사상"(즉, "문제해결의 원리")으로 파악될 수 있다.[67] "본질적인 부분"을 발명의 "특징적 구

---

64) 구대환, "과제해결원리의 동일성 요건과 비본질적 부분 요건의 차이점,"「동아법학」제60호, pp. 377-378.

65) Toshiko Takenaka, *The Doctrine of Equivalents in Japan*, p. 128; 구대환, "과제해결원리의 동일성 요건과 비본질적 부분 요건의 차이점,"「동아법학」제60호, pp. 393-394.

66) 구대환, "과제해결원리의 동일성 요건과 비본질적 부분 요건의 차이점,"「동아법학」제60호, p. 394.

67) 이와 같이 두 가지로 파악될 수 있다는 점에 대하여 같은 취지의 글로서는, 김병필, 균등침해 요건 중 과제해결원리의 동일성 요건에 대한 고찰, p. 31 참조.

성"으로도 해석할 수 있는 한, "비본질적 부분 요건"은 "과제해결원리의 동일성 요건"보다 훨씬 제한적인 개념이므로 이들은 서로 다르다. 이러한 차이로 인하여 "과제해결원리의 동일성 요건"을 적용하였을 경우에 비하여 "비본질적 부분 요건"을 적용한 경우에 균등관계를 인정하는 비율이 현저하게 낮게 된 것이다.68)

일본에서 균등관계를 부인하는 사건 중 "비본질적 부분요건"에 의한 비율은 78.8%인 반면, 우리나라에서 "문제해결원리의 동일성 요건"에 의한 비율은 37.5%에 불과하다.69) 즉, 일본에서는 "비본질적 부분요건"이 균등관계를 인정하는데 가장 큰 장애요소로 작용하고 있다. 그 이유는 일본법원이 스스로 "본질적 부분"을 "기술적 사상"으로 보지 않고 발명의 "특징적 부분"으로 보는 경향이 컸기 때문이라고 평가할 수 있다.

과제해결수단에 내재되어 있는 "과제해결의 원리"는 발명 그 자체일 뿐 아니라 발명의 원리를 의미하는 추상적 개념이다.70) 반면, 발명의 "특징적 구성"은 발명의 구성 중 특허발명 특유의 작용효과를 발휘하는 부분으로서 구체적이고 물리적인 개념이다. 발명의 "특징적 구성"이 다르다 하더라도 "과제해결의 원리"는 동일할 수 있다. 그래서 "과제해결원리의 동일성 요건"은 "특징적 구성이 동일하여야 한다고 하는 요건"과 같은 의미로 해석될 수 없다. "본질적 부분요건"에 대한 이중적 해석이 가능한 한 어떤 해석에 의하느냐에 따라서 균등론의 적용 여부 및 침해 여부가 달라질 수 있다. 따라서 "과제해결원리의 동일성 요건"을 "비본질적 부분 요건"과 동일시하는 것은 잘못이다.71)

---

68) 발명의 과제해결의 원리는 발명의 특징적 구성보다 상위의 개념이어서 과제해결의 원리를 대비할 경우 특징적 구성을 대비하는 경우에 비하여 동일성이 인정되기 쉽다. 김병필, 균등침해 요건 중 과제해결원리의 동일성 요건에 대한 고찰, p. 18.

69) 구대환, "과제해결원리의 동일성 요건과 비본질적 부분 요건의 차이점,"「동아법학」제60호, p. 391-393.

70) 구대환, "과제해결원리의 동일성 요건과 비본질적 부분 요건의 차이점,"「동아법학」제60호, p. 394.

71) 이러한 점에서 토사코 타케나까 교수는 "본질적 부분요건"이 태생적으로 문제를 안고 있다고 했다. Toshiko Takenaka, *The Doctrine of Equivalents in Japan*, *CASRIP Publication Series: Rethinking Int'l* Intellectual property No. 6. 2000, p. 132.

### (7) 공지기술 배제의 원칙

"공지기술 배제의 원칙"이란 청구범위해석에 있어서 그 기재내용을 문언
대로 해석하면 권리범위가 공지기술까지 포함하게 되는 경우 공지기술이 포함
되지 않도록 해석하는 것을 의미한다.[72]

그런데 특허발명이 복수의 구성요소로 되어 있는 경우에는 각 구성요소가
유기적으로 결합된 전체로서의 기술사상이 보호되는 것이므로, 일부 구성요소
가 공지되었다는 이유로 이를 제외한 채 청구범위를 해석하여서는 안 된다.
왜냐하면 이와 같이 해석하면 발명의 일체성이 훼손되고 권리범위가 부당하게
확장되는 결과를 가져오기 때문이다.

그렇다면 청구범위해석에 있어서 공지기술을 제외한다는 것은 무엇을 의
미하는 것인가? 이를 이해하기 위해서는 "요소 공지"와 "부분 공지"의 개념을
이해할 필요가 있다.[73] "요소 공지"는 다수의 구성요소로 이루어진 발명의 구
성요소 중 일부 요소가 공지된 경우를 말하고, "부분 공지"는 상위개념으로 표
현된 특허청구범위의 발명 중 하위개념의 일부 발명이 특허출원 전에 공지된
경우를 말한다.[74]

---

판례연구

🖋️ **공지기술 배제의 원칙 (요소 공지)** (대법원 2001. 6. 15. 선고 2000후617 판결)

복수의 구성요소로 되어 있는 경우에는 그 각 구성요소가 유기적으로 결합된 전체로서
의 기술사상이 보호되는 것이지, 각 구성요소가 독립하여 보호되는 것은 아니므로, 특허
발명과 대비되는 (가)호 발명이 특허발명의 청구항에 기재된 필수적 구성요소들 중의 일
부만을 갖추고 있고 나머지 구성요소가 결여된 경우에는 원칙적으로 그 (가)호 발명은 특
허발명의 권리범위에 속하지 아니한다(대법원 2000. 11. 14. 선고 98후2351 판결 참조).

---

72) 구대환, "공지기술이 포함된 특허발명에 대한 권리범위의 확정," 「성균관법학」
    제23권 제3호 (2011), pp. 901-902.
73) 부분공지와 요소공지의 개념에 대하여는, 구대환, 앞의 논문, pp. 898-901.
74) 구대환, 앞의 논문, pp. 899-900. 대법원 2001. 6. 15. 선고 2000후617 판결; 대
    법원 1998. 9. 18. 선고 96후2395 판결.

판례연구

## 공지기술 배제의 원칙(부분 공지)
(대법원 1964. 10. 22. 선고 63후45 전원합의체 판결)

공지공용의 사유까지 포함한 출원이 있고 그 출원에 의한 등록이 있었다 하여도 전연 신규성 있는 기술적 효과가 인정될 수 없는 공지공용의 부분까지 명세서나 도면에 기재되어 있다는 그 사실 하나만으로 권리범위라고 하여 독점적인 실시권이 부여되어 기왕부터 널리 사용하고 있는 공지의 부분에 대하여까지 배타적 권리를 인정케 하는 결과는 오히려 기술의 진보향상을 도모하여 국가 산업의 발전에 기여코저 하는 실용신안법의 정신에 정면 배치된다 할 것이며 실용신안권이 신규성 있는 기술고안에 대하여만 부여되고 신규성 있는 기술적 효과 발생에 유기적으로 결합된 것으로 볼 수 없는 공지사유에 대하여까지 권리범위를 확장할 수 없다.

"부분 공지"는 일반적으로 특허된 이후에 특허발명의 일부에 해당하는 기술이 출원 전에 공지되어 있었음이 확인된 경우가 많다. 이러한 특허발명은 청구범위에 신규성이 상실된 발명을 포함하고 있는 것이므로 원래 특허되지 말았어야 했으나 잘못 특허된 것이다.[75] 그런데 특허법은 특허에 무효사유가 있는 경우 무효심판절차를 거쳐 무효로 할 수 있도록 규정하고 있으므로, 특허는 일단 등록된 이상 특허무효심결이 확정되지 않는 한 유효한 것이고 다른 절차에서 그 특허가 당연무효라고 판단할 수 없다.[76] 그러나 특허발명의 일부가 출원 전에 공지된 것으로서 특허발명의 신규성 있는 효과 발생에 유기적으로 결합된 것으로 볼 수 없는 경우(즉, "부분 공지"인 경우) 특허무효심결의 유무에 관계없이 해당 공지부분에 대한 권리범위를 인정할 수 없다.[77]

먼저 "요소 공지"의 예를 들면, 청구범위가 "물질A와 물질B를 젖산과 함께 서로 반응시키는 의약품C의 제조방법"이고, 선행기술이 "물질A와 물질B를 서로 반응시키는 의약품C의 제조방법"인 경우를 말한다.[78] 이러한 경우 특허발명의 권리범위는 공지 요소(A + B → C)를 포함하여 전체 구성요소가 유

---

75) 구대환, 앞의 논문, p. 899. 대법원 1997. 4. 25. 선고 96후603 판결.
76) 대법원 2004. 2. 27. 선고 2003도6283 판결.
77) 대법원 1964. 10 .22. 선고 63후45 전원합의체 판결; 대법원 1983. 7. 26. 선고 81후56 전원합의체 판결.
78) 구대환, 앞의 논문, pp. 899-901.

기적으로 결합된 상태로 정해지는 것이므로 선행기술에 의하여 공지된 구성요소라 할지라도 이를 포함시켜서 권리범위를 확정하여야 한다. 그리고 이와 같은 공지기술이 존재한다고 하여서 이 특허발명의 신규성이 상실되는 것도 아니다.

"부분 공지"의 예를 들면, 상위개념으로 기술된 청구범위가 "물질A와 물질B를 산과 반응시킨다"고 기재되어 있고 선행기술이 "물질A와 물질B를 젖산과 반응시킨다"고 되어 있는 경우, 특허발명의 권리범위는 청구범위에 기재되어 있는 발명으로부터 'A와 B를 젖산과 반응시키는 기술'을 제외하고 확정하여야 한다.[79] 즉, 특허청구범위가 {A+B+C(산)}으로 기재되어 있는데 C에는 c, c1, c2, c3, … 등이 포함되고 선행기술이 {A+B+c(젖산)}인 경우, 권리범위는 {A+B+(C−c)}가 될 것이다. 그리고 이러한 특허발명은 공지기술을 포함하고 있으므로 이 부분을 제외시키지 않는 한 특허될 수 없고 설사 특허되더라도 무효의 사유가 된다.[80]

따라서 공지기술 배제의 원칙은 "요소 공지"의 경우에는 적용될 수 없고, "부분 공지"의 경우에만 적용된다고 할 수 있다.

또한 특허의 일부에 그 발명의 기술적 효과발생에 유기적으로 결합된 것이 아닌 공지사유가 포함되어 있는 경우 그 공지부분에까지 권리범위가 확장되는 것이 아니라고 하는 "부분 공지"의 법리는 등록된 특허발명의 전부가 출원 당시 공지공용의 것이었던 "전부 공지"의 경우에도 그대로 적용되어야 하는 것이다. 따라서 전부 공지의 경우에는 특허무효심결의 유무에 관계없이 그 권리범위를 인정할 근거가 상실된다.[81]

---

79) 구대환, 앞의 논문, pp. 899, 902.
80) 대법원 1994. 4. 15. 선고 90후1567 판결.
81) 대법원 1983. 07. 26. 선고 81후56 전원합의체 판결.

---

**판례연구**

### 공지기술 배제의 원칙(전부 공지)(대법원 1983. 7. 26. 선고 81후56 전원합의체 판결)

등록된 특허의 일부에 그 발명의 기술적 효과발생에 유기적으로 결합된 것이 아닌 공지사유가 포함되어 있는 경우 그 공지부분에까지 권리범위가 확장되는 것이 아닌 이상 그 등록된 특허발명의 전부가 출원 당시 공지공용의 것이었다면 그러한 경우에도 특허무효의 심결의 유무에 관계없이 그 권리범위를 인정할 근거가 상실된다는 것은 논리상 당연한 이치라고 보지 않을 수 없고 이를 구별하여 원심과 같이 그 일부에 공지사유가 있는 경우에는 권리범위가 미치지 아니하고, 전부가 공지사유에 해당하는 경우에는 그 권리범위에 속한다고 해석하여야 할 근거도 찾아볼 수 없으며, 특허권은 신규의 발명에 대하여 부여되는 것이고 그 권리범위를 정함에 있어서는 출원 당시의 기술수준이 무효심판의 유무에 관계없이 고려되어야 한다.

---

**판례연구**

### 공지기술 배제의 원칙(대법원 2006. 5. 25. 선고 2005도4341 판결)

어느 고안이 실용신안 등록고안의 권리범위에 속하는지를 판단함에 있어서 등록고안과 대비되는 고안이 공지의 기술만으로 이루어지거나 그 기술분야에서 통상의 지식을 가진 자가 공지기술로부터 극히 용이하게 고안해 낼 수 있는 경우에는 등록고안과 대비할 필요 없이 등록고안의 권리범위에 속하지 않게 되고(대법원 2001. 10. 30. 선고 99후710 판결; 2004. 9. 23. 선고 2002다60610 판결 등 참조), 그와 같은 경우에는 그 등록내용과 동일·유사한 물품을 제작·판매하였다고 하여 실용신안권침해죄를 구성할 수 없다.

---

## 4. 청구범위해석의 사례

아래와 같이 본발명과 인용발명이 있는 상태에서 침해품 1과 2가 나타났을 때 이들이 본발명의 보호범위에 속함으로써 침해를 구성하는지 여부를 살펴보자.

[특허청구범위 1]에 대하여 침해품 1은 본발명의 특허청구범위에 기재된 문언의 내용을 모두 포함하고 있으므로 본발명에 대한 침해를 구성하고, 침해품 2는 본발명의 특허청구범위 구성요소 중에서 '사각형'의 나무로 된 밑판이나 '네 개'의 다리나 밑판의 '한 변에 직각으로' 부착되어 있는 등판의 구성을

포함하고 있지 않기 때문에 본발명을 침해하고 있지 않다.

　[특허청구범위 2]에 대하여 침해품 1과 침해품 2는 본발명의 특허청구범위에 기재된 문언의 내용을 모두 포함하고 있으므로 본발명에 대한 침해를 구성한다.

　위에서 알 수 있듯이 [특허청구범위 2]가 [특허청구범위 1]보다 효과적으로 작성된 것임을 알 수 있다. 따라서 청구범위를 기재함에 있어서는 [특허청구범위 1]에서 "사각형의 나무로 된"이라든지 "네 개의"나 "한 변에 직각으로" 등의 불필요한 한정이나 부가를 함으로써 청구범위를 제한해서는 안 된다. 침해를 효과적으로 저지하기 위해서 청구범위는 종래 기술을 기초로 하여 본발명이 이룩한 발명의 기술적 사상의 전체를 포괄하도록 기재하여야 한다.

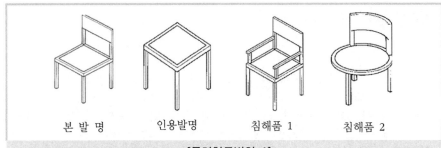

본 발 명　　　인용발명　　　침해품 1　　　침해품 2

**[특허청구범위 1]**

<u>사각형의 나무로 된</u> 밑판과,
상기 밑판에 부착되어 밑판을 지면으로부터 공중에 떠받치는 <u>네 개의</u> 다리와,
상기 밑판의 <u>한 변에 직각으로</u> 부착되어 상기 밑판 위로 올라간 등판
으로 구성된 의자

**[특허청구범위 2]**

밑판과,
상기 밑판에 부착되어 밑판을 지면으로부터 공중에 떠받치는 다리와,
상기 밑판에 부착되어 상기 밑판 위로 올라간 등판
으로 구성된 의자

## 5. 이용관계와 권리범위

　현대의 대부분의 기술발전은 타인의 발명을 이용하거나 개량함으로써 이루어진다. 그래서 현대 기술혁신은 선행기술을 바탕으로 그 연속선상에서 발

전한다. 이러한 기술혁신의 과정에서 타인의 발명을 이용하지 않고는 자신의 발명을 실시할 수 없는 발명을 이용발명이라고 한다. 특허법은 선발명자의 발명(피이용발명)을 이용하여 이용발명을 완성하였을 때 선발명자를 보호하기 위하여 선발명자(피이용발명의 발명자)의 동의를 얻지 않고는 이용발명을 실시할 수 없도록 규정하고 있다.[82]

여기서 '이용'이라 함은 선발명의 요지를 전부 포함하고 이를 그대로 이용하고 있는 경우를 말한다. 따라서 선발명의 요지의 일부가 누락된 채 이용하고 있으면 이용발명이라고 할 수 없다. 또한 선발명의 요지를 전부 포함하고 있다 하더라도 이를 별도의 작용효과가 발휘될 수 있는 형태로 변경하여 사용하는 경우에도 이용발명이라고 할 수 없다. 이용관계는 기술사상에 있어서의 이용관계와 실시상의 이용관계가 있다. 판례는 기술사상에 있어서의 이용관계가 대부분이다.

대법원은 92후1660 판결에서 이용관계가 성립하기 위한 요건으로서 ① 후발명이 선행발명의 요지를 전부 포함하고 ② 이를 그대로 이용하였을 것을 제시하고 있다. 98후522 판결에 따르면, 이용관계는 후발명이 선행발명의 특허요지에 새로운 기술적 요소를 가하는 것으로서 후발명이 선행발명의 요지를 전부 포함하고 이를 그대로 이용하되 후발명 내에 선발명이 발명으로서의 일체성을 유지하는 경우에 성립한다.[83] [그림 7-2]는 이용관계를 설명하고 있다. 선행발명 P1은 (A+B+C)이고 이용발명 P2는 P1에 새로운 기술적 요소 D를 부가한 것으로서 P2=P1+D=(A+B+C)+D로 나타낼 수 있다. 여기서 P2는 P1의 요지를 전부 포함하고 P1을 그대로 이용하고 있기 때문에 P2는 P1의 이용발명이 된다. 이러한 경우는 외적 부가에 해당하는 것으로서 흑연 A와 목재 B 및 지우개 C로 된 연필의 발명 P1=(A+B+C)에 대해 탄성패드 D를 끼운 발명 P2={(A+B+C)+D}가 그 예이다.

---

82) 특허법 제98조.
83) 대법원 1995. 12. 5. 선고 92후1660 판결. 같은 취지의 판결로서 대법원 2001. 8. 21. 선고 98후522 판결; 대법원 1991. 11. 26. 선고 90후1499 판결; 대법원 1995. 12. 5. 선고 92후1660 판결; 대법원 2001. 8. 21. 선고 98후522 판결 등이 있다.

**그림 7-2** 이용관계(외적 부가)

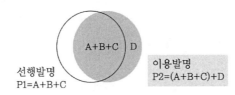

선행발명
P1=A+B+C

이용발명
P2=(A+B+C)+D

내적 부가에 의한 이용관계는 [그림 7-3]에서 보는 바와 같이 흑연 A, 목재 B, 지우개 C, 탄성패드 D로 된 발명에 대하여 탄성패드 D를 특수하게 제작된 원통형 고무패드 D1로 특정한 연필발명에서 찾을 수 있다.[84]

한마디로 선발명을 이용하지 않고는 후발명을 실시할 수 없는 경우 후발명은 선발명의 이용발명이고 이러한 관계를 이용관계라고 하며, 이용관계에 있을 때 후발명은 선발명의 권리범위에 속한다.[85]

**그림 7-3** 이용관계(내적 부가)

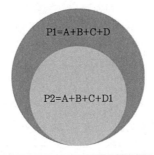

P1=A+B+C+D

P2=A+B+C+D1

## 6. 균등발명의 이용관계

이용관계는 동일발명뿐 아니라 균등발명을 이용하는 경우에도 성립한다.[86] 대법원은 98후522 판결에서 이용관계의 성립요건을 보다 구체적으로 한

---

84) 요시후지, 「특허법개설」, p. 512.
85) 대법원 2015. 5. 14. 선고 2014후2788 판결.
86) 대법원 2001. 8. 21. 선고 98후522 판결.

정하고 이용관계에 대하여 선행발명과 동일한 경우뿐 아니라 균등한 발명을 이용하는 경우에도 이용관계가 성립한다고 판시하였다.[87] 또한 이 판결은 92 후1660 판결에서의 이용관계 성립 요건인 ① 선행발명의 요지를 전부 포함하는 것과 ② 이를 그대로 이용하는 것 외에 「선특허발명이 발명으로서의 일체성을 유지해야 한다」는 조건을 하나 더 추가함으로써 이용관계의 성립요건을 보다 엄격하게 하고 동일발명뿐 아니라 균등발명을 이용하는 경우도 마찬가지라고 하였다.

> "이용관계는 후발명이 선특허발명의 기술적 구성에 새로운 기술적 요소를 부가하는 것으로서 후발명이 선특허발명의 요지를 전부 포함하고 이를 그대로 이용하되, 후발명 내에 선특허발명이 발명으로서의 일체성을 유지하는 경우에 성립하는 것이며, 이는 선특허발명과 동일한 발명뿐만 아니라 균등한 발명을 이용하는 경우도 마찬가지이다."[88]

즉, 선특허발명이 후발명에 있어서도 여전히 발명으로서의 일체성을 유지할 때 이용관계가 성립한다고 볼 수 있다는 것인데, 이러한 이용관계는 방법의 발명, 특히 화학물질의 제법에 관한 발명에 있어서는 부가된 어떤 물질이 선행방법에서 사용하는 물질과 상호반응을 일으킴으로써 물질의 변화를 수반하기 때문에 반응 후에도 선행방법에서 사용하는 물질이 그대로 발명으로서의 일체성을 유지하고 있음을 입증하기 어려워 이용관계를 인정하기 어렵다. 화학발명의 이러한 특성을 고려하여 대법원은 "화학물질의 제조과정(수단)에 있어서 촉매를 사용하는 것과 사용하지 않는 것은 그 기술사상을 현저히 달리하는 것"[89]이라고 전제하고, "촉매사용에 대한 언급이 없는 특허제조방법과 촉매를 사용하여 행하는 제조방법은 비록 출발물질과 반응물질, 생성물질이 같다고 하더라도 …… 후발명이 선행발명을 이용하고 있다고 볼 수 없고, 따라서 후발명은 선행발명의 권리범위의 영역 밖에 있는 것"이라고 판시하였다"(일부 생략).[90]

---

87) 균등의 경우에도 이용관계가 성립한다는 취지의 판결로서는 대법원 2001. 9. 7. 선고 2001후393 판결; 대법원 2001. 8. 21. 선고 98후522 판결이 있다.

88) 대법원 2001. 8. 21. 선고 98후522 판결.

89) 대법원 1992. 10. 27. 선고 92다8330 판결.

90) 대법원 1992. 10. 27. 선고 92다8330 판결. 이와 같이 화학물질의 제조과정에 있어서 이용관계를 부정한 판례로는 다음과 같다. 대법원 1991. 11. 26. 선고 90후1499 판결; 대법원 1985. 4. 9. 선고 83후85 판결.

이를 다시 설명하면, 「a에 b를 반응시켜 X라는 물질을 제조하는 방법」이라는 선행발명 P1이 있고 「a에 b와 c를 반응시켜서 Y라는 물질을 제조하는 방법」이라는 P2가 있을 때 a에 b와 c를 반응시켰을 때 a와 b가 반응하여 X가 형성되고 여기에 c가 반응하여 Y가 형성되는 경우가 아니면 P2는 P1의 이용발명이라고 할 수 없다.[91] 즉, 제3성분 c를 부가함으로써 생성되는 물질의 본질적 성질이 변화하거나 그 유용성이 현저하게 증대하는 등 작용효과가 달라지는 경우에는 부가 전의 목적물이 생성되지 않고 다른 목적물이 생성되었고, 부가에 의하여 새로운 일체관계가 생김으로써 부가 전의 발명사상이 그대로 포함되어 있지 않으므로 이용관계는 성립되지 않는다고 보아야 한다.[92]

실시상의 이용관계는 카테고리가 서로 다른 경우에 성립한다.[93] 예를 들어 어떤 방법에 관한 선행발명을 실시하기 위한 장치의 발명은 방법의 발명에 대한 이용발명이다. 또한 어떤 물질에 대한 발명이 있을 때 이 물질을 이용하는 방법에 관한 발명이나 이 물질의 용도발명은 이 물질에 대한 선행발명의 이용발명이다.

이러한 이용관계에 있는 경우에는 후발명은 선행발명특허의 권리범위에 속하게 되기 때문에 후발명을 실시하기 위해서는 선발명 특허권자의 허락을 얻지 않으면 안 된다.[94] 그러나 선발명의 권리범위에 속한다고 하여 특허권 등록 자체가 부정되는 것은 아니기 때문에 이용발명도 별도의 특허로서 등록될 수 있다.

그런데 이용발명의 특허권자는 선발명에 대한 특허권자의 허락이 없이는 자신의 발명을 실시할 수 없기 때문에 선발명의 특허권자가 정당한 이유가 없이 실시허락을 거부할 경우 이용발명은 이를 실시할 수 있는 방법이 없게 되고 특허제도가 목적으로 하는 바 발명의 이용을 통한 기술발전과 산업발전을 도모할 수 없게 된다. 이러한 취지에 입각하여 특허법은 실시의 허락을 받고

---

91) 요시후지, 「특허법개설」, p. 512.
92) 요시후지, 「특허법개설」, p. 513.
93) 강동세, "利用發明에 관한 研究,"「特許訴訟硏究」제1집, 특허법원, 2000, p. 53.
94) 이용관계에 있는 경우 후발명은 선행발명의 권리범위에 속한다는 취지의 판결로서는 대법원 1995. 12. 5. 선고 92후1660 판결; 대법원 2001. 8. 21. 선고 98후522 판결; 대법원 2001. 9. 7. 선고 2001후393 판결; 대법원 1991. 11. 26. 선고 90후1499 판결 등이 있다.

자 하는 경우에 선발명 특허권자가 정당한 이유 없이 허락하지 않거나 특허권자의 허락을 받을 수 없는 때에는 자기의 특허발명의 실시에 필요한 범위 내에서 통상실시권허여의 심판을 청구할 수 있도록 하고 있다.[95]

그러나 후특허발명이 선특허발명에 비하여 '상당한 경제적 가치가 있는 중요한 기술적 진보'를 가져오는 것이 아니면 통상실시권의 허여를 하여서는 아니된다(특허법 제138조 제2항). 그런데 '상당한 경제적 가치'는 물론 '중요한 기술적 진보'의 의미를 판단할 수 있는 기준은 없다. 여기서 '중요한 기술적 진보'는 기술적 진보 중에서 중요한 것이라는 말이다. '진보성'과 '중요한 기술적 진보'를 서로 비교하여 볼 때 통상의 기술자가 선행기술을 이용하여 쉽게 실시할 수 없을 정도로 통상의 기술자에게 자명하지 아니할 때 존재하는 '진보성'보다는 '중요한 기술적 진보', 즉 '기술적 진보 중에서 중요한 것'이 더 무겁다. 왜냐하면 '중요한 기술적 진보'는 일단 진보성이 있는 이용발명에 대하여 그것이 추가적으로 가져야 할 요건을 제시하는 것이기 때문이다. 따라서 이용발명 중에는 그것이 비록 진보성을 인정받아 특허된 것이라고 하더라도, 통상실시권허여심판에서는 '상당한 경제적 가치'나 '중요한 기술적 진보'가 결여되어 있다는 이유로 통상실시권이 허여되지 않을 수도 있다. 결국 이용발명의 특허권자는 자신의 발명을 실시할 수는 없으나 타인이 자신의 발명을 실시하는 것을 금지할 수는 있다. 이러한 점에서 특허권은 타인의 사용을 배제할 수 있는 배타권이라고 할 수 있다.

다음의 사례(97후2200, 98후522)와는 달리 확인대상발명의 치환된 구성요소가 특허발명의 구성요소와 균등관계에 있지 아니하고, 출발물질이 다르므로 우회발명이라고도 볼 수 없으므로 확인대상발명이 특허발명에 속하지 않는다고 본 사례도 있다.[96]

95) 특허법 제138조.
96) 대법원 2001. 6. 15. 선고 98후836 판결.

## 🧪 균등론과 이용발명(대법원 2000. 7. 28. 선고 97후2200 판결)

특허발명(Q)은 출발물질(SCAR acid)에 반응물질(피페라진)을 반응시켜 목적물질(사이프로플루옥사신)을 제조하는 방법에 관한 발명이고, 특허권자가 침해물이라고 주장하는 (가)호 발명(R)은 출발물질(SCAR acid)에 N-에톡시카르보닐피페라진을 반응시켜 중간체(X)를 얻고 이 중간체(X)를 가수분해하여 동일한 목적물질(사이프로플루옥사신)을 얻는다.

(문제 1) 균등관계가 성립하기 위한 요건 및 이용관계가 존재하기 위한 조건을 제시하시오.

(문제 2) 특허발명(Q)과 (가)호 발명(R) 사이에 이용관계가 존재하는지 여부를 균등론의 관점에서 판단하시오.

(문제 3) (가)호 발명(R)이 특허발명(Q)에 속하는지 여부에 관한 자신의 입장을 밝히고 그 이유를 논하시오.

【특허발명(Q)】

【(가)호 발명(R)】

(가)호 발명은 특허발명과, 출발물질 및 목적물질이 동일하고 다만 반응물질에 있어 특허발명의 구성요소를 균등물인 다른 요소로 치환한 것이다. 반응중간체를 가수분해하여 목적물질을 얻는 공정은 단순한 '관용수단의 부가'에 불과하므로 (가)호 발명은 특허발명과 상이한 발명이라고 볼 수 없다.

판례연구

## 균등론과 이용발명(대법원 2001. 8. 21. 선고 98후522 판결)

【(가)호 발명(R)】

특허발명(Q)은 출발물질(PSI)에 반응물질(ADMP)을 가하여 목적물질인 피라조술푸론에틸(PSPET)을 제조하는 방법에 관한 발명이고, 특허권자가 침해물이라고 주장하는 (가)호 발명(R)은 출발물질(PSC)에 피리딘(촉매)을 반응시켜 중간생성물(Intermediate), 즉 피리디움어닥트를 제조하고 그 후 이 피리디움어닥트에 반응물질(ADMP)을 가하여 목적물질인 피라조술푸론에틸(PSPET)을 제조하는 방법에 관한 발명이다. 여기서, 특허발명의 목적물질의 수율은 44.47%이고, 피리딘이 첨가된 (가)호 발명의 목적물질의 수율은 90.38%이며, PSI와 피리디움어닥트는 서로 균등관계에 있다(촉매란 반응에 관여하여 반응속도 내지 수율 등에 영향을 줄 뿐 반응 후에는 그대로 남아 있고 목적물질의 화학적 구조에는 기여를 하지 아니하는 것을 말한다.)

(문제 1) 균등관계가 성립하기 위한 요건 및 이용관계가 존재하기 위한 조건을 제시하시오.
(문제 2) 특허발명(Q)과 (가)호 발명(R) 사이에 이용관계가 존재하는지 여부를 균등론의 관점에서 판단하시오.

【특허발명(Q)】

(문제 3) (가)호 발명(R)이 특허발명(Q)에 속하는지 여부에 관한 자신의 입장을 밝히고
　　　　 그 이유를 논하시오.

(1) 특허발명과 (가)호 발명의 균등관계 여부의 판단 기준

(가)호 발명이 특허발명의 권리범위에 속한다고 할 수 있기 위하여는 특허발명의 각 구성요소와 구성요소 간의 유기적 결합관계가 (가)호 발명에 그대로 포함되어 있어야 할 것이고, 다만 (가)호 발명에 구성요소의 치환 내지 변경이 있더라도 양 발명에서 과제의 해결원리가 동일하며, 그러한 치환에 의하더라도 특허발명에서와 같은 목적을 달성할 수 있고 실질적으로 동일한 작용효과를 나타내며, 그와 같이 치환하는 것을 그 발명이 속하는 기술분야에서 통상의 지식을 가진 자(통상의 기술자)가 용이하게 생각해 낼 수 있을 정도로 자명하다면, (가)호 발명이 특허발명의 출원시에 이미 공지된 기술 내지 공지기술로부터 통상의 기술자가 용이하게 발명할 수 있었던 기술에 해당하거나 특허발명의 출원절차를 통하여 (가)호 발명의 치환된 구성요소가 특허청구범위로부터 의식적으로 제외된 것에 해당하는 등의 특별한 사정이 없는 한, (가)호 발명의 치환된 구성요소는 특허발명의 대응되는 구성요소와 균등관계에 있는 것으로 보아 (가)호 발명은 여전히 특허발명의 권리범위에 속한다고 보아야 한다.

(2) 이용발명의 성립요건 및 특허발명의 균등발명을 이용하는 경우에도 이용발명인
　　지 여부(적극)

선특허발명과 후발명이 구 특허법(1990. 1. 13. 법률 제4207호로 전문 개정되기 전의 것) 제45조 제 3 항에서 규정하는 이용관계에 있는 경우에는 후발명은 선특허발명의 권리범위에 속하게 되고, 이러한 이용관계는 후발명이 선특허발명의 기술적 구성에 새로운 기술적 요소를 부가하는 것으로서 후발명이 선특허발명의 요지를 전부 포함하고 이를 그대로 이용하되, 후발명 내에 선특허발명이 발명으로서의 일체성을 유지하는 경우에 성립하는 것이며, 이는 선특허발명과 동일한 발명뿐만 아니라 균등한 발명을 이용하는 경우도 마찬가지이다.

(3) 화학물질 제조방법의 발명에서 촉매의 부가로 인하여 그 수율에 현저한 상승이
　　있는 경우에도 이용발명에 해당하는지 여부(적극)

화학반응에서 촉매라 함은 반응에 관여하여 반응속도 내지 수율 등에 영향을 줄 뿐 반응 후에는 그대로 남아 있고 목적물질의 화학적 구조에는 기여를 하지 아니하는 것임을 고려하면, 화학물질 제조방법의 발명에서 촉매를 부가함에 의하여 그 제조방법 발명의 기술적 구성의 일체성, 즉 출발물질에 반응물질을 가하여 특정한 목적물질을 생성하는 일련의 유기적 결합관계의 일체성이 상실된다고 볼 수는 없으므로, 촉매의 부가로 인하여 그 수율에 현저한 상승을 가져오는 경우라 하더라도, 달리 특별한 사정이 없는 한 선행 특허발명의 기술적 요지를 그대로 포함하는 이용발명에 해당한다.

## 유사문제연구

특허발명은 출발물질(A)에 반응물질(B)을 가하여 목적물질(P)을 제조하는 방법에 관한 발명(Q)이고, 특허권자가 침해물이라고 주장하는 (가)호 발명은 출발물질(A)에 화학물질(C)을 화학 반응시켜 중간생성물(X)을 제조하고, 그 후 이 중간생성물(X)에 반응물질(B)을 가하여 목적물질(P)을 제조하는 방법에 관한 발명(R)이다. 여기서, 특허발명과 (가)호 발명에 있어서 목적물질의 수율에는 현저한 차이가 없다.

(문제 1) 특허발명(Q)과 (가)호 발명(R) 사이에 이용관계가 존재하는지 여부를 균등론의 관점에서 판단하시오.
(문제 2) (가)호 발명(R)이 특허발명(Q)에 속하는지 여부에 관한 자신의 입장을 밝히고 그 이유를 논하시오.

## 판례연구

### 출원경과 금반언의 원칙(대법원 2003. 12. 12. 선고 2002후2181 판결)

특허발명은 부직포 두께가 '약 0.8~1.5mm 정도'인데, (가)호 발명은 0.1~0.79mm 로서 이러한 차이는 부직포 제조과정에서 나타나는 오차한계범위 내이며, 다만 엠보싱 형성 위치에 있어서 이 사건 특허발명은 부직포의 표면과 이면에 형성하는 반면, (가)호 발명은 그 일면에만 형성하는 점에서 차이가 있으나, 피고가 이 사건 특허발명의 출원 시 단순히 '엠보싱 가공을 한 부직포'를 그 특허청구범위로 기재하였다가 '부직포의 일면 또는 양면에 엠보싱을 하는 기술'이 이미 공지되었다는 이유로 거절이유통지를 받자 '부직포에 처리되는 엠보싱을 표면과 이면의 양측 동일한 위치에 형성되게 하는 구성' 만을 특허청구범위로 보정서를 제출하여 특허받은 것이므로, 출원경과 금반언의 원칙 상 부직포 일면에만 엠보싱을 형성한 (가)호 발명에 대하여는 이 특허발명의 권리범위 를 주장할 수 없다.

# 특허침해에 대한 대응

학습목표

- ▶ 특허권의 직접침해와 간접침해를 이해한다.
- ▶ 특허침해에 대하여 특허권자를 보호하기 위한 제도로서 생산방법의 추정, 과실의 추정, 손해액의 추정 등을 이해한다.
- ▶ 타인의 특허를 침해한 경우와 타인이 자신의 특허를 침해한 경우 대응방안을 공부한다.

예   제

1. 특허된 레이저프린터의 소모부품인 토너 카트리지를 사용한 것이 간접침해에 해당하는 이유를 설명하시오.
2. 특허된 자동차 A에만 사용되는 타이어를 제조하는 것은 특허침해인가?

# I. 서  론

  코닥(Kodak)과 폴라로이드(Polaroid) 간의 분쟁은 특허침해사건으로 유명하다. 코닥은 폴라로이드가 보유한 특허들을 무시하고 즉석카메라의 연구개발 및 상품화를 강행함으로써 30억 달러가 넘는 손해를 보았다. 코닥의 실패 원인은 초기 연구개발과정에서 중대한 오판을 했기 때문이다. 1969년 코닥은 즉석카메라와 즉석카메라용 필름을 개발하기 위한 '프로젝트 130'이라는 연구개발 프로젝트를 시작하였다. 하지만 폴라로이드의 명백한 기술우위 때문에 코닥은 이미 폴라로이드가 개발한 기술을 모방할 수밖에 없었다. 코닥의 연구개발 담당자들은 폴라로이드의 기술을 모방할 때 야기될지도 모르는 침해의 위험성을 알고 있었지만 '개인적으로 침해라고 생각되더라도 연구개발을 멈추지 말고 의문사항은 특허담당 변호사와 상담하도록 하라'는 상부의 지시를 받고 연구를 계속하였다. 코닥의 특허담당 변호사 세실 퀼렌(Cecil D. Quillen, Jr.)은 폴라로이드 특허들이 무효될 가능성이 꽤 많다고 생각하고 대수롭지 않게 생각하였다.

  1976. 4. 20. 코닥은 사진업계 사상 가장 대대적인 광고를 펼치며, 즉석카메라 및 필름 생산라인을 가동하고 판매를 개시하였다. 7일 만에 코닥의 즉석카메라 매출은 폴라로이드의 90%에 육박했고, 폴라로이드는 코닥이 자사의 특허를 침해했다고 법원에 제소했다. 9년 후 1차 판결에서 보스턴 지방법원의 랴 조벨(Rya Zobel)은 "코닥이 폴라로이드의 특허를 침해했다"며 "코닥과 협력업체의 관리자, 대리인, 종업원, 고용인, 변호사 모두는 즉석카메라와 필름을 제조, 사용, 판매하는 행위를 중지해야 한다"고 판결했다.

  법정공방은 이후 5년 동안 지속되었고 잘못된 특허전략으로 코닥은 손해배상 9억 2천 5백만 달러, 투자된 생산공장 폐쇄 15억 달러, 이미 판매된 즉석카메라 재구입비 5억 달러, 종업원 700명 해고, 변호사 수임료 1억 달러, 10여 년간 연구결과의 수포화 등의 엄청난 손해를 입었다. 이 사건은 타사의 특허를 침해하는 것에 대해 안이하게 대응함으로써 빚을 수 있는 재난의 사례(코닥)를 보여주는 한편, 자신의 특허권을 철저하게 보호함으로써 특허관리의 모델(폴라로이드)을 보여준 사안이라고 할 수 있다.

　　요즘에는 동물, 식물, 컴퓨터프로그램 혹은 '인터넷에서 수행되는 영업방법'도 일정한 요건을 갖추면 특허로 보호되고 있다. 특허의 영역이 확대되고 있는 추세를 고려하여 자신의 연구대상이 특허될 수 있는 것인지, 그리고 다른 사람의 연구와 중복되지는 않는지 분명히 확인한 후에 연구에 착수하는 것이 중요하다. 특허대상이 될 경우에는 연구결과를 남보다 먼저 출원해야 하고,[1] 다른 사람의 특허와 중복되면 이를 회피할 수 있는 방안을 강구해야 한다. 연구개발에 있어서 특허 문제는 결코 소홀히 해서는 안 된다.

## Ⅱ. 특허권침해의 유형

　　특허권에 대한 침해를 방치하면 특허권자는 자신의 투자에 대한 대가로서 얻은 특허권을 제대로 활용하지 못하고 시장에서의 리드타임을 상실하게 되어 투자에 대한 의욕을 잃게 된다. 이렇게 되면 특허제도의 취지를 살릴 수 없고 기술의 발전을 통한 산업의 발전을 도모할 수 없게 되므로 특허권자의 권리를 보호하는 방안을 강구하여야 한다.

　　첨단기술에 있어서는 이를 영업비밀로 보호하기가 어렵다.[2] 일반적으로 첨단기술의 경우 제품을 통하여 역공정이 가능하고 많은 노하우가 제품 그 자체에 노출되기 때문이다. 영업비밀에 의한 보호 대신 특허에 의한 보호는 어떠한가? 영업비밀이나 특허권은 무형자산이므로 이를 점유하지 않고서도 침해가 가능하기 때문에 침해에 대단히 취약하고 침해의 입증과 침해액의 산정이 어렵다는 점은 마찬가지이다. 이러한 특성을 고려하여 특허법은 특허권을 적절히 보호하기 위해서 입증책임의 전환이나 손해의 추정에 관한 규정을 두고 있다. 우선 침해가 어떠한 형식으로 이루어지는지를 살펴보고 이에 대한 특허권자의 구제방안을 검토해 보자.

---

1) 이를 선출원주의라 한다(특허법 제36조).
2) Jerome H. Reichman, *Of green tulips and legal Kudzu*, p. 26.

## 1. 직접침해(특허법 제94조, 제2조 제3호)

특허권자는 업으로서 그 특허발명을 실시할 권리를 독점한다.[3] 특허권의 침해라 함은 업으로서 특허발명을 실시하는 행위를 말한다. 그러면 특허발명을 실시하는 것은 무엇을 의미하는 것일까? 특허법 제2조 제2항 제3호는 "실시"를 다음 중 하나에 해당하는 행위로 규정하고 있다.

① 물건의 발명인 경우에는 그 물건을 생산 · 사용 · 양도 · 대여 또는 수입하거나 그 물건의 양도 또는 대여의 청약(양도 또는 대여를 위한 전시를 포함한다. 이하 같다)을 하는 행위
② 방법의 발명인 경우에는 그 방법을 사용하는 행위
③ 물건을 생산하는 방법의 발명인 경우에는 나목의 행위 외에 그 방법에 의하여 생산한 물건을 사용 · 양도 · 대여 또는 수입하거나 그 물건의 양도 또는 대여의 청약을 하는 행위

즉, "물건을 생산하는 방법의 발명인 경우에는 그 방법을 사용하는 행위 이외에 그 방법에 의하여 생산한 물건을 사용 · 양도 · 대여 또는 수입하거나 그 물건의 양도 또는 대여의 청약을 하는 행위까지 그 실시에 포함되므로, 물건을 생산하는 방법의 발명인 경우에는 그 방법에 의하여 생산된 물건에까지 특허권의 효력이 미친다."[4]

## 2. 간접침해(특허법 제127조)

직접적으로는 특허를 침해하고 있지 않다 하더라도 침해행위로 의제되는 실시행위를 간접침해라고 한다. "간접침해는 특허발명의 구성요건을 충족하지 않기 때문에 아직 직접침해는 성립되지 않으나 직접침해에 필연적으로 이르는 행위에 관하여 장래에 있어서 직접침해의 배제의 실효를 높이기 위하여 그 전 단계에 있어서도 침해로 간주하여 직접침해와 같은 법적 취급을 받도록 한 규정이다."[5]

---

3) 특허법 제94조.
4) 대법원 2004. 10. 14. 선고 2003후2164 판결.
5) 특허법원 2004. 5. 21. 선고 2002허3962 판결.

특허법은 다음과 같은 경우에 특허를 침해한 것으로 본다.[6]

① 특허가 물건의 발명인 경우에는 그 물건의 생산에만 사용하는 물건을 생산·양도·대여 또는 수입하거나 그 물건의 양도 또는 대여의 청약을 하는 행위
② 특허가 방법의 발명인 경우에는 그 방법의 실시에만 사용하는 물건을 생산·양도·대여 또는 수입하거나 그 물건의 양도 또는 대여의 청약을 하는 행위

## (1) 물건의 생산에만 사용하는 물건

특허가 물건의 발명인 경우 그 물건의 생산에만 사용되지 아니하고 다른 용도로도 사용되는 물건을 생산하거나 수입하는 것은 간접침해를 구성하지 아니한다. 간접침해가 성립하려면 생산·양도 등 행위의 대상인 물건을 사용하는 한 반드시 특허발명 물건의 생산에 도달하여야 한다.[7] 여기에서 '다른 용도'는, 사회 통념상 통용되거나 승인될 수 있는 상업적 또는 경제적 실용성이 있는 용도만으로 한정되어야 하고, 단순히 추상적·이론적·실험적 또는 일시적 사용 가능성이 있는 정도에 불과한 경우에는 간접침해를 부정할 다른 용도가 있다고 할 수 없다.[8]

특허발명의 대상인 레이저프린터에 사용되는 소모부품인 토너 카트리지가 특허권의 간접침해에서 말하는 '특허 물건의 생산에만 사용하는 물건'에 해당하는지에 대하여 대법원은,

"특허발명의 대상이거나 그와 관련된 물건을 사용함에 따라 마모되거나 소진되어 자주 교체해 주어야 하는 소모부품일지라도, 특허발명의 본질적인 구성요소에 해당하고 다른 용도로는 사용되지 아니하며 일반적으로 널리 쉽게 구할 수 없는 물품으로서 당해 발명에 관한 물건의 구입시에 이미 그러한 교체가 예정되어 있었고 특허권자측에 의하여 그러한 부품을 따로 제조·판매하고 있다면, 그러한 물건은 특허권의 간접침해에서 말하는 '특허 물건의 생산

6) 특허법 제127조.
7) 특허법원 2007. 7. 13. 선고 2006허3496 판결.
8) 특허법원 2007. 7. 13. 선고 2006허3496 판결; 특허청, 「우리나라 특허법제에 대한 연혁적 고찰」, 2007. 5, p. 633.

에만 사용하는 물건'에 해당한다."

고 전제하고,

> "본건 특허발명의 목적에 비추어 보면 위 토너 카트리지는 그 모양과 형태
> 가 현상유니트와 감광드럼유니트와의 결합 방법 등에 있어서 중요한 요소가
> 되므로 본건 특허발명의 본질적인 구성요소라 할 것이고, 다른 용도로는 사용
> 되지도 아니하며, 일반적으로 널리 쉽게 구입할 수도 없는 물품일 뿐만 아니
> 라, 본건 레이저프린터의 구입시에 위 토너 카트리지의 교체가 예정되어 있었
> 고, 특허권자인 신청인측에서 그러한 토너 카트리지를 따로 제조·판매하고
> 있으므로, 결국 위 토너 카트리지는 본건 특허 물건의 생산에만 사용하는 물
> 건에 해당한다."[9]

고 판시하였다. 이 판결에서 대법원은 토너 카트리지는 특허 레이저 프린터의
사용에 필요한 예정된 소모품에 불과하다는 이유로 간접침해에서 말하는 '생
산'의 개념에 포함되지 아니하므로 이 사건 토너 카트리지의 제조·판매는 특
허권을 침해한 것이 아니라고 판단한 원심을 파기하였다.

　이와 유사한 판례로서 대법원은 2000다27602 판결에서,

> "특허발명의 대상이거나 그와 관련된 물건을 사용함에 따라 마모되거나 소
> 진되어 자주 교체해 주어야 하는 소모부품일지라도, 특허발명의 본질적인 구
> 성요소에 해당하고 다른 용도로는 사용되지 아니하며 일반적으로 널리 쉽게
> 구할 수 없는 물품으로서 당해 발명에 관한 물건의 구입시에 이미 그러한 교
> 체가 예정되어 있었고 특허권자측에 의하여 그러한 부품이 따로 제조·판매되
> 고 있다면, 그러한 물건은 특허권에 대한 이른바 간접침해에서 말하는 '특허
> 물건의 생산에만 사용하는 물건'에 해당하고, 위 '특허 물건의 생산에만 사용
> 하는 물건'에 해당한다는 점은 특허권자가 주장·입증하여야 한다."[10]

고 판시하였다.

　그러나 토너 카트리지와 같은 소모품의 경우 물건을 생산하더라도 반드시
레이저프린터를 생산하게 되는 것은 아니라는 점, 사용함에 따라 소진되어 자

---

9) 대법원 1996. 11. 27. 96마365 결정. 같은 취지의 판결로서 대법원 2001. 1. 30.
　　선고 98후2580 판결이 있다.
10) 대법원 2002. 11. 8. 선고 2000다27602 판결.

주 교체해 주어야 하는 물건을 교체하는 행위를 일컬어 곧바로 특허발명의 생산이라고는 할 수 없다는 점에서 이 판결은 비판의 여지가 있다고 할 것이다. 이를 테면 특정 회사의 특허된 자동차 A의 타이어는 그 자동차의 중요한 구성요소이고 생산할 때 이미 교체가 예상되어 있었고 소모품으로서 자주 교체해 주어야 하고 제조회사에서 이를 생산하기도 한다. 그러나 자동차 타이어의 교체를 일컬어 자동차 A의 제조라고 할 수는 없을 것이다. 따라서 ① 특허발명의 본질적인 구성요소이고 ② 물건의 구입시 이미 교체가 예정되어 있었고 ③ 특허권자에 의해 제조·판매되고 있었다고 하는 요건은 불필요한 것이 아닌가 생각한다.

### (2) 방법의 실시에만 사용하는 물건

특허가 방법의 발명인 경우에는 그 방법의 실시에만 사용하는 물건을 실시하면 침해를 구성한다. 따라서 특허권자는 "그 방법의 실시에만 사용하는 물건과 대비되는 물건을 심판청구의 대상이 되는 발명으로 특정하여 특허권의 보호범위에 속하는지 여부의 확인을 구할 수 있다."[11]


## Ⅲ. 특허권자의 보호

### 1. 생산방법의 추정(특허법 제129조)

생산방법에 관한 특허는 이를 침해하였는지를 입증하기가 매우 어렵다. 즉, 특허된 발명과 동일한 방법을 사용하여 생산하고 있는지를 확인하기 위해서는 생산현장에 가서 확인하여야 할 것인데, 추정침해자가 이를 허락하지 않으면 생산현장에 접근할 수 없어서 침해여부를 확인할 수 없다. 특허권자의 이러한 입증의 어려움을 완화시키기 위하여 특허법은 물건을 생산하는 방법에 관한 특허의 경우 그 물건과 동일한 물건은 그 특허된 방법에 의하여 생산된 것으로 추정하도록 규정하고 있다.[12]

---

11) 대법원 2005. 7. 15. 선고 2003후1109 판결.
12) 특허법 제129조.

다만 그 물건이 ① 특허출원 전에 국내에서 공지되었거나 공연히 실시된 물건이거나 ② 특허출원 전에 국내외에서 반포된 간행물에 게재되거나 인터넷을 통하여 공중이 이용가능하게 된 물건의 경우에는 그러하지 아니하다.[13] 즉, 동일한 물건이 위와 같은 생산방법의 추정을 받으려면, 그 출원 전에 공개되지 아니한 새로운 물건이어야 한다.[14] 그래서 대법원은 2003다37792 판결에서 "이 사건 부직포와 같이 비통기성 수지 필름이 한쪽 면에 열융착되어 코팅된 코팅층을 갖고 통기구멍이 연속적으로 형성된 것을 주된 기술사상으로 하는 직포 또는 부직포는 이미 이 사건 특허출원 전에 공지되었거나 공연히 실시되었던 것임이 분명"[15]하므로, 관련사건 특허발명에 특허법 제129조에 의한 생산방법의 추정 규정을 적용할 수 없다고 판시하였다. 그리고 이 사건에서 대법원은 이러한 추정 규정을 적용할 수 없기 때문에 특허권의 침해를 주장하는 자가 생산방법을 증명하여야 한다고 하였다.

## 2. 과실의 추정(특허법 제130조)

특허침해에 있어서 특허권자로서는 침해자가 고의나 과실로 침해하였음을 입증하기가 대단히 어렵다. 그리고 특허권이 특허공보나 특허등록원부에 공시되어 있고, 사업을 새롭게 실시하려는 자는 특허공보를 조사하여 특허권 침해 여부를 확인할 정도의 주의를 기울여야 하는 것은 당연한 의무이다.[16] 따라서 특허법은 특허권을 침해한 자가 그 침해행위에 대하여 과실이 있는 것으로 추정한다고 규정하고 있다.[17] 대법원은 특허법 제130조에서 규정한 과실

---

13) 특허법 제129조 제1호 및 제2호.
14) 대법원 2005. 10. 27. 선고 2003다37792 판결.
15) 대법원 2005. 10. 27. 선고 2003다37792 판결.
16) 대법원 2003. 3. 11. 선고 2000다48272 판결.
17) 특허법 제130조. 디자인보호법(구 의장법) 제65조 제1항에서는 "타인의 디자인권 또는 전용실시권을 침해한 자는 그 침해행위에 대하여 과실이 있는 것으로 추정한다"고 규정하고 있다. 디자인권 침해의 과실 추정규정에 대한 판결로는 대법원 1997. 2. 14. 선고 96다36159 판결이 있다. 이 판결에서 대법원은 "의장권을 침해한 자가 그 의장권의 등록 사실을 모르고 단지 제3자의 주문을 받아 생산하여 주문자 상표부착 방식으로 제3자에게 전량 납품한 경우, 의장권 침해행위에 대한 과실 추정"을 번복할 사유가 되지 못한다고 판시하였다.

의 추정규정의 취지가 "특허발명의 경우 그 내용이 특허공보 또는 특허등록원부 등에 의해 공시되어 일반 공중에게 널리 알려질 수 있고, 또 업으로서 기술을 실시하는 사업자에게 당해 기술분야에서의 특허권의 침해에 대한 주의의무를 부과하는 것이 정당하다는 데 있다"고 판시하고 있다.[18] 이 규정으로 인하여 침해자는 자신의 침해행위에 고의·과실이 없었음을 입증하여야 하고 이러한 입증이 없는 한 과실이 있었던 것으로 추정한다.

위 규정에도 불구하고 타인의 특허발명을 침해한 자가 자신에게 과실이 없다고 하기 위해서는 특허권의 존재를 몰랐다는 점 또는 자신이 실시하는 기술이 특허발명의 권리범위에 속하지 않는다고 믿었다는 점을 정당화할 수 있는 사정이 있다는 것을 주장·입증하여야 한다.[19]

그리고 대법원은 실용신안등록권자가 침해사실을 안 때로부터 4년 이상 아무런 이의를 제기하지 않았다고 하더라도 그러한 사정만으로 피고들이 사용한 장치가 등록고안의 권리범위에 속하지 아니한다고 믿을 만한 이유가 있다고 보기 어려우므로, 피고들에게 과실이 없다고 하거나 과실의 추정을 번복할 수는 없다고 판시하였다.[20]

## 3. 손해액의 추정

특허권자는 고의 또는 과실로 인하여 자기의 특허권 또는 전용실시권을 침해한 자에 대하여 그 침해로 입은 손해배상청구의 경우 침해자의 침해행위로 인한 특허권자의 판매감소량에 단위수량당 이익액을 곱한 금액, 침해자가 침해행위를 통해 받은 이익액, 또는 특허발명의 실시에 대하여 통상 받을 수 있는 금액을 특허권자가 입은 손해액으로 할 수 있다.[21]

특허발명의 실시에 대하여 통상 받을 수 있는 금액을 결정함에 있어서는,

---

18) 대법원 2003. 3. 11. 선고 2000다48272 판결.
19) 대법원 2006. 4. 27. 선고 2003다15006 판결; 대법원 2003. 3. 11. 선고 2000다48272 판결에서 대법원은 "피고들은 지관 제조업 분야에 종사하는 자로서 지관가공의 전 공정을 최초로 자동화한 원고들의 이 사건 등록고안이 존재한다는 사실을 알 수 있는 위치에 있었다"고 볼 수 있다고 하였다.
20) 대법원 2003. 3. 11. 선고 2000다48272 판결.
21) 특허법 제128조 제 1 항 내지 제 3 항.

"특허발명의 객관적인 기술적 가치, 당해 특허발명에 대한 제3자와의 실시계약 내용, 당해 침해자와의 과거의 실시계약 내용, 당해 기술분야에서 같은 종류의 특허발명이 얻을 수 있는 실시료, 특허발명의 잔여 보호기간, 특허권자의 특허발명 이용 형태, 특허발명과 유사한 대체기술의 존재 여부, 침해자가 특허침해로 얻은 이익"[22] 등을 모두 고려하여 객관적·합리적인 금액으로 결정하여야 한다. 만약 그 특허발명에 대하여 특허권자가 제3자와 특허권 실시계약을 맺고 실시료를 받은 바 있다면 그 실시계약에서 정한 실시료를 참작하여 위 금액을 산정하여야 한다.

그러나 그 계약 내용을 침해자에게도 유추적용하는 것이 현저하게 불합리한 특별한 사정이 있다면 불합리하다는 사정에 대한 입증책임은 그러한 사정을 주장하는 자에게 있다.[23] 여기서 현저하게 불합리한 사정이 있는 경우란 사용료가 특별히 예외적인 사정이 있어 이례적으로 높게 책정되었다거나 특허권 침해로 인한 손해배상청구 소송에 영향을 미치기 위하여 상대방과 통모하여 비정상적으로 고액으로 정한 경우 등을 일컫는다.[24]

그런데 이러한 금액이 실제 손해액에 미치지 못하는 경우에는 그 초과액에 대하여도 손해배상을 청구할 수 있고[25] 손해액을 입증하기 어려운 경우에는 법원이 변론의 취지와 증거조사를 기초로 상당한 손해액을 인정할 수 있다.[26] 즉, 특허침해로 손해가 발생된 것은 인정되지만 특허침해의 규모를 확인할 수 있는 자료가 모두 폐기되어 그 손해액을 입증하는 것이 어렵게 된 경우에는 법원이 상당한 손해액을 결정할 수 있는 것이다. 이 경우에는 침해자의 자본, 설비 등을 고려하여 평균적인 제조수량이나 판매수량을 기초로 삼을 수 있다.

그리고 법원은 소송에 있어서 손해액을 산정하는 데 필요한 서류의 제출을 명할 수 있고, 그 서류의 소유자는 서류의 제출을 거절할 정당한 이유가 있는 때 제출하지 않을 수 있다.[27] 문서제출의 신청에 관한 법원의 결정에 대하

---

22) 대법원 2006. 4. 27. 선고 2003다15006 판결.
23) 대법원 2006. 4. 27. 선고 2003다15006 판결.
24) 대법원 2001. 11. 30. 선고 99다69631 판결.
25) 특허법 제128조 제4항.
26) 특허법 제128조 제5항.
27) 특허법 제132조; 민사소송법(제08499호 2007. 7. 13) 제347조 제1항. "법원은

여는 즉시 항고할 수 있다.[28] 그러나 법원의 문서제출 명령에 따르지 아니하
면 문서의 기재에 대한 상대방의 주장이 진실한 것으로 인정될 수 있다.[29]

---

문서제출신청에 정당한 이유가 있다고 인정한 때에는 결정으로 문서를 가진
사람에게 그 제출을 명할 수 있다."
28) 민사소송법 제348조.
29) 민사소송법 제349조.

# 특허정보의 검색

▶ 특허정보의 의미와 중요성에 대해 이해한다.

▶ 특허명세서를 통해 필요한 정보를 파악하는 능력을 기른다.

▶ 특허정보조사의 의의와 목적을 파악한다.

▶ 특허정보를 실제로 검색할 수 있는 능력을 기른다.

1. 필요한 특허정보를 취득할 수 있는 방법에는 어떤 것들이 있는가?

2. 특허명세서를 통해 알 수 있는 정보들은 어떤 것들인가?

3. 특허정보조사에서 유의해야 할 점들은 무엇인가?

# Ⅰ. 특허정보의 의미

## 1. 특허정보의 개념

특허정보(patent information)란 일반적으로 특허로 통칭되는 산업재산권에 관한 정보를 말한다.[1] 유럽특허청의 정의에 의하면, 특허정보란 특허 문서에서 찾을 수 있는 기술정보 및 그에 관한 법률정보를 뜻한다.[2] 특허정보는 연구개발자 및 기술담당자뿐만 아니라 법률가나 산업에 종사하는 자 등 다양한 분야의 전문가들에게 중요하다.

일상에서 흔히 '특허정보'라는 용어를 사용한다. 이 경우 특허란 산업재산권을 일반인들이 쉽게 이해할 수 있도록 간단하게 줄여 부르는 단어이다. 따라서 특허정보란 산업재산권에 관한 정보라고 말할 수 있다. 여기서 산업재산권이란 특허, 실용신안, 디자인과 상표를 모두 합친 넓은 의미로 부르기도 하며, 속성이 같은 특허와 실용신안 정보만을 합친 좁은 의미로 사용되기도 한다.

또한 정보(information)란 의미를 지닌 데이터, 즉 자료를 말하는 것으로서, 단순한 데이터나 지식과는 구별된다. 데이터(data)는 의미를 지니지 않는 단순한 사실의 집합을 의미한다. 이에 반해 정보는 어떠한 상황이나 문제를 해결하기 위해 필요한 데이터들을 수집한 것으로서, 실제로 활용될 수 있는 것을 말한다. 그리고 지식(intelligence)이란 정리된 형태의 정보를 의미한다. 특별한 목적을 위해 모은 데이터들을 종합적으로 분석하고 체계적으로 정리한 것이 정보인 것이다.

요약하면, 특허정보는 산업재산권에 관한 정보라고 할 수 있다. 특허법 제1조에서는 특허법의 목적에 대해 설명하고 있는데, "이 법은 발명을 보호·장려하고 그 이용을 도모함으로써 기술의 발전을 촉진하여 산업발전에 이바지함을 목적으로 한다"고 규정하고 있다. 다시 말해, 특허제도는 신기술을 발명한 자에게 그 기술을 공개하는 대가로 특허권이라는 독점권을 부여하는 한편, 제3자에 대하여는 그 공개된 신기술을 이용할 수 있는 기회를 부여하는 제도이

---

1) 이태훈, 「특허정보검색」, 기전연구사, 2004, p. 31.
2) 유럽특허청 홈페이지(http://www.epo.org/patents/patent-information/about.html).

다. 발명자에게 독점권을 주는 것은 정당한 것이나, 동시에 그 기술을 일반 대중이 이용할 수 있도록 하는 것 역시 필요하기 때문이다. 이 두 가지 요건을 충족시켜 주기 위해 어떤 발명이 특허가 되기까지 출원 → 공개 → 심사 → 등록(공고)이라는 일련의 절차를 만들었다. 이에 따라 출원된 특허는 공개특허공보를 통해, 그리고 등록(공고)된 특허는 특허공보를 통해 일반인에게 제공된다. 특허정보는 이 과정에서 발생하는 모든 정보, 데이터베이스 및 분석 내용을 포함한다. 최근에는 여러 기관들에서 특허청에서 발행하는 특허정보를 가공하여 상업적으로 제공하기도 한다.

## 2. 특허정보의 기능

특허정보는 기업, 산업 및 국가적 관점에서 주요한 기능을 담당한다. 우선, 기업에서 새로운 상품을 개발하기 위해 연구개발(R & D) 전략을 수립하는 단계에서 특허정보는 중요한 역할을 한다. 첫째, 기업이 제품개발 등에 있어서 기술적인 문제에 봉착하는 경우 특허정보를 통해 미리 공개되어 있는 기술정보를 찾아내서 해답을 찾을 수 있다(선행기술조사). 둘째, 경쟁사의 특허문서들을 모니터링함으로써 경쟁사의 동향을 알 수 있는 동시에, 사업 파트너를 발굴할 수 있다. 경쟁사가 수행한 연구개발에 대한 자세한 정보는 특허문서에 나타나 있기 때문이다(경쟁사의 정보분석). 셋째, 신제품이나 신규 서비스를 시장에 출시하기에 앞서 다른 특허들에 대한 조사를 함으로써 타인의 특허침해 가능성을 예방할 수 있다(특허권 침해 회피).

또한 산업적 관점에서도 특허정보의 기능은 중요하다. 최근 들어 특허를 포함한 산업재산권의 보호는 산업의 지속적인 성장과 건전성 확보에 있어서 꼭 필요한 요건이 되었다. 따라서 특허 등 지적재산을 독립된 재산권으로 인정하여 법적 보호를 해 주는 것은 자유로운 시장경제를 기본으로 하고 있는 국가에서의 산업발전의 전제이다. 특허정보는 특허권 등 산업재산권 보호를 위해 필요한 요건이 된다.

한편 국가적 차원에서 특허정보는 정보 획득의 창구 역할을 한다. 과학기술이 국력을 결정하는 현대 사회에서 각 국가들은 막대한 비용과 인력을 투자하여 새로운 기술과 그 상용화에 박차를 가하고 있다. 치열한 국가간 경쟁에서 살아남기 위해서 각 나라들은 독자적이고 앞선 기술을 개발하고자 혁신 활동을 끊임없이 하고 있다. 이러한 상황에서 기술 선진국들은 기술 개발도상국들에 대한 기술적 지원을 꺼리고 있다. 우리나라는 지속적인 기술개발 노력으로 상당한 수준에 이르고 있지만 아직 원천기술이나 상용화 기술 등에 있어 선진국에 못 미치고 있는 부분들이 있다. 이러한 상황에서 선진 기술보유국들의 기술을 어떻게 습득할지는 매우 중요한 사안이기 때문에, 이를 위한 정보 활동이 중요시된다. 특허정보는 오래 전의 기술 내용부터 최신 기술 동향까지 풍부한 정보들을 담고 있다. 우리가 필요로 하는 기술에 대한 효과적인 정보원이 될 수 있는 것이다. 그러므로 특허정보에 대한 검토 없이는 해당 기술을 외국으로부터 습득하기가 어렵다. 그러나 특허정보를 통한다면 세계 어느 나라의 기술이라도 필요한 기술을 습득할 수 있는 기회를 가지게 된다. 치열한 기술 경쟁시대에 있어서 특허정보가 우리에게 필요한 정보 제공처로서 기능을 담당하고 있는 것이다.[3]

## 3. 특허정보의 특징

특허정보를 이해하기 위해서는 특허제도에 대한 이해가 선행되어야 한다. 특허제도는 특허법 제 1 조에서 명시하고 있는 바와 같이, 국가산업 발전을 위하여 '발명의 보호'와 '발명의 이용'을 두 개의 축으로 하고 있다. 즉, 특허제도의 목적은 신기술을 발명한 자에게는 일정기간 업(業)으로서 그 발명을 독점적으로 실시할 수 있는 권리를 부여하는 한편, 일반 공중은 발명가에 의한 발명의 실시와 발명의 공개를 통한 특허기술정보를 이용할 수 있도록 함으로써 사회 전체의 산업발전에 이바지하는 것이다. 특허를 받기 위해서는 발명의 명칭, 도면의 간단한 설명, 발명의 상세한 설명 등을 기재한 특허명세서와 필요한 도면 등을 기재한 특허출원서(특허법 제42조)를 제출하여야 하며, 특허청장은 특허출원일로부터 1년 6개월이 경과하면(그 이전이라도 출원인의 신청이 있으면 가능) 그 출원내용을 일반에게 공개하여야 한다(특허법 제64조). 일단 출원공고가 되면 그 특허출원인은 출원 공고일로부터 업으로서 그 특허출원 발명을 실시할 권리를 독점하게 된다(특허법 제65조).

---

3) 이태훈, 앞의 책, p. 32.

이러한 특허제도에 근거하여 발생되는 특허정보는 다음과 같은 특징을 가진다.

첫째, 특허정보는 권리정보로서의 특징을 가진다. 권리정보로서의 특징이란 주로 공고용 공보에 해당된다. 특허청 심사관이 특허출원을 심사한 후 출원공고 결정한 특허출원의 내용이 공개되는 공고용 특허공보를 통해 출원인 및 발명자의 성명과 주소 등 서지적 사항과 발명의 상세한 설명 등을 일반에게 공시한다. 이는 특허권자의 독점실시권의 범위를 정하고, 일반 공중에게는 특허권자의 독점실시권 범위 밖의 기술을 자유로이 실시할 수 있도록 한다.

둘째, 특허정보는 기술정보로서의 특징을 가진다. 공고용 특허공보와 공개용 특허공보는 모두 특허기술정보를 사회에 널리 공개하여 문헌적 이용과 연구적 이용을 가능케 하여 과학기술 수준의 향상과 산업발전에 이바지한다. 공보 매체는 기술의 변화에 따라 발전되어 왔다. 처음에는 종이로 발간되었다가 차츰 전산화, CD를 거쳐 지금은 인터넷이 주요 매체가 되고 있다. 공고용 특허공보는 발행 목적이 권리정보이기 때문에, 당해 특허출원에 대한 발명의 완전한 특허기술정보를 공개하지만, 공개용 특허공보는 전문 공개방식이 아닌 요부 공개방식이므로 공고용 특허공보에 비하여 전체로서의 기술정보 가치는 낮지만, 일정 기간 경과 후 모든 특허출원이 공개되므로 심사처리 기간의 장·단에 관계없이 속보성을 가지고 있다. 또 공개용 특허공보는 특허 출원시 기술정보의 용도로 사용할 수 있게 제출하는 요약서 때문에 특허기술정보의 신속한 이용이라는 측면에서, 기술개발을 위한 아이디어 창출 및 응용, 기술동향조사와 기술예측 등에 이용가치가 높다.

이 기술정보로서의 특징으로부터 세 가지 파생적인 특징들이 나온다.

첫째, 특허정보는 최신·첨단 기술정보이다. 국내에서 공지되었거나 공연히 실시된 발명, 또는 국내·외에서 발행된 간행물에 기재된 발명은 특허요건을 갖추지 못하여, 특허 출원한 발명은 특허권을 획득하지 못하기 때문이다(특허법 제29조 제 1 항).

둘째, 실제 산업에 응용될 수 있는 기술정보이다. 학술 잡지는 실험결과를 보고하는 데 목적이 있고, 연구논문은 이론과 추상적 사고를 제시하지만, 특허정보는 실제적인 문제해결에 집중되기 때문에 산업발전에 직결되는 정보라고 할 수 있다.

셋째, 특허정보는 표준화된 기술정보이다. 특허 출원과정에서 제출되는 각종 특허정보는 일정한 기준에 따라야 하므로 표준화된 기술정보로서 사용이 편리하다. 특히, 국제특허분류는 기술의 내용에 따른 분류로서, 국내·외 특허 기술정보의 효과적인 검색을 가능케 한다.[4]

## 4. 특허정보의 중요성

특허정보는 신기술에 관한 기술정보이며, 독점기술 내용이 공시되는 권리 정보로서의 특징을 가지고 있다. 특허정보를 유용하게 활용하면, 기술개발을 촉진시키므로 국가정책 추진이나 기업경영에 크게 기여한다. 일반적으로 특허 정보는 권리침해를 회피하기 위한 사전 조사, 특허 출원시 관련 기술의 출원 여부조사, 연구개발 동향 파악 및 중복 연구 방지, 이의신청 및 심판청구시 조사 등의 목적으로 많이 사용되었지만, 최근에는 미국, 일본 등 선진국들은 국가정책 전략 계획 수립시 특허정보를 필수적 요소로 하는 등 특허정보의 가치가 점점 중요시되고 있다. 이와 같은 특허정보의 중요성을 정리하면 다음과 같다.

첫째, 특허는 역사적 의미를 내포하고 있다. 어떤 기술에 대한 집합적 특허명세서는 기술개발의 역사를 이해할 수 있게 하고, 개발배경, 실패이유, 실패를 극복하는 방법 및 새로운 기술개발 방향 등을 알 수 있다. 이에 따라 기술을 개발하려는 자는 새로운 문제에 대한 불확실성을 피할 수 있고, 기존 발명에 대한 중복 투자를 방지할 수 있다.

둘째, 특허는 단순한 기계에서부터 복잡한 화학반응에 이르기까지 과학기술의 모든 영역을 포괄한다. 특허명세서의 법적·기술적 성격은 매우 상세하고, 세부적인 설계와 정확한 설명을 요구하므로 문제 해결과 관련 기술 파악에 사용할 수 있고, 어떤 한 분야와 관련된 특허명세서의 아이디어는 전혀 다른 분야의 기술개발 동기가 될 수도 있다.

셋째, 특허는 일정 기간 특정 시장에서의 기업의 활동을 파악할 수 있다는 점에서 상업적 정보를 생산할 수 있으며, 경쟁사의 기술동향 파악 및 기술 예측을 가능하게 한다.

---

4) 김홍균, "특허정보의 특성,"「고분자과학과 기술」제15권 제6호, 2004. 12, p. 745.

넷째, 특허정보는 특정분야의 전문가를 확인하고, 대규모 조직에서의 연구개발팀을 확인하기 위하여 사용할 수 있다는 점에서, 사람에 대한 정보원이 될 수도 있다.

이처럼 특허정보는 현존하는 기술의 상태를 알 수 있는 기술정보원이며, 이를 수집·축적하여 관련 기술군으로 관리하면 산업활동의 방향, 신기술의 개발방향 등에 대한 예측과 기술개발 주제를 선정할 수 있다. 따라서 특허정보는 우리가 가지고 있는 큰 자원이며, 과학기술정보의 중요한 일부분이다. 특허정보는 과학기술정보 전체의 최종 결정체이고, 전체 과학기술 공동체를 위한 중요한 힘을 함축하고 있다고 볼 수도 있다.

또한 특허정보는 기술에 관한 내용을 다른 매체보다 빨리 알려 준다는 점에서도 중요하다. 우리 생활에 중요한 발명은 비특허문헌에 발표되기 전에 이미 특허문헌에 공개되었다. 예를 들어 펀치카드는 1889년 특허로 공개되었으나 비특허문헌에는 1914년에 발표되었다. TV는 1923년 특허로 공개되었으나 비특허문헌에는 1928년에 공개되었다. 제트엔진은 1936년 특허로 공개되었으나 비특허문헌에는 1946년에야 발표되었다. 미국의 경우, 화학분야의 중요한 발명은 학술 잡지를 통한 발표보다 거의 10여 년 앞서 특허로 공개되고 있다.5) 정보통신기술의 발달로 인해 신속한 정보전달이라는 측면에서 이러한 특허기술정보의 중요성은 더욱 강조되고 있다.

## 5. 특허정보의 종류

### (1) 주제에 따른 분류

공보에 어떠한 주제를 게재하는지의 여부에 따라 특허·실용신안공보, 디자인·상표공보와 심결공보로 나눌 수 있다. 특허 등 산업재산권제도의 시행에 있어서 특허공보의 발행은 최신 기술정보를 일반에게 알린다는 점과 권리관계를 명확히 한다는 점에서 중요하다. 기술의 발달에 따라 공보 매체도 변화를 거듭했다. 과거에는 종이공보를 매월 2∼3회 발행하던 것(1947∼1997년)을 CD공보로 대체했으며(1998∼2001년 6월), 현재에는 인터넷공보를 발간함으로써(2001년 7월 이후) 온라인 열람이 가능하게 되어 특허정보에 대한 접근이

---

5) 김홍균, 앞의 논문, p. 746.

보다 쉬워졌다.

공보가 최초로 발간된 것은 1946. 10. 15. 미군정법령 제91호로서 특허국이 발족된 후 간행된 특허공보 제 1 호(1948. 6. 20.)이다. 군정법령 제91호의 특허법 제14조에서 "국장은 본법에 규정된 사항을 인쇄하여 이를 특허공보로서 발행함"이라고 규정되어 있었는데, 이에 근거하여 특허공보가 발행되었다. 특허공보의 초기에는 특허와 실용신안을 구분하지 않고 혼합하여 수록하였다. 특허공보 제 1 호에는 발명특허 4건과 실용신안 6건이 공고되었다.[6] 또한 특허공보 제 2 호(1948. 11. 20.)에 우리나라 최초로 디자인(의장, 미장)특허가 등록되어 있다.

한편 특허심판에 관한 심결 내용을 담은 심결공보가 있다. 우리나라 항고심판 심결문 제 1 호는 특허공보 제 5 호(1950. 3. 30.)에 합본 발간되었다. 특허공보 제20호에는 심판 제 1 호와 제 2 호 심결공보도 합본되어 있다.

## (2) 가공 정도에 따른 분류

특허정보자료는 정보의 가공 정도에 따라 1차 정보, 2차 정보, 3차 정보 및 4차 정보로 나뉜다. 1차 정보는 발행된 상태 그 자체인 원본을 말하며, 특허공보, 실용신안공보, 디자인공보, 상표공보, 심결공보, 특허관계심결례집 및 특허관계판례집 등이 있다. 2차 정보는 1차 정보를 가공한 것으로서, 초록, 목록 및 색인, MICRO, 전자화일, 데이터베이스 등이 있다. 초록이란 1차 정보 중에서 중요한 정보를 뽑아낸 것을 말하는 것으로, 특허 및 실용신안초록집이 있다. 목록 및 색인에는 특허권목록, 실용신안권목록, 특허 및 실용신안 분류별 목록, 공고순으로 된 특허 및 실용신안목록, 외국특허속보 색인, 분류별 색인, 출원인별 색인 등이 있다. MICRO는 1차 정보를 마이크로필름화한 것으로 Roll과 Fiche가 있다. 전자화일이란 1차 정보를 플로피디스크, 자기테이프, 광디스크 등에 저장한 것을 말한다. 데이터베이스란 이용자가 단말기를 통해 호스트 컴퓨터에 입력된 데이터베이스를 검색하여 출력시키는 것을 말한다. 3차 정보란 기술정보뿐만 아니라 시장정보까지 포함되어 있는 정보를 말한다. 그리고 4차 정보란 3차 정보를 취득하여 이용자의 정보까지 추가한 것을 의미한다.

---

6) 박시득, "우리나라 특허정보운영체계의 개선방안에 관한 연구(Ⅰ)," 「지식재산
  21」, 특허청, 2004년 신년호, p. 109.

# II. 특허정보의 구성

특허정보를 제대로 조사하기 위해서는 그 정보가 수록된 출원명세서가 어떻게 구성되어 있는지를 아는 것이 중요하다. 출원명세서에 기재된 내용들은 각종 공보류를 통해 일반에게 공개되고, 최근에는 각국 특허청에서 공보류에 수록된 이러한 정보들을 데이터베이스화하여 인터넷을 통해 제공하고 있기 때문이다. 따라서 여기서는 한국특허정보원의 KIPRIS 검색시스템에서 제공하고 있는 데이터베이스를 통해 특허정보의 구성항목들을 알아보도록 한다.

## 1. 특허·실용신안 공보의 구성항목

특허와 실용신안 공보류에 수록된 출원명세서는 기본적으로 서지사항(인적 사항과 권리적 정보 포함), 요약, 명세서, 청구범위 및 도면으로 이루어져 있다. 이들의 항목에 대해 간단하게 살펴보도록 한다. 각각의 명칭 앞에 붙어 있는 괄호 안의 숫자들은 세계적으로 통용되는 해당 명칭에 대한 고유번호를 의미한다.

### 대한민국특허청

출원국가의 특허청으로서 괄호 안에는 2문자의 영문 약자가 표시되어 있다. 한국의 경우는 KR이다.

### 등록특허공보

공보를 통해 일반에게 공개된 출원특허(실용신안)에 대한 법적 상태로서, 출원명세서가 심사 전의 공개 명세서인지 아니면, 심사 결과 등록된 등록 명세서인지 여부를 나타낸다. B1은 등록 명세서라는 의미이다. 전 세계적으로 통상 A는 공개 특허(실용신안), B는 등록 특허(실용신안)를 의미한다.[7]

---

7) 2001년 이전 미국에서는 특허 공개 제도가 없었기 때문에 오직 등록된 특허만을 공개했다. 이 당시 미국에서는 A가 등록 특허를 의미했다.

Int. Cl.$^6$

출원특허(실용신안)의 주제에 대한 분류번호이다. 국제특허분류(IPC: International Patent Classification)에 따라 특허청에서 부여한다. 여기서 '6'은 IPC 제6판을 의미한다.

### 공고일자

심사 후 정식으로 등록된 특허(실용신안)를 공보를 통해 일반에게 공개한 날짜를 말한다.

### 등록번호, 등록일자

심사 후 출원인이 특허료를 납부하고 정식으로 등록된 특허청에서 부여한 특허(실용신안)에 대한 번호 및 날짜를 말한다.

### 출원번호, 출원일자

발명자 또는 출원인이 서류를 구비하여 특허청에 출원 신청한 경우, 특허청에서 부여한 특허(실용신안)에 대한 번호와 특허청에 접수된 날짜를 말한다.

### 공개번호, 공개일자

공개번호란 출원 후 1년 6개월이 지나면 모든 특허는 일반에게 공개되는데, 이 시점에 부여받는 고유한 일련번호와 날짜를 말한다. 이에 반해, 공고번호란 특허 심사에서 거절할 사유가 없는 경우에 이를 등록시키면서 특허청에서 일반인들에게 공고하여 그 사실을 알리는데 이때 부여되는 고유한 일련번호를 말한다.

### 우선권주장

동일한 특허(실용신안) 건에 대해서 여러 나라에 출원할 경우 최초 출원한 국가의 해당 특허(실용신안)에 대한 출원번호, 출원일자 및 국가명을 기재한다.

### 특허권자(실용신안권자)

특허권(실용신안권)에 대해 실제적인 권리를 갖는 개인이나 기관의 이름과 주소가 기재된다. 특허권자는 발명자 자신일 수도 있고, 발명자가 속한 기관일 수도 있다. 특허권자 정보를 통해서는 특정 기술의 소유권자가 누구인지를 알 수 있고, 특허 침해 여부를 판단할 수 있으며, 타사의 기술을 조사할 수 있고, 필요한 경우에는 특허사용계약에 활용할 수도 있다.

### 발 명 자

실제로 특허(실용신안)의 발명(고안)을 발명한 자에 대한 이름과 주소가 기재된다. 발명자는 실제 발명을 한 자이고, 출원인은 특허를 특허청에 출원하고 이후의 법적 절차에 권한을 갖는 자를 말한다. 발명자와 출원인은 동일인이 아닐 수도 있다. 예를 들어 기업들은 발명자에게 보상금을 주고 회사 이름으로 출원하기도 한다. 발명가에 대한 정보를 통해서는 특정 기술의 전문가가 누구인지를 알 수 있다.

### 대 리 인

특허 진행에 있어서 모든 법적 절차를 수행하는 법적 대리인을 말하는데, 특히 변리사가 이러한 업무를 수행한다.

### 심사청구

심사청구에 대한 유무를 기재한 것으로서, 공개특허정보에는 "있음" 또는 "없음"으로 표시된다. 등록특허정보에는 심사관의 이름이 기재된다.

### 발명(고안)의 명칭

해당 발명(고안)의 내용을 간단하고 명료하게 표시할 수 있는 발명(고안)의 명칭이 기재된다. 예를 들면, '벨트와 일체로 결합된 핸드폰' 같이 아주 간략하게 표기한다.

## 요    약

발명(고안)의 내용을 쉽게 이해할 수 있도록 기재한 것이다. 대략 400자 내외로 이루어져 있다.[8]

## 대표도면

도면을 첨부할 경우 그 대표도면이 기재된다. 예를 들면 "도 1"과 같이 적는다.

## 명 세 서

발명(고안)에 대한 상세한 설명으로서, 그 발명이 속하는 기술분야, 발명의 목적, 발명의 구성 및 발명의 효과 등이 자세하게 기재된다.

이상에서 설명한 발명의 명칭, 요약, 발명의 설명 등을 기술적 항목이라고도 하는데, 이 기술적 항목을 통해서 선행 기술 및 최신 기술을 파악할 수 있으며, 제품이나 제법의 기술 변천 과정을 조사할 수 있는 동시에, 최신 출원을 확

---

8) 예를 들면 다음과 같이 기재한다. "본 발명은 벨트와 일체로 결합되어 있는 핸드폰에 관한 것으로, 특히 독립된 핸드폰을 벨트와 일체로 결합시킴으로써 핸드폰을 포켓이나 가방에 넣어서 휴대하지 않고도 허리에 휴대하고 다니면서 간편하게 사용할 수 있도록 한 것이다.
그 구성은 다이얼키(22)의 기능을 갖는 몸체(21)와 상기 몸체(21)와 서로 분리되게 전화선(23)에 의해 연결된 송수화기(24)의 기능을 갖는 커버(23)로 이루어진 핸드폰(2)과, 상기 핸드폰(2)의 상부와 하부에 길이방향으로 각각 체결구(4, 41)에 의해 착탈되도록 체결되어 있는 충전지(3)와 보조충전지(5)를 벨트(1)와 일체가 되게 장착하여서 구성한 것을 특징으로 하는 벨트와 일체로 결합된 핸드폰을 제공하는 것이다.
상기의 구성에 의해 본 발명은 휴대폰이 체결구에 의해 벨트와 일체로 연결되어 있기 때문에 사용자가 벨트를 허리에 차기만 하면 간단히 휴대폰을 소지할 수 있는 것이다. 따라서 사용자는 핸드폰을 분실할 염려가 없음은 물론 땅에 떨어질 때 충격에 의해 파손되는 일도 없게 되고, 또 핸드폰과 결합되는 충전지를 핸드폰의 길이방향으로 다수 장착하기 때문에 사용시간을 오래도록 연장할 수 있는 이점이 있는 것이다. 또한 벨트의 공간에 장착되는 충전지와 보조충전지에 라디오, 녹음기, 컴퓨터 등의 전자기기를 설치 또는 연결하여 사용할 수 있다." (출원번호: 1019980049426, IPC: H04B 1/38, 출원인: 홍종희, 등록번호: 1003179030000)

인할 수 있다. 또한 새로운 아이디어나 경영에 필요한 정보를 취득할 수 있다.

---

**그림 9-1** 특허(실용신안)공보의 구성항목

---

(19) 대한민국특허청(KR)
(12) 등록특허(실용신안)공보(B1)

(51) Int. Cl.[6]:　　　　　　　　　　(45) 공고일자:
　　　　　　　　　　　　　　　　　　(11) 등록번호:
　　　　　　　　　　　　　　　　　　(24) 등록일자:

(21) 출원번호:　　　　　　　　　　　(65) 공개번호:
(22) 출원일자:　　　　　　　　　　　(43) 공개일자:

(30) 우선권주장:
(73) 특허권자(실용신안권자):
(72) 발명자(고안자):
(74) 대 리 인:
(77) 심사청구:

(54) 발명(고안)의 명칭:

요　　약:

대 표 도:

명 세 서:
　도면의 간단한 설명:

　발명(고안)의 상세한 설명:
　　발명(고안)의 목적
　　　발명(고안)이 속하는 기술 및 그 분야의 종래기술:
　　　발명(고안)이 이루고자 하는 기술적 과제:
　　발명(고안)의 구성 및 작용:
　　발명(고안)의 효과:

(57) 청구의 범위:

도　　면
　도면 1
　도면 2 ……

### 청구의 범위

출원인이나 발명자가 실질적으로 주장하고자 하는 발명의 권리범위로서, 주로 명확하고 간결하게 그리고 발명(고안)의 구성에 꼭 필요한 사항들로 구성된다. 독립항과 청구항으로 이루어져 있다.

### 도  면

특허의 경우 도면을 필요한 때에만 첨부하면 되지만, 실용신안의 경우에는 반드시 첨부하도록 하고 있다.

## 2. 디자인 공보의 구성항목

디자인의 출원명세서는 기본적으로 서지사항, 요점, 디자인의 설명 및 도면으로 구성되어 있다. 이 중 앞서 설명한 내용들을 제외한 항목들에 대해서 다루고자 한다.

### 분  류

디자인보호법 시행규칙 [별표 4]에 있는 "물품의 범위"에 있는 분류기호가 기재되어 있다. 가령 핸드폰 고리의 경우 B3-02라고 기재된다.

#### 국제분류

디자인의 국제분류에 관한 로카르노 협정(Locarno Agreement Establishing an International Classification for Industrial Designs 1968)에 따라 기재된다. 이 협정의 국제분류는 32개의 류와 223개의 하위 류를 두고 있다. 상품별류와 하위류를 알파벳 순서로 분류해 놓고 있으며 총 6,320개의 상품류를 정해 놓고 있다. 37개의 회원국을 두고 있으며 40여 국가의 특허청이 이 협정의 분류체계를 적용하고 있다. 헤이그 시스템도 이 협정분류를 적용하고 있다. 1968년 체결되어 1979년 개정되었다.

그림 9-2 　디자인 공보의 구성항목

| | |
|---|---|
| (19) 대한민국특허청(KR)<br>(12) 등록디자인공보 | (45) 공고일자:<br>(11) 등록번호:<br>(24) 등록일자: |
| (52) 분　　류:<br>(51) 국제분류:<br>(21) 출원번호:<br>(22) 출원일자: | |
| (73) 등록권자:<br>(72) 창　작　자:<br>(74) 대　리　인:<br>담당심사관: | |
| (54) 디자인의 대상이 되는 물품명: | |
| 디자인의 대상이 되는 물품:<br><br>디자인의 설명:<br><br>디자인 창작 내용의 요점:<br><br>도　　면<br>　도면 1, 도면 2…… | |

### 디자인의 설명

출원명세서에 첨부한 도면이나 사진 또는 견본만으로는 그 물품의 사용 목적, 사용 방법, 재질 또는 크기 등을 알기 어려운 경우가 있어 그에 관한 설명이 기재되어 있다.

### 디자인 창작내용의 요점

디자인 창작내용의 요점이 쉽고 간결하며 명료하게 기재되어 있다. 디자인보호법 시행규칙 [별표 3]에 의한 창작내용 요점의 기재방법을 살펴보면, 첫째, 디자인등록출원하는 디자인 창작내용의 요점을 쉽고 간결하며 명확하게 기재해야 한다. 둘째, 가능한 공지된 디자인과 비교하여 독창적이고 창작된 내용을 중심적으로 기재해야 한다. 셋째, 국내 널리 알려진 형상·모양, 자연물, 유명한 저작물 및 건조물 등을 모티브로 하여 창작한 경우에는 가능한 이들 형태로부터 독창적으로 창작한 내용을 중점적으로 기재한다. 넷째, 문자수는 가능한 300자 이내로 작성한다.

### 도 면

디자인 등록을 받고자 하는 물품에 대한 디자인이 하나 이상의 도면 형식으로 기재된다.

## 3. 상표 공보의 구성항목

상표출원등록한 상표의 출원명세서는 기본적으로 서지사항, 지정상품(서비스, 업무) 및 상표 견본으로 이루어져 있다. 이 중 앞서 설명한 내용들을 제외한 항목들에 대해서 다루고자 한다.

**그림 9-3** 상표 공보의 구성항목

| | |
|---|---|
| (19) 대한민국특허청(KR) | |
| (12) 상표공보 | |
| (511) 분 류: | (45) 공고번호: |
| | (11) 공고일자: |
| (210) 출원번호: | |
| (220) 출원일자: | |
| (731) 출 원 인: | |
| (740) 대 리 인: | |
| 담당심사관: | |
| (500) 지정상품/서비스업/업무 | |
| | |
| 상표견본 | |

**분  류**

상표법 시행규칙 [별표 1]의 상품류 구분 또는 [별표 2]의 서비스업류 구분에 있는 분류기호가 기재되어 있다. 예를 들어 교육용 기기의 경우 제9류로 기재된다.

**지정상품**(서비스업, 업무)

상표법 시행규칙상의 상품류나 서비스업류 구분에 따른 1개 이상의 류와 해당류에 속하는 상품세목 또는 서비스세목이 기재되어 있다. 예를 들어, '제16류 서적, 소책자, 달력, 신문'과 같이 기재된다.

**상표 견본**

등록받고자 하는 상표의 견본이 기재된다.

# Ⅲ. 특허정보조사론

## 1. 특허정보조사의 의의와 필요성

특허정보조사란 사회 일반에 이미 알려진 선행기술 또는 해당 기술에 대한 특허권이 존속하는지 여부 등을 알아내기 위해 특허자료를 통해 조사하는 것을 말한다. 미국 등 일부 국가에서는 발명자나 출원인이 자신의 발명을 특허청에 출원하기 전에 그 발명기술에 대한 선행기술조사를 반드시 실시하도록 의무화하고 있기도 하다. 특허정보조사에는 특허정보가 가지고 있는 고유한 성격인 기술정보와 권리정보라는 양면이 공존하기 때문에, 전문적인 기술적 지식 이외에 일반적인 법률지식, 특히 각국의 특허제도나 특허분류체계 등을 알아야 하는 경우도 있다.

통상 특허정보를 조사하는 이유는 여러 가지가 있다. 우선, 자신이 출원하려는 것과 동일하거나 유사한 발명이 이미 특허로 출원되었는지 여부를 확인하기 위해서이다. 자신이 개발한 발명을 이미 누군가가 먼저 출원했다면 그 동안의 노력과 투자는 헛수고가 될 것이기 때문이다. 실제 국내 모회사는 전자제품에서 방출되는 전자파가 인체에 유해하다는 것에 착안하여 유해 전자파를 방지할 수 있는 영상표시기를 개발하기로 했다. 이에 연구개발팀을 구성하고 연구비를 투자하여 2년 만에 목표했던 기술을 개발하게 되었다. 그리고 이를 특허출원했으나 이 기술은 이미 일본 기업에서 특허출원하여 등록된 상태였다. 2년에 걸친 노력과 투자가 물거품이 되어 버린 것이다.[9]

그 밖에도 ① 타인이 출원한 발명에 대한 정보를 취득하여 이를 피해서 자신의 아이디어를 구체화하고자 하는 경우, ② 서면 경고 등의 제재조치를 받고 이에 대항하고자 제재자의 특허 및 대항 특허를 조사하는 경우, ③ 기술개발을 위해 선행기술을 습득하기 위한 경우, ④ 기술도입 및 기술제휴를 하면서 기술도입 및 기술제휴선사의 기술수준 및 소유하고 있는 기술현황을 파악하고자 하는 경우 등에도 특허정보를 조사할 필요가 있다.[10]

## 2. 특허정보조사의 유형

일반 기술문헌을 조사하는 문헌조사와 구별되는 개념인 특허정보조사는 기술조사와 권리조사로 크게 나뉜다. 기술조사는 특허자료를 선행 기술정보로 인식하여 어떤 발명 아이디어를 구하거나 특허출원을 위해서 동일하거나 유사한 선행특허가 있는지 여부를 조사하는 것이다. 이러한 기술조사는 양식이 통일되어 있고, 발행건수를 정확히 알 수 있으며, 정확하고 상세하게 특허 분류가 되어 있어서 일반 문헌조사보다 쉽다는 장점이 있다. 반면에 권리조사는 특허기술이 어느 나라에서 출원되었고 언제 특허 등록되었는지 여부, 특허권의 유효기간과 소멸 원인 등에 대한 조사를 말한다. 다음에서는 특허정보 조사를 그 목적에 따라 구분하여 설명한다.

### (1) 신기술 개발을 위한 조사

특허조사는 신기술 개발을 위해 이루어지는 경우가 많으며, 주제조사를 위한 조사와 특허출원을 위한 조사가 이에 해당된다. 첫째, 주제조사를 위한

---

9) 유재복, 「특허정보조사의 이론과 실제」, 형설출판사, 2004, p. 112.
10) 박시득, 앞의 논문, p. 115.

조사이다. 주로 연구 주제를 정하기 위해서나 특허출원을 위한 조사 등이 이에 해당된다. 연주 주제를 조사하거나 기술개발 동향을 알기 위해 해당 분야의 선행기술 정보를 충분히 조사해야 한다. 이를 게을리하는 경우 중복된 연구를 하게 되어 시간과 비용을 낭비하게 될 가능성이 있다. 그리고 기술개발 동향을 파악하기 위해서도 특정 주제나 기술에 대한 선행특허를 충분히 조사하는 것이 필요하다. 이를 통계 처리한 특허맵(Patent Map)을 활용함으로써 연구개발 전략이나 사업화 전략을 수립할 수 있다.

둘째, 특허출원을 위한 조사이다. 연구 주제를 선정하고 아이디어를 구체화해서 실제 연구를 수행하여 특허출원을 하는 경우에는 선행특허의 조사가 필요하다. 특허는 신규성, 진보성 및 산업상 이용가능성 등을 요건으로 하기 때문에, 요건을 충족하는지 여부를 판단하기 위해 특허정보조사가 필요하다.

## (2) 타인의 특허취득을 막기 위한 조사

특허정보는 타인이 특허권을 취득하지 못하게 하기 위해 조사할 수도 있다. 정보제공을 위한 조사와 무효심판을 위한 조사가 여기에 해당된다.

첫째, 정보제공을 위해 조사를 한다. 특허출원 후 일정기간이 지나면 해당 기술이 일반에게 공개된다. 그런데 아직 등록공고되지 않은 시점에서 그 기술이 이미 공개되었거나 타인이 이용하고 있을 경우, 특허심사관이 이러한 사실을 심사자료에 활용할 수 있도록 정보를 제공하기 위한 조사이다. 이것은 자신에게 어떤 영향을 미칠 우려가 있다고 판단될 경우에 하는 조사이다. 등록공고 이후에도 무효심판을 청구할 수 있지만, 비용이나 시간이 상대적으로 많이 소모되기 때문에 심사관의 심사자료로서 미리 제공하여 이미 공개된 해당 기술이 특허등록되지 않도록 하는 것이다.

둘째, 무효심판을 위해 조사를 한다. 특허청의 심사관이 특허를 심사할 때 모든 공지된 기술을 조사하는 것은 현실적으로 불가능하다. 기간을 정하여 일반인으로부터 정보제공을 받는 제도가 있기는 하지만, 기간 내에 접수받지 못하는 경우도 있다. 이로 인해 결국 공지된 기술을 출원한 자가 특허권을 취득할 수도 있다. 그러나 해당 특허가 특허청에 출원되기 전부터 이미 해당 특허기술이 사용되고 있었거나 특허출원 이전에 학술지 등을 통해 이미 알려져 있었다는 것을 주장하는 무효심판을 통해 이해관계 있는 자는 그 권리를 무효화시킬 수 있다.

### (3) 특허권 존재에 관한 조사

제품을 생산·판매 또는 수입·수출하거나 신기술을 도입하고자 하는 경우, 타인의 특허권을 침해하는지 여부를 확인함으로써 특허권 침해가 발생하지 않도록 하기 위해 행하는 조사이다. 특히 해당 특허가 어느 국가에 출원·등록되어 있는지를 조사하여 출원·등록되어 있지 않은 국가에 수출·수입하도록 하는 조사를 대응특허조사라고 하는데, 이 역시 특허권 존재에 관한 조사에 포함된다. 또한 어떠한 특허가 등록되어 있더라도 특허 유효기간 동안 매년 연차료를 납부해야 하는데 이를 납부하지 않는 경우에는 특허권이 자동적으로 소멸된다. 이러한 특허권 소멸 여부를 조사하는 것도 특허권 존재에 관한 조사로서 중요하다.[11]

## 3. 특허정보조사의 절차

특허정보조사는 일반적으로 조사주제를 선정한 후, 조사할 수단을 정한다. 조사 수단에는 수작업으로 하는 경우와 데이터베이스(DB)를 이용하는 경우로 구분되는데, 여기서는 DB를 이용하는 경우에 대해 설명한다. 그리고 예비탐색 과정을 거쳐 실제 탐색에 들어간다. 그 후 탐색과정을 평가하고 이를 활용하는 순서에 따라 진행된다.

### (1) 조사 주제의 선정

어떠한 목적을 가지고 어떠한 주제를 조사할 것인지를 분명하게 결정하는 단계이다. 조사 대상 기술을 세분화하고 구체적인 조사 범위를 결정할 필요가 있다.

### (2) 조사 수단의 결정

조사 수단에는 수작업과 데이터베이스 검색 방법이 있는데, 요즘에는 거의 인터넷상의 데이터베이스를 통한 조사를 하고 있다. 데이터베이스를 통한

---

11) 유재복, 앞의 책, p. 117.

조사를 하는 경우, 신속성은 있지만 불필요한 자료까지 검색될 가능성이 많다는 점에 유의해야 한다. 데이터베이스를 통한 특허정보조사에서는 주제 개념을 분석한 후, 탐색어를 선정하는 일이 중요하다. 탐색어 선정에는 동의어나 유사어 등도 고려한다. 또한 단·복수의 어미 변화나 철자의 표기상 차이 등에도 주의해야 한다.

### (3) 예비탐색 및 실제탐색

예비탐색은 주로 탐색어 선택, 탐색식 확인 또는 탐색범위를 조절하고자 하는 경우에 실시한다. 예비탐색은 각국의 특허청에서 제공하는 무료 웹사이트를 이용하면 된다. 예비탐색을 통해 탐색어 선정과 탐색식 작성이 완료되면, 조사 주제와 목적에 맞는 데이터베이스를 선택하여 실제탐색을 실시한다. 상용정보검색 서비스시스템인 경우에는 이용한 만큼 요금을 지불하는 유료 방식이므로 가능한 한 시행착오를 줄이는 것이 좋을 것이다. 웹사이트와 검색시스템마다 탐색방법이 다른 경우가 있으므로 주의해야 한다.

### (4) 탐색결과의 평가와 재탐색

탐색과정을 거친 결과를 평가하여 탐색과정에서 오류가 발견되면 재탐색을 해야 할 것이다. 보통 다음과 같은 오류들이 발생할 수 있다. 첫째, 철자나 띄어쓰기, 단·복수, 하이픈(−) 표시 등에 착오가 생겨 오류가 발생할 수 있다. 둘째, 다양한 성명 표기 방법에 의해 오류가 발생할 수 있다. 가령 Markus Lizen의 경우, 'Lizen M.', 'Lizen, Markus', 'M. Lizen' 등의 다양한 표기방식이 있어 오류가 생길 수 있다. 셋째, 탐색식 작성이나 수정과정에서 연산기호나 처리순서를 혼동하는 경우에 오류가 생긴다. 가령 논리곱을 표기할 곳에 논리합을 표기하는 경우가 이에 해당된다. 일반적으로 연산기호의 처리순서는 괄호 → 인접연산기호 → 논리연산기호(NOT → AND → OR) 순이다.

### (5) 탐색결과의 활용

탐색결과 취득한 특허정보는 자신의 목적에 맞게 활용하면 된다. 이미 살펴본 바와 같이, 연구주제 선정, 기술개발 동향 파악, 선행기술 파악, 타인의 특허권 방지 목적의 이용 등 다양하다.

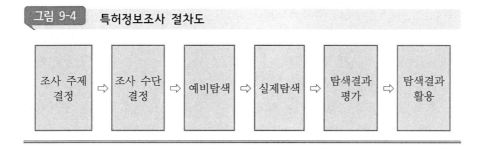

**그림 9-4** 특허정보조사 절차도

| 조사 주제 결정 | ⇨ | 조사 수단 결정 | ⇨ | 예비탐색 | ⇨ | 실제탐색 | ⇨ | 탐색결과 평가 | ⇨ | 탐색결과 활용 |

# Ⅳ. 특허정보조사의 실제

## 1. 개    요

특허정보조사는 어디까지 해야 하는가? 일반적으로 자신의 발명을 출원할 국가의 특허정보만 조사하면 되는 것으로 생각한다. 그러나 원칙적으로 말하자면, 전 세계의 모든 정보, 즉 특허자료나 일반 문헌, 제품 안내서 및 인터넷상의 자료들까지도 자세히 조사해야 한다. 어떠한 발명 기술이 특허출원 전에 국내에서 공지 또는 공연히 실시되거나, 국내 또는 국외에서 반포된 간행물에 게재되거나, 또는 인터넷 등 전기통신회선을 통해 공중이 이용 가능하게 된 경우에는 신규성이 상실되어 우리나라를 포함한 각국 특허청에서 특허로 등록되지 못하기 때문이다.

그러나 전 세계의 모든 자료를 조사한다는 것은 현실적으로 불가능하다. 그러나 주요 국가의 특허 정보만이라도 조사하는 것이 좋다. 국내 특허를 포함하여 미국, 일본 및 유럽의 특허 정도는 조사해야 할 것이다.

## 2. 탐색규칙과 연산자

### (1) 탐색규칙 개요

특허정보검색 시스템을 제대로 이용하기 위해서는 알아야 할 규칙이 있다. 이러한 규칙은 어느 시스템에서나 일반적으로 통용되는 규칙도 있고, 시스템마다 다르게 적용되는 규칙도 있다. 여기서는 탐색식 작성에 있어서, 어느 특허검색 시스템에서나 공통적으로 이용되는 일반적인 탐색규칙에 대해 알아본다. 공통적으로 적용되는 규칙이라고 할지라도 모든 시스템에서 완전히 일치하지는 않은 경우가 있으므로, 검색하고자 하는 해당 시스템의 규칙을 이해한 후에 이용하는 것이 좋다.

특허정보 검색을 위해서는 이미 살펴본 대로 주요국의 특허청 웹사이트 등을 통해 조사해야 하지만, 다음에서는 우리나라 특허청에서 제공하는 가장 기본적이고 대표적인 특허정보 검색 웹사이트인 KIPRIS로 한정하여 활용방법에 대해 알아보기로 한다.

### (2) 연 산 자

연산자란 '검색어'와 '검색어' 또는 '검색어'와 '검색항목'의 상호관계를 규정하며, 다수의 검색어를 조합함으로써 정확한 검색을 가능하도록 한다. 연산자에는 논리연산자와 절단연산자가 있다.

논리연산자에는 AND(*), OR(+), NOT(!), NEAR(^) 연산자가 있다. AND 연산자(*)는 검색 범위에서 A와 B가 포함되어 있는 건을 검색하는 경우에 사용하며, 키워드 및 검색범위 선정에 따라 검색의 노이즈가 많이 나올 수 있다. 반면에, OR연산자(+)는 검색 범위에서 A 또는 B가 포함되어 있는 건을 검색하고자 하는 경우 사용하며, 유사어 및 유의어의 표현을 찾아내는 데 매우 유용하다. NOT연산자(!)는 A는 포함되나 B는 포함되어 있지 않은 건을 검색하고자 하는 경우, 즉 B라는 키워드로 인해 검색결과에 노이즈가 발생할 경우 해당 부분을 제거하기 위하여 사용하며, 연산자의 의미상 반드시 AND 연산자 (*)와 함께 사용해야 올바른 검색결과를 얻을 수 있다. NEAR연산자(^)는 동일 문장 안에 A와 B가 순서대로 $n$개 이하의 거리만큼 있는 건을 검색하고자 하는 경우에 사용하며, 검색 범위에서 단어 간의 순서는 고려하지 않는다.

절단 연산자(?)는 특정 키워드에 모든 음절표기를 검색하고자 하는 경우 사용하는데, 단어뿐만 아니라 기술분류코드(IPC) 또는 번호 및 일자 표기 등에서도 사용이 가능하다. 그러나 후방절단만 가능하며, 전방 및 중간절단은 안된다. 복수연산의 경우에는 반드시 '괄호( )'를 이용하여 연산의 우선순위를 정해야지만 올바른 검색결과를 얻을 수 있으며, 이외에도 검색되는 항목의 특징에 따라 인용부호(" "), 기간검색(~) 등의 연산자를 사용할 수도 있다.

| 표 9-1 | 연산자 사용례 | | |
|---|---|---|---|
| 구 분 | 기호 | 입력예제 | 설 명 |
| AND | * | 자동차*엔진 | 두 개 이상의 키워드를 모두 포함한 것을 검색하고자 하는 경우 |
| OR | + | 자동차+엔진 | 두 개 이상의 키워드 중 적어도 하나를 포함한 것을 검색하고자 하는 경우 |
| NOT | ! | 자동차*!엔진 | 연산자 뒤에 있는 키워드를 포함하고 있지 않은 것을 검색하고자 하는 경우 |
| NEAR | ^ | 자동차^2엔진 | 첫 번째 검색어와 두 번째 검색어의 거리가 1단어(^1), 2단어(^2), 3단어(^3) 떨어진 것을 검색하고자 하는 경우 |
| 괄 호 | ( ) | 자동차*(엔진+모터) | 복수연산시 괄호로 묶여진 검색식을 우선적으로 검색하고자 하는 경우 |

## 3. KIPRIS를 통한 특허정보검색

### (1) 개 요

KIPRIS(Korea Industrial Property Rights Information Service)는 국내·외

| 표 9-2 | KIPRIS에서 제공하는 데이터 현황 | | | |
|---|---|---|---|---|
| 구 분 | | 제공범위 | 수록기간(연도) | 비 고 |
| 국내 | 특 허 | 서지, 초록, 대표도면, 전문 | 1948~현재 | |
| | | 서지, 특허영문초록(KPA), 대표도면 | 1979~현재 | 영문 |
| | 실용신안 | 서지, 초록, 대표도면, 전문 | 1948~현재 | |
| | 디 자 인 | 서지, 6면도, 전문 | 1950~현재 | |
| | 상 표 | 서지, 대표도면, 전문 | 1950~현재 | |
| | 심 판 | 서지, 심결문 | 1956~현재 | |
| 해외 | 미국특허 | 서지, 초록, 전문 | 1976~현재 | 영문 |
| | 일본특허 | 서지, 초록, 전문 | 1976~현재 | 영문 |
| | 유럽특허 | 서지, 초록, 전문 | 1978~현재 | 영문 |
| | 중국특허 | 서지, 초록 | 1985~현재 | 영문 |
| | 영국특허 | 서지, 초록, 전문 | 1893~현재 | |
| | 독일특허 | 서지, 초록, 전문 | 1920~현재 | |
| | 프랑스특허 | 서지, 초록, 전문 | 1920~현재 | |
| | 국제특허(PCT) | 서지, 초록, 전문 | 1978~현재 | 영문 |

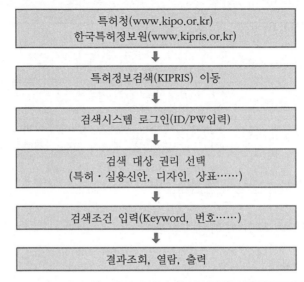

그림 9-5  KIPRIS 이용방법

지식재산권에 대한 모든 정보를 데이터베이스로 구축하여 누구나 인터넷을 통해 무료로 이용할 수 있도록 특허청이 한국특허정보원을 통하여 제공하고 있는 특허검색서비스이다.

KIPRIS에서는 국내 산업재산권(특허, 실용신안, 디자인, 상표) 정보 및 미국, 일본, 유럽, 중국 등 국제특허정보에 대한 검색·열람이 가능하다. KIPRIS의 이용방법은 대체로 KIPRIS 웹사이트에서 로그인 한 후,[12] 검색 대상 권리를 선택하고 검색 조건을 입력하여 결과를 조회하거나, 열람·출력하는 순서로 진행된다.

### (2) 권리선택

특허정보를 검색하기에 앞서 먼저 KIPRIS 검색시스템 초기화면 우측 특허정보검색 메뉴에서 검색하고자 하는 권리(특허·실용신안, 디자인, 상표 등)를 선택한다.

---

12) KIPRIS에서는 별도의 회원가입 없이도 정보 검색 및 열람이 가능하지만, 온라인 다운로드 등과 같은 일부 부가 기능은 로그인 후에 이용이 가능하다.

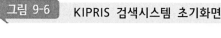

그림 9-6　KIPRIS 검색시스템 초기화면

## (3) 통합검색

KIPRIS 통합검색 기능은 국내 산업재산권(특허, 실용신안, 디자인, 상표, 해외특허)에 대하여 권리구분 없이 모든 권리를 한 번에 검색할 수 있는 검색시스템으로서, 특허 검색에 익숙하지 않은 초보 이용자를 위한 자유검색 기능이다. 통합검색은 권리별 검색시스템과는 다르게 검색결과 건수에 대한 제한이 없다는 것과 검색결과 내용 중 각 권리에 대하여 선택적으로 검색이 가능하다는 것이 특징이다.

### 1) 검색실행

통합검색은 검색할 대상의 항목을 알지 못하는 일반적인 경우에 간단한 단어, 인명, 번호 등으로 전체 또는 일부에 대한 검색이 가능하다. 예를 들어 모든 권리에 대하여 핸드폰 또는 휴대폰이라는 단어와 안테나라는 단어를 포함하는 검색 결과를 찾고자 할 경우, 다음과 같이 통합검색 창에 (핸드폰＋휴대폰)*안테나를 입력하여 검색을 실행한다.

그림 9-7    통합검색창 입력

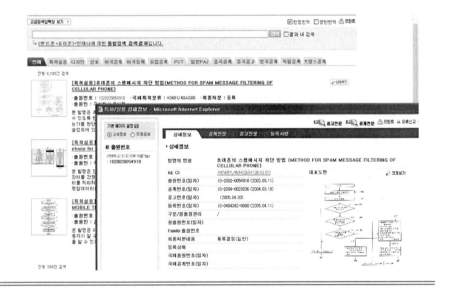

그림 9-8    검색결과 화면과 상세보기

## 2) 검색결과 조회

검색결과 화면에서는 간략한 초록정보와 함께 해당 결과에 대한 상세정보 및 전문 열람이 가능하고, 화면 상단의 특허실용, 디자인, 상표 등 각각의 권리명을 클릭하면 해당 권리에 대한 내용 조회가 가능하다.

## (4) 특허·실용신안 검색

특허·실용신안 검색은 일반검색과 항목별 검색으로 구분되며, 검색어 입력란에 해당 검색어를 입력하여 검색을 실행한다.

## 1) 일반검색

일반검색은 간단한 단어, 인명, 문헌번호 등의 전체 또는 일부를 이용한 검색이 가능하며, 단어검색과 번호검색으로 구분되어 있다. 단어검색은 기술 용어, 출원인 명칭 등 간단한 단어로 가능하며, 검색항목의 제한 없이 Full Text DB에서 검색할 수 있다.

검색 기능으로는 특허와 실용신안 중 검색대상을 선택할 수 있는 권리구분 선택 기능과 검색기간을 설정할 수 있는 검색범위 선택 기능이 있다. 검색어는 간단한 명사형 단어를 국문 또는 영문으로만 입력이 가능하며, 연산자 이외의 기호는 무시된다. 구문입력의 경우에는 발명의 명칭, 초록(요약), 청구범위에 한해서만 검색이 가능하고, 반드시 큰따옴표를 사용하여 검색어를 입력해야 한다는 것에 유의한다. 예를 들어 핸드폰 또는 휴대폰이라는 단어를 포함하고, 최근 2년치에 해당하는 특허나 실용신안을 검색하고자 할 경우, 검색창에 검색어인 '핸드폰＋휴대폰'를 입력하고 검색범위에는 '최근 2년'으로 설정한 후 검색을 실행한다.

**그림 9-9** 일반검색 선택화면

그림 9-10   단어검색 화면(사례)

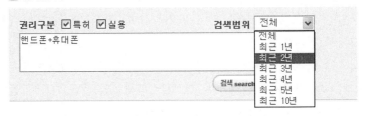

번호검색은 특허관련 문헌번호(출원, 공개, 공고, 등록번호)의 전체 또는 일부를 이용하여 검색할 수 있다. 검색기능으로는 특허와 실용신안의 각종 문헌번호 중에서 검색대상을 선택하는 기능과 문헌번호에 포함된 해당연도를 선택하는 기능이 있다. 번호입력은 특허문헌 일련번호의 자릿수와 관계없이 입력이 가능하고, 절단검색은 지원되지 않는다. 특허관련 문헌번호는 총 13자리로 이루어져 있으며, 출원, 공개, 공고 및 등록번호가 이에 해당된다. 번호체계는 권리의 구분을 의미하는 숫자(2자리)와 연도(4자리), 일련번호(7자리)로 구성되어 있다. 그러나 예외적으로 등록번호는 권리(2자리)와 일련번호(7자리), 자릿값(4자리＝0000)으로 구성되어 있다.

번호검색은 문헌번호의 일부, 즉 일련번호만을 입력해도 검색이 가능하므로, 권리종류와 연도에 대해 알고 있는 정보가 없을 경우 매우 유용하게 사용할 수 있다. 예를 들어, 12345번에 해당하는 특허 또는 실용신안을 검색하고자 할 경우, 검색창에 12345를 입력한 후 검색을 실행하면 된다.

표 9-3   권리번호 형식

| 구  분 | 권리번호 | 내  용 |
|---|---|---|
| 특    허 | 10 | 아직까지 없었던 물건이나 그 물건을 만드는 방법을 최초로 발명한 것 |
| 실용신안 | 20 | 이미 발명된 것을 바꾸어서 보다 편리하고 쓸모 있게 만든 것 |
| 디 자 인 | 30 | 보는 사람으로 하여금 아름다움을 느끼도록 모양을 만드는 것 |
| 상    표 | 40 | 제조회사가 자사 제품의 신용을 유지하고, 자기 상품을 다른 상품과 구별시키기 위해서 제품 및 포장에 표시하는 표장 |

| 표 9-4 | 문헌번호 형식 | | | |
|---|---|---|---|---|
| 번 호 | 권리번호 | 연 도 | 일련번호 | 자릿값 |
| 출원번호 | 2자리 | 4자리 | 7자리 | – |
| 공개번호 | 2자리 | 4자리 | 7자리 | – |
| 공고번호 | 2자리 | 4자리 | 7자리 | – |
| 등록번호 | 2자리 | – | 7자리 | 0000 |

**그림 9-11  번호검색 화면(사례)**

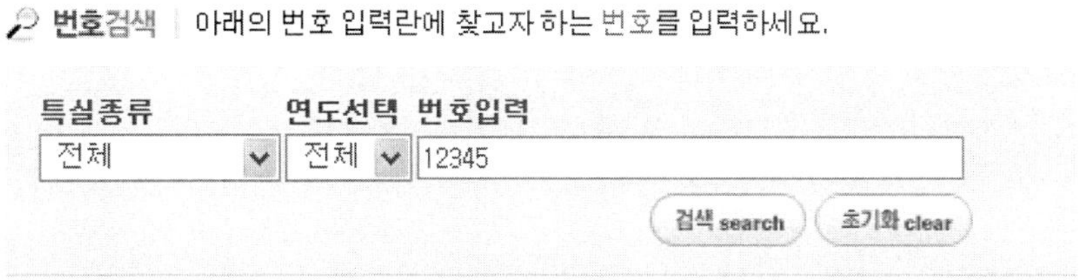

🔍 **번호검색** | 아래의 번호 입력란에 찾고자 하는 번호를 입력하세요.

**특실종류**  **연도선택 번호입력**
전체 ▾  전체 ▾  12345

검색 search    초기화 clear

## 2) 항목별 검색

항목별 검색은 전문에 수록된 내용을 다양한 항목들로 나누어서 검색하는 기능으로, 검색항목 간의 연산은 AND 또는 OR 조건으로 설정이 가능하기 때문에 특정 검색항목을 지정하여 검색하거나, 다수 개의 검색항목을 이용한 조합검색이 가능하다. 조합검색의 예로, 핸드폰이나 휴대폰을 포함하고, 국제특허분류(IPC)가 배터리에 해당되는 특허 또는 실용신안을 찾고자 할 경우, 자유검색창에는 핸드폰+휴대폰이라고 기입하고, IPC입력창에는 해당 IPC코드를[13] 입력한 후 검색을 실행한다.

또한 항목별 검색에서는 검색항목 외에도, 권리구분 선택 기능과 거절 및 등록상태 등을 설정할 수 있는 기능이 있어 행정처분별로도 검색이 가능하다. 예를 들어 2007년 1월에 등록된 특허를 찾고자 할 경우, 등록일자를 기입하는 검색창과 출원/등록상태를 나타내는 검색창에 해당 사항을 표기한 후 검색을 한다.

---

13) 국제특허분류(IPC)란 특허문헌에 대하여 국제적으로 통일된 분류를 하고, 검색을 할 수 있도록 하기 위해 만든 기술분류체계이다. IPC의 구조는 기술전체를 8개의 섹션으로 나누어 알파벳 A~H로 표시한다. 각각의 섹션에 대하여 클래스, 서브클래스, 메인그룹, 서브그룹의 계층적 구조를 기본 골격으로 한다.

## 그림 9-12 항목별 검색화면(사례 1)

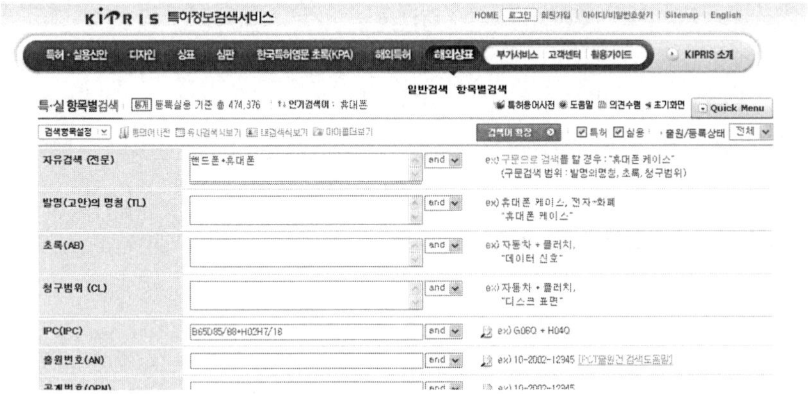


## 그림 9-13 항목별 검색화면(사례 2)

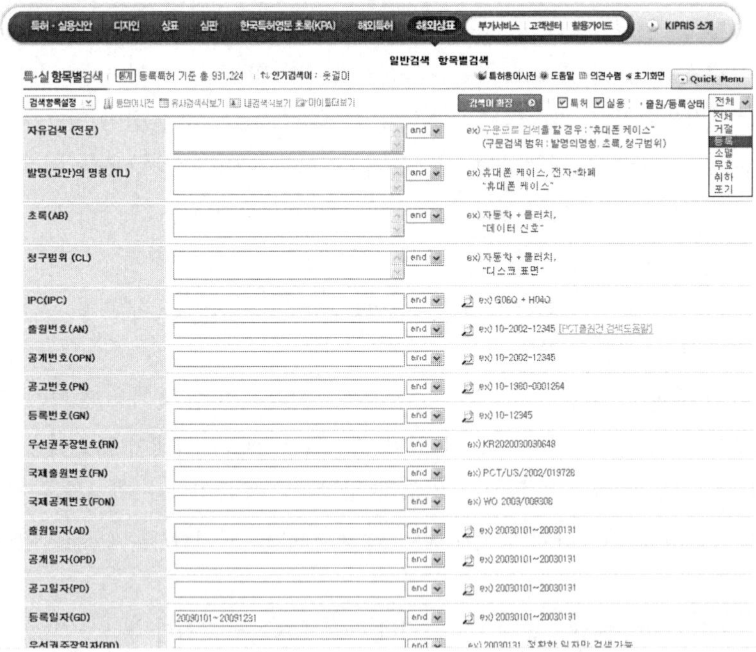

3) 검색결과 조회

검색실행 후 검색결과는 검색결과리스트에 해당하는 간략정보(또는 초록정보 및 대표도면)와 각각의 상세정보 및 전문보기 순으로 조회한다.

첫째, 간략·초록정보 및 대표도면 보기에 대해 설명한다. 검색된 결과리스트를 보여주는 결과 화면은 간략정보와 초록정보, 대표도면이 있다. 간략정보 화면은 전문을 바로 확인할 수 있는 아이콘과 대표도면, 출원번호, 행정처리상태, 발명의 명칭 등의 주요 항목들을 일괄적으로 볼 수 있도록 구성되어 있다. 화면 우측 상단에 있는 페이지이동 버튼을 클릭하여 페이지당 표시건수를 선택할 수 있으며, 정렬 버튼을 클릭함으로써 각 결과항목에 대한 정렬방식 선택이 가능하다. 화면 상단의 초록정보를 클릭하면 결과 화면에 나타난 검색결과 리스트에 대한 요약문을 조회할 수 있다. 간략정보 화면에서와 동일한 방법으로 정렬 및 조회항목 설정이 가능하다. 또한 대표도면을 클릭하면 결과 화면에 나타난 검색결과 리스트에 대한 대표도면만을 조회할 수 있다.

둘째, 상세보기이다. 상세정보 화면에서는 서지, 초록, 대표도면, 행정처리 현황 등 세부정보에 해당하는 상세정보와 전문 및 등록정보를 한 번에 조회할 수 있다. 상세정보는 검색결과 화면에서 출원번호 또는 발명의 명칭을 클릭하여 확인할 수 있다.

셋째, 전문(全文)보기이다. 전문은 특허청에서 발행하는 공보, 즉 도면을 포함한 명세서 전체를 말한다. 간략정보 및 상세정보 화면 내 전문 아이콘을 통하여 조회가 가능하다. 간략정보 화면 우측에 있는 KOR 아이콘을 클릭하면 해당 출원건에 대한 최종공보가 열린다. 현재 출원진행상태가 공개인 경우에는 공개전문이, 등록인 경우에는 공고전문이 열리므로, 최종공보 이외의 전문 확인은 상세정보 화면을 통해 확인해야 한다.

그림 9-14   간략·초록정보 및 대표도면 보기 화면

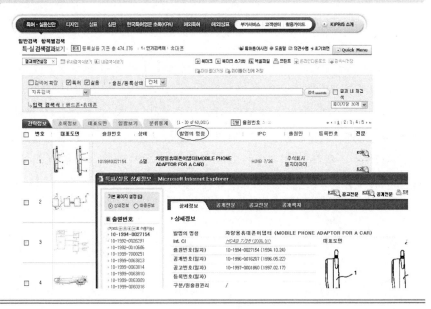

그림 9-15   상세보기 화면

**그림 9-16**  전문보기 화면과 전문공개 화면

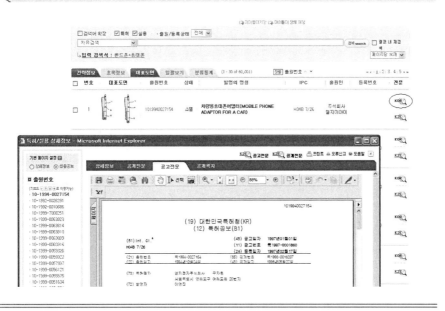

# 특허맵의 작성과 이용

▶ 특허맵의 개념에 대해 공부한다.

▶ 특허맵의 필요성과 활용방안을 이해한다.

▶ 특허맵의 종류들과 그 특성을 이해하고, 활용목적에 따라 필요한 특허맵의 종류를 선택할 수 있다.

▶ 특허맵의 작성요령을 파악한다.

1. 특허맵의 작성이 필요한 이유는 무엇인가?

2. 개인이나 기업들은 특허맵을 어떠한 목적으로 활용하는가?

3. 기술거래나 기술이전에 있어서 특허맵은 어떠한 기능을 담당하는가?

# I. 특허맵의 의미

## 1. 특허맵의 개념

특허맵(Patent Map)이란 특허정보를 조사하여 쉽게 파악할 수 있도록 정리·가공·분류 및 분석하여 시각적으로 표현한 결과물을 말한다. 키워드(주제어) 등으로 검색한 특허정보를 정리·가공·분류 및 분석하여 산출된 자료를 도표나 그림으로 쉽게 파악할 수 있도록 표현하여 출원인 현황, 기술동향, 기술분포 현황 및 권리관계 등을 쉽게 이해할 수 있도록 작성한 분석보고서인 것이다. 이를 특허지도라고도 한다. 지리적 상황을 쉽게 이해할 수 있도록 일목요연하게 그림이나 기호로 표시한 것이 지도이다. 이처럼 수집된 특허 자료들을 잘 이해할 수 있도록 2차원적으로 쉽게 표시한 것이 특허지도이다. 특허맵은 1960년대에 미국에서 최초로 탄생됐다. 우리나라에서는 (주)금성사가 1980년에 최초로 특허맵 기법을 연구개발 활동에 적용하여 기술개발이나 기술이전에 활용한 것으로 알려져 있다.[1]

특허맵은 특허관련 모든 분야의 지식과 기술이 융합된 종합물이다. 앞서 설명한 바와 같이, 특허맵은 하나의 특허 문헌에서는 얻을 수 없는 데이터들을 여러 특허 문헌들을 정리·가공·분류 및 분석하여 얻는다. 또한 특허맵은 그 목적이 비교적 단순한 특허정보조사에 비해, 통상 여러 목적이 유기적으로 결합되어 작성되기 때문에 복잡한 내용들을 담고 있다. 따라서 이상적인 특허맵 작성을 위해서는 기술분야, 특허분야 및 데이터베이스 분야 등 각 분야의 전문가들의 지식과 경험이 결합되어야 한다. 여기서 기술전문가는 기술체계를 정립하고, 기술발전 동향을 제시하며, 핵심기술을 파악하는 역할을 수행한다. 특허전문가는 기술의 신규성과 진보성 및 특허권의 침해 여부 등을 판단하며, 기본 특허와 응용 특허를 구별하는 역할을 한다. 그리고 특허 데이터베이스 전문가는 검색 키워드를 선정하고, 각 국가별 특허 데이터베이스의 특성을 파악하여 다양한 관점에서 데이터를 추출하는 역할을 담당한다.

---

1) 이태훈, 「특허정보검색」, 기전연구사, 2004, p. 170.

## 2. 특허맵의 필요성

특허맵은 왜 작성되어야 하는가? 크게 두 가지로 나누어 생각해 볼 수 있다. 첫째는 기술개발의 현황을 파악하기 위해서이다. 시장에서 소비자들로부터 자신의 상품이나 서비스가 선택받기 위해서는 경쟁사와의 경쟁에서 이겨야 한다. 이를 위해서는 부단한 혁신이 이루어져야 한다. 특허맵은 혁신의 과정 속에서 기술개발에 따른 위험(risk)을 감소시키고, 기술개발 실태를 알아보기 위해 필요하다. 이를 통해 어떤 기술이 주류인지 여부, 어떤 기술이 현재 개발되고 있는지 여부, 어떤 기술이 어느 분야에서 실용화되고 있는지 여부, 해당 분야에서 어떠한 기술혁신을 거쳐 오고 있는지 여부 및 향후 기술혁신 예상 방향 등을 가늠할 수 있다.

둘째로 특허권의 침해를 방지하고 회피하기 위해서 특허맵을 작성한다. 앞서 기술개발 현황을 파악하기 위해서 작성된 특허맵에 따라 기술개발의 방향을 결정한다고 해도, 실제로 기술개발에 착수하여 제품을 생산하고 판매하는 경우 특허 침해의 문제가 발생할 수 있기 때문에, 특허맵을 작성하기도 한다. 이 경우에는 주로 무엇이 핵심특허기술인지 여부, 특허에 문제가 있는지 여부, 효율적인 특허 회피 방법 유무, 미개발 부분이나 관련 기술과 연관된 부분에서 공백기술이 없는지 여부 등을 알아보게 된다.

## 3. 특허맵의 작성 요령

### (1) 작성 시기

특허맵은 연구개발 초기단계에서 추진하는 것이 바람직하다. 특허맵이 성공할 수 있을지 여부는 현재의 연구개발 활동이 미리 정한 특허전략에 따라 효과적으로 실행되는지 여부에 따라 결정된다.

### (2) 작성 주체

특허맵의 작성 주체는 다양하다. 회사 내부의 특허부서에서 작성하는 경우도 있고, 연구개발부서에서 작성하는 경우도 있으며, 특허부서와 연구개발부서에서 공동으로 작성하는 경우도 있다. 최근에는 외부전문업체에 아웃소싱

하는 경우도 많다.

특허부서에서 작성하는 경우에는 특허부서의 담당자가 연구개발 단계마다 특허맵을 작성하고 개발방향을 확인한다. 이때 특허부서와 연구개발부서가 유기적으로 운영되어야 좋은 성과를 얻을 수 있다. 그러나 특허부서에서 특허맵을 작성하는 경우에는 권리적 측면에서의 특허침해나 기술이전 등에 대한 대응에는 유용할 수 있으나, 기술적인 사항을 중시하는 연구원들의 입장이 충분히 반영되지 않으면 연구원들의 활용이 저조하게 될 수 있다는 점에 주의를 기울여야 한다.[2]

연구개발부서에서 특허맵을 작성하는 경우에는 해당 기술에 대해 가장 잘 알고 있는 자(기술자 또는 연구원)가 직접 작성하기 때문에, 특허맵 작성을 통해 연구 또는 개발하려는 기술의 개발 동향, 경쟁사의 현황, 자사와 타사와의 기술격차 등을 파악하여 연구개발에 곧바로 반영할 수 있다. 이 경우에는 특허맵 작성자들인 기술자나 연구자들이 특허에 대한 기본지식을 갖고 있어야 효과적으로 특허맵을 작성할 수 있다.

최근에는 외부전문업체에 특허맵 작성 아웃소싱을 하는 경우, 특허정보조사와 데이터베이스 활용에 전문적인 경험이 있는 외부전문업체를 선정해야 한다. 그러나 외부전문업체는 정보의 가공·분류·정리 능력은 뛰어나지만, 해당 기술에 대한 지식이나 이해도가 담당연구원들보다는 부족할 수 있다는 점을 고려해야 한다.

### (3) 작성 요령

통상적으로 경영정보나 기술정보를 얻기 위한 특허맵 작성에는 고도의 전문적 수준이 필요하지는 않다. 이를 간단하게 작성하여 다양한 목적으로 활용하면 될 것이다. 그러나 이러한 특허맵 작성에도 유의할 점이 있다. 첫째, 목적을 명확히 해야 한다. 둘째, 간단한 것에서 복잡한 것의 순서로 작성한다. 셋째, 가령 엑셀이나 액세스 등 컴퓨터 응용프로그램의 활용이 가능해야 한다. 넷째, 문제의식을 가지고 맵을 작성해야 한다.

---

2) 이상남, 「특허정보의 이해와 활용」, 세창출판사, 2004, p. 384.

## 4. 특허맵의 활용

특허맵은 기술정보적 관점, 권리정보적 관점 및 경영정보적 관점에서 활용이 가능하다. 기업의 경영·기획부서에서는 특허맵을 시장참여 현황 파악이나 기업 경쟁관계 파악 등과 같은 경영정보적 관점에서 활용할 것이고, 연구개발부서에서는 기술동향, 기술분포 현황, 공백기술 파악 및 문제 특허 회피등 기술정보적 관점에서 이용할 것이다. 그리고 특허관리부서에서는 특허맵을 특허침해 가능성 파악, 특허망 분석, 기술이전 협상 등 권리정보적 관점에서 이를 활용하고자 할 것이다.

### (1) 기술정보 관점의 활용

공개공보에는 앞으로 특허권을 취득하게 될 기술을 게시한 권리정보 내용과 1년 6개월 전에 제안된 기술의 문제해결 정보를 파악할 수 있는 기술정보내용을 담고 있다. 이러한 관련 특허정보들을 순차적으로 정리하면 관련 기술의 동향을 파악할 수 있게 된다. 이 기술내용은 특허관리부문에서보다는 기술개발부문의 기술자나 연구자들에게 문제해결이나 기술동향 파악을 위한 정보로서 더 가치가 있을 것이다.

또한 적절한 검색어를 선정하여 데이터베이스를 검색하여 해당분야의 기술문헌을 입수한 다음, 이들을 출원일을 기준으로 배열하거나 도표화하면 해당 기술에 대한 발전 현황을 알 수 있다. 이것을 기술항목별로 메트릭스(matrix) 형태로 정리하면 어느 기술 분야에 집중적으로 연구가 행해졌는지, 그리고 어느 기술 부분이 아직 개발되지 않고 있는지 여부를 파악할 수 있다.

이 밖에도 연구개발자는 특허맵을 통해 어느 기술을 개발해야 할지, 자신이 개발하고 있는 기술 수준이 어느 정도인지, 자신이 개발중인 기술분야를 이미 누군가가 개발했는지, 경쟁사의 기술개발 방향, 경쟁사가 역점을 두고 있는 기술 부문 및 해당 기술의 이용 범위 등을 알아낼 수 있다.

### (2) 권리정보 관점의 활용

기술개발이 완료되고 발명이 출원되어 특허권이 등록되면 특허권자만이 권리를 독점하게 되는데, 관련 기술의 특허권을 누가 가지고 있는지에 관한 정보는 법적인 관점에서 중요하다. 기업의 입장에서도 이로 인해 막대한 손실을 입을 수 있으므로 민감한 사항이기도 하다. 가령 특허권으로 보호되고 있는 어느 기술이 있다면, 그 권리의 존속기간이 언제까지인지를 살펴보아야 할 것이다. 또한 해당 특허권의 진정한 권리자가 누구인지 및 실시권의 설정 유무 등에 대해서도 알아볼 필요가 있다. 이 밖에도 특허권에 해당하는 기술적인 범위가 어느 정도인지를 해석하여야 하는데, 이는 특허명세서상의 특허청구범위를 분석하면 가능하다.

또한 자신이 사용하고 있는 기술이 어떤 기술의 특허문헌에 공개되어 있는 기술과 일부 동일한 경우, 비록 공개된 기술이라고 할지라도 이 기술을 이용하는 데에 일부 제약이 따를 수 있다. 따라서 공개된 기술을 이용하는 경우라도, 아무 제약 없이 이용할 수 있는 기술인지를 살펴야 할 것이고, 만일 제약이 뒤따르는 경우라면 어떤 수단을 취하면 부담을 최소화할 수 있는지를 연구해야 할 것이다. 권리정보의 특허맵은 등록공보 자료를 이용하는 것이 바람직하다. 그러나 출원된 기술이 등록되기 전까지는 3년 정도 또는 그 이상의 시일이 소요되기 때문에, 공개특허공보를 포함하여 권리정보 특허맵을 작성하는 것도 좋다.

특허맵의 권리정보적 활용과 관련해서는, 특히 타인의 특허를 회피하기 위한 경우가 있다. 기술개발에 성공한 기업은 타사의 기술 모방을 막기 위해 다양한 각도에서 철저하게 특허출원을 함으로써 이른바 특허망을 구축한다. 이러한 특허망은 경쟁사들 간에 특허출원 경쟁이 일어나면서 형성되기도 한다. 후발 사업자의 입장에서는 그 시장에 진입하려면 이와 같은 특허망을 회피하지 않으면 안 된다. 이때 특허망이 어떻게 형성되어 있는지를 조사하기 위해 특허맵을 작성하기도 한다. 신규로 시장 진입을 하는 경우, 사전에 특허조사를 하지 않고 제품을 제조·판매하다가 후에 자신의 제품이 타인의 특허를 침해하고 있다는 것을 알게 되면 설계변경을 해야 하는데, 이때 매우 많은 비용과 시간을 들여야 한다. 따라서 특허조사는 설계에 앞서 하는 한편, 수집된 특허정보를 분류·정리하여 특허맵을 활용하는 것이 중요하다.

마지막으로, 특허권은 존속기간 만료나 등록료 미납 등의 원인으로 그 권리가 소멸되는 경우도 있다. 또한 심사청구를 하지 않아 취하된 발명 중에서 현재의 기술이나 시장에서는 상용화할 수 있는 기술도 있을 수 있다. 권리소

멸된 발명이나 심사청구기간이 경과된 공개기술은 누구나 자유롭게 실시할 수
있다. 이러한 기술 자료를 이용하기 위해서는 특허소멸의 정보를 모아서 특허
맵을 작성하면 도움이 된다.

### (3) 경영정보 관점의 활용

특허법에서는 특정인에게 특허권이라는 독점적 권리를 부여하는 대신, 이
새로운 기술을 공개하도록 하고 있다. 이렇게 공개된 자료를 수집하여 특허정
보로 가공하는 경우 그 회사에서 추진하고자 하는 개발전략을 파악할 수 있다.
이러한 개발전략을 분석하여 활용하기 위한 경영정보로서 특허맵은 기능한다.
좀더 상세히 설명하면, 특허정보를 출원연도나 출원인, 발명자를 기준으로 가
공하여, 이를 2차원이나 3차원으로 정보화하면 기술의 발전동향, 기술개발의
방향, 경쟁사 간의 기술력 수준 비교, 신규 참여 분야 예측, 개발 중점 기술 등
을 파악할 수 있는 특허맵을 작성할 수 있다.

경영정보를 위한 특허맵은 주로 기업의 사업계획 수립에 활용된다. 특히
경쟁사의 기술정보와 연구개발 현황을 찾아내기 위해서 이용된다. 예를 들면,
특허맵은 경쟁사의 제품과 비교하여 자사의 제품이 경쟁력이 있는지를 경영진
이나 담당부서에서 판단할 때 필요한 정보를 제공해 준다.

제3자의 시장진입 여부에 관한 정보를 얻기 위해서도 특허맵은 활용된다.
어떤 기술시장에 '현재' 어떤 사업자들이 참여하여 사업을 하고 있는지 여부를
알기 위해서는 시장조사를 해 보면 알 수 있다. 그러나 이 조사로는 아직 현실
적으로 시장에 참여하지 않고 있으나 제품 연구개발을 통하여 장래에 그 시장에
진입하려는 잠재적인 사업자까지 확인할 수는 없다. 현재 시장에 진출하지는 않
았지만 관련 기술에 대해 경쟁력을 가지고 있는 사업자가 기술 개발을 완료하여
시장에 진입하면 자사에 위협요인으로 작용할 수가 있다. 이러한 정보를 미리
확보하기 위해 향후 경쟁사가 될 잠재적 사업자에 대한 조사가 필요하다. 특허
맵 작성을 통해 이와 같은 잠재적 사업자에 대한 정보를 획득할 수 있다.

이와는 반대로, 자사가 신규 시장에 진출하기 위한 준비 작업으로서 특허
맵 작성이 필요한 경우가 있다. 이미 시장에서 사업을 하고 있는 기존의 사업
자들은 새로운 사업자가 그 시장에 진입하는 것을 꺼릴 것이다. 이 때문에, 기
존 사업자들은 자신의 특허권을 이용해서 신규 사업자의 시장진입을 막고자

한다. 이에 대응하여 향후 문제의 소지가 있는 특허에 대한 대비책을 마련한 후에 시장에 진입하는 것이 안전하다. 분쟁의 소지가 있는 특허는 실시권을 허락받거나 회피 설계를 통해 문제를 제거하는 것이다. 기술제휴를 통해 문제를 해결하기도 한다.

# Ⅱ. 특허맵의 종류

특허맵은 정량분석맵과 정성분석맵의 두 가지로 크게 나뉜다. 정량분석맵은 데이터를 수량적으로 파악하여 표시하는 맵이다. 주로 특허정보의 서지적 데이터와 자체 기술분류에 의한 데이터를 근거로 하여 건수를 중심으로 통계적인 접근을 하는 방식이기 때문에, 이를 통계적 분석맵이라고도 부른다. 그러나 건수만을 위주로 맵을 작성하는 경우에는 기술동향을 파악하기 어렵기 때문에, 출원연도를 기준으로 하여 출원건수를 표시하거나 레이더 표시맵 등을 작성하는 방식으로 기술 변화를 동적으로 파악할 수 있다. 정량분석맵에는 구성비맵, 건수맵, 건수 추이맵, 상관도맵, 레이더표시맵 등이 포함된다.

이에 비해, 정성분석맵은 특허정보를 내용적으로 파악하여 표시하는 맵이다. 주로 특허정보 각각의 기술적 가치나 권리에 관한 내용들을 담고 있기 때문에, 내용적 분석맵이라고도 한다. 이를 통해 연구개발자들이 실제로 관심을 가질 수 있는 기술적인 정보를 분석하여 제품설계 등에 활용하기도 하고, 발명을 실시했을 때 제3자의 권리를 침해할 염려가 있는지 등에 대한 정보가 담겨 있다. 정성분석맵에는 리스트 표시맵, 매트릭스 표시맵, TEMPST맵, 특허 분포맵, 기술발전도맵, 요지 리스트맵, 문제특허 분석맵 등이 포함된다. 이 중 요지 리스트맵이 가장 기본적인 형태이다.

## 1. 정량분석맵

### (1) 구성비맵

구성비맵에는 출원비별 구성비맵, 기술분류별 구성비맵 그리고 국가별 구성비맵 등이 있다.

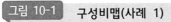
그림 10-1 구성비맵(사례 1)

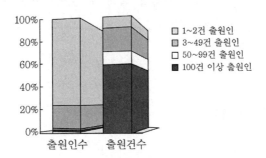

출처: 이은철, 「특허맵(PM) 개념 및 작성·분석방법」, p. 30.[3]

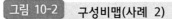
그림 10-2 구성비맵(사례 2)

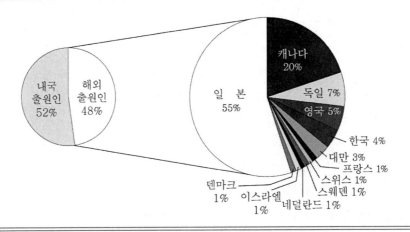

출처: 이은철, p. 31.

출원인별 구성비맵은 서지적 사항 중 출원인에 대한 정보를 가공하여 전체 출원에 대한 출원인의 비율이나, 어느 기술분야에 어느 출원인(기업)이 참여하고 있는지를 알 수 있다.[4] 기술분류별 구성비맵은 각 기술분류별로 전체에서 각각의 기술분야가 차지하는 비율을 표시하므로, 현재까지 출원의 집중

---

3) www.5tip.com/k/kiki_admin/file/특허분석(PM)(1).ppt. 2012. 1. 9. 접속. 이은철, 앞의 책, p. 30.
4) 이은철, 앞의 책, p. 27.

도를 파악할 수 있다. 국가별 구성비맵은 각국 특허청의 출원건수나 우선권주
장국가 정보를 활용하여 작성되는데, 이는 주로 국가경쟁력을 비교하는 경우
에 활용된다. 또한 요즘에는 제품의 수출시장이나 그 기술분야에서 장래에 중
요한 시장이 될 수 있는 국가에서 특허권을 선점하기 위하여 특허출원을 하는
경향이 많기 때문에, 국가별 구성비맵을 통해 현재의 기술경쟁력과 향후 주요
시장 등을 파악할 수도 있다.

### (2) 건 수 맵

건수맵에는 발명자별 출원건수맵과 기술분류별 출원건수맵 등이 있다. 경
쟁사의 현황 및 동향을 파악하는 데에는 출원인을 조사하면 되지만, 이 경우
개인에 대한 정보를 반영하지 못한다는 단점이 있다. 새로운 시장에 진출하기
위해 시장에서의 우수 인력을 파악하려는 경우에는 발명자별 출원건수 또는
발명자별 등록건수맵을 활용할 수 있다. 한편 기술분류별로 출원건수를 표시
하면, 분석하고자 하는 테마의 주요 기술분류를 파악할 수도 있다.

### (3) 건수 추이맵

건수 추이맵은 추이 분석을 하는 경우에 이용된다. 출원건수 추이맵, 기술
분류별 특허건수 추이맵, 출원건수와 출원인수 추이맵 및 국가별 등록건수 추
이맵 등이 있다. 가장 흔히 활용되는 출원건수 추이맵은 가로축에는 연도를
기입하고 세로축에는 건수를 기입하는 식으로 작성된다. 이를 통해 연구개발
활동성 및 동향을 파악할 수 있으며, 특정기술의 연구개발 시점과 성장 및 쇠
퇴시기를 알 수 있다. 이때 특허정보의 공개는 대개 출원 후 1년 6개월이 경과
한 후에 공개되기 때문에, 조사일로부터 1년 6개월이 경과되지 않은 출원건수
는 맵에서 급격한 감소를 보인다는 것에 유의해야 한다.

기술분류별 특허건수 추이맵은 기술분류 또는 IPC별로 특허건수를 표시
함으로써, 시계열적인 기술동향을 파악할 수 있다. 이 맵을 출원인 분석과 함
께 작성하면, 어느 기업에서 어떤 기술을 연구개발하고 있으며, 특히 어느 기
술에 집중하고 있는지 등을 상세하게 파악할 수 있다. 특허정보를 시계열적으
로 살펴봄으로써, 기술의 변천사를 이해하고 연구개발자들의 연구개발 동향을

파악하여, 이를 자신의 연구개발 방향 수립에 참고할 수 있다. 또한 특정 기술에 대한 특허건수의 증감 상황을 알 수 있으므로, 해당 기술의 연구개발의 증가 또는 감소의 원인을 분석할 수 있는 자료가 된다.

그림 10-3   건수 추이맵(사례 1)

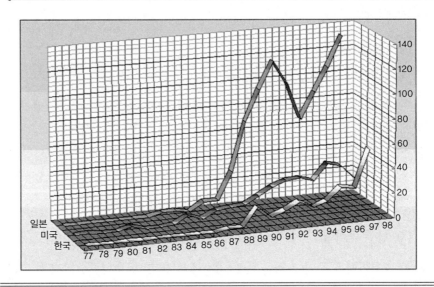

출처: 이은철, 앞의 책, p. 27.

그림 10-4   건수 추이맵(사례 2)

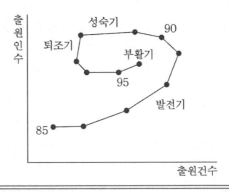

출처: 이은철, 앞의 책, p. 28.

출원건수와 출원인수 추이맵은 건수 추이를 동적으로 표시한 것으로서, $X$축을 출원건수, $Y$축을 출원인수로 잡아, 각 기술이 발전기, 성숙기, 쇠퇴기 및 부활기 중 어느 단계에 있는지 여부를 분석할 수 있어 추세 분석에 이용된다.

국가별 등록건수 추이맵은 하나의 출원인(가령 경쟁사)을 기준으로 하여 $X$축을 국내 출원(등록)건수, $Y$축을 외국 출원(등록)건수로 비교하면, 그 출원인의 국가별 출원전략을 파악할 수 있다. 또한 $X$축을 출원건수, $Y$축을 등록건수로 하면, 출원대비 등록률을 알 수 있다.

### (4) 상관도맵

기술분류와 IPC의 상관도맵은 특허맵의 대상이 되는 기술분류 및 IPC의 상관도를 파악하여, 향후 기술조사 등을 하고자 하는 경우에 이를 활용한다. 기술분류와 상관도가 높은 IPC를 교차하여 확인함으로써, 나중에 관련기술 조사를 하는 경우에 IPC와 특정 검색어(키워드)만으로 조사를 할 수 있다.

기업 상관관계맵은 공동출원인들을 분석하여 기업 간의 연구개발에 관한 관계를 분석하는 것이다. 공동 출원건수가 많은 기업들일수록 상관관계는 강하다. 또한 이를 기술내용이나 연구개발자 또는 경영자들의 인맥도 추론할 수 있다.

한편 발명자 상관관계맵이 있다. 이는 한 기업 내의 기술자 동향을 분석하는 것으로, 대표적으로 기술분야와 발명자 간의 상관관계를 매트릭스 형태로 표시하여 출원건수를 파악함으로써 각 기술분야별 기술자의 참여 정도와 각 기술자의 주력기술 분야를 분석할 수 있다. 이를 잘 분석하면 각 출원인의 총 발명자수로부터 연구인력을 가늠할 수 있으며, 각 출원인의 발명자들 중 순위를 보고 주요 발명자를 예측할 수 있다. 또한 특정 발명자가 직장을 어느 시기에 어디로 옮겼는지 여부 및 공동발명자들을 보고 연구조직의 인력 구성을 추론할 수 있다.

### (5) 레이더 표시맵

레이더 표시맵은 주요 국가 간이나 기업 간 경쟁력을 표시하기 위한 경우에 활용된다. 이는 출원추이맵과 함께, 자주 이용되는 통계분석으로서, 어느 기업이 어느 분야의 기술개발에 참여하고 있는지 그리고 어떠한 분야에 대한 기술개발에 역점을 두고 있는지를 파악할 수 있다는 장점이 있다.

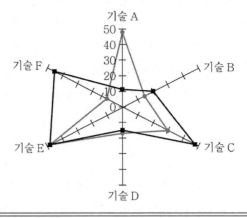

그림 10-5  레이더 표시맵(사례)

출처: 이은철, 앞의 책, p. 36.

## 2. 정성분석맵

### (1) 리스트 표시맵

리스트 표시맵은 검색결과의 리스트를 표시하는 것처럼 서지적 사항의 특허번호, 출원인 및 발명의 명칭 등을 표시하고 있다. 이를 기술분류와 출원일 순서로 분류하면 맵이 작성된다. 통상 리스트 표시맵은 요지리스트 등과 함께 작성하면 보다 효율적이다.

### (2) 매트릭스맵

매트릭스맵은 가로와 세로 방향으로 항목을 나열하여 그것들이 만나는 칸에 해당하는 사항들, 예를 들면 공개번호, 등록번호, 건수 등을 기입하여 두 개의 항목이 교차되는 부분들의 자료 내용을 상호 비교하는 방식으로 기술내용을 파악하는 것이다. 가로축과 세로축에 배열되는 항목은 주로 기술적인 데이터들을 기입하는 것이 일반적이지만, 반드시 이에 한정되는 것은 아니다.

| 표 10-1 | 매트릭스맵(사례) | | | | ☆: 타사, ★: 자사 | | |
|---|---|---|---|---|---|---|---|

| | 신 뢰 성 | 경 제 성 | 품 질 성 | 안 전 성 | 합 | 계 | |
|---|---|---|---|---|---|---|---|
| 조 광 | ☆☆☆☆☆☆<br>★★★ | ☆☆☆☆☆☆<br>★★★★★★★ | ☆☆☆☆<br>★ | ☆☆☆☆<br>★★ | 20<br>12 | 32 | |
| 열선반사 | ☆☆☆☆☆<br>★★★★★★★ | ☆☆☆☆☆☆ | ☆☆☆☆☆☆☆<br>★★ | ☆☆☆☆<br>★ | 21<br>10 | 31 | |
| 서 광 | ☆☆☆☆☆ | ☆☆☆<br>★ | ☆☆☆☆<br>★ | ☆☆☆☆<br>★★ | 16<br>4 | 20 | |
| 합 계 | 16<br>10 | 26 | 15<br>7 | 22 | 14<br>4 | 18 | 12<br>5 | 17 | 57<br>26 | 83 |

「합계」란: 상단 타사, 하단 자사의 권리수.
출처: 이은철, 앞의 책, p. 34.

### (3) TEMPST맵

TEMPST는 Treatment(처리), Effect(효과), Material(재료), Product(제품) 또는 Process(공정) 및 Structure(구성)의 약자로서, 분석 관점을 이 5가지로 한정하여 작성한 것이 TEMPST맵이다. 앞서 설명한 매트릭스맵은 다양한 관점을 가지고 임의적으로 작성할 수 있는 데에 비해, TEMPST맵은 한정된 기술적 관점하에서 분석한다는 점에서 차이가 있다.

Treatment(처리)의 분석관점에서는 온도, 속도, 시간, 주기, 압력, 주파수, 습도, 위치 및 사용량 등이 고려된다. Effect(효과)의 측면에서는 목적, 성능, 효능, 효율, 자동화, 휴대, 조작성, 간편성, 안전성, 비용성 등이 고려요소이다. Material(재료)의 분석관점에서는 재료, 재질, 소재, 성분, 원료, 촉매, 용매, 합금 및 원소 등이 고려내용이다. Product(제품)의 분석관점에서는 산출물, 생성물, 부품, 기구, 공구, 장치 및 설비 등이 고려된다. Process(공정)의 분석관점에서는 제조방법, 가공방법, 시스템, 방식, 조립방법 등이 주요내용이다. 마지막으로 Structure(구성)의 관점분석에서는 구조, 형상, 회로 및 요소 등이 고려내용이다.

**표 10-2  TEMPST맵(사례)**

| 관리번호 | SUP-001 | 특허번호 | JP55-10855 | 출 원 인 | Hitachi |
|---|---|---|---|---|---|
| T E M P S T | M(재료) | 복합구조 회전체 제조방법 | | | |
| | S(구조) | | | | |
| | E(원리) | | | | |
| | T(제어) | | | | |
| | P(용도) | | | | |

출처: 이은철, 앞의 책, p. 3.

### (4) 기술발전도맵

기술발전도맵이란 기술분류를 하면서 중요 특허로 선택한 특허들에 대해 출원일을 기준으로 하여 작성하는 도표이다.

이는 해당 기술에 있어서 상호 연결된 다른 분야의 제품 등에 대해 신규 또는 개선된 특허를 출원 순서별로 정리한 것이므로, 기술변천을 쉽게 파악할 수 있다. 대부분의 특허맵에는 기술발전도가 포함되어 있는데, 이는 해당 기술

**그림 10-6  기술발전도맵(사례)**

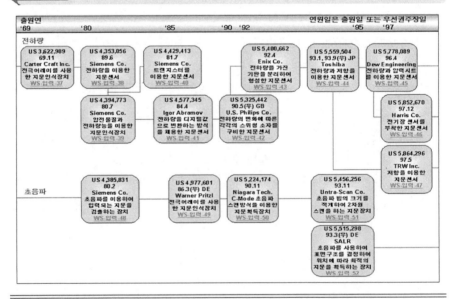

출처: 이은철, 앞의 책, p. 40.

분야의 기술개발 흐름을 파악하는 데 있어서 반드시 필요하기 때문이다. 기술발전도맵의 하나의 축은 시간을 표기하고 다른 축은 기술을 표시함으로써, 해당 기술분야의 전체적인 동향을 표시하는 것이다.

### (5) 요지 리스트맵

앞서 설명한 리스트 표시맵이나 기술발전도맵 등과 연계하여, 중요 특허들에 대해서 상세한 기술 내용과 권리 정보들을 요약한 자료들이 필요한 경우가 있다. 이러한 때에 활용되는 것이 요지 리스트맵이다. 요지에는 기본적으로 특허맵을 작성하는 목적과 사용자들의 성격에 따라 기술분야, 목적, 종래 기술의 문제점, 해결수단, 효과 등을 기재한다.

**그림 10-7** 요지 리스트맵(사례)

| 특허(등록)번호 | 5,210,288 | 출원번호 | 792,790 (91.11.15) |
|---|---|---|---|
| 출원인 | LG | 기술분류 | 입력 : 광학 |
| FAMILY | KR 92-010082 | | |
| 발명의 명칭 | 지문 식별 장치 | | |

ABSTRACT

목적
정확하고 깨끗한 지문 이미지를 입력할 수 있는 지문 인식 장치를 구현한다.

종래기술 문제점
지문의 ridge부분과 valley부분의 microgap에 의해서 발생되는 전반사 노이즈를 해결하기 위하여 프리즘과 손가락의 접촉면을 실리콘 등의 탄성물질로 코팅을 하였으나, 프리즘 표면의 먼지와 LED광원의 불균일한 광의 세기, 전반사를 방지하는 탄성물질의 bubble등으로 인한 노이즈가 여전히 발생하였다.

해결수단
하우징내부에 균일한 밝기의 조명을 제공하는 ultra-luminance chip으로 구성된 조명장치를 구비하고, 전반사 된 빛이 지나가는 홀을 제외한 하우징 전체를 불투명 물질로 코팅하여 전반사에 의한 노이즈를 감소시켰다.

CLAIM
(전체 5항, 독립항 1항)

1항. Ultra-luminance chip으로 구성된 조명장치 하우징과 균일한 밝기를 조절하기 위한 가감저항기, 손가락이 접촉하는 light conducting panel과 렌즈, CCD로 구성된 지문 인식장치.
2항. 1항에 있어서, light conducting panel은 균일한 두께의 실리콘으로 몰딩.
3항. 1항에 있어서, 하우징은 전반사 된 빛이 지나가는 홀을 구비.
4항. 3항에 있어서, 하우징은 불투명 물질로 코팅.

참고사항
(우) KR 90-017681 (90.11.17)

출처: 이은철, 앞의 책, p. 44.

### (6) 문제특허 분석맵

자신이 개발한 제품을 생산해서 판매하고자 하는 경우에 다른 특허권자 등의 권리를 침해하는 특허가 있는지 여부를 조사하여 이에 대한 대책을 세워야 한다. 이 경우 현재 권리가 소멸된 특허는 제외하고, 청구범위 구성에 있어서 유사점과 차이점을 중심으로 분석한다.

### (7) 특허분포맵과 New Entry맵

특허분포맵은 기술분류별로 다양한 관점에서 특허분포 상황을 상세하게 파악하기 위한 맵이다. 그리고 New Entry맵은 경쟁회사의 신기술 분야의 진출현황을 파악하기 위한 목적으로 작성되는 맵이다. IPC 분류 또는 자체적인 기술분류 등을 이용해서 맵을 작성하여, 경쟁사의 신규 진입 동향을 파악하고 경쟁사의 기술 및 생산제품의 다각화 여부를 확인하는 데에 활용한다.

## Ⅲ. 특허맵의 작성 절차

특허맵을 효율적으로 작성하기 위해서는 일정한 순서에 따라 업무를 진행하는 것이 바람직하다. 우선 특허맵을 작성할 대상기술 분야를 선정하여야 하고, 특허맵 작성 목적을 명확히 정해야 할 것이다. 또한 관련 기술에 대한 자료조사와 기술분류 체계를 설정해야 한다. 그 후 관련 기술의 검색어를 추출하여 이를 가지고 검색을 하여 필요한 데이터를 입수한다. 그 다음으로는 입수한 데이터를 목적에 맞도록 가공해야 하는데, 먼저 서지적 사항을 가공하고, 기술분류를 통해 중요특허를 발굴하고 문제특허를 분석한다. 마지막으로 이를 바탕으로 특허맵(보고서)을 작성한다.[5] 이하에서는 이러한 일련의 절차를 자료조사, 데이터 수집 및 가공 · 분류 · 정리, 데이터 분석 그리고 보고서 작성의 5가지 순서로 나누어 설명하기로 한다.

---

5) 이상남, 앞의 책, p. 422.

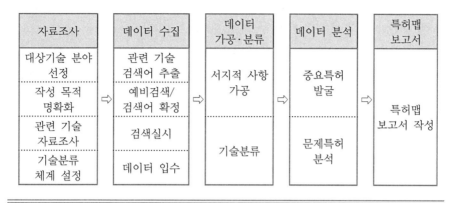

그림 10-8  특허맵 작성 절차도

## 1. 자료조사

### (1) 대상기술 분야의 선정

특허맵 작성의 대상이 되는 기술은 전략적 필요에 따라 정해진다. 기술범위가 너무 광범위하거나 기본적인 특허 자료가 상당히 광범위한 경우에는 기술적인 주제를 세분화하여 범위를 축소할 필요가 있다. 조사 범위를 넓히려고 하지 말고 주제를 압축시키는 것이 바람직하다. 넓은 범위를 조사하여 맵을 작성하면, 그 결과물이 추상적이 되거나 이미 알고 있는 정도에 머무를 가능성이 크기 때문이다. 가령 대상기술을 단순히 '휴대폰' 기술이라고 하는 것보다는 알고자 하는 범위를 더욱 축소시켜 '스마트 안테나 출력기술' 또는 '휴대 단말기와 기지국과의 인터페이스' 등으로 정하는 것이다. 경우에 따라서는 이와 같은 기술범위의 결정을 주제와 함께 선정하는 것보다, 예비검색을 한 후에 그 검색결과를 토대로 정하는 것이 효과적일 수도 있다.

### (2) 특허맵 작성 목적의 명확화

특허맵 작성이 아무리 잘 되어도 작성 목적에 맞지 않는다면 쓸모가 없을 것이다. 목적에 맞지 않는 맵은 실제 연구개발이나 특허 전략에 참고할 수가 없기 때문이다.[6] 특허맵의 작성목적은 앞에서 설명한 특허맵 대상기술 분야

---

6) 中村茂弘, 「特許地圖作成法」, 發明協會, 2007, 77面.

선정과 연결해서 명확히 정해야 한다. 특정 분야의 기술동향을 파악하려는 것
인지, 경쟁사나 자사의 개발 동향을 알기 위한 것인지, 특허 분쟁에 대응하기
위한 것인지 등의 목적을 명확히 해야 한다는 것이다. 특허맵의 추진 목표에
따라 특허맵 작성 방향과 내용이 달라지기 때문이다. 만일 목적이 여러 가지
인 경우에는 우선순위를 정하는 것이 바람직하다. 또한 특허맵 작성자와 이용
자가 다른 경우에는 지속적이고 원활한 의사소통을 통해 목적한 바가 특허맵
에 반영되도록 해야 할 것이다.

### (3) 관련기술의 자료조사

특허정보는 어떤 과제를 해결하기 위해 여러 기술들이 단편적으로 기재되
는 경우가 많다. 따라서 특허맵을 제대로 작성하기 위해서는 주요 기술정보를
수집하여 전체적인 기술동향을 파악하는 것이 중요하다. 이때 특허문헌의 기
술분류 및 정확성을 기하고 기술의 내용과 기술의 흐름을 파악하기 위해서 우
선 기초가 되는 정보자료를 수집할 필요가 있다. 기초정보 수집에 있어서 요
즘에는 인터넷을 이용하는 경우가 가장 보편적이다.

### (4) 기술분류표의 작성

기술분류에는 크게 두 가지 방법이 있다. 하나는 기술을 응용분야별로 세
분화하는 방법이고, 다른 하나는 기술을 기능별로 세분화하는 방법이다. 국제
특허분류(IPC)에서는 기능별 분류를 기본으로 한다. 거의 모든 국가의 특허청
에서는 이 국제특허분류를 사용하고 있다. 그러나 일반 기업체들에서 고유하
게 관리하고 있는 분류체계는 기능별로 분류되어 있는 국제특허분류와 차이가
있다. 또한 국제특허분류는 특허맵 작성 목적과 맞지 않는 경우가 많다. 이것
이 기술분류표를 작성해야 하는 이유이다.

특허맵 작성에 있어서 기술분류란 검색된 많은 분량의 특허문헌들을 분석
하고자 하는 기술이 잘 부각되도록 유사한 기술별로 분류하는 것을 말한다.
분석하고자 하는 기술에 대한 분류작업이 객관성이 있고 기술분류에 따른 자
료관리를 적절히 하게 되면, 목적에 부합하는 결과물을 얻는 데에 시간을 절
약할 수 있다.

**그림 10-9** 기술분류표(사례)

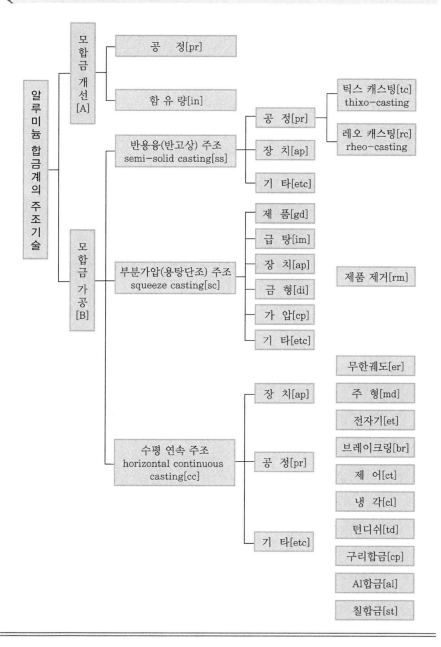

기술분류표란 분류하고자 하는 특허정보를 발명의 구성, 목적 또는 효과 등을 이용하여 분류하기 위해 미리 기술을 여러 분야로 나누어 일목요연하게 전체 기술의 구성을 파악할 수 있도록 체계적으로 만든 표를 말한다. 기술의 구성을 체계적으로 분류하고 도표화하기 위해서는 분류조사방법, 분류기준, 분류범위가 고려되어야 한다. 이 세 가지 요소들이 적절히 고려되어 반영되었을 때에 올바른 분류표가 작성될 수 있다.

이 중 분류조사는 대상기술 분야에 특허자료가 어느 정도나 있는지를 파악하는 것으로서 표본조사에 의한 방법과 전수조사에 의한 방법이 있다. 표본조사에서는 주로 다단계 추출이나 샘플링 추출에 의해 이루어진다. 전수조사는 선정된 검색어를 이용해서 출력된 자료 전부를 검토하는 것이다.

분류기준은 분석대상이 되는 기술분야를 가장 잘 나타낼 수 있는 기준을 정해야 한다. 초록이나 청구범위만을 가지고 분류하는 경우에는 기능이나 효과의 기재가 미비할 수 있으므로 주의해야 하며, 구성적인 측면을 고려하는 것이 효과적이다. 예를 들면, 기계분야에서의 분류기준은 장치에 관한 특허자료가 많으므로 구조를 중심으로 분류하는 것이 유용하며, 전기나 전자분야에서는 시스템이나 알고리즘에 관한 특허자료가 많으므로 기능이나 구성을 중심으로 분류하는 것이 효과적이다.

그리고 분류범위란 분석하고자 하는 대상기술에 대한 기술분류를 어느 정도까지 세분화할 것인지를 말한다. 분류범위는 대개 1단계(대분류), 2단계(중분류) 및 3단계(소분류)의 3단계로 나누는데, 분류건수가 많지 않은 경우에는 대분류나 중분류에서 그쳐도 무방하다. 기술분류가 너무 세분화되어 있으면, 구성의 중복 등으로 분류과정이 복잡해지고 분류작업에 소요되는 기간이 길어지며, 오히려 분석대상 기술에 대한 기술 흐름을 이해하는 데에 방해가 될 수 있기 때문이다.

## 2. 데이터 수집

### (1) 검색어 추출

검색어에 의한 검색을 하는 경우에 특허맵 작성 대상 기술만으로 검색어를 검색해서는 안 되고, 기술분류 체계에서 사용된 하위 기술분류 용어까지 포함해서 검색을 한다. 즉, 기술분류표를 활용하는 것이다. 기술분류 용어가 많은 경우에는 어느 정도까지 검색에 포함시킬지에 관해 포함 범위를 판단 한다.

특허정보에서 사용되는 용어는 전문적인 기술용어 이외에도, 권리를 최 대한 보호받으려는 목적으로 일반적인 용어도 많이 사용한다. 외국어를 번역 한 용어도 많다. 그렇기 때문에 동의어 및 유사어를 찾아서 검색어에 포함시 킨다.

### (2) 예비검색과 검색식의 확정

특허정보 검색을 반복하여 검색어를 포함한 검색식이 주제 기술에 비해 너무 광범위한 것이 아닌지 또는 너무 좁은 것이 아닌지를 확인하는 과정이 예비검색 과정이다. 이 과정에서는 개략적으로 분석대상 건수와 분석대상 기 술의 연도별 분포·출원국 및 출원인 등을 확인하고, 분석에 필요한 기술들로 만 점차 제한함으로써 분석 범위를 구체화해 나간다. 이러한 예비검색을 통하 여 주제 기술을 가장 잘 표현한 검색식을 확정한다.[7]

### (3) 검색실시

본격적인 검색에서는 검색대상 국가, 검색대상 기간, 검색대상 공보와 범 위, 검색어 검색범위 및 검색 데이터베이스의 선정 등이 고려된다.

검색대상 국가와 관련해서는, 통상 한국, 미국, 일본, 유럽 및 PCT 등에 대해 검색을 한다. 이 밖에도 조사의 필요가 특수한 경우 기타 국가들에 대해 추가적으로 검색할 수 있을 것이다. 검색대상 기간은 특정 기술에 대한 전체 적인 동향 파악이나 특허권의 권리분석의 경우에는 20년 정도로, 특정 기술에 대한 최근 동향 파악에는 신기술이 부각되는 시점을 고려하여 10년 정도로 본 다. 검색대상 공보의 범위와 관련해서는, 권리분석을 위한 검색이라면 특허와 실용신안 모두를 검색해 보아야 할 것이고, 기술동향 파악을 위한 분석이라면 특허만 검색해도 무방할 것이다.

검색어를 가지고 검색을 하는 경우, 특별한 검색어를 제외하고는 발명의 상세한 설명을 제외하고, 발명의 명칭, 초록, 청구범위에 한해서 검색하는 것

---

7) 유재복, 「특허정보조사의 이론과 실제」, 형설출판사, 2004, p. 291.

이 바람직하다.

### (4) 데이터 입수

특허맵 작성을 위해 어느 데이터베이스로부터 자료를 입수(download)할 것인지를 정해야 한다. 한국, 일본, 미국, 유럽 특허청 사이트에서는 무료로 자료를 입수할 수 있으며, 그 밖에 WIPS와 DELPHION 등의 유료 사이트도 있다.

한편, 특허맵 작성을 위해 이용할 응용프로그램을 선정해야 하는데, 통상 마이크로소프트사의 엑셀(Excel) 및 액세스(Access)를 사용하는 경우가 많다. 그러나 특허맵 작성 응용프로그램을 이용하는 것도 편리한데, 국내에서 많이 이용되는 무료 프로그램은 우리나라 특허청의 PIAS 및 윕스(WIPS)의 PM Manager가 있다.

다음으로, 데이터를 다운받아 정리하는 과정이 필요하다. 데이터의 다운은 검색 데이터베이스에 검색어를 입력하고 검색 데이터베이스에서 제공하는 다운로드 기능을 이용하여 서지사항 등을 다운받으면 된다. 이때 다운받는 데이터에 어떠한 항목들이 포함되는지를 확인해서 필요한 데이터들이 누락되지 않도록 주의해야 한다. 특히 유료 사이트의 경우에는 다운받는 데이터의 항목 및 건수에 따라 비용이 정해지기 때문에, 다시 데이터를 다운받음으로써 불필요한 비용이 추가적으로 지출되지 않도록 한다. 검색화면에서 제공하는 항목을 모두 다운받는 것은 아니므로, 필요한 정보가 누락되는 경우가 종종 있다. 이렇게 누락된 정보는 다른 사이트를 이용하여 보완한다. Patent Family가 필요한 경우에는 델피온(DELPHION)사이트를 이용하고, 요지 리스트 작성을 위해 한국 특허 요약이 필요한 경우에는 KIPRIS를 이용한다.

## 3. 데이터 가공 및 분류

### (1) 서지적 사항의 가공

#### 1) 출원인의 대표명화

특허정보의 출원인 표기는 대리인(변리사)에 따라 달라질 수가 있으며, 출원인의 명칭이 변경되는 경우도 있기 때문에, 출원인의 대표명화가 필요하다. 또한 기업의 합병에 의해 출원인의 명칭(회사의 이름)이 변경되는 경우도 고려해야 한다.

### 2) 우선권주장 출원의 경우

우선권주장이 있는 출원은 우선권주장일을 기준으로, 분할출원의 경우에는 원출원일을 기준으로 특허요건 등을 판단하므로, 우선권주장일 또는 원출원일을 출원연도에 포함시키는 것이 바람직하다. 그러나 통상적으로는 정량분석맵의 경우에는 출원일을 기준으로 하면서, 기술발전도를 작성하는 경우에만 우선권주장일 또는 원출원일을 기준으로 작성한다.

### (2) 기술분류

기술분류를 하면서 특허맵 대상기술이 아닌 것은 삭제한다. 삭제 건수가 많은 경우에는 먼저 기술분류를 한 후에 미비한 데이터를 보완하거나 가공한다. 1차 정의한 기술분류에 따라 분류 및 선별을 할 수 있으나, 기술분류에 따른 건수의 많고 적음에 따라 유사기술을 중심으로 통합을 하거나 분류를 더세분화하여 작업을 한다.

## 4. 데이터 분석

### (1) 중요특허의 발굴

특허맵의 작성 목적을 고려하면서, 기본특허 및 문제특허가 될 수 있는 것을 중심으로 발굴한다. 중요특허의 발굴은 청구범위의 기술을 중심으로 검토하는 것이 원칙이다. 그러나 특허맵 작성이 해당 기술의 문제점을 개선하기 위한 것이 목적이라면 요지를 중심으로 기술을 파악하고, 그 기술과 연관성이 높은 발명을 중요특허로 선별한 후에 문제점에 대한 해결방안을 중요특허에 한정해서 작성하는 것이 합리적일 것이다.

### (2) 문제특허의 분석

#### 1) 문제특허의 추출

기술의 실시에 있어서 문제특허를 분석하고자 하는 경우, 먼저 개발자의 문제 제기 가능성 여부의 검토가 선행되어야 한다. 이러한 경우가 아니라면,

중요특허를 위주로 해서 분석한다. 문제특허를 분석하는 경우 특허 침해 가능성 여부에 대한 판단이 중요하다. 그러므로 문제특허에 대하여 이해를 한 후, 청구범위의 침해 여부를 해석한다.

### 2) 문제특허의 침해 여부 검토

문제특허를 추출한 후에는 권리상황을 확인하고 권리범위를 검토한다. 권리상황의 확인은 문제된 특허가 어느 상황에 있는지를 조사하는 것이다. 각국의 특허청 사이트를 통해 제3국의 출원과 해당 출원국가에서의 권리상황을 확인한다. 이 경우 심사청구 여부, 등록 여부, 이의신청제기 여부, 무효심판이나 정정심판 청구 여부 및 특허권자의 변동 여부 등을 조사한다.

한편 권리범위의 검토란 자신의 제품이나 제법이 문제된 타인의 특허의 기술적 범위에 포함되는지 여부를 검토하는 것이다. 그러므로 검토하고자 하는 대상이 되는 기술을 명확히 한정하고 이를 청구범위의 구성요소와 비교할 필요가 있다.

### 3) 문제특허에 대한 대책

문제특허에 대한 대책은 다음의 몇 가지로 나누어 생각할 수 있다. 먼저, 권리범위를 판단한 결과, 침해라고 여겨지면 동일 또는 유사한 선행기술을 조사하여 법률적이고 기술적인 약점을 찾아내는 유효성 검토를 한다. 그리고 심사중인 특허에 대해서는 등록을 저지하고, 등록된 특허에 대해서는 무효심판을 제기하는 등의 대응을 할 수 있다.

또한, 저촉이 되는 특허를 무효로 할 가능성이 없는 경우에는 설계변경을 하여 특허의 기술적 범위에 포함되지 않는 제품을 만든다. 그러나 설계변경을 통해 제품 가격이 인상되거나 품질이 저하된다면, 그러한 설계변경은 의미가 없을 것이다. 이 경우에는 오히려 특허실시계약을 맺어 해당 특허를 사용하는 것이 바람직할 수 있다. 이상에서 설명한 회피설계도 의미가 없고, 무효화 가능성도 없으며, 특허권자와 특허권실시계약을 체결할 수 없는 경우에는 최종적으로 제품의 생산을 중단하는 것도 대책이 될 수 있다.

## 5. 보고서 작성

데이터의 가공·분류·분석을 거쳐 보고서를 작성한다. 특허맵은 목적에 부합하도록 작성되어야 한다. 맵의 작성은 맵의 종류에 따라 구별하여 고려해 보아야 한다. 우선 정량분석맵은 특허정보의 출원건수, 출원인수, 특허분류 등 서지적 데이터를 수량적으로 분석하여 표시하는 것으로서, 통상적으로 출원연도, 기술분류, 출원인과의 상관관계에 의한 매트릭스맵으로 작성한다. 출원연도별 출원동향, 기술분류별 출원동향, 출원인별 출원현황 등에 관한 맵이 기본적으로 작성되어야 할 것이다. 이때 동일한 결과를 얻게 될 맵이 중복적으로 작성되지 않도록 주의한다.

또한 정성분석맵은 정해진 특허전략이나 특허맵 작성 목적에 맞도록 분석 내용과 효과를 중심으로 이해하기 쉽도록 작성되어야 한다. 과제와 관련된 기술동향을 요약정리하고, 특허취득 전략이나 설정된 기술개발 방향 등을 기입하는 방식으로 작성한다. 이 밖에 시장점유율, 가입자 현황 등 경영 판단에 참고될 만한 내용들과 특허정보와의 상관관계를 분석한 것을 추가적으로 작성할 수 있다.

한편, 특허맵의 작성에 있어서 명세서 내용은 너무 복잡하고 양이 많기 때문에, 각 특허기술 내용을 요약하여 일정한 양식으로 정리·관리할 필요가 있다. 이를 위해 특허분석 시트(sheet)를 작성한다. 시트 작성을 위해서는 입수한 자료들을 목록에 정리하는 것이 바람직하다. 목록에는 권리의 종류, 출원번호, 공개번호, 공고번호, 출원인, 발명의 명칭, 기술분류, 간단한 기술 내용 등을 기재한다. 특허분석 시트에는 서지적 사항, 내용 요약, 기술 비교 사항, 청구범위, 주요도면, 저촉판단(저촉특허, 문제특허, 핵심특허 등) 자체 기술분류 및 기술의 중요도 등을 기술할 수 있다.[8]

마지막으로 특허맵 작성에 있어서 유의해야 할 점들에 대해 살펴본다. 첫째, 가능한 한 장기간에 걸쳐 정보를 수집하는 것이 유용하다. 둘째, 정보분석 시 가능한 한 다방면에서 분석해야 하며, 일면만 보고 전체를 판단해서는 오류가 생길 수 있다. 셋째, 기술 동향 등 변화를 알기 위해서는 해당 사항을 연속적으로 추적할 필요가 있다. 넷째, 정보가 많을 경우에는 이들을 특성이나

8) 이상남, 앞의 책, p. 441.

구조적 유사성 등을 기준으로 분류해 본다. 다섯째, 정보의 본질을 파악하기 위해서 각각의 정보를 미시적 관점에서 본다. 그러나 이 경우 전체 흐름을 놓칠 수 있으므로 거시적 관점에서의 분석도 시도해 보아야 할 것이다.

# 특허심판 및 특허소송

▶ 특허심판의 종류와 각각의 의미를 이해한다.

▶ 심결취소소송의 심리범위를 이해한다.

예 제

1. 특허된 선행발명 P1은 {(a+b)c+d}이고, 후발명 P2는 [{(a+b)c+d}k+e], 후발명 P3은 {⅓c(a+b)+d/k+e}, 후발명 P4는 {(a+b)c′+d′+e}이다. 이때 c′는 c와 균등물이고 d′는 d의 균등물이며 e의 부가에 의하여 통상의 기술자가 예측하지 못한 현저한 작용효과가 발휘된다고 인정되어 P2, P3, P4가 특허된 경우 다음 문제에 답하시오. (※ 위에서 a, b, c, d, e, k 등은 발명의 구성요소를 가리키고, +, x, / 등은 구성요소 간의 서로 다른 결합관계를 수학적으로 표현한 것이다. 이를테면 (a+b)는 a와 b가 +라는 방식으로, ab는 a와 b가 a x b의 방식으로, (a+b)c는 (a+b) x c의 방식으로 결합되어 있는 것을 의미한다.)

   (1) P2, P3 권리자가 각각 P1에 대하여 소극적 권리범위확인심판을 청구하였을 때 권리범위에 속하는지의 여부를 판단하시오.

   (2) P1 권리자가 후발명 P4 권리자에 대하여 적극적 권리범위확인심판을 청구하였을 때 권리범위에 속하는지의 여부를 판단하시오.

2. 출원발명의 특허청구범위 제1항에는 "산 지렁이를 유기산, 무기산, 유기산 나트륨염, 무기산 나트륨염, 유기산 칼륨염 및 무기산 칼륨염으로 이루어진 군으로부터 선택된 적어도 1종류의 화합물을 0.3중량% 이하 함유하는 수용액 내에 방치, 또는 4~28℃의 담수 내에 10~30시간 방치하여 산 지렁이의 소화관 내의 분토를 배설시키고, 이 단계의 전후 또는 후에 산 지렁이의 몸체 표면에 부착한 오물을 물로 세정 제거하고, 다음에 분쇄하고 동결건조, 진공건조를 행하여 수득한 지렁이 건조분말"을 기재하고 있다.[1]

   특허청구범위 제2항에는 "제1항의 지렁이 건조분말을 유효성분으로 함유하는 혈압조절제(항고혈압제와 항저혈압제)"를 기재하고 있다.

   한편, 출원발명의 출원 전에 반포된 갑2호증(한국본초학)에 의하면 지렁이의 건조분말이나 현탁액 등이 고혈압치료제로서의 효용이 있다고 기재되어 있다.

   (1) 심사관의 입장에서 이 특허출원에 대하여 어떠한 조치를 취해야 하는지 설명하시오.

   (2) 출원인 또는 대리인의 입장에서 심사관의 조치에 대하여 어떻게 대응해야 하는지 설명하시오.

   (3) 위 공지자료가 존재하였음에도 불구하고 위 출원발명의 청구범위 제1항이 출원된 그대로 등록되었다. 특허권자 갑이 지렁이의 건조분말을 고혈압치료제로 판매하는 을의 제품을 (가)호 발명이라 하여 권리범위확인심판을 청구하였다. 을의 제품이 갑의 특허권의 권리범위에 속하는지의 여부를 판단하시오.

---

1) 대법원 1997. 4. 25. 선고 96후603 판결.

# Ⅰ. 특허심판

특허심판이란 특허청장의 처분(예: 특허출원에 대한 심사관의 거절결정 등)에 이의가 있거나 특허의 유효성이나 범위를 둘러싼 분쟁이 있을 때 법원의 재판을 받기에 앞서 특허청 심판원에서 행하는 분쟁해결절차를 말한다.[2] 일반적으로 재산권에 관한 분쟁은 법원에서 사법적으로 해결하는 것이 원칙이나 특허권은 다른 재산권과는 달리 특별한 전문지식과 경험을 필요로 하기 때문에 일단 특허와 관련 기술에 관한 전문지식을 갖춘 심판관으로 구성된 특허심판원에서 심판을 받도록 하고 특허심판원의 심결에 불복하는 경우에 고등법원인 특허법원에 심결취소소송을 제기할 수 있도록 하고 있다. 그래서 특허심판은 특별행정심판 또는 준사법절차이다. 특허심판에는 무효심판, 권리범위확인심판, 취소심판, 거절사정불복심판, 보정각하불복심판, 정정심판, 정정무효심판, 특허권존속기간 연장등록거절결정 불복심판 등이 있다.

## 1. 특허거절결정에 대한 불복심판

특허거절결정을 받은 자(특허출원인)는 특허심판원에 특허거절결정에 대한 취소를 구하는 심판을 청구할 수 있다.[3] 과거에는 출원인이 심판청구일부터 30일 이내에 특허출원서에 첨부된 명세서 또는 도면을 보정할 수 있었고,[4] 명세서 또는 도면을 보정한 때에는 심판을 하기 전에 그 청구에 관한 특허출원을 심사관에게 다시 심사하게 하여야 하였으나,[5] 이러한 심사전치제도는 현행 특허법에서 재심사제도로 변경되었다.[6] 현행법하에서는 거절결정등본 송달 후 출원인이 특허거절결정에 대한 불복심판 또는 재심사 중 어느 하나의 제도를 선택하여 청구할 수 있으나, 거절결정등본 송달 후 30일 이내에 출원인이 보

---

2) http://www.kipo.go.kr/kpo2/user.tdf?a=user.main.MainApp, 특허청, 「지적재산권 용어사전」, 2008. 10. 18.
3) 특허법 제132조의3.
4) 특허청, 「특허실용신안 심사지침서」, 2007, p. 4223.
5) 구 특허법 제173조 제 2 항.
6) 특허법 제67조의2.

정을 하기 위해서는 오로지 재심사청구만을 선택하여야 한다. 심판관은 거절결정불복심판에 이유가 있다고 볼 때에는 심결로써 거절결정을 취소하고,[7] 이때 심사에 부칠 것이라는 심결을 할 수 있다.[8] 이 심판관의 거절결정취소심결의 이유는 그 사건에 대하여 심사관을 기속하므로 심사관은 심판관의 거절결정취소심결을 번복할 만한 거절이유를 새롭게 발견하지 못하는 한 당해 출원을 등록 결정하여야 한다.[9]

## 2. 특허권의 무효심판

특허를 무효로 한다는 심결이 확정된 때에는 그 특허권은 처음부터 없었던 것으로 본다.[10] 무효심판의 심결이 확정되면 특허권자는 특허권이 소멸되기 전에 특허권을 행사함으로써 타인에게 입힌 손해에 대한 책임을 지게 된다. 따라서 특허권자로부터 특허권의 행사에 의해 손해를 입은 자는 특허권이 소멸된 후에도 무효심판을 청구하여 특허권이 처음부터 없었던 것으로 함으로써 자신이 입은 손해를 보상받을 수 있다.[11]

특허무효심판을 특허권이 소멸된 후에도 청구할 수 있도록 하는 다른 이유는 특허권의 존속기간이 경과한 후라도 특허권자는 존속기간 중에 이루어진 타인의 침해에 대하여 손해배상을 청구할 수 있고, 이에 대하여 상대방은 그 특허의 무효심판을 청구함으로써 무효심결이 확정되면 손해배상을 할 필요가 없게 되기 때문이다.[12] 또한 특허권 소멸 후의 무효심판청구에 있어서 이해관계는 심판청구 당시에 존재하면 되고 반드시 특허권 존속기간중에 존재하여야 하는 것은 아니다.[13]

특허무효심판은 심판의 대상인 특허의 특허청구범위가 여러 개의 항으로 되어 있는 경우 청구항마다 무효사유의 유무를 판단하여야 한다. 우리나라는 다항제를 채택하고 있기 때문에 특허청구범위에 2 이상의 청구항이 있는 경우

---

7) 특허법 제176조 제 1 항.
8) 특허법 제176조 제 2 항.
9) 특허법 제176조 제 3 항.
10) 특허법 제133조 제 3 항.
11) 특허법 제133조 제 2 항.
12) 특허청, 「우리나라 특허법제에 대한 연혁적 고찰」, 2007. 5, p. 672.
13) 대법원 1989. 5. 23. 선고 88후578 판결.

각 청구항마다 무효로 할 수 있다.[14] 따라서 복수의 청구항이 있는 경우 그 중 하나의 청구항이 무효라고 하여 다른 청구항 또는 그 특허 전체가 무효로 되는 것은 아니다.[15] 그런데 특허무효심판과는 달리 특허출원심사에 있어서는 특허청구범위의 다수의 청구항 중 하나의 항에 거절이유가 있다 하더라도 당해 특허출원 전부를 거절하여야 한다.[16]

무효심판절차에서 무효심결이 확정되지 아니한 특허를 다른 절차에서 당연무효라고 할 수 없다.[17] 즉, 특허법은 특허가 무효사유에 해당하는 경우에 특허의 무효심판절차를 거쳐 무효로 할 수 있도록 규정하고 있으므로, 특허는 일단 등록이 된 이상 심판에 의하여 특허무효심결이 확정되지 않는 한 유효한 것이다.

특허무효심판에 있어서 특허청구범위의 항 중에 신규성·진보성이 있는 부분과 유기적으로 결합되지 아니한 공지기술 부분이 있는 경우에는 그 항 전체를 무효로 하여야 한다.[18] 그리고 특허권의 권리범위는 출원 당시의 기술수준을 고려하여 결정되어야 하므로 특허의 일부에 발명의 작용효과를 발생시키는 신규한 부분과 유기적으로 결합되어 있지 아니한 공지부분에까지 권리범위가 확장되는 것이 아니고, 특허발명의 전부가 출원 당시 공지공용의 것인 경우에는 특허무효의 심결 유무에 관계없이 그 권리범위를 인정할 수 없다.[19] 또한 특허무효심결이 확정되기 이전이라도 법원은 특허권침해소송을 심리하면서 특허에 무효사유가 있는지 판단할 수 있고, 명백한 무효사유가 있는 때에는 그 특허권에 기초한 금지청구 및 손해배상청구는 권리남용에 해

---

14) 대법원 1994. 4. 15. 선고 90후1567 판결.
15) 대법원 2001. 12. 24. 선고 99후2181 판결.
16) 청구범위에 다항의 청구항이 있는 경우 하나의 청구항에라도 거절이유가 있는 경우 당해 특허출원 전부에 대하여 거절하여야 한다. 대법원 2001. 12. 24. 선고 99후2181 판결; 대법원 1995. 10. 13. 선고 94후2018 판결; 대법원 1992. 2. 25. 선고 91후578 판결; 대법원 1995. 12. 26. 선고 94후203 판결; 대법원 1997. 4. 25. 선고 96후603 판결.
17) 대법원 1998. 12. 22. 선고 97후1016, 1023, 1030 판결; 대법원 1992. 6. 2. 선고 91마540 판결.
18) 대법원 1994. 4. 15. 선고 90후1567 판결.
19) 대법원 1998. 12. 22. 선고 97후1016, 1023, 1030 판결. 일부공지의 경우 대법원 1964. 10. 22. 선고 63후45 전원합의체 판결, 전부공지의 경우 대법원 1983. 7. 26. 선고 81후56 전원합의체 판결.

당한다.[20]

심사관 또는 이해관계인은 특허에 무효사유가 있을 때 무효심판을 청구할 수 있다.[21] 여기서 '이해관계인'이라 함은 "당해 특허발명을 실시하여 물품을 제조판매함을 업으로 하는 자" 또는 "당해 특허발명을 사용하리라고 추측이 갈 수 있는 자"를 말한다.[22] 이러한 이해관계인에는 "특허권리자로부터 권리의 대항을 받을 염려로 말미암아 업무상 손해를 받거나 손해를 받을 염려가 있는 자"를 포함한다.[23]

화해에 의하여 이해관계가 소멸되었다고 본 판례로서는 77후49 판결과 77후50 판결이 있다. 77후50 판결에서 대법원은 특정 이해관계인이 특허권자와 특허에 관하여 일체의 분쟁을 하지 않기로 화해하였다면 이해관계인의 지위를 상실하였다고 보았다.[24] 즉, 이들 간에는 화해를 통하여 다툼이 없어졌고 그 이해관계인은 특허권자로부터 권리의 대항을 받을 염려나 특허발명을 사용할 것이라는 추측이 없어졌기 때문이다. 한편, 77후49 판결에서는 특허권의 일부를 양도받아 그 취지의 등록을 하였으나 일부 이전의 직권취소등록조치에 의하여 공유지분을 상실하게 되었지만, 이것이 분쟁을 일체 하지 않기로 약정한 사실까지도 무효로 할 수는 없는 것이라고 하여 이해관계가 존재하지 않는다고 판시하였다.[25]

실시권의 허여에 따른 이해관계의 변동에 있어서 소송계속중 실시권의 허락을 받은 자에 대하여는 이해관계를 인정하지 아니하였다. 즉, 80후77 판결에서 대법원은 "특허권자로부터 그 특허권의 실시권을 허여받은 자는 그 허여기간 안에는 그 권리의 대항을 받을 염려가 없어 업무상 손해를 받거나 받을 염려가 없으므로 그 기간 중에는 그 특허에 관하여 무효확인을 구할 이해관계가 없다"[26]고 전제하고, 심판청구인이 이 사건이 원심에 계속중에 이 사건 특

---

20) 대법원 2004. 10. 28. 선고 2000다69194 판결; 대법원 2012. 1. 19. 선고 2010다95390 판결.
21) 특허법 제133조 제 1 항.
22) 대법원 1987. 7. 7. 선고 85후46 판결.
23) 대법원 1987. 7. 7. 선고 85후46 판결; 대법원 1963. 2. 28. 선고 62후14 판결; 대법원 1974. 3. 12. 선고 73후37 판결.
24) 대법원 1979. 3. 13. 선고 77후50 판결.
25) 대법원 1979. 4. 10. 선고 77후49 판결.
26) 대법원 1981. 7. 28. 선고 80후77 판결.

허의 전용실시권을 허락받았다면 심판청구인은 위에서 설시한 이해관계인의 범주에 속한다고 할 수 없다고 판시하였다.

그러나 82후30 판결에서는 "통상실시권을 허여받았다 하여도 동 허여처분에는 제품순판매액의 3퍼센트에 해당하는 대가의 지급조건이 붙어 있어 통상실시권에 수반하는 의무이행을 하여야 하므로 위 실시권 허여 자체에 의하여 당사자 간의 모든 이해관계가 소멸되었다고는 볼 수 없다"고 판시하면서 위 "당원 1981. 7. 28. 선고 80후77 판결은 이 사건과 사안을 달리하는 것"이라고 하였다.[27]

그런데 이들을 서로 대비하여 살피면 80후77 사건은 소송계속중 전용실시권을 허락받았고, 82후30 사건은 통상실시권을 허락받은 것에 차이가 있을 뿐이다. 그럼에도 불구하고 대법원은 이들 사건의 사안이 다른 것이라고 판시하였는데, 그렇다면 전용실시권의 경우와 통상실시권의 경우를 서로 다른 것으로 판단한 것이라고 볼 수밖에 없다. 즉, 전용실시권자에게는 더 이상 이해관계가 존재하지 아니하는 반면 통상실시권자에게는 이해관계가 존재하는 것으로 판단한 것이다. 추측컨대 전용실시권의 경우 특허권자로부터 독점적 권한을 부여받았기 때문에 전용실시권의 범위 내에서 특허권자도 배제할 수 있는 배타적 권리를 가지게 되었으므로 더 이상의 이해관계가 존재하지 않는다고 보았으나, 통상실시권의 경우에는 또 다른 통상실시권을 설정하거나 전용실시권을 설정하는 것이 가능하고 그러한 실시권의 설정 여부에 따라 자신의 이해가 달라지기 때문이라고 보인다.

## 3. 특허권 존속기간 연장등록의 무효심판

특허권에 존속기간 연장등록의 사유가 있는 것으로 인정되어 연장등록되었으나 연장등록의 무효사유에 해당하여 잘못 연장등록된 경우에는 이를 그대로 방치하는 것은 부당하므로 특허법은 이해관계인이나 심사관이 무효심판을 청구할 수 있도록 하고 있다.[28] 연장등록의 무효사유에는 다음과 같은 것들이 있다.

---

27) 대법원 1984. 5. 29. 선고 82후30 판결.
28) 특허법 제134조 제 1 항.

① 그 특허발명을 실시하기 위하여 연장등록의 허가 등을 받을 필요가 없는 출원에 대하여 연장등록이 된 경우

② 그 특허권자 또는 그 특허권의 전용실시권 또는 등록된 통상실시권을 가진 자가 연장등록의 허가 등을 받지 아니한 출원에 대하여 연장등록이 된 경우

③ 연장등록에 의하여 연장된 기간이 그 특허발명을 실시할 수 없었던 기간을 초과하는 경우

④ 당해 특허권자가 아닌 자의 출원에 대하여 연장등록이 된 경우

⑤ 공유인 특허권에 대하여 공유자 전원이 공동으로 연장등록출원을 하지 아니하였으나 연장등록이 된 경우

연장등록을 무효로 한다는 심결이 확정된 때에는 그 연장등록에 의한 존속기간의 연장은 처음부터 없었던 것으로 본다.[29] 다만, 연장등록에 의하여 연장된 기간이 그 특허발명을 실시할 수 없었던 기간을 초과하는 경우에는 그 특허발명을 실시할 수 없었던 기간을 초과하여 연장된 기간에 대하여만 연장이 없었던 것으로 본다.

## 4. 권리범위확인심판

특허권자 · 전용실시권자 또는 이해관계인은 특허발명의 보호범위를 확인하기 위하여 특허권의 권리범위를 확인하는 심판을 청구할 수 있다.[30] 특허권의 권리범위확인심판을 청구하는 경우에 특허청구범위의 청구항이 2 이상인 때에는 청구항마다 청구할 수 있다.[31]

### (1) 권리범위확인심판의 종류

권리범위확인심판에는 특허권자나 전용실시권자가 권리를 갖지 아니한 자를 상대방으로 그 상대방이 실시하고 있는 대상물(확인대상발명)이 권리의 범위에 속한다는 심결을 구하는 적극적 권리범위확인심판과, 이해관계인이 권리

---

29) 특허법 제134조 제 3 항.
30) 특허법 제135조 제 1 항.
31) 특허법 제135조 제 2 항.

를 가진 자를 상대로 하여 자신이 실시하고 있는 대상물(확인대상발명)이 특허권의 권리범위에 속하지 아니한다는 심결을 구하는 소극적 권리범위확인심판이 있다. 소극적 권리범위확인심판을 청구할 수 있는 이해관계인은 그 특허권의 권리범위에 속하는지 여부에 관하여 분쟁이 생길 염려가 있는 대상물을 제조 판매하는 자, 업으로서 그 대상물건을 제조 사용하거나 하려는 자를 포함한다.[32]

### (2) 특허권의 권리범위 확정

권리범위를 확인하기 위하여서는 특허권의 권리범위를 확정하고, 권리범위확인 대상발명을 파악하여야 한다. 특허권의 권리범위는 청구범위에 의하여 정하여지는 것이 원칙이고, 다만 그 기재만으로는 알 수 없거나 권리범위를 확정할 수 없는 경우에는 발명의 상세한 설명과 도면 등 명세서의 다른 기재에 의하여 보충하여 권리범위를 확정하여야 하지만 명세서의 다른 기재에 의하여 권리범위를 확장해석하거나 제한해석해서는 안 된다.[33]

특허발명이 청구범위의 기재와 발명의 상세한 설명 및 도면의 설명에 의하더라도 불분명하여 그 권리범위를 특정할 수 없는 경우 권리범위를 인정할 수 없기 때문에 특허권자는 자신의 권리범위를 주장할 수 없고 확인대상발명은 권리범위에 속하지 않는다.[34]

### (3) 확인대상발명의 특정

확인대상발명도 특허청구범위에 대응하여 구성을 구체적으로 기재한 "확인대상발명의 설명 부분"을 기준으로 파악하여야 하고, 특허권의 권리범위확정과 마찬가지로 확인대상발명의 설명서에 첨부된 도면에 의하여 위 설명 부분을 변경하여 파악해서는 아니 된다.[35]

그런데 확인대상발명은 권리범위확인심판을 청구하는 자가 기재하여 제

---

32) 대법원 1985. 7. 23. 선고 85후51 판결.
33) 대법원 2005. 11. 25. 선고 2004후3478 판결.
34) 대법원 2002. 6. 14. 선고 2000후235 판결; 대법원 1983. 1. 18. 선고 82후36 판결; 대법원 1989. 3. 28. 선고 85후109 판결; 대법원 2001. 12. 27. 선고 99후1973 판결.
35) 대법원 2005. 11. 25. 선고 2004후3478 판결.

시하는 것으로서 어느 정도 구체적으로 그 구성을 기재하여야 하는가? 확인대
상발명은 당해 특허발명과 서로 대비할 수 있을 만큼 구체적으로 특정하되,
대상물의 구체적인 구성을 전부 기재할 필요는 없고 특허발명의 구성요소에
대응하는 부분의 구체적인 구성을 기재하면 된다.36) 그런데 특허발명과 대응
되는 부분의 구성을 기재함에 있어서도 특허발명의 구성과 대비하여 그 차이
점을 판단할 수 있는 정도가 되지 않으면 안 된다.37) 만약 확인대상발명이 특
허발명과 대비할 수 있을 정도로 구체적으로 특정되어 있지 않다면 요지변경
이 되지 않는 범위 내에서 확인대상발명의 설명서 및 도면에 대한 보정을 명
하여야 하고, 그럼에도 불구하고 특정될 수 없는 것이라면 심판청구를 각하해
야 한다.38) 이러한 예로, 2000후2323 판결에서 대법원은 확인대상발명이 이
사건 특허발명과 대비할 수 있을 정도로 특정되었다고 볼 수 없다는 이유로
상고를 기각하면서 원고의 심판청구를 각하한 특허심판원의 심결(1999. 12. 9.
자 99당424호)을 지지하였다.

심판청구인은 권리범위확인심판을 청구함에 있어서 자신이 원하는 심결
을 얻을 목적으로 확인대상발명을 심판청구인 또는 피심판청구인이 실제로 실
시하고 있거나 실시하였던 것과는 다르게 특정하는 경우가 있다. 이러한 경우
확인대상발명은 실제로 실시되고 있거나 실시되었던 발명인지 아니면 심판청
구인이 확인대상발명이라고 하여 제출한 설명서 및 도면에 특정한 발명인지
불확실하게 된다. 그러나 특허발명과 대비가 되는 확인대상발명은 심판청구인
이 제출한 설명서 및 도면에 기재된 발명일 뿐이다.39) 만약 심판청구인이 확
인을 구하고자 하는 대상이 심판청구서에 첨부된 명세서 및 도면과 차이가 있
는 경우에 특허심판원은 심판청구인에게 어느 것을 확인의 대상으로 삼고 있
는지를 석명하도록 해야 한다.

---

36) 대법원 2004. 2. 13. 선고 2002후2471 판결. 이 외에 대법원 1994. 5. 24. 선고
    93후381 판결; 대법원 2001. 8. 21. 선고 99후2372 판결 참조.
37) 대법원 2002. 4. 23. 선고 2000후2323 판결.
38) 대법원 2004. 2. 13. 선고 2002후2471 판결; 대법원 2005. 4. 29. 선고 2003후
    656 판결; 특허법원 2006. 9. 21. 선고 2005허10442 판결.
39) 특허법원 2005. 4. 1. 선고 2004허3126 판결.

### 1) '물건을 생산하는 방법'의 발명과 물건의 실시발명의 특정

'물건을 생산하는 방법'의 발명인 경우 특정한 생산방법에 의하여 생산한 물건을 실시발명으로 특정하여 권리범위확인심판을 청구할 수 있다. 즉, 실시발명이 '물건의 발명'이지만 실시발명의 설명서에 그 생산방법을 특정하고 있는 경우, '방법의 발명'인 특허발명과 대비하여 그 권리범위에 속하는지 여부를 판단하여야 한다.[40] 물건을 생산하는 방법의 발명인 경우에 그 방법을 사용하는 행위뿐 아니라 그 방법에 의하여 생산된 물건을 사용·양도·대여·수입하는 행위까지 그 실시에 포함되므로, 물건을 생산하는 방법의 발명인 경우에는 그 방법에 의하여 생산된 물건에까지 당연히 특허권의 효력이 미친다. 따라서 특정한 생산방법에 의하여 생산한 '물건'을 실시발명으로 특정하여 권리범위확인심판을 구할 수 있다.

### 2) 수치한정인 실시발명의 특정

특허발명이 일정한 범위의 수치한정을 구성요소의 하나로 하고 있는 경우에는 그 한정한 범위 밖의 수치를 구성요소로 하는 확인대상발명은 원칙적으로 특허발명의 권리범위에 속하지 아니한다. 따라서 확인대상발명이 특정되었다고 하려면 확인대상발명이 당해 특허발명의 수치한정 구성요소에 대응하는 요소를 포함하고 있어야 하고 그 수치에 대한 내용이 설명서와 도면 등에 의하여 특정되어야 한다.[41]

### 3) 간접침해를 이루는 실시발명의 특정

간접침해의 확인대상발명의 특정은 특허가 방법의 발명인 때에는 그 방법의 실시에만 사용하는 물건과 대비되는 물건을 심판청구의 확인대상발명으로 특정하여 권리범위확인심판을 청구할 수 있다.[42]

---

40) 대법원 2004. 10. 14. 선고 2003후2164 판결.
41) 대법원 2005. 4. 29. 선고 2003후656 판결.
42) 대법원 2005. 7. 15. 선고 2003후1109 판결.

판례연구

## 확인대상발명의 구성이 특정되지 않았다고 한 사례

(특허법원 2006. 9. 21. 선고 2005허10442 판결)

① 이 사건 발명

실 또는 합성수지를 겹으로 꼬아서 직조시킨 띠를 다시 위사와 경사 형태로 결합시켜 하나의 시트를 제조하고, 실 또는 합성수지 시트가 가지고 있는 조직의 치밀도를 그대로 유지하면서 천연가죽의 질감을 갖도록 시트의 표면을 제한적으로 용융하여 광택효과를 제공하면서 비용융면에 대해서는 거친 표면이 그대로 노출되도록 하고자 하는 발명

② 이 사건 발명의 구성과 분해

· 구성 1: 용융의 대상인 재료에 대한 구성인 '위사와 경사로 직조되는 합성수지 시트 중 위사와 경사만을 제한적으로 융착시키는 구성'

· 구성 2: 용융수단에 대한 구성인 '제1, 2용융수단으로 이루어지고, 각 용융수단은 상측의 가열롤러와 하측의 냉각롤러로 이루어진 구성'

· 구성 3: '그 출력측에 설치되는 피딩수단'

③ 확인대상발명의 구성

"끈이 이송될 때 그 표면에 열이 전달되도록 하여 순간적으로 용융시킴으로써 끈의 특성은 그대로 유지하면서 풀림이나 끊어짐이 발생하지 않도록 하고, 또한 끈의 표면을 매끄럽고 질감 있게 가공하여" 또는 "히터(240)에 의해 공급된 열이 끈(R)의 표면을 골고루 용융시켜 광택을 가지게 하며"라고 하여 끈의 표면을 용융하여 광택을 갖게 하는 것

④ 확인대상발명에 대한 판단

구성 1에 대응되는 확인대상발명의 구성은 '끈'인데, 일반적으로 '끈'은 '물건을 묶거나 꿰거나 하는 데 쓰는 가늘고 긴 노나 줄'의 의미로 사용되고, 가늘게 비비거나 꼰 줄인 노를 의미할 경우에는 구성 1과 같이 위사와 경사로 직조되는 형태일 것이나, 가늘고 긴 줄을 의미할 경우에는 섬유직물 원단을 가늘고 긴 형태로 한 경우를 의미할 수 있는 등 '끈'에는 다양한 형태의 것이 있을 수 있는데, 확인대상발명의 상세한 설명 어디에도 '끈'이 위의 모든 형태를 모두 포함하는 것인지 아니면 그 중 어떤 특정한 형태만을 지칭하는 것인지에 대하여 아무런 기재가 없으므로, 확인대상발명의 상세한 설명에 기재된 내용만으로는 어느 경우를 의미하는지 특정할 수 없다. 따라서 확인대상발명은 용융의 대상인 재료로서 끈에 대하여 그 종류를 특정하지 않고 다의적인 의미로 사용하고 있고, 끈의 종류에 따라 구성 1에 해당하는지 여부와 작용효과가 다르게 되므로, 구성 1과의 차이점을 대비할 수 있을 정도로 특정되었다고 할 수 없다.

## (4) 공지기술인 실시발명

실시발명이 공지기술이거나 공지기술로부터 통상의 기술자가 용이하게 실시할 수 있는 것인 때에는 실시발명을 특허발명과 대비할 필요도 없이 실시발명은 특허발명의 권리범위에 속하지 않는다.[43] 공지기술은 누구나 자유롭게 실시할 수 있는 것이고 공지기술로부터 통상의 기술자가 용이하게 실시할 수 있는 기술은 사실상의 공지기술로서 공공의 영역에 두고 누구나 자유롭게 이용할 수 있도록 보호할 필요가 있기 때문이다.

---

**판례연구**

**공지기술 또는 공지기술로부터 용이하게 실시할 수 있는 실시발명의 권리범위**
(대법원 2001. 10. 30. 선고 99후710 판결)

어느 발명이 특허발명의 권리범위에 속하는지를 판단함에 있어서 특허발명과 대비되는 발명이 공지의 기술만으로 이루어지거나 그 기술분야에서 통상의 지식을 가진 자(통상의 기술자)가 공지기술로부터 용이하게 실시할 수 있는 경우에는 특허발명과 대비할 필요 없이 특허발명의 권리범위에 속하지 않게 된다.

---

## (5) 신규성 또는 진보성이 없는 특허발명

특허발명의 일부에 그 발명의 기술적 효과발생에 유기적으로 결합된 것이 아닌 공지사유가 포함된 경우에는 그 공지부분까지 권리범위가 확장되는 것이 아니다.[44] 나아가서 특허발명의 전부가 출원 당시 공지공용의 것인 경우에는 특허무효의 심결 유무에 관계없이 그 권리범위를 인정하지 않기 때문에,[45] 실시발명을 특허발명과 대비할 필요도 없이 실시발명은 특허발명의 권리범위에 속하지 않게 된다.

---

[43] 대법원 2004. 9. 23. 선고 2002다60610 판결; 대법원 2003. 12. 12. 선고 2002후2181 판결; 대법원 2002. 12. 26. 선고 2001후2375 판결; 대법원 1997. 11. 11. 선고 96후1750 판결; 대법원 2001. 10. 30. 선고 99후710 판결.
[44] 대법원 1964. 10. 22. 선고 63후45 전원합의체 판결; 대법원 1990. 10. 26. 선고 89후2045 판결.
[45] 대법원 1983. 7. 26. 선고 81후56 판결.

### 신규성이 없는 특허발명의 권리범위

(대법원 1998. 12. 22. 선고 97후1016, 1023, 1030 판결)

특허권은 신규의 발명에 대하여 부여되는 것으로 특허권 권리범위확인심판청구사건
에 있어서 그 권리범위를 정함에 있어서는 출원 당시의 기술수준이 무효심판의 유무에
관계없이 고려되어야 할 것이므로, 등록된 특허의 일부에 그 발명의 기술적 효과발생에
유기적으로 결합된 것이 아닌 공지사유가 포함되어 있는 경우에는 그 공지부분에까지
권리범위가 확장되는 것이 아니고, 나아가 등록된 특허발명의 전부가 출원 당시 공지공
용의 것이었다면 그 권리범위를 인정할 근거가 상실된다.

특허법은 특허가 일정한 사유에 해당하는 경우에 특허무효심판이나 특허
이의신청절차를 거쳐 무효로 하거나 취소할 수 있도록 규정하고 있으므로, 특
허는 일단 등록된 이상 유효한 것이고 다른 절차에서 그 특허가 당연무효라고
판단할 수 없다.[46] 그러나 특허발명이 출원 당시 "그 발명의 기술적 효과발생
에 유기적으로 결합된 것이 아닌" 공지기술을 일부 포함하고 있었거나 특허발
명 전체가 그 당시 이미 공지공용의 것이었다면 신규성을 상실한 특허출원에
특허가 잘못 부여된 것이므로 권리범위를 인정하지 않는 것이고 따라서 실시발
명은 특허발명의 권리범위에 속하지 않는다.[47] 즉, 권리범위확인심판에서 법원
은 특허발명의 신규성을 판단할 수 있고, 신규성 판단의 결과 특허발명에 신규
성이 없다고 인정되는 경우에는 특허발명의 권리범위를 인정하지 아니한다.

그런데 침해소송에서 특허발명에 진보성이 없다고 인정되는 경우에 법원
이 진보성 판단도 할 수 있는지의 여부에 대하여 대법원 판례는 상당 기간 일
관성이 없었다.[48] 즉, 진보성 판단을 실시한 판례와 진보성 판단을 할 수 없

---

46) 대법원 2004. 2. 27. 선고 2003도6283 판결; 대법원 2001. 3. 23. 선고 98다7209
판결.

47) 대법원 1998. 12. 22. 선고 97후1016, 1023, 1030 판결.

48) ① 등록권리의 진보성 판단을 부인한 판례: 대법원 1992. 6. 2. 자 91마540 결
정, 대법원 2001. 3. 23. 선고 98다7209 판결. ② 등록권리의 진보성을 판단하
여 진보성을 인정한 경우: 대법원 1994. 11. 10.자 93마2022 결정(실용신안권침
해금지가처분), 대법원 1996. 11. 12. 선고 96다22815 판결(가처분이의), 대법원
1997. 11. 14. 선고 96후1002 판결(권리범위확인(실)). ③ 등록권리의 진보성을
판단하여 진보성을 부인한 경우: 대법원 1991. 10. 25. 선고 90후2225, 판결(권

다고 한 판례가 공존하고 있었다.[49] 이러한 상황에서 2012년 대법원은 2010다95390 전원합의체 판결에서 특허발명에 대한 무효심결 확정 전이라도 진보성이 부정되어 특허가 무효심판에 의하여 무효로 될 것이 명백한 경우 그 특허권에 기초한 권리행사가 권리남용이라는 주장이 있는 경우 그 주장의 당부를 살피기 위한 전제로서 특허발명의 진보성을 판단할 수 있다고 하였다.[50] 그리고 이와 견해를 달리하면서도 권리남용이라는 주장이 전혀 없었던 판례(즉, 대법원 1992. 6. 2. 자 91마540 결정 및 대법원 2001. 3. 23. 선고 98다7209 판결)를 변경하였다. 따라서 특허발명에 진보성이 결여되어 있기 때문에 이를 기초로 하는 특허권 행사가 권리남용이라는 주장의 여부와 상관없이 특허침해소송에서 법원은 특허발명의 진보성을 판단할 수 있게 되었다고 볼 수 있을 것이다.

---

### 판례연구

#### 🧪 신규성은 있으나 진보성이 없는 특허발명의 권리범위
(대법원 2002. 12. 26. 선고 2001후2375 판결)

선행 또는 공지의 발명에 구성요건이 상위개념으로 기재되어 있고 위 상위개념에 포함되는 하위개념만으로 구성된 특허발명에 예측할 수 없는 현저한 효과가 있음을 인정하기 어려워 그 기술분야에서 통상의 지식을 가진 자가 공지의 발명으로부터 특허발명을 용이하게 발명해 낼 수 있는 경우라 하더라도 선행발명에 특허발명을 구성하는 하위개념이 구체적으로 개시되어 있지 않았다면 원칙적으로 그 특허발명이 출원 전에 공지된 발명과 동일성이 있는 것이라고 할 수 없고(신규성이 있는 발명에 해당한다), 이러한 경우 그 특허가 무효심판절차를 거쳐 무효로 되지 않은 이상 다른 절차에서 당연히 그 권리범위를 부정할 수는 없다.

---

리범위확인), 대법원 1993. 2. 12. 선고 92다40563 판결(특허권침해금지가처분), 대법원 1997. 5. 30. 선고 96후238 판결(권리범위확인), 대법원 1997. 7. 22. 선고 96후1699(권리범위확인(실)), 대법원 1998. 2. 13. 선고 97후686 판결(권리범위확인(실)), 대법원 1998. 2. 27. 선고 97후2583 판결(권리범위확인), 대법원 2003. 11. 28. 선고 2003다30265 판결(가처분이의). 구대환, "특허침해소송 및 권리범위확인심판에서의 진보성 판단의 필요성에 대한 검토," 産業財産權 第35號, 한국산업재산권법학회, 2011. 8, p. 26.
49) 구대환, "권리범위확인심판에서의 진보성 판단에 관한 고찰," 지식재산연구 제9권 제3호(2014. 9.), p. 61.
50) 대법원 2012. 1. 19. 선고 2010다95390 전원합의체 판결.

그런데 이 전원합의체 판결에서 이 사건 특허발명의 진보성을 인정하는 결정을 내리면서도 진보성이 결여되어 무효로 될 것이 명백한 경우에 침해소송법원은 진보성 판단이 가능하다고 한 판시는 이 판결의 결론과 어울리는 것은 아니다. 즉, 특허발명에 진보성이 결여되어 무효로 될 것이 명백한 경우에 이 특허에 기초한 권리행사는 권리남용으로서 허용될 수 없다고 판시한 것은 이 건 특허발명에 진보성이 없음이 확인되는 경우에 그 의미가 있는 것이다. 그러나 대법원 전원합의체는 이 건 특허발명에 진보성이 있음을 확인함으로써 권리남용의 법리를 판시한 의미를 퇴색시키고 말았다.[51]

대법원 2010다95390 전원합의체 판결은 침해소송 등에서 특허권의 무효 여부를 판단할 수 있다는 것을 밝혔다기보다는 특허권이 무효로 될 것이 명백한지의 여부를 판단할 수 있다는 것을 밝혔다고 하는 것이 보다 정확한 표현이 될 것이다. 즉, 무효심판제도가 존재하는 한 무효심판을 통하지 아니하고 침해소송 등에서 특허를 대세적으로 무효화 하지 않으면서 동시에 실체적 진실에 부합하는 결론에 도달하기 위하여 무효로 될 것이 명백한지의 여부를 판단할 수 있다고 한 것이다. 그래서 이 전원합의체 판결은 추정침해자로 하여금 진보성이 결여된 특허권에 대하여 원래 의도하지 않았던 특허권의 무효심판청구를 강제하지 않는다는 점에서 소송경제를 도모하고 실체적 진실에 부합하는 결정을 할 수 있는 기초를 마련하였다고 할 수 있다. 침해소송 등에서 특허발명의 진보성을 판단하여 무효심판에서 진보성 결여로 무효될 것이 명백한지의 여부를 판단하고, 특허권이 무효로 될 것이 명백한 경우 그러한 특허권에 기초한 침해금지청구는 권리의 남용이라고 판단한다면 이러한 판단을 내렸다고 하여 당해 특허권이 대세적으로 무효가 되는 것은 아니므로 이로 말미암아 권한분배의 원칙에 어긋나는 것도 아니다. 이러한 의미에도 불구하고 권리남용의 법리를 특허권의 행사에 적용하는 것에는 몇 가지 문제점을 지적할 수 있다.[52]

---

51) 김원준, "진보성이 부정되는 특허권에 기초한 권리남용 법리 적용," 「법학논고」 제41집, 경북대학교 법학연구원, 2013, p. 119.

52) 정태호 교수 외 1은 특허권의 행사에 권리남용금지의 이론을 적용하는 것의 문제점에 대하여 일반조항으로의 도피, 민법상 권리남용과의 차이, 주관적 요건의 요구 여부 문제 등을 들어 지적하였다. 정태호·김혁중, "특허침해소송에서의 권리남용의 적용에 대한 비판적 고찰," 「법학논총」 제29집 제4호, pp. 399-402.

첫째, 명백성 요건은 침해소송법원의 판단과 무효심판을 담당한 특허심판원의 판단 사이에 불일치를 방지하는 역할을 한다. 즉, 법원이 진보성을 판단할 수 있는 경우를 무효로 될 것이 명백한 경우로 한정함으로써 명백하지 아니한 경우에까지 진보성을 판단함으로써 야기될 수 있는 판단의 불일치를 방지하는 것이다. 따라서 특허침해소송에서 진보성 판단시 명백성 요건이 없으면 법원은 진보성의 결여가 명백하지 아니한 경우에까지 진보성을 판단하여야하는 경우가 있게 되고 이것은 통상의 기술자 수준의 전문지식이 확보되지 아니한 법원으로 하여금 과도한 부담을 지우는 것이 되어서 결국 법원이 정당한 판결을 내리는 데 장애가 될 수 있다. 그래서 명백성이 요구된다는 점은 인정할 수 있다. 그럼에도 불구하고 명백성의 정도에 대하여 다양한 견해가 존재하고 이 중 어느 것을 취하더라도 여전히 문제는 남게 된다.[53] 명백성의 정도에 대하여는 견해가 다음과 같이 세 가지로 나뉜다.[54]

① 통상의 무효사유 존재의 입증 정도로 족하다.
② 통상의 무효심판이나 심결취소소송에서 무효사유 존재가 인정되는 경우보다 높은 고도의 무효사유의 심증을 얻은 경우에 충족된다.
③ 무효사유가 있다는 심증만으로는 부족하고 무효심판절차가 진행되더라도 무효로 될 것이 확실하다고 예상되는 정도로 명백한 경우를 말한다.

대법원 2010다95390 전원합의체 판결에서 특허에 무효사유가 있는 것이 명백하다고 판단될 때의 명백한 정도는 무효심판청구가 제기된다면 특허가 무효로 될 것이 확실하게 예견되는 정도를 의미한다고 볼 수 있다.[55] 그러나 무효사유가 있는 것이 명백하다고 하는 것은 불명확한 개념이고, 무효심판에서 특허가 무효로 될 것이 확실하다고 하는 것도 누구에게 어느 정도로 확실한 것을 의미하는지 불명확하다. 따라서 무효심판에서 특허가 무효로 될 것이 명백한 정도에 대한 기준을 명확히 제시하지 않으면 특허권 남용 여부를 일관성

---

53) 명백성 요건과 증명도에 관하여는 안원모, 무효사유가 존재하는 특허권의 행사와 권리남용의 항변, 産業財産權 第27號, 2008. 12, pp. 204-245.
54) 명백성 요건과 증명도에 관하여는 안원모, 앞의 논문, pp. 204-245.
55) 무효사유의 명백성에 관하여는 안원모, 앞의 논문, pp. 242-246, 250-254; 유대종, "특허무효사유와 특허권 남용," 産業財産權 第21號, 2006. 12, pp. 46-47, 50-51.

있게 판단할 수 없다. 법원에 따라서 진보성 판단의 결과가 다르다면 그러한 경우는 무효로 될 것이 명백하다고 할 수 없다. 그런데 2010다95390 사건의 진보성 판단에 있어서 지방법원과 서울고등법원 그리고 서울고등법원과 대법원은 서로 견해가 상충되었다. 즉, 이 사건에서 서울중앙지방법원은 특허발명의 진보성을 인정한 반면 서울고등법원은 특허발명에 진보성이 없어 무효사유가 있음이 명백하다고 하였고, 대법원은 특허발명에 진보성이 있다고 판단하였다.56) 그리고 이러한 법원 간의 진보성 판단의 불일치는 권리남용 여부의 판단에 그대로 반영되었다. 이와 같이 법원마다 특허발명에 대한 진보성 판단과 그에 따른 침해 여부 판단이 다름에도 불구하고 법원이 이 특허에 대하여 무효로 될 것이 명백하다고 하는 것은 적절하다고 할 수 없다.57)

그렇다면 무효로 될 것이 명백한 정도는 어떠한 정도를 가리키는 것인지 그 기준을 구체적으로 제시할 필요가 있다. 무효로 될 것이 명백한 정도는 일반적인 진보성 판단기준과 같은 것인가 다른 것인가. 대부분의 특허 및 실용신안등록 출원은 신규성, 기재불비, 실시불가능 등의 사유보다 진보성 판단에 의하여 거절된다. 신규성 결여를 거절이유로 삼으려면 출원발명과 선행기술이 동일성의 것이 아니면 안 되므로 심사관에게 부담이 되고, 기재불비를 이유로 하면 이 출원은 보정으로 치유될 가능성이 있을 뿐 아니라 보정된 후에 다시 심사해야 하는 부담이 남게 되며, 실시불가능의 경우는 그리 흔하지 않기 때문이다. 그런데 이러한 진보성 판단에 의한 거절결정은 특허심판원이나 특허법원 또는 대법원에서 취소되는 경우도 적지 않다. 그렇다면 심사관이 특허출원을 심사할 때 적용하는 진보성 기준에 의하여 무효로 될 것이 명백한 정도의 기준을 정하는 것도 문제가 있다.

따라서 특허권 남용 여부를 판단하기 위한 전제로서 진보성 판단의 결과 특허가 무효로 될 것이 명백한 정도는 일반적인 진보성 부인의 요건보다도 높은 수준의 것이어야 할 것이다.58) 그렇다면 어느 정도로 높은 것이어야 할

---

56) 서울중앙지방법원 2009. 10. 14. 선고 2007가합63206 판결; 서울고등법원 2010. 9. 29. 선고 2009나112741 판결; 대법원 2012. 1. 19. 선고 2010다95390 전원합의체 판결.

57) 대법원의 진보성 판단이 원심과 다른 경우는 흔하다. 대법원 2010다95390 판결; 대법원 96후1699 판결; 대법원 96후238 판결; 대법원 97후686 판결.

58) 무효사유의 명백성 정도 및 이에 대한 일본에서의 다양한 견해에 대하여는 유

까? 다시 원점으로 돌아가서 무효심판이 제기된다면 진보성 결여로 무효로
될 것이 명백한 정도라고 하였으니, 사건이 대법원에까지 상소될 경우 무효
로 될 것이 명백한 것은 물론 특허심판원 또는 특허법원에서 사건이 종결되
더라도 특허가 무효로 될 것이 명백하다고 동일하게 예측되는 정도라고 하
는 것이 타당할 것이다. 왜냐하면 심급별로 무효 여부 판단을 달리할 수 있
는 정도의 것이라면 무효로 될 것이 명백한 발명이라고 할 수 없기 때문이
다. 따라서 무효로 될 것이 명백한 정도는 특허심판원, 특허법원, 대법원이
모두 동일하게 진보성 결여가 명백하다고 판단할 것이 예측되는 정도라고
보는 것이 타당하다고 본다. 그렇다면 명백성의 정도는 대단히 높은 것이 될
것이다.

　　그런데 진보성 판단은 용이하지 않을 뿐 아니라 기술영역에 따라서 개별
적인 사안마다 진보성의 범위는 다르기 때문에 진보성 판단의 일반기준은 추
상적일 수밖에 없다. 이러한 추상적 진보성 판단기준을 기초로 하여 무효로
될 것이 명백한 정도를 설정한다면 이것도 추상적인 것이 될 수밖에 없다. 그
렇다면 무효로 될 것이 명백하다는 것을 이유로 하는 권리남용 판단기준은 불
명확한 개념이라고 할 수밖에 없다.

　　둘째, 민법상 권리남용이론은 권리의 행사에 하자가 존재할 때 개별적인
권리행사의 태양에 따라 적용 여부를 판단하는 것이다. 따라서 '무효사유가 존
재하는 특허권의 행사'는 권리 자체에 하자가 있다는 이유로 이를 권리남용으
로 본다는 점에서 민법상 권리남용이론에 맞지 않는다.[59] 민법상 권리남용이
론은 권리에는 하자가 없는 것이므로 물권적 보호가 부인되더라도 손해배상에
의한 보호가 인정될 수 있는 반면, '무효사유가 존재하는 특허권의 행사'는 권
리 자체에 하자가 있는 것이어서 물권적 보호는 물론 손해배상에 의한 보호도
부정된다는 점에서 차이가 있다. 민법상 권리남용 여부는 객관적 요소와 주관
적 요소를 모두 고려하여야 하지만 '무효사유가 존재하는 특허권 행사'의 경우
는 특허에 무효사유가 있는지의 여부만 판단하고 주관적 요소는 고려하지 않
는다.[60]

---

　　대종, "특허무효사유와 특허권 남용," pp. 46-48.
59) 안원모, 무효사유가 존재하는 특허권의 행사와 권리남용의 항변, p. 252.
60) 안원모, 무효사유가 존재하는 특허권의 행사와 권리남용의 항변, p. 252.

더욱이 권리남용의 일반조항은 구체적 타당성을 실현하는 데 중요한 기능을 수행하지만 자의적으로 적용될 경우 법적 안정성을 해칠 수 있다. 또한 개인의 권리보다 공동체의 이익이 우선시 될 수는 없는 것이다. 권리남용의 법리에 의하지 아니하고 민법의 개별규정이나 기존의 법리에 의하여 합리적인 결론에 도달할 수 있는 경우 그 법리에 의하여야 하므로 권리남용의 법리는 예외적 보충적으로 적용되어야 한다.[61] 그 동안 대법원은 특허 사건에서 권리남용의 법리를 거의 채용한 바가 없다가 2000다69194 판결에서 방론으로 판시하였을 뿐이다.[62] 그리고 2010다95390 사건에서 채용한 권리남용의 법리는 권리남용법리의 일반원칙에도 부합하지 않는 측면이 있다.[63]

셋째, 발명을 위한 연구개발비 외에 변리사 비용과 출원비용 등 많은 비용을 들이고, 전문기술분야의 심사관에 의한 엄격한 심사절차를 거쳐 특허청에 등록료를 납부함으로써 정당하게 특허권을 취득한 특허권자가 자신의 특허권을 행사한 것에 대하여, 법원이 단지 그 특허권에 무효사유가 있음이 명백하다고 판단하였다는 이유로 특허권자에게 특허권을 남용하였다고 판단하는 것은 타당하지 않다.[64] 왜냐하면 특허권자는 특허청 심사관이 심사에 완전을 기하지 못한 결과로 (특허에 무효의 사유가 명백하게 존재하는지의 여부에 대하여는 전혀 알지 못한 채) 특허를 취득하여 이를 행사한 것에 불과한 것임에도 이를 가리켜 특허권의 남용이라고 하는 법원의 판단을 수긍하기 어려울 것이기 때문이다. 특허청심사관이 정확한 심사를 하였더라면 특허등록료를 납부하지도 않았을 것이고 변리사에게 성공보수를 지불하지도 않았을 것이며, 침해소송 등에 변호사 비용을 지불해 가면서 특허권을 행사하지도 않았을 것이다. 특허권자로서는 막대한 비용과 노력을 통해 완성한 발명에 대하여 변리사 비용을 들여서 특허를 출원하고, 특허청심사관의 심사를 받아 특허결정을 받고 등록료를 납부하여 취득한 특허권에 진보성이 결여되었다는 법원의 판단을 이유로 그에 기초한 특허권행사를 권리남용이라고 하는 결정을 쉽게 납득하기 어려울

---

61) 권영준, "특허권 남용의 법리와 그 관련 문제," 「산업재산권」 제36호, 한국산업재산권법학회, 2011, p. 180; 김준호, 「민법강의」, 법문사, 2006, p. 56.

62) 대법원 2004. 10. 28. 선고 2000다69194 판결.

63) 권리남용이론 적용의 문제점에 대하여는 안원모, 무효사유가 존재하는 특허권의 행사와 권리남용의 항변, pp. 252-253.

64) 권영준, 특허권 남용의 법리와 그 관련 문제, p. 200.

것이다.65) 한마디로 특허권자가 자신의 특허권을 행사하였는데 법원의 관점에서 그것이 무효사유가 명백하게 존재하는 특허권으로 판단되었다는 이유로 이를 가리켜 권리남용이라고 하는 것은 특허권자로서 납득하기 어렵다. 이것은 대법원이 실체적 진실에 부합하는 결론에 도달하면서 동시에 특허의 무효심판 제도를 몰각시키지 않고 권한분배의 원칙을 훼손시키지 않기 위하여 권리남용의 법리를 끌어들였음에도 불구하고, 특허권자가 합법적으로 취득한 특허권에 기초한 권리행사를 가리켜 권리남용이라고 함으로써 모든 문제의 책임을 특허권자에게만 돌리고 있기 때문이다. 이와 같이 '무효사유가 존재하는 특허권의 행사'에 민법상 권리남용의 이론을 적용하는 것은 어려움이 있다.

그런데 2010다95390 사건의 특허발명은 진보성이 있는 유효한 권리이고 그래서 결과적으로 특허권자의 권리행사는 권리남용에 해당하지 않는다. 그럼에도 불구하고 대법원은 권리남용에 해당한다는 항변이 타당한지의 여부를 살피기 위한 전제로서 특허발명의 진보성을 판단한 것이다. 그렇다면 진보성 결여가 명백한 경우는 물론 명백하지 않은 경우나 나아가서 진보성이 있는 것이 명백한 특허권에 기초한 권리행사라 하더라도 권리남용이라는 항변이 있는 한 침해소송법원으로서는 진보성 판단을 할 수 있다고 보아야 할 것인가. 대법원의 판시만 의존한다면 특허권자의 그러한 청구가 권리남용에 해당한다는 항변이 있는 경우 당부를 살피기 위한 전제로서 특허발명의 진보성 여부에 대하여 심리·판단할 수 있다고 하였으므로, 특허권행사에 대하여 권리남용이라는 항변이 있는 한, 법원으로서는 그 당부를 살펴야 하고 그 전제로서 진보성 판단을 할 수 있다고 보아야 할 것이다. 진보성 결여가 명백하지 않거나 진보성이 있는 것이 명백한 경우라고 하여 법원이 진보성 판단을 하지 않아도 된다거나 할 수 없다고 볼 수는 없다. 따라서 대법원의 판시에 따르면 특허침해소송법원은 권리남용에 해당한다는 항변이 있으면 특허발명의 진보성을 판단할 수 있게 되었다.

그런데 특허권자의 청구가 권리남용에 해당한다는 항변이 없이 특허발명이 진보성을 결여한 것으로서 그 권리범위를 인정할 수 없기 때문에 침해가

---

65) 정당하게 취득한 특허권의 행사를 권리남용이라고 하는 것에 대한 비판은 권영준, 특허권 남용의 법리와 그 관련 문제, p. 200; 안원모, 무효사유가 존재하는 특허권의 행사와 권리남용의 항변, pp. 227-234.

아니라고 주장하는 경우에는 어떻게 해야 하는가? 또한 적극적 권리범위확인 심판청구와 같이 단순히 확인대상발명이 권리범위에 속한다고 하는 확인을 구하는 심판청구는 특허권행사라고 할 수는 없는데, 이러한 권리범위확인심판에서 심판청구인의 주장에 대하여 피청구인은 특허에 진보성이 없어서 그 권리범위를 인정할 수 없고 따라서 확인대상발명이 권리범위에 속하지 않는다고 주장하는 경우에는 어떻게 해야 하는가?[66] 법원이 권리범위에 속하는지의 여부를 판단하기 위한 전제로서 특허발명의 진보성을 판단하고 그 결과 진보성이 없는 것으로 판단되면 특허발명의 권리범위는 인정할 수 없게 되고 침해는 부인될 것이다. 그러면 특허청의 특허결정과 특허권자의 특허등록에 의하여 형성된 특허권에 대하여 특허무효심판을 거치지 아니한 채 권리를 사실상 무효로 하는 것이므로 부당한 것인가?

법원은 특허청구범위 해석을 통하여 권리범위를 확정하고 그에 따라 침해 여부를 판단한다. 법원의 해석에 따라서 권리범위는 매우 넓은 것으로 혹은 매우 좁은 것으로 확정된다. 그렇다면 법원에 의하여 확정된 권리범위가 사실상 권리행사를 할 수 없을 정도로 극단적으로 좁게 되는 경우도 있을 수 있고 나아가서 사실상 권리범위가 없다고 판단되는 상황에 이르게 될 수도 있는 것이다. 더욱이 법원이 특허발명에 진보성이 없기 때문에 권리범위를 인정할 수 없다고 판단하더라도 특허권이 대세적으로 무효가 되는 것은 아니다. 특허침해소송이나 권리범위확인심판의 결과가 어떠하더라도 특허권의 유효성에 영향을 미치지 않는 것처럼, 특허권은 그러한 판결이나 심결이 있었다고 하는 사실이 특허등록원부에 기재된 채 유효하게 존재하는 것이다. 이러한 경우 특허권이 무효로 되는 것은 아니지만 법원이 권리범위를 부인한 이상, 특허권자는 이 특허를 기초로 특허권을 행사할 수는 없을 것이다.

이와 같은 사항을 종합하여 볼 때 대법원이 권리남용의 법리까지 채택하여 침해소송에서 법원이 특허의 진보성 판단을 할 수 있다고 판시한 배경에는 형식적으로 특허로서 등록되어 있다고 하는 외형이나 권한분배의 원칙 및 행정행위의 공정력을 중시하기보다는 실체적 진실에 부합하는 판결을 내

---

66) 권리범위확인심판에서 법원이 진보성 판단을 할 필요성에 대한 논의는 구대환, "권리범위확인심판에서는 법원이 진보성 판단을 할 수 없는가?,"「정보법학」제16권 제3호, 한국정보법학회, 2012, pp. 123-150.

리는 것이 특허제도의 취지와 당사자 간의 형평에 더 부합하는 것이라고 판단하였기 때문일 것이다. 그렇다면 권리남용이라고 하는 주장이 없다고 하더라도 진보성 판단을 할 수 있다고 보는 것이 이와 같은 취지와 부합하는 것이다.

결론적으로, 특허권자의 권리행사를 권리남용이라고 하는 것은 특허권자에게 문제가 있다기보다 타당한 결론에 도달하기 위한 논리에 불과한 것이다. 그리고 권리남용인지의 여부에 대한 판단이 법원 간 다를 수 있고, 명백성의 기준도 모호하다.[67] 이와 같은 문제점에도 불구하고 2010다95390 판결은 침해소송법원의 진보성 판단을 공식적으로 인정함으로써 법원의 진보성 판단 여부에 일관성을 회복하고 실체적 진실에 부합하는 판결을 내릴 수 있는 기초를 마련하였다는 점에서 큰 의미가 있다. 따라서 권리남용이라는 주장 여부와 관계없이 침해소송에서 법원이 정당한 판결을 위하여 공지기술제외의 원칙 또는 자유기술의 항변에 기초하여 특허발명의 신규성 판단은 물론 진보성 판단까지도 할 수 있게 되었다고 해석하는 것이 타당하다.[68]

---

67) 대법원 2010다95390 사건의 경우 1심에서는 진보성을 인정하였으나 서울고등법원은 진보성을 부인하였고, 대법원은 진보성을 인정하였다. 또한 권리남용이라고 하기 위해서는 침해를 금지하거나 손해배상을 청구하는 등의 권리행사가 있어야 할 것인데, 권리범위확인심판에 있어서는 단순히 권리의 범위를 확인하는 심판만을 청구한 것에 불과하다는 점에서 권리행사를 위한 예비적 단계에 불과하다. 그럼에도 불구하고 권리범위확인심판 사건에서 권리남용법리를 적용한 사례가 있다. 특허법원 2009. 2. 18. 선고 2008허3889 판결(권리범위확인).

68) 정태호 외 1은 특허침해소송에서 권리남용을 적용하는 것이 문제가 있음을 지적하고 그 대안으로서 자유기술의 항변을 활용하는 방안을 제시하였다. 정태호 · 김혁중, "권리범위확인심판에서의 진보성 결여에 근거한 특허무효 및 특허권남용 판단에 관한 비판적 고찰," 「기업법연구」 제25권 제1호, 한국기업법학회, 2011, pp. 453-483.

### 진보성이 없는 특허발명의 권리범위
(대법원 2012. 1. 19. 선고 2010다95390 전원합의체 판결)

진보성이 없어 본래 공중에게 개방되어야 하는 기술에 대하여 잘못하여 특허등록이 이루어져 있음에도 별다른 제한 없이 그 기술을 당해 특허권자에게 독점시킨다면 공공의 이익을 부당하게 훼손할 뿐만 아니라 …… 특허법의 입법목적에도 정면으로 배치된다. 또한 …… 진보성이 없어 보호할 가치가 없는 발명에 대하여 형식적으로 특허등록이 되어 있음을 기화로 발명을 실시하는 자를 상대로 침해금지 또는 손해배상 등을 청구할 수 있도록 용인하는 것은 특허권자에게 부당한 이익을 주고 발명을 실시하는 자에게는 불합리한 고통이나 손해를 줄 뿐이므로 실질적 정의와 당사자들 사이의 형평에도 어긋난다. 이러한 점들에 비추어 보면, 특허발명에 대한 무효심결이 확정되기 전이라고 하더라도 특허발명의 진보성이 부정되어 특허가 특허무효심판에 의하여 무효로 될 것임이 명백한 경우에는 특허권에 기초한 침해금지 또는 손해배상 등의 청구는 특별한 사정이 없는 한 권리남용에 해당하여 허용되지 아니한다고 보아야 하고, 특허권침해소송을 담당하는 법원으로서도 특허권자의 그러한 청구가 권리남용에 해당한다는 항변이 있는 경우 당부를 살피기 위한 전제로서 특허발명의 진보성 여부에 대하여 심리·판단할 수 있다.

그런데 대법원은 2010다95390 전원합의체 판결에서 침해소송에 관한 판례만을 변경하고 권리범위확인심판에 관한 판례는 변경하지 않은 채 남겨두었기 때문에 권리범위확인심판에서도 법원이 특허발명의 진보성을 판단할 수 있는지에 관하여는 명확하지 아니하였다. 이러한 상황에서 권리범위확인심판에서 특허발명의 진보성을 판단하여야 하는지의 여부에 대하여 학자들의 견해는 긍정설, 부정설, 절충설로 나뉘었다.[69]

긍정설은 특허법 제133조에서 규정하고 있는 무효사유는 일반 행정법 이론상의 당연무효사유에 해당되어 행정행위의 공정력이 미치지 않는다고 보고 당연무효를 인정하여야 한다는 견해이다.[70] 긍정설은 공지기술 그 자체(즉, 신

69) 긍정설, 부정설, 절충설에 대한 설명은, 구대환, "권리범위확인심판에서는 법원이 진보성 판단을 할 수 없는가?," 정보법학 제16권 제3호 (2012. 12), pp. 143-146.
70) 김원준, "특허침해소송에서 무효항변에 관한 고찰," 전남대학교 법학연구소, 법학논총 제28집 제2호, 2008. 12. pp. 191-192. 긍정설을 주장하는 입장은 다음과 같다. 김원준, "특허침해소송에서 무효항변에 관한 고찰," pp. 191-192; 유대종, "특허무효사유와 특허권 남용," 産業財産權 第21號, 2006. 12, p. 44

규성이 없는 기술)는 물론 공지기술로부터 용이하게 실시할 수 있는 기술(즉, 진보성이 없는 기술)도 자유기술에 속한다는 점에서는 동일한 것이고 이러한 기술은 특허권의 범위에 속하지 않도록 하여 누구나 자유롭게 이용할 수 있도록 하여야 기술발전을 목적으로 하는 특허제도의 취지에 부합한다는 사고에 입각하고 있다.71) 부정설은 특허무효의 심결이 확정되지 않는 한 침해소송이나 권리범위확인심판 등에서 진보성의 결여를 이유로 하는 무효의 항변은 허용되지 않는다는 견해이다.72) 부정설의 주된 논거는 권한분배의 원칙과 행정행위의 공정력 이론이다.73) 절충설은 침해쟁송에서의 진보성 판단에 원칙적으로 긍정적 또는 부정적 입장을 취하면서도, 다양한 현실적, 이론적 근거에 따라 예외를 인정하려는 견해이다.74)

그런데 이러한 상황에서 2014년 대법원은 2012후4162 전원합의체 판결에서 권리범위확인심판에서 특허발명에 진보성이 결여되어 무효사유가 명백하다고 하더라도 이에 대한 진보성 판단을 할 수 없다고 하면서 이와 배치되는 판례를 변경하였다.75)

종래 대법원이 권리범위확인심판에서 진보성 판단을 할 수 없다고 한 판례는 단 한 건에 불과하고76) 그 이외의 다수의 판례는 진보성 판단을 인정하

(신규성이 없는 영역과 진보성이 없는 영역은 아무런 차별을 두어서는 안 된다). 성기문, "공지부분이 포함된 특허 및 의장을 둘러싼 실무상의 제문제," 특허소송연구(제2집), 특허법원, 2001, p. 251; 최성준, "특허침해소송과 특허무효," 인권과 정의(279호), 1999. 11. p. 73.
71) 유대종, "특허무효사유와 특허권 남용," 産業財産權 第21號, 2006. 12, p. 44(신규성이 없는 영역과 진보성이 없는 영역은 아무런 차별을 두어서는 안 된다).
72) 김원준, "특허침해소송에서 무효항변에 관한 고찰," 전남대학교 법학연구소, 법학논총 제28집 제2호, 2008. 12. p. 191.
73) 대법원은 97후2095 판결 이후, 대법원 1998. 2. 13. 선고 97후686 판결; 대법원 1997. 7. 22 선고 96후1699 판결; 대법원 1997. 5. 30. 선고 96후238 판결; 대법원 1991. 12. 27 선고 90후1468, 1475 판결; 대법원 1991. 10. 25. 선고 90후2225 판결 등에서 부정설의 입장을 취하고 있다.
74) 절충설에 대한 보다 상세한 설명은 다음을 참조한다. 김태현, "권리범위확인심판의 본질과 진보성 판단의 가부," pp. 238-242; 김원준, "특허침해소송에서 무효항변에 관한 고찰," p. 192; 구대환, "권리범위확인심판에서는 법원이 진보성 판단을 할 수 없는가?," 정보법학 제16권 제3호 (2012. 12), pp. 145-146.
75) 대법원 2014. 3. 20. 선고 2012후4162 전원합의체 판결.
76) 권리범위확인심판에서 등록권리에 대한 진보성 판단을 할 수 없다고 한 판례: 대법원 1998. 10. 27. 선고 97후2095 판결.

였다.[77] 또한 대법원이 2010다95390 전원합의체 판결에서 침해소송에서는 진보성 판단을 할 수 있다고 하였다. 그럼에도 불구하고, 침해 여부를 확인한다는 점에서 침해소송과 유사한 권리범위확인심판 사건인 대법원 2012후4162 전원합의체 판결에서 특허발명의 진보성 판단을 할 수 없다고 한 것이 적절한 것인지에 대하여는 의문이 남는다.[78] 특허법(이하, 실용신안법을 포함한다)은 특허에 무효사유가 있는 경우 특허무효심판을 통하여 무효로 할 수 있다고 규정하고 있지만, 대법원은 2010다95390 전원합의체 판결에서 특허발명에 진보성이 결여되어 무효심판에서 무효로 될 것이 명백한 경우 침해소송에서 진보성 판단을 할 수 있다고 했다면, 비록 권리의 행사는 아니지만 권리범위를 확인하여 침해 여부를 판단한다는 점에서 침해소송과 유사한 권리범위확인심판에서도 특허발명에 진보성이 결여되어 있는 것이 명백한 경우 당연히 진보성 판단을 할 수 있어야 하는 것은 아닌가 하는 의문이 들기 때문이다. 대법원 2012후4162 전원합의체판결의 소수의견도 이 점을 지적하였다.

필자는 권리범위확인심판은 당사자 간에 침해 여부를 다툰다는 측면에서 침해소송과 사실상 유사하다는 점, 권리범위확인심판에서 신규성, 기재불비, 실시불가능 등의 무효사유를 판단하고 있다는 점, 하자 있는 특허권의 행사를 예방하여 형평의 이념을 구현하고 분쟁을 신속히 해결할 수 있도록 도울 수 있다는 점, 그리고 진보성이 결여되었음에도 불구하고 특허권의 권리범위를 인정하여 내리는 심결은 실체적 진실에 부합하지 않는 것으로서 사실상 무의미하다는 점에서 진보성 판단을 인정하는 것이 타당하다고 본다.[79] 적극적 권리범위확인심판에서 진보성 판단을 하지 않게 되면 진보성이 결여된 특허권에 대하여 권리범위를 인정하여 심판청구를 인용하는 심결을 내리게 될 것이다. 그러나 이러한 심결이 내려지더라도 침해소송법원은 진보성 판단을

---

77) 권리범위확인심판에서 등록권리에 대한 진보성 판단을 실시한 판례: 대법원 1991. 10. 25. 선고 90후2225, 판결; 대법원 1997. 5. 30. 선고 96후238 판결; 대법원 1997. 7. 22. 선고 96후1699 판결; 대법원 1998. 2. 13. 선고 97후686 판결; 대법원 1998. 2. 27. 선고 97후2583 판결; 대법원 1997. 11. 14. 선고 96후1002 판결; 대법원 1991. 12. 27 선고 90후1468, 1475 판결.

78) 구대환, "권리범위확인심판에서의 진보성 판단에 관한 고찰," 지식재산연구 제9권 제3호 (2014. 9.), pp. 61-62.

79) 구대환, "권리범위확인심판에서는 법원이 진보성 판단을 할 수 없는가?," 정보법학 제16권 제3호 (2012. 12), p. 146.

할 수 있으므로 진보성 판단을 통하여 권리범위를 부인하여 침해를 인정하지 않을 것이다.[80] 결국 권리범위확인심판에서 특허발명에 진보성이 없는 것이 명백함에도 불구하고 진보성 판단을 하지 않고 권리범위를 인정한 채 내리는 심결은 무의미한 것이 된다. 비록 권리범위확인심판이 권리의 행사에 해당하지 않고 피고에게 인용된 심결에 따라 직접적으로 어떤 법률행위를 이행하여야 하는 의무를 부과하는 것이 아니지만, 권리범위확인심판의 결과를 기초로 자신의 권리범위를 확인한 권리자는 이를 가지고 권리행사에 착수하거나 로열티 협상을 시도할 가능성이 높다.[81] 이 점에서 권리범위확인심판은 권리행사를 위한 예비적 단계라고 볼 수 있는 것이므로 침해소송과 같은 선상에서 판단하여야 할 것이다.[82] 따라서 권리범위확인심판에서 진보성이 결여되어 권리가 무효로 될 것이 명백하여 권리에 속하지 않는다는 주장이 있는 경우 그 주장의 당부를 판단하기 위한 전제로서 법원은 특허발명의 진보성을 판단할 수 있다고 하는 것이 옳다고 생각한다.[83]

---

80) 구대환, 앞의 논문, p. 147.
81) 구대환, 앞의 논문, p. 147.
82) 비록 특허법원 판결이지만, 권리범위확인심판청구를 권리남용으로 본 사례가 있다. 특허법원 2009. 2. 18. 선고 2008허3889 판결(권리범위확인). "… 특허발명에 … 특허무효사유가 존재하는 것이 … 객관적으로 명백해졌고…특허무효심판을 청구하는 경우 특허무효심결이 내려져 확정될 것이 확실시되는 때에는, 예를 들어 그 특허발명을 적법하게 정정하는 경우 특허가 무효로 되지 않을 수 있[는] 등의 특별한 사정[이] 없는 한, 그러한 특허권의 행사는 권리남용으로서 허용되지 않는다고 할 것이다. 따라서 특허무효심판 이외의 권리범위확인심판절차 또는 소송절차를 심리하는 특허심판원이나 법원으로서는 특허무효심결이 확정되기 이전이라도 당해 사건의 적정한 결론을 도출하기 위한 전제로서…특허무효사유의 존재 여부를 판단할 수 있다고 할 것이고…당해 사건의 적정한 결론을 도출하기 위한 전제로서 특허무효 여부를 판단하는 것일 뿐 특허의 추상적 권리범위를 부정하거나 대세적 효력까지 무효로 선언하는 것이 아니므로 행정부와 사법부 사이의 권한분배의 원칙이나 공정력의 이론에 반한다고 할 수 없다."
83) 구대환, 앞의 논문, p. 147.

#### 진보성이 없는 특허발명의 권리범위

(대법원 2014. 3. 20. 선고 2012후4162 전원합의체 판결 [권리범위확인심판])

특허법은 특허가 일정한 사유에 해당하는 경우에 별도로 마련한 특허의 무효심판절차를 거쳐 무효로 할 수 있도록 규정하고 있으므로, 특허는 일단 등록이 되면 비록 진보성이 없어 당해 특허를 무효로 할 수 있는 사유가 있더라도 특허무효심판에 의하여 무효로 한다는 심결이 확정되지 않는 한 다른 절차에서 그 특허가 무효임을 전제로 판단할 수는 없다.

권리범위확인심판은 …… 확인대상발명이 특허권의 효력이 미치는 객관적인 범위에 속하는지 여부를 확인하는 목적을 가진 절차이므로, 그 절차에서 특허발명의 진보성 여부까지 판단하는 것은 특허법이 권리범위확인심판 제도를 두고 있는 목적을 벗어나고 그 제도의 본질에 맞지 않다. 특허법이 심판이라는 동일한 절차 안에 권리범위확인심판과는 별도로 특허무효심판을 규정하여 특허발명의 진보성 여부가 문제 되는 경우 특허무효심판에서 이에 관하여 심리하여 진보성이 부정되면 그 특허를 무효로 하도록 하고 있음에도 진보성 여부를 권리범위확인심판에서까지 판단할 수 있게 하는 것은 본래 특허무효심판의 기능에 속하는 것을 권리범위확인심판에 부여함으로써 특허무효심판의 기능을 상당 부분 약화시킬 우려가 있다는 점에서도 바람직하지 않다. 따라서 권리범위확인심판에서는 특허발명의 진보성이 부정된다는 이유로 그 권리범위를 부정하여서는 안 된다.

다만 대법원은 특허의 일부 또는 전부가 출원 당시 공지공용의 것인 경우까지 특허청구범위에 기재되어 있다는 이유만으로 권리범위를 인정하여 독점적·배타적인 실시권을 부여할 수는 없으므로 권리범위확인심판에서도 특허무효의 심결 유무에 관계없이 그 권리범위를 부정할 수 있다고 보고 있으나, 이러한 법리를 공지공용의 것이 아니라 그 기술분야에서 통상의 지식을 가진 자가 선행기술에 의하여 용이하게 발명할 수 있는 것뿐이어서 진보성이 부정되는 경우까지 확장할 수는 없다.

### (6) 선택발명인 특허발명

특허발명이 선택발명에 해당하여 신규성은 있으나 진보성이 없는 경우 무효심판절차를 거쳐 무효로 되지 않는 이상 다른 절차에서 당연히 그 권리범위를 부정할 수는 없다.[84]

---

84) 대법원 2002. 12. 26. 선고 2001후2375 판결.

### (7) 균등론과 권리범위

특허발명과 대비되는 확인대상발명이 특허발명의 권리범위에 속한다고 하기 위해서는 특허발명의 각 구성요소와 구성요소 간의 유기적 결합관계가 확인대상발명에 그대로 포함되어 있어야 한다.[85] 즉, 확인대상발명에 특허발명의 '모든 구성요소'가 포함될 뿐 아니라 각 '구성요소 간의 유기적 결합관계가 그대로' 포함되어 있어야 하는 것이다. 그리고 확인대상발명에 치환이나 변경이 있더라도 균등관계에 있다면 권리범위에 속하게 된다.[86] 확인대상발명의 치환된 구성이 특허발명과 실질적으로 동일한 작용효과를 나타내지 않는다면 균등관계에 있다고 볼 수 없다.

### (8) 균등론 및 금반언의 원칙과 권리범위

확인대상발명의 치환된 일부 구성이 특허발명의 어떤 구성요소와 균등관계에 있는 것이라 할지라도 이것이 특허권자가 출원과정에서 (정정절차 등에 의하여) 제외시킨 사항에 속하는 것이라면 금반언의 법리에 의하여 확인대상발명은 특허발명의 권리범위에 속하지 않게 된다.[87] 출원과정에서 특허청구범위로부터 의식적으로 제외된 것인지 여부는 명세서뿐 아니라 심사과정에서 심사관이 제시한 견해 및 출원인이 제출한 보정서와 의견서 등에 나타난 출원인의 의도를 참작하여 판단하고, 청구항이 복수인 경우에는 각 청구항의 출원경과를 개별적으로 판단한다.[88]

### (9) 종속항의 권리범위

확인대상발명이 특허발명의 독립항(예: 제 1 항)의 권리범위에 포함되지 않는다면 당연히 종속항(예: 제 1 항을 인용하는 제 2 항 내지 제 6 항)의 권리범위에

---

85) 대법원 2002. 8. 23. 선고 2000후3517 판결.
86) 대법원 2005. 2. 25. 선고 2004다29194 판결; 대법원 2002. 9. 6. 선고 2001후171 판결; 대법원 2001. 8. 21. 선고 98후522 판결; 대법원 2001. 9. 7. 선고 2001후393 판결; 2002. 8. 23. 선고 2000후3517 판결; 대법원 2000. 7. 28. 선고 97후2200 판결 등 참조.
87) 대법원 2004. 11. 26. 선고 2003다1564 판결; 대법원 2003. 12. 12. 선고 2002후2181 판결.
88) 대법원 2002. 9. 6. 선고 2001후171 판결.

도 속하지 않게 된다.[89] 종속항은 독립항에 다른 구성을 부가하거나 독립항을
한정하여 구체화하는 것이어서 종속항은 독립항에 포함될 뿐 아니라 그 범위
가 독립항보다 더 제한되어 있기 때문이다.[90]

### (10) 수치한정

특허발명이 일정 범위의 수치로 한정한 것을 구성요소의 하나로 하고 있
는 경우에는 한정한 범위 밖의 수치를 구성요소로 하는 발명은 권리범위에 속
하지 아니한다.[91] 즉, 한정한 일정 범위의 수치가 구성요소로서 포함되어 있지
아니한 이상 확인대상발명이 청구항에 기재된 필수적 구성요소들 중의 일부를
갖추고 있지 않은 것이 되므로 이러한 경우에는 원칙적으로 특허발명의 권리
범위에 속하지 아니한다. 이것은 청구항이 복수의 구성요소로 되어 있는 경우
에 그 '각 구성요소가 유기적으로 결합된 전체로서의 기술사상'이 보호되고 각
구성요소가 독립하여 보호되는 것이 아니기 때문이다.[92]

그러나 그 범위 밖의 수치에 의하여서도 특허발명과 동일한 작용효과가
나타나고, 통상의 기술자가 용이하게 실시할 수 있는 등 특허발명과 확인대상
발명에서 한정한 범위의 수치가 서로 균등관계에 해당하는 요건이 충족될 경
우 확인대상발명은 특허발명의 권리범위에 속한다고 보아야 할 것이다.

그리고 특허발명에서 한정한 수치의 범위 밖의 수치에 의하여서도 특허발
명과 동일한 작용효과가 나타나고 한정된 수치를 기점으로 임계적 효과가 발
생하지 않는다면 이러한 수치의 한정에는 진보성이 있다고 볼 수 없고, 따라
서 이렇게 수치를 한정한 것만이 종래 기술과 대비하여 새로운 구성이라고 한
다면 이러한 특허발명은 진보성이 없는 것이다.

---

89) 대법원 2003. 7. 11. 선고 2001후2856 판결.
90) 특허법시행령 제5조 제1항.
91) 대법원 2001. 8. 21. 선고 99후2372 판결; 대법원 2001. 12. 24. 선고 99다31513
판결.
92) 대법원 2001. 8. 21. 선고 99후2372 판결; 대법원 2001. 12. 24. 선고 99다31513
판결; 대법원 2000. 11. 14. 선고 98후2351 판결; 대법원 2001. 6. 1. 선고 98후
2856 판결; 대법원 2001. 6. 15. 선고 2000후617 판결.

### (11) 심판청구의 취하

특허법 제161조 제 1 항에 의하면 심판청구는 심결이 확정될 때까지 이를 취하할 수 있다.[93] 민사소송법에서도 판결의 확정에 이르기까지 소의 전부나 일부를 취하할 수 있도록 규정하고 있다.[94] 이러한 규정에 따라 권리범위확인 심판청구도 당연히 취하할 수 있는 것이다.

권리범위확인심판을 제기한 후 당사자 간에 심판청구를 취하하기로 합의 하였다면 비록 취하서를 제출하지 아니하여 사건이 종료되지는 아니하였다 하더라도 당사자 간의 합의로 인하여 심판을 계속할 이익이 소멸되었다고 할 수 있으므로 심판청구는 각하된다.[95] 또한 합의를 기록한 합의서를 공증하기로 한다는 조항이 합의서에 있지만 이를 아직 공증하지 아니하였다고 하더라도 이로 말미암아 합의서의 내용이 무효로 되지는 아니한다.

권리범위확인심판은 현존하는 특허권의 범위를 확정하는 데에 그 목적이 있는 것이므로, 특허권이 소멸되었을 경우 소멸 이후에는 그 권리범위를 확인 할 이익이 없다.[96] 예를 들어 특허료의 납부해태나 존속기간의 만료로 인하여 특허권이 소멸된 경우에는 그 소멸된 이후에 그 권리에 관하여 권리범위확인 의 심판청구를 할 수 없고 확인의 이익도 없다.[97]


## 5. 정정심판

### (1) 정정심판의 의의

정정심판이란 특허권 설정등록 후에 특허권자의 이익을 보호하기 위하여 명세서 또는 도면의 내용을 수정할 수 있도록 하는 심판을 말한다.[98] 특허출

---

93) 특허법 제161조 제 1 항.
94) 민사소송법 제239조 소가 취하되면 취하된 부분에 대하여는 처음부터 소가 계속하지 아니한 것으로 본다. 민사소송법 제240조.
95) 대법원 1997. 9. 5. 선고 96후1743 판결; 대법원 1989. 9. 12. 선고 88후1281 판결; 대법원 1968. 12. 3. 선고 68후46 판결.
96) 대법원 1996. 9. 10. 선고 94후2223 판결. 이 사건 특허(특허등록 제19985호)는 상고심 계속중인 1994. 12. 5. 그 존속기간이 만료되어 소멸하였다.
97) 대법원 1970. 3. 10. 선고, 68후21 판결. 이 사건 특허는 특허료 납부해태로 심판청구 이전인 1963. 5. 14.로 특허권이 소멸되었다.
98) 특허청, 「지식재산권용어사전」, 2008. 2, p. 351.

원 중에 명세서나 도면에 하자가 있는 경우 보정할 수 있는 기간 (일반적으로 의견서를 제출할 수 있는 기간과 같다) 내에 보정서 제출에 의하여 이를 치유할 수 있는데 특허가 일단 등록되면 보정할 수 없으므로 정정심판에 의한다. 정정심판을 청구할 때에는 심판청구서에 정정한 명세서 또는 도면을 첨부하여야 한다.99)

## (2) 정정심판 청구인

정정심판은 특허권자만이 청구할 수 있고,100) 전용실시권자·질권자·통상실시권자의 동의를 얻어야 한다.101) 특허권자의 오해로 인하여 불필요하거나 과도하게 축소하는 정정심판은 전용실시권자 등에게 불측의 피해를 야기할 수 있기 때문에 이들의 동의를 얻도록 하는 것이다.

## (3) 정정심판청구의 범위

특허권자는 특허청구범위를 감축하는 경우, 잘못된 기재를 정정하는 경우 혹은 불분명한 기재를 명확하게 하는 경우에는 특허발명의 명세서 또는 도면에 대하여 정정심판을 청구할 수 있다.102) 여기서 잘못된 기재를 정정하는 경우에는 출원서에 최초로 첨부된 명세서 또는 도면에 기재된 사항의 범위 내에서 할 수 있다.103) 따라서 새로운 사항을 추가하는 것은 허용되지 아니한다. 정정심판에 의하여 특허청구범위를 실질적으로 확장하거나 변경할 수 없도록 하는 것은 법적 안정성을 위한 것으로 특허된 발명의 청구범위에 기재된 권리범위를 신뢰한 제3자를 보호하기 위한 것이라고 할 수 있다.104) 예를 들어 종속항을 추가하는 정정심판청구는 사실상 권리범위를 확장하거나 변경하는 것에 해당하여 허락되지 아니한다.105)

특허법원 판례에 의하면, 특허발명을 상위개념에서 하위개념으로 정정함으로써 형식적으로는 청구범위의 감축에 해당한다 하더라도, 당해 하위개념이

---

99) 특허법 제140조 제5항.
100) 특허법 제136조 제1항.
101) 특허법 제136조 제7항.
102) 특허법 제136조 제1항.
103) 특허법 제136조 제2항.
104) 특허법 제136조 제3항.
105) 대법원 2005. 9. 30. 선고 2004후2451 판결.

정정 전의 상위개념 중 최초명세서에 전혀 개시되어 있지 않고 그 명세서 내용으로부터 자명한 것이라고 볼 수도 없는 것이라면 이것은 정정에 의해 새로운 사항을 추가하는 것으로서 사실상 청구범위의 확장이나 변경에 해당한다.[106)

🔎 특허법원 2004. 3. 19. 선고 2003허2096 판결 【정정(특)】: 확정

1. 최초 정정심판청구서에 의한 정정은 특허청구범위 중 "~을 필름화시킨 상태에서 이를 6조각으로 가닥을 내고"를 삭제하고 그 대신 앞부분에 "여러 조각으로 가닥난 필름을 꼬아서 형성된 고강력 합성수지 끈에 있어서, 위 필름은"을 부가하는 내용으로 정정하는 것이므로 살피건대, 정정 전에는 '6조각으로 가닥난 필름'으로 한정되어 있던 구성이 정정 후에는 '6조각 이외의 조각으로 가닥난 필름'까지 모두 포함하는 구성으로 되었으므로 위 정정은 이 사건 제1항 발명의 특허청구범위를 실질적으로 확장하는 것이 되어 부적법하다. {원고는, 발명의 요지는 전제부가 아닌 특징부에 있는 것이고 위 정정은 종래 기술인 전제부를 더욱 확대한 것에 불과하므로 특허청구범위를 확장한 것이 아니라고 주장하나, 특허발명의 청구항이 복수의 구성요소로 되어 있는 경우 각 구성요소가 유기적으로 결합된 전체가 특허발명의 요지를 이루는 것이고, 이른바 젭슨 타입의 특허청구범위(Jepson type claims)에 있어서 전제부에 기재된 구성요소 역시 당해 특허발명의 필수적 구성요소라고 보아야 하므로, 위 주장은 이유없다}.

| 정정 전 | 정정 후 |
|---|---|
| "~을 필름화시킨 상태에서 이를 6조각으로 가닥을 내고" | "여러 조각으로 가닥난 필름을 꼬아서 형성된 고강력 합성수지 끈에 있어서, 위 필름은" |
| '6조각으로 가닥난 필름'으로 한정 | '6조각 이외의 조각으로 가닥난 필름'까지 모두 포함 |
| 실질적 확장 ||

2. 정정 전에는 흠집 공정이 필름을 6조각으로 커팅한 후 냉각 공정 이후에만 수행하는 것으로서 "연신 → 냉각 → 흠집"의 순서로만 가능하였던 것이 정정 후에는 흠집 공정이 필름을 6조각으로 커팅한 후 연신, 냉각, 권취 공정의 어느 단계에서도 수행 가능한 것으로 되어 "흠집 → 연신 → 냉각", "연신 → 흠집 → 냉각", "연신 → 냉각 → 흠집"의 순서가 모두 가능하게 됨으로써(원고는 "상기 조각난 필름"이 "냉각공정을 거친 조각난 필름"을 지칭하는 것으로 보아야 한다고 주장하나, 그것이 이유없다는 점은 앞서 본 바와 같다) 위 정정은 이 사건 제2항 발명의 특허청구범위를 확장하거나 실질적으로 변경한 것이 되므로 부적법하다.

---

106) 특허법원 2005. 10. 28. 선고 2005허2441 판결(확정).

또한 무효로 된 특허에 대한 정정심판은 허용되지 않는데 이것은 특허무효가 확정되면 그 특허는 처음부터 없었던 것이 되므로 없었던 특허에 대한 정정은 그 의미가 없기 때문이다.107) 정정심판청구가 부적법하다고 인정하는 경우에는 심판관은 청구인에게 그 이유를 통지하고 기간을 정하여 의견서를 제출할 수 있는 기회를 주어야 하고,108) 이에 대하여 청구인은 심리종결의 통지가 있기 전에 심판청구서에 첨부된 정정한 명세서 또는 도면에 대하여 보정할 수 있다.109)

정정심판은 특허심판원에 무효심판이 계속되고 있는 경우에는 이를 청구할 수 없다.110) 한편, 동일한 특허발명에 대하여 무효심판과 정정심판이 특허심판원에 동시에 계속중에 있는 경우에는 정정심판제도의 취지상 정정심판을 먼저 심리하는 것이 바람직하지만, 반드시 정정심판을 먼저 심리하여야 하는 것은 아니다.111) 따라서 특허무효심판을 먼저 심리하는 경우에 그 판단의 대상은 정정심판청구 전 특허발명이다. 이것은 특허무효심판과 정정심판의 심결에 대한 취소소송이 특허법원에 동시에 계속되어 있는 경우에도 마찬가지로 적용된다.

그러나 법원에서 무효소송이 진행중에 있는 경우 당사자계 사건에 대한 특허법원의 심리범위는 무제한설에 따르고 있으므로 무효심판청구인에게 새로운 증거를 제출할 수 있도록 하는 데 대응하여 특허권자에게도 정정심판의 청구를 가능하게 하고 있다.112)

### (4) 정정심결의 효력

정정심결은 그 등본이 심판청구인에게 송달됨으로써 확정된다.113) 특허발명의 명세서 또는 도면에 대하여 정정을 한다는 심결이 확정된 때에는 그 정정 후의 명세서 또는 도면에 의하여 특허출원·출원공개·특허결정 또는 심결

---

107) 대법원 2005. 3. 11. 선고 2003후2294 판결.
108) 특허법 제136조 제5항.
109) 특허법 제136조 제9항.
110) 특허법 제136조 제1항, 단서 규정.
111) 대법원 2002. 8. 23. 선고 2001후713 판결.
112) 특허청, 「우리나라 특허법제에 대한 연혁적 고찰」, 2007. 5, p. 736.
113) 대법원 2004. 10. 28. 선고 2000다69194 판결.

및 특허권의 설정등록이 된 것으로 본다.[114] 즉, 정정심결의 효과는 특허출원
시까지 소급된다. 그래서 정정된 내용을 특허공보에 게재하여 일반인과 이해
관계인에게 공지한다. 이렇게 특허출원시까지 소급시키는 이유는 특허무효소
송에 대응하여 청구한 정정심판의 본래의 목적을 달성할 수 있도록 하기 위해
서이다.[115]

### 6. 정정의 무효심판

정정심판이 잘못 허여됨으로써 청구범위의 실질적인 확장이나 변경이 이
루어진 경우 제3자는 불측의 피해를 입을 수가 있다. 또한 정정심결의 효력
은 출원시까지 소급되므로 그 피해가 더욱 클 수 있기 때문에 이해관계인이나
심사관으로 하여금 정정의 무효를 청구하는 심판을 할 수 있도록 한 것이다.
정정무효심판에 있어서 이해관계인은 무효심판에서와 같다. 심사관은 공중을
대표하는 자로서 정정심결이 잘못 이루어져 공익이 훼손되는 경우 공익을 지
키기 위하여 심판청구를 할 수 있다.

심결에 대한 소는 특허법원에 제기할 수 있으나 소를 제기할 수 있는 자
가 "당사자, 참가인 또는 당해 심판이나 재심에 참가신청을 하였으나 그 신청
이 거부된 자"로 제한되어 있어서,[116] 정정심판의 경우 제소가 불가능하므로
정정무효심판에 의하도록 하는 것이다.[117]

### 7. 재    심

당사자는 확정된 심결에 대하여 재심을 청구할 수 있다.[118] 재심은 중대
한 하자가 있는 심결에 대하여 다시 심결해 줄 것을 요청하는 긴급의 불복신
청방법이다. 판결이 확정되면 기판력이 생기고 법적 안정성이 확보되지만 판
결에 중대한 하자가 있는 경우에도 이러한 법적 안정성에 집착하게 되면 당사

---

114) 특허법 제136조 제8항.
115) 특허청, 「우리나라 특허법제에 대한 연혁적 고찰」, 2007. 5, p. 737.
116) 특허법 제186조 제2항.
117) 최문기 외 2, 「과학기술과 지식재산권법」, p. 147.
118) 특허법 제178조 제1항.

자의 권리를 제대로 보호할 수 없게 되어 재판 본래의 목적을 달성할 수 없다. 재심제도는 법적 안정성을 중시하는 재판제도에 구체적 정의를 추구하기 위하여 예외적으로 둔 제도라고 할 수 있다.

특허법 제178조 제1항에서 준용하는 민사소송법 제451조 제1항에서 재심을 청구할 수 있는 사안을 특허심결에 적용하여 정리하면 다음과 같다.[119]

① 특허법 제146조 제1항 및 제171조에 규정한 심판합의체를 구성하지 아니한 때
② 특허법상 그 심결에 관여하지 못할 심판관이 심결에 관여하였을 때
③ 출원·심사·심판 절차에 있어서 대리행위에 필요한 권한의 수여에 흠이 있는 때. 다만, 당사자나 법정대리인이 추인한 경우에는 그러하지 아니하다.
④ 심판에 관여한 심판관이 그 사건에 관하여 직무에 관한 죄를 범하였을 때
⑤ 형사상 처벌을 받을 다른 사람의 행위로 말미암아 자백을 하였거나 심결에 영향을 미칠 공격 또는 방어방법의 제출에 방해를 받은 때
⑥ 심결의 증거가 된 문서, 그 밖의 물건이 위조되거나 변조된 것인 때
⑦ 증인·감정인·통역인의 거짓 진술 또는 당사자신문에 따른 당사자나 법정대리인의 거짓 진술이 심결의 증거가 된 때
⑧ 심결의 기초가 된 민사나 형사의 판결, 그 밖의 재판 또는 행정처분이 다른 재판이나 행정처분에 따라 바뀐 때
⑨ 심결에 영향을 미칠 중요한 사항에 관하여 판단을 누락한 때
⑩ 재심을 제기할 심결이 전에 선고한 확정심결에 어긋나는 때
⑪ 당사자가 상대방의 주소 또는 거소를 알고 있었음에도 잘 모른다고 하거나 주소나 거소를 거짓으로 하여 심판을 제기한 때

위 제4호 내지 제7호의 경우에는 처벌받을 행위에 대하여 유죄의 판결이나 과태료부과의 재판이 확정된 때 또는 증거부족 외의 이유로 유죄의 확정판결이나 과태료부과의 확정재판을 할 수 없을 때에만 재심의 소를 제기할 수 있다.[120] 재심은 재심을 제기할 판결을 한 법원의 전속관할로 하므로 특허심

---

119) 민사소송법(제08499호 2007. 7. 13.) 제451조 제1항.
120) 민사소송법 제451조 제2항.

결에 대한 재심청구는 특허심판원에 하여야 한다.

---

판례연구

### ⚗ 증거부족 외의 이유로 유죄의 확정판결을 할 수 없을 때
(대법원 2006. 10. 12. 선고 2005다72508 판결)

1. 판결의 증거가 된 문서가 위조된 것이 분명하고 공소시효의 완성으로 그 문서의 위조행위의 범인에 대하여 유죄판결을 할 수 없게 되었다면, 그 위조행위의 범인이 구체적으로 특정되지 않았다고 하더라도 민사소송법 제451조 제2항의 '증거부족 외의 이유로 유죄의 확정판결을 할 수 없을 때'에 해당한다.

2. 민사소송법 제451조 제1항 단서에 따라 당사자가 상소에 의하여 재심사유를 주장하였다고 하기 위하여서는 단지 증거인 문서가 위조되었다는 등 제451조 제1항 각 호의 사실만 주장하는 것으로는 부족하고 재심의 대상이 되는 상태, 즉 유죄판결이 확정되었다거나 증거부족 외의 이유로 유죄판결을 할 수 없다는 등 같은 조 제2항의 사실도 아울러 주장하였어야 한다.

---

판례연구

### ⚗ 정정 전의 등록고안을 대상으로 무효 여부를 심리·판단한 원심판결에 재심사유가 있다고 본 사례
(대법원 2006. 3. 24. 선고 2005후1431 판결. 참조판례: 대법원 2001. 10. 12. 선고 99후598 판결)

등록고안에 대한 등록무효의 원심판결 이후 등록고안의 정정심결이 확정된 경우, 정정 전의 등록고안을 대상으로 하여 무효 여부를 심리.판단한 원심판결에 민사소송법 제451조 제1항 제8호의 재심사유가 있다.

즉, 등록고안의 청구범위 제1항에 관하여, 정정심판청구에 기해 원심판결 이후인 2005. 7. 29. 정정허가 심결이 내려지고 확정되었고, 등록고안의 청구범위 제2, 3, 4항은 제1항의 종속항이므로, 이 사건 등록고안은 모두 정정 후의 명세서대로 실용신안등록출원이 되고 실용신안권의 설정등록이 된 것으로 보아야 하므로 정정 전의 명세서에 기초하여 무효심결이 이루어진 것은 위법하다.

---

판례연구

🔬 특허권침해소송의 상고심 계속중에 특허발명의 정정심결이 확정된 경우 재심사유
로 본 사례(대법원 2004. 10. 28. 선고 2000다69194 판결)

특허권침해소송의 상고심 계속중에 당해 특허발명의 명세서에 대한 정정심결이 확정
되어 원심판결에는 민사소송법 제451조 제1항 제8호에 정한 재심사유가 있다.

---

판례연구

🔬 특허무효심판사건이 상고심에 계속중 당해 특허의 정정심결이 확정되었으나 정정
사항이 특허무효사유의 유무 판단에 영향이 없다고 본 사례
(대법원 2004. 10. 14. 선고 2002후2839 판결)

특허무효심판이 상고심에 계속중 당해 특허의 정정심결에 의하여 특허출원이 정정되
었으나, 정정된 사항이 특허무효사유의 유무를 판단하는 전제가 된 사실인정에 영향을
미치는 것은 아니므로, 민사소송법 제451조 제1항 제8호에 정한 재심사유에 해당하
지 않는다.

---

판례연구

🔬 우편집배원이 착오로 송달일자를 잘못 기재하여 법원이 상고이유서제출기간 내에
제출된 상고이유서를 제출기간 경과 후 제출된 것으로 보아 상고를 기각한 경우
(대법원 2006. 3. 9. 선고 2004재다672 판결)

법원의 소송기록접수통지서는 2004. 10. 21. 피고들 소송대리인의 사무실에 송달되
었는데, 위 소송기록접수통지서를 송달한 서초우체국 소속 집배원은 착오로 법원에 송
부한 송달보고서에 그 송달일자를 2004. 10. 20.로 잘못 기재하였고, 피고들의 소송대
리인이 상고이유서 제출기간 내인 2004. 11. 10. 상고이유서를 제출하였으나, 이 법원
은 위와 같이 송달일자가 잘못 기재된 송달보고서에 기초하여 위 상고이유서가 상고이
유서 제출기간을 도과하여 제출된 것으로 보아, 피고들의 상고이유에 대하여 판단하지
아니한 채 민사소송법 제429조, 상고심절차에 관한 특례법 제5조에 의하여 피고들의
상고를 기각하였다.

그렇다면 재심대상판결은 판결에 영향을 미칠 중요한 사항에 관하여 판단을 누락하
였고, 이는 민사소송법 제451조 제1항 제9호에 해당하는 재심사유가 된다(대법원
1998. 3. 13. 선고 98재다53 판결; 2002. 11. 11. 2002재다753 결정 등 참조).

🔔 항고심심결의 관할심판소인 특허청 항고심판소에 제기하여야 할 재심의 소를 대
법원에 제기한 경우(대법원 1994. 10. 21. 선고 94재후57 판결)

재심은 재심을 제기할 심결을 한 심판소의 전속관할에 속하므로, 재심대상인 항고심
심결의 관할심판소인 특허청 항고심판소에 제기하여야 할 재심의 소를 대법원에 잘못
제기한 경우, 그 재심의 소는 부적법하여 각하를 면치 못한다.

### (1) 재심청구의 기간

당사자는 재심의 사유를 안 날로부터 30일 이내에 재심을 청구하여야 한
다.[121] 대리권의 흠결을 이유로 재심을 청구하는 경우에는 청구인이나 법정대
리인이 심결등본의 송달에 의하여 심결이 있는 것을 안 날의 다음 날부터 기
산한다.[122] 그러나 이 기간 내라 하더라도, 예를 들어 재심사유를 알지 못하였
다 하더라도, 심결확정 후 3년을 경과한 때에는 재심을 청구할 수 없고, 재심
사유가 심결확정 후에 생긴 때에는 그 사유가 발생한 날의 다음 날부터 이를
기산한다.[123]

# II. 특허소송

## 1. 관   할

심결에 대한 소 및 심판청구서나 재심청구서의 각하결정에 대한 소는 이
러한 소의 전속관할인 특허법원에 제기할 수 있다.[124] 이러한 소는 당사자, 참
가인 또는 당해 심판이나 재심에 참가신청을 하였으나 그 신청이 거부된 자에
한하여 제기할 수 있다. 전속관할이란 재판의 공정성과 적정성을 기하기 위한
공익적 필요에 의하여 특정 법원만이 배타적으로 관할권을 행사할 수 있고 당

---

121) 특허법 제180조 제 1 항.
122) 특허법 제180조 제 2 항.
123) 특허법 제180조 제 3 항 및 제 4 항; 민사소송법 제456조 제 3 항에 의하면 판
　　결이 확정된 뒤 5년이 지난 때에는 재심의 소를 제기하지 못한다.
124) 특허법 제186조 제 1 항 및 제 2 항.

사자의 의사에 의하여 관할권 변경을 할 수 없는 관할을 의미한다.[125]

## 2. 원고적격

특허소송은 당사자, 참가인 또는 당해 심판이나 재심에 참가신청을 하였으나 그 신청이 거부된 자에 한하여 제기할 수 있도록 제한하고 있다.

## 3. 불변기간과 부가기간

특허소송을 제기할 수 있는 기간은 불변기간이므로 제소기간을 늘이거나 줄일 수 없다.[126] 그러나 원격 또는 교통이 불편한 지역에 있는 자를 위하여 심판장은 직권으로 부가기간을 정할 수 있다.[127]

## 4. 심결에 대한 소의 제기

심판을 청구할 수 있는 사항은 특허의 무효, 권리범위확인, 정정 등 앞에서 살펴본 바와 같이 다양하다. 이와 같이 심판을 청구할 수 있는 사항에 관하여는 심결을 거치지 아니하고 특허법원에 곧바로 소송을 제기할 수 없다.[128] 만약 특허청심판원의 심결을 거치지 아니한 소송이 제기된 경우 이것은 위법한 것이므로 각하된다.

---

125) 특허청, 「우리나라 특허법제에 대한 연혁적 고찰」, 2007. 5, p. 994. 전속관할 외에 소송당사자의 합의로 특정법원에 발생되는 합의관할, 원고가 관할권 없는 법원에 제소하고 이에 피고가 관할권 위반의 항변을 제출하지 않은 채로 응소한 때 그 법원의 관할을 인정해 주는 변론관할이 있다.
126) 특허법 제186조 제 4 항.
127) 특허법 제186조 제 5 항.
128) 특허법 제186조 제 6 항.

판례연구

🔬 심판청구 사항을 특허법원에 곧바로 소 제기할 수 있는지의 여부
(대법원 1999. 7. 23. 선고 98후2689 판결)

의장등록의 무효를 구하는 자는 특허심판원에 의장등록무효심판을 청구한 후 그 심결에 대하여만 특허법원에 소송을 제기할 수 있을 뿐 직접 의장등록무효를 구하는 소를 특허법원에 제기할 수는 없고, 의장등록의 무효심판청구에 대한 특허심판원의 심결에 대한 소가 제기된 경우에도 특허법원으로서는 그 심결의 절차적.실체적 적법 여부를 심리·판단하여 부적법한 경우에 그 심결을 취소하는 형성판결을 할 수 있을 뿐이고, 행정청인 특허심판원을 대신하여 그 의장등록을 무효로 하는 판결이나 특허심판원으로 하여금 의장등록을 무효로 할 것을 명하는 이행판결을 할 수는 없다.

판례연구

🔬 거절결정불복심판의 심결취소소송에서 특허법원은 심결에서 판단되지 아니한 새로운 거절이유를 심리·판단할 수 있는지
(특허법원 2006. 4. 13. 선고 2005허4720 판결【거절결정(특)】: 확정)

거절결정에 대한 심판청구를 기각하는 심결의 취소소송에서 특허청은 심결에서 판단되지 않은 것이라고 하더라도 거절결정의 이유와 다른 새로운 거절이유에 해당하지 않는 한 심결의 결론을 정당하게 하는 사유를 주장·입증할 수 있고, 법원은 달리 볼 만한 특별한 사정이 없는 한 제한 없이 이를 심리·판단하여 판결의 기초로 삼을 수 있지만, 거절결정의 이유와 다른 새로운 거절이유로서 심결에서 판단되지 않은 것은 위 심결취소소송에서 심리·판단될 수 없다.

판례연구

🔬 거절결정불복심판의 심결취소소송에서 특허법원은 심결에서 판단되지 아니한 새로운 거절이유를 심리·판단할 수 있는지
(대법원 2003.2. 26. 선고 2001후1617 판결)

거절사정불복심판청구를 기각하는 심결의 취소소송단계에서 특허청은 심결에서 판단되지 않은 것이라고 하더라도 거절사정의 이유와 다른 새로운 거절이유에 해당하지 않는 한, 심결의 결론을 정당하게 하는 사유를 주장.입증할 수 있고, 심결취소소송의 법원은 제한 없이 이를 심리 판단하여 판결의 기초로 삼을 수 있다(대법원 2002. 6. 25. 선고 2000후1290 판결 참조).

## 5. 심결취소소송의 심리범위

### (1) 서 론

민사소송의 객체를 소송물이라고 한다. 마찬가지로 심결취소소송의 객체도 소송물이라고 하며 심결취소소송의 소송물은 심결의 실체적 판단의 위법 여부 및 절차상 위법 여부이다. 심판을 청구할 수 있는 사항에 관한 소는 심결에 대한 것이 아니면 이를 제기할 수 없으므로[129] 심결취소소송의 소송물은 특허심판원의 심결의 실체적·절차적 위법 여부이다.

행정소송법 제26조에 따르면 "법원은 필요하다고 인정할 때에는 직권으로 증거조사를 할 수 있고, 당사자가 주장하지 아니한 사실에 대하여도 판단할 수 있다." 심결취소소송이 특허심판원이라는 행정기관의 처분,[130] 즉 심결에 대한 위법성을 심사한다는 점에서 일반 행정처분에 대한 취소소송과 유사하고 따라서 심결취소소송의 심리에는 제한이 없는 것으로 볼 수 있다.

그러나 행정소송은 행정청의 처분을 심판의 대상으로 하는 데 반하여, 심결취소소송은 준사법절차라고 할 수 있는 특허심판원의 심판절차에 의하여 이루어진 심결을 대상으로 한다. 또한 심결취소소송은 통상 2심으로서의 기능을 담당하는 고등법원인 특허법원을 1심 전속관할로 한다. 이러한 점에서 심결취소소송에서 당사자는 특허심판원의 심판절차에서 심리 판단된 위법사유에 한정하여 주장할 수 있고, 특허법원도 이러한 사유만을 심리 판단할 수 있는 것이 아닌가 하는 의문을 가질 수 있다.

현재 특허법원 및 대법원의 입장은 사실심리의 범위에 제한이 없고 당사자는 특허심판원의 심결에 포함되지 아니한 위법사유라도 주장할 수 있으며 법원은 이를 수용하여 판결할 수 있다는 무제한설의 입장에 있다. 그런데 이러한 무제한설을 취하고 있는 특허법원 및 대법원의 입장이 과연 소송당사자에게 적정한 판단을 받을 기회를 충분히 보장하고 있는지에 대하여는 의문이 있을 수 있다. 왜냐하면 예를 들어 무효심판에 있어서 원고가 심결취소소송절

---

129) 특허법 제186조 제6항.
130) 행정소송법상의 "처분"이라 함은 행정청이 행하는 구체적 사실에 관한 법집행으로서의 공권력의 행사 또는 그 거부와 그 밖에 이에 준하는 행정작용 및 행정심판에 대한 재결을 말한다. 행정소송법 제2조 제1항 제1호.

차에서 특허심판원이 다루지 아니한 전혀 새로운 증거를 제출하고 특허법원이 이를 기초로 판단한다면 피고의 입장에서는 기술전문가로 구성된 특허심판원에서 심판을 받을 이익을 상실하게 되기 때문이다. 그러나 무제한설의 입장에서는 특허법원에는 기술심리관이 있기 때문에 기술전문가로부터 판단을 받을 이익을 잃는 것이 아니라고 주장하고 있다.

특허법원과 대법원이 무제한설의 입장에서 판단하는 것이 과연 소송당사자의 이익을 충분히 반영할 수 있는 것인가? 이에 대한 답을 얻기 위하여 심결취소소송의 심리범위에 관한 판례를 먼저 살펴보고, 이들 판례에 대한 비판을 통하여 소송당사자인 기업이나 개인의 입장에서 적정한 판단기회를 보장받을 수 있는 방안을 정리해 보자.

### (2) 심리범위에 관한 학설

심결취소소송의 심리범위에 관한 우리나라의 학설에는 무제한설, 동일사실·동일증거설, 개별적 고찰설이 있다. 일본의 학설로는 무제한설, 제한설, 개별적 고찰설이 있고 다시 제한설에는 실질적 증거법칙설, 동일법조설, 동일사실·동일증거설이 있다. 이들 견해의 내용에 대하여는 이미 여러 논문과 서적에서 잘 정리한 바 있으므로 여기서는 대표적인 견해들에 대하여서만 간략히 살펴보고, 우리나라 특허법원과 대법원 판례의 입장, 그리고 나아가 일본 최고법원의 입장을 검토한 후 소송당사자에게 친화적인 태도가 어떤 것인지 판단해 보기로 한다.

무제한설은 사실심리의 범위에 제한이 없고 당사자는 심결에 포함되지 않았던 위법사유는 물론 새로운 증거를 포함한 일체의 증거를 주장·입증할 수 있고 법원도 이를 채용하여 판결의 기초로 할 수 있다는 견해이다.[131) 동일법조설은 심판에서 쟁점으로 되었던 법조의 범위 내에서만 새로운 주장을 하거나 새로운 증거를 제출할 수 있을 뿐 다른 법조의 거절이유나 무효원인에 관하여는 심리를 할 수 없다는 견해이다. 그런데 특허법에 규정된 무효사유는 추상적이고 규정되어 있는 무효원인은 비록 동일법조문에 해당하는 것이라 하더라도 각각 별개의 이유로 보아야 하며, 더욱이 일사부재리의 효과는 동일사실·동일증거에 한정된다는 점에서 동일법조설을 비판하는 입장에 기초한 동

---

131) 송영식 외 2인, 「지적소유권법」(상), 육법사, 2005. 8, pp. 689-696.

일사실·동일증거설이 있다. 동일사실·동일증거설은 취소소송의 범위는 심판
에서 다루어진 사항과 이를 보충하는 주장 및 입증이 가능할 뿐 심판에서 판
단되지 아니한 새로운 주장이나 새로운 증거의 제출은 허용되지 않는다는 견
해이다. 동일사실·동일증거설은 심결에서 판단되지 아니한 특허요건을 특허
법원에서 판단하는 것은 당사자의 전심경유의 이익을 박탈하는 것이 되고 결
국 심판의 준사법적 기능에 입각한 심급생략제도의 취지에 벗어난다는 것으로
인정될 수 없다는 견해이다. 일본의 판례는 특허소송제도 초기에 무제한설의
입장에 있었고, 그 후 동일법조설을 취하였다가 현재는 동일사실·동일증거설
을 취하고 있다. 그러나 우리나라는 무제한설의 입장에 있다.

### (3) 심리범위에 관한 특허법원 및 대법원의 판결

무제한설의 입장을 견지하고 있는 특허법원의 대표적인 판결인 1998. 7.
3. 선고 98허768 판결은 "통상의 경우에 있어 법원이 기술내용이 다종·다양
한 발명 또는 고안에 관련된 신규성 및 진보성 등의 유무를 판단함에 있어 심
판절차를 거치지 아니하고 소송단계에서 이를 처리하는 것은 그 사안의 기술
적 난이도 등에 비추어 곤란하거나 부적절한 면이 없지 않다"고 인정하면서도
전문기술적 내용에 대하여는 기술심리관이 처리할 수 있는 만큼 "기술적 난이
도를 이유로 소송단계에서 소송관계인으로 하여금 새로운 공격방어방법을 사
용하지 못하도록 제한하는 것은 국민의 정당하고 신속한 재판을 받을 권리를
침해하는 결과가 된다"[132]고 판시하였다.

이 판결은 심판절차에서 판단하지 아니한 사항이라 할지라도, 그리고 그
내용의 판단에 기술적 전문성을 요하는 것이라 할지라도 '국민의 정당하고 신
속한 재판을 받을 권리'를 보장하기 위해서는 소송단계에서 당사자가 새로운
주장·증거를 제출할 수 있고 법원은 이를 바탕으로 자유롭게 판단할 수 있어
야 한다는 취지로 판시하고 있다. 그리고 소송단계에서 기술적 난이도가 있는
전문기술적 내용의 취급도 가능하다는 사실의 전제로서 기술심리관제도를 들
고 있다. 사실 특허법원의 기술심리관이 전문기술적인 사항을 모두 처리할 수

---

132) 특허법원에는 소송의 심리에 관여하여 기술적 사항에 관하여 소송관계인에게
질문하고 재판의 합의에서 의견을 진술할 수 있는 기술심리관제도를 채택하
고 있다.

있다면 소송단계에서 새로운 주장·증거에 대한 제한을 부과하는 것은 무의미할 수 있다.

대법원은 심결취소소송의 심리범위에 대하여 기본적으로 무제한설의 입장을 견지하고 있으며, 거절결정불복심판의 심결에 대한 취소소송의 경우에 대하여만 제한을 가하고 있다. 즉, 거절결정불복심판의 심결취소소송에서 피고인 특허청장이 거절결정 당시 거절사유로 삼지 않았던 새로운 거절 사유를 주장하거나 그 증거를 제출할 수 없다는 것이다. 왜냐하면 특허법 제63조 제1항에서 "심사관은 제62조의 규정에 의하여 특허거절결정을 하고자 할 때에는 그 특허출원인에게 거절이유를 통지하고 기간을 정하여 의견서를 제출할 수 있는 기회를 주어야 한다"고 규정하고 있고, 특허법 제47조 제2항 2 내지 4호에서 특허출원인은 거절이유통지에서 정한 의견서 제출기간 내에 또는 거절결정에 대한 심판청구일로부터 30일 내에 요지변경을 하지 아니하는 범위 내에서 보정을 할 수 있도록 되어 있기 때문에, 만약 심결취소소송 절차 중에 특허청이 새로운 증거자료를 제출하면서 당해 특허출원에 대한 거절결정 불복 심결의 정당성을 주장할 수 있고, 또한 특허법원이 이에 기초하여 원고(출원인)의 심결취소소송을 기각한다면 출원인은 특허법에서 정한 의견서 및 보정서의 제출 기회를 박탈당하기 때문이다.

그런데 이것은 거절결정의 이유와 다른 새로운 거절이유에 해당하지 않아야 한다는 것을 말하는 것이고, 심결에서 판단되지 않은 것이라고 하더라도 심결의 결론을 정당하게 하는 사유를 주장·입증할 수 있는 것, 즉 "심사 또는 심판 단계에서 거절이유 또는 심판기각사유로 주장(통지)되거나 판단된 적용법조·사실·증거 또는 종전의 거절이유를 보충하는"경우에는 제한을 받지 아니한다.[133]

그러나 거절사정의 이유와 다른 새로운 거절이유에 해당하는 경우에는 이

---

133) 대법원 2003. 2. 26. 선고 2001후1617 판결; 대법원 2004. 7. 22. 선고 2004후 356 판결에서도 심판은 특허심판원에서의 행정절차이고 심결은 행정처분이며, 심결취소소송은 항고소송에 해당하여 그 소송물은 심결의 실체적·절차적 위법 여부이므로, "당사자는 심결에서 판단되지 아니한 것이라도 그 심결의 결론을 정당하게 하거나 위법하게 하는 사유를 심결취소소송 단계에서 주장·입증"할 수 있다고 판시하였다. 이러한 취지의 판결로서 대법원 2002. 6. 25. 선고 2000후1306 판결; 2003. 8. 19. 선고 2001후1655 판결 등이 있다.

를 주장할 수 없다.[134] 이것은 출원인에게 특허법에서 정하고 있는 의견서 및 보정서의 제출 기회를 보장하기 위해서이다. 이와 같은 입장은 대법원 2000후1177 판결에서 찾아볼 수 있다.[135] 즉, 대법원은 발명에 대한 특허요건으로서 신규성과 진보성은 원칙적으로 독립된 것이라고 전제하고, "출원발명에 대한 최초의 거절이유통지부터 심결이 내려질 때까지 특허청이 출원인에게 출원발명이 신규성이 없다는 이유로 의견서제출통지를 하여 그로 하여금 명세서를 보정할 기회를 부여한 바 없고 …… 법원이 출원발명의 요지를 제대로 파악한 결과 신규성이 없다고 인정되는 부분이 있다고 하더라도, 출원인에게 그 발명의 요지를 보정할 기회도 주지 않은 채 곧바로 이와 다른 이유로 출원발명의 출원을 거절한 …… 심결을 그대로 유지하는 것은 당사자에게 불측의 손해를 가하는 것으로 부당하다"고 판시하였다.

무효심결에 대한 대법원의 무제한설의 입장은 2000후1290 판결에서 상세히 살필 수 있다.[136] 이 판결에서 대법원은 심판은 특허심판원에서 이루어지는 행정절차이며 심결은 행정처분이고, 이에 대한 심결취소소송의 소송물은 심결의 실체적·절차적 위법성 여부이므로 "당사자는 심결에서 판단되지 않은 처분의 위법사유도 심결취소소송단계에서 주장·입증할 수 있고 심결취소소송의 법원은 특별한 사정이 없는 한 제한 없이 이를 심리·판단하여 판결의 기초로 삼을 수 있는 것이며 이와 같이 본다고 하여 심급의 이익을 해한다거나 당사자에게 예측하지 못한 불의의 손해를 입히는 것이 아니다"라고 판시하였다.

---

134) 주기동, "심결취소소송의 심리,"「지적재산소송실무」, 박영사, 2006, p. 44.

135) 대법원 2002. 11. 26. 선고 2000후1177 판결. 또한 대법원 1999. 11. 12. 선고 98후300 판결에서도 대법원은 심사관은 거절사정을 하고자 할 때에는 그 출원인에게 거절이유를 통지하고 기간을 정하여 의견서를 제출할 수 있는 기회를 주도록 되어 있다고 전제하고, "거절사정에 대한 항고심판에서 종래의 거절사정의 이유와는 다른 새로운 거절이유를 들어 심결하면서 출원인에게 의견서 제출의 기회를 주지 아니하였다면 이는 위법하다고 할 것임은 상고이유에서 지적하는 바와 같다(대법원 1989. 9. 12. 선고 88후523 판결; 1994. 2. 8. 선고 93후1582 판결 등 참조)"고 판시하고 있다. 같은 취지의 판결로서 대법원 2001. 5. 29. 선고 98후515 판결; 대법원 1989. 8. 8. 선고 88후950 판결; 대법원 1994. 6. 28. 선고 92후1066 판결; 대법원 2000. 1. 14. 선고 97후3494 판결 등 참조.

136) 대법원 2002. 6. 25. 선고 2000후1290 판결.

### (4) 무제한설에 대한 비판

#### 1) 심결에 대한 것이 아닌 소(訴)의 문제

심판을 청구할 수 있는 사항에 관한 소는 심결에 대한 것이 아니면 이를 제기할 수 없다(특허법 제186조 제6항). 즉, 심판을 청구할 수 있는 사항은 이를 심결을 거치지 아니하고 곧바로 법원에 소를 제기할 수 없다. 심판청구의 대상이 되는 사항은 특허심판원에서 심결이 내려진 이후에 심결에 대한 것에 한하여 법원에 소를 제기할 수 있는 것이고, 심결취소소송의 소송물은 심결의 실체적·절차적 위법성 여부이므로 법원은 심결에서 판단된 사항이 아닌 사항에 대하여 심결의 위법성 여부를 판단한다는 것은 논리적으로 옳지 않다. 왜냐하면 심결의 위법성 여부에 대한 판단은 심판에서 주장·제시된 사항을 기초로 내려진 심결을 그 대상으로 하는 것이고, 심판에서 주장되거나 제시된 바가 전혀 없는 새로운 주장이나 증거에 기초하여 이러한 사항을 전혀 고려한 바가 없는 심결의 위법성 여부를 논할 수는 없는 것이기 때문이다.[137] 따라서 심결취소소송의 소송물이 심결의 위법성 여부인 한 심결취소소송단계에서는 심결에서 판단되지 아니한 새로운 주장이나 증거를 제출할 수 없고, 설사 당사자가 이를 제출한다 하더라도 특허법원은 이를 기초로 하여 심결의 위법성 여부를 판단할 수는 없다고 보는 것이 타당할 것이다.

#### 2) 심판을 받을 기회의 상실

① 정당한 재판을 위하여 필요한 심판을 받을 기회의 상실

심결에서 판단되지 아니한 새로운 사항이라도 심결취소소송에서 제한 없이 다툴 수 있도록 한다면 소송의 신속성과 경제성은 물론 피고의 심판을 받을 기회를 박탈하게 된다. 즉, 전문기술의 이해 부족으로 인한 '지체현상'을 고려한다면 심판절차를 생략한다고 하여 소송의 신속성 또는 경제성이 항상 보장된다고 할 수는 없는 것이다. 더욱이 피고의 입장에서는 전문분야마다 기술

---

137) 유사한 입장으로서 전병서, "일본의 특허심결취소소송의 심리범위에 관한 고찰," 「인권과 정의」 통권 제254호, 1997. 10, pp. 91, 92. 이 글에서 전병서 변호사는 특허심판원에서의 심결의 실체적 위법성은 특허심판원의 심판의 대상을 넘어서 존재할 수는 없으므로 결국 특허소송의 실체면에 있어서의 심리범위는 특허심판원의 심판의 대상에 의하여 획정되어야 한다고 하였다.

전문가로 구성된 특허심판원에서 심판을 받을 이익이 있다. 국민의 정당하고 신속한 재판을 받을 권리라 함은 정당하면서 동시에 신속한 재판을 받을 권리를 일컫는 것이지 정당성이 결여된 신속한 재판을 의미하지는 않기 때문에 정당성과 신속성은 동시에 추구되어야 하고 이 중에서 보다 더 중요한 것은 정당성이라고 할 수 있다고 본다. 왜냐하면 '정당하지만 신속하지 못한 재판'은 그래도 재판으로서의 존재 의미가 있지만, '신속하지만 정당하지 못한 재판'은 존재의 의미를 부여할 수 없기 때문이다. 따라서 전문기술분야의 정확한 이해를 전제로 하는 특허요건과 관련한 사안에 있어서는 심판을 통함으로써 정확성을 기하고 이를 바탕으로 정당성을 확보하는 것이 중요하다고 할 것이다.

그리고 특허법원에 기술심리관을 두어 기술적 전문사항에 관한 판단에 있어서 도움을 받도록 하고 있다는 이유로 구태여 심판을 경유할 필요가 없다는 주장이 있을 뿐 아니라, 특허법원의 판결도 전문기술적인 사항은 기술심리관의 도움을 받고 있으므로 심결에서 판단하지 아니한 사항이라 할지라도 문제될 수 없다는 취지로 판시하고 있다.[138] 그러나 특허법원은 기술심리관이 소송의 심리에 관여하도록 하고 있으나 기술심리관은 그 인력이 제한되어 있고 제한된 수효의 기술심리관이 복잡 다양한 기술분야에 걸친 모든 소송 사건에 대하여 법관이 전문기술에 관한 사실을 판단함에 있어서 필요한 모든 도움을 주기에 충분하다고는 말할 수 없다. 특허법원에는 17명의 기술심리관(기계 5인, 건설 1인, 화학 3인, 농림 1인, 약무 2인, 전기 3인, 통신 1인, 물리 1인)과, 2명의 기술심리사무관(화공 1인, 기계 1인)이 있다. 기술심리관의 인력구성을 볼 때 금속, 환경, 섬유, 식품 그리고 전자기술과 같은 비교적 전통적인 기술분야는 물론 생명공학, 반도체, 정보, 영상기기, 컴퓨터, 디스플레이, 디지털방송, 네트워크 그리고 유비쿼터스 기술 등과 같은 보다 첨단 분야의 기술을 심리할 기술심리관이 아쉽게 느껴진다.

한편, 특허심판원에는 전문기술분야별로 구분된 심판관 103인(고위공무원단 12인, 3.4급 4인, 4급 37인, 4.5급 50인)과 심사관 30인으로, 심사관과 심판관만 하더라도 133인이 근무하고 있다.[139] 이와 같이 (특허심판원의 심판인력에 비해

138) 이상경, 「지적재산권소송법」, 육법사, 1998, pp. 91-96; 대법원 1998. 7. 3. 선고 98허768; 김대웅, "특허소송의 당사자적격과 심리범위에 관한 연구," 연세대학교 법무대학원 법학석사학위논문, 2005. 6, p. 109.

139) http://www.kipo.go.kr/kpo/, 2009. 5. 6. 접속. 특허청 홈페이지, 일반현황,

극히) 제한된 인원의 기술심리관에 의해서는 현대의 다양하고 복잡한 기술을 모두 대응하기에 역부족이라고 할 수밖에 없다고 할 것이다. 이러한 상황에서는 전문기술과 관련된 이해의 부족으로 판단이 늦어질 수 있을 뿐 아니라 그릇된 판단이 내려질 가능성이 있고 따라서 국민의 '정당하고 신속한' 재판을 받을 권리는 보장할 수 없다.

무제한설을 주장하는 사람은 심판절차에서 판단되지 아니한 사항에 관하여 특허법원에서 심리판단한다고 하여 소송당사자에게 불이익이 돌아간다고 할 수 없다고 주장한다.[140] 그는 민사·형사·행정소송에서도 심리판단에 전문기술적 지식을 요하는 경우가 드물지 않으며, 그 예로서 의료사고소송을 들고 있다. 그는 이러한 소송에서 의료 관련 전문기술적 지식을 갖춘 법관이 사건을 처리하는 경우는 극히 드물기 때문에 이러한 소송에서 의료 전문기술에 관한 지식을 강조한다면 현행 소송제도는 소송당사자의 이익을 박탈하는 것이 될 것이라고 하면서, 전문기술적 지식을 요구하고 있지 아니한 현행 제도를 옹호하고 있다.

그러나 의료사고소송의 경우만 하더라도 법관이 의료전문기술의 부족으로 그릇된 판결을 내리는 일은 공식적·통계적으로 널리 알려져 있지 않았을 뿐이고 앞으로도 그릇된 판결을 내릴 가능성을 배제할 수 없다. 그리고 의료전문기술을 가진 법관이 이를 가지지 못한 법관에 비하여 의료소송에서 의료시술의 잘못으로 인한 피해자의 이익을 보다 정확히 보호할 수 있을 것이라는 것은 자명하다. 단지 우리 사법부가 의료전문기술을 보유한 법관을 충분히 확보하지 못한 상황에서 의료기술에 대한 전문성이 전혀 없는 법관이라 할지라도 이러한 사건을 담당케 하는 것은 현실을 수용한 고육지책의 결과일 뿐이다. 이러한 상황은 다른 모든 전문기술분야(생명공학기술, 화학기술, 의료기술, 의약기술, 정보통신기술, 컴퓨터프로그램기술, 반도체기술, 전자상거래기술, 건축기술, 토목기술, 금속기술 등)에도 마찬가지라고 할 수 있다. 그렇다면 적어도 이와 같은 사건에서 관련 기술에 관한 전문가의 도움을 상시적으로 받을 수 있는 제도가 필요하다는 점은 부인할 수 없다고 본다.

---

기구 및 정원(2008. 9. 1. 기준). 한편 대법원에는 특허청에서 파견된 6인의 조사관(화공 2인, 전기 2인, 전자 2인)이 근무하고 있다.

140) 김대웅, 앞의 책, pp. 116-117.

② 전문기술 지식이 결여된 사실인정의 문제

제한설을 비판하는 측은 "제한설의 최대의 근거는 당사자로 하여금 특허법원의 판단을 받기 전에 특허청의 심판관의 판단을 받을 이익이 있는가의 여부에 귀착된다"고 하면서 "법관의 판단에 앞서 심판을 받을 수 있다는 당사자의 이익이" 만약 "심판관의 판단을 거치면 법관이 당해 사실인정에 대하여 충분한 심리를 받을 수 있는 결과 법관의 이해불충분으로 생기는 당사자의 불이익이 없게 된다는 의미라면 그러한 이익은 존재하지 아니한다"고 단언하고 있다.141) 그리고 그 이유로서 법관은 심판에서 제출된 출원명세서를 읽고 발명의 내용을 파악하고 증거로서 제출된 인용문헌들의 기재 내용을 이해함으로써 '심결이 행한 사실인정이 합리적인가를 판단할 수 있기 때문'이라고 주장한다. 그렇기 때문에 "진실로 無效事由와 拒絶事由 중 특허를 받을 수 없는 발명, 조약위반, 모인, 공동출원, 동일출원 등의 사유들은 직업적 법관으로서 고유의 사실인정의 범위에 속하는 사항이고 오히려 증거조사에 성숙치 못한 심판관의 영역분야가 아니다"라고 단정하고 있다.142)

그러나 이것은 어떠한 기술분야든 특허발명 및 이와 대비되는 인용발명의 기술적 내용을 법관이 충분히 이해할 수 있다는 잘못된 신념에 기초한 심각한 오류이다. 특허발명과 인용발명의 기술내용을 이해할 수 없음에도 불구하고 사실인정을 할 수는 없기 때문이다. 이것은 특허심판의 실체를 제대로 이해하지 못한 데서 비롯된 것이라고 볼 수도 있다. 특허심판에서 문제가 되는 대부분의 사건은 신규성 또는 진보성과 관계된 문제이므로 아래에서는 이들에 한정하여 설명하고자 한다.

ⓐ 신규성 판단에 필요한 전문기술 지식    출원의 선후관계를 따질 때의 동일성 여부, 정당한 권리자의 출원인지 모인출원인지의 여부, 특허를 받을 수 있는 발명인지의 여부에 관하여 심사관 혹은 심판관이 판단해야 할 주된 내용은 서로 다른 출원인에 의해 이루어진 두 출원 간의 동일성, 혹은 출원발명과 인용발명의 동일성 판단이다. 동일한 발명에 대하여 2 이상의 발명이 출원된 동일출원의 경우 이들 발명 중 최선 출원에 대하여만 특허가 부여되기 때문에 선후출원 간의 동일성 판단은 심사와 심판에 있어서 대단히 중요한 사

---

141) 이상경, 앞의 책, p. 91.
142) 이상경, 앞의 책, p. 91.

항이다. 그런데 이들 두 발명이 동일한 발명인지의 여부를 판단하는 것은 발명이 속하는 기술분야에 대한 지식이 없이는 도저히 행할 수 없는 일이다. 예를 들어 실질적으로 동일한 전자회로를 완전히 다른 형태로 표현하여 2 이상의 출원으로 각각 출원하였을 때 대부분의 법관이 이들의 동일성을 가려낼 수 있다면 이러한 사건은 심판을 거칠 필요가 없다. 이러한 동일성 판단의 문제는 컴퓨터프로그램이나 전기·전자회로 및 화학발명에 있어서 현저하게 나타난다. 예를 들어 컴퓨터프로그램은 표현과 기능이 서로 독립되어 있기 때문에 사실상 동일한 기능을 발휘하면서도 문자적 표현이 완전히 다른 컴퓨터프로그램은 얼마든지 존재할 수 있다. 특허는 표현을 보호하는 것이 아니라 기술적 사상을 보호하므로 표현이 다르더라도 사실상 그 사상이 동일하면 신규성이 없는 것이 된다. 따라서 컴퓨터프로그램은 표현을 달리하면서도 사실상 그 기능이 동일하여 신규성이 없는 프로그램이 다수 출원될 수 있는 것이다. 이것은 전기·전자회로 및 화학발명도 마찬가지이다(즉, 표현과 기능이 서로 독립된 기술은 이와 같은 특성이 있다).

이와 같이 표현은 완전히 다르면서도 그 기능이나 기술적 사상에 있어서 동일한 프로그램이나 전자회로 및 화학반응을 가려낼 수 있는 능력을 담당 법관이 가지고 있다면 이러한 사건에 대하여 심판을 거치는 것이야말로 국민의 공정하고 신속한 재판을 받을 권리를 침해하는 것이 될 것이다. 반면에, 법관이 이들의 동일성을 구분할 능력이 없을 뿐 아니라, 그에 대한 충분한 자문을 받을 기회가 보장되어 있지 아니함에도 불구하고 이러한 판단이 가능한 심판절차를 거치지 아니한다면 국민은 공정한 재판을 받을 권리를 보장받지 못하고 있는 것이라고 할 수밖에 없다.

ⓑ 진보성 판단에 필요한 전문기술 지식    그런데 동일성 판단보다 더욱 복잡하고 선행기술 전반에 대한 이해를 필요로 하는 것이 진보성 판단이다. 왜냐하면 신규성 여부를 심사할 때 필요한 동일성 판단과는 달리, 진보성 판단에서는 출원발명과 인용발명을 대비하여 출원발명에 진보성이 있는지의 여부를 판단함에 있어서, 해당 업계의 통상의 지식을 가진 '통상의 기술자'라는 가상의 인물을 설정하고 이 통상의 기술자가 출원발명을 인용발명으로부터 용이하게 창작해 낼 수 있는 정도의 것인지의 여부를 판단하여야 하기 때문이다. 따라서 어떤 기술분야의 진보성 판단을 하는 자는 해당 기술분야의 통상

의 지식을 가진 '통상의 기술자'와 동일하거나 그 이상의 전문적 지식을 갖추고 있지 않으면 안 된다. 왜냐하면 통상의 기술자가 지니고 있는 전문적 지식 수준에 미달하는 자로서는 진보성 판단에 필요한 '통상의 기술자'를 가상적으로나마 설정할 수 없기 때문에 출원발명과 인용발명을 제대로 이해하여 '통상의 기술자의 입장'에서 이들을 비교 판단할 수 없기 때문이다.

ⓒ 무효심판·권리범위확인심판의 신규성·진보성 판단에 필요한 전문기술 지식    대부분의 무효심판은 당해 특허발명의 출원일 이전에 선행기술이 존재하였기 때문에 신규성 또는 진보성을 상실한 것이라는 주장에 기초한 것이다. '적극적 권리범위확인심판'에서 특허권자는 추정침해자가 실시하고 있는 물건이나 방법이 자신의 특허권의 범위에 속한다는 심결을 구한다. '소극적 권리범위확인심판'에서 실시자는 자신이 실시하고 있는 물건이나 방법이 특허의 범위에 속하지 아니한다는 심결을 구한다. 따라서 무효심판에서 심판관은 특허발명이 선행기술에 의하여 신규성 또는 진보성을 상실하였는지의 여부를 판단하여야 한다. 이를 위해서 심판관은 특허발명이 선행기술과 동일한지의 여부(동일성 판단), 즉 신규성 판단 혹은 특허발명을 선행기술과 대비하여 볼 때 통상의 기술자가 이를 용이하게 실시할 수 있는 것인지의 여부, 즉 진보성 판단을 해야 한다. 그리고 권리범위확인심판에서 심판관은 특허발명에 실시물건 또는 실시방법이 속하는지의 여부를 판단하여야 한다. 이러한 신규성·진보성 판단은 출원발명과 인용발명의 전문적 기술에 대한 '통상의 기술자' 수준 이상의 이해를 바탕으로 하고 있지 아니하면 불가능하다. 따라서 이러한 판단은 사실인정에 관한 것이고,[143] 나아가 기술적 사실의 인정이므로 이는 기술적 지식을 바탕으로 하고 있지 아니하고 전문기술 분야별로 전문화되어 있지 아니한 법관의 영역이라고 볼 수 없는 것이다. 이러한 기술적 사실의 판단은 해당 기술의 전문지식을 갖추고 있는 심판관의 영역이다.

'특허를 받을 수 없는 발명 등의 사유들은 법관의 사실인정의 범위에 속하는 사항이고 증거조사에 성숙치 못한 심판관의 영역이 아니다'라고 하는 신념이 잘못되었음은, 특허법원이 기술적 사실에 대한 이해의 부족을 인식하고 이에 대한 판단에 적정을 기하기 위하여 기술심리관제도를 운영하고 있는 데서 확인할 수 있는 것이다.

---

143) 이상경, 앞의 책, p. 91.

### 3) 당사자의 준소송절차로서의 심결을 받을 이익의 상실

제한설을 비판하는 측은 당사자에게 심판관의 심결을 받을 이익이 없다는 이유로서 심판절차가 소송절차에 준하는 절차구조를 가지고 있다고 보기 어렵다고[144] 하면서, 그 이유로서 ① 구두변론은 임의적이고, ② "법이 당사자에게 주장 입증의 기회를 부여하는 예외로서 심판청구서에 청구의 이유의 개시가 요구되고(특허법 제140조), 피청구인에게 답변서 제출의 기회를 부여하여야 하고(특허법 제147조) 직권으로 신청하지 아니한 이유에 기한 심리를 한 경우에 의견을 신청할 기회를 부여하여야 하고(특허법 제159조) 거절이유가 다른 이유로 심리한 때에는 출원인에게 통지하여야 하는(특허법 제170조, 제63조) 등의 규정이 있더라도 당사자가 적극적으로 주장 입증하지 아니하면 이러한 규정들도 무의미"하기 때문이라고 주장하고 있다.

그러나 위의 주장에 대하여는 다음과 같은 반론을 제기할 수 있다. 위 ①에 대하여, 특허심판은 구술심리 또는 서면심리로 한다.[145] 즉, 심판과정에서 구두변론이 필요한 경우에 이를 실시하고 있는데, 이를 필요한 경우에 한하여 실시한다고 하여 심판과정이 준소송구조를 가지고 있지 않다고 할 수는 없다. 심판과정이 소송구조가 아닌 '준소송구조'를 가지고 있다고 하는 것은 이러한 이유 때문이 아니겠는가.

위 ②에 대하여, 심판절차에서 당사자가 적극적으로 주장 입증하지 아니한다고 하더라도 심판관은 이러한 규정을 반드시 지켜야 한다. 그럼에도 불구하고 당사자가 적극적으로 주장 입증하지 아니하면 이러한 규정들이 무의미하다는 주장은 납득할 수 없다.

제한설을 비판하는 측에서는 거절사정불복심판은 심사절차의 연장이고 실질상 출원인 대 심사관의 관계가 유지되고 있기 때문에 소송절차에 준하는 구조를 가지고 있다고 도저히 말할 수 없다고 한다.[146] 아울러 심판관의 신분 보장이 법관에 준하지 아니하고, 심판관은 특허청 소속의 국가공무원이므로 신분의 독립이 없어 공정성에 대한 담보가 없고, 사법심사에 준하는 인권보장의 목적을 달할 수 있을 정도의 제도적 장치를 가지고 있지 못하다는 사실을

---

144) 이상경, 앞의 책, p. 90.
145) 특허법 제154조 제 1 항.
146) 이상경, 앞의 책, p. 91.

들고 있다.[147)

그러나 거절사정불복심판은 심사절차의 연장이 아닌 별개의 심판절차이고 따라서 출원인 대 심사관의 관계가 유지되고 있을 수 없으며 심사관이 아닌 심판관이 이를 처리한다. 그리고 심판관이나 법관 모두 국가공무원으로서의 신분보장을 받고 있으며 법관이 심판관에 비하여 각별한 신분보장을 받고 있다고 볼 수 없을 뿐 아니라 설사 법관이 심판관에 비하여 각별한 신분보장을 받는 부분이 있다 하더라도 이러한 신분보장으로 말미암아 법관이 전문기술적 사실의 판단이 가능케 되는 것도 아니다.

특허법에 의하면 심판관은 직무상 독립하여 심판하도록 되어 있고,[148) 심판은 3인 또는 5인의 심판관이 합의체를 구성하여 진행하고,[149) 합의체의 합의는 과반수에 의하여 이를 결정하며,[150) 심판의 합의는 공개하지 아니하는[151) 등 심판의 공정성을 담보하기 위한 제도 및 절차가 구비되어 있다. 아울러 특허심판원장은 각 심판사건에 대하여 합의체를 구성할 심판관을 지정하거나[152) 심판장을 지정하는 등의 행정적 업무를 수행할 뿐 심판관의 심판업무를 지휘감독하는 위치에 있지 아니하다.[153) 이와 같이 심판은 그 공정성을 담보할 수 있는 정도의 충분한 제도적 장치를 갖추고 있다는 점에서 준소송절차라고 하기에 흠이 없다고 할 것이다.[154)

한편, 심판에서는 '직권탐지주의'를 채용하고 있다는 이유로 특허법원의 심리범위가 무제한이어야 한다는 주장이 있다.[155) 이에 대하여 살펴본다. 변론주의하에서는 당사자의 주장만을 판결의 기초를 삼을 수 있고 당사자가 주장하지 아니한 사실을 판결의 기초로 할 수 없다. 그래서 당사자가 주장하지 아

---

147) 이상경, 앞의 책, p. 91.
148) 특허법 제143조 제 3 항.
149) 특허법 제146조 제 1 항.
150) 특허법 제146조 제 2 항.
151) 심판의 합의는 공개하지 아니한다. 특허법 제146조 제 3 항.
152) 특허법 제144조 제 1 항.
153) 심판장은 그 심판사건에 관한 사무를 총괄한다. 특허법 제145조 제 2 항.
154) 특허심판이 준사법적 성격을 갖는다는 취지의 내용이 포함된 글로는 다음과 같다. 김대웅, 앞의 책, p. 108; 송영식, "특허법원의 관할과 심판범위,"「인권과 정의」제247호(1997년 3월), p. 62; 이두형, "심결취소소송의 소송물과 심리범위,"「특허소송연구」제 2 집, 특허법원, 2001, pp. 12, 22.
155) 이상경, 앞의 책, p. 91.

니한 주요 사실이 증거자료에서 명백하게 사실로 드러났다 하더라도 변론에서 당사자가 이를 주장하지 아니하면 이를 판단의 이유로 삼을 수 없다. 더욱이 당사자가 제출하지 아니한 증거는 원칙적으로 법원이 직권조사를 할 수 없고, 당사자 간에 다툼이 없는 사실은 증거를 필요로 하지 않으며 이를 판단의 자료로 삼아야 한다. 이러한 이유로 변론주의만을 적용할 경우 실체적 진실이 은폐될 수 있는 문제가 있다.

그런데 출원시 이미 공지되어 있던 기술이 특허되어 있는 경우 이를 무효로 하지 아니하면 공익에 피해를 주게 된다.[156] 따라서 특허심판의 경우 당사자가 주장하지 않더라도 공익적 견지에서 필요하다고 판단하면 당사자가 제출한 증거 외의 다른 증거를 직권으로 조사할 수 있도록 한 것이다. 그래서 특허법 제159조에는 '직권심리'에 대하여 규정하고 있다. 제159조 제1항은 "심판에서는 당사자 또는 참가인이 신청하지 아니한 이유에 대하여도 이를 심리할 수 있다"고 하고 이 경우 "당사자 및 참가인에게 기간을 정하여 그 이유에 대하여 의견을 진술할 수 있는 기회를 주어야 한다"고 규정함으로써 직권에 의한 조사사항의 심리에 대하여는 반드시 당사자 및 참가인에게 통보하여 진술할 기회를 부여하도록 하고 있다.[157] 또한 특허법 제157조 제1항은 "심판에서는 당사자·참가인 또는 이해관계인의 신청에 의하여 또는 직권으로 증거조사나 증거보전을 할 수 있다"고 규정하고, 이 규정에 의하여 "직권으로 증거조사나 증거보전을 한 때에는 그 결과를 당사자·참가인 또는 이해관계인에게 송달하고 기간을 정하여 의견서를 제출할 수 있는 기회를 주어야 한다"고 규정하고 있다.

그러나 이러한 직권조사는 공익적 견지에서 진실의 규명을 위하여 당사자

---

156) 특허는 발명자와 공중과의 계약으로 볼 수 있다. 발명자가 발명을 공개하는 대가로 공중은 발명자에게 일정기간 특허권이라는 독점적 권리를 부여하는 것이다. 그래서 이미 공지·공용되어 있는 기술은 이를 공개한다 하더라도 이 공개로부터 공중이 이익을 얻을 것이 없기 때문에 특허권이라는 대가를 부여할 필요가 없는 것이다. 따라서 출원시 이미 공개된 기술에 대하여 특허가 부여되었다면 공중은 특허가 부여된 권리범위만큼의 피해를 보고 있다고 할 수 있다.

157) 특허법은 직권심리주의를 인정하면서도 그 한계를 설정해 두고 있다. 즉, 특허법 제159조 제2항에 의하면 심판에서 청구인이 신청하지 아니한 청구의 취지에 대하여는 이를 심리할 수 없다.

의 신청을 기다리지 않고도 '할 수 있다'는 의미이지 모든 경우에 반드시 해야 하는 것은 아니다. 대법원이 91후1595 판결에서 "심판에서는 신청에 의하여 또는 직권으로써 증거조사를 할 수 있다고 되어 있으나 이는 모든 경우에 반드시 직권에 의하여 증거조사를 하여야 한다는 취지는 아니다"[158]고 한 것도 같은 취지이다. 그리고 대법원 1993. 5. 11. 선고 92후2090 판결에서, "심판에 있어서 직권으로 증거조사를 할 수 있다고 규정하고 있으나 이는 직권에 의하여 증거조사를 하여야 할 의무를 심판관에게 부여하고 있는 것이 아니므로 직권으로 사실조회를 하지 아니하였다 하여 채증법칙위배라고 할 수 없다"고 함으로써 직권조사가 의무사항이 아님을 명백히 하고 있다. 또한 심판제도가 직권심리주의를 채택하고 있다는 이유만으로 당사자가 그 주장하는 사실에 대한 입증책임을 면제받는 것은 아니다.[159] 요약컨대 심판관은 직권조사를 하여야 할 의무를 부담하고 있지 아니하고, 직권심리주의를 채택하고 있다고 하더라도 당사자는 자신이 주장하는 사실에 대한 입증책임을 부담한다. 이러한 사실에 입각하여 볼 때 심판절차에서 직권심리주의를 채택하고 있다는 이유로 심결취소소송의 심리범위에 제한이 없다고 해석하는 것은 충분한 이유가 된다고 할 수 없다.

### 4) 서로 다른 무효사유에 의한 반복적 소송의 문제가 희박한 제한설

무제한설을 주장하는 입장에서는 무효사유나 거절사유가 여러 가지 존재하는 경우 그 중 하나의 사유를 들어 특허법원, 대법원을 거쳐 상고기각으로 확정된 다음 다시 다른 사유를 들어 동일한 경위를 거치는 것을 반복할 수 있도록 허락하는 것은 소송경제에 반하고 사법에 불신을 초래할 것이라고 주장한다.[160] 그러나 서로 다른 무효사유에 의하여 특허심판원의 심판과, 특허법원 및 대법원의 소송을 반복적으로 제기할 이유나 이익이 심판청구인에게 있을

---

158) 대법원 1992. 3. 31. 선고 91후1595 판결. 같은 취지로, 대법원 1989. 1. 17. 선고 86후6, 12 판결. "특허법 제116조 제1항의 규정은 심판의 필요에 따라서 당사자의 신청이 없는 경우라도 직권으로 증거조사를 할 수 있음을 규정한 것일 뿐 모든 경우에 반드시 직권에 의하여 증거조사를 하여야 한다는 취지는 아니다."
159) 대법원 1974. 5. 28. 선고 73후30 판결.
160) 이상경, 앞의 책, p. 94.

수 없다. 어떤 특허에 대하여 일단 무효심판을 청구하고 심결에 대하여 특허
법원과 대법원에 심결취소소송을 제기할 이해관계를 가지는 심판청구인이라
면 심판 및 소송 과정에서 해당 특허를 무효로 할 수 있는 모든 증거나 사실을
동원하는 것이 당연할 뿐 아니라 자신의 이익에도 가장 부합한다고 할 것이다.
따라서 서로 다른 무효사유를 가지고 반복하여 특허심판원의 무효심판, 특허
법원의 심결취소소송, 그리고 대법원에의 상고와 같은 동일한 과정을 반복함
으로써 빚어지는 문제를 염려할 필요는 없다.161)

### (5) 적정한 판단기회의 보장을 위한 심결취소소송의 범위와 일사부재리

1) 무효심판과 권리범위확인심판에 대한 심결취소소송의 심리범위

신규성이나 진보성 판단을 요하는 기술적 사안인 무효심판이나 권리범위
확인심판의 경우 심판원에서 논의되지 아니한 전혀 새로운 증거나 주장은 법
원에 제기될 수 없도록 하여야 하고, 이러한 사항은 특허심판원에서 심판관이
먼저 심리할 수 있도록 하는 것이 합리적이라고 판단된다.162) 무효심판의 경
우에는 기술적 사안이라는 이유로 특허법원의 사실심리를 제한할 필요가 있다
고 하면서도 권리범위확인심판에 대하여는 그러한 필요성을 부인하는 주장163)
이 있으나 옳지 않다고 본다. 왜냐하면 권리범위확인심판에 있어서도 기술적
사항에 대한 동일성 판단이나 진보성 판단이 필요하기 때문이다. 예를 들어 P
라는 발명이 a, b, c, d라는 구성요소로 이루어져 있고 이들이 $\{(a+b+c)d\}$와
같은 결합관계를 이루고 있을 때, P1이라는 발명이 a, b, c, d, e라는 구성요소
로 이루어져 있고 이들이 $[\{(a+b+c)d\}+e]$와 같은 유기적 결합관계를 가지

---

161) 동일사실·동일증거설의 입장을 취하고 있는 일본 법원에서도 이러한 사례가
     보고되지 않고 있는 것을 볼 때 더욱 그러하다.
162) 송영식 변호사는 권리범위확인심판은 사실상 당사자 간 민사분쟁으로 특허법
     원에서의 사실심리에 어떠한 제한을 가할 합리적인 이유가 전혀 없으나 무효
     심판 중 신규성과 진보성이 없음을 이유로 하는 심판의 경우에는 기술적인
     문제이고 특허심판원과 특허법원의 기능과 권한을 합리적으로 분배할 필요가
     있으며, 특허심판원이 준사법적 절차에 의하여 무효심결을 하고 무효심결은
     대세적 효력이 있어 누구든지 동일사실 및 동일 증거에 의하여 재심판을 청
     구할 수 없기 때문에 심결취소소송의 심리범위도 이에 제한되어야 할 필요가
     있다고 주장한다. 송영식, 앞의 책, pp. 61-62.
163) 송영식, 앞의 책, pp. 61-62.

고 있다면 P1은 P의 '모든 구성요소'를 P의 유기적 결합관계 '그대로' 이용하고 있으므로 P1은 P의 발명을 이용하는 이용발명이고 따라서 P의 권리범위에 속하게 된다. 즉, "선등록고안과 후고안이 이용관계에 있는 경우에는 후고안은 선등록고안의 권리범위에 속하게 되고, 이러한 이용관계는 후고안이 선등록고안의 기술적 구성에 새로운 기술적 요소를 부가하는 것으로서 후고안이 선등록고안의 요지를 전부 포함하고 이를 그대로 이용하되, 후고안 내에 선등록고안이 고안으로서의 일체성을 유지하는 경우에 성립"하고, 이러한 이용관계는 "선등록고안과 동일한 고안뿐만 아니라 균등한 고안을 이용하는 경우도 마찬가지이다."[164]

그런데 여기서 P1에 P라는 발명의 내용이 원래의 화학식이나 회로의 표현형식 그대로 포함되어 있다면 비교적 수월하게 찾아낼 수도 있겠지만, 실상은 달리 표현되어 있으면서도 사실상 동일한 기술사상에 입각하여 동일한 방식으로 동일한 기능을 발휘하는 경우가 훨씬 많다. 이와 같은 경우에는 전문적 기술지식(예를 들면, 해당 기술분야의 학사학위 정도의 기술지식)이 없이는 판단할 수 없다. 그리고 이용관계는 동일한 발명뿐만 아니라 균등한 발명을 이용하는 경우도 성립하기 때문에 권리범위확인심판에 있어서 이용관계를 판단하기 위해서는 특허발명과 확인대상발명 사이에 균등한 발명이 이용되고 있는지의 여부를 판단하지 않으면 안 된다. 그러나 해당 발명이 속하는 기술분야의 통상의 지식을 갖고 있지 아니한 자가 균등관계 여부를 판단하는 것은 극히 어렵거나 불가능하다. 또한 추정침해물이 권리범위에 속하는지의 여부는 추정침해물이 선행기술과 동일한지 혹은 선행기술에 대하여 진보성이 있는지의 여부에 달려 있으므로 권리범위확인심판에 있어서도 기술적 사항에 대한 신규성·진보성 판단이 필요하다. 따라서 이러한 사건은 특허심판원을 경유함으로써 당사자가 심결을 받아 볼 이익을 보장하는 것이 합리적이라고 본다(일반적으로 특허청 심판관은 특허법원 판사에 비하여 기술적 전문성이 높고 신규성·진보성 판단에 경험이 풍부하다는 사실은 부인할 수 없을 것이다). 다만 심판절차에서 제출되었으나 심결에서 판단되지 아니한 주장과 증거는 이에 대하여 심판과정에서 이미 양 당사자에게 공격과 방어를 할 기회가 주어졌다고 볼 수 있으므로 이러한 주장과 증거를 심결취소소송의 범위에서 제외시킬 필요는 없을 것이다.

---

164) 대법원 2001. 9. 7. 선고 2001후393 판결.

## 2) 일사부재리

특허법 제163조에 의하면 심판의 심결이 확정된 때에는 그 사건에 대하여는 '동일사실 및 동일증거'에 의하여 다시 심판을 청구할 수 없다.[165] 여기서 '동일사실 및 동일증거'일 것을 요하므로 동일사실이라도 다른 증거이거나 동일증거라도 다른 사실에 의한 경우에는 다시 심판을 청구할 수 있다고 보아야 할 것이다.[166] 예를 들어 "동일 등록고안의 권리범위확인을 구하는 전후 사건에 있어서 등록고안이 공지공용의 것이라는 점에 관하여 후사건에서 제출된 증거들이 전사건에서는 제출되지 아니한 새로운 증거들인 경우, 후사건심판청구는 일사부재리의 원칙에 반하지 아니한다."[167] 그리고 "'동일 증거'에는 전에 확정된 심결의 증거와 동일한 증거만이 아니라 그 심결을 번복할 수 있을 정도로 유력하지 아니한 증거가 부가되는 것도 포함하는 것이므로 확정된 심결의 결론을 번복할 만한 유력한 증거가 새로 제출된 경우에는 일사부재리의 원칙에 저촉된다고 할 수 없다."[168] 따라서 "심판사건에 있어서 동일증거라 함은 전에 확정된 심결을 전복할 수 있을 정도로 유력하지 아니한 증거들을 부가한 것도 포함"하는 것이고,[169] 새로운 증거라 함은 적어도 심판절차에서 제시되거나 조사되지 않은 것으로서 심결의 결론을 번복하기에 족한 증명력을 가지는 증거라고 보아야 할 것이다.[170] 아울러 신규성 상실, 진보성 결여, 산업상 이용가능성 결여, 미완성 발명, 기재불비 등은 각각 별개의 사실을 구성한다. 따라서 선행기술에 의한 신규성 상실을 이유로 청구된 무효심판에 대하여 심결이 확정되었다 하더라도 선행기술에 의한 진보성 결여를 이유로 다시

---

165) 특허법 제163조, 이두형, "심결취소소송의 소송물과 심리범위,"「특허소송연구」제 2 집, 특허법원, 2001, p. 14.

166) 이성호, "확정된 심결 및 판결의 효력,"「지적재산소송실무」, 박영사, 2006. p. 62.

167) 대법원 1991. 11. 26. 선고 90후1840 판결.

168) 대법원 2005. 3. 11. 선고 2004후42 판결. 같은 취지의 판결로서 대법원 1989. 5. 23. 선고 88후73 판결; 대법원 1990. 2. 9. 선고 89후186 판결; 대법원 2001. 6. 26. 선고 99후2402 판결; 대법원 2000. 10. 27. 선고 2000후1412 판결; 대법원 1991. 1. 15. 선고 90후212 판결 참조. 그러나 증거의 해석을 달리하는 것만으로는 일사부재리의 원칙이 배제되는 것은 아니다. 대법원 1990. 7. 10. 선고 89후1509 판결 참조.

169) 대법원 1978. 3. 28. 선고 77후28 판결.

170) 대법원 2002. 12. 26. 선고 2001후96 판결.

제11장 특허심판 및 특허소송

심판을 청구할 수 있고, 진보성 결여를 이유로 무효심판청구에 대한 심결이 확정된 후, 다시 특허가 미완성 발명 내지 기재불비에 해당한다는 이유로 무효심판청구를 하는 것은 일사부재리에 해당하지 않는다.[171]

또한 특허법 제186조 제6항에 의하면 심판을 청구할 수 있는 사항에 관한 소는 심결에 대한 것이 아니면 이를 제기할 수 없다.[172] 다른 사실 및 다른 증거에 의하여서는 다시 심판을 청구할 수 있다는 점을 고려할 때, 특허법 제186조의 '심결에 대한 것'이라고 할 때의 심결이란 당해 심결의 기초가 된 사실 및 증거에 의한 심결을 말하는 것이라고 해석해야 할 것이다. 그렇다면 다른 당사자가 심결에서 다루지 아니한 새로운 사실 및 증거에 의한 주장을 하기 위해서는 소송에 의하지 아니하고 심판절차에 의하여야 한다고 해석하는 것이 타당하다.

그럼에도 불구하고 특허법원이 동일사실 및 동일증거에 한정하지 아니하고 소송당사자의 다른 사실 또는 다른 증거의 주장과 제출을 허락하고 이를 바탕으로 판단한다면 이는 특허법 제163조가 규정하고 있는 일사부재리의 원칙에 위배될 뿐 아니라 심결에 대한 것이 아닌 것에 대하여 소제기를 인정하지 아니하는 특허법 제186조의 규정을 위반하는 것이라고 보아야 할 것이다. 또한 다른 당사자는 다른 사실 또는 다른 증거에 대한 심판을 받을 이익을 상실하게 된다.

아래에서는 전문기술의 결핍으로 인하여 비롯된 하나의 사례를 검토하고 그 시사점을 살펴보기로 한다.

### (6) 일관성이 결여된 대법원 판례와 그 시사점

대법원은 촉매를 이용하는 화학기술 관련 발명의 적극적 권리범위확인심판에 대한 심결취소소송에 있어서 일관되지 못한 태도를 보이고 있는데 이것

---

171) 특허법원 2007. 12. 5. 선고 2007허1787 판결. 한편, 확정된 소극적 권리범위확인심판의 일사부재리의 효력은 적극적 확인심판에도 미친다. 이것은 소극적이든 적극적이든 양자의 권리범위확인심판은 기술적 고안이 유사한가 상이한가라고 하는 동일한 사실에 관한 것이기 때문이라고 이해할 수 있을 것이다. 대법원 1976. 6. 8. 선고 75후18 판결 및 특허법원 2003. 10. 10. 선고 2002허7421 판결 참조.
172) 특허법 제186조 제6항.

은 관련 전문기술에 대한 이해가 부족한 데서 비롯되었다고 볼 수 있을 것이다. 대법원은 1985. 4. 9. 선고 83후85 판결에서, "화학물질의 제조과정에 있어서 촉매를 사용하는 것과 사용하지 않는 것은 그 기술사상을 현저히 달리하는 것이므로, 촉매사용에 대한 언급이 없는 특허제조방법과 촉매를 사용하여 행하는 제조방법은 비록 출발물질과 생성물질이 같다고 하더라도, 후자의 촉매사용이 작용효과상의 우월성을 얻기 위한 것이 아니라 무가치한 공정을 부가한 것에 지나지 않는다고 인정되는 경우를 제외하고는, 서로 다른 방법이라 할 것이며, 따라서 후자의 방법은 전자특허의 권리범위의 영역 밖에 있는 것"이라고 판시하였다.173) 이러한 대법원의 입장은 90후1451 판결174) 및 90후1499 판결175) 그리고 92후1202 판결176)에서도 그대로 판시되어 있다.

특히 90후1499 판결에서 대법원은 한발 더 나아가 설사 촉매의 사용이 특허출원 당시 이미 공지된 것이어서 통상의 기술자라면 용이하게 실시할 수 있는 것이었다 하더라도 명세서에 그 촉매의 사용에 관한 언급이 없었던 이상, 출발물질, 반응물질, 목적물질이 동일하다 하더라도 촉매를 사용한 확인대상발명은 특허발명과 상이한 발명이라고 판시하였다.177) 그리고 이 사건의 이용관계 여부의 판단에 있어서, "방법의 발명, 특히 화학물질의 제법에 관한 발명에 있어서는 기계, 장치 등의 발명과 달라서 중간물질이나 촉매 등 어느 물질의 부가가 상호의 반응을 주목적으로 하는 경우가 많아 과정의 일시점을 잡아 선행방법에서 사용하는 물질이 상호반응 후에도 그대로의 형태로 존재하는 것을 입증하기가 극히 곤란하여 기계, 장치 등에 관한 발명에 적용될 위 법리를 제법발명에 적용할 수는 없는 것이고, 특히 앞서 설시한 바와 같이 화학물질의 제조과정(수단)에 있어서 촉매를 사용하는 것과 사용하지 않는 것은 그 기술사상을 현저히 달리하는 것이므로, 촉매사용에 대한 언급이 없는 특허제조방법과 촉매를 사용하여 행하는 제조방법은 비록 출발물질과 생성물질이 같다고 하더라도, 후자의 촉매사용이 작용효과상의 우월성을 얻기 위한 것이 아니라 무가치한 공정을 부가한 것에 지나지 않는다고 인정되는 경우를 제외하고

---

173) 대법원 1985. 4. 9. 선고 83후85 판결.
174) 대법원 1991. 11. 12. 선고 90후1451 판결.
175) 대법원 1991. 11. 26. 선고 90후1499 판결.
176) 대법원 1994. 10. 11. 선고 92후1202 판결.
177) 대법원 1991. 11. 26. 선고 90후1499 판결.

는 후발명이 선행발명을 이용하고 있다고 볼 수 없고 따라서 후발명은 선행발명의 권리범위의 영역 밖에 있는 것"이라고 판시하고 있다.[178]

이러한 대법원의 입장은 2001년 98후522 판결[179]에서 급격히 변화하였다. 98후522 판결에서 대법원은 "화학반응에서 촉매라 함은 반응에 관여하여 반응속도 내지 수율 등에 영향을 줄 뿐 반응 후에는 그대로 남아 있고 목적물질의 화학적 구조에는 기여를 하지 아니하는 것임을 고려하면, 화학물질 제조방법의 발명에서 촉매를 부가함에 의하여 그 제조방법 발명의 기술적 구성의 일체성, 즉 출발물질에 반응물질을 가하여 특정한 목적물질을 생성하는 일련의 유기적 결합관계의 일체성이 상실된다고 볼 수는 없으므로, 촉매의 부가로 인하여 그 수율에 현저한 상승을 가져오는 경우라 하더라도, 달리 특별한 사정이 없는 한 선행 특허발명의 기술적 요지를 그대로 포함하는 이용발명에 해당한다고 봄이 상당하다"고 판시하였다.

대법원은 1985년부터 2001년 98후522 판결이 있기 전까지 촉매를 사용하는 것과 사용하지 않는 것은 출발물질과 생성물질이 같다고 하더라도, 촉매사용이 작용효과상의 우월성을 얻기 위한 것이 아니라 무가치한 공정을 부가한 것에 지나지 않는다고 인정되는 경우를 제외하고는, 서로 다른 방법이고 따라서 권리범위에 속하지 않는다고 일관되게 판시해 왔다. 그런데 2001년 98후522 판결[180]에 이르러서야 촉매의 의미를 "반응에 관여하여 반응속도 내지 수율 등에 영향을 줄 뿐 반응 후에는 그대로 남아 있고 목적물질의 화학적 구조에는 기여를 하지 아니하는 것"이라고 정의하고는, "촉매의 부가로 인하여 그 수율에 현저한 상승을 가져오는 경우라 하더라도" 후발명이 선행 특허발명의 기술적 요지를 그대로 포함하는 이용발명에 해당하므로 권리범위에 속한다고 판시하였다. 더욱이 98후522 판결에서 대법원은 이용관계는 동일발명을 이용하는 경우뿐 아니라 균등발명을 이용하는 경우에도 성립한다고 하여 균등관계에 의한 이용관계의 성립을 이유로 권리범위에 속한다는 취지의 판시를 하였다. 대법원이 촉매를 이용한 발명의 권리범위확인심판에 대한 심결취소소송, 즉 1985년 83후85 판결과 그 후 일련의 판결에서 촉매만 사용하면 서로 다른

---

178) 대법원 1991. 11. 26. 선고 90후1499 판결.
179) 대법원 2001. 8. 21. 선고 98후522 판결.
180) 대법원 2001. 8. 21. 선고 98후522 판결.

발명이라고 판시하던 입장이었는데, 이제는 촉매를 사용하였을 뿐 아니라 동일발명이 아닌 균등발명을 이용하였음에도 불구하고 이용관계를 인정하고 권리범위에 속한다고 하고 있는 것이다. 촉매의 역할과 촉매를 사용한 발명의 이용관계 성립 여부에 대하여 종래의 판결과 98후522 판결은 정반대의 입장에 있으므로 이들이 모두 옳은 판결일 수는 없다. 98후522 판결에 이르러서 촉매에 대한 정확한 이해를 하였고 화학발명에 있어서 확인대상발명이 특허발명과 균등관계에 있는 발명을 이용하고 있는지의 여부를 확인할 수 있는 정도의 전문적 지식을 갖추게 되었고, 이를 바탕으로 올바른 판결을 내릴 수 있었다고 볼 수밖에 없는 것이다.[181)]

그렇다면 이와 같은 시행착오 과정에서 피해를 입은 주체는 누구인가? 법원이나 특허청이나 특허심판원이 아니다. 촉매를 사용한 발명의 권리범위 여부를 다툰 심판당사자들이 피해를 입어왔다고 할 수 있다. 특히 대법원의 그릇된 판단 때문에 화학발명에 관한 원천특허를 보유하고 있던 특허권자들은 그들의 특허발명에 촉매만을 부가하여 그들의 특허발명을 그대로 이용하는 침해자(즉, 이용발명자)들에 대하여 자신의 권리를 전혀 행사할 수 없음으로 인하여 피해를 보아온 것이다. 그런데 위와 같은 정도의 화학기술지식은 특허청 화학분야 심사관이나 특허청심판원의 화학분야 심판관 혹은 특허법원의 화학분야 기술심리관은 물론 화학공학사 학위소지자라면 충분히 이해할 수 있는 수준의 것이라는 점을 고려할 때 아쉬운 부분으로 남는다.

## (7) 결 론

심결의 종류가 다양한 만큼 심결의 위법성 여부를 판단하는 심결취소소송의 판단대상도 다양하다. 따라서 심리범위는 일률적으로 정할 것이 아니라 사안에 따라 정하는 것이 합리적이라고 본다. 신규성·진보성 판단은 특허청의 심사관·심판관이 가장 정확하게 판단할 수 있으므로 이러한 판단이 요구되는 사건은 심판을 거치도록 하는 것이 바람직하다고 본다. 그리고 신규성·진보성 판단을 요하지 아니하는 비기술적 사안에 관한 모인출원, 조약위반 또는 상표 관련 사건의 경우 심판을 거치지 아니하고 특허법원에서 판단하여도 충

---

181) 2001년 3월 19일 특허청으로부터 기계직 화공직 전기직 서기관 각 1명이 대법원에 조사관으로 파견되었다.

분하다고 본다.182) 다만 공동출원에 있어서 공동출원인 간의 지분을 둘러싼 분쟁으로서 발명의 기여도와 관련한 기술적 사항이 포함된 경우에는 심판을 거치는 것이 바람직할 것이고, 모인출원에 있어서 모인출원된 발명과 진정한 발명자의 발명 사이의 동일성 판단이 필요한 때에는 심결이 필요하다.183)

거절사정불복심판에 대한 심결취소소송의 경우 피고는 특허청장이고 특허청장은 전문기관이므로 원고의 새로운 주장이나 증거에 대하여 대응할 능력이 충분하므로 특허심판원을 경유할 이익을 박탈당할 염려가 없다. 그러나 원고측은 특허청장이 제시하는 새로운 증거에 대하여 심판에서 심결을 받아볼 이익이 존재한다고 볼 수 있다. 따라서 피고가 주장하는 새로운 증거나 주장은 이를 심판에서 다루도록 하고 원고의 새로운 주장이나 증거는 이를 심판에서 다룰 필요 없이 특허법원에서 판단하여도 무방하다고 본다.

그러나 위와 같은 주장에도 불구하고 법원이 소송경제에 반한다는 등의 이유로 무제한설의 입장을 견지한다면 적어도 기술심리관제도만이라도 이를 확대하여 실시하여야 한다. 즉, 특허법원의 기술심리관의 인원을 확충하여 보다 전문화된 기술에까지 기술심리관이 배치될 수 있도록 해야 한다. 이러한 관점에서 볼 때 대법원에도 기술심리관제도를 도입하는 것이 타당하다. 이렇게 하는 것이 무제한설을 취하는 특허법원과 대법원의 입장을 뒷받침하는 것이 된다. 그리고 관할 집중이 이루어지지 않고 있는 현실에서 기술심리관제도를 특허법원에만 두는 것은 제도의 취지를 충분히 살리고 있다고 볼 수 없다. 즉, 다른 항소법원에는 기술심리관이 없고 따라서 특허사건에 있어서 특허법원이 기술심리관제도를 통하여 얻는 것과 같은 효과를 거둘 수 없다. 그렇다고 하여 전국에 흩어져 있는 항소법원마다 기술 분야별로 기술심리관을 파견하는 것도 부적절하다. 따라서 미국의 CAFC나 일본의 지적재산고등법원과 같이 특허법원이 특허사건을 집중하여 관할하도록 하는 것은 사건 처리의 효율성과 공정성의 확보에 매우 긴요하다고 본다.

182) 이러한 입장은 일본의 개별적 고찰설에서 찾을 수 있다. 中山信弘, 「工業所有權法 (上) 特許法」第II版, 弘文堂, 2000, pp. 285-290; 이두형, p. 23.
183) 모인출원 관련 사건에는 진정한 발명자의 발명과 모인출원의 발명이 동일한지의 여부를 살피는 동일성 판단이 요구되는 경우와 단순히 모인출원인지의 사실관계만 확인하면 되고 더 이상의 동일성 판단이 요구되지 않는 사안이 있을 수 있다.

## 6. 기술심리관의 제척·기피·회피

### (1) 기술심리관제도

우리나라의 기술심리관은 독일의 기술판사와 일본의 기술조사관의 중간 지점에 위치한다고 볼 수 있다. 직접 재판을 하지 않는다는 점에서 기술조사 관과 유사하고 기술판사와 다르지만, 재판의 심리와 합의에 참여할 수 있다는 점에서는 기술판사와 유사하고 기술조사관과 다르다. 우리나라는 판사로부터 재판을 받을 권리가 보장되어 있고 일반인의 재판참여가 제한되어 있기 때문 에 기술판사제도를 도입하기에 이르지 못하였다.

### (2) 제    척

민사소송법 제42조에서 규정하고 있는 제척원인이 있는 경우 기술심리관 은 당해 사건에서 당연히 제척되고 제척에 관한 재판에 의하여 비로소 제척되 는 것이 아니다.[184] 따라서 제척의 신청에 따른 재판이 인용되면 이것은 확인 적 성격을 가질 뿐이다. 그러므로 만약 제척사유가 있음에도 불구하고 기술심 리관이 재판에 관여하였다면 제척에 관한 재판의 결정이 있는 때부터가 아니 라 재판에 관여한 당초부터 위법한 것이다. 제척사유가 있는 기술심리관이 재 판에 관여한 때에는 대법원에 상고할 수 있고, 관여한 재판이 확정된 경우에 는 재심을 청구할 수 있다.

### (3) 기    피

기술심리관에게 재판의 공정을 기대하기 어려운 사정이 있는 때에는 당사 자는 신청에 의하여 특허법원장의 허가를 얻어 기피할 수 있다. 그러나 당사 자는 기술심리관에게 기피의 원인이 있음을 알고 본안에 관하여 변론하거나 변론준비절차에서 진술한 때에는 기피신청을 하지 못한다.[185] 기술심리관의 제척·기피에 관한 재판은 소속 법원이 결정으로 한다.[186]

---

184) 특허청, 「우리나라 특허법제에 대한 연혁적 고찰」, 2007. 5, p. 1008.
185) 특허법 제188조의2; 민사소송법 제43조.
186) 특허법 제188조의2 제 2 항.

## (4) 회    피

기술심리관은 재판의 공정을 기하기 어려운 사유가 있을 때 스스로 재판
에의 관여배제를 특허법원장에게 신청하여 회피할 수 있다.[187] 회피는 기술심
리관이 스스로 재판에의 관여를 배제하는 것이고 기피는 당사자의 신청에 의
하여 기술심리관의 재판에의 관여를 배제시키는 것이다.

---

[187] 특허법 제188조의2 제 3 항.

# 특허권의 공유와 변동

▶ 특허권의 이전, 소멸, 취소, 무효의 의미와 이러한 특허권의 변동이 이루어지기 위한 요건을 이해한다.

▶ 특허권을 공유하고 있을 때 공유특허권자간의 권리관계를 이해한다.

예 제

1. 2인의 공유특허권자 중 1인이 다른 공유특허권자의 허락 없이 공유특허에 대한 실시권을 제3자에게 부여하고 그 제3자가 공유특허를 실시하였을 때 공유특허에 대한 침해 여부를 판단하시오.

2. 특허권의 취소와 무효는 그 효과에 있어서 서로 어떠한 차이가 있는가?

# I. 특허권의 공유

## 1. 서  론

특허를 받을 수 있는 권리는 재산권으로 양도성을 가지므로 계약 또는 상속을 통하여 그 전부 또는 일부 지분을 이전할 수 있다.[1] 특허를 받을 수 있는 권리를 이전하기로 하는 계약은 명시적으로는 물론 묵시적으로도 이루어질 수 있다.[2] 이러한 계약에 따라 특허등록을 공동출원한 경우에는 그 출원인이 발명자가 아니라도 등록된 특허권의 공유지분을 가진다.[3]

## 2. 공유관계의 성립

발명을 공동으로 하고 공동으로 특허등록을 출원한 경우 공동발명자는 특허를 받을 수 있는 권리를 공유하고, 향후 특허권 설정등록에 의하여 공유관계가 형성된다. 또한 발명자가 발명을 실시하려는 자 또는 자금을 제공한 자에게 특허를 받을 수 있는 권리의 일부를 이전하기로 계약하고 특허등록을 공동출원하여 설정등록한 경우 특허권의 공유관계가 형성된다.[4]

## 3. 공유특허권의 효력

실체가 없는 기술적 사상의 독점적 실시를 보장하는 특허권이 공유인 경우는 실체가 있는 동산이나 부동산에 대한 물권이 공유인 경우와 다르다. 물권이 공유이면 공유자 전원이 물권의 대상 전체를 동시에 이용하는 것은 불가능하다. 그러나 특허권이 공유이면 공유자 전원이 특허권의 대상이 되는 발명을 동시에 이용할 수 있다. 이러한 차이를 고려하여 특허법은 공유에 관한 규정을 마련해 두고 있다.

---

1) 특허법 제37조 제1항; 대법원 2012. 12. 27 선고 2011다67705, 67712 판결.
2) 대법원 2012. 12. 27 선고 2011다67705, 67712 판결.
3) 대법원 2012. 12. 27 선고 2011다67705, 67712 판결.
4) 이외에도 공동상속에 의하여서도 특허권의 공유관계가 형성될 수 있다.

판례연구

⚖️ 권리이전계약은 명시적·묵시적으로 이루어질 수 있고, 그러한 계약에 따라 공동 출원한 경우 출원인이 발명자가 아니라도 특허권의 공유지분을 가진다.
(대법원 2012. 12. 27 선고 2011다67705, 67712 판결)

"비록 원고가 이 사건 특허발명의 기술적 사상의 창작행위에 실질적으로 기여하였다고 볼 수 없어 이를 … 발명한 자에는 해당하지 않는다 하더라도, … 이 사건 특허발명에 대한 기본적인 과제와 아이디어를 제공한 바 있고, 그 후 레파톡스사와 피고 회사 사이의 이 사건 개발약정 체결을 주선함으로써 이 사건 특허권 … 일체를 피고 회사의 자산으로 귀속시키는 데 상당한 기여를 하였을 뿐만 아니라, … 연구감시자 및 피고 회사의 책임자로서 … 연구개발 과정을 전반적으로 관리하면서 그 실험연구를 보조하기도 하였음을 알 수 있다. … 특허출원에 이르기까지의 원고의 역할과 기여도 및 원고와 피고들 사이의 관계, 특허출원의 경위 등을 … 비추어 보면, 특허발명의 발명자[로]부터 특허받을 수 있는 권리를 승계한 피고 회사가 그 출원인에 원고를 포함시킴으로써 원고에게 특허를 받을 수 있는 권리의 일부 지분을 양도하여 장차 취득할 특허권을 공유하기로 하는 묵시적 합의가 출원 당시 이미 있었다고 볼 여지가 없지 않은 것으로 보인다."

## (1) 공유특허발명의 자기 실시

특허권이 공유인 경우에는 각 공유자는 계약으로 특별히 약정한 경우를 제외하고는 다른 공유자의 동의를 받지 아니하고 특허발명을 자신이 실시할 수 있다.[5] 공유자는 공유지분에 관계없이 특허발명의 전체를 실시할 수 있다.

예를 들어, A, B, C 3인이 공유권자이고 이들의 공유지분의 비율이 각각 60%, 35%, 5%라고 할 때, C는 비록 공유지분이 5%에 불과할지라도 공유특허발명을 다른 공유자의 허락을 받지 않고도 실시할 수 있다. 따라서 위와 같은 경우 A로서는 자신의 공유지분이 가장 크므로 B나 C가 자기 실시를 하기 위해서 A의 허락을 요하도록 사전에 별도로 약정해 둘 필요가 있다.[6] A가 개인 발명가나 연구소와 같이 발명을 실시할 능력은 없으나 발명의 기여도는 가장 높은 경우에는 스스로 수익을 창출하기 어렵기 때문에 이러한 약정을 통하여 다른 공유권자 B, C의 실시를 통한 수익을 분배받을 수 있게 될 것이다.

공유자 중 1인이 공유발명을 개량하여 이용발명을 완성한 경우 그 공유자

---

5) 특허법 제99조 제3항.
6) 권태복, "현행 공유특허권제도의 쟁점과 개선방향," 「지식재산 21」, 2010. 1. pp. 177-178.

는 이용발명을 자유롭게 실시할 수 있을까? 이용발명자는 원칙적으로 피이용발명에 대한 권리자의 허락 없이 자신의 발명을 실시할 수 없다. 그러나 공유자는 공유발명을 다른 공유자의 허락 없이 실시할 수 있으므로 자신이 공유발명을 이용한 이용발명을 실시하는 경우에도 공유발명(피이용발명)에 대한 다른 공유자의 허락을 받지 않고 실시할 수 있다.[7]

### (2) 공유지분의 양도

특허권도 재산권이므로 양도가 가능하다.[8] 그리고 특허권이 공유인 경우에는 각 공유자는 다른 공유자 모두의 동의를 받아야만 그 지분을 양도하거나 그 지분을 목적으로 하는 질권을 설정할 수 있다.[9] 특허를 받을 수 있는 권리는 질권의 대상이 될 수 없지만 특허권과 그 지분은 질권의 대상이 될 수 있다.[10] 특허법이 이와 같이 지분 양도 시 동의를 요하도록 규정하는 것은 새로운 공유자나 질권자나 실시권자의 자본력이나 기술력에 의하여 다른 공유자의 공유지분의 경제적 가치에 현저한 변동을 초래할 우려가 있기 때문이다.

### (3) 공유특허에 대한 실시권 설정

특허법은 특허권이 공유인 경우에는 각 공유자는 다른 공유자 전원의 동의를 받아야만 그 특허권에 대하여 전용실시권을 설정하거나 통상실시권을 허락할 수 있도록 규정하고 있다.[11] 이러한 특허법 규정은 공유자 간의 이해관계로 분쟁을 야기할 소지가 있다.

세탁기 제조기업 A, 세탁기 부품제조업자 B, 개인발명가 (또는 연구소) C가 공동으로 연구개발하여 세탁기 부품 P를 발명하여 이 발명을 특허출원하여 공유하게 된 경우를 예로 들어보자.

---

7) 김원준, 「특허법」, 박영사, 2009. pp. 485-486.
8) 특허법 제99조 제1항.
9) 특허법 제99조 제2항. 한편, 특허법 제37조는 특허를 받을 수 있는 권리에 대한 이전과 공유를 규정하고 있다. 특허를 받을 수 있는 권리는 이전할 수 있으나 질권의 목적으로 할 수 없다. 또한 특허를 받을 수 있는 권리가 공유인 경우에는 각 공유자는 다른 공유자 모두의 동의를 받아야만 그 지분을 양도할 수 있다.
10) 특허권이 공유인 경우에는 공유자 전원이 공동으로 특허권의 존속기간의 연장등록출원을 하여야 한다. 특허법 제90조(특허권의 양도 및 공유) 제3항.
11) 특허법 제99조 제4항.

① B가 P를 제조하여 A에게 납품할 때

특허공유권자 B는 공유발명을 자신이 실시하여 다른 공유권자 A에게 세탁기를 제조하도록 하는 것이므로 별다른 문제가 발생하지 않는다.

② B가 P를 제조하여 A와 경쟁관계에 있는 세탁기 제조기업 D에게 납품할 때

D가 P를 이용하여 세탁기를 제조하는 경우 D는 특허공유자가 아니므로 이에 대한 실시권이 없다. 따라서 A 또는 C가 D에 대하여 특허침해금지를 청구할 수 있을 것이다. B가 A와 C의 허락을 받지 아니하고 D에게 실시권을 부여하였다면 이것은 위법한 것이 된다.

③ 개인발명가 (또는 연구소) C는 P를 제조하거나 P를 이용하여 세탁기를 제조할 능력이 없기 때문에 타인에게 실시권을 부여하여 로열티를 거두고 싶겠지만 A나 B가 시장에서의 경쟁을 고려하여 반대하면 타인에게 실시권을 부여할 수 없으므로 공유특허권을 통하여 수익을 창출할 수 있는 방법이 마땅치 않다. 따라서 공유관계의 형평을 고려할 때 자기 실시가 불가능할 뿐 아니라 A나 B의 반대로 제3자에게 실시권을 부여할 수도 없는 C의 수익을 보장하기 위한 방안이 필요하다. 이를 테면 C가 A나 B의 실시를 통하여 발생하는 수익을 분배받을 수 있도록 사전에 약정해 두는 것이 필요할 것이다.

한편, 미국에서는 공유특허권의 각 공유자는 자신의 공유지분을 제3자에게 자유롭게 양도할 수 있고, 제3자에게 통상실시권을 허락할 수 있다.[12] 따라서 통상실시권 허락에 따른 수익을 분배할 필요성도 없다.[13] 따라서 미국 기업과 공동으로 연구하여 특허권을 공유하게 된 경우에는 공유지분의 양도와 실시권 설정에 관하여 한국과 미국의 법제가 상이함을 유념해야 한다.

## 4. 공유특허와 심판

공유인 특허권의 특허권자에 대하여 심판을 청구하는 때에는 공유자 전원

---

12) 권태복, "현행 공유특허권제도의 쟁점과 개선방향,"「지식재산 21」, 2010. 1. pp. 188-189.
13) 다만 공유특허의 전체를 양도하거나 공유특허에 전용실시권을 설정하는 경우에는 당연히 공유자 전원의 동의를 얻어야 한다.

을 피청구인으로 하여 청구하여야 한다.[14] 또한 특허권 또는 특허를 받을 수 있는 권리의 공유자가 그 공유인 권리에 관하여 심판을 청구하는 때에는 공유자 전원이 공동으로 청구하여야 한다.[15] 따라서 공유자의 일부가 누락된 심판청구는 부적법한 심판청구로서 그 흠결을 보정할 수 없으므로 심결로써 각하된다.[16] 그런데 한 공유자가 정당한 필요에 의하여 심판을 청구하려고 하여도 다른 공유자가 반대하면 심판을 청구할 수 없는 문제점이 있다. 예를 들어 한 공유자가 제3자가 생산·판매하는 제품(확인대상발명)이 공유특허의 권리범위에 속한다고 판단하여 경고장을 보냈음에도 불구하고 실시행위를 중지하지 않을 때, 그 공유자가 침해소송을 하기 전 확인대상발명을 상대로 적극적 권리범위확인심판을 청구하려 하여도 다른 공유자가 심판청구를 반대하면 청구할 수 없게 된다.

# Ⅱ. 특허권의 변동

## 1. 특허권의 이전

특허권은 법률행위, 일반승계, 법정사유 등에 의하여 이전된다. 특허권자는 자신의 재산권인 특허권을 양도할 수 있다.[17] 권리자는 의사표시에 의하여 자신의 권리를 양도하는 법률행위를 할 수 있고 이것을 특정승계라고 한다.[18]

일반승계는 포괄승계라고도 하며 자연인이 사망하거나 법인이 합병된 경우 종래의 권리자의 권리가 포괄적으로 승계인에게 승계되는 것을 말한다.

특정승계나 일반승계 외에 법원의 판결, 경매, 수용[19] 등에 의하여서도 특허권이 이전된다.

상속 기타 일반승계의 경우 등록을 하지 아니하여도 특허권 이전의 효력

---

14) 특허법 제139조(공동심판의 청구등) 제2항.
15) 특허법 제139조(공동심판의 청구등) 제3항.
16) 특허법 제142조.
17) 특허법 제99조 제1항.
18) 최문기 외 2, 「과학기술과 지식재산권법」, 신지서원, p. 124.
19) 특허법 제106조.

은 발생하지만 승계한 특허권을 다시 이전하려면 등록을 하여야 한다. 상속 기타 일반승계의 경우를 제외하고 특허권의 이전은 이를 등록하지 아니하면 그 효력이 발생하지 않는다.[20] 또한 특허권·전용실시권 및 질권의 상속이나 일반승계의 경우에는 지체없이 그 취지를 특허청장에게 신고하여야 한다.[21]

## 2. 특허권의 소멸

특허권은 존속기간의 만료, 특허권의 포기, 특허권의 취소, 특허의 무효, 상속인의 부존재로 소멸된다. 특허권의 존속기간은 설정등록일로부터 출원일 후 20년이 되는 날까지이므로 이 날이 경과하면 특허권은 소멸된다.[22]

발명을 한 자 또는 그 승계인은 특허를 받을 수 있는 권리를 가진다. 발명자가 아닌 자로서 특허를 받을 수 있는 권리의 승계인이 아닌 자, 즉 무권리자의 특허출원은 이를 거절하여야 한다.[23] 정당한 권리자를 보호하기 위하여, 특허법은 무권리자의 특허출원이 거절결정되거나 무권리자의 특허를 무효로 한다는 심결이 확정된 경우 무권리자의 특허출원 후에 한 정당한 권리자의 특허출원은 무권리자가 특허출원한 때 출원한 것으로 본다.[24] 다만, 무권리자의 특허출원이 거절결정되거나 무권리자의 특허 무효심결이 확정된 날로부터 30일이 경과한 후에 특허출원한 경우 이러한 소급적용을 받을 수 없다. 그리고 정당 권리자의 특허권의 존속기간도 무권리자의 특허출원일 다음 날부터 기산된다.[25]

특허권은 특허권자 스스로 포기할 수도 있다. 특허권과 전용실시권 및 통상실시권의 포기가 있는 때에는 이들 권리는 그때부터 소멸된다.[26] 그런데 특허권에 전용실시권이 설정되어 있거나 통상실시권이 허여되어 있는 경우 또는 질권이 설정되어 있는 경우에는 이들의 동의를 얻어야 특허권을 포기할 수 있다. 특허권이 공유인 경우 공유자는 자신의 지분을 조건 없이 포기할 수 있고

---

20) 특허법 제101조 제 1 항.
21) 특허법 제101조 제 2 항.
22) 특허법 제88조 제 1 항.
23) 특허법 제62조 제 2 호.
24) 특허법 제34조 및 제35조.
25) 특허법 제88조 제 2 항.
26) 특허법 제120조(포기의 효과).

이때 다른 공유자의 지분은 포기된 지분만큼 증가된다.[27]

## 3. 특허권의 취소

특허발명을 실시하고자 하는 자는 특허권자와 합의가 이루어지지 아니하였거나 합의를 할 수 없었을 경우, 특허발명이 천재·지변 기타 불가항력 또는 정당한 이유없이 계속하여 3년 이상 국내에서 실시되고 있지 아니하였다면, 특허청장에게 통상실시권 설정에 관한 재정을 청구할 수 있다.[28] 그런데 이러한 재정이 있은 날부터 계속하여 2년 이상 그 특허발명이 국내에서 실시되고 있지 않다면 이해관계인의 신청에 의하여 그 특허권을 취소할 수 있다.[29] 이와 같이 특허권이 취소되면 특허권은 그때부터 소멸된다.[30]

구법상 특허 이의신청제도하에서는 심사관이 이의결정에 의하여 특허를 취소할 수 있었으나 이러한 특허 이의신청제도는 2006년 개정법(2006. 3. 3. 법률 제7871호)에 의하여 폐지되고 무효심판제도에 흡수되었다.

## 4. 특허권의 무효

특허에 무효사유가 있으면, 설정등록일로부터 등록공고일 후 3개월 이내에는 누구든지, 그리고 그 이후에는 이해관계인이나 심사관이 무효심판을 청구할 수 있다.[31] 특허권은 특허를 무효로 한다는 심결이 확정된 때 처음부터 없었던 것으로 본다.[32]

---

27) 최문기 외 2, 「과학기술과 지식재산권법」, 신지서원, pp. 126-127.
28) 특허법 제107조 제 1 호.
29) 특허법 제116조 제 1 항.
30) 특허법 제116조 제 3 항.
31) 특허법 제133조 제 1 항.
32) 특허법 제133조 제 3 항.

제 **13** 장

# 특허제도의 문제점과
# 효율화 노력

**학습목표**

▶ 특허제도가 가지는 본질적인 문제점을 해소하기 위한 시장참여자들의 노력에 어떠
  한 것들이 있는지 공부한다.
▶ 특허풀, 특허플랫폼, 크로스라이선스의 각각의 의미를 이해하고 이들에 대한 활용
  방안을 공부한다.
▶ 특허풀을 결성함에 있어서 표준과의 관련성을 이해한다.

**예 제**

1. 특허풀이 필요한 이유는 무엇인가?
2. 특허풀과 특허플랫폼의 차이는 무엇인가?
3. 특허풀을 성공적으로 결성하고 운영하기 위한 방안은 무엇인가?

# I. 서 설

호환성과 표준의 필요성 때문에 현대 기술혁신이 점증적·연속적 형태로 이루어진다면 이러한 기술혁신을 특허와 같은 배타적 권리에 의하여 보호할 경우 다양한 문제가 발생한다. 연속적·누적적 기술혁신에서 나타나는 수많은 권리의 단편화와 그러한 권리의 배타적 성격은 첨단제품의 개발에 있어서 홀드업 등 여러 가지 문제를 야기하고 이로 인하여 거래비용을 크게 상승시킨다. 이와 같은 비효율은 결국 특허의 이용률을 저하시켜 특허권자에게도 불리하게 된다. 이러한 문제를 해결하는 방안은 단편화된 다수의 권리들을 하나로 묶고, 묶어진 권리에 대한 사용허락을 단번에 체결할 수 있도록 하는 것이다. 한편, Calabresi and Melamed에 따르면, 소유권적 규칙(property rules)은 거래비용이 낮고 당사자가 적으며 당사자가 쉽게 확인할 수 있을 때 사용되고, 책임규칙(liability rules)은 거래비용이 높고 당사자가 많고 당사자를 확인하기 어려울 때 채택된다.[1] 즉, 책임규칙은 시장이 권리의 가치를 평가하기 어렵거나 평가할 수 없는 경우에 채택된다.[2] 그래서 하나의 제품에 수많은 기술을 이용한 현대 첨단기술제품의 개발에 있어서 책임규칙을 이용하면 거래비용을 낮출 수 있다. 이하에서는 기술혁신의 효율적 이용을 도모하기 위하여 책임규칙에 입각하여 학자들이 제시한 방안과 시장참여자들이 자연스럽게 발전시킨 방안을 살펴보기로 한다.

Reichman 교수는 보상책임체제(CLR: Compensatory Liability Regime)를 통하여, 작은 기술혁신(sub-patentable innovation 혹은 small grainsized innovations)을

---

1) Calabresi, Guido and Melamed, A. Douglas, *Property Rules, Liability Rules, and Inalienability: One View of the Cathedral* (1972). Faculty Scholarship Series. Paper 1983. http://digitalcommons.law.yale.edu/fss_papers/1983; Daniel Krauspenhaar, *Liability Rules in Patent Law: A Legal and Economic Analysis*, Springer, 2013, pp. 35-36; Ben Depoorter, *Property Rules, Liability Rules and Patent Market Failure*, Erasmus Law Review, Vol. 01 Issue. 04, 2008, p. 73.
2) 그런데 Krauspenhaar는 소유권규칙과 책임규칙 중 어느 것이 나은지를 확정하는 것은 상황과 조건을 구체적으로 설정하지 않는 한, 극히 어려운 일이라고 주장한다. Daniel Krauspenhaar, 앞의 논문, pp. 43-44.

효과적으로 보호할 수 있다고 역설하였다.[3] 보상책임체제는 특허권이 갖는 배타성을 제한하고 보상할 의사만 있으면 첫 주자의 기술혁신을 허락 없이 이용할 수 있도록 하는 제도이다. 따라서 연속적 기술혁신과정에서 홀드업이나 로열티스토킹을 예방할 수 있는 장점이 있다. 또한 Kingston 교수와 Kronz 변호사는 "기술혁신의 직접보호"(Direct Protection of Innovation)를 통하여 진보성 요건을 배제함으로써 작은 기술혁신을 효과적으로 보호할 수 있다고 주장하였다.[4]

그러나 이러한 제도를 전면적으로 새롭게 도입하는 것은 용이한 것이 아니다. 만약 현행 제도, 예를 들면 실용신안제도를 적절히 수정할 수 있다면 이러한 작은 기술혁신을 보호하는 데 훨씬 효과적일 것이다.[5] 즉, 실용신안등록의 배타적 권한을 배제하고 보호의 대상을 무형의 것에까지 확장한다면 가능한 것이다. 무형의 것을 실용신안의 보호의 대상으로 삼는 것은 독일이나 일본의 예에서 볼 수 있는 것처럼 전혀 이상한 일이 아니다. 독일은 실용신안의 보호대상을 유형의 것에 한정하지 않는다. 일본은 컴퓨터프로그램을 '물건'으로 보호하고 있다.[6] 특허에 미치지 못하지만 보호의 필요성이 있는 고안을 보호하는 것이 실용신안제도의 목적이라면 실용신안의 보호대상을 구태여 모양이나 형상 및 구조가 있는 것에 한정할 필요가 없다.

한편, 이와 같이 학자들이 특허제도에 의한 보호방식에 변화를 꾀하는 것과는 달리 시장에서는 시장 주체들이 특허제도에 따르는 문제점을 해소하고 서로의 기술을 효율적으로 공유하기 위한 노력을 기울이고 있다. 특허풀, 크로스라이선스, 특허플랫폼이 대표적이다. 이들은 모두 특허가 가지고 있는 배타

---

3) Rochelle Dreyfuss et al., *Expanding the Boundaries of Intellectual Property*, Oxford University Press, 2001, pp. 23-53, J. H. Reichman, *Of Green Tulips and Legal Kudzu: Repackaging Rights in Subpatentable innovation*(이하, Reichman, *Of Green Tulips*이라 한다). 보상책임제에 대한 설명 및 비평은 Koo Dae Hwan, *Information Technology and Law*, pp. 327-331, 386-388 참조.

4) William Kingston, *Direct Protection of Innovation, Kluwer Academic Publishers*, 1987, pp. 31-34.

5) 구대환, "실용신안제도에 의한 '소발명'의 효과적인 보호방안," 서울대학교 「법학」 제46권 제 4 호[통권 137호], pp. 285-311.

6) 일본특허청, 「컴퓨터소프트웨어관련 발명의 심사기준」에 따르면 프로그램을 "물건의 발명"으로 기재할 수 있도록 하고 있다.

적 성격을 해소하고 거래비용을 최소화시켜 특허권자 혹은 일반인들이 어떤 제품을 상업화하기 위하여 타인의 특허기술을 이용하는 데 있어서의 장벽을 해소하고자 한다.


## Ⅱ. 특허제도의 문제점

### 1. 비공유지의 비극

"비공유지의 비극"은, 인구과잉, 대기오염, 종의 멸절 등을 설명하기 위하여 사용되어 온 "공유지의 비극[7]"이라고 하는 비유의 반대개념이다. "공유지의 비극"은, 사람들이 재산을 공유하고 다른 사람이 그 재산을 사용하는 것을 배제할 수 있는 권리를 누구도 가지고 있지 않은 경우, 그 재산을 보전할 동기가 없기 때문에 이 사람들이 그 재산을 과도하게 사용하는 경향을 갖게 되는 것이다. 공유지의 비극에 대한 해결책은 그 재산을 공유하여 사용해 온 개인에게 사적 소유권을 부여하는 것이다. "비공유지의 비극"은 그 반대이다. 너무 많은 사람들이 하나의 재산에 사적 소유권을 갖게 되면 권리들이 서로 충돌하여 누구도 그 재산을 사용하는 실질적인 권리를 가질 수 없게 되어 버린다. 이 문제는 해당 재산의 이용률을 과도하게 낮추는 결과를 초래한다.

James Boyle은 그의 논문 "The Second Enclosure Movement and the Construction of the Public Domain"에서 지적재산권이 공공영역을 침식하고 있는 현상을 이른바 '제 2 의 인클로저 운동(The Second Enclosure Movement)' 이라고 규정하면서 그 폐해를 지적하고 나아가 해결방안을 제시하고 있다.[8] 그는 '제 2 의 인클로저 운동'으로서, ① 인간유전자에 특허를 부여함으로써 공공영역이 사유화되어 가는 문제,[9] ② 특허의 보호대상이 무리하게 확대되

---

7) Garrett Hardin, *The Tragedy of the Commons*, Science Vol. 162. pp. 1243-1248.

8) James Boyle, *The Second Enclosure Movement and the Construction of the Public Domain*, Law and Contemporary Problems, School of Law, Duke University, Vol. 66. Winter/Spring 2003, Numbers 1&2, The Public Domain, pp. 33-74.

9) James Boyle, 앞의 논문, pp. 37-39.

어 (20여 년 전만 해도 대부분의 학자들이 특허될 수 없는 것이라고 생각했었던) "아이디어"에 특허가 부여되는 영업방법특허의 문제,10) ③ 단순한 '사실(facts)의 편집'에 소유권을 부여하는 유럽데이터베이스지침(The European Database Directive)의 문제 등을 예로 들고 있다. J. H. Reichman과 Paul F. Uhlir은 그들의 논문 "A Contractually Reconstructed Research Commons for Scientific Data in a Highly Protectionist Intellectual Property Environment"11)에서, 과학기술 발전의 기초가 되고 전통적으로 공공영역에 있던 과학 데이터가 경제적·법적 환경의 변화로 인하여 사유화되어 가고 있는 현실을 부각시키고 있다.

1998년 Michael Heller 교수와 Rebecca Eisenberg 교수는 그들의 논문 "Can Patents Deter Innovation? The Anticommons in Biomedical Research Science"에서 과도하게 많은 특허로 생물의학적 연구에 생길 수 있는 문제를 "비공유지의 비극"이라고 표현하였다.12) "비공유지의 비극"이란, 사용자가 하나의 유용한 제품을 생산해 내기 위하여 복수의 특허에 접근해야 할 필요가 있을 때 생기는 복잡한 장애물을 의미한다. 상류(upstream)에 설정되어 있는 다수의 특허는 각각 코스트를 증가시켜 하류(downstream)에서의 기술혁신 속도를 감소시킨다.13) 제품을 생산하려는 많은 기업들이, 차단특허나 보완특허

---

10) James Boyle, 앞의 논문, p. 39.
11) J. H. Reichman, Paul F. Uhlir, *A Contractually Reconstructed Research Commons for Scientific Data in a Highly Protectionist Intellectual Property Environment*, Law and Contemporary Problems, School of Law, Duke University, Vol. 66. Winter/Spring 2003, Numbers 1 & 2, The Public Domain, pp. 315-462. 이 논문은 다음 사이트에서도 이용할 수 있다. http://www.law.duke.edu/journals/66LCPReichman, 2008. 8. 8. 최종 접속.
12) Heller, Michael A. and Eisenberg, Rebecca S., *Can Patents Deter Innovation? The Anticommons in Biomedical Research Science*, Vol. 280, May 1, 1998, Available at SSRN: http://ssrn.com/abstract=121288; Bradley J. Levang, *Evaluating the Use of Patent Pools For Biotechnology: A Refutation to the USPTO White Paper Concerning Biotechnology Patent Pools*, 19 Santa Clara Computer & High Tech. L.J. 229 (2002), at 234-235 (이하, Levang, *Evaluating the Use of Patent Pools For Biotechnology*) 참조.
13) 연구개발로부터 상업제품에 이르는 과정(stream)을 물이 흘러내리는 stream으로 비유하여 일반적으로 연구개발에 가까운 기초 과학기술 부분을 상류(upstream), 상업제품으로 응용되는 부분을 하류(downstream)라고 일컫는다.

의 복잡한 문제를 잘 알고 있기 때문에, 이러한 문제를 피하는 방법을 찾으려고 한다.[14] Heller와 Eisenberg는 "비공유지의 비극" 이론을 생물의학적 연구에 적용함으로써, 상류에서 지적재산권이 증가하는 경우 하류에서 생명을 구할 수 있는 기술혁신이 저해될 수 있다고 주장하고 있다.

특허계약은 2가지 이유 때문에 실패하기 쉽다. 하나는 다수의 조각난 특허권들을 모으기가 어렵다는 것이다. 다른 하나는 특허권자가 바람직스럽지 못한 계약전술을 쓴다는 것이다. 첫 번째는 Heller와 Eisenberg가 "비공유지의 비극"이라고 비유한 데서 알 수 있듯이, 다른 사람이 희소자원을 이용하는 것을 배제할 수 있는 권리를 복수의 소유자가 가지고 있지만 아무도 그 자원을 효과적으로 이용할 특권이 없는 경우이다.[15] 유전자, 유전물질, ESTs나 컴퓨터 프로그램 및 정보통신 관련 기술에 대한 특허권 및 데이터베이스에 대한 저작권은 지나치게 단편화되어 있어서 향후의 연구와 기술혁신에 필수적인 권리들을 정연하게 통합하기가 어렵고, 거래비용이 크게 상승하게 되는 "로열티 스토킹(royalty stacking)" 현상이 발생한다.

두 번째 이유인 특허권자의 계약전술에는 2가지 형태가 있다. 첫째는 특허권자가 사용허락(통상실시권)이나 배타적 이용권(전용실시권)의 설정을 거절하는 것으로서, 이것은 특허권이 부여하는 배타적 권리를 특허권자가 정당하게 행사하는 것이다. 그러나 생명과학분야의 특허는 상업적 이용가치가 크기 때문에 이러한 행동은 사회적 관점에서 볼 때 바람직하지 않고, 일정한 경우에 독점규제법 위반이 될 수 있다. 두 번째는 reach-through 청구범위[16]와 양

---

14) 차단특허와 보완특허에 대하여는 뒤에서 상술한다.

15) Heller와 Eisenberg가 설명한, 수많은 특허에 의해 형성된 "비공유지의 비극"과 이에 따라 특허풀이 나타나게 된 배경에 대한 설명은 Robert P. Merges, *Institutions for Intellectual Property Transactions: The Case of Patent Pools*, Expanding the Boundaries of Intellectual Property (edited by Rochelle Dreyfuss et al.), Oxford University Press, 2001 (이하, Robert P. Merges, Patent Pools), pp. 125-129.

16) reach-through 청구범위는 일반적으로 생명공학분야의 research tools에 대한 청구범위를 작성할 때 사용된다. 생명공학분야의 research tools는 그 가치와 유용성이 충분히 밝혀지지 않았기 때문에 이러한 도구를 사용한 연구의 성공 가능성이 불확실하다. 그래서 출원인은 자신의 research tools를 사용하는 공정을 통하여 생산되는 모든 제품에까지 권리가 미치도록 청구범위를 작성한다. 이렇게 청구범위를 작성함으로써 해당 research tools를 이용할 제품에 대한

도조항(grant-back clause)을 구비한 계약의 경우이다. reach-through 청구범위
는 리서치툴[17])에 대한 특허에서 점점 더 증가하고 있다. reach-through 청구
범위는 특허된 툴이나 방법을 사용한 기술혁신이 구현된 제품에까지 특허권의
범위를 확장시키기 때문에 특허권자는 리서치툴을 사용하는 제품의 판매에 대
하여서도 로열티를 받을 권리를 갖게 된다. 양도조항이란 특허기술의 사용허
락자(licensor)가 그 사용허락을 제공하는 조건으로 특허된 리서치툴의 도움으
로 실현한 특허기술의 소유권을 이전하든가 (전용 또는 통상) 실시권을 설정하
도록 사용권자(licensee)에게 의무를 부과하는 조항이다. 초기의 기술혁신자는
이러한 계약전술을 통하여 후속기술혁신의 과정에 자신이 공헌한 정도와 관계
없이 자신의 특허가 장래의 기술혁신에까지도 영향을 미치게 할 수 있다.

　　reach-through 청구범위와 양도조항으로 말미암아 리서치툴의 사용권자
는 자신의 연구에 필수적인 리서치툴을 이용할 권리를 취득하기 위하여 자신
이 장래 발견하거나 발명하는 것에 대한 소유권이나 실시권 또는 로열티를 리
서치툴의 특허권자에게 제공하지 않으면 안 된다. 이러한 이유로 reach-
through 청구범위와 양도조항은 리서치툴의 사용권자의 연구의욕을 상실하게
할 수 있다.

---

　　　로열티를 확보할 수 있게 된다. 이러한 청구범위를 reach-through 청구범위라
　　고 한다. 이와 관련된 용어로서 reach-through royalties에 대한 설명으로는 김
　　기영, Patent Troll, p. 73 참조.
17) 리서치툴은 일반적으로 후속기술혁신을 하기 위한 기초가 되는 것으로서, 의약
　　업체나 생명공학기업이 어떤 제품이나 어떤 의약제품의 특성을 발견하거나 정
　　제하거나 혹은 설계하고 확인하기 위하여 사용하는 기술을 말한다. 리서치툴과
　　상업용품은 각각의 시장으로 구별할 수 있다. 리서치툴의 수요자는 제품이나
　　서비스 개발을 위하여 리서치툴을 사용하는 공적·사적 과학자들인 반면에, 상
　　업용품(commercial applications)의 수요자는 일반 대중이다. 리서치툴은 의약품
　　개발에 필수적인 것으로 그 예를 들면, 유전자 단편, 유전자, 세포주(cell lines),
　　모노클로날 항체, reagents, 동물 모델, 성장요소(growth factors), combinatorial
　　chemistry, DNA 라이브러리, 클론, 그리고 (PCR과 같은) 클로닝툴 등이 있다.
　　상업용품의 예를 들면, 유전자치료법, 진단제품, 의약품 등이 있다. Michael S.
　　Mireles, *An Examination of Patents, Licensing, Research Tools, and the*
　　*Tragedy of the Anticommons in Biotechnology Innovation*, University of
　　Michigan Journal of Law Reform, Vol. 38, 2004, pp. 148-150.

## 2. 홀 드 업

현행 특허제도는 홀드업의 문제도 야기한다. '홀드업'[18]은 개발자가 특정 특허를 모르고 그 특허기술을 상업적으로 이용할 때 나타날 수 있다. 그가 이 특허의 존재를 알았었더라면 그는 해당 특허를 우회하는 설계를 하거나 상업화 이전에 사용허락계약을 시도했을 것이다. 그러나 개발자가 이 특허가 등록되어 있다는 사실을 모른 채 이 특허기술을 이용하여 상업 제품이나 방법을 개발하는 데 상당한 자원을 투자하였다면 그는 이제 약자의 위치에 있게 된다. 특허권자는 개발자의 투자비를 고려하여 고액의 로열티를 요구할 수도 있고 개발자의 회사를 조업 중단시키겠다고 위협할 수도 있다. 개발자가 늦게나마 그 제품을 재설계하고 싶어도 상호연동성, 표준, 그리고 호환성을 유지해야 할 뿐 아니라, 이미 연구개발이 상당히 진전된 상황이기 때문에 그 특허를 침해하지 않는 방식으로 재설계하는 것이 극히 어렵다. 이러한 경우 개발자는 특허권자에게 홀드업을 당할 수 있다.

그러나 수많은 특허가 특허숲을 구성하고 있는 현 상황에서, 침해를 구성하는 특허를 확인하기 위하여 모든 특허를 조사하고, 침해의 가능성이 없는 방법을 찾아내는 것은 극히 어려운 일이다.[19] 어떤 프로젝트의 완성에 특정 특허권자의 협력이 필수적이라면, 그 특허권자는 높은 로열티를 요구하고 싶은 유혹에 빠지기 쉽다.[20] '홀드아웃'[21]이란 이와 같이 높은 로열티를 요구함으로써 해당 특허권의 사용을 어렵게 만드는 특허권자를 말한다. 그런데 누적적·연속적 기술혁신에서 어떤 프로젝트에 필요한 모든 특허권자는 사실상 잠재적 홀드아웃의 지위에 있기 때문에 이와 같은 유인을 갖게 된다. 그래서 모든 권리자가 과도한 로열티를 요구하면 프로젝트 비용은 엄청나게 상승하게 된다.

---

18) 홀드업(hold-up)의 사전적 의미는 길을 막다, 방해하다, 정지!, 손들어! 등이다.
19) '특허숲'이란, 일련의 중복하는 특허권이 존재하기 때문에, 새로운 기술을 상업화하려는 자가 복수의 특허권자로부터 사용허락을 취득하지 않으면 안 되는 상황을 말한다. 시장참가자는 이 '특허숲'을 제거하기 위하여 크로스라이선스와 특허풀이라는 자연스럽고 효과적인 방법을 사용하고 있다.
20) Burk et al., Dan L. Burk and Mark A. Lemley, *Policy Levers in Patent Law*, 89 Va. L. Rev. 1575 (2003), at 1607, at 1611-1612.
21) 홀드아웃(hold-outs)은 협조를 거부하는 사람이라는 의미를 갖고 있다.

## 3. 차단특허와 보완특허

차단특허는 서로 이용관계에 있는 특허를 말한다. 즉, 다른 사람의 특허발명을 실시하지 않고는 (즉 침해하지 않고는) 자신의 특허발명을 실시할 수 없고, 그 반대의 경우도 성립하는 때 이들 특허발명을 차단특허라고 한다. 차단특허는 기술혁신의 누적적이고 연속적인 특성 때문에 생겨난다.[22] 두 번째 발명자가 최초 특허의 발명을 개량한 경우, 두 번째 발명자는 자신의 발명에 대하여 특허를 취득할 수 있다. 그러나 최초 특허를 침해하지 않고는 자신의 개량발명을 실시할 수 없다. 즉, 개량발명은 다른 사람의 발명을 실시하지 않고는 (즉, 타인의 특허권을 침해하지 않고는) 자신의 발명을 실시할 수 없는 발명을 말한다.[23] 따라서 두 번째 발명자가 자신의 개량발명을 실시하기 위해서는 최초 발명자의 허가를 얻지 않으면 안 되므로 최초 발명자의 특허는 개량발명자에게 차단특허로서 작용한다. 마찬가지로 최초 발명자도 두 번째 발명자의 허락이 없이는 그 개량발명을 도입하거나 실시할 수 없다. 두 번째 발명자의 개량발명 특허는 최초 발명자가 개량발명을 도입하려는 것을 차단한다. 이와 같이 최초 발명자의 특허와 두 번째 발명자의 특허는 서로가 서로를 이용하지 못하도록 차단함으로써 기술혁신이 자연스럽게 일어날 수 없도록 방해하는 "차단특허"로서 기능하는 것이다.[24]

특허법은 차단특허의 존재를 인정하고 있다. 현행 특허제도에서는 차단특

---

22) Michael S. Mireles, 앞의 논문, at 168. 다음 논문에는 차단특허와 대립특허 (conflicting patents)에 대하여서도 설명되어 있다. Linda J. Demaine and Aaron Xavier Fellmeth, *Reinventing the Double Helix: A Novel and Nonobvious Reconceptualization of the Biotechnology Patent*, 55 Stan. L. Rev. 303 (2002), at 419-421.

23) 한편, 이대희 교수는 중복되는 특허권(an overlapping patent right)은 상대방의 특허권을 침해하지 않고서는 자신의 기술을 이용하는 것이 불가능한 특허를 말하고, 차단특허는 중복되는 특허들이 이용저촉관계에 있는 특허라고 설명한다. 그런데 이용저촉관계에 있다면 상대방의 특허권을 침해하지 않고는 자신의 특허발명을 실시할 수 없으므로, '중복되는 특허'와 '차단특허'를 명확히 구분하기 어렵다고 본다. 이대희, "특허풀 및 그 유효성에 관한 연구,"「산업재산권」제15호, p. 179.

24) 차단특허에 대한 정의와 부정적 영향 및 독점규제법적 검토에 대하여는 Richard J. Gilbert, *Antitrust for Patent Pools: A Century of Policy Evolution*, 2004 STAN. TECH. L. REV. 3, http://stlr.stanford.edu/pdf/gilbert-patent-pools. pdf, 2012. 1. 21.

허 상황이 항상 존재한다. 유전자 관련 연구 성과를 상업화하는 데는 많은 유전자 단편이 필요하다.[25] 새로운 오퍼레이션시스템(OS)이나 응용프로그램을 만드는 것도 마찬가지로 수많은 컴퓨터프로그램 특허의 이용이 필요하다. 이들 유전자 단편 하나하나, 그리고 컴퓨터프로그램 요소(components) 하나하나에 특허권이 존재하고, 이 각각의 특허권자는 다른 사람을 차단할 수 있는 위치에 있다. 특허제도를 통하여 주어진 특허가 너무 단편화 되어 있고 많을 뿐 아니라 서로 복잡하게 얽혀 있어서, 기술혁신을 상업화하는 데 필요한 모든 사용허락을 얻는 비용이 지나치게 높아지면, 특허제도는 기술혁신에 도움이 되기는커녕, 장애가 되어 버린다. 더욱이, 현행 특허제도하에서 최초 발명자와 후속 개량자에게 충분한 인센티브를 부여하면서 동시에 이들의 기술혁신으로 인한 과실을 분배하는 것은 대단히 어려운 일이다. 최초 발명자에게 이익이 몰림으로써 후속 개량자들이 희생되거나 그 반대의 경우가 되기 쉽다. 개량자가 초과수익에 대한 정당한 몫을 받지 못하는 경우, 이들의 인센티브는 저하된다. 이러한 현상은 자연스러운 기술혁신과정을 해치고 개량을 통하여 얻을 수 있었을 만큼의 가치가 사회에 돌아올 수 없게 한다. 최초 발명자의 경우도 마찬가지다.

유전자 기술혁신을 저해하는 가장 전형적인 요인은 특허된 DNA 분자, 단백질, 기타 관련되는 제품의 로열티가 지나치게 높다는 것이다.[26] 코스트의 상승으로 특허된 생화학물질(예를 들면, DNA 단편이나 DNA 분자)을 이용해야 하는 연구가 어렵게 되었다. 이러한 생화학물질을 이용할 수 없게 되면 의약이나 생명공학 분야의 연구를 할 수 없다. 그래서 "분리·정제"되거나 또는 사소하게 개량된 생화학물질에 특허를 부여하는 것은 의약품, 치료방법, 진단테스트와 같은 하류 제품의 개발을 저해한다.

대부분의 생명공학연구는 복잡하게 상호작용하는 유전자와 단백질에 대한 선행연구 위에서 이루어진다.[27] 그래서 민간주체가 기본적 자연물질에 대한 특허권을 소유할 수 있는 제도하에서는 사용허락을 취득하기 위한 거래비

---

25) William Kingston, *'Genius'*, *'Faction' and Rescuing Intellectual Property Rights*, Prometheus, Vol. 23, no. 1 (2005), at 8.
26) Linda J. Demaine and Aaron Xavier Fellmeth, 앞의 논문, at 415.
27) Linda J. Demaine and Aaron Xavier Fellmeth, 앞의 논문, at 415.

용과 사용허락 로열티가 급속하게 상승한다. 거래비용과 로열티의 급격한 증가는 ① 경험이 부족한 특허권자가 사용허락하려고 하는 경우, ② 사용허락자와 사용권자의 이해가 대립되는 경우(예를 들면, 대학과 민간기업은 연구의 목적이 서로 다르다), ③ 시간이 제약되어 있는 경우(예를 들면, 연구과제나 자금조달에 시간적 제약이 있는 경우), ④ 특허발명의 가치, 연구프로젝트의 성과, 특허청구항의 유효성과 그 범위 등에 대한 의견이 일치하지 않는 경우에 발생할 수 있다. 현행 제도하에서는, 어떤 의약품이나 진단제품을 개발하기 위해서는 특허된 다수의 유전자와 유전자 단편을 각각 조사하고, 이들에 대하여 각각 사용허락 계약을 교섭하고 로열티를 지불해야 한다. 이 과정은 많은 비용과 시간을 요구하므로 하류 기술혁신은 지체된다.

보완특허는 커다란 하나의 발명의 요소들을 서로 다른 발명자가 발명하였을 때 이들에게 부여된 특허를 말한다. 보완특허의 특허권자들이 서로 협력하지 않으면 보완특허 발명은 상업적으로 이용될 수 없다. 즉, 보완특허는 다른 특허된 발명들에 대한 사용허락을 취득할 수 없으면 쓸모없는 것이 되고 만다.[28] 그러므로 발명을 상업적으로 이용하기 위해서는 보완특허권자들이 각자 자신의 특허권을 서로서로에서 사용허락하거나, 상업화하려는 제3자에게 이것들을 모아서 사용허락하지 않으면 안 된다.

차단특허 또는 보완특허 때문에 "로열티스토킹"이 발생한다.[29] 보완특허 때문에 발생하는 로열티스토킹으로서, 하나의 유전자 서열이 여러 가지 형태, 예를 들어 EST · 유전자 · SNP로 각각 특허되면, 제조회사는 유전자를 사용해야 하는 유전자 치료제나 치료방법을 개발하기 위하여 이 모든 특허들에 대한 사용허락을 취득하고 모든 특허권자들에게 로열티를 지불해야 한다. 이때 지불해야 할 로열티는 제품의 상업화로부터의 기대수익을 크게 감소시킬 것이다. 그래서 회사는 로열티스토킹이 예상되면 상업화를 위한 노력을 하지 않는다. 현행 특허제도는 이와 같이 차단특허와 보완특허, 그리고 이들로 인한 로열티스토킹의 문제를 일으킨다.

---

28) Michael S. Mireles, 앞의 논문, at 168-169.
29) Michael S. Mireles, 앞의 논문, at 170.

## 4. 소유권 규칙과 불법행위책임 규칙

소유권 규칙(property rules)에 기초한 특허는 제 3 자가 특허보호의 대상을 허락없이 이용하는 것을 배제할 수 있다. 예를 들면, 배타적인 소유권제도에 기초하여 자동차나 주택 등을 적법하게 소유하고 있는 경우, 다른 사람은 통상 소유권자의 허락 없이 이것을 취득할 수 없다. 타인이 소유하고 있는 주택이나 자동차를 허락 없이 취득하거나 점유한 자는 형사법적 책임을 져야 할 것이다.

특허권자는 업으로서 그 특허발명을 실시할 권리를 독점한다.[30] 즉, 특허권은 독점적 권리이다. 따라서 특허권자(또는 전용실시권자)는 자기의 권리를 침해한 자 또는 침해할 우려가 있는 자에 대하여 침해금지 또는 침해예방을 청구할 수 있다.[31] 이때 침해행위를 조성한 물건(물건을 생산하는 방법의 발명인 경우에는 침해행위로 생긴 물건)의 폐기, 침해행위에 제공된 설비의 제거 기타 침해의 예방에 필요한 행위를 청구할 수 있다.[32] 따라서 이미 상당한 투자를 통하여 상품화한 투자자의 입장에서는 엄청난 손실을 피할 수 없게 된다.

그러나 불법행위책임 규칙(liability rules)에서는, 제 3 자가 일정한 조건에서 손해를 유발할 가능성이 있는 행동을 할 수 있다. 불법행위책임 규칙하에서, 다른 사람에게 손해를 미치거나 침해를 구성할 수 있는 행위를 하는 것을 인정하는 한편, 일정 상황에서 손해를 배상하도록 의무를 부담하게 할 수 있다. 즉, 불법행위책임제도하에서는 후속기술혁신자가 일정 로열티를 선행 기술혁신자에게 지불할 의사가 있는 경우에 한하여, 후속기술혁신자는 선행 기술혁신자의 기술혁신을 이용할 수 있다. 이것은 거래비용을 낮추고 무단편승(free riding)에 의한 부정사용을 감소시킨다. 오픈소스 소프트웨어나 불법행위책임 규칙의 이와 같은 이점(利點)과 대비하여 볼 때, 우리는 현대 첨단기술의 연속적·누적적 기술혁신에 특허를 부여함으로써 야기되는 "특허숲"이나 "비공유지의 비극"과 같은 문제를 보다 명확히 이해할 수 있게 된다. 유용성 및

---

30) 특허법 제94조. 그 특허권에 대하여 전용실시권을 설정한 때에는 전용실시권자의 실시권의 범위는 제외한다.
31) 특허법 제126조 제1항.
32) 특허법 제126조 제2항.

비자명성의 기준을 낮춤으로써 부실특허(bad patents)가 양산되어 비공유지의
비극을 가져오고 특허숲을 구성하는 결과를 초래하게 되었다. Mireles가 지적
한 바와 같이, 유전자와 DNA 단편에 관한 수많은 특허들은 생명공학산업에서
이와 같은 문제를 야기하고 있다.[33] 유전자 특허를 정당화하기 위해서는 발명
이 실질적으로 개량되어 있지 않으면 안 된다.[34] 유전자를 분리·정제한 것만
으로는 특허라는 강력한 독점권을 20년에 걸쳐서 부여할 근거로서 충분하다고
할 수 없다.

　　이러한 문제를 해결하기 위하여 미국특허청은 특허풀을 형성할 것을 제안
하고 있다. 미국특허청은 백서, *Patent Pools: A Solution to the Problem of
Access in Biotechnology Patents?*(「특허풀: 생명공학산업의 접근문제에 대한 해결
방안」)에서 생명공학산업의 특허권 문제로부터 야기된 유전정보와 유전자원에
대한 접근성 하락의 문제를 지적하고,[35] 이에 대한 해법으로서 특허풀을 제안
하고 있다.


## 5. 특허괴물

　　첨단기술제품에 있어서 '홀드업' 및 '비공유지의 비극'의 문제는 '특허괴
물'로 인하여 더욱 커진다.[36] "특허괴물(Patent Troll)이란 실제로는 사용하지도
않을 특허를 사들여 모아 놓고 다른 기업들의 특허침해만 문제 삼아 거액의 소
송을 낸 뒤 합의금을 받아 내는 데 주력하는 일종의 특허 소송 전문 기업을 말
한다."[37] 특허괴물의 사례로서 미국의 인터디지털(InterDigital)을 들 수 있는데,

---

33) Michael S. Mireles, 앞의 논문, at 171-172.
34) Safrin, *Hyperownership of Biotechnological Building Blocks of Life*, at 678;
　　Linda J. Demaine and Aaron Xavier Fellmeth, 앞의 논문, at 359.
35) Levang, *Evaluating the Use of Patent Pools For Biotechnology*, at 239.
36) 특허괴물은 제품을 생산하려는 의도는 가지고 있지 아니한 채, 제품을 생산하
　　는 기업을 대상으로 기업이 자신이 가지고 있는 특허를 실시하고 있을 때 해
　　당 특허를 팔거나 라이선스함으로써 수익을 거두는 회사를 말한다.
37) 트롤(Troll)은 신화에 나오는 동굴에 사는 괴물이다. 특허괴물(patent troll)이란
　　특허만을 취득하고 물건을 생산하거나 영업을 하지 않고 있다가 유력기업이
　　이 특허에 대한 제품이나 서비스를 생산하거나 영업하는 경우에 갑자기 나타
　　나 라이선스 협상 또는 특허침해소송을 통하여 수익을 올리는 기업을 말한다.
　　동아일보, 2007. 4. 7.

이 회사는 노키아, 파나소닉, 삼성전자와 이동통신기술 관련 특허소송에서 승소하여 노키아로부터 2억 5,300만 달러, 삼성전자로부터 670만 달러의 로열티를 받기로 합의하였다.38) LG전자는 인터디지털의 특허침해에 대한 경고를 받고 2006년부터 2008년까지 매년 9,500만 달러, 총 2억 8500만 달러의 로열티 계약을 체결하였다. 특허권자의 입장에서 볼 때 Patent Troll의 행위는 법에 근거한 정당한 특허권의 행사라고 볼 수 있는 것임에도 불구하고 그 부정적 이미지를 지울 수 없고 아울러 그 폐단을 억제할 필요가 있음을 부인할 수 없다.39)

특허괴물이 큰 수익을 거두면서 존재할 수 있는 이유는 하나의 첨단제품에 다양한 기술들이 유기적으로 복잡하게 얽혀 있고 이들 기술에 다수의 특허권이 설정되어 있으며 각 특허권자는 배타적 권한을 보유하고 있기 때문이다. 하나의 첨단제품을 생산하기 전에 침해를 구성하는 특허를 확인하기 위하여 모든 특허를 조사하고, 침해의 가능성이 없는 방법을 찾아내는 것은 극히 어려운 일이다.40) 더욱이 제품개발을 완성하여 시장에 출시한 이후에는 회피설계비용이 과도하게 증가하여 사실상 회피설계가 불가능할 수도 있다. 따라서 첨단제품을 생산하는 기업은 언제 특허괴물로부터 침해금지의 요구를 받을지 모르는 상황에 처해 있는 것이다. 특허괴물은 이러한 점을 이용하여 제조회사가 제품을 대량으로 생산하고 판매망을 확대하여 돌이킬 수 없는 시점에 도달할 때까지 기다렸다가 특허권을 행사하여 제조회사로 하여금 협상에 나설 수밖에 없도록 하는 전략을 구사한다.41)

---

38) 김기영, Patent Troll에 대한 법적·제도적 대응방안 연구, 2008. 8. 서울대학교 대학원 법학박사학위논문, p. 3.

39) 김기영, Patent Troll에 대한 법적·제도적 대응방안 연구, pp. 4-5.

40) European Patent Office, *Scenarios for the Future*, April 2007, pp. 17, 90-91. '특허숲'이란, 일련의 중복하는 특허권이 존재하기 때문에, 새로운 기술을 상업화하려는 자가 복수의 특허권자로부터 사용허락을 취득하지 않으면 안 되는 상황을 말한다. 시장참가자는 이 '특허숲'을 제거하기 위하여 크로스라이선스와 특허풀이라는 자연스럽고 효과적인 방법을 사용하고 있다.

41) 특허괴물은 물건을 제조하는 등 어떠한 특허발명도 실시하지 않기 때문에 특허를 침해하는 일이 있을 수 없고, 제조회사는 자사가 보유하고 있는 특허 포트폴리오를 사용하여 특허괴물과 크로스라이선스를 시도하거나 특허괴물이 자사의 특허를 침해하고 있다고 주장할 수도 없다. 결국 제조회사는 특허괴물의 요구에 따르지 않을 수 없는 것이다. 반면에 특허괴물은 물건을 제조하지 않기 때문에 그다지 큰 투자를 하지 않아도 된다. 특허괴물은 특허를 출원하여 등록을 받거나 타인의 특허를 매입하기만 하면 된다.

## 6. 침해 여부 판단의 어려움으로 인해 높아지는 분쟁 가능성

특허권의 보호범위는 청구범위에 의하여 결정된다.[42] 청구범위에는 보호 받고자 하는 사항을 명확히 할 수 있도록 구조·방법·기능·물질 또는 이들의 결합관계 등을 글로써 기재하도록 되어 있다. 즉, 특허발명의 실체는 기술적 사상이고 그 보호범위는 기술적 사상을 표현한 글에 의하여 결정된다. 즉, 특허청구범위는 언어로써 표현하기 때문에 특허권의 범위를 명확하게 확정하기 어렵다.[43] 아무리 신중하게 작성된 청구범위라고 하더라도 그 권리의 범위는 확정적일 수 없다. 청구범위에 사용된 언어는 다양하게 해석될 수 있고 그 자체가 추상적일 뿐 아니라 시간이 흐르면서 다르게 해석될 수 있기 때문에 특허청구범위는 명확하게 확정하기 어렵다.[44] 특허권의 범위는 일반적으로 균등의 범위까지 확장하여 고려하여야 하고 이때 균등의 범위에 대하여는 다양한 해석이 가능하다. 특허발명이 공지기술과 동일성의 것인지의 여부를 판단하여야 할 뿐 아니라, 공지기술로부터 용이하게 실시할 수 있는 것인지의 여부도 판단하여야 한다. 이러한 판단은 항상 명백한 것은 아니어서 법원 혹은 판사에 따라 결과가 달라진다. 이와 같이 특허권의 권리범위를 설정하기 어려운 특성은 특허권 관련 분쟁 가능성을 높이고 협상비용을 상승시킨다.

더욱이 특허발명은 유형자산과 달리 '비경합성' 및 '비배제성'을 갖고 있어서 침해되더라도 곧바로 확인되지 않는 특성이 있다.[45] 물건에 대한 권리

---

42) 특허법 제42조 제2항 제4호 및 제6항. 특허청구범위는 출원인이 보호받고자 하는 사항을 기재한 것으로서 특허의 범위 혹은 권리의 범위라고 할 수 있다. 특허청구범위는 부동산 등기권리증에서 권리의 대상이 되는 부동산의 위치, 구조, 건축면적, 연면적, 층수 등의 사항에 해당하는 부분이라고 할 수 있다. 부동산의 등기권리증에 비하여 특허출원서의 특허청구범위의 작성이 어려운 것은 부동산은 유형자산이므로 그것을 명확하게 기술할 수 있는 반면, 특허청구범위, 즉 발명은 무형자산이기 때문에 이것을 문장에 의하여 구체적으로 명확히 특정하기가 곤란하기 때문이다.

43) Ben Depoorter, *Property Rules, Liability Rules and Patent Market Failure*, Erasmus Law Review, Vol. 01 Issue 04, 2008, pp. 69-71.

44) Ben Depoorter, 앞의 논문, pp. 66, 69-71.

45) '비경합성'이란 어떤 한 사람에 의한 소비나 이용이 다른 사람의 소비나 이용에 부정적으로 작용하지 않는 성질을 의미한다. '비배제성'이란 어떤 한 사람의 소비나 이용이 다른 사람의 소비나 이용을 배제하지 않는 성질을 말한다. 발명이 그 이용에 비경합성 및 비배제성이라는 특성을 갖는다는 점에 대하여

의 침해가 이루어진 경우와 달리 특허권 침해자가 특허발명을 구현한 제품을 만들어 판매하거나 특허제품을 복제하여 판매하더라도 특허권자는 이를 확인하기 어려운 경우가 많다. 이러한 현상은 공간적으로는 미국이나 중국과 같이 국토가 넓은 국가에서, 혹은 유럽특허와 같이 하나의 특허가 여러 국가에 걸쳐서 발생할 때, 그리고 특허발명이 서비스에 관한 것(예를 들면 영업방법관련발명 등)일 때 일어날 가능성이 더욱 높게 된다. 침해자의 입장에서는 이러한 특성을 고려할 때 침해로부터 얻는 이익보다 침해 사실이 확인된 후에 라이선스를 체결하거나 소송을 통하여 해결하는 비용이 적다고 판단되는 한 자발적으로 특허권자와 라이선스를 체결할 필요를 느끼지 못할 것이다. 결국 침해자가 침묵하고 있는 한 특허권자는 침해자를 찾아내는 비용을 부담하게 된다.[46)]

이러한 서치비용을 지불하고서라도 특허권을 행사하기 위하여 침해자를 찾아내어 소송을 제기하거나 라이선스계약을 체결하는 특허권자는 소송에서

---

는 Abraham Bell and Gideon Parchomovsky, *Pliability Rules*, Working Paper no. 5-02, May 2002, http://www.biu.ac.il/law/unger/wk_papers.html, 2015. 5. 25. 최종 접속, pp. 52-53. 자동차나 주택은 그 이용이 점유를 요하지만 발명은 그렇지 않기 때문에 동시에 다수의 사람이 이용하더라도 불편이 없을 뿐 아니라 더 많은 사람이 이용할수록 사회의 유익은 증진된다. 인터넷을 통해 음악을 듣거나 영화를 볼 때, 수많은 이용자가 실시간으로 동일한 정보를 동시에 이용하거나 이를 공유하는 것이 가능한 것은 디지털콘텐츠에 비경합성과 비배제성이 있기 때문이다. 특허발명은 무체재산이기 때문에 유체재산과는 다른 여러 가지 특이한 성질을 가지고 있다. 특허권자가 어떤 발명에 대하여 특허권을 가지고 있다고 하더라도 유체재산에 대한 소유권자가 가지는 점유는 불가능하고 점유권을 담보로서 제공할 수도 없다. 즉, 유체재산은 이를 여러 사람이 동시에 점유하여 각각 자신의 목적에 따라 사용하는 데 제약이 따르지만 특허권의 대상이 되는 발명은 이를 여러 사람이 동시에 실시하는 데 있어서 아무런 제약이 따르지 않는다. 유체재산은 다른 사람에게 이를 사용하게 하려면 점유를 이전하여야 하지만 특허권은 다른 사람에게 특허발명을 실시하게 하더라도 이를 여전히 보유할 수 있다. 또한 특허와 같은 무체재산은 타인에게 양도하더라도 본인의 특허지식을 완전히 제거할 수 없다. 마찬가지로 타인에게 빌려주었던 것을 돌려받으려 하여도 타인이 가지고 있던 특허지식을 돌려받기 위하여 타인이 갖고 있던 지식을 완전히 망각시키는 것은 불가능하다.

46) Jonathan S. Masur, *Patent Liability Rules as Search Rules*, The University of Chicago Law Review, [78:187] 2011, p. 188.

나 라이선스계약에서 서치비용을 회수하려 할 것이다. 그런데 서치비용이 상당함에도 불구하고 그것이 충분히 회수되지 않는 한 특허권자의 발명의욕은 저하될 것이다.

## 7. 가치평가의 곤란성

특허의 이용이나 거래가 활성화되지 않는 이유 중 하나로서 특허의 가치를 평가하기 어렵다는 점을 들 수 있다. 특허발명은 유일한 상품으로서 시장가격이 형성되어 있지 않고, 더욱이 시장에서 성공할 수 있을지 나아가서 얼마나 성공할 수 있을지를 예측하기 어렵기 때문에 그 가치를 평가하기 어렵다.[47] 가치평가의 곤란성은 특허범위의 불명확성(나아가서 특허권의 유효성 여부의 불명확성)에 의하여 더욱 증폭된다.[48]

이러한 가치평가의 곤란성으로 말미암아 특허발명을 이용하여 제품을 만들려는 자나 후속기술혁신에 특허발명을 도입하고자 하는 후속기술혁신자는 특허발명에 대한 라이선스계약 체결을 망설이게 된다.

## 8. 결 론

이제까지 연속적 · 누적적 특성을 가진 현대 첨단과학기술분야의 기술혁신을 특허라고 하는 소유권에 의하여 보호함으로써 나타나는 문제들을 살펴보았다. 연속적 · 누적적 기술혁신에서 나타나는 수많은 권리로의 단편화와 단편화된(fragmented) 권리의 사유화는 특정한 제품의 개발에 있어서 차단특허, 보완특허, 홀드업 등의 문제를 야기하고 이로 인하여 계약비용을 크게 상승시킨다. 특허를 이용하여 제품을 상업화하려는 기업은 필요한 특허를 모두 찾아서 개별적으로 사용허락 협정을 체결해야 하기 때문에 전체 라이선스 과정이 극히 비효율적이고 비용이 높아지게 된다.

---

47) Ben Depoorter, 앞의 논문, pp. 66-67. Depoorter는 발명의 장래의 가치를 정확히 판단하기 어려운 사례로서 IBM이 일반 사무용 컴퓨터가 장래 가치를 지나치게 낮게 평가하였던 것을 들고 있다. Id. p. 67.
48) Ben Depoorter, 앞의 논문, pp. 66-67.

이와 같은 비효율은 결국 특허의 이용률을 저하시켜 특허권자에게도 불리하게 된다. 이러한 문제를 해결하는 방안은 특허권의 성격을 책임규칙에 입각하여 변경하거나 단편화된 다수의 권리들을 하나로 묶고, 묶어진 권리에 대한 사용허락을 단번에 체결할 수 있도록 하는 것이다. 이하에서는 이러한 방안으로 보상책임체제, 기술혁신의 직접보호, 특허풀, 크로스라이선스, 특허플랫폼에 대하여 살펴보기로 한다.

# Ⅲ. 보상책임체제[49]

특허는 진보성 요건으로 인하여 작은 기술혁신을 보호하지 않거나 보호하게 될 경우 과도하게 강력히 보호하는 경향이 있다. 이 문제를 해결하기 위하여 Jerome H. Reichman 교수는 보상책임체제를 제안하였다.

## 1. 보상책임체제의 구조와 의미

Reichman 교수는 '녹색튤립(green tulip)' 문제로 보상책임체제를 설명하고 있다. 보상책임체제에서 후속개발자는 자신이 빌린 것에 대해 비교적 짧은 리드타임 기간 동안 적절한 보상을 의무적으로 해야 한다.[50] 육종가 A가 '녹색튤립'을 개발한 첫 개발자라면, 다른 사람들은 이 녹색튤립을 사용하려면 허가가 아니라 보상이 필요하다. 육종가 A는 일정한 인위적 리드타임(artificial lead time) 기간동안 다른 사람들로부터 녹색튤립의 사용에 대한 보상을 받을 자격이 있게 된다. 육종가 A의 자격은 독점적 권리로서가 아니라 의무적 관계에 기초한다. 그는 자기의 기술혁신(즉, 녹색튤립)을 후속개발자(육종가 B)가 요구할 경우 빌려주지 않을 수 없다. 그리고 육종가 B는 보상을 지불할 의사가 있는 한 녹색튤립의 기술혁신을 사용하기 위해서 육종가 A의 허락을 구할 필요가 없다.

---

49) Reichman, *Of Green Tulips.*
50) Reichman, *Of Green Tulips*, p. 39.

**그림 13-1** 보상책임체제의 구조

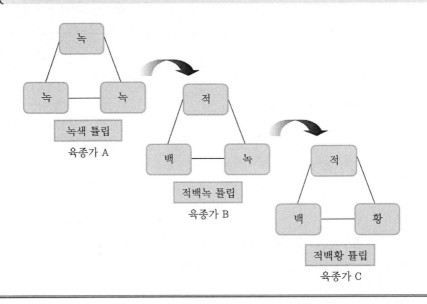

녹색튤립을 처음 개발한 육종가 A는 녹색튤립에 대한 사용을 허가할 권리가 아니라 녹색튤립의 사용에 대한 대가를 청구할 권리만을 일정한 기간 동안 누리게 된다. 그는 후속 개발자(육종가 B)가 자기의 기술혁신(즉, 녹색튤립)을 이용하지 못하도록 이용허락을 거절할 수 없다. 육종가 B는 대가를 지불할 의사가 있는 한 육종가 A의 허락을 받을 필요 없이 녹색튤립에 응용된 혁신기술을 사용할 수 있다.

만약 육종가 B가 대가를 지불하지 않고 A의 혁신기술을 사용하고 싶다면 A의 기술혁신에 대한 보상기간이 경과할 때까지 기다린 후에 A의 혁신기술을 자유롭게 사용할 수 있다. 만약 육종가 B가 충분한 기술적 노하우를 갖고 있다면 육종가 A에게 보상하지 않고 또한 A의 기술혁신에 대한 보상기간(리드타임)이 경과할 때까지 기다릴 필요도 없이 녹색튤립의 변종(a red, white and green tulip, 적백녹튤립)을 독립적으로 개발할 수도 있다.

보상의 여부는 현행 특허제도와 달리 후속 개발자가 선행기술을 이용하였는지의 여부에 따라 결정된다. 후속개발자인 육종가 B가 선행기술혁신의 보상기간 동안 육종가 A의 기술을 이용하지 않았다면 육종가 B는 육종가 A에게 아무것도 보상할 필요가 없다. 육종가 B가 기술사용을 포기하고 보상기간이 만료될 때까지 기다리기로 결정하였다면 육종가 A는 보상기간 동안 독점적 지위를 누릴 수 있다. 만약 육종가 B가 독자적으로 녹색튤립의 변종을 개발하는 경우에도 육종가 A는 선행개발자로서 충분한 리드타임의 이익을 누릴 수 있을 것이다.[51]

　　육종가 C는 육종가 B와 같은 위치에 있다. 육종가 C도 육종가 B의 '적백녹튤립'을 자신의 다른 후속 개발제품, '적백황튤립'에 허락 없이 사용할 수 있다. C가 B의 '적백녹튤립'을 빌릴 때, 만약 육종가 A와 B의 리드타임(leadtime: 책임기간, liability period) 동안이면, 육종가 A와 B 모두에게 보상을 해야 한다. 육종가 B와 C가 책임기간 동안 육종가 A에게 빌리지 않고, 그래서 B와 C가 A에게 아무것도 지불하지 않는다 하더라도, 육종가 A는 인위적 리드타임으로부터 이익을 보게 될 것이다.[52] [표 13–1]은 육종가 A, B, C의 관계를 나타내고 있다.

**표 13-1**　　**육종가 A, B, C의 관계**

| 육종가별 | 육종가 A | 육종가 B | 육종가 C |
|---|---|---|---|
| 기술혁신 | · '녹색튤립'을 처음 개발함<br>· 아직 소비시장을 개척하지 못함 | · 육종가 A의 기술을 이용하여 '적백녹튤립'을 개발함<br>· 상품화에 성공함 | · A, B를 통해 수익을 창출함<br>· 육종가 A, B의 기술을 이용, '적백황튤립' 개발함 |
| 자격 | · B, C로부터 보상 가능<br>(B, C가 이용시) | · A, C로부터 보상 가능<br>(A, C가 이용시) | · A, B로부터 보상 가능<br>(A, B가 이용시) |
| 이용과<br>보상 관계 | · B, C에게 보상(B, C의 기술혁신 이용시) | · A, C에게 보상(A, C의 기술혁신 이용시) | · A, B에게 보상(A, B의 기술혁신 이용시) |
| 기술력과<br>보상 여부 | · '녹색튤립' 개발 기술력 보유 | · 녹색튤립 기술 보유시 독자 개발<br>· 개발기술 자체 사용에 보상 불필요 | · '적백녹튤립' 기술력 보유시 독자 개발<br>· 자체 개발 적백황튤립 사용에 보상 불필요 |
| 리드타임<br>후의 이용 | · (B, C의 리드타임 종료 후 기술혁신 이용시)<br>B, C에게 보상 불필요 | · (A, C의 리드타임 종료 후 기술혁신 이용시)<br>A, C에게 보상 불필요 | · (A, B의 리드타임 종료 후 기술혁신 이용시)<br>A, B에게 보상 불필요 |

---

51) Reichman, *Of Green Tulips*, pp. 40-41.
52) Reichman, *Of Green Tulips*, pp. 40-41.

보상책임체제는 개발자에게는 일정한 인위적 리드타임을 제공함으로써 작은 기술혁신에 대한 소유권적 규칙의 문제를 해결하고, 리드타임 동안 다른 회사들이 개발비를 보상하기만 하면 언제나 선행 개발자의 기술혁신을 빌릴 수 있는 시스템이다.[53) 보상책임체제는 다른 사람의 이용을 배제할 권리가 없는 자동라이선스의 형태를 취한다. 독점배타권이 부여될 때에 비하여 보상이 충분하지 못한 것처럼 보일지 모르지만, 권리가 약함에도 불구하고 권리자가 항상 적은 수입을 거둔다고 할 수는 없다. 개발자의 기술혁신을 적극적 내지 공격적인 후속개발자가 응용할 경우, 개발자가 라이선스를 거절했거나 혹은 호의적인 사용권자에게 독점적으로 라이선스를 부여했을 경우보다 훨씬 많은 수입을 가져올지도 모르기 때문이다. 특히 여러 후속개발자가 다수의 후속개발제품에 관심을 갖게 될 때, 그리고 이러한 후속개발제품들이 첫 개발자 자신의 사업이 창출했을지도 모를 이익을 초과하는 이익을 낼 수 있는 것인 때, 기대 이상의 수입이 발생할 가능성이 높게 된다. 반대로 육종가 B와 C가 스스로 기술혁신을 이루어냈을 경우, 육종가 A는 B와 C에게 보상하여 그들의 개발비에 기여해야 B와 C의 기술혁신을 이용할 수 있다.

육종가 A와 B가 이 거래를 할 만한 인센티브를 갖는다면 C도 만족하게 될 것이다. 일단 육종가 B가 A의 비용에 기여하기로 하면, B는 C뿐만 아니라 (A가 최근 기술을 자신의 제품에 반영하기 위하여 후속개발자의 기술혁신, 즉 B의 기술을 이용하는 경우) A로부터도 유사한 보상을 거둘 수 있는 위치에 있게 된다.

육종가 B가 개발한 후속기술을 육종가 A가 다시 이용하는 경우에도 역시 육종가 A는 육종가 B의 허락을 받을 필요 없이 일정기간 동안 육종가 B에 대한 보상의 의무만으로 자유롭게 육종가 B의 혁신기술을 이용할 수 있다.

배타적 소유권체제하에서는 후속개발자의 이용에 대한 대가를 (후속개발자의 몫까지) 첫 개발자에게 몰아주는 경향이 있다. 반대로 이러한 배타적 권리의 이행이 제대로 이루어지지 않게 되면 첫 개발자의 몫까지 후속개발자에게 돌아가게 된다.

보상책임체제는 이러한 부정적 경향을 제거한다.[54) 첫 개발자들은 후속개발자들이 기술혁신을 이용할 때 보상을 지불한다는 것, 그리고 그들 스스로

---

53) Reichman, *Of Green Tulips*, p. 39.
54) Reichman, *Of Green Tulips*, p. 51.

그러한 후속응용기술을 다시 빌릴 자격이 있다는 것을 알고 사업계획을 세울 수 있다. 한편 첫 개발자의 기술혁신을 허락 없이 빌릴 수 있는 후속개발자의 법적 권리는 사실상 첫 개발자에 대한 지불비용을 초과하는 수익을 창출할 수 있는지의 여부를 판단해야 한다는 점에서 제한을 받는다. 이러한 자동라이선스하에서 지정된 기간 동안 모든 참여자는, 인위적인 법률 장벽에 구애받지 않고, 빌려주는 자와 빌리는 자의 지위 사이를 왕래할 수 있다.

인터넷과 전자상거래의 발전은 복제비용을 줄이고 리드타임을 축소시키고, 작은 기술혁신을 이루는 사람들이 자신들의 노하우를 비밀로 유지하려는 경향을 증대시키고, 기술의 공개와 확산을 저해하고 있다. 책임체제는 진보성 내지 창작성은 갖지 못하는 '작은 기술혁신'을 보호할 수 있으므로, '특허와 저작권'의 이분법 체계는 진정으로 진보성이 있는 발명 또는 독창적인 저작물에만 적용할 수 있게 된다. 책임규칙은 인위적 리드타임을 제공함으로써 작은 기술혁신에 대한 소유권적 규칙의 문제를 해결하고,[55] 이 리드타임 동안 회사들은 개발비에 기여하기만 하면 언제나 다른 사람의 작은 기술혁신을 빌릴 수 있다.[56]

## 2. 보상책임체제의 보호대상

후속기술혁신을 방해하거나 진입장벽을 만들지 않으면서 기업들이 누적적이며 연속적인 기술혁신에 투자한 열매를 어떻게 거두어들일 수 있게 할 것인지는 법과 지적재산권제도가 해결해야 할 어려운 문제이다.[57] 과거에는 획기적 발명에 의해 기술혁신이 일어나는 경우가 많았다. 현대 과학기술혁신은

---

55) 책임 규칙은 제3자가 일정한 조건하에서 권리자에게 해롭게 될 수 있는 행위를 통제하는 한편, 소유권적 권리는 제3자가 보호의 객체를 이용하는 것을 막는다. 예를 들어, 만약 어떤 사람이 배타적 권리하에 자동차나 집과 같은 소유물을 가지고 있다면 다른 사람은 허락 없이 그것을 취할 수 없다. 그러나 책임 규칙하에서, 다른 사람들은 손해배상 책임을 갖고 권리자에게 해가 될 수 있는 행위를 하여 개연적 침해(probabilistic invasions)를 구성할 수 있다. Louis Kaplow and Steven Shavell, *Property Rules Versus Liability Rules: An Economic Analysis,* 109 Harv. L. Rev. 713, 716(1996).

56) Reichman, *Of Green Tulips,* p. 52.

57) Reichman, *Of Green Tulips,* p. 53.

누적적·연속적·점증적으로 일어나고 있으며 이러한 점증적 기술의 축적을 통해 기술과 경제의 발전이 이루어지고 있다.[58]

오늘날 새롭게 창출되는 첨단기술은 복제에 취약하고, 복제에 대한 취약성은 시장붕괴의 위험을 낳는다. 보상책임체제는 '신규성과 진보성 기준 혹은 독창성과 창의성 기준에 미달하지만 유용한 작은 기술혁신'을 효과적으로 보호한다.[59]

### 연습문제

DB제작자 A는 역대 월드컵에 출전한 선수들의 경기능력을 선수별로 데이터화 한 '월DB'를 제작하였다. DB제작자 B는 '월DB'를 이용하고 여기에 역대 유럽챔피언스리그에 출전한 선수들의 경기능력 데이터를 추가하여 '월유DB'를 제작하였다. DB제작자 C는 '월유DB'를 상업화하여 수입을 창출하였을 뿐 아니라 이 '월유DB'에 역대 '아메리카챔피언스리그'에 출전한 선수들의 경기능력 데이터를 추가하여 '월유아DB'를 제작하였다. A, B, C의 관계를 보상책임체제의 관점에서 설명하시오.

[해설] 이때 DB제작자 B와 C는 '월DB'를 사용하기 위해서 허가가 필요하지 않고 제작자 A에게 보상만 해 주면 된다. DB제작자 A는 일정한 리드타임 기간 동안 다른 사람들로부터 '월DB'의 사용에 대한 보상을 받을 자격이 있다. DB제작자 A는 자신의 DB를 다른 사람들이 이용을 요구할 경우 허락하지 않을 수 없다. DB제작자 B는 보상을 지불할 의사가 있는 한 '월DB'를 허락 없이 이용할 수 있다. DB제작자 B는 리드타임이 만료될 때까지 기다렸다가 그 후부터 월DB를 자유롭게 사용하거나 아니면 데이터와 기술력을 가지고 있고 리드타임 기간의 종료시까지 기다릴 수 없다면 DB제작자 A에게 보상하지 않고도 '월유DB'를 독립적으로 개발할 수 있다. DB제작자 C는 B의 DB를 보상할 의사만 있으면 허락 없이 사용하여 자신의 아메리카챔피언스리그 선수들의 데이터를 추가함으로써 '월유아DB'를 제작할 수 있다. C가 B의 '월유DB'를 빌릴 때 만약 제작자 A와 B의 리드타임기간(liability period) 동안이면 A와 B 모두에게 보상해야 한다. B와 C가 A로부터 빌리지 않고 따라서 B와 C가 A에게 아무것도 지불하지 않더라도 A는 리드타임으로부터 수익을 얻을 수 있다.

---

58) James Bessen and Eric Maskin, *Sequential Innovation, Patents, and Imitation*, Working Paper Department of Economics, Massachusetts Institute of Technology, No. 00-01, January 2000 (이하, Bessen and Maskin, *Sequential Innovation, Patents, and Imitation*). 실버스톤(Z.A Silberston)은 실용신안이 앞으로 폭넓게 채택될 것이라고 했다. Kingston, *Direct protection*, p. 213 참조.

59) Reichman, *Of Green Tulips*, pp. 23-24.

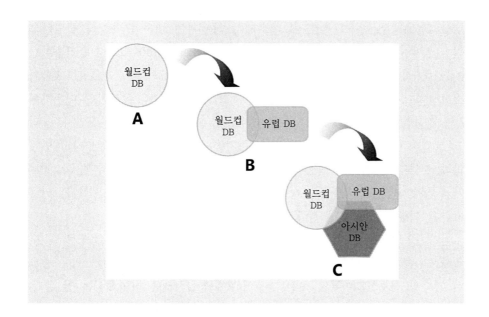

## 3. 평가 및 시사점

보상책임체제는 선행 기술혁신자의 기술혁신을 후속 기술혁신자가 이용함에 있어서 허락을 요하지 않는 것으로서 이용발명자와 피이용발명자 간의 문제를 다룬 것이다. 후속 기술혁신자가 선행기술혁신을 그대로 모방하여 이용할 경우에는 보상책임규칙이 적용되지 않기 때문에 이러한 이용은 금지된다. 따라서 보상책임체제는 다수의 특허가 포함된 복잡한 제품을 새롭게 개발함에 있어서 홀드업 또는 로열티스토킹 문제를 해결할 수 있는 장점이 있다고 할 수 있다.

그러나 연속적인 기술혁신의 사슬에서 선행기술혁신과 후속기술혁신의 가치를 합리적이고 객관적으로 평가하는 것은 극히 어렵다.[60] 또한 특허발명의 가치는 한 번 평가하였다고 하더라도 지속적으로 그 가치를 유지하지 않고 시장상황이나 기술발전에 따라 변화할 수밖에 없으며 이러한 가치의 변동에 따라 이들을 어떻게 대우하는 것이 정당한 것인지가 명확하지 않다.

그리고 선행기술혁신과 후속기술혁신의 가치평가가 이루어졌다 하더라도

---

60) Ben Depoorter, 앞의 논문, pp. 67-68.

보상책임체제는 이들을 어떻게 대우해야 하는지에 대하여 명확히 설명하고 있지 않다. 예를 들어, 기술혁신 A(a+b)의 가치가 100이고, 후속기술혁신 B(a+b+c)의 가치가 105, 후속기술혁신 C(a+b+d)의 가치가 150, 후속기술혁신 D(a+b+e)의 가치가 200인 경우 B, C, D를 모두 동등하게 대우하여 A의 기술혁신을 허락 없이 이용할 수 있도록 하는 것이 정당한 것인지, 그리고 로열티를 어느 정도로 정하여야 하는지에 대하여 명확하게 설명하고 있지 않다. B의 경우 가치의 상승이 5에 불과하고, C의 경우 50, D의 경우 100의 가치 상승이 있다. 이들을 시장에서 동등하게 대우하는 것이 정당한가? 이들 각각의 이용료는 어떻게 정하여야 하는가?

가치의 상승만을 볼 때, B는 A, C, D와 비교할 때 미미한 것으로 볼 수 있다.[61] 특허법에 의하면, B가 A에 비하여 "상당한 경제적 가치가 있는 중요한 기술적 진보"를 이루지 못한 경우에는 통상실시권을 허여해서는 안 된다. 이것은 사소한 기술적 진보를 이룬 자가 원천발명을 허락 없이 이용할 수 있게 되면 원천발명자의 리드타임이 축소되고 발명에 대한 인센티브가 사라질 수 있기 때문이다.

이에 반하여 C, D는 A와 비교할 때 상당한 경제적 가치가 있을 뿐 아니라 중요한 기술적 진보를 이룬 것이라고 하더라도 A의 권리자가 C, D를 실시할 수 없게 한다면 사회적 손실이 크고 기술의 발전을 기대할 수 없다. 따라서 C, D와 같이 중요한 기술적 진보를 이룬 경우에는 (특허법에서 통상실시권을 허락하는 것이 정당화 될 수 있는 것처럼) A에 대하여 보상할 준비가 되어 있는 한 A의 권리자의 허락 없이 기술혁신 (a+b)를 이용할 수 있도록 하는 것은 합리적이라고 평가할 수 있다.

CLR 체제 하에서 B의 기술혁신자는 A의 기술혁신자의 허락 없이 기술혁신 A를 이용할 수 있고 같은 시장에서 B는 A와 경쟁할 수 있게 된다. A와 C 또는 D의 관계도 마찬가지지만 C와 D가 B와 다른 점은 A에 비하여 "상당한 경제적 가치가 있는 중요한 기술적 진보"를 이루었다고 볼 수 있다는 점이다.

CLR 체제의 첫 번째 문제점은 후속기술혁신의 기술적 진보에 차이가 있는 경우 이들을 서로 어떻게 구분할 수 있는지, 구분한다면 이들을 각각 어떻게 대우할 것인지(즉, 이들에 대한 이용료 및 이용조건 등)에 대한 문제가 명확하

61) 특허법 제138조 제2항.

게 제시되어 있지 않다는 점이다.

둘째로 후속 기술혁신자 B, C, D가 A를 이용하지 않았다고 주장할 때, A 의 입장에서 B, C, D가 이용하였음을 입증하는 문제와 이들에 대한 권리행사 의 문제이다. CLR 체제 하에서 A에 대한 권리는 보상을 받을 권리에 불과하고 금지할 권한이 아니기 때문에 B, C, D의 실시를 금지할 수 없고 보상을 청구 할 수밖에 없다. 이 문제는 법원에서 다루어질 것이지만, CLR 체제가 침해금 지 가처분 등의 제도를 포함하고 있지 않는 한, 법원에서 다루는 기간에도 후 속 기술혁신자 B, C, D는 이용을 계속할 수 있다. 따라서 법원은 B, C, D의 실시가 A를 이용하고 있는 것으로 판단되면 이 기간의 이용까지 포함하여 보 상액을 결정하여야 할 것이다.

## Ⅳ. 기술혁신의 직접보호

기술혁신에 대하여 독점권이 주어지던 초기에 독점권은 추상적인 사상이 아니라 그 사상이 적용된 발명품 자체에 대하여 주어졌다.[62] 독점권에 대한 대가로 특허를 받은 자는 특허를 부여받은 나라에 신기술을 구현한 상품을 도 입해야 했다.

오늘날의 특허는 명세서에 의하여 뒷받침되고 청구범위로 표현되는 서류 에 기재된 사항에 대하여 부여된다. 특허의 대상이 되는 "발명"이란 '자연법칙 을 이용한 기술적 사상의 창작으로서 고도한 것'을 의미한다(특허법 제2조 제 1호). 특허가 '기술적 사상'에 대하여 부여되기 때문에, 기술적인 측면에 의하 여 어느 정도의 구체성은 갖지 않을 수 없다 하더라도 여전히 보호의 대상은 불확실하고 추상적인 것이다. 어떤 기술혁신에 대하여 얼마나 많은 보호가 주 어지는가는 사상과 그 실상 간에 서로 얼마나 밀접한 관계가 있는가에 달려 있다.[63] 만약 그 아이디어가 한 가지로만 구체화된다면 아이디어만 보호하더 라도 문제가 없다. 그러나 아이디어가 여러 가지로 구체화될 수 있다면 아이 디어를 보호하는 것만으로는 불충분하거나 분쟁을 야기할 소지가 있다. 왜냐

---

62) Kingston, *Direct protection*, p. 2.
63) Kingston, *Direct protection*, p. 3.

하면 특허청구범위에 기재된 아이디어에 구체화된 상품이 포함되는지의 여부를 개별적으로 판단해야 하기 때문이다. 이 판단 과정에는 구체화된 상품의 구성요소에 대한 추상화와 청구범위 구성요소의 구체화가 포함되지 않을 수 없는데, 이 과정에 필연적으로 해석의 차이에 따른 분쟁이 있기 마련이기 때문이다.

더구나 점증적으로 이루어지는 작은 기술혁신은 특허제도의 진보성 요건을 충족시킬 수 없다. 진보성 요건은 수많은 점증적 기술혁신을 특허보호의 영역에서 제외시켰다.[64] 점증적 기술혁신은 특허심사관이 진보성을 심사할 때에 선행기술 요소들로부터 자연스럽고 논리적으로 발생되는 것으로 인식되는 경향이 있고 진보성을 충족시켰다고는 인정되기 어려우므로 거절되기 쉽다.

킹스톤(William Kingston)과 크론츠(Hermann Kronz)는 초기 특허제도가 가지고 있던 '기술혁신의 직접보호'의 이념을 현대 특허제도에 다시 도입하여 특허제도의 효율을 극대화시키려 노력하였다. 이들에 따르면 기술혁신의 직접보호는 많은 이익이 있다. 직접보호는 점증적 기술혁신을 보호할 수 있고, 위험도가 다른 투자에 대해서 차별적 보호를 할 수 있으며, 중소기업에 대한 보호를 확보할 수 있게 하여 준다. 또한, 기술혁신의 수익성을 높임으로써 투자를 크게 증대시킬 수 있다.[65] 이러한 이유에서 그들은 '기술혁신특허(innovation patent)'와 '기술혁신보증(innovation warrant)'을 각각 제안했다.

여기에서는 크론츠의 기술혁신특허를 소개하도록 한다. 크론츠 시스템에서 개념이나 아이디어는 보호되지 않는다. 아이디어는 그 아이디어의 가능한 모든 개개의 구체화된 것들을 통해 보호될 수 있다. 특허제도는 아이디어를 보호하는 반면, 기술혁신특허는 아이디어가 구체적으로 현실화된 기술혁신을 보호한다.

## 1. 주요특징과 보호의 대상

다음은 기술혁신의 직접보호 중 크론츠 제안의 주요 특징들이다.[66]

---

64) Kingston, *Direct protection*, pp. 107-108.
65) Kingston, *Direct protection*, pp. 92-100.
66) Kingston, *Direct protection*, p. 36.

① 보호대상은 발명이 아니라 기술혁신, 즉 실제로 실용화되고 상업화된 발명이다.[67]

② 기술만이 아니라 사고 팔 수 있는 새로운 물건에 구현될 수 있는 것은 어느 것이나 보호될 수 있다.

③ 공정은 공정에 포함된 물리적 요소들을 통하여 보호될 수 있다.

④ 보호를 받기 위해서는 기술혁신을 실현시킬 수 있는 기술적 능력과 상업화 능력을 모두 보유해야 한다. 만약 이 중 하나라도 없으면 계약을 통해서 "대체 기술혁신자(substitute innovator)"로 대신할 수 있다.

⑤ 보호를 위하여 전통적 특허제도에서와 같은 형식으로 정해진 기간 동안 해당 기술혁신을 만들고 사용하고 파는 독점권이 부여된다.

⑥ 보호지역의 범위는 한 국가, 한 국가의 일부 지역, 혹은 협정에 의한 국가 집단 등이 될 수 있다.

⑦ 보호기간은 기술혁신 회사, 시장, 기술혁신 대상들에 따라서 변화한다.

⑧ 보호는 발명단계에 적용되지 않듯이 확산단계에도 적용되지 않는다.

⑨ 보호범위는 청구범위로 정해진다.

⑩ 신규성의 부정은 최초의 상업적 사용으로 형성되는 "공적 사전 사용(public prior use)"으로만 가능하다. 신규성은 개념이나 기술적 내용이 완전히 상업적 상태로 구현되지 않았다면 이들 개념이나 기술적 내용이 사전에 공지되었다 하더라도 부인되지 않는다.

⑪ 이 체제는 전통적인 특허제도를 대체하거나 보완할 수 있을 것이다.

⑫ 출원에 거짓이 포함되어 있지 않는 한 기술혁신특허는 무효 여부 논쟁의 대상이 될 수 없다.

⑬ 최초 상업적 사용 후 계속 사용할 의무는 없으나 이로 인해 결과적으로 권리를 잃을 수도 있다.

크론츠 체제에서 보호될 수 있는 것은 해당 사법영역 안에서 상업적 형태로 새롭게 사용된 물건이다.[68] 아이디어의 창작, 발견, 디자인, 모델 혹은 견본(prototypes)은 보호될 수 없다. 기술혁신특허는 실체적인 물건과 그 물건을 최

---

67) 실제로 실용화된 발명: invention to be reduced to practice.
68) Kingston, *Direct protection*, p. 37.

초로 상업화하는 행위가 결합될 때에만 부여된다. 만약 기술혁신특허가 부여되려면, 그 기술혁신 대상은 상업화가 준비된 상태여야 한다.[69] 출원인이 대상물을 해당 사법영역에서 처음 공개적으로 상업화하였는지의 여부가 유일한 고려사항이다. 기술혁신특허는 오직 상업적 성격의 물건과 공정에만 관계된다. 기술혁신특허는 첫 발명자에게도 아니고 첫 출원자에게도 아니고, 첫 기술혁신자에게만 부여된다.

기술혁신특허는 많은 발명이나 다른 아이디어가 포함되어 있더라도 전체 물건을 보호한다. 보호되는 것은 판매되거나 다른 상업적 사용에 제안된 물건(제품 혹은 공정)이다. 전통적 특허제도에 있어서 '발명의 단일성' 원칙은 '물건의 단일성'으로 대체된다.

크론츠 시스템은 진보성이 없어서 전통적 특허제도로 보호될 수 없는 수많은 점증적 기술혁신, 즉 치환(transposition), 적용(application), 확인(identifiction), 공식화(formulation), 선택(selection), 단순화(simplification), 조합(combination), 주합(aggregation) 등을 보호한다.

크론츠 시스템은 실제로 팔리는 개별 물건 이외에 두 가지 측면에서 보호가 확장된다. 첫째로, "기술적 균등물(technical equivalents)"로 단순히 교체함으로써 복제하는 것은 금지된다. 이를 테면, 재료, 치수, 형태, 비율, 배열 등을 단순히 변경하는 것은 기술혁신특허(innovation patent)의 범위에 속할 것이다. 둘째로, 특허권자는 시장에서 실제로 사용된 것이 아닌 기술혁신의 변형들을 나열할 수 있다. 이런 것들에 대한 보호는 실제로 채택한 것과 같지는 않을 것이다. 다른 사람들은 로열티를 지불하면 만들고 팔 수 있다. 그래서 크론츠 시스템의 상업화 의무는 기술혁신자로 하여금 자기 아이디어의 가능한 모든 변형들 중 실재로 구현할 것, 즉 시장의 요구에 가장 잘 부응하는 것을 선택하지 않을 수 없도록 한다.[70]

한편, '최초의 상업적 행위'는 법률로 정의될 것이다. 여기에는 판촉활동, 전시, 생산 목적의 식물위탁, 대리점에의 공급, 그리고 판매제안 등이 포함될 것이다.[71] 회사 안에서의 내부적 사용은 외부 시장세계에 영향을 가져올 것으

---

69) Kingston, *Direct protection*, pp. 262-268.
70) Kingston, *Direct protection*, p. 39.
71) Kingston, *Direct protection*, p. 40.

로 여겨지기 때문에 이에 해당한다고 본다. 그러나 공공 실험연구실 내에서 사용하는 것은 보호될 수 없다.

기술혁신특허에 의한 직접보호는 저작권과 유사하다.[72] 저작권에서는 저자나 예술가가 마음에 가지고 있는 작품의 아이디어나 개념을 보호하지 않는다. 저작권은 작품 그 자체를 보호한다. 저작권 제도에는 특허제도의 진보성 혹은 신규성 기준 같은 것이 없다. 중요한 것은 구체적인 어떤 것이 창의적 노력을 통해서 만들어졌는지의 여부이다. 이러한 맥락에서 기술혁신특허는 컴퓨터프로그램과 '영업방법'(methods of doing business)도 보호할 수 있다.[73] 컴퓨터프로그램으로 제어되는 공정은 상호 작용하는 유형의 물체들의 집합체로서 기술될 수 있다. 화학공정의 경우, 장치에 사용된 물질뿐만 아니라 사용된 장치도 기술될 것이다. 장치의 상호 작용 형태뿐 아니라 상호 작용하는 모든 요소들의 "조절점(settings)", "표시도수(readings)", "시간(timings)", 그리고 "작용의 산물" 등은 에너지와 물질의 방식으로 주어질 것이다.

## 2. 신 규 성

출원인이 기술혁신을 처음 상업화했다는 증거를 제출하면 기술혁신청은 제3의 이해관계자가 예비보호에 대한 이의신청을 할 수 있도록 명세서를 출판한다. 거짓으로 취득하지 않는 한 권리는 취소될 수 없으므로, 제3자는 필요한 정보를 제출할 것이다. 그러나 기술혁신특허청도 별도의 심사를 수행한다.

전통적인 특허제도에서 문서는 신규성을 부정하는 데 사용될 수 있다. 크론츠 시스템에서는 기술적 내용이 아니라 내용의 구체화에 보호가 주어지므로 이런 문서는 아무런 영향을 주지 않는다. 문서는 그 아이디어나 내용이 사전에 공개적으로 사용되고 실행된 범위 내에서 심사에 영향을 줄 것이다.[74] '새로움'은 내용을 말하지 않고 '행위'를 가리키는 것이다. 이 '행위'(물건, 제품, 혹은 공정)는 해당 사법영역 내에서 새로워야 한다. 기술혁신특허제도에서 '신규성'은 상업적으로 이용할 수 있는 제품 혹은 공정의 "국내에서의 공개적 사

---

72) Kingston, *Direct protection*, p. 39.
73) Kingston, *Direct protection*, pp. 40-41.
74) Kingston, *Direct protection*, p. 48.

전 사용"에만 기초한다.[75] 기술혁신특허는 첫 발명자(생각한 자)가 아니라 첫 기술혁신자(행동한 자)에게 부여된다.[76]

## 3. 청구범위와 침해판단

크론츠는 카피(copy) 청구항 및 옵션(option) 청구항을 사용하여 보호범위를 정한다.[77] 카피 청구항은 기술혁신 대상물을 정확하고 상세하게 '젭슨 타입(Jepson-type)'으로 기술한다. 카피 청구항은 전통적인 특허에서처럼 기술적 균등물에까지 보호가 확장된다. 옵션 청구항은 '최초 상업행위'의 대상이었던 기술혁신의 변형들이 포함된다. 옵션 청구항의 내용 그 자체는 다른 기술혁신특허 출원의 신규성을 부정하는 데 인용될 수 없다. 옵션 청구항은 상업화된 후에야 신규성 부정을 위한 자료로서의 지위를 갖게 되고, 이에 대한 라이선스 요구를 거절할 수 없으므로 카피 청구항보다 법적 지위가 약하다.

기술혁신보호는 기술혁신 대상물과 그 상업화의 결합에 주어지므로, 침해행위는 이들 요소 모두를 포함해야 한다.[78] 기술혁신특허에 속하는 물건을 구성하는 모든 부분들을 단순히 제조하는 것은 완전한 침해를 구성하지는 않는다. 그리고 기술혁신대상을 단순히 판매하는 행위도 침해를 구성하지 않는다. 이러한 행위들은 간접침해이다. 침해의 두 형태(제조와 판매)가 결합될 때만 완전한 침해행위가 있을 수 있다.

기술혁신특허는 보호범위가 제한되어 있다는 점에서 전통적 특허보다 약하다. 그러나 기술혁신특허는 "기술적 균등물"의 사용에 의한 모방으로부터 보호하고,[79] "옵션 개념(optional concepts)"도 보호한다. 옵션 청구항은 라이선스를 허락해야 하므로 제3자가 사용하는 것을 저지할 수 없다.

---

75) Kingston, *Direct protection*, p. 269. 크론츠는 "공적인 사전 사용"을 입증하는 것이 문서상으로 아이디어가 사전에 출판되었음을 입증하는 것보다 더 어렵다는 것을 인정한다.
76) Kingston, *Direct protection*, p. 260.
77) Kingston, *Direct protection*, p. 49.
78) 특허법상 침해는 '만들거나 사용하거나 팔거나 판매를 제안하거나 특허된 공정이나 제품을 수입하는 것'을 포함한다. 35 U.S.C. 271(a).
79) Kingston, *Direct protection*, p. 261.

| | 특허제도 | 기술혁신의 직접보호 |
|---|---|---|
| 표 13-2 **특허제도와 기술혁신의 직접보호의 비교** | | |
| 보호대상 | 발명, 사상 | 기술혁신 |
| 신 규 성 | 절 대 적 | 상 대 적 |
| 진 보 성 | 필 요 | 불 필 요 |
| 신규성 부정 방법 | 문 서 | 문서＋상업화행위 |
| 점증적 기술혁신 보호 | 보호 곤란 | 보호 가능 |
| 권리의 특성 | 소유권적 권리 | 책임규칙상의 보상권 |

크론츠는 이 제도를 전통적 특허제도를 보완하거나 대체할 수 있는 것으로 생각한다. 그는 특허제도를 대체하는 것은 특허제도 원래의 가치를 되살리는 것으로 생각한다. 크론츠는 만약 특허가 실제로 이용된다면 기술혁신보호가 불필요하다고 한다.

# Ⅴ. 특 허 풀

## 1. 서   론

현대 기술은 현재까지 이루어진 기술의 연속선상에서 기존의 기술을 이용하여 발전하고 있다. 이러한 연속적·누적적 기술발전의 특성으로 말미암아 새로운 기술에 대한 특허권자는 타인의 특허발명을 이용하지 않고서는 자신의 발명기술을 실시할 수 없는 경우가 많다. 그래서 하나의 제품을 생산해 내기 위해서는 수많은 독립된 특허들에 대하여 사용허락을 받지 않으면 안 된다. 이들 특허들은 서로 블로킹특허(차단특허)로서의 기능을 하고 있고, 특허숲을 이루고 있어서 너무 많은 특허들이 서로 이용허락을 요구하는 관계에 놓이고 너무 많은 특허권자들에게 이용허락을 받아야 하는 상황이 되어 결국 아무도 자신이 원하는 기술을 자유롭게 이용할 수 없게 되는 '비공유지의 비극'의 현상이 발생하게 된다. 이와 같이 수많은 특허권자들과 일일이 실시계약을 체결하는 것은 계약비용을 지나치게 상승시키게 되고 실시계약 자체를 어렵게 한다. 따라서 이 특허들을 한데 모아서 위와 같은 문제를 해결하고자 하는 것이 특허풀이고 이외에도 크로스라이선싱(cross licensing: 특허교차사용허락)과 특허 플랫폼(patent platform)이 있다.[80] 특허풀, 크로스라이선싱, 특허플랫폼은 다수의 특허를 이용함에 있어서 발생하는 홀드업, 로열티스토킹, 비공유지의 비극 등의 문제를 해결하여 거래비용을 줄이기 위하여 시장참여자들이 책임규칙을 적용하여 만들어낸 노력의 소산이라고 할 수 있다. 여기서는 특허풀, 특허플랫폼 및 크로스라이선싱이 필요한 이유와 그 정의 및 이들간의 차이점을 분석하도록 한다. 한편, 특허풀과 특허플랫폼을 크로스라이선스의 새로운 형태로 파악하는 입장도 있다.[81] 그리고 「2005년도 정보통신표준화백서」에서는 MPEG LA[82]를 특허플랫폼이 특허풀의 형태로 진화한 현대적인 의미의 특허풀로서 소개하고 있다.[83]

## 2. 특 허 풀

특허풀은 원래 석유산업에서 사용되었던 용어이다. 일정 구역에 분할되어 모여 있는 토지의 토지소유자들이 각자의 토지 지하에 매장되어 있는 석유를 채취하기 위하여 각각 개별적으로 유정을 굴착하기보다 합의에 의해 하나의 유정을 굴착하여 석유를 채취하고 비용과 수익을 공동으로 분배하였던 것이다.[84] 이로써 토지소유자 간의 분쟁을 줄이고 비용을 최소화할 수 있었다.

특허풀은 단편화된 다수의 특허에 대한 권리자들이 자신들의 특허를 한데 모아 함께 관리하도록 형성한 것이다. 다시 말해서, 특허풀은 다수의 특허권자

---

80) 이대희, "특허플랫폼의 유효성에 관한 연구," 「경제법연구」 제 3 권, 한국경제 법학회, 2004, p. 46 참조.

81) 장근익, "지적재산권의 상호실시허락(Cross License)에 대한 독점규제법 적용 연구," 충남대학교 대학원, 2006. 2, pp. 57, 74-88.

82) MPEG LA는 MPEG-2 규약(protocol)을 실행하는 데 필수적인 모든 특허들을 통합하기 위하여 설립된 책임제한회사이다. MPEG LA에는 전 세계 550개 이상의 특허가 포함되어 있다. 한국은 삼성전자가 포함되어 있다. 「2005년도 정보통신표준화백서」, 한국정보통신기술협회, 2006. 1, p. 24. 참조.

83) 「2005년도 정보통신표준화백서」, 한국정보통신기술협회, 2006. 1, p. 24.

84) 손수정, "지식재산권 공동관리방안에 대한 연구," 과학기술정책연구원, 정책자 료 2006-15. 2006. 12, p. 4.

들이 자신들의 특허들을 한데 모아 풀을 형성하고 회원들이 풀의 특허를 사용할 수 있도록 할 뿐 아니라, 이 특허들을 제3자에게도 사용허락하며, 사용허락에 따른 수입을 사전에 합의한 일정한 규칙과 절차에 따라 특허풀 가입회원들에게 분배하도록 한 협약이다. 이러한 특허풀을 통하여 다수의 배타적 권리의 소유자가 존재함에 따라 생기는 '비공유지의 비극'의 문제나 '차단특허' 및 '홀드업'의 문제를 해결하면서, 동시에 개발자들의 기술혁신에 대한 인센티브도 유지할 수 있게 하는 것이다.

### (1) 특허풀의 정의

특허풀에 대하여 연구하는 사람들은 특허풀을 아래와 같이 여러 가지로 정의하고 있다.

① 특허풀은 복수의 특허권자가 서로에게 침해책임을 면제하고 공동으로 복수의 특허발명을 실시하는 것[85]
② 특허 등의 복수의 권리자가 각각 소유하는 특허 등 또는 특허 등의 사용허락을 할 권한을 일정한 기업체나 조직체에 집중시켜 해당 기업체나 조직체를 통하여 특허풀의 구성원 등이 필요한 사용허락을 받는 것[86]
③ 복수의 특허권 보유자 간에 결성된, 복수의 특허를 상호간에 혹은 제3자에게 사용허락[87]하기 위한 규약 또는 그 대상이 되는 지적재산권의 집합체[88]
④ 2 이상의 특허권자가 서로에게 혹은 제3자에게 그들의 특허를 사용허

---

85) 고영수, "특허풀 형성과 경쟁법적 제한," 「지식재산논단」 제2권 제1호(2005. 6), p. 6.
86) 일본공정거래위원회, 특허·노하우 실시허락계약에 관한 독점금지법상의 지침, 제3 특허·노하우실시허락계약에 관한 부당한 거래제한, 사적 독점 등의 관점에서의 견해; 정연덕, "특허풀에 관한 법적 연구," 2005. 8. 서울대학교 대학원 법학과, 박사학위논문, p. 14 참조.
87) 이 글에서는 '사용허락'을 '라이선스'의 의미로 사용한다. 그러나 특별히 '라이선스'라는 용어로 사용하는 것이 보다 적절하다고 생각되는 경우에는 라이선스로 표기한다.
88) 윤성준·길창민, "기술확산 촉진을 위한 표준화와 특허풀 연계 전략," 한국과학기술기획평가원, 2007. 6, p. 10.

락하는 협정[89] 또는 그 대상인 지적재산권의 집합[90]

⑤ 표준에 포함되어 있는 여러 특허권자들의 특허를 한데 묶어서 특허권
자들과는 별개의 주체가 이를 통합하고 표준을 실시하고자 하는 자들
에게 한데 묶인 특허들(portfolio: 특허포트폴리오, 특허군)을 일괄적으로
사용허락하도록 한 것[91]

위의 정의에서 특허풀은 "다수의 특허권자들이 각자의 특허를 서로에게
혹은 제3자에게 사용허락하기 위하여 한데 모은 특허들,"[92] 혹은 "다수의 특
허권자들이 각자의 특허를 한데 모아 서로에게 혹은 제3자에게 사용허락하는
협정"이라고 정리할 수 있다. 이 글에서는 특허풀을 이 정의를 바탕으로 설명
해 나가고자 한다.

[그림 13-2]는 특허풀의 개념도[93]로서, 특허권자들은 특허풀에 자신의
특허를 제공하고 라이선싱기구(licensing administrator)는 이들 특허를 실시권자
들에게 로열티를 받고 사용허락을 제공하고 있음을 보여준다.

---

89) Tirole, Jean and Lerner, Josh, *Efficient Patent Pools* (August 5, 2002). 이 논
문에서 저자들은 특허풀을 특허권자들 간의 일종의 협정(an agreement among
patent owners)으로 정의했다. 이 논문은 다음 사이트에서 볼 수 있다. SSRN:
http://ssrn.com/abstract=322000 or doi:10.2139/ssrn. 322000 (이하, Lerner,
*Efficient Patent Pools*).

90) Jeanne Clark et al., *Patent Pools: A Solution to the Problem of Access in
Biotechnology Patents?* December 5, 2000. United States Patent and Trademark
Office, p. 4. http://www.uspto.gov/web/offices/pac/dapp/opla/patentpool.pdf,
2008. 8. 1. 최종 접속 (이하, Jeanne Clark et al., *Patent Pools*, USPTO,
December 5, 2000).

91) 이대희, "특허플랫폼의 유효성에 관한 연구," p. 46. 특허포트폴리오는 다수의
특허들, 즉 특허군(特許群)을 의미한다.

92) 특허들보다 넓은 의미로 지적재산권들이라고도 할 수 있겠으나 이 글에서는
그 의미를 특허에 한정함으로써 명확히 하기 위하여 '특허들'이라는 말로 표현
하기로 한다.

93) 윤성준·길창민, 앞의 논문, 2007. 6, p. 10.

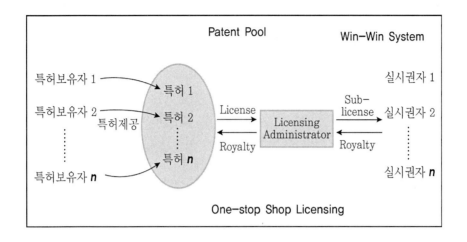

**그림 13-2** 특허풀의 개념도

출처: 윤성준·길창민, "기술확산 촉진을 위한 표준화와 특허풀 연계 전략," p. 10.

### (2) 특허풀의 필요성

베쎈(Bessen)과 마스킨(Maskin)이 일반화시킨 "연속적인 기술혁신" 체계의 개념에 의하면, 컴퓨터프로그램이나 유전자 기술혁신과 같이 연속적 기술혁신에 특허를 부여하는 것은 경제적으로 타당하지 않다.[94] 그들은 기술혁신이 연속적이고 보충적인 때에는, 오히려 모방을 허용하는 것이 기술혁신을 촉진하고, 특허를 강화하면 기술혁신을 저해한다고 주장한다. 베쎈과 마스킨은 특허성을 인정하는 범위를 확대함으로써 결국 연구개발에 투자를 위한 지출을 감소시켰고 생산성을 저하시켰다는 것을 증명하였다. 그들은 특허가 없어도 기업에게는 기술혁신에 대한 인센티브가 충분하고, 특허는 보완적 기술혁신을 억제한다고 하였다.

특허권은 배타적 권리이기 때문에 연속적 기술혁신과정에서 후속 기술혁신을 저해한다. 연속적인 기술혁신과정의 경우, 최초 기술혁신자와 후속 기술혁신자의 관계에 대단히 중요한 문제가 존재한다. 하나의 유전자 또는 하나의 짧은 DNA 서열에 대한 특허권자는 질병의 진단테스트와 치료에 거의 독점권

---

94) Bessen and Maskin, *Sequential Innovation, Patents, and Imitation.*

을 행사할 수 있다.[95] DNA 서열에 대한 특허권으로 기업은 자사가 특허로 보유하고 있는 서열을 타사가 진단테스트나 치료법을 개발하는 데 사용하는 것을 금지할 수 있다. 특허권자는 진단테스트, 치료법, 또는 의약품을 개발하는 사람들로부터 로열티를 받을 수 있다. 이로 말미암아 의료비가 높아지고 사람들이 필요한 의료서비스를 받을 수 없게 된다.

이러한 문제를 회피하기 위하여, 후속 기술혁신자가 최초 기술혁신자의 개발성과를 자유롭게 이용할 수 있도록 함과 동시에, 최초 기술혁신자가 연구개발에 막대한 자원을 투자하기 위한 인센티브를 여전히 보유할 수 있도록 하는 규칙을 고안해 낼 필요가 있다.[96] 이 점에서 소스코드에 접근하여 변경할 수 있는 오픈소스 소프트웨어는 시사점이 많다. 또한 소유권이 존재하지 않기 때문에 제품을 다양한 방법으로 이용하고 개량할 수 있다. 소프트웨어를 소유하는 회사로부터 고발당할 염려가 없는 것이다.[97]

### (3) 특허풀의 장점

미국특허청은 생명공학분야의 특허풀이 다음과 같은 장점을 가져다 줄 수 있다고 설명한다. 첫째, 특허풀은 차단특허와 로열티스토킹 문제를 극복할 수 있게 해 준다. 즉, 다수의 특허를 조합하여 특허풀을 형성함으로써 차단특허, 보완특허, 그리고 로열티스토킹 문제를 해결할 수 있다.

둘째, 거래비용과 소송비용을 줄일 수 있다. 약 2%의 특허만이 특허를 획득하는 비용 이상의 수입을 창출하고, 이 2%의 특허 중에서 극히 일부만이 소

---

95) Linda J. Demaine and Aaron Xavier Fellmeth, 앞의 논문, at 308-309.
96) 또한 공적 기관이 유전자나 유전자 단편을 공공영역에 두기 위하여 노력할 필요가 있다. 사실 공적 기관의 공동노력으로 인간과 다른 생물의 미가공 DNA 서열(raw DNA sequences)로 구성된 데이터베이스가 공개되어 있다. 더 많은 유전자 단편이 학술지를 통하여 공공 영역에 들어갈수록, 특정 서열이 신규하고 그 서열의 일정한 응용이 자명하지 않다는 것을 증명하는 것은 더욱 더 어려워질 것이다. 유전자 단편에 관한 장래 특허출원에 대하여는 이것이 신규성이 없거나 자명하다는 이유로 거절하기가 더 쉬워졌다. Byron V. Olsen, *The Bio-technology Balancing Act: Patents for Gene Fragments, and Licensing the "Useful Arts,"* 7 Alb. L.J. Sci. & Tech. 295 (1997), at 302, 326 (이하, Olsen, *Patents for Gene Fragments*).
97) 반면, 오픈소스 소프트웨어의 결점은 개발이 진전된다는 보증이 없다는 것과, 특허권자가 접근 가능한 소스코드를 통하여 침해를 찾아낼 수 있다는 것이다.

송에 비용을 투여할 가치가 있다.[98)]

셋째, 특허풀에 의하여 기업은 위험을 분산할 수 있다.[99)] 특허풀은 기업의 연구과정 및 연구결과에서 발생하는 위험과 이익을 모든 참가기업들에게 분산시켜 준다. 이러한 점에서 특허풀은 연구개발에 많은 비용이 들고 실패 확률이 높지만 일단 성공할 경우 엄청난 이익을 가져다 줄 수 있는 생명공학기술 관련 연구에 참여하는 기업들에게 매력적이다.

넷째, 특허풀은 기업들이 기술정보를 공유할 수 있도록 해 줌으로써 관련 기술의 이용도를 높여준다.[100)] 회사들은 보다 편안하게 자신들의 프로젝트를 토론할 수 있고, 중복투자를 피하기 위하여 정보를 교환할 수 있다. 참가기업 들은 풀의 특허를 동등한 권리로 이용할 수 있기 때문에 중복투자로 인한 귀 중한 자원의 낭비를 회피할 수 있게 된다.

특허풀은 생명공학분야뿐 아니라 연속적ㆍ누적적 기술혁신이 일어나는 정 보통신기술이나 나노기술[101)]과 같은 첨단과학기술분야에서 그 효과를 발휘한 다.[102)] 이러한 장점을 가진 특허풀은 소비자와 특허권자 모두에게 유익이 됨 에도 불구하고 아직까지 그다지 활발하게 구성되지 않았다.[103)]

---

98) Alexander Lee, *Examining the Viability of Patent Pools to the Growing Nanotechnology Patent Thicket*, http://www.nanotechproject.org/file_download /files/Nano-Patent-Pools.pdf, 2012. 1. 21.

99) 특허풀의 위험분산효과에 대하여는 장근익, 앞의 논문, p. 81. 참조.

100) Koo Dae Hwan, *Information Technology and Law*, Pakyoungsa, 2005. 2, pp. 81-82.

101) 1나노미터(nm)는 10억분의 1m임. 나노기술은 1~100nm의 극미세 세계를 탐구 하는 기술로서 물리ㆍ재료ㆍ전자ㆍ생명공학 등 기존의 기술분야를 횡적으로 연 결하고 새로운 물질의 제조를 가능케 하는 기술이다. 예를 들어 전자공학분야에 서는 나노기술이 실현된다면 대규모 집적회로(LSI) 등의 제조기술은 비약적으로 향상될 것이다. 네이버 백과사전. http://100.naver.com/100.nhn?docid= 33624, 2008. 9. 22. 접속.

102) Alexander Lee, 앞의 논문 (각주 78), pp. 2-3.

103) 특허풀의 형성을 저해하는 요인으로는 자신의 특허를 잘못 인식하고 있기 때 문인 경우가 많다. Lerner, *Efficient Patent Pools*, p. 2.

## 3. 특허플랫폼

### (1) 특허플랫폼의 정의와 필요성

3세대 특허플랫폼에 대하여는 아래와 같이 정의하고 있다.

① 3세대 특허플랫폼은 ITU의 IMT-2000 표준에 기초하여 3세대 이동통 신시스템을 실현하는 데 필요한, 복잡하고 다수가 소유하고 있는 필수 특허의 포트폴리오를 관리하기 위한 실용적 · 혁신적 접근방식이다.[104]

② 3세대 특허플랫폼은 3세대 이동통신시스템의 영역에서 효율적이고 효 과적인 기술이전을 유발하기 위한 방안으로 정의된 하나의 산업(an industry)이다.[105]

③ 3세대 특허플랫폼은 3세대 표준에 따르고 전 세계적으로 상호연동할 수 있는 이동통신을 구현하기 위하여 라이선싱 비용과 지체를 감소하 기 위한 혁신적 신기술(innovative new techniques)이다.[106]

이상의 정의를 종합하여 볼 때, 특허플랫폼은 "어떤 제품이나 서비스를 실현하는 데 필수적인 특허가 특허풀로 해결될 수 없을 만큼 많고 복잡한 경 우에, 보다 융통성 있게 접근하기 위하여 이들 다수의 필수특허[107]를 지정 · 인 증하고, 그 가치를 평가하고, 사용허락하기 위하여 업계가 운용하고 있는 규칙 과 조직 및 방법"이라고 정의할 수 있겠다.[108]

---

104) http://whitepapers.zdnet.co.uk/0,1000000651,260130353p,00.htm,   2008. 9. 1. 최종 접속.

105) http://www.3gnewsroom.com/html/whitepapers/2003/2000015g.zip, *3G Patent Platform,* 2008. 9. 1. 최종접속.

106) 3세대 특허플랫폼은 2세대 이동통신의 실현 과정에서 겪은 경험과 실수를 바 탕으로 복잡한 기술을 구현하는 데 필수적인 수백 개의 특허를 소유하고 있는 다수의 기업이 제시하는 특허 라이선싱의 어려운 문제를 해결하기 위하여 설 계되었다. Ky P. Ewing, Jr., *EC and DOJ approval of the 3G Patent Platform,* p. 12. www.3glicensing.com/Ariticles.asp, www.3glicensing.com/Ariticles.asp, 2008. 8. 9. 최종 접속.

107) 「2005년도 정보통신표준화백서」에는 MPEG LA의 필수특허를 '특허를 허여한 국가의 법에 의하여 MPEG-2 표준을 준수하기 위하여 필요한 도구나 방법에 대한 모든 특허'로 규정하고 있다. 「2005년도 정보통신표준화백서」, p. 24.

108) 특허플랫폼에 대한 정의를 명확하게 내리기가 쉽지 않다. 다소 미흡하게 보

정보통신분야의 표준을 실행하기 위해서는 수많은 특허기술을 이용하지 않으면 안 된다. 이들에 대한 실시권을 모두 얻기 위한 계약을 개별적으로 수행한다는 것은 지극히 어려울 뿐 아니라 표준을 실행할 수 없을 만큼 로열티를 상승시킨다.109) 이러한 문제를 해결하기 위한 것이 특허풀과 특허플랫폼이다. 그런데 특허풀과 특허플랫폼 중에서 어느 것을 선택하는 것이 유리할 것인지는 기술의 복잡성과 필요한 특허의 숫자 등 상황에 따라 다르다. 일반적으로 표준에 필요한 특허기술이 전 세계적으로 흩어져 있고 기술이 복잡한 경우에는 특허풀보다 특허플랫폼이 적절하다. 그런데 3G의 경우에는 표준이 하나가 아니라 5개이며, 이들 5개의 표준은 서로 경쟁하는 별개의 것이고, 이들 5개의 표준에는 각각 수많은 기술이 요구되었다. 그리고 3G 시스템을 실현하기 위한 기술에 대한 필수특허를 수많은 회사가 보유하고 있었다.110) 결국 3G에 있어서 5개의 표준을 하나의 특허풀에 모아서 일괄적으로 사용허락하는 것은 불가능하다고 할 것이므로 이러한 경우에는 특허플랫폼과 같은 특수한 형태의 특허 협력기구가 필요하였던 것이다.

### (2) 특허플랫폼의 기원111)

신기술을 이용하여 새로운 제품을 생산하기 위하여 사용허락계약을 체결하고자 할 때 문제되는 것은, 그 제품에 어떤 특허가 필수특허인지 확인하고, 모든 필수특허권자와 협상을 해야 한다는 것이다.112) 사용허락을 취득하는 데 소요되는 전체 비용이 얼마나 될지 확실하지 않기 때문에 수많은 기업들이 관련 시장에 선뜻 들어가지 못한다. 사용허락에 소요될 시간을 예측할 수 있고, 공정하고 합리적이며 비차별적인(FRAND: fair, reasonable and non-discrimination) 로열티율이 적용될 것이라는 사실을 안다면 많은 기업들이 관련 시장에 참여할 것이다.

---

이지만, 장근익, 앞의 논문, pp. 85-86 참조.
109) 이대희, "특허플랫폼의 유효성에 관한 연구," pp. 60-61.
110) 이대희, "특허플랫폼의 유효성에 관한 연구," p. 49.
111) 특허플랫폼의 발생 원인에 대하여는 장근익, 앞의 논문, p. 86 참조.
112) Ky P. Ewing, Jr., *EC and DOJ Approval of the 3G Patent Platform*, pp. 12-13. 이 논문은 다음 사이트에서 볼 수 있다. www.3glicensing.com/Ariticles. asp, 2008. 8. 9. 최종 접속.

3G는 2G에 비하여 훨씬 많은 필수특허들을 포함하고 있었기 때문에 로열티가 누적적으로 증가하게 되어 결국 로열티 총액이 얼마나 될지 불확실했다.[113] 표준을 추진하는 과정에서, 표준에 포함되는 기술에 대한 특허를 보유하고 있는 회사들은 일반적으로 공정하고 합리적이며 비차별적인 조건으로 사용허락을 하겠다고 선언할 것을 요구받는다.[114] 초기에는 필수특허의 숫자가 얼마나 될지도 몰랐는데, IMT-2000(International Mobile Telecommunications-2000)[115] 표준이 채택되기 전, 필수특허에 대한 사용허락 조건을 선언하는 과정에서 W-CDMA에 대하여 선언된 특허의 숫자는 352개, CDMA 2000은 235개였다. 3G Patent Platform(3GPP)은 이와 같이 수많은 필수특허와 필수특허권자들, 그리고 이 필수특허의 실시권자들을 효과적으로 관리하기 위해서 고안되었다. 여기서 필수특허 선정과 합리적인 로열티의 선정에는 특허 문제와 결합된 복잡한 협상이 필수적이었다.

이러한 문제를 해결하고 필수특허의 라이선스를 촉진함으로써 IMT-2000을 성공시키기 위해서는 다음과 같은 사항을 만족시키지 않으면 안 되었다.

① 필수특허는 공정하고 독립된 기관에 의해 선정되어야 한다.
② 로열티는 시장진입 장벽이 되지 않도록 합리적인 비율로 결정되어야 한다.
③ 필수특허는 신속하고 투명하게 사용허락 되어야 한다.[116]

---

113) Ky P. Ewing, Jr., 앞의 논문, p. 13.
114) 이대희, "특허플랫폼의 유효성에 관한 연구," p. 50.
115) IMT-2000은 전 세계가 동일한 주파수 대역을 할당하고 국제적인 통합표준을 마련하여 세계 어디에서나 동일한 단말기로 2Mbps의 고속무선접속 속도에 의하여 유선망 품질의 무선 멀티미디어 서비스를 제공하고자 하는 시스템이다. 윤선희 외 3인, "표준화와 관련된 지적재산권 및 독점규제법에 관한 연구," 2002. 2. 정보통신학술연구과제 01-18, p. 88. IMT-2000이라는 3세대 이동통신체제(3GPP)는 ITU(International Telecommunication Union)이 개발한 표준이다. Makoto Kijima and Tsuyoshi Takeda, *3G Patent Platform*, NTT DoCoMo Technical Journal Vol. 5 No. 1, at p. 70. 이 논문은 다음 사이트에서 이용할 수 있다. www.3glicensing.com/Articles.asp, 2008. 8. 9. 최종 접속. IMT-2000은 W-CDMA, CDMA-2000, TD-CDMA, TDMA-EDGeE DECT 등 5개의 기술로 이루어진 3G 표준의 명칭이다. 이대희, "특허플랫폼의 유효성에 관한 연구," pp. 48-49.
116) Makoto Kijima et al., 앞의 논문, p. 72.

그래서 전 세계에 흩어져 있는 수많은 필수특허에 대한 사용허락이 적정한 조건과 사용료로 이루어질 수 있는 시스템을 구축할 필요가 있었고, 이러한 목적에서 구성된 특허플랫폼이 3GPP이다.[117]

3GPP 구조는 42개 기구의 "Universal Mobile Telecommunications System"(UMTS) 지적재산권 실무그룹이 창안하였다. 그리고 19개 회사가 소그룹으로서 "3G Patent Platform Partnership"(3G3P)을 구성하여 정부와 관련된 업무를 처리해 나갔다. 이들은 필수특허의 소유자가 너무 많고 어떠한 사용자라도 포함된 특허 중 일부만을 사용할 것이기 때문에 단순한 특허풀과 같은 조직으로 모든 3G 필수특허를 한데 묶어 3G 특허포트폴리오를 구성하는 것이 비효율적이라는 사실을 알았다. 이러한 상황에서 지적재산권 실무그룹은 필수특허 선정수단, 표준사용허락계약조건(standard licensing terms), 그리고 지체 회피 수단에 합의함으로써 특허플랫폼이 결성되었다. 특허플랫폼에는 3GPP와 Wibro IPR ad-hoc 그룹(무선인터넷 IPR 연구반)이 있다.[118]

### (3) 3GPP의 구조와 기능

3GPP(제3세대 특허플랫폼, Third Generation Patent Platform)는 한마디로 회원 사용허락자의 필수특허를 평가·인증하고, 사용권자가 필수특허에 대하여 합리적인 로열티에 기초하여 사용계약을 신속하게 체결할 수 있도록 하는 기구(framework)이다.[119]

#### 1) 3GPP의 구조
#### ① 5개의 플랫폼 회사

3GPP에는 5개의 독립적인 플랫폼회사가 있다.[120] 이 회사들은 IMT-DS(W-CDMA), IMT-TC(TD-CDMA), IMT-SC(UWC-136), IMT-MC(cdma 2000), 그리고 IMT-FT(DECT)로서, IMT-2000을 위한 5개의 표준에 따라 설립되었다.

---

117) 이대희, "특허플랫폼의 유효성에 관한 연구," p. 50.
118) 장근익, 앞의 논문, p. 86.
119) 이 때문에 사용권자는 저렴한 비용으로 사업을 시작할 수 있고, 사용허락자는 안정적인 로열티 수입을 확보할 수 있게 된다. Makoto Kijima et al., 앞의 논문, p. 72.
120) 장근익, 앞의 논문, p. 86.

각 플랫폼회사의 회원은 각 표준에 필수적인 특허를 보유하고 있는 특허권자에 한정된다. 3GPP는 다음의 세 요소로 구성되어 있다.[121]

    ⓐ 필수특허 결정을 위한 "평가기구(Evaluation Mechanism)"
    ⓑ 표준사용허락과 잠정사용허락(Standard License and Interim License)
    ⓒ 사용허락관리회사(LA: Licensing Administrator)

    ② 사용허락관리회사(LA)

3GPP는 5개의 3G 기술에 대하여 각각 독립된 "사용허락관리회사"를 두고 있다.[122] 이들 LA에는 이사회가 있는데, 이들 이사회는 각 사용허락자의 대표로 구성되며 사용료와 사용허락의 조건을 결정하는 등 사용허락관리회사를 운영하는 기능을 한다.

    그러나 사용허락관리회사는 사용허락자를 대리하지도 않고, 사용료를 징수하거나 분배하는 역할도 담당하지 않는다. LA는 기본적으로 최대 누적 로열티율, 즉 MCRR(Maximum Cumulative Royalty Rate)에 기초하여 로열티 배분에 필요한 세부사항을 조정할 뿐이다.

    ③ 3G Patent 社

한편, 5개의 플랫폼회사의 공통적인 기능을 수행하기 위한 관리회사(Management Company)로서 "3G Patent 社"가 2003년 1월 설립되었다.[123] 3G Patent 社는 3G 특허플랫폼의 관리회사로서, IMT-2000의 필수특허를 평가·인증하고, 필수특허의 평가결과를 공고하고, 필수특허를 사용허락하고, 3GPP를 홍보하며, 사용허락에 의한 수익창출을 위하여 시장조사 및 분석을 수행한다.[124] 3G Patent 社는 특정 특허에 대한 평가 결과 그 특허가 필수적인 것이라고 판단되면 "필수성 인증서(Certificate of Essentiality)"를 부여한다.[125] 3G Patent 社의 이사회는 12명의 이사로 구성되고, 이사들은 지역별로 가능한 한

---

121) Ky P. Ewing, Jr., 앞의 논문, p. 13.
122) 이대희, "특허플랫폼의 유효성에 관한 연구," p. 53.
123) 이대희, "특허플랫폼의 유효성에 관한 연구," p. 53; 장근익, 앞의 논문, p. 86.
124) Makoto Kijima et al., 앞의 논문, pp. 70, 75.
125) Marc van Impe, *3G Patent Platform open for essential certifications*, http://www.mobilemonday.net/news/3g-patent-platform-open-for-essential-certifications, 2008. 8. 7. 최종접속; 이대희, "특허플랫폼의 유효성에 관한 연구," p. 54.

공정하게 선출된다.[126]

각 플랫폼 회사(Platform Company)는 이사회에 투표권이 없는 대표를 지명할 수 있다. 3G Patent 社는 회원사들의 연회비, 필수특허 평가료, 필수특허에 대한 "필수성 인증서" 수수료 등으로 운영되며, 사용허락에 의한 수입과는 직접 관련이 없다. 즉, 사용허락으로부터 운영수입을 거두어들이지 못하게 차단함으로써 3G Patent 社의 공정성을 확보할 수 있도록 한 것이다.


### 2) 3GPP의 기능

① 필수특허의 지정 · 인증 · 평가

3GPP는 3G 시스템을 생산·운용하는 데 필수적인 특허에 대하여 인증·지정·가치평가를 하고, 사용허락계약의 메커니즘을 제공한다. 즉, 3GPP는 IMT-2000 기술에 대한 5개의 표준[127] 중에서 1개 또는 그 이상의 표준을 사용하는 데 필요한 필수특허를 지정하고, 필수특허의 가치를 평가하고, 필수특허를 인증하는 사용허락계약의 메커니즘이라고 할 수 있다.[128]

3GPP에 참여하고자 하는 자는 자사의 특허가 3G 표준에 필수적인지를 평가해 줄 것을 요청해야 한다.[129] 이를 위하여 그는 평가 및 인증을 받기 위한 필수특허를 제출하여야 한다. 또한 사용허락계약을 하는 사용권자도 자신이 보유하고 있는 필수특허를 제출하여야 한다.[130] 그런데 표준사용허락계약이나 잠정사용허락계약이 아닌, 회원특허권자와 사용허락 희망자 사이의 독립적인 사용허락계약 경우에는 사용권자에게 양도의무(grant-back obligation)가 부과되지 않는다.[131] 특허권자는 자신의 특허를 제출하지 않으면 평가서비스

---

126) Makoto Kijima et al., 앞의 논문, p. 74.
127) 5개의 표준은 각각 서로 경쟁하는 별개의 표준이다. 이대희, "특허플랫폼의 유효성에 관한 연구," p. 61.
128) 이대희, "특허플랫폼의 유효성에 관한 연구," p. 52. 이대희 교수는 3GPP는 3G 시스템의 필수특허에 대한 사용허락체제를 운용하는 규칙, 즉 플랫폼 명세서(platform specification)에 정의된 "필수특허 사용허락 운용규칙"이라고 한다. 이대희, "특허플랫폼의 유효성에 관한 연구," p. 51.
129) Ky P. Ewing, Jr., 앞의 논문, p. 13.
130) 이와 같이 필수특허에 대하여 사용권자에게 부과되는 양도조항은 미국 법무부의 검토에서도 반경쟁적이지 않다고 판단하였다. *MPEG-2 Business Review Letter, at.* 7; *Philips-Sony-Pioneer DVD Business Review Letter,* at 8; 이대희, "특허플랫폼의 유효성에 관한 연구," p. 59에서 재인용.
131) 이대희, "특허플랫폼의 유효성에 관한 연구," p. 60.

를 받을 수 없고 표준화된 사용허락도 이용할 수 없다.

② 필수특허의 평가

특허풀에 포함되는 특허의 필수성 평가는 두 가지 관점에서 평가할 수 있다. 하나는 내부적인 것이고 다른 하나는 외부적인 것이다. 첫째(내부적 요건), 특허풀에 포함된 특허들은 보완특허들이어야 한다. 둘째(외부적 요건), 포함된 특허들은 특허풀 외부에서 대체기술을 발견할 수 없는 것들이어야 한다.[132]

특허의 평가는 플랫폼 참여자들이 동의한 주요국가의 특허변호사가 수행한다. 보다 상세하게 설명하면, 필수특허의 평가와 인증은 유럽, 북미, 일본, 한국, 중국 등에 있는 3명의 특허변호사(1명의 선임평가자, 2명의 보조평가자)로 구성된 평가패널(Evaluation Panel)이 기술과 법률 사항을 검토하여 수행한다.[133] 이를 위하여 특허가 출원된 국가의 특허변호사를 포함하여 특허법률사무소들이 국제특허평가컨소시엄(IPEC: International Patent Evaluation Consortium)을 설립하였다.[134] 이 IPEC는 3G Patents 사의 필수특허 평가관리기구(3G Patents' Evaluation Administrator)이다. 3G Patents 사는 평가관리기구의 평가에 대한 적정성을 관리함으로써 평가의 품질을 유지한다.

평가패널은 약 10주 동안 필수특허신청명세서에 따라 신청특허가 필수특허인지 여부를 심사한다. 평가결과에 대하여 신청자나 Platform Company는 한 번에 한하여 재평가를 신청할 수 있다.[135] 재평가는 첫 번째 평가시와 다른 평가자들로 구성된 평가패널이 수행한다.

③ 로열티율의 결정

특허를 제출한 특허권자는 자신의 모든 필수특허를 사용권자(licensee)에게 플랫폼이 정한 "최대 누적 로열티율(MCRR: maximum cumulative royalty rate)"에 따라 사용하게 하여야 한다. 즉, 특허플랫폼은 제품가치의 5%의 MCRR을 상한으로 설정한 것이다. 이 로열티율은 플랫폼의 모든 사용권자가 3G 표준에 필요한 모든 라이선스에 대하여 지불해야 할 최고 누적로열티(MCR: maximum cumulative royalty)의 산정기준이 된다. MCRR로 인하여 퀼컴(Qualcomm)과 같이 제품의 판매보다는 라이선스 수입에 의존하고 있는 회사

---

132) Lerner, *Efficient Patent Pools*, p. 17.
133) Makoto Kijima et al., 앞의 논문, pp. 70, 75.
134) Makoto Kijima et al., 앞의 논문, p. 74.
135) Makoto Kijima et al., 앞의 논문, p. 75.

는 로열티 수입의 감소를 예상하여 3GPP에 참여하지 않았다.[136]

[그림 13-3]은 MCRR에 따라 로열티율을 축소시키는 모습을 잘 보여주고 있다.[137] 플랫폼에 가입하는 특허권자는 각 제품에 사용되는 개별 특허를 표준로열티율(SRR: Standard Royalty Rate)로 사용허락해야 한다. 그러나 사용권자가 부담해야 할 누적 로열티액이 MCRR을 초과하는 경우, 개별 특허에 대한 로열티율을 일정한 수준까지 축소해서 MCRR과 같은 누적 로열티율로 조정한다.

④ 사용허락계약

3GPP의 사용허락계약 유형은 다음 세 가지가 있다.[138]

ⓐ 표준사용허락계약(SLA: Standard License Agreement)
ⓑ 잠정사용허락계약(ILA: Interim License Agreement)
ⓒ 회원특허권자와 사용허락 희망자 사이의 독립적인 사용허락계약
ⓓ 플랫폼 이외에서 멤버들 간에 체결하는 독립적 사용허락계약

**그림 13-3** 특허플랫폼에서 로열티율의 축소

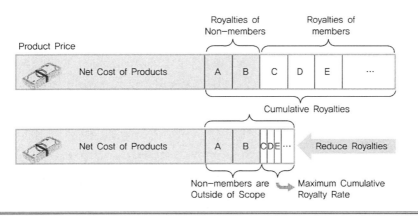

출처: Makoto Kijima et al.

136) 손수정, 앞의 논문, p. 11.
137) Makoto Kijima et al., 앞의 논문, p. 73.
138) Ky P. Ewing, Jr., 앞의 논문, p. 13; 이대희, "특허플랫폼의 유효성에 관한 연구," p. 53.

위에서 ⓐ 내지 ⓒ의 세 가지 계약 형태로 분류하거나, 독립적인 계약방식으로서 플랫폼 이외에서 가입회원 간에 독립적인 계약을 체결하는 방식을 추가하여 ⓐ 내지 ⓓ의 네 가지로 분류하기도 한다.[139] 위에서 볼 수 있듯이 특허의 사용허락계약은 특허권자와 사용허락 희망자가 서로의 합의에 의하여 표준사용허락계약 또는 잠정사용허락계약을 이용할 수 있을 뿐 아니라 다른 조건의 사용허락계약을 체결할 수도 있다.[140] 예를 들면 크로스라이선스도 체결할 수 있다.

그러나 플랫폼은 당사자들이 우선 잠정사용허락계약을 하도록 함으로써 사용허락자가 지배적 지위를 이용하여 협상을 부당하게 지연시키지 못하도록 한다. 이 잠정사용허락계약은 기본적으로 표준사용허락계약과 동일한 기간 및 조건으로 구성되어 있다. 공정한 계약체결을 도모하기 위하여 3GPP은 계약당사자에게 다음 세 가지 사항을 확인시켜 준다.

ⓐ 필수특허의 존재
ⓑ 표준(혹은 잠정)사용허락하에서 사전에 확정된 "공정하고 합리적이고 비차별적인" 조건에 따른 신속한 사용허락(prompt licensing), 그리고
ⓒ 모든 사용허락에 대하여 플랫폼이 요구하는 MCRR에 대한 사전 인식

한편, 필수특허 소유자는 특허플랫폼에서 제시하고 있는 표준 혹은 잠정 계약 조건에 따르지 않고 다른 조건으로 사용권자와 독립적으로 계약할 수 있으나 불합리한 조건을 강요할 수는 없다.[141] 왜냐하면 일단 협상단계에 들어가면 잠정적 사용권자는 즉시 잠정 사용허락계약을 받을 권한을 갖게 되고 특허권자는 로열티를 받기 때문이다. 만약 특허플랫폼의 분쟁해결절차에 따라 필수특허권자의 요구가 불공정하거나 불합리하거나 차별적이고, 표준사용허락계약에 따른 사용허락을 거절할 경우, LA(Licensing Administrator)는 협상기간 동안 발효되어 왔던 잠정사용허락계약을 표준사용허락계약으로 대체할 권한이 있다. 그리고 특허권자는 MCRR에 따라 이 표준사용허락계약을 받아들여야만 하는데, 이것이야말로 특허권자에게 가장 불리한 사용허락조건이라고 볼

---

139) 장근익, 앞의 논문, pp. 86-87.
140) Ky P. Ewing, Jr., 앞의 논문, p. 13; Makoto Kijima et al., 앞의 논문, p. 73.
141) Ky P. Ewing, Jr., 앞의 논문, p. 13.

수 있는 것이다. 그러나 이것이 그렇게 불리한 것은 아니다. 그리고 특허플랫
폼 가입자들은 표준사용허락계약이 사용권자와 사용허락자 모두에게 시간과
비용을 충분히 절감할 수 있는 방안이라는 것을 사전에 알고 있었다.

3GPP를 통하여 사용허락을 하게 되면 특정 3G 제품에 대한 로열티가 정
형화되어 있어서 제품의 개발이나 기술혁신을 촉진한다.[142] 또한 협상과정에
서 사용허락을 거부하려는 특허권자의 바람직스럽지 못한 협상태도를 방지함
으로써 협상에 이를 수 있도록 하므로 결과적으로 사용허락자와 사용권자 모
두에게 유익하다.

### (4) 특허플랫폼과 특허풀의 비교[143]

특허풀은 필수특허를 보유하고 있는 비교적 적은 수의 구성원이 엄격한
계약을 통하여 단일의 제품을 생산할 목적으로 구성한다. 반면, 매우 복잡한
기술과 많은 표준이 연관되는 경우에는 특허풀이 적합하지 않고 보다 융통성
이 있는 특허플랫폼이 이용된다.[144] 즉, 특허플랫폼은 특허풀보다 훨씬 복잡하
고 많은 특허가 포함되어 있어서 대부분의 사용권자가 이들 특허 중 일부를
선택적으로 이용하는 경우, 이들 특허권에 대하여 사용을 허락하고 허락받기
위한 플랫폼인 것이다.[145]

#### 1) 특허플랫폼과 백화점

특허플랫폼은 특허 거래를 위한 장터나 정거장 혹은 백화점을 연상하면
이해가 쉽다. 장터에서는 소비자가 다양한 물건들의 판매자들로부터 개별적·
선택적으로 원하는 물건을 구입할 수 있다. 버스를 이용하는 사람은 원하는
'정거장(platform)'에서 원하는 버스를 타고 목적지에 갈 수 있다. 백화점은 대
단히 다양한 물건을 한데 모아 진열하고 판매한다. 백화점에서 물건을 사는
사람은 원하는 제품의 코너에서 원하는 제품을 개별적으로 선택하고 정가 또

---

142) 이대희, "특허플랫폼의 유효성에 관한 연구," p. 55.
143) 특허풀과 특허플랫폼의 차이에 대하여는 장근익, 앞의 논문, p. 88, <표
3-2> 참조.
144) 이대희, "특허플랫폼의 유효성에 관한 연구," pp. 47, 50.
145) 이대희, "특허풀 및 그 유효성에 관한 연구,"「산업재산권」제15호 (2004),
p. 177.

는 할인된 가격으로 구매할 수 있다. 이와 같이 장터나 백화점에서의 거래는 융통성이 있다. 백화점에서 수백 가지의 제품을 한 번의 계약으로 거래한다는 것은 극히 어려울 것이다.146) 따라서 백화점에서는 고객이 원하는 제품을 선택하고 이들에 대하여 거래를 하는 것이다. 특허플랫폼은 이와 같이 다양한 기술의 특허권자들이 모여서 각자 사용권자와 이용계약을 한다. 이용계약은 표준계약에 따르거나 서로에게 유익하다고 판단되면 사용권자와 합의하여 융통성 있게 조건을 변경하여 계약할 수 있다. 특허의 관리와 사용허락 및 로열티 징수 등은 각 특허권자의 몫으로 남아있다.147)

### 2) 특허풀과 할인마트

반면에 특허풀은 ('하이마트'와 같은) 할인마트를 연상할 수 있다. 할인마트는 보통 유사한 제품군(예: 전자제품이나 농산물 등)을 모아놓고 판매한다. 즉, 할인마트에서는 소비자가 자신에게 필요한 모든 물건을 선택하고 계산대에서 한꺼번에 계산한다. 판매하려는 물건의 원 소유자는 할인마트에 물건의 판매를 의뢰하고 그에 따른 수익을 분배받을 뿐이다. 할인마트(특허풀)가 물건(특허)의 관리 및 판매와 수익의 분배를 책임진다. 이와 같이 특허풀은 특허권자가 자신의 특허를 특허풀에 가져와 관리기구에게 특허권의 사용허락을 위임하고 자신의 특허의 가치와 기여도에 따라 로열티를 분배받는다. 즉, 특허풀은 관리기구가 특허의 관리와 사용허락 및 로열티 분배를 책임진다.

### 3) 특허의 통합 여부

특허풀은 사용허락과 관련하여 특허를 하나로 묶어서 통합 관리하지만, 특허플랫폼은 필수특허들이 하나로 통합되어 있지 않다. 따라서 사용권자가 자신에게 필요한 특허만을 특허포트폴리오 중에서 선택할 수 있다.

### 4) 구 성 원

특허풀은 사용허락자만으로 구성되어 있고, 특허플랫폼은 사용허락자와

---

146) 그래서 수백 가지의 다양한 기술에는 특허풀이 적합하지 않고 특허플랫폼이 적합한 것이다.

147) 이것은 백화점에서 각 코너마다 다른 판매자가 각자의 제품을 각자가 관리하고 스스로 정한 가격에 판매하여 수입을 올리는 것과 유사하다.

사용권자 모두 참여한다.

### 5) 특허권의 양도 여부

특허풀은 관리기구(LA)에게 특허권을 양도하거나 사용허락하지만 특허플랫폼은 그렇지 않다.[148]

### 6) 사용허락의 주체

특허풀은 특허권의 관리를 관리기구가 전담하기 때문에 사용허락의 주체도 관리기구가 된다. 반면에 특허플랫폼은 플랫폼과 관계없이 특허권자 스스로 사용권자와 사용허락계약을 체결할 수 있다.

### 7) 일괄사용허락계약의 여부

특허풀은 사용권자가 특허풀과 일괄사용허락계약을 체결할 수 있지만 특허플랫폼에는 이러한 일괄사용허락계약이 없다.[149] 이와 같은 이유로 사용허락계약을 위한 협상에 있어서 특허플랫폼은 특허풀에 비하여 비효율적이라고 할 수 있으나, 최소한 표준적이거나 잠정적인 사용허락계약 양식을 통하여 협상비용을 감소시킬 수 있는 것은 분명하다.

### 8) 로열티 관리의 주체

특허풀은 로열티 징수와 분배를 관리기구(LA)가 책임지고 있지만, 특허플랫폼은 로열티 지급과 징수가 사용권자와 사용허락자의 몫으로 남아 있다.

### 9) 사용허락계약의 융통성 및 협상 여지

특허풀은 사용허락계약에 협상의 여지가 없는 반면, 특허플랫폼은 표준사용허락계약, 개별사용허락계약 중 선택할 수 있다. 따라서 특허플랫폼이 계약에 보다 융통성이 있다.

---

148) 장근익, 앞의 논문, p. 88. 특허풀과 특허플랫폼의 비교 참조.
149) 이대희, "특허플랫폼의 유효성에 관한 연구," p. 58.

## (5) 3GPP와 독점규제법

특허풀과 마찬가지로 특허플랫폼은 여러 특허를 집단적으로 사용허락하기 위하여 설립된 조직이기 때문에 독점규제법적 문제가 발생할 수 있다. 제 3자가 시장에 진입하고자 할 때 특허플랫폼에 소속되어 있지 않은 특허를 이용할 수 없거나 이에 소속되어 있는 특허를 침해하지 않고 우회하여 자신의 제품을 생산할 수 없는 경우 특허플랫폼은 독점규제법적 문제를 야기할 수 있다. 제3자가 특허플랫폼의 특허를 사용하지 못하게 함으로써 시장진입 자체를 봉쇄한다면 이것은 독점규제법 위반이 될 것이다.

### 1) 미국법무부의 반응

미국법무부는 3G3P(Patent Platform Partnership)가 수정된 3GPP에 대하여 독점규제법을 집행할 것인가를 묻는 질문에 대한 2002. 11. 12. 서한(business letter)150)에서 3GPP를 미국의 전통적인 독점금지 원칙에 따라 분석한 후, "3GPP가 미국법무부의 경쟁 관련 우려를 고려하여 상당한 수정을 가함으로써 경쟁의 문제를 해결하였고, 사용자에게 어느 정도의 통합 효율을 제공할 것"으로 평가했다.151) 아울러 미국 법무부는 3GPP가,

① 5개의 3G 표준 각각에 관련된 보완특허의 이용성을 향상시키고
② 3G 제품과 서비스를 제공하기 위하여 이 특허권들을 이용하려는 제조자와 서비스제공자의 탐색비용과 거래비용을 감소시키고,
③ 특허권 상호 간의 이용저촉관계를 해소시킴으로써 소송을 회피할 수 있게 되었다.

고 평가하였다. 이러한 평가를 기초로 하여 미국법무부는 3GPP에 대하여 독점규제법에 의한 소송을 제기할 의사가 없다고 하였다.152)

---

150) Charles A. James, *Department of Justice*, November 12, 2002, http://www.justice.gov/atr/public/busreview/200455.htm, 2012. 1. 21.
151) Ky P. Ewing, Jr., 앞의 논문, p. 14; 이대희, "특허플랫폼의 유효성에 관한 연구," 각주 16.
152) Charles A. James, *Department of Justice*, November 12, 2002, http://www.usdoj.gov/atr/public/busreview/200455.htm; Ky P. Ewing, Jr., 앞의 논문, p. 14;

이 서한에서, 단일의 3G 기술과 관련된 필수특허는 대체특허라기보다 보충특허라고 판단하였다.[153] 이 근거로서 미국 법무부는 ① 통합되는 특허가 표준 준수를 위하여 기술적으로 필수적인 특허로 제한되어 있고, ② 이해관계가 없는 전문가 IPEC(International Patent Evaluation Consortium)가 필수성을 검토하고,[154] ③ 필수성 판단 전문가를 사용허락자가 고용하는 것이 아니라 평가서비스제공자가 고용하고, ④ 특허권자들의 사용료 수입을 감소시킬 것이므로 필수적이지 않은 특허를 포함시키려 하지는 않을 것이라는 점을 들었다.

### 2) 유럽위원회와 일본공정거래위원회의 반응

유럽위원회(European Commission)도 3G3P가 제출한 3GPP의 제안, 즉 수정제안이 아무런 반경쟁적 효과를 야기할 것으로 보지 않는다고 미국법무부의 서한(business letter)[155]과 동일 날짜인 2002. 11. 12. 인정하였다.[156] 일본 공정거래위원회(JFTC: Japan Fair Trade Commission)는 제출된 원안(原案)의 특허플랫폼 구조에 반경쟁적 우려를 야기하지 않을 것이라고 2000. 12. 14. 밝힌 데 이어, 수정 제출된 플랫폼 명세서(specification)에 대한 수락의사를 2002년 5월 재확인했다.[157]

### 3) 소 결

모든 반독점 규제기관들은 이 특허플랫폼이 ① 필수특허를 지정하고, ② 개별 특허권자와의 협상 부담을 경감시켜 사용허락계약 체결을 용이하게 하고, ③ IMT-2000 이동통신시스템에 신규 참여를 촉진하기 때문에 기존 통신 관련 회사뿐 아니라 장래의 시장진입자에게도 유익할 것이라고 하였다. 나아

---

이대희, "특허플랫폼의 유효성에 관한 연구," pp. 59-60.

153) Charles A. James, *Department of Justice*, November 12, 2002, http://www.sdoj.gov/atr/public/busreview/200455.htm; 이대희, "특허플랫폼의 유효성에 관한 연구," pp. 56-57.

154) 3G Patent 사는 특허평가를 위하여 IPEC를 설립하였다.

155) Charles A. James, *Department of Justice*, November 12, 2002, http://www.justice.gov/atr/public/busreview/200455.htm, 2012. 1. 21.

156) Ky P. Ewing, Jr., 앞의 논문, p. 14; Makoto Kijima et al., 앞의 논문, p. 75.

157) Makoto Kijima et al., 앞의 논문, p. 75.

가 이 규제기관들은 플랫폼에 참여하는 것이 자유롭고, 참가하지 않은 회사들이 제 3 자와 계약을 체결하는 데 아무런 제약을 받지 않기 때문에 경쟁을 제한하지 않는다고 하였다. 또한 미국법무부는 각 표준 명세서와 관련하여 설립된 플랫폼 회사들(Platform Companies)이 5개 IMT-2000 표준 간의 경쟁을 제한하지 않는다는 것과, 사용권자 간에 공모가 일어나지 않도록 구성되어 있다는 것도 인정했다.158)

## 4. 크로스라이선스

크로스라이선스는 특허풀과 종종 혼동된다. 크로스라이선스는 당사자가 3 이상인 경우도 있겠으나 그보다 많아지면 크로스라이선스보다는 특허풀이 적합하게 된다.159) 예를 들어, 일측 당사자(사용권자)가 자신에게 사용허락을 해준 특허권자에게 그 대가로서 사용허락을 해 줄 만한 특허를 가지고 있지 않은 경우 사용권자는 특허권자와 크로스라이선스를 체결할 수 없다. 이것을 보다 상세히 설명하면, 당사자가 많아지면 모든 당사자가 보유하고 있는 특허포트폴리오가 서로 대등할 뿐 아니라 서로서로에게 필요한 보완특허 및 필수특허로 구성되어 있는 경우는 매우 드물게 된다. 즉, 당사자가 많아질수록 모든 당사자들이 보유하고 있는 특허들이 보완특허 및 필수특허로 구성되기가 어렵게 된다. 따라서 비교적 다수의 당사자가 특정 제품의 상업화를 위하여 서로의 특허를 공유하려는 경우, 각자 보유하고 있는 특허 중에서 (이 제품 관련 모든 특허를 사용허락을 위하여 제출하는 크로스라이선스 방식보다는) 그 제품의 상업화에 필요한 특허만을 선별하여 사용허락을 위하여 제출하고, 각자의 특허풀에 대한 기여도에 따라 이익을 배분받는 방식인 특허풀이 적당한 것이다.

### (1) 크로스라이선스의 정의

크로스라이선스는 일반적으로 두 회사가 자사의 특허를 실시할 권리를 타사에게 허락하는 약정을 말한다.160) 크로스라이선스는 '특허상호실시허락'이라

---

158) Makoto Kijima et al., 앞의 논문, pp. 75, 76.

159) 이대희, "특허풀 및 그 유효성에 관한 연구," pp. 176-177.

160) Carl, Shapiro, *Navigating the Patent Thicket: Cross Licenses, Patent Pools,*

고 번역된다. 이는 기술제휴를 위한 하나의 방식으로서 쌍방 기업이 기술을 서로 교환하는 특허실시권 계약체결방법의 하나이다.161)

이에 대한 정의는 아래와 같이 다양하게 내려지고 있다.

① 다른 회사의 특허를 실시할 권리를 서로에게 부여하는 두 회사 간의 계약162)

② 다른 회사의 특허를 실시할 권리를 서로에게 부여하는 특허권자들 간의 특허 상호 공유(mutual sharing of patents)163)

③ 상이한 지적재산권의 권리자들이 서로 자신이 소유하고 있는 지적재산권을 상대방에게 허여하는 것을 목적으로 하는 라이선스164)

④ 2 이상의 당사자가 서로에게 각자가 보유하고 있는 특허에서 청구하고 있는 대상을 이용하도록 서로에게 사용허락을 부여하는 계약165)

위의 정의를 통합하여 정리하면 크로스라이선스는 "2 이상의 특허권자들이 제 3 자에 대한 사용허락의 의사를 갖지 아니하고 서로에게 각자가 보유하고 있는 특허에 대한 사용권을 부여하는 계약"이라고 정의할 수 있다.

---

and *Standard-Setting* (March 2001), Available at SSRN: http://srn.com/ abstract=273550 or doi:10.2139/ssrn.273550, 2012. 1. 21, p. 127. 크로스라이선스에 대하여, 이대희 교수는 "사용허락자(licensor)와 사용권자(licensee) 두 주체를 전제로 하여 서로가 상대방에게 자신의 특허에 대하여 사용허락을 하는 것"이라고 정의하고 있다. 이대희, "특허풀 및 그 유효성에 관한 연구," p. 176.

161) 네이버백과사전, http://100.naver.com/100.nhn?docid=152915, 2008. 8. 2. 최종 접속.

162) Alberto Galasso, *Broad Cross-License Agreements and Persuasive Patent Litigation: Theory and Evidence from the Semiconductor Industry*, LSE STICERD Research Paper No. EI 45, July 2007, p. 2

163) Richard Raysman and Peter Brown, *Patent Cross-Licensing in the Computer and Software Industry*, New York Law Journal, Tuesday, January, 11, 2005, VOL. 233—NO. 7.

164) 장근익, 앞의 논문, p. 58.

165) http://en.wikipedia.org/wiki/Cross_licensing, 2008. 8. 15.

## (2) 크로스라이선스의 필요성 및 장점[166]

크로스라이선스가 체결되면 로열티로 인하여 가격이 상승할 수 있다는 우려가 있었으나, 로열티를 아예 없애버리면 이러한 염려는 전혀 필요 없게 된다.[167] 또한 장래 취득하게 되는 특허도 서로 실시할 수 있도록 하면 각 회사는 상대회사의 모방을 회피하기 위하여 기술혁신을 하지 않게 될 우려가 있다고 하지만 각 회사가 상대방 회사의 특허 포트폴리오에 접근할 수 있기 때문에 제품 설계가 자유롭고, 엔지니어가 보다 효율적으로 일할 수 있고, 그래서 더 좋은 제품을 더 빨리 상품화할 수 있다는 장점에 비하면 무시할 수 있을 정도이다. 인텔과 IBM은 서로 장래 특허에 대한 크로스라이선스에 합의한 후, 각 회사는 제품 개발과정에서 상대회사로부터 침해소송을 당할지 모른다는 두려움을 떨쳐버릴 수 있었기 때문에 기술혁신을 더 효과적으로 할 수 있게 되었다. 또한 이들 두 회사 중 어떤 회사도 상대회사가 자사의 특허를 이용하여 자사의 제품을 모방할 것을 우려하지 않았다. 이러한 크로스라이선스가 있던 시절의 반도체산업 기술혁신이 상당히 활발하게 일어났던 사실로 비추어 볼 때 이러한 크로스라이선스는 기술혁신을 장려한다는 것을 알 수 있다. 크로스라이선스의 장점은 다음과 같이 정리할 수 있다.

첫째, 크로스라이선스는 보완적 특허기술을 통합함으로써 크로스라이선스 쌍방의 거래비용을 줄여 준다.

둘째, 크로스라이선스는 차단문제를 해결하고 친경쟁적이다.[168]

셋째, 크로스라이선스는 표준으로 연결되기 쉽고 경쟁 제품이 표준이 되는 것을 막을 수 있다. 어떤 제품에 대한 모든 보완특허를 가진 회사들이 크로스라이선스를 통하여 서로의 기술을 활용하여 제품을 출시하면 이것은 표준으로 연결되기 쉽다. 또한 다른 회사의 제품이 표준이 되는 것을 막기 위하여 이 제품에 경쟁적인 제품을 시장에 출시하기 위하여 크로스라이선스를 체결하는 경우도 있다.[169]

넷째, 경쟁기업 간의 크로스라이선스를 통하여 기업은 해외시장과 같은

---

166) 장근익, 앞의 논문, pp. 61-64.
167) Carl Shapiro, 앞의 논문, p. 130.
168) 장근익, 앞의 논문, p. 58.
169) 장근익, 앞의 논문, pp. 61-62.

새로운 시장에 들어갈 때 해당 국가의 무역장벽이나 행정규제를 서로 협력하여 극복해 나갈 수 있다.[170] 또한 합의에 따라 경쟁방식을 조정하거나 시장을 배분함으로써 상호간의 과도한 경쟁에 의한 어려움을 완화시킬 수 있다.

다섯째, 크로스라이선스는 규모의 경제를 추구할 수 있다. 크로스라이선스는 공동의 목표, 즉 연구개발, 제품생산, 판매를 달성하기 위하여 기업의 자원을 집중하여 사용하기 때문에 규모의 경제를 추구할 수 있게 해 준다.[171]

여섯째, 크로스라이선스 계약에 의하여 기업들은 상호간에 경쟁의 시점을 조정하여 이를 테면 판매시부터 경쟁하는 것으로 정할 수 있다.[172] 예를 들어, 상업화까지는 서로 협력하여 표준을 설정함으로써 계약기업들이 시장을 장악하고, 이후 판매 단계에서는 자유롭게 경쟁할 수 있는 것이다.

일곱째, 크로스라이선스는 특허제도의 성격상 피하기 어려운 분쟁을 회피할 수 있게 해 준다. 먼저 크로스라이선스는 개량발명과 원천발명 간의 분쟁을 해결할 수 있다.[173] 즉, 현재 회사들이 보유하고 있는 원천발명과 개량발명뿐 아니라 장래의 개량발명까지 크로스라이선스에 포함시킴으로써 장래에 발생할 수 있는 분쟁을 사전에 예방함으로써 침해소송에 대한 우려를 불식시킬 수 있다. 또한 크로스라이선스는 청구범위해석의 불확실성과 권리범위에 대한 인식의 차이로 인한 분쟁가능성을 제거해 준다. 특허의 권리범위는 글로 쓰인 청구범위를 어떻게 해석하느냐에 따라 달라질 수 있어서 분쟁의 원인이 된다. 청구범위해석은 법원[174] 혹은 법관에 따라 달라질 수 있다.[175]

---

170) 장근익, 앞의 논문, p. 62.
171) 장근익, 앞의 논문, p. 62.
172) 장근익, 앞의 논문, p. 62.
173) 장근익, 앞의 논문, pp. 62-63
174) 지방법원과 특허법원, 그리고 대법원의 해석이 서로 달라질 수 있다는 것은 당연할 사실이다. 미국은 CAFC(연방순회항소법원)의 설립 이후 특허의 유효성을 인정하는 비율이 급격히 상승하였다. 또한 우리나라의 경우 특허사건에 대한 일반법원과 특허법원의 판결이 다른 경우를 볼 수 있다.
175) 미국 CAFC 판례 중에는 담당한 판사에 따라 유사한 사건의 판결이 달라지는 경향을 볼 수 있다. 예를 들면 CAFC의 1994년 판례들을 살펴보면 이러한 사실이 드러난다. *In re Schrader* 22 F.3d at 297(13 April 1994)과 *In re Warmerdam* 33 F.3d 1354(Fed. Cir. 11 August 1994) 사건은 FWA(Freeman-Walter-Abele) test를 적용하였는가 하면, *In re Alappat* (29 July 1994) 33 F.3d 1526(Fed. Cir. 1994)와 *In re Lowry* (26 August 1994) 32 F.3d 1579(Fed. Cir. 1994)은 FWA test를 적용하지 않았다. Koo Dae Hwan , *Information Technology and Law,*

여덟째, 크로스라이선스는 기술이전의 부메랑을 방지할 수 있다. 타 회사에게 기술이전을 해 주면 기술이전을 받은 타 회사가 더 좋은 제품을 개발하여 상품화함으로써 자사는 경쟁우위를 상실할 수 있다.[176] 크로스라이선스는 자사의 특허기술을 이용하여 개발한 새로운 기술에 대한 특허에 대하여서도 실시허락을 하도록 함으로써 이러한 기술이전의 역전 현상을 방지할 수 있다.

아홉째, 크로스라이선스는 위험과 비용을 분산할 수 있다. 첨단기술은 연구개발에 필요한 기기와 시설이 더욱 대형화되고 복잡해져서 연구개발비용이 급격히 증대하면서 투자비용과 위험을 분산시킬 필요가 커지게 되었다.[177] 크로스라이선스는 협정에 따라 상대방 기업이 가지고 있는 특허뿐 아니라 노하우와 투자비용 및 시장까지도 공유할 수 있어서 이러한 위험을 분산할 수 있다.

열째, 크로스라이선스는 기업이 핵심역량에 집중할 수 있게 해 준다. 기술이 점점 고도화되고 복잡해지면서 하나의 회사가 어떤 제품의 생산에 필요한 복잡한 기술들을 모두 보유하기는 어렵게 되었다.[178] 따라서 회사마다 자사의 능력을 고려하여 특정 분야에 연구개발 역량을 집중시킬 필요가 있다.

### (3) 크로스라이선스와 특허풀의 비교

#### 1) 사용허락의 대상

특허풀은 풀의 참가자 상호간뿐 아니라 제3자에게도 사용허락할 의도를 가지고 있는 반면, 크로스라이선스는 2 이상의 당사자가 서로에게 특정 지적재산권을 개방하는 것으로서 제3자에게 자신들의 특허를 사용허락할 의도는 없는 것이다.

#### 2) 당사자의 수

크로스라이선스는 일반적으로 당사자가 3 이하인 경우에 많이 사용되고 4 이상이 되면 특허풀이 적당하다.

---

Pakyoungsa, pp. 36-140; 장근익, 앞의 논문, pp. 64, 80.
176) 장근익, 앞의 논문, p. 63.
177) 장근익, 앞의 논문, p. 61.
178) 장근익, 앞의 논문, p. 61.

### 3) 관리기구

특허풀은 특허들을 한 곳에 모아서 관리기구로 하여금 사용허락계약을 관리하도록 하는 데 반하여, 크로스라이선스는 개별 특허권자로 하여금 스스로 사용허락 협정을 맺을 수 있도록 허락한다. 즉, 크로스라이선스가 특허풀과 다른 가장 중요한 점은 특허관리기구(예: MPEG-2 특허풀의 MPEG LA)가 없다는 점이다.[179]

크로스라이선스는 대기업이 상호간에 차단특허의 문제를 해결하기 위해 채택되는 경우가 많다.[180] 마이크로프로세서의 설계와 생산에 있어서는 일반적으로 광범위한 크로스라이선스가 체결된다. 예를 들면 인텔은 IBM과 광범위한 특허포트폴리오(portfolio)를 서로에게 사용허락하였다. 나아가 두 회사는 장래 수 년간 취득할 특허에 대하여서도 상호간 사용허락하는 것에 합의했다. 크로스라이선스는 초기에 두 회사 간 특허포트폴리오의 차이를 보전하기 위하여 한 회사가 다른 회사에게 일정액을 지불하는 경우가 있지만, 일반적으로 로열티를 지불하지 않는다.

### (4) 크로스라이선스 체결시의 유의사항

### 1) 실시권의 범위와 제한

특허권자는 실시권에 시간적·지역적·내용적인 면에서 제한을 둘 수 있다. 크로스라이선스 계약에 있어서는 이러한 실시권의 범위, 즉 제한을 명확히 해 두지 않으면 장래 분쟁의 소지가 있을 수 있다.[181]

### 2) 특허의 유효성 확인

상대회사가 보유하고 있는 특허의 권리범위를 가능한 한 한정하거나 축소하고 나아가 그 유효성을 확인한다. 이를 위하여 선행기술을 철저히 조사하여 청구범위와 명세서 기재내용에 하자가 없는지, 청구범위에 공지기술을 포함하고 있는지, 통상의 기술자가 실시할 수 있을 정도로 명세서가 발명을 명확하고 구체적으로 기재하고 있는지, 실제 실험을 통하여 명세서에 기재되어 있는

179) 정연덕, 앞의 논문, 각주 66, p. 15.
180) Carl Shapiro, 앞의 논문, pp. 129-130.
181) 장근익, 앞의 논문, p. 105.

결과를 도출할 수 있는지, 출원인이 의도적으로 청구범위에서 제외시킨 것은 없는지 등을 확인하여 특허권 자체에 무효 사유를 갖고 있는지 혹은 실질적인 특허권의 범위가 현저하게 협소하지 않은지를 검토한다.

### 3) 개량특허의 확보

상대방이 원천기술을 가지고 있는 경우에는 개량발명을 통하여 가능한 한 많은 개량특허를 확보함으로써 이를 이용하여 크로스라이선스 협상에서 로열티를 대폭 삭감하거나 사용허락 기피현상을 방지할 수 있도록 한다.

### 4) 특허의 가치평가

상대회사와 자사의 특허에 대한 가치평가를 통하여, 즉 원천기술인지 개량기술인지의 여부, 제품의 예상판매수익, 특허의 존속기간에 따른 제품에의 적용기간 산정 등을 고려하여 상대회사가 제시하는 크로스라이선스 조건을 수용할 수 있는지 판단한다.

## (5) 크로스라이선스의 예

아래에서는 크로스라이선스의 예를 살펴보자.

### 예 1) 삼성전자와 마이크로소프트

삼성전자와 마이크로소프트(MS)는 2007년 4월 19일, 두 회사가 보유한 특허에 대하여 광범위한 크로스라이선스 계약을 체결했다.[182] 이 계약으로 삼성전자는 컴퓨터, 셋톱박스, DVD플레이어, 캠코더, TV, 프린터, 생활가전 제품 등 현재와 미래 제품들에 MS의 특허 기술을 이용할 수 있게 됐다. 또 삼성전자와 삼성전자 제품 판매자들 및 고객들은 MS의 특허를 삼성전자 제품에 사용할 수 있게 됐다. MS는 현재와 미래의 제품들에 삼성전자의 디지털미디어와 컴퓨터 관련 광범위한 특허포트폴리오를 사용할 수 있게 됐다. 삼성전자에 의하면, 양사는 각 사가 보유한 특허포트폴리오의 가치에 따른 금전적 보상을 받게 된다고 하였다.

### 예 2) 소니와 삼성

소니(SONY)와 삼성전자는 제품개발의 효율 향상, 계약비용의 절감을 목적

---

182) http://crossmu.egloos.com/1114871, 2012. 1. 21.

으로 양사가 보유하는 특허에 대해 광범위한 크로스라이선스 계약을 체결하였다.[183] 대상이 되는 특허는 소니의 특허 1만 3,000건과 삼성전자의 특허 1만 1,000건이다.

소니는 크로스라이선스 계약을 통하여 자사의 지적재산권을 간접적으로 주장하는 효과를 거두었고, 삼성은 소니 이외의 일본 업체와의 특허사용허락 계약을 유리하게 할 수 있는 여건을 마련했다고 할 수 있다. 삼성은 일본 업체들이 자사의 특허와 기술력을 정당하게 평가하지 않고 있다고 생각해 왔는데, 이 계약에서 소니가 삼성이 보유하고 있는 특허의 가치를 인정함으로써 삼성의 기술력에 대한 일본회사들의 인식을 개선할 수 있게 되었다.

### 예 3) 니치아화학과 Cree사

2002. 11. 6. 니치아화학공업주식회사와 Cree사(Cree, Inc.)[184]는 특허 크로스라이선스 계약과 소송의 화해에 대하여 합의했다고 발표했다.[185] 계약에 의해 양사는 상호간의 모든 소송을 종결시키고, 서로의 특허포트폴리오를 이용하여 기술개발에 자원을 집중할 수 있게 되었다.

### 예 4) 니치아화학과 Lumileds[186]

2002. 10. 28. 니치아와 Lumileds[187]는 LED 기술에 관한 양사의 지적재산권을 공유한다는 포괄적인 크로스라이선스를 체결했다. 이 크로스라이선스 계약으로 특허분쟁을 종식시키고 상호 보완적인 기술을 활용함으로써 보다 밝고 저비용의 LED 조명기술의 개발을 기대할 수 있게 되었다.

---

183) 해외과학기술동향 658호(2005-01-19), *Nikkei Electronics*, Vol. 890, p. 29. 소니에 의하면, 특허 이용계약을 맺어야 할 회사의 수는 VTR 개발 당시에는 3개였지만, DVD 플레이어 개발에는 35개에 달했다고 전했다.
184) Cree사에 대한 상세한 내용은 www.cree.com, 2008. 8. 7. 참조.
185) http://www.nichia.com/kr/about_nichia/2002/2002_111301.html, 2008. 8. 7. 최종접속. 니치아화학은 질화인듐갈륨(InGaN) LED 및 레이저 다이오드 기술의 세계적인 리더로 알려져 있다. 1993년과 1994년, 니치아화학은 세계최초의 고휘도 InGaN 청색 LED 및 녹색 LED를 개발했다. 1996년, 니치아화학은, InGaN 청색 LED를 형광체로 싼(청색발광과 변환된 황색발광을 혼합시켜 백색을 만든다) 백색 LED를 개발했다. 니치아화학에 대한 상세한 내용은 www.nichia.co.jp 참조.
186) http://www.nichia.co.jp/kr/about_nichia/2002/2002_102901.html, 2012. 1. 21.
187) Lumileds Lighting은 하이 파워LED의 세계유수의 메이커로, 일반조명, 자동차 조명, 교통신호, 간판, LCD 백라이트 등의 일상적인 용도로 고체조명 사용의 선구자이다. www.lumileds.com, 2008. 8. 7. 참조.

### 예 5) LG전자와 필립스 · 소니 등

LG전자는 필립스, 소니, 파이어니어 등으로 구성된 DVD 표준특허풀(3C)[188]에 가입했다고 2003. 7. 31. 발표했다.[189] DVD 표준특허를 보유한 전 세계 업체들은 크게 두 가지 특허풀로 양분돼 있다. 하나는 LG전자가 참여한 3C이며, 다른 하나는 도시바 등이 주도하고 있는 7C이다. LG전자는 2003년부터 3C가 전 세계 DVD 제조업체들로부터 받는 로열티 수입 중 일정액을 최소 10년간 배분받게 된다.

## 5. 결 론

소유권 규칙에 입각한 수많은 특허로 이루어진 특허숲, 이로 인한 거래비용의 상승, 비공유지의 비극, 그리고 이에 따른 기술혁신의 저해 문제를 검토하고 이러한 문제를 해결하기 위한 방안으로서 보상책임체제, 기술혁신의 직접보호, 특허풀, 특허플랫폼, 크로스라이선스에 대하여 살펴보았다. 이들 해결 방안은 모두 소유권적 성격의 특허권이 가지는 문제를 해소하기 위한 노력의 일환이다. 특허풀 등이 특허제도의 성격상 인정할 수밖에 없는 보완특허와 차단특허의 문제를 해결하고 거래비용을 감소시킴에도 불구하고 현재까지는 그다지 활성화되지 못했음이 사실이다. 앞으로 이를 활성화시키기 위한 정책과, 특허청 및 공정거래위원회와 같은 정부기관의 관심, 그리고 필요하다고 판단될 경우에는 이들 정부기관의 적극적인 노력 및 관여가 요구된다. 또한 특허풀 등의 결성과 이익의 배분 과정에 필수적으로 중요한 특허의 가치평가도 그 자체가 불확실하고 어려우므로 사례를 축적하고 합리적인 규칙을 세워 나갈 필요가 있다.

---

188) 3C는 LG전자의 참여로 4C로 명칭이 바뀌게 된다.

189) http://www.hackersnews.org/data/2003/08/0801_1.html, 2012. 1. 21.

## VI. 성공적인 특허풀의 결성과 운영을 위한 요건

### 1. 서  론

특허풀은 다수의 특허권자들이 자신들의 특허를 서로에게 혹은 제 3 자에게 사용허락하기 위하여 한데 모은 특허들, 또는 이 특허들을 사용허락하는 협정을 말한다. 이러한 특허풀은 복수의 특허권자들의 특허기술을 활용하여야 제품의 생산이 가능한 경우 나타날 수 있는 홀드업(hold-up)의 문제를 해결하기 위하여,[190] 혹은 특허분쟁을 해결하기 위한 시도로서 특허소송과 더불어 형성된다.[191]

여기에서는 특허를 받을 수 있는 대상의 범위를 확대함으로써 수많은 특허가 수많은 특허권자들에게 각기 부여된 결과로 나타나는 문제, 즉 비공유지의 비극(tragedy of anticommons), 특허숲(patent thicket), 차단특허(blocking patents)[192]와 보완특허(complementary patents),[193] '홀드아웃(hold-out)'[194]에 의한 '홀드업'[195]의 문제를 해결하기 위하여 고안해 낸 방안 중 하나인 특허풀을 성공적으로 결성하고 운용하기 위한 방안을 제시하고자 한다.

아래에서는 특허풀의 사례를 검토하여 각 특허풀이 성공적일 수 있었던

---

190) Steffen Brenner, *Optimal formation rules for patent pools*, ISSN: 1432-0479, published online: 29 May 2008.
191) Jay Pil Choi, *Patent Pools and Cross-licensing in the Shadow of Patent Litigation*, CESifo Working Paper No. 1070, November 2003, p. 4.
192) '차단특허'에 대하여는 Richard J. Gilbert, *Antitrust for Patent Pools: A Century of Policy Evolution*, 2004 STAN. TECH. L. REV. 3.
193) '보완특허'는 하나의 발명의 요소들을 서로 다른 발명자가 발명하였을 때 이들에게 부여된 특허를 말한다. 보완특허의 특허권자들이 서로 협력하지 않으면 보완특허 발명은 상업적으로 이용될 수 없다. Mireles, *Tragedy of Anticommons in Biotechnology Innovation*, at 168-169.
194) 홀드아웃(hold-outs)은 '협조를 거부하는 사람' 혹은 '(더 유리한 조건을 위해) 계약을 보류하는 사람'을 의미한다. http://endic.naver.com/endic.nhn?docid=549710&rd=s, 2008. 9. 9. 접속.
195) 홀드업(hold-up)의 사전적 의미는 길을 막다, ~을 방해하다, 정지!, 손들어! 등이다. http://endic.naver.com/search.nhn?kind=idiom&query=hold-up, 2008. 9. 9. 접속.

요인과 그렇지 못했던 요인을 분석하고, 성공적인 특허풀을 결성하고 운영하기 위한 전략을 기술혁신의 경제학 및 독점규제법의 관점에서 제시한다.


## 2. 특허풀의 사례와 분석

성공적인 특허풀을 위한 요건을 도출하기 위하여 먼저 성공적인 특허풀의 사례를 검토하고 분석해 보도록 하자. 성공적인 특허풀로는 제 1 차 세계대전 중에 미국 항공업체들이 정부의 강력한 권유로 설립한 항공기 특허풀과 최근의 MPEG-2 및 DVD 특허풀을 들 수 있다.[196]

### (1) 전시상황의 비자발적 항공기 특허풀[197]

미국은 제 1 차 세계대전이 발발하자 비자발적 항공기 특허풀을 결성하였다. 미국의 항공기제작기술 관련 특허풀의 결성과 운영에 대하여 알아보자. 1914년 제 1 차 세계대전이 발발하고, 1917. 4. 6. 미국이 참전하게 되자 전쟁에 항공기의 제작이 중요하게 되었다. 항공기의 제작에는 라이트형제(Wright Brothers)와 글렌커티스(Glenn Curtiss)가 필수특허[198]를 보유하고 있었기 때문에 이들의 사용허락이 없이는 항공기제작이 불가능한 상황이었다.

1917. 1. 17. 미 해군은 특허분쟁이 미국 항공기산업의 발전을 저해하고 있고, 몇 개 기업이 특허침해소송으로 다른 모든 항공기회사들을 위협하고 있다고 평가하였다.

1917. 3. 24. 국가항공기자문위원회의 특허위원회는 모든 항공기제작사로 구성된 항공기제조협회를 구성하여 특허풀을 운영하도록 권고하는 리포트를 제출하였다. 나아가 1917. 3. 24. 미 의회는 전쟁장관(Secretary of War) 및 해군장관(Secretary of the Navy)이 미국에서 정부용이나 민간용 항공기의 제작과 개

---

196) Mireles, 앞의 논문, p. 217.
197) Robert P. Merges, *Patent Pools*, pp. 19-21; James Love, *An Essential Health Care Patent Pool*, XIV International AIDS Conference, July 8, 2002, Barcelona, Spain.
198) '필수특허'란 아무런 대체기술이 없기 때문에 표준을 준수하기 위해서는 반드시 사용허락을 받아야 하는 특허를 말한다. 이 특허가 특허풀에 포함되지 않으면 특허풀에 포함되어 있는 특허만으로 기업이 제품을 생산하면 침해하게 되는 특허를 말한다. Lerner et al., *Efficient Patent Pools*, p. 3.

발에 필요하다고 간주되는 특허들을 매수·몰수하거나, 기부 등에 의하여 확
보할 수 있게 하는 법을 통과시켰다. 이 법으로 말미암아 항공기제작기술 관
련 특허풀의 결성은 결정적으로 가속화되었다.

　1917. 7. 14. 국가항공기자문위원회의 집행위원회는 특허위원회가 특허 관
련 문제의 해결에 필요한 조치를 취할 수 있는 권한을 부여하고 아울러 라이
트형제와 커티스사(Curtiss-Burgess company)에 지불할 로열티 총액을 200만 달
러로 제한할 것을 권고하였다.

　결국 항공기제조업체들은 1917. 7. 16. 항공기제조업협회(Manufactures Aircraft
Association)를 설립하고 7월 24일 동 협회의 첫 회의를 통하여 특허풀을 공식 창
설하였다. 이는 미 의회에서 특허 관련 법률이 통과된 지 정확히 4개월 만의 일
이다.

　한편, 특허풀이 창설되기 전에는 라이트형제가 비행기 1대당 1,000달러의
로열티를 요구하였으나, 연방정부는 100달러로 낮추고, 로열티의 67.5%는 라
이트형제에게, 20%는 커티스사에게 지불하고, 나머지는 항공기제조업협회의
운영비용으로 사용하도록 하였다. 이후, 라이트형제와 커티스사에 지불된 로
열티 총액이 2백만 달러에 이르자, 로열티를 비행기 1대당 25달러로 낮추었다.

　이 항공기 제조기술 특허풀의 가장 결정적인 성공요인은 미국 정부기관
및 의회의 개입이라고 할 수 있다. 이들의 개입이 없었다면 특허풀의 결성은
대단히 지체되었거나 결성되지 않았을지도 모른다. 즉, 라이트형제와 커티스
사의 특허가 차단특허[199]로 작용하고 있던 상황을 정부가 관여하여 성공적으

---

199) '차단특허'란 다른 특허발명의 실시를 차단하는 역할을 하는 특허를 말한다.
　　즉, 특허권은 배타적 권리이기 때문에 타인이 자신의 특허를 허락 없이 사용
　　하는 것을 저지할 수 있다. 그리고 '개량발명'은 개량의 대상이 된 타인의 특
　　허를 침해하지 않고는 자신의 발명을 실시할 수 없는 발명을 말한다. 개량발
　　명자가 자신의 개량발명을 실시하기 위해서 선발명자의 허가를 얻지 않으면
　　'원천발명(pioneer invention)'을 사용할 수 없으므로 선발명자의 특허는 개량
　　발명자에게 차단특허로서 작용한다. 반대로 선발명자도 개량발명자의 허락이
　　없이는 그 개량발명을 자신의 원천발명에 도입할 수 없다. 따라서 이들 두
　　특허는 특허권의 배타적 성격과 기술혁신의 연속적·누적적 특성 때문에 서
　　로에게 차단특허로서 기능하게 되는 것이다. 마찬가지로 최초 발명자도 두
　　번째 발명자의 허락이 없이는 그 개량발명을 도입하거나 실시할 수 없다. 두
　　번째 발명자의 개량발명 특허는 최초 발명자가 개량발명을 도입하려는 것을
　　차단한다. 이와 같이 최초 발명자의 특허와 두 번째 발명자의 특허는 서로가

로 해결한 것이다. 이 항공기 제조기술 특허풀의 결성으로 미국정부는 항공기 제작에 있어서 특허권과 관련한 복잡한 문제를 단번에 해결할 수 있게 되었다. 이 특허풀의 결성으로 말미암아 미국정부는 전쟁기간 동안 항공기제작에 있어서 아무런 특허 분쟁의 염려 없이 저렴한 로열티로 항공기를 제작할 수 있게 되었다.

전시상황에서 미국 정부와 의회는 자신들의 권한을 합법적으로 사용함으로써 특허풀의 결성을 촉진하고, 로열티를 크게 낮춤으로써 전쟁용 항공기제작 비용을 크게 절감할 수 있게 하였다. 의회는 항공기의 제작과 개발에 필요하다고 간주되는 특허들을 확보할 수 있게 해 주는 법을 통과시킴으로써 특허풀의 형성을 가속화시켰고, 정부는 특허권을 몰수할 수도 있다고 하면서 특허권자들을 위협함으로써 로열티를 현저하게 낮출 수 있었다. 이것은 전시와 같은 긴급 상황에서 정부와 의회가 각자의 권한을 효과적으로 활용하여 성공적인 특허풀을 설립한 좋은 사례라 할 수 있다.

### (2) 라디오 특허풀

1920년 라디오 특허풀을 결성하기 위하여 Radio Corporation of America (RCA)가 설립되었다.[200] 이 특허풀은 마르코니 와이어리스(Marconi Wireless), 텔레그라프 컴퍼니(Telegraph Company), AT&T, 제너럴 일렉트릭(General Electric), 웨스팅하우스(Westinghouse), 그리고 다른 회사들이 소유하고 있는 차단특허의 문제를 해결하고 특허숲에서 비롯되는 높은 거래비용을 감소시키기 위하여 결성되었다.[201] 이 특허풀은 정부가 개입하기까지 10년 이상 지연되어 오다가 미국의 제 1 차 세계대전 참전 직후 미 해군의 권유로 구성되었다.[202]

---

서로를 이용하지 못하도록 차단함으로써 기술혁신이 자연스럽게 일어날 수 없도록 방해하는 "차단특허"로서 기능하는 것이다.

200) Reiko Aoki, *Clearing Houses and Patent Pools-Access to Genetic Patents,* May 2006, Prepared for Workshop "*Gene patents and clearing models,*" June 8-10 2006, Centre for Intellectual Property Rights, Katholieke Universiteit Leuven, Belgium. available at http://www.ier.hit-u.ac.jp/pie/ stage2/Japanese /d_p/dp2006/dp325/text.pdf, 2012. 1. 21.

201) 마르코니 와이어리스는 2극진공관 특허를 보유하고, AT&T는 deForest의 3극진공관 특허의 양수인이었다.

202) Alexander Lee, 앞의 논문.

미연방정부는 경쟁관계에 있는 라디오 회사들 간의 적대적 행위가 라디오 기술의 발전을 저해하고 차단하고 있다고 판단하여 모든 특허소송을 잠정적으로 중단시켰다.203) 예를 들어 마르코니 와이어리스 사(Marconi Wireless Telegraph Company of America)가 De Forest Radio Telephone과 텔레그라프 컴퍼니에 대하여 제기한 소송도 포함되어 있다. 이러한 소송의 잠정적 중단조치는 뜻하지 않게 전쟁기간 동안 라디오 발명의 성공적인 풀을 형성하는 결과를 초래하였고 회사들은 서로 싸울 필요가 없게 되었다. 그리고 정부의 계약과 전쟁 때문에 라디오 산업은 유래 없이 커지고 균일한 것으로 발전하게 되어 라디오의 여러 부품들이 표준화 되었다. 부품의 표준화로 말미암아 전쟁 전과는 비교할 수 없을 정도로 시간, 노동, 비용을 절감하게 되었다. 한마디로 특허분쟁과 관련한 정부의 간섭과 비공식적 특허풀의 창설은 결과적으로 더 좋은 품질의 제품을 더 저렴하게 구입할 수 있게 되는 결과를 가져왔다.

### (3) MPEG - 2 풀204)

MPEG-2(비디오 압축기술)는 "MPEG(Moving Picture Expert Group)이 정한 오디오와 비디오 인코딩(부호화)에 관한 일련의 표준"으로서 표준 동영상 규격의 하나로서 세계적으로 가장 널리 쓰이는 오디오 및 비디오 규격이다.205) MPEG-1은 TV영상을 가정용 VTR 화질 수준으로 CD-ROM 등에 저장하기 위하여 압축하는 기술인 데 반하여, MPEG-2는 현행 TV 또는 HDTV 영상을 방송용 품질 수준으로 통신하거나 방송하기 위하여 압축하는 기술이다.206) MPEG 동영상이라고 하면 보통 MPEG-1으로 압축된 것을 가리키는 경우가 많고, MP3 오디오 파일은 MPEG-1 규격 중 가장 널리 알려진 것이다.207)

1994년 11월 MPEG-2 규격이 동영상 압축에 관한 국제표준으로 성립되어 DVD 관련 제품을 제작하려면 MPEG-2 표준에 따르게 되었다. 이 표준과 관

---

203) Alexander Lee, 앞의 논문.
204) Robert P. Merges, *Patent Pools*, pp. 28-31; Carl Shapiro, 앞의 논문, pp. 134-135; 윤성준·길창민, "기술확산 촉진을 위한 표준화와 특허풀 연계 전략," pp. 17-18 참조.
205) http://ko.wikipedia.org/wiki/MPEG-2, 2008. 9. 22.
206) 윤선희 외 3인, "표준화와 관련된 지적재산권 및 독점규제법에 관한 연구," 정보통신학술 연구과제 01-18. 2002. 2, p. 83.
207) http://ko.wikipedia.org/wiki/MPEG-1, 2012. 1. 21.

련하여 특허숲[208]이 형성되어 있어 특허풀 형성에 어려움이 예측되었다. 특허 풀을 형성하기 위하여 9개 특허권자들{소니, 후지쯔, 마쓰시타, 미쯔비시 전기, 루 슨트(Lucent), 필립스, 제너럴 인스트루먼트, 사이언티픽 애틀랜타(Scientific Atalanta) 와 콜롬비아대학교}은 특허소송의 위험을 제거하기 위하여 필수특허를 보유한 특허권자를 철저하게 찾아내어 이들을 특허풀에 포함시켰다. 2002년 1월에는 14개 기업이 보유한 75개의 미국특허에 대한 라이선스가 필요했다.[209]

### 1) MPEG-2 특허풀의 계약

MPEG-2 특허풀의 계약은 ① 특허권자들 간의 계약, ② 특허권자들과 MPEG LA[210] 간의 관리계약, ③ 특허권자들과 MPEG LA 간의 사용허락계약, 그리고 ④ MPEG LA와 사용권자 간의 특허포트폴리오 사용허락계약 등 4단계 의 계약으로 이루어진다.

#### ① 특허권자들 간의 계약

특허권자들 간의 계약으로 특허권자들은 자신들의 필수특허를 사용허락 관리회사, 즉 MPEG LA를 통하여 공동으로 사용허락할 의무를 부담한다. 아울 러 이 계약에서 로열티액수와 배분, 일괄사용허락의 대상이 되는 특허의 추가 나 삭제 절차 등에 대하여 합의한다.

#### ② 특허권자들과 MPEG LA 간의 관리계약

특허권자들과 MPEG LA 간의 관리계약으로 MPEG LA는 필수특허를 MPEG-2 이용자에게 사용허락하고, 로열티를 징수하고, 이를 배분하는 역할 을 담당하게 된다. 2000년대 특허풀의 특성 중 하나는 모든 사용허락자가 특 허풀에 비배타적 사용권을 부여함으로써 사용허락자가 자신의 특허를 특허풀 이외의 제3자에게도 자유롭게 사용허락할 수 있다는 점이었다.[211]

---

208) '특허숲'은 '특허덤불'이라고도 하며, 일련의 중복하는 특허권이 존재하기 때문 에 새로운 기술을 상업화하려는 자가 복수의 특허권자로부터 사용허락을 취득 하지 않으면 안 되는 상황을 말한다. 특허숲에 대하여는 Carl Shapiro, *Navigating the Patent Thicket: Cross Licenses, Patent Pools, and Standard Setting,* pp. 1-3.

209) 손수정, 앞의 논문, pp. 4-5.

210) MPEG 표준에 대한 특허풀 라이선싱 기구.

211) Alexander Lee, 앞의 논문.

③ 특허권자들과 MPEG LA 간의 사용허락계약

특허권자들은 MPEG LA에게 특허포트폴리오의 사용허락을 부여하기 위한 사용허락계약을 MPEG LA와 체결한다.

④ MPEG LA와 사용권자 간의 특허포트폴리오 사용허락계약

## 2) MPEG-2 특허풀의 특성

MPEG-2 특허풀은 대형 특허풀이 가지고 있는 다음과 같은 기본적인 특성을 가지고 있다.[212]

① 전체 특허기술에 대하여 한 번의 계약으로 사용허락을 받을 수 있다.[213]
② 특허권의 비중을 고려하여 대표성을 결정하도록 구성되어 있다.[214]
③ 특허풀 회원 간에 로열티 분배와, 사용권자가 지불할 일괄사용료 (blanket licensing charges)를 결정하는 전문 평가절차가 있다.[215]
④ 새로운 기술을 풀에 가입시킬 필요가 있는지의 여부를 결정하기 위한 협의기구가 있다.[216]
⑤ 분쟁 해결을 위하여 사전에 합의된 절차가 있다.[217]

새로운 기술의 특허권자는 언제든지 MPEG-2에 가입할 수 있고, 새로운 기술이 가입되면 회원사 간에 로열티를 재조정한다. 이것은 새롭게 가입한 기술의 가치를 평가하는 기구와 규칙이 있다는 것을 의미한다.[218]

---

212) Robert P. Merges, *Patent Pools,* pp. 147-150.
213) Robert P. Merges, *Patent Pools,* p. 147.
214) Robert P. Merges, *Patent Pools,* pp. 147-148.
215) Robert P. Merges, *Patent Pools,* p. 148.
216) Robert P. Merges, *Patent Pools,* p. 148.
217) Robert P. Merges, *Patent Pools,* p. 148.
218) 새로운 기술의 가치평가에 관한 규칙은 '내부적 불법행위 책임규칙(internal liability rules)'의 한 예이다. Robert P. Merges, *Patent Pools,* p. 30. Robert P. Merges 교수는 property rules(소유권 규칙)를 "absolute permission rules (절대적 허락 규칙)," liability rules를 "take now, pay later(지금 취하고 나중에 지불하라)"라고 묘사할 수 있다고 한다. Rochelle Dreyfuss et al. ed., *Expanding the Boundaries of Intellectual Property,* Robert P. Merges, 6: *The Case of Patent Pools,* p. 131.

## 3) 성공요인

MPEG-2의 성공요인은 다음 4가지로 요약할 수 있다.[219]

① MPEG-2의 가장 중요한 성공요인은 최소한의 필수특허를 27개로 정확히 확인한 것이라고 할 수 있다. 맨 처음 MPEG 법률가들은 8,000개의 특허를 검토하여 800개로 좁혔고, 최종적으로 27개의 필수특허를 확인하였다.

② MPEG-2 풀은 항상 새로운 특허기술을 받아들임으로써 기술의 발전을 반영한다.

③ 새로운 특허기술이 MPEG-2 풀에 포함되면 로열티 분배를 재조정하는 기구가 있다.

④ 필수특허뿐 아니라 '관련특허'도 포함시킴으로써 MPEG-2 풀의 가치를 향상시켰다.[220] 여기서 필수특허는 MPEG-2 표준을 포함하는 기초적인 보완특허들을 말하고, 관련특허란 전자부품, 소프트웨어 등에 MPEG-2 표준을 이용하는 기술로서 개량특허를 말한다. 즉, 관련특허에 대한 사용허락을 받지 않고 관련특허를 구현하는 기술을 사용하면 MPEG-2 표준 관련특허를 침해하는 것이 된다.

## (4) DVD 풀[221]

DVD(Digital Video Disc 혹은 Digital Versatile Disc)는 4.7GB를 기록할 수 있어서 CD보다 7배의 정보를 담을 수 있다.

DVD 특허풀에는 소니(SONY), 필립스(Philips), 파이오니어(Pioneer Electronics)로 구성된 3사(社)의 특허풀과, 히따치(Hitachi), 마쯔시타(Matsushita), 미쯔비시(Mitsubishi), 타임워너(Time Warner), 도시바(Toshiba)와 JVC로 구성된 6사의 특허풀이 있다.[222] 소니, 필립스, 파이오니어 특허풀은 1998년 미국 DOJ로부터 독

---

219) Robert P. Merges, *Patent Pools*, pp. 148-149. Merges 교수는 이러한 시스템을 "liability rule"의 내부 규칙, 즉 특허기술의 가치를 결정하는 내부 규칙의 한 예로 보고 있다.
220) 이것은 MPEG-2의 특이한 점이다. Robert P. Merges, *Patent Pools*, p. 149. 참조.
221) Robert P. Merges, *Patent Pools*, pp. 150-154.
222) Robert P. Merges, *Patent Pools*, pp. 150-151.

점적이지 않음을 인정받았다.

　DVD 특허풀 설립자들은 특허권자들의 홀드업과 같은 전략적 행동을 사전에 차단하기 위하여 여러 가지 방안을 사용하였는데, 그 중에 하나가 특허의 가치를 평가하는 독립된 특허전문가를 '상임'으로 고용한 것이다.223)

　DVD 풀들은 가입회원 간의 로열티 배분을 둘러싼 거래 문제를 정교한 로열티 분배 공식에 의하여 사전에 해결하였다.


### 1) DVD 풀의 성공요인

DVD 풀의 성공요인은 다음 4가지로 요약할 수 있다.

　① 미국법무부(DOJ)가 주도했다.224)

　미국법무부는 소니와 필립스를 압박하여 특허풀을 결성하는 데 앞장서도록 종용하였다. 이들 기업은 특허침해로 고소 당하는 것을 예방하고 미국법무부와 불편한 관계를 피하기 위해서 소니-필립스 특허풀 결성에 나서게 되었다.

　② 상임 특허전문가를 고용하였다.225)

　상임 특허전문가를 고용함으로써 특허풀의 설립과정에서 특허권자들의 전략적 행동을 차단할 수 있었고, 사용권자의 특허가 필수특허인지의 여부를 판단하는 데에도 도움이 되었다.

　③ 가입회원 간에 합의된 규칙에 의해 로열티를 배분하였다.226)

　④ 양도조항에 의해 사용권자의 홀드업 문제를 사전에 예방하였다.227)

　사용권자가 표준 실시에 필수적인 특허를 가지게 되는 경우 이를 특허풀에 포함시키도록 함으로써 장래 사용권자가 필수특허를 취득함으로써 야기될지도 모르는 사용권자의 홀드업 문제를 사전에 차단할 수 있게 되었다.

---

223) Robert P. Merges, *Patent Pools*, p. 152.
224) Robert P. Merges, *Patent Pools*, p. 154.
225) Robert P. Merges, *Patent Pools*, pp. 152-153.
226) Robert P. Merges, *Patent Pools*, p. 153. 도시바 풀의 경우 소니 풀보다 정교한 로열티 분배 규칙을 가지고 있었다.
227) Robert P. Merges, *Patent Pools*, pp. 152-153.

## 3. 특허풀의 성공요건

앞에서 살펴본 성공적인 특허풀들은 그 결성과 운영에 있어서 공통점이 있다.[228] 성공적인 특허풀(예: MPEG-2, DVD, and 1394 pools)의 공통점은 다음과 같다.[229]

① 특허풀의 모든 사용허락자는 특허풀에게 비배타적 라이선스를 부여하기 때문에 사용허락자는 특허풀 외부에도 자신들의 특허를 자유롭게 사용허락할 수 있다.

② 독립된 특허전문가가 어떤 특허가 특허풀의 결성에 필수적인지 판단한다. 특허풀 형성과정에서 특허풀에 포함되는 특허뿐 아니라 특허풀 형성 후에도 추가 대상 특허에 대한 필수성을 평가하는 기구가 있다.

③ 특허풀은 누구에게나 비차별적으로 특허풀의 특허를 사용허락한다.

④ 모든 로열티율은 합리적이고, 회원사 간에 합의된 공식에 따라 분배된다.

⑤ 모든 양도조항은 필수특허에 한정되어 있고, 공정하고 합리적인 조건에 따라 비독점적 사용권을 요구한다. 이 조항은 후속기술혁신을 저해하지 않도록 합리적이다.

여기에서는 이들 특허풀에서 분석된 결과와 더불어 일반적으로 특허풀의 결성을 추구하는 목적을 달성하기 위하여 우선적으로 고려해야 할 요건들을 주요 쟁점별로 정리해 보도록 한다.

### (1) 거래비용의 감소[230]

특허풀은 무엇보다도 거래비용을 감소시키는 것이어야 한다. 최소한 특허풀을 통한 로열티가 개별적 사용허락의 누적액수보다 적어야 한다. 만약 특허

---

228) Alexander Lee, 앞의 논문, pp. 9-12.

229) Jeanne Clark et al., *Patent Pools: A Solution to the Problem of Access in Biotechnology Patents?* USPTO, December 5, 2000, p. 13.

230) Jeanne Clark et al., *Patent Pools,* USPTO, December 5, 2000, p. 8. 이 유의사항은 특허플랫폼에도 적용될 수 있다. 특허풀의 소송비용 감소 효과에 대하여는 장근익, 앞의 논문, p. 79; Koo Dae Hwan, *Information Technology and Law*, Pakyoungsa, 2005. 2, p. 81. 참조.

풀이나 특허플랫폼을 통한 로열티가 개별적 사용허락을 통한 전체 로열티 액수보다 크다면 특허풀이나 특허플랫폼의 의미는 상실된다. 특허풀을 형성하는 데까지는 일정한 거래비용이 요구되고, 일단 특허풀이 형성되면 일괄사용허락에 의하여 사용허락계약에 소요되는 거래비용은 특허숫자와 상관없이 동일하게 된다. 따라서 제품의 생산에 요구되는 특허의 숫자가 적은 때(예를 들어, 2~3개의 특허를 2~3 특허권자가 보유하고 있을 때)에는 특허풀을 형성하는 것보다 개별 특허를 상대로 거래하는 것이 거래비용면에서 유리하다. 그러나 제품의 생산이나 서비스의 제공에 필요한 특허의 숫자가 늘어나면 개별특허와 일일이 사용허락계약을 체결하는 비용이 특허풀을 결성하고 특허풀을 통하여 거래하는 비용보다 급격히 커지게 된다.231) 이때 단순한 거래당사자수의 증가 외에 특허권자의 홀드업으로 말미암은 효과도 함께 고려해야 하므로 거래비용은 기하급수적으로 증가할 수 있다.

Heller와 Eisenberg가 그들의 논문 "Can Patents Deter Innovation? The Anti-commons in Biomedical Research"에서 말했듯이 특허풀은 거래비용을 감소시킬 수 있다.232) 특허소송에 미국에서만 연간 10억 달러가 들고 있다.233) 특허풀이 적절하게 형성되면 특허권을 둘러싼 소송이 적어지기 때문에 기업은 비용을 줄일 수 있다. 거래비용을 현저하게 감소시키는 특허풀을 형성하기 위해서는 특허풀이 다음 요건들을 충족하여야 한다.

### (2) 일괄사용계약방식 채택

성공적인 특허풀이 되기 위해서는 특허풀 관리기구라는 하나의 기구를 통하여 사용권자가 한 번의 사용허락계약을 체결함으로써 그에게 필요한 모든 특허에 대한 사용허락 문제를 해결할 수 있어야 한다. 즉, 사용허락계약이 단번에 타결될 수 있어야 한다. 이렇게 일괄사용계약이 가능할 때 특허풀을 통하여 사용허락을 제공하려는 특허권자들과 사용허락을 받으려는 이용자들은 계약에 소요되는 시간과 비용을 절감할 수 있다.

---

231) 이것은 손수정, 앞의 논문, p. 27 <그림 5>에서 확인할 수 있다.

232) Heller & Eisenberg, 앞의 논문, 각주 12, at 700; Levang, *Evaluating the Use of Patent Pools For Biotechnology*, at 239-240.

233) Steven Carlson, *Patent Pools and the Antitrust Dilemma*, 16 Yale J. on Reg. 359 (1999), at 380.

특허권자에 따라서는 자신의 특허에 대한 사용허락 자체를 거부함으로써 자신의 제품과 경쟁적 관계에 있는 새로운 제품이 시장에 나오는 것을 막으려고 할 수도 있다.[234] 특허풀은 이러한 태도를 보일 수도 있는 특허권자를 피하기 위하여 새로운 제품에 필수적인 특허는 모두 특허풀에 포함되도록 해야 한다. 즉, 필요한 모든 특허를 하나의 특허풀에 통합시키고 단일 경로를 통하여 필요한 모든 특허기술에 접근할 수 있도록 한다. 이렇게 할 때 거래비용과 로열티를 줄일 수 있다.[235]

미국 법무부와 연방거래위원회(FTC: Federal Trade Commission)는 특허풀에 포함된 특허들이 이용저촉관계에 있는 경우 이들에 대하여 일괄사용허락을 할 수 있도록 허용하고 있다.[236] 그러나 일괄사용허락(package licensing)이 가질 수 있는 문제점도 예방하지 않으면 안 된다. 즉, 일괄사용허락을 받는 사용권자는 다음의 세 가지 요건이 모두 충족될 때에만 손해를 보지 않는다.[237] 첫째, 특허풀의 특허가 모두 이용저촉관계에 있어야 한다. 둘째, 모든 특허가 필수적이어야 한다. 셋째, 모든 특허가 유효하여야 한다.

그러나 특허풀의 모든 특허가 상호간에 이용저촉관계에 있지 않은 경우, 또는 O라는 기본특허에 대하여 A와 B라는 개량발명특허가 있다고 할 때, O에 대하여는 A와 B가 이용저촉관계에 있다고 볼 수 있으나, A와 B는 서로 이용저촉관계에 있지 않은 경우가 있을 수 있다. 따라서 B를 이용하고자 하는 자는 O와 B에 대하여만 이용허락을 받으면 되고 A에 대하여서까지 이용허락을 받을 필요는 없다고 할 것이다. 따라서 이 경우 O, A, B 모두에 대하여 일괄이용허락을 받은 자는 A에 대하여 불필요한 비용을 지출한 셈이 되는 것이다.

---

234) Alexander Lee, 앞의 논문, p. 9.
235) Alexander Lee, 앞의 논문, p. 10.
236) U.S. Department of Justice and the Federal Trade Commission, *Antitrust Guidelines for the Licensing of Intellectual Property*, April 6, 1995. 이 지침은 다음 사이트에서 볼 수 있다. www.usdoj.gov/atr/public/guidelines/0558. htm, 2008. 8. 12. 최종 접속, at 27.
237) 이대희, "특허풀 및 그 유효성에 관한 연구," pp. 192-193; 장근익, 앞의 논문, p. 83.

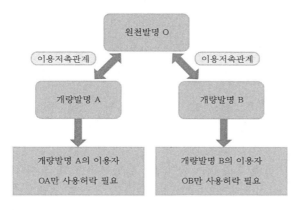

**그림 13-4** 비효율적 일괄사용허락

위 그림에서 A와 B 간에 이용저촉관계가 없으므로 개량발명 A만을 이용하는 자라도 O, A, B 모두에 대하여 일괄사용허락을 받아야 한다면 사용권자는 B에 대하여 불필요한 비용을 부담하는 것이 된다.

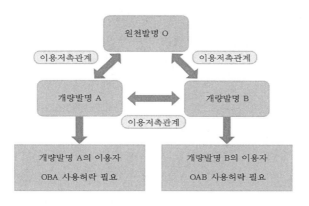

**그림 13-5** 효율적 일괄사용허락

위 그림에서 O, A, B는 모두 서로 이용저촉관계에 있으므로 개량발명 A나 B만을 이용하는 자라도 O, A, B 모두에 대하여 일괄사용허락을 받는다 하더라도 불필요한 비용부담은 없다.

### (3) 필수특허 누락방지

이와 같이 일괄사용계약을 통하여 사용권자의 거래비용도 줄이기 위해서는 풀에 포함되는 특허는 모두 필수특허와 보완특허 및 차단특허이어야 하고 또한 이들로만 구성되어야 한다.[238] 보완특허와 차단특허는 이들 중 하나라도 누락되면 제품의 생산이 불가능하므로 사실상 필수특허로 간주할 수 있을 것이다. 그리고 이들 필수특허들은 모두 하나의 제품을 완성하는 하부 요소들로서 기능해야 한다.

그런데 필수특허 소유자가 특허풀의 로열티율과 같은 조건에 동의하지 않거나 특허풀에 가입하지 않고 자신의 특허를 스스로 관리하기로 결정한다면 특허풀의 전반적인 효율성은 크게 저하된다. 왜냐하면 이 상황에서 사용자는 특허풀뿐 아니라 홀드아웃의 경향을 가지는 비가입 특허권자와도 계약을 해야 하기 때문이다. 그럼에도 불구하고 특허풀의 모든 가입자와 개별적인 계약을 성사시켜 나가는 것보다는 거래비용이 적다.

그리고 필수특허가 아닌 특허가 포함되어 있으면 사용권자로서는 이 비필수특허를 가려낼 수 없고, 따라서 비필수특허에까지 로열티를 지불할 수밖에 없게 된다. 비필수특허가 많아질수록 사용허락에 대한 로열티는 불합리하게 크게 되고, 특허풀 이용자수가 감소하여 결국 필수특허 소유자에게 돌아가야 할 몫까지 적어지게 된다. 필수특허는 아니라 할지라도 '관련특허'의 경우에는 이것이 특허풀에 포함됨으로써 특허풀의 가치를 향상시키는 효과가 있음을 기억해야 한다.

한편, 필수특허의 선정은 공정하게 이루어져야 한다.[239] 필수특허에 대한 평가와 선정이 독립된 전문가에 의하여 공정하게 이루어질 때 특허풀이나 특허플랫폼에 포함되는 특허들의 필수성을 신뢰할 수 있게 되고 참가자들은 공정한 몫을 받을 수 있게 되어 특허풀의 운영에 마찰이 없게 된다. 그런데 필수특허의 선정에는 여러 가지 사항을 고려해야 한다. 예를 들어, 필수특허의 조사요청은 법적 구속력을 갖지 않기 때문에 이에 응하지 않을 때 강제할 수단이 없으며 이들 중 표준 제정 이후에 권리를 행사할 경우 이에 대하여 법적 책

---

238) Lerner et al., *Efficient Patent Pools*, p. 3.
239) Jeanne Clark et al., *Patent Pools*, USPTO, December 5, 2000, p. 7.

임을 물을 수 없다. 또한 조사과정에서 표준에 필수적인 것으로 인정하면 당해 특허의 권리자와 분쟁이 발생한 경우 표준의 실시는 곧 특허의 침해를 의미하게 된다. 그리고 필수특허 여부의 결정은 특허청구범위에 의하여 결정해야 할 것인데 특허청구범위의 해석 자체가 간단한 문제가 아니고 해당기술과 법률 모두에 전문적 지식을 지니지 않으면 안 된다. 이러한 문제들을 포함하여 필수특허의 선정에는 다음과 같은 이슈들이 포함되어 있다.

① 조사대상 특허의 범위는 어디까지 할 것인가. 저작권, 상표권, 디자인 보호권 등에 대한 조사도 포함시킬 것인가.
② 조사요청에 법적 구속력이나 강제수단이 없는 가운데 적절한 선정 방안은 무엇인가.
③ 등록된 특허만을 대상으로 할 것인가 아니면 출원중인 특허도 포함시켜야 하는가.
④ 출원중인 특허의 경우 권리의 범위가 확정되지 않은 상태에서 필수특허의 여부를 어떻게 결정할 것인가.
⑤ 출원중인 특허의 특허풀에 대한 기여도는 어느 정도로 정할 것인가.
⑥ 출원공개 전의 특허에 대한 조사는 사실상 가능한가.
⑦ 필수성 판단을 어떠한 기준에 의하여 어떻게 할 것인가.
⑧ 조사결과 특정 특허에 대한 필수성 인정은 장래 분쟁에서 불리한 입장을 초래할 수 있는데 이 문제는 어떻게 해결하는가.
⑨ 필수특허 여부 판정에 대한 책임은 누가 부담할 것인가.
⑩ 조사대상 기술이 프로그램인 경우 저작권으로 보호되고 있다면 이에 대한 필수성 평가는 어떻게 할 것인가.

그리고 특허풀이 차단특허 문제를 해소하고 발명의 경제적 유익을 가져올 수 있도록 하기 위해서는 차단특허와 보완특허를 모두 포함하는 특허풀을 구성하여야 한다.[240] 필요한 특허가 다수의 특허권자에게 흩어져 있으면 이들은 차단특허[241]로 작용하게 되어 사용허락에 필요한 모든 특허를 확보하는 것이 대단히 어렵고 비용도 많이 소요되게 된다. 따라서 특허풀에는 모든 차단특허

---

240) Jeanne Clark et al., *Patent Pools*, USPTO, December 5, 2000.
241) Alexander Lee, 앞의 논문, 각주 34.

를 포함시킴으로써 차단 현상을 사전에 방지하는 것이 중요하다. 또한 보완관계에 있는 다수의 특허 중 하나라도 누락되게 되면 보완특허는 무의미하게 되기 때문에 모든 보완특허가 빠짐없이 포함되도록 하여야 한다.

이렇게 모든 차단특허와 보완특허가 포함된 특허풀에 가입한 회원이나 사용권자는 법률분쟁에 대한 두려움을 가질 필요가 없게 되고, 나아가 Heller와 Eisenberg 및 Mireles가 주장한 '비공유지의 비극'도 발생하지 않는다.242) 이러한 특허풀을 통하여 사용허락을 단번에 받아낼 수 있을 때 기술혁신을 촉진할 수도 있다.243) 1900년대 초에 항공기 기술과 관련한 특허들을 보유한 기업들이 자신들의 특허를 주장함으로써 서로 차단하는 효과를 가져왔고 이로 인하여 항공기 제작에 어려움이 있었으나, 이들 모든 특허를 포함하는 특허풀을 형성시킴으로써 차단문제를 단번에 해결할 수 있었다.

### (4) 홀드업 문제의 해소

어떤 제품의 생산에 필요한 특허기술에 대한 사용허락을 모두 받고 다만 하나의 특허에 대한 사용허락 협상만 남아있는 경우, 이 마지막 특허권자는 더 높은 로열티를 요구하기 위하여 '홀드업'을 할 인센티브를 갖게 된다.244) 마지막 특허에 대한 로열티 협상이 이루어지지 않으면 그 동안 성취해 온 모든 사용허락계약이 아무 쓸모가 없기 때문에 마지막 특허권자는 다른 특허권자들보다 높은 로열티를 받을 수 있다고 생각한다. 이러한 홀드업의 문제가 일어나지 않도록 특허풀은 모든 필수특허를 포함하지 않으면 안 된다.

---

242) '비공유지의 비극'이란, '공유지의 비극'이라는 비유에 대한 반대 개념으로서, 사용자가 하나의 유용한 제품을 생산해 내기 위하여 복수의 특허에 접근해야 할 필요가 있을 때 생기는 복잡한 장애물을 의미한다. 1998년 Michael Heller 교수와 Rebecca Eisenberg 교수는 그들의 논문 "Can Patents Deter Innovation? The Anticommons in Biomedical Research Science"에서 과도하게 많은 특허로 생길 수 있는 문제를 "비공유지의 비극"이라고 표현하였다. Heller & Eisenberg, 앞의 논문; Bradley J. Levang, *Evaluating the Use of Patent Pools For Biotechnology: A Refutation to the USPTO White Paper Concerning Biotechnology Patent Pools*, 19 Santa Clara Computer & High Tech. L.J. 229 (2002), at 234-235 (이하, Levang, *Evaluating the Use of Patent Pools For Biotechnology*); Mireles, 앞의 논문, pp. 142, 145-147, 220-221.

243) Jeanne Clark et al., *Patent Pools*, USPTO, December 5, 2000, p. 8.

244) Jeanne Clark et al., *Patent Pools*, USPTO, December 5, 2000, p. 9.

또한 특허풀이 성공하기 위해서는 사용권자가 개발한 특허기술이 필수특허가 될 것에 대비하여 양도조항을 둠으로써 장래의 특허분쟁도 사전에 예방해야 한다.[245] 그러나 양도조항이 경쟁적인지도 검토하여야 한다. 양도조항이 홀드업의 문제를 해소하기 위한 것으로서 특허기술에 대한 사용허락 거부나 과도한 로열티 요구를 완화하기 위한 것이라면 경쟁적이라고 볼 수 있으나, 사용허락자의 지배적 지위를 이용하여 사용허락자의 특허를 이용할 수밖에 없는 사용권자의 특허기술을 부당하게 사용하는 것이라면 독점규제법 위반이 될 것이다.[246]

### (5) 특허권의 적절한 분할

거래비용을 감소시키는 어떤 특정 제품의 생산을 위한 특허풀을 결성함에 있어서 특허권이 과도하게 분할되어 있으면 어떠한 특허가 특허풀의 형성에 필수적인지를 결정하기가 어렵고, 각 특허가 특허풀에 기여하는 정도, 즉 각 특허권자가 받을 로열티의 액수를 결정하기가 어렵다. 이러한 문제로 인하여 특허풀의 형성을 위한 협상이 어렵고 복잡해져서 특허풀이 형성되지 못할 수도 있다.[247] 반대로, 어떤 제품의 생산에 필요한 특허권이 너무 적게 분할되어 있으면(예: 2~3개 특허를 2~3개 특허권자가 보유하고 있는 때), 관계 당사자들이 용이하게 크로스라이선스 협약에 도달할 수 있을 것이기 때문에 특허풀이 반드시 필요하지 않을 수도 있다. 이러한 사항을 고려할 때 참여자가 최소한 5개 이상일 때 특허풀이 형성될 가능성이 가장 높다.

### (6) 경쟁친화적인 특허풀

특허풀은 포함되는 특허를 신중하게 선정하여 경쟁을 촉진하여야 한다. 이를 위하여 특허풀에 포함되는 특허들은 서로 경쟁친화적이어야 한다. 특허풀에 서로 보완적인 특허가 포함되면 경쟁친화적이고, 대체적·경쟁적 특허가 함께 포함되면 경쟁을 감소시켜 기술혁신은 저하된다.[248] Josh Lerner는 그의

---

245) Jeanne Clark et al., *Patent Pools*, USPTO, December 5, 2000, p. 9.
246) Lerner et al., *Efficient Patent Pools,* pp. 28-33, 38.
247) Alexander Lee, 앞의 논문.
248) Lerner et al., *Efficient Patent Pools*, p. 38. Lerner는 대체특허가 특허풀에 포함됨으로써 야기되는 문제(기술혁신의 저해)는 특허풀의 특허권자들이 독립

논문 "Efficient Patent Pools"에서 특허풀에 포함되는 특허들이 서로 보완적일수록 사회의 복지는 향상된다고 하였다.[249]

　　반면, 상호 대체적·경쟁적 관계에 있는 특허들이 하나로 결합될 경우, 특허권자들은 경쟁을 하지 않고 특허풀을 통하여 독점적 지위를 확보하고 이를 강화하기 위하여 특허풀을 이용할 수 있다. 대체특허나 경쟁특허[250]가 포함되어 있게 되면 특허 이용자들이 서로 경쟁관계에 있는 특허기술들 중에서 선택할 수 있는 기회를 박탈하는 것이 되기 때문에 반경쟁적이고 따라서 이러한 특허풀은 그 유효성이 문제될 수 있다.[251] 예를 들어 A와 B가 시장에서 경쟁적 관계에 있고 서로 대체가능한 특허 A1, B1을 각각 보유하고 있는 경우, 이들은 시장에서 경쟁을 통하여 품질을 향상시키고 제품의 가격을 낮추려 노력함으로써 기술혁신을 위하여 노력한다. 그런데 이들이 하나의 특허풀에 가입하게 되는 경우, 이들은 더 이상 경쟁관계에 있지 아니하고 협력관계에 있게 된다. 따라서 경쟁특허들 또는 대체특허들이 포함되어 있는 특허풀이 형성되면 이들 특허권자들은 경쟁이 없는 시장에서 기술혁신을 이룰 필요 없이 안주하게 된다. 더욱이 특허풀 이외에는 이 두 특허기술 A1, B1에 대한 대체기술도 없기 때문에 이들은 독점적 지위를 갖게 된다. 그러므로 특허풀을 형성할 때 보완특허는 이를 특허풀에 포함시키고, 대체적이거나 경쟁적인 특허는 특허풀에 함께 포함되지 않도록 주의해야 한다.

　　한편, 차단특허는 특허풀 형성의 중요한 이유 중의 하나인데 이 차단특허

---

적으로 라이선스를 할 수 있도록 함으로써 해소할 수 있다고 결론을 내리고 있다.

249) Lerner et al., *Efficient Patent Pools*, p. 37.
250) '경쟁특허'는 시장에서 서로 경쟁하는 제품이나 방법에 대한 특허를 말하는 것으로, 경쟁자의 특허방법이나 특허제품을 대체할 수 있는 새로운 제품이나 방법으로서, 경쟁관계에 있는 기존의 특허를 침해하지 않고 실시할 수 있다. 어떤 특허와 서로 경쟁관계에 있는 경쟁특허와 이 특허를 대체할 수 있는 대체특허는 엄밀한 의미에서 서로 다르다. 즉, 경쟁특허는 서로 경쟁관계에 있는 양 당사자가 소유하고 있음을 전제로 하여 시장에서 이들 특허발명이 서로 경쟁관계에 있기 때문에 소비자는 이들 발명을 이용한 제품들 중 하나를 선택할 수 있다. 반면에 대체특허는 반드시 시장에서 경쟁관계에 있을 것을 요구하지 않고 단순히 어떤 특허발명을 대체할 수 있는 발명에 대한 특허로서, 동일인 또는 협력관계에 있는 자들이 소유하고 있을 수도 있다. 이대희, "특허풀 및 그 유효성에 관한 연구," p. 180. 참조.
251) 이대희, "특허풀 및 그 유효성에 관한 연구," p. 204.

의 문제를 해결하면 특허의 자유로운 이용을 통한 경쟁이 이루어져 경쟁친화적인 특허풀이 된다. 차단특허가 특허풀로 통합되면 자유로운 사용에 의하여 차단효과가 제거되고 기술혁신이 촉진된다.[252]

### 1) 경쟁을 저해하지 않도록 한다

특허풀을 결성함에 있어서는 독점규제법 위반이 되지 않도록 세심하게 주의해야 한다.[253] 1995년 미국 연방거래위원회와 법무부는 "지적재산권의 라이선스에 관한 독점금지 지침(Antitrust Guidelines for the Licensing of Intellectual Property)"(이하, 미국 지침)을 발표하였다.[254] 미국 지침은 특허풀과 크로스라이선스가 보완기술을 통합하고 거래비용을 줄이고, 차단특허 문제를 해소하고 값비싼 소송을 피할 수 있게 해 주고, 기술확산을 도모하기 때문에 경쟁친화적이라고 평가했다.[255]

그러나 미국 지침은 ① 특허풀에서 제외된 기업이 라이선스된 기술을 이용하는 시장에서 효과적으로 경쟁할 수 없고, ② 특허풀 참가기업들이 집단적으로 관련시장에서 시장지배력을 갖고 있고, ③ 참여제한이 특허풀 기술들의 효율적 이용이나 개발과 관련이 없는 때, 이러한 특허풀은 반경쟁적일 수 있다고 하였다.[256] 또한 특허풀이 참여기업들의 연구 개발을 저해함으로써 기술혁신이 지체되는 경우 당해 특허풀은 반경쟁적이라고 하였다. 미국 지침은 이러한 예로서, 가입기업들이 현재와 장래의 기술에 대해서까지 최소한의 로열티로 또는 무상으로 서로에게 라이선스를 허락하도록 하면, 어떤 참여기업의 성공적인 연구개발 결과를 특허풀의 다른 참여기업들이 공유하게 되기 때문에, 참여기업들의 연구개발 의욕이 감소된다고 하였다.[257] 이러한 점을 감안하여 특허풀을 경쟁친화적인 것으로 만들기 위해서는 다음과 같은 사항을 유의해야 한다.

252) 차단문제 해결에 따른 경쟁촉진 효과에 대하여는 장근익, "지적재산권의 상호 실시허락(Cross License)에 대한 독점규제법 적용 연구," pp. 78-79 참조.
253) 특허풀의 독점규제법적 검토에 관하여는 Koo Dae Hwan, *Information Technology and Law*, Pakyoungsa, 2005. 2, pp. 76-78. 참조.
254) U.S. Department of Justice and the Federal Trade Commission, *Antitrust Guidelines for the Licensing of Intellectual Property*, April 6, 1995.
255) 미국 지침, p. 28.
256) 미국 지침, pp. 28-29.
257) 미국 지침, p. 29.

사용권자와 사용허락자가 반경쟁적 행위를 하지 않도록 고려해야 한다. 특허풀은 가입자 간의 공모를 통하여 비회원을 시장에서 축출함으로써 시장에서의 경쟁을 줄이는 도구가 될 수 있다. 즉, 시장성이 있을 것으로 예측되는 상품을 생산하는 데 필요한 모든 기술이 특허풀에 포함되어 있을 때 특허풀 가입자들이 공모하여 비회원에게 사용허락을 하지 않으면 사용허락을 취득하지 못한 비회원은 결국 해당 상품 관련 시장에 참여할 수 없을 것이다.258) 그래서 특허풀은 사용권자와 사용허락자가 반경쟁적 행위를 하지 않도록 하기 위하여 첫째로, 사용권자 또는 사용허락자 상호간에 공모하여 경쟁기업의 시장참여를 방해하거나 시장에서 축출하여서는 안 된다.259) 둘째로, 이들 특허권자들이 독점력을 행사하거나 담합하여 가격을 올리거나 특허권 실시요구를 거절하거나 생산량을 담합으로 결정하거나 로열티를 부당하게 높게 책정해서는 안 된다. 부당하게 높은 로열티는 제3자의 시장진입을 어렵게 하여 경쟁을 저하시킨다.260) 이러한 경쟁 저해 행위는 결국 기술혁신을 감소시키는 것으로서 해당 특허풀이 독점규제법의 적용을 받아 제소될 수 있다.

### 2) 사용허락은 공정하고 합리적이고 비차별적이어야 한다

특허권자가 잠재적 사용권자에게 불공정하거나 불합리하거나 차별적 조건에 의한 계약을 강요할 수 있는 구조로 되어 있다면 당해 특허풀이나 특허플랫폼은 반독점 관련 기관에 의하여 인정받지 못하게 될 것이고, 인정받지 못한 채 설립된 특허풀이나 특허플랫폼은 독점규제법의 집행에 의해 해산될 수 있다. 여기서 합리적이고 비차별적인 조건은 무엇을 의미하는 것일까? Joseph S. Miller 교수는 비차별적인 조건이란 '비슷한 사용권자에게는 동일한 조건'으로 사용허락을 하는 것, 그리고 나아가 표준기구의 회원이 시장에서 사용권자와 경쟁하는 경우, 사용권자를 표준기구의 회원보다 불리한 조건으로 대우하지 않는 것을 의미한다고 설명하고 있다.261) 그리고 합리적인 조

---

258) 그러나 특허풀 가입회원 간의 이러한 행동은 독점규제법 위반이 되기 때문에 유죄판결을 받게 되면 해당 특허풀은 해산되고 법에 따라 벌금을 물게 될 것이다. Alexander Lee, 앞의 논문, p. 11.

259) Jeanne Clark et al., *Patent Pools*, USPTO, December 5, 2000, p. 7.

260) Jeanne Clark et al., *Patent Pools*, USPTO, December 5, 2000, p. 11.

261) Joseph S. Miller, *Standard Setting, Patents and Access* Lock-in, p. 4.

건이란, 특허권자가 특허기술에 갇힌 다른 참여자들로부터 얻어낼 수 있는 로열티가 아니라, 특허권자가 다른 기술들과 공개적이고 직접적인 경쟁을 통하여 얻을 수 있는 로열티라고 기술하고 있다.[262]

그러나 표준과 관련된 필수특허에 대한 사용료를 '합리적'인 것으로 한다고 할 때 이는 일반적인 실시료보다 높지 않아야 할 것이다. 왜냐하면, 일단 표준으로 설정되면 이 표준기술은 공공성이 있을 뿐 아니라 널리 확산·보급되어야 하고, 실시료가 낮더라도 실시건수가 많으므로 전체 실시료의 총액은 커지고, 특허권의 행사와 무단실시의 단속이 용이하기 때문에 사용료의 회수율이 높게 되기 때문이다.

### 3) 무효특허가 포함되지 않아야 한다

특허풀에 포함될 특허는 그 특허의 유효성을 확인하여야 한다.[263] 특허가 무효이거나 특허기간이 만료되었으면 이를 특허풀이나 특허플랫폼에 포함시켜서는 안 된다. 왜냐하면 특허풀은 법원에서 무효로 될 수 있는 특허를 보호하는 기능을 할 수도 있기 때문이다.[264] 즉, 일단 문제 있는 특허라도 특허풀에 포함되면 특허풀의 다른 구성원들은 이 특허의 유효성을 다툴 만한 각별한 동기를 갖고 있지 않으므로 이 특허는 상당한 안전성을 보장받는다. 더욱이 이 특허의 사용권자도 특허의 무효를 주장하기 위해서는 먼저 특허풀 구성원들과의 관계에 심각한 손상[265]과 막대한 소송비용을 감수해야 하므로 특허무효심판의 청구나 소송의 제기를 주저할 수밖에 없게 된다. 이렇게 되면 그 특허는 무효로 되지 않기 때문에, 공공영역에 있음으로써 공중이 무상으로 이용할 수 있어야 함에도 불구하고 사용권자마다 로열티를 지불하게 되는 불합리가 생기게 된다. 이러한 문제를 해소하기 위해서는 특허를 특허풀에 가입시키기 전에 그 특허의 유효성을 독립된 전문가에게 의뢰하여 공정하고 철저한 평

---

262) Joseph S. Miller, *Standard Setting, Patents and Access* Lock-in, p. 5.

263) Jeanne Clark et al., *Patent Pools*, USPTO, December 5, 2000, p. 7; 특허풀이나 크로스라이선스가 소송으로부터 무효특허를 방어하는 문제에 관하여는 장근익, 앞의 논문, p. 82 참조.

264) Jeanne Clark et al., *Patent Pools*, USPTO, December 5, 2000, p. 10

265) 특허풀에 무효특허가 포함되어 있다는 것이 확인되면 그 특허풀은 상당한 손상을 입게 될 것이다.

가를 받도록 하는 것이 필요하다. DOJ와 FTC는 특허풀이 무효인 특허를 보호할 수 없다고 하였다.[266] 또한 FTC는 무효특허를 포함한 특허풀에 대하여 경고하기도 하였다.

### (7) 연구개발과 기술확산의 촉진

#### 1) 연구개발을 촉진함으로써 기술혁신을 유도해야 한다

특허풀은 연구개발을 지속적으로 촉진하기 위하여 특허풀 형성 후의 기술개발 결과에 대한 보상도 적절하게 이루어지도록 해야 한다. Vianney Dequiedt와 Bruno Versaevel의 연구결과에 따르면, 특허풀의 형성 가능성은 기업의 기술혁신 노력에 긍정적 영향을 준다.[267] 그래서 특허풀 형성 전, 특허풀에 포함될 특허의 숫자가 예상 특허풀 규모에 가까워졌을 때 기업의 연구개발 투자는 상승한다.

특허풀의 형성 전후를 전체적으로 살펴보면, 특허풀의 형성이 예측될 때 기업들의 연구개발투자는 상승하고, 형성된 후에는 감소하는 경향이 있다. 특히 특허풀이 형성된 후에 기술혁신이 적절히 보호되지 않을 경우, 풀이 형성되기 전에 기업은 과다 투자하고 형성된 후에는 과소 투자한다. 특허풀이 형성되기 전에는 특허풀에 참여하여 큰 몫을 배분받기 위하여 연구개발에 전력을 기울이다가 일단 특허풀이 형성되어 다른 참여기업의 특허기술을 자유롭게 이용할 수 있는 환경이 되면 다른 참여기업의 연구노력에 편승할 수 있기 때문에 기술개발 의욕이 저하되는 것이다.[268] 따라서 Dequiedt와 Versaevel에 의하면, 기업의 기술혁신 인센티브를 특허풀의 형성 이후에도 일정하게 유지하기 위해서는 특허풀의 형성 후 기업의 기술개발에 대한 보상 규칙(예: 양도조항에 따른 특허 또는 특허사용권에 대한 보상 규칙)을 특허풀 형성시의 특허풀 명세서에 포함시켜야 한다.

---

266) Jeanne Clark et al., *Patent Pools*, USPTO, December 5, 2000, p. 10.
267) Vianney Dequiedt and Bruno Versaevel, *Patent Pools and the Dynamic Incentives to R&D*, Documents De Travail-Working Papers, W.P. 07-03. Janvier 2007 (이하, Dequiedt and Versaevel, Patent Pools), pp. 24-25. Available at http://ssrn.com/abstract=988303, 2012. 1. 21.
268) 미국 지침, p. 29.

## 2) 기술의 확산과 이용을 촉진해야 한다

특허풀은 필요한 기술에의 접근성이 향상되어 기술의 확산과 이용이 촉진되도록 해야 한다. 이를 위해서는 특허풀에 가입한 멤버 간에 협정을 통하여 공동의 프로젝트를 함께 수행하는 것이 바람직하다. 이러한 환경이 되면 특허풀의 특허와 관련되어 있지만 특허되지 않은 정보까지도 서로 공유할 수 있게 되는 것이다.[269] 즉, 참여기업 간에 협력하여 일을 하는 특허풀을 통하여, 참여기업들은 타사의 영업비밀을 공유하게 됨으로써 기술의 확산이 촉진된다.[270]

아울러 이와 같이 정보를 공유할 수 있기 때문에 특허풀에 참여한 회사들은 각자 자사가 가지고 있는 정보의 누출을 막기 위하여 특별히 노력할 필요가 없게 된다. 또한 연구개발 과정에서 창출되는 정보가 누출될 위험이 제거되므로 연구개발을 촉진하는 효과도 있다.

## (8) 표준과의 연계

표준을 실시하는 데 있어서는 필수적인 특허들에 대한 다수의 라이선스 체결 문제를 해결하지 않으면 안 된다. 그래서 특허풀은 표준을 제정하는 과정에서 자연스럽게 설립되는 것이 바람직하다. 표준이 제정되었음에도 불구하고 표준의 실시에 필요한 특허풀이 형성되어 있지 않으면 특허권자들의 위치는 대단히 강력하게 되어 표준의 실시에 과도한 로열티가 따를 수 있다. 표준화와 특허풀은 기술의 확산[271]을 목적으로 한다는 점에서도 기본 취지가 유사하다. 그래서 표준화와 특허풀이 연계되면 기술확산을 극대화할 수 있다. 표준화와 특허풀의 연계전략의 성공사례로는 MPEG-2의 표준화 작업을 그대로 특허풀로 연계한 것을 들 수 있고, 실패사례로는 DMB 특허풀을 들 수 있다.[272]

산업표준의 제정은 기술집약적 제품의 생산자와 소비자 모두에게 큰 유익을 가져다 주므로 산업표준은 특허풀을 형성하도록 이끌어가는 강력한 동력이

---

269) Jeanne Clark et al., 앞의 논문, p. 10; Alexander Lee, 앞의 논문, p. 10.
270) 사용권자들은 특허풀을 통하여 현행 기술수준을 파악하고 이 기술을 이용하여 개량기술을 이룩함으로써 자연스러운 기술혁신이 일어난다.
271) 특허풀은 원스톱 라이선싱 체계를 통하여 기술확산을 촉진한다.
272) 2005년 국내 모기업이 주도하여 DMB 특허풀을 결성하려고 하였으나, 기존 특허권자들, 특히 해외 특허권자들의 무관심으로 결성이 무산되었다. 윤성준·길창민, 앞의 논문, pp. 18-19.

다. 표준이 제정되면 기업은 자원을 한 곳(표준)에 모을 수 있기 때문에 제품의 연구개발 속도를 증가시키고 생산원가를 줄여주고 소비자 가격을 낮춘다. 소비자는 제품을 구매하면서 머지않아 그 제품이 구식으로 되지 않을까 염려할 필요가 없다.[273]

### (9) 중립기관의 역할

#### 1) 공정거래위원회와 특허청의 협력이 필요하다

특허법과 독점규제법은 기술혁신의 촉진이라는 공통의 목표를 가지고 있음에도 불구하고 반대의 역할을 하는 것 같은 인상을 갖게 한다. 그러나 특허법을 운용하는 특허청과 독점규제법에 따라 시장의 불합리한 독점을 막고 경쟁을 촉진하려는 공정거래위원회는 서로 협력함으로써 특허풀의 활성화에 기여할 수 있다.

특허풀의 형성단계에서 양 기관은 필수특허와 보완특허 및 차단특허의 포함 여부, 대체특허와 경쟁특허의 포함 여부 등을 '협력하여' 검토하는 것이 좋다. 특히 특허에 관한 전문적 지식을 요구하는 경우, 예를 들면, 특허풀에 포함되는 특허들이 필수특허, 보완특허, 차단특허, 대체특허, 경쟁특허 중 어느 것에 해당하는지에 대한 검토에는 특허청의 역할이 필요하다. 특허청은 특허맵(patent map)[274]을 활용하여, 특허풀에 포함되는 각각의 특허들이 특허맵상에서 기술적으로 어느 곳에 위치하고 있는지, 필수특허는 어떠한 것들인지, 포함되는 특허들 중에 대체특허와 경쟁특허는 없는지를 검색하는 업무를 수행하기에 적합하다.

반면에 어떠한 특허풀을 허락함으로써 시장에 경쟁제한을 유발하는지의 여부에 대한 판단은 공정거래위원회가 적절하다. 또한 특허풀의 운용에 있어서 '실시료의 배분과 조건'의 적정성, '사용허락의 조건' 등은 특허청보다 공정거래위원회가 판단하는 것이 바람직하다.[275] 특허풀의 운용단계에서 해당 특허풀의 경쟁제한성을 판단함에 있어서도 앞에서 기술한 바와 같은 경쟁특허나 대체특허의 포함 여부가 결정적이므로, 이때 특허청의 협력이 필요하다.

---

273) Alexander Lee, 앞의 논문.
274) 특허맵의 역사, 목적, 종류에 대하여는 한국특허정보원, 「특허맵작성실무」, 2002. 4, pp. 19-20, 53-59.
275) 정연덕, 앞의 논문, p. 199.

## 2) 정부기관이나 대학과 같은 중립적 기관의 개입이 필요하다

특허권자 간의 조정이 원만하게 이루어지지 않고 전시상황으로서 항공기 제작기술 관련 특허풀의 구성이 시급하여 국가가 특허풀의 구성을 촉구한 사례를 살펴보았다.[276] 제1차 세계대전 직전 미국정부가 항공기 생산에 방해되었던 특허분쟁을 해결하기 위하여 항공기 생산과 관련된 특허들을 보유하고 있는 회사들에게 특허풀을 구성하라고 명령을 내린 것이 그것이다. 이와 같이 전시와 같은 특수상황에서도 정부의 역할은 특허풀의 형성에 대단히 중요하다.

DVD 특허풀의 경우 경쟁관계에 있던 기업들이 특허풀을 형성하였다. 1998년 소니, 필립스, 파이오니아(Pioneer)에 의해 특허풀이 설립되고, 1999년 도시바, 히따치, 마쯔시타, 미쯔비시, 타임워너(Time Warner)에 의해 별도의 특허풀이 형성되었다.[277] 이 2개의 특허풀을 하나로 만들기 위한 교섭은 잘 진행되지 않았다. 이때 정부기관의 역할은 매우 중요했다. 이와 같이 특허풀의 설립이 반드시 필요하다고 판단되는데도 불구하고 참여기업 간의 이해대립이나 참여기업의 독특한 전략에 의하여 특허풀의 형성이 늦어지는 경우, 정부기관은 참여기업 중 핵심기업에게 일정한 동기를 부여하거나 압박을 가함으로써 특허풀의 형성을 촉진할 필요가 있다.

또한 MPEG-LA의 발족을 앞두고, 실시료 결정과 관리, 계약서나 규칙의 초안 작성에 있어서 다른 참여 기업들과 경쟁관계에 있지 않던 컬럼비아대학이 선도하였기 때문에 순조로울 수 있었다.[278]

이와 같이 대학은 기업과 달리 영리추구를 최상의 목표로 삼고 있지 않기 때문에 특허풀의 형성에 있어서 기업 간의 주도권 분쟁을 해결할 수 있는 위치에 있다.[279] 국책연구기관도 이윤추구보다는 연구개발에 중점을 두고 있는 기관이라고 할 수 있다. 대학이 특허풀에 참여할 수 없는 경우 예를 들어, 특허풀에 참여할 특허를 보유하고 있지 않은 때에는 국책기관이 참여하여 중립적 역할을 담당할 필요가 있다.

---

276) Robert P. Merges, *Patent Pools*, pp. 19-21; George Bittlingmayer, *Property Rights, Progress, and the Aircraft Patent Agreement*, 31 J. L. & ECON. 227, 230-232 (1988); 이대희, "특허풀 및 그 유효성에 관한 연구," p. 183에서 재인용.
277) 정연덕, 앞의 논문, p. 202.
278) 정연덕, 앞의 논문, p. 201.
279) 정연덕, 앞의 논문, p. 202-204.

3) 필수 의약품의 이용권 향상을 위해서는 비자발적 특허풀의 형성이 필요하다

일반적으로 특허 의약품은 가격이 지나치게 비싸서 많은 환자들이 이용하기 어려운 현실이다. 특허 의약품의 가격이 비싼 것은 의약품의 개발에 들어가는 비용이 과도하게 높기 때문이다. 여기에는 필수적인 의약품 생산에 있어서 다수의 특허권이 복잡하게 설정되어 있어서 의약품 제조업자들이 의약품의 생산에 필요한 다수의 특허권에 대해 사용허락을 받아야 하는 문제가 있기 때문이다.[280] 이러한 문제를 해결하기 위하여, 2002. 7. 8. 스페인 바르셀로나에서 열린 제14회 국제에이즈컨퍼런스에서 제임스로브는 "*An Essential Health Care Patent Pool*,"[281] 즉 공공보건에 필수적인 특허풀을 제안하였다. 제임스로브가 제안한 특허풀의 운영 방안을 정리하면 다음과 같다.[282]

① 누구든지 정부 혹은 특허풀의 관리자에게 특정 보건 관련 발명을 특허풀에 포함시켜 줄 것을 요청할 수 있다.
② 정부 혹은 특허풀의 관리자는 해당 발명을 특허풀에 포함시킬 경우 필수적 공공보건 제품의 공급에 경쟁을 도모할 것인지의 여부를 판단할 수 있다. 정부 혹은 특허풀의 관리자는 발명이 현재 필요한 사람들에게 어느 정도 이용가능한지에 대한 전문가의 의견에 기초하여 판단한다.
③ 누구든지 필수적 보건제품을 제조하기 위하여 특허풀의 특허들을 사용할 권리를 갖는다. 특허를 사용하는 자는 단일의 로열티(a single roy-alty)를 특허풀에 지불한다. 로열티 액수는 투명한 로열티 가이드라인과 전문가 의견을 바탕으로 결정된다.
④ 특허권자들은 전문가의 조언이나 중재에 따라 로열티를 분배할 수 있다.

제임스로브의 제안에 의하면 의약품제조업체는 필수적 보건제품이나 의약품을 그다지 높지 않은 비용으로 제작·판매할 수 있고, 그 혜택은 수요자에

---

280) 즉, 수많은 특허로 인하여 의약품과 의료장비의 기술혁신은 상당히 제한을 받고 있는 상황이기 때문에 이를 극복할 필요가 있다.
281) 이것은 공공보건을 위하여 필요한 발명들에 대한 비자발적 특허풀이다.
282) James Love, *An Essential Health Care Patent Pool*, XIV International AIDS Conference, July 8, 2002, Barcelona, Spain; 양희진, "의약품 접근권 향상과 특허풀의 활용," 2004년 7월 민중의료연합 주최로 열린 의약품 접근권 향상 토론회 발표자료, http://ipleft.or.kr/node/2485, 2012. 1. 21.

게 돌아간다.

### (10) 특허풀 결성 시기의 적절한 선택

기업들은 특허풀 결성 초기에는 특허풀에 선뜻 참여하지 못한다. 특허풀의 결성에는 자원의 투자가 요구된다. 무엇보다 풀의 결성을 위해 노력할 인적 자원과 필수특허가 필요하다. 일단 자사의 특허가 특허풀에 소속되면 기업은 자사의 특허를 활용함에 있어서 특허풀의 규정에서 정하는 제한을 받게 된다. 그래서 기업은 관련 기술시장이 어떻게 전개되는지 일단 지켜보자는 전략을 채택하는 경향이 있다. 어떤 특허가 어디까지 커버하는지, 어떤 제품을 생산하기 위해서는 어떤 특허들이 필요한지가 분명해질 때까지 특허풀은 결성되기 어렵다. 기업들은 시장에 진입할 시기가 임박해서야 어떤 특허가 필요할 것인지를 명확히 알 수 있게 된다. 따라서 제품생산이 곧바로 가능한 때, 즉 제품생산 막바지에 특허풀을 결성하는 것이 효율적이다.

### (11) 특허 소유권의 확인

어떤 제품의 개발에 사용되는 특허풀의 특허가 다른 특허와 이용관계에 있으면 특허풀 형성 이후에 분쟁이 발생하는 경우가 있을 수 있다. 즉, 특허풀의 어느 특허가 이용발명특허이면 이 발명의 실시 자체가 이용되는 타발명의 특허침해를 구성한다. 타발명의 특허권자는 특허풀이 목적하는 제품이 상업적 성공을 거두면 특허권을 주장한다. 따라서 이러한 특허권자의 존재를 빠짐없이 검색하여야 성공적인 특허풀이 될 수 있다.

특허풀의 특허들을 활용하여 제품을 개발하고 마케팅에 많은 자원을 투자한 제품이 성공적인 것으로 확인되면 특허풀에 가입하지 않은 자(outsider) 중에서 특허권을 주장하는 경우가 있다. 법원에서 그(outsider)가 승소하면 특허풀의 가입회원이나 특허풀 자체가 유죄일 수 있다.

### (12) 기업들의 인식

국내기업들은 특허풀의 의미와 효용을 제대로 인식하지 못하고 있다.[283] 과학기술정책연구원이 전국 1,075개 기업을 대상으로 실시한 조사에 의하면

---

283) 손수정, 앞의 논문, p. 21.

특허풀에 대하여 '전혀 모른다'고 답한 기업이 60.1%, 들어본 적이 있다고 답한 기업이 30.5%, '잘 안다'고 답한 기업이 9.4%인 것으로 나타났다.

## 4. 결 론

특허풀은 특허제도로부터 비롯되는 여러 가지 문제들을 효과적으로 해결할 수 있는 방안이다. 이제까지 이러한 특허풀이 필요한 이유와 특허풀을 성공적으로 결성하고 운용하기 위한 방안을 살펴보았다. 특허풀이 효율적으로 운영되기 위해서는 특허풀에 참가하는 특허의 가치평가가 대단히 중요하다.[284] 생명공학분야의 리서치툴에 대한 특허의 가치평가는 그 특허기술의 이용방법이나 유용성이 충분하게 밝혀지지 않아서 매우 어렵다.[285]

과거에 성공적인 특허풀은 모든 특허가 하나의 최종제품에 집적되어 사용되었다. 항공회사 특허풀은 비행기를 제작하는 데 사용되었다. MPEG 특허풀은 디지털미디어의 보존과 송신을 목적으로 하였다. 라디오나 텔레비전 등의 대량생산제품의 특허풀에 있어서 개별 특허기술은 특허풀이 목적하는 제품의 구성에 없어서는 안 될 필수특허로 이루어져 있다.

이와는 반대로, 생명공학분야에 있어서는 특허의 이용방법과 유용성이 불확실하기 때문에 특허풀에 포함시킬 특허가 무엇인지 불명확한 경우가 많다.[286] 이로 인하여 생명공학기술 관련 특허풀은 비록 형성되더라도 그 유익이 별로 크지 않을 수 있기 때문에 기업들에게 있어서 특허풀을 형성할 유인이 적다.[287] 이러한 경우 타사의 제품을 생산하여 판매함으로써 얻을 수 있는 이익이 소송비용보다 크다고 판단되면, 생명공학기업은 타사의 특허를 침해하는 제품을 대량으로 생산하는 쪽을 선택하게 된다. 다시 말해서 타사가 차단특허의 권리를 행사하여 실시를 거부함으로써 자사가 해당 특허의 실시를 요하는 제품을 생산할 수 없게 되어 발생할 잠재적 손실이, 자사가 타사의 특허를 침해하더라도 제품을 생산함으로써 따르게 될 소송비용을 초과할 경우, 기

---

284) Levang, *Evaluating the Use of Patent Pools For Biotechnology*, at 249.
285) 이를 테면, 특허된 DNA 단편의 유용성 및 중요성은 아직 불확실하다. Levang, *Evaluating the Use of Patent Pools For Biotechnology*, at 250.
286) Levang, *Evaluating the Use of Patent Pools For Biotechnology*, at 242.
287) Levang, *Evaluating the Use of Patent Pools For Biotechnology*, at 243-244.

업은 더 큰 잠재적 손실을 막기 위하여 제품을 생산하는 쪽을 선택하게 된다
는 것이다.

이와 같이 특허기술, 특히 생명공학과 같은 첨단과학기술은 그 유용성이
불확실하고 가치를 평가하기도 어렵기 때문에 이들을 특정 표준제품의 생산을
위하여 특허풀로 통합하는 것은 용이하지 않다. 그래서 특허풀을 결성하고 운
용하기 위해서는 특허의 필수성과 가치평가가 선행되어야 하므로 첨단분야 특
허발명에 대한 유용성이 충분히 알려져 있지 않다면 이에 대한 가치평가도 어
려워서 결과적으로 특허풀의 결성이 난관에 부닥치게 된다. 이것이 첨단기술
분야의 특허풀 결성에 있어서 해결해 나가야 할 과제이다.


# Ⅶ. 표준과 특허풀

## 1. 서　론

우리는 표준 위에 세워진 세계에서 살고 있다. 예를 들어 언어는 일종의
표준이다. 한국어는 우리 대한민국 국민들이 일상생활 및 공적 업무를 수행할
때 사용하는 표준이다. 공적 업무를 수행할 때 이 표준(한국어)을 사용하지 않
고 외국어(예: 일본어, 중국어, 프랑스어)를 사용하면 의사소통에 장애가 발생한
다. 영어는 국제적으로 표준화된 언어라고 볼 수 있다. 우리는 영어라는 언어
의 표준을 사용하여 외국인과 의사소통할 수 있다. 영어와 같은 교류의 공통
양식을 표준이라고 할 수 있다.[288] 인터넷은 우리에게 엄청난 정보와 편익을
제공해 주고 새로운 사회를 열어주었다. 이 인터넷도 인터넷프로토콜이라는
표준을 기초로 하고 있다. 이러한 표준이 없이는 인터넷을 통하여 이메일을
교환하거나 항공권이나 영화티켓을 예매할 수 없다.

한편, 표준의 사용은 국가 간의 협정에 의하여 강제되기도 한다. 예를 들

---

288) US Federal Trade Commission Staff, *Anticipating the 21st Century-Competition Policy in the New High-Tech, Global Marketplace*, Volume I, May 1996 (이후, US FTC, Anticipating the 21st Century), Chapter 9. Networks and Standards.

어, 'WTO 무역에 대한 기술장벽에 관한 협정'은 "가맹국은 자국 내의 표준이 국제 무역상 불필요한 장벽을 유발하지 않도록 하고 국제표준이 있거나 완성 단계에 있는 경우에는 그 표준을 사용해야 한다"고 규정함으로써 표준의 사용을 의무화하고 있다.[289]

표준화는 상당 부분의 정보 경제를 이끌어 가고 있다. 예를 들어 제품을 한 사람에게만 판매하기 위해서 제작되는 경우와 다수의 불특정 소비자를 대상으로 제작되는 경우가 서로 다르다. 하나의 고객을 위한 제품은 개별적이고 고객 지향적이며 이용하는 기술은 한 가지 단위 제품에 한정되는 경우가 많다. 반면에 다수의 대중을 상대로 개발하는 제품은 그 제품에 사용된 요소 기술 (component technologies)을 재사용할 수 있는 경우가 많다. 아울러 다수의 제품이 판매됨으로써 제작에 소요된 비용(즉, 고정비)이 다수의 고객에게 분배되기 때문에 소비자의 부담은 경감된다.

동일한 제품이나 서비스 또는 기술을 사용하여 문제를 해결하는 사용자의 수가 증가하면 표준화 정도도 증가하게 된다. 일반적으로 표준화가 높은 제품은 세계적으로 판매되는 데 반해서, 표준화가 낮은 제품은 국내에 한정되어 판매된다. 즉, 제품을 표준화시키면 시장을 세계로 확대할 수 있어서 기업에게 유리하다고 하겠다. 세계의 소비자가 사용할 공통된 표준을 설정하고 기업이 이에 따라 제품을 생산하면, 이 표준제품을 사용하는 소비자들은 이 제품이 이제까지 사용해 오던 제품과 호환성(compatibility) 및 상호연동성(interoperability)을 유지하기 때문에 편리하다.[290] 이와 같이 표준은 기업과 소비자 모두에게 유익한 측면이 있다.

반면에, 표준화는 기술혁신에 제약으로 작용하기도 한다. 대부분의 사람들은 표준화 기술을 사용하여야 하는 제한으로 말미암아 표준화 기술의 연장선상에서(즉, 표준을 벗어나지 않는 범위 내에서) 현재까지 누적된 기술을 바탕으

---

289) WTO 무역에 대한 기술장벽에 관한 협정(TBT) 5.1.2.

290) 호환성은 동종의 시스템으로 바꿀 수 있는 성질을 말한다. 예를 들어 윈도우 XP와 윈도우 7 간에 호환성이 있기 때문에 윈도우 XP상에서 사용해오던 파일을 윈도우 7에서도 사용할 수 있는 것이다. 상호연동성은 서로 다른 시스템이 공동의 목적을 이루기 위해 함께 작용할 수 있는 성질을 말한다. 이를 테면 컴퓨터와 프린터, 컴퓨터와 팩스, 윈도우와 인터넷익스플로러 간에는 상호연동성이 있어야 목표하는 작업을 할 수 있다.

로 점증적인 변화를 만들어 가고 있는 것이다.[291]

　그런데 표준을 설정할 때 표준의 실시에 필수적인 특허가 포함되면 이 특허를 보유하고 있는 특허권자는 타인의 실시를 금지할 수 있는 권리를 행사함으로써 표준의 실시 여부를 좌우할 수 있는 지위에 있게 된다. 이러한 특허가 많아질수록 특허권자 모두에게 사용허락을 받는 것은 점점 더 어려워지고 거래비용은 급속하게 증가한다. 따라서 표준설정을 위해서는 표준의 실시에 필수적인 특허들을 찾아내어 이들을 한데 모아 특허풀을 형성하고 단번에 사용허락을 할 수 있도록 하는 것이 필요하다. 이와 같이 표준의 설정은 특허풀의 결성과 긴밀한 관계를 가지고 있다. 아래에서는 표준과 특허풀의 필요성과 장단점을 검토하고, 이들을 성공적으로 연계시키기 위한 전략을 도출하기 위하여 이들 상호간의 관계를 분석하고자 한다.

## 2. 기술표준의 정의와 분류 및 장단점

### (1) 기술표준의 정의

　「2005년 정보통신표준화백서」에서 표준은 "물건·개념·방법·수속(절차) 등에 관해 통일화·단순화한 규정으로서 일종의 약속"이라고 정의되어 있다.[292] 그리고 「WTO 무역에 대한 기술 장벽에 관한 협정, 부속서 1」은 표준을 "규칙, 지침, 상품의 특성, 관련 공정 및 생산 방법을 공통적으로 반복하여 사용하기 위해 규정하는 문서로서, 인증된 기관에 의해 승인되고 그 준수가 강제적이 아닌 문서"라고 정의하고 있다.[293] 이러한 정의를 기초로 표준을 정의

---

291) Carl Shapiro, *Setting Compatibility Standards: Cooperation or Collusion?* Rochell Dreyfuss et al. ed., *Expanding the Boundaries of Intellectual Property*, 2001, Oxford University Press(이후, Carl Shapiro, *Setting Compatibility Standards*), p. 81.

292) 「2005년 정보통신표준화백서」, 한국정보통신기술협회, 2006년 1월(이하, 2005년 정보통신표준화백서), p. 4.

293) 「WTO 무역에 대한 기술장벽에 관한 협정, 부속서1(Agreement on Technical Barriers to Trade. ANNEX 1.」 Terms and Their Definitions for the Purpose of this Agreement); 「2007년 정보통신표준화백서」, 한국정보통신기술협회(이하, 2007년 정보통신표준화백서), p. 76; 윤선희·임근영, "지적재산권과 산업표준화 및 반독점법 관계 연구," 발명진흥회 지적재산권연구센터, 연구보고서 99-2, pp. 11-12.

하면 "공통적·반복적 사용을 위해 규칙, 지침, 상품의 특성, 관련 공정 및 생산 방법을 통일화한 약속이나 문서"라고 할 수 있다. 이와 같이 표준이 약속이나 문서를 의미한다면 '표준화'는 이러한 표준, 즉 규정 및 약속이나 문서를 설정하고 활용하기 위한 조직적 행위라고 정의할 수 있겠다.

한편, 정보통신분야에 있어서 표준은 다음과 같이 정의되고 있다. 「2005년 정보통신표준화백서」에서는 표준을 "통신망으로 연결되어 있는 각종 정보시스템이 다양한 형태의 정보통신 서비스를 제공하거나 이용하는 데 있어 필요한 통신 주체 간에 합의된 규약(protocol)과 이러한 규약의 집합"이라고 정의하고,[294] 「2007년 정보통신표준화백서」에서는 표준을 "정보의 생산, 가공, 유통 및 축적 활동 등 정보통신과 관련된 제품 및 서비스 등의 호환성과 연동성을 확보하고, 정보의 공동 활용을 촉진하기 위해 정보통신 주체 간에 합의된 규약(Protocol)의 집합"이라고 정의하였다.[295] 윤선희 외는 "전자적인 수단에 의하여 이루어지는 정보의 생산, 가공, 유통 및 축적 등의 활동과 관련하여 단말기, 서비스 장치, 서비스 망 등 각종 시스템이 유·무선의 통신망으로 연결되어 다양한 형태의 정보통신 서비스를 제공하거나 이용하는 데 필요한 정보통신 주체 간의 합의된 규약의 집합"이라고 정의하기도 하였다.[296]

### (2) 표준의 분류

표준은 그 개발 주체 및 형성 과정에 따라 사실표준(de facto standard)과 공식표준(de jure standard)으로 분류한다.[297] 사실표준이란 시장에서 표준을 둘러싼 경쟁을 통하여 형성된 표준을 말하고, 공식표준이란 표준화 기관에 의해 제정된 표준을 말한다.[298]

공식표준화 활동은 주로 유럽을 중심으로 이루어지고 사실표준화 활동은 미국을 중심으로 이루어지고 있다.[299] 공식표준화의 장점은 표준화 내용과 절

---

294) 「2005년 정보통신표준화백서」, p. 4.
295) 「2007년 정보통신표준화백서」, p. 76.
296) 윤선희 외 3인, "표준화와 관련된 지적재산권 및 독점규제법에 관한 연구," 2002. 2. 정보통신학술 연구과제, 01-08, p. 7.
297) 「2007 정보통신표준화백서」, p. 376.
298) 윤선희·임근영, "지적재산권과 산업표준화," p. 26.
299) 「2007 정보통신표준화백서」, p. 378.

차가 공정하고 투명하여 편향되지 않은 표준을 제정할 수 있고, 원칙적으로 단일 표준을 제공할 수 있으며, 표준과 지적재산권을 조화시킬 수 있다는 점이다.[300] 단점은 이용자가 표준화 과정에 참여할 수 없고, 표준 제정에 시간이 소요되어 기술발전이 빠른 분야에서 적절히 대응할 수 없다는 점이다.

사실표준화의 장점은 표준화 활동이 국제적이고, 신속하고 효율적으로 추진할 수 있어서 빠른 기술변화에 대처할 수 있다는 점을 들 수 있다.[301] 그 단점은 표준의 제정 절차가 공식표준에 비하여 공개성이 떨어져 투명하지 못하여 공정성을 담보할 수 없고, 지적재산권 문제를 해결할 수 있는 적절한 방안이 마련되어 있지 않고, 민간 중심으로 추진된 결과 지속성과 안정성이 떨어진다는 점이다.

표준은 지역적 포섭 범위에 따라 국제표준, 지역표준, 국내표준으로 구분할 수 있다. 또한 정부 규제기관에 의해 제정되고 법적 강제력을 갖는 '규제적 표준'과 강제력을 갖지 않는 단순히 권고 차원의 '임의적 표준'이 있다.

### (3) 표준의 장점과 필요성

이하에서는 표준의 필요성과 장점을 사용자의 입장과 기업의 입장에서 설명하고자 한다.

#### 1) 사용자의 입장
① 네트워크 효과에 의한 표준화

표준의 필요성은 네트워크 효과에 의하여 설명할 수 있다. 더 많은 사람이 네트워크에 포함될수록 그 네트워크의 가치와 네트워크 사용자의 이익이 증대하는 현상을 네트워크 효과라고 한다. 표준은 네트워크 효과를 통하여 사용자에게 이익과 편익을 제공하기 때문에 필요한 것이며 그래서 자연스럽게 또는 인위적으로 표준이 형성된다. 예를 들어, 어떤 기준을 더 많은 사람들이 사용할수록 그 기준을 사용하는 사용자의 이익과 그 기준의 가치는 증대한다. 그래서 더 많은 사용자가 그 기준을 이용함으로써 편익을 증대시킬 수 있도록

---

300) 「2007 정보통신표준화백서」, p. 377; 윤선희·임근영, "지적재산권과 산업표준화," p. 26.
301) 「2007 정보통신표준화백서」, pp. 377-378.

하기 위하여 그 기준을 표준으로 설정할 필요가 있다. 이 기준은 표준으로 설정됨으로써 더욱 많은 사람이 이를 사용하게 되고 그 표준의 가치와 표준을 이용하는 사용자의 편익이 증대한다.

모든 사용자들이 하나의 네트워크에 있을 때 네트워크의 이익이 극대화된다.[302] 네트워크는 사용자들 간에 교류의 경로이다. 모든 네트워크가 어떤 표준에 기초하고 있다는 점에서 네트워크와 표준은 서로 연관되어 있다. 둘 다 더 많은 사용자가 참여함에 따라 가치가 증가한다. 정보통신기술의 발달, 특히 인터넷기술의 발달과 함께 표준 및 네트워크의 중요성은 크게 증대되었다.

표준과 마찬가지로 네트워크를 다른 것으로 바꾸는 소비자는 상당한 비용을 부담해야 한다. 일단 소비자가 PC 하드웨어나 OS(operation system)와 같은 주요 제품을 구입하면, 일반적으로 그 제품에 맞는 주변기기[303]와 응용소프트웨어와 같은 제품도 구입한다. 이런 제품들을 사용하고 있는 사람들은 다른 시스템으로 변경하는 데 많은 비용이 들기 때문에 잘 변경하려고 하지 않는다. 그래서 시스템 생산자의 입장에서 볼 때 이들은 확실하고 '정착된' 고객이다. 만약 경쟁 시스템이 이용자에게 익숙해진 '정착된 기반' 혹은 그 시스템으로 생성한 수많은 파일들과 호환성이 없거나 응용소프트웨어 및 주변기기와 상호연동성이 없다면, 고객은 현재의 시스템에 갇히게 된다. 경쟁시스템으로 변경하려면 대단히 큰 교체 비용이 필요하기 때문이다. 그래서 표준을 통하여 호환성을 확보하면 소비자들이 경쟁 제품으로 변경하는 비용이 감소되고 시장진입과 시장경쟁이 활발해지므로 기술혁신을 촉진시킬 수 있다.

② 호환성과 상호연동성의 필요에 의한 표준화

호환성과 상호연동성의 필요 때문에 표준화가 촉진되었다. 호환성이 필요하기 때문에 여러 회사들이 표준을 함께 개발하여 세워 나갈 수밖에 없게 된다.[304] 함께 작용하는 개별 요소들로 구성된 하나의 시스템을 형성하여 이 개별 요소들을 판매하는 회사들이 협조하여 표준을 만드는 경우가 많다. 예를 들어, 인텔과 마이크로소프트는 각자의 칩과 운영체제가 서로 조화를 이루면

---

302) Carl Shapiro, *Setting Compatibility Standards*, p. 88.
303) 주변기기에는 외부 디스크드라이브, 스캐너, 디지털카메라, 외장하드디스크, 프린터 등이 있다.
304) Carl Shapiro, *Setting Compatibility Standards*, p. 82.

서 작용하도록 하기 위해 협력했다. 그리고 직접 서로 경쟁하는 회사들이 새로운 기술을 지원하기 위해 표준에 합의하기도 한다. 예를 들어, 소니와 필립스는 함께 CD 표준을 만들고 이 표준을 사용허락 했고, 전 세계 모뎀 제조업자들이 ITU(International Telecommunication Union)에서 새로운 모뎀 표준에 합의한 경우를 들 수 있다. 소프트웨어 산업에서는 서로 적대적 회사들이 새로운 표준을 도모하기 위해 합의하기도 했다.[305] 1997년 서로 친밀하지 못한 마이크로소프트와 네스케이프가 가상현실 모델링 언어(Virtual Reality Modeling Language)의 호환성 있는 버전을 그들의 브라우저에 포함시키기로 합의하였다.

컴퓨터를 많이 사용하는 사람에게, 현재 사용하는 소프트웨어와 새로운 소프트웨어 간의 호환성은 매우 중요하다. 새로운 소프트웨어에 호환성이 없으면 이 컴퓨터를 이용하여 생성한 파일이나 데이터를 새로운 소프트웨어의 형식으로 변경시키는 데 많은 비용이 요구된다. 소비자가 새로운 소프트웨어를 구매할 때 이러한 호환성의 요구 때문에 종래의 공급자로부터 구매하는 것이 안전하다고 생각한다.[306] 그래서 호환성이 떨어지면 사용자의 전환비용을 증대시키고 고객을 고착시키는 효과가 있다.

그러나 소프트웨어에 호환성이 있으면 사용자들은 경쟁 소프트웨어를 사용할 수 있기 때문에 호환성은 분명히 사용자에게 유익한 것이다.[307] 그리고 호환성이 있는 시스템의 사용자 수가 늘어남에 따라 개발비용이 개발자들 간에 분배될 수 있으므로 소프트웨어 가격은 낮아질 것이고 소비자의 사용을 유인함으로써 결국 표준화 정도가 증가한다.

상호연동성은 서로 연결된 시스템들이[308] 공통의 목적을 이루기 위해서 예측되고 조화된 양식으로 함께 작동할 수 있는 능력을 말한다.[309] 단순한 상호연결과 비교해서 상호연동성은 두 시스템이 조화롭게 작동하는 데 필요한 높은 수준의 논리적 호환성을 전제로 한다. 호환성이 완전할수록 상호연동성

---

305) 가상현실 모델링 언어(Virtual Reality Modeling Language)는 Silicaon Graphics 가 개발하였다. Carl Shapiro, *Setting Compatibility Standards*, p. 87.
306) 이러한 고객들을 "갇혀진 사용자(locked-in-users)"라고 부른다.
307) 표준화에 따른 호환성의 외부효과에 대한 설명은 윤선희·임근영, "지적재산권과 산업표준화," p. 27.
308) 이 시스템은 하부 시스템, 소프트웨어, 데이터베이스 등을 포함한다.
309) 상호연동성은 상호운영성이라고도 한다.

은 커진다. 예를 들어 컴퓨터 사용자가 현재의 컴퓨터뿐 아니라 이 컴퓨터와 함께 여러 주변기기와 응용프로그램을 이용하여 많은 작업을 해 왔다면(이것은 컴퓨터와 주변기기 간에, 혹은 컴퓨터와 응용프로그램 간에 상호연동성이 확보되어 있음을 의미한다), 사용자는 주변기기 또는 응용프로그램에 투자한 비용 때문에 현재의 컴퓨터를 (자신의 주변기기 및 응용프로그램과 상호연동성이 떨어지는) 다른 컴퓨터로 변경하기 어렵다.

OS나 오피스 응용프로그램처럼 표준화가 높은 시장은 마이크로소프트와 같은 소수의 회사가 지배한다. 이러한 분야에는 소비자 기반이 확고하여 시장 지배자의 지위는 매우 강하다. 표준화가 높은 응용프로그램 시장의 진입장벽은 높다. 경쟁자가 그 시장에 들어가기 위해서는 최소한 현재의 제품과 동일한 품질 및 가격으로 새로운 제품을 제공할 수 있어야 한다. 이러한 것들을 갖추어도 호환성과 상호연동성이 없다면 시장진입은 극히 어렵다. 반면에 표준화가 낮은 시장은 진입장벽이 높지 않고 경쟁도 치열하지 않다.

일반적으로 소프트웨어는 상호연동성이 강한 특징을 가지고 있다. 이것은 특히 OS에서 그렇다. OS 시장에서 표준화는 불가피하다. 어느 경쟁 OS가 표준보다 기술적으로 더 낫다 할지라도, 만약 그것이 다양한 응용프로그램과 상호연동할 수 없다면 사용자는 그 시스템을 구입하지 않을 것이다. 그래서 어느 프로그램이 일단 표준이 되면 오랜 동안 표준의 지위를 향유하게 된다. 어떤 문제를 동일한 소프트웨어로 해결할 수 있는 사용자의 수가 증가하면서 소프트웨어 시장에서의 표준화가 증가했다. 표준화는 인터넷으로 가속화되었다. 인터넷을 통해 다른 사람과 통신할 필요성이 커지면서 높은 표준화가 이루어졌다.

호환성과 상호연동성에 대한 소비자의 요구에 부응하는 방법으로 경쟁사들이 그들의 제품 간에 표준을 세우기로 합의하거나 정부가 표준을 요구할 수도 있다. 컴퓨터산업에서는 '공동 표준기구(Joint standard setting organizations)'가 비교적 일반적이다. 개별 회사들은 그 플랫폼에서 운영되는 프로그램을 경쟁자들이 사용하도록 장려하기 위해서 '개방 플랫폼(open platform)' 시스템을 팔거나 무료로 주기도 한다.

③ 네트워크 외부효과

표준은 네트워크 외부효과(externality)[310]에 의하여 나타날 수도 있다. 외

---

310) 윤선희·임근영, "지적재산권과 산업표준화," p. 27.

부효과란 어떤 사람의 행위가 타인의 행위나 대가와 관계없이 그 타인에게 이익 또는 손실을 초래하는 현상을 말한다. 예를 들어 어떤 기업이 아파트 단지 인근에 대형 백화점을 건설하면 근처의 아파트 소유자들은 아무런 투자를 하지 않고서도 부동산 가격상승으로 인한 이익을 얻게 된다. 이러한 현상을 외부효과라고 한다.

'네트워크 외부효과'는 네트워크에서 나타나는 외부효과로서, 네트워크 내의 어떤 사람의 행위가 타인의 행위나 대가와 관계없이 그 타인에게 이익이나 손실을 초래하는 현상을 말한다. 이를 테면 네트워크에 새로 가입하는 사람에 의하여 기존의 가입자들의 편익은 증대된다. 여기서 기존 가입자들의 행위와 관계없이 이들의 편익은 증대되었으므로 네트워크 외부효과가 나타난 것이다. 어느 제품의 사회 전체적 가치가 그것을 이용하는 사람이 많을수록 증가한다면 그 제품 시장은 강한 '네트워크 외부효과'의 특징을 가지고 있다고 할 수 있다.[311] 네트워크 외부효과는 네트워크 효과와 마찬가지로 네트워크에 사용자를 고착시킬 뿐 아니라 더 많은 사용자를 불러들인다. 그리고 사용자가 많아질수록 이 제품은 표준이 되기 쉽다. 네트워크 외부효과에는 '상호연결(interconnection)의 외부효과', '상호연동(interoperability)의 외부효과', 그리고 '편리(convenience)의 외부효과' 3가지 유형이 있다. 상호연결의 외부효과의 전형적인 예는 전화네트워크와 인터넷이다. 여기서의 제품은 소비자들과 네트워크의 연결이다. 상호연동의 외부효과는 어느 상품의 가치가 시장에서 다른 상품들과의 상호연동성으로 결정되는 곳에서 나타난다. 예를 들면, 전기플러그는 그것이 콘센트와 견고하게 연결될 수 없다면 쓸모없다. 그래서 전기플러그의 디자인은 콘센트의 디자인에 의해 제한되고 그 반대도 마찬가지이다. 편리의 외부효과는 더 많은 소비자가 사용함에 따라 어떤 제품이 더욱 편리해지는 곳, 예를 들어 QWERTY 키보드와 같은 곳에 있다. 이 키보드에 익숙해진 소비자는 새로운 제품의 사용법을 배우기 싫어한다.[312]

---

311) Mark A Lemley, et al., *Encouraging Software Reuse*, Stanford Law Review, Vol. 49, p. 255, February 1997. Available at SSRN: http://ssrn.com/abstract =10286, p. 287.

312) 예를 들면, 타자기 산업에서는 키보드에 타이피스트들을 교육시키는 비용 때문에 다른 디자인보다 열악하다고 하는 QWERTY를 한 세기 넘게 사용해 왔다.

④ 규모의 경제 실현

표준은 규모의 경제를 실현하기 위하여 필요하다. 표준을 이용하는 사용자의 수가 많을수록 표준을 사용하는 사람들의 이익은 증대한다.[313]

2) 기업의 입장

① 표준화와 세계시장

자사의 기술이 국제표준으로 채택되면 기술 우위를 고착화할 수 있기 때문에 자사의 국제표준화는 세계시장 선점을 위한 핵심전략이라고 할 수 있다.[314] 즉, 어떤 기술이 일단 국제표준으로 채택되면 네트워크 효과, 잠김현상, 경도현상 등으로 말미암아 그 기술의 시장점유율은 급격히 증가하고 급기야 해당 기술은 세계시장에서 사용되게 된다. 아울러 해당 기술을 특허로 확보해 두면 다른 기업이 이를 실시할 수 없기 때문에 표준화에 따른 이익을 고스란히 독식할 수 있게 된다.[315]

특히 정보통신기술에서 국제표준이 이루어지면 시스템의 효율성이 증대되어 국제표준을 강화하고 이렇게 강화된 시스템은 다시 시스템의 효율성을 증대하는 선순환을 가져오기 때문에 정보통신기술의 국제표준은 대단히 중요하다. 정보통신분야에서 국제표준화를 추진해야 할 필요성은 네트워크 효과의 측면에서 기업에게도 중요하다. 기업이 표준을 사용하는 사람들의 네트워크를 형성하면 네트워크 효과를 누리려는 소비자는 이 네트워크에 가입하기를 원하고 가입자가 많아지면 네트워크, 즉 표준의 가치가 향상되어 그 이익은 기업에게 돌아간다.

② 승자독식

정보통신산업은 세계시장이 단일화되는 경향이 있기 때문에 표준경쟁에서 승리한 기업은 시장을 독점하게 되고 패배한 기업은 시장에 존속하기도 어려워진다. 윈도우나 인터넷 익스플로러와 같은 사실표준이 대표적인 예라고 할 수 있다. 대부분의 소비자는 컴퓨터를 사면서 운영체제(OS: Operation

---

313) 윤선희·임근영, "지적재산권과 산업표준화," p. 28.
314) 「2007 정보통신표준화백서」, p. 149.
315) 여기서 유념할 것은 특허권의 지역적 범위는 특허를 받은 국가에 한정되는 것이라는 점이다. 따라서 세계시장을 목표로 개발한 기술에 대하여는 이를 우리나라뿐 아니라 적어도 세계 주요 국가들에 특허를 출원하여야 한다.

System)로서 당연히 '윈도우'가 설치되어 있을 것으로 기대한다. 매킨토시와 같은 다른 운영체제를 원하는 소비자는 일반적으로 별도로 구매한다. 마이크로소프트사는 윈도우나 인터넷 익스플로러의 시장점유를 확대하기 위하여 특별히 노력하지 않는다. 잠김현상 및 경도현상으로 말미암아 이들은 사실표준의 지위를 계속 유지할 뿐 아니라 나아가 시장점유율을 갈수록 높이고 있다.

③ 잠김현상

'잠김현상'은 어떤 기술이 시장에서 채택되면 다른 기술로 쉽게 전환할 수 없는 현상을 말한다.316) 일단 QWERTY 자판의 글자배열이 선택된 이후 이것의 배열이 최선이라고 볼 수는 없었음에도 불구하고 현재까지 이 배열에서 벗어날 수 없었고 앞으로도 이 배열을 사용할 수밖에 없을 것이라는 사실이 대표적인 사례이다.

④ 경도현상

'경도현상'은 서로 경쟁하는 기술이 초기에는 비슷한 시장점유율을 보이다가 어떤 기술이 일정한 비율을 넘어서면 갑자기 그 기술이 전체 시장을 독식하게 되는 현상을 말한다.317) 대표적인 사례로서, 인터넷 익스플로러와 넷스케이프 네비게이터의 시장경쟁을 들 수 있다. 이들은 초기 인터넷시장에서 서로 경쟁하고 있었으나 일정한 시점부터 인터넷 익스플로러의 시장이 급격히 커지기 시작하였고, 이제는 인터넷 익스플로러가 시장을 거의 독식하고 있다.

⑤ 미래 기술에 대한 표준확보 가능성 향상

표준화된 기술을 점유한 기업은 그 기술이 진화하거나 발전하여 나타나는 차세대 기술에 대한 표준도 확보할 가능성이 높아진다.318) 이것은 차세대 기술이 기존 기술과 후방 호환성(backward compatibility)을 유지해야 하기 때문이다.

⑥ 표준과 관련된 제품 및 기술에의 파급효과

어떤 기술이나 제품에 표준을 획득하면 이 제품과 보완관계에 있거나 함께 사용되는 제품 및 기술에 대한 표준도 확보할 가능성이 높게 된다.319) 이것은 주변·보완기술이나 제품이 표준기술과 함께 작용하여 표준기술이 추구하는 목적을 이룰 수 있는 상호연동성을 가지고 있지 않으면 안 되기 때문이다.

---

316) 「2007 정보통신표준화백서」, p. 148.
317) 「2007 정보통신표준화백서」, p. 148.
318) 「2007 정보통신표준화백서」, p. 148.
319) 「2007 정보통신표준화백서」, p. 148.

502  제13장  특허제도의 문제점과 효율화 노력

### (4) 표준의 단점: 부메랑 효과

표준의 여러 가지 장점에도 불구하고 기업은 표준을 준수해야 할 필요성 때문에 디자인의 선택에 제한을 받는다. 반대로, 시장이 다양성과 기술혁신을 추구할수록 호환성이 떨어질 위험이 커진다. 즉, 어떤 제품에 표준이 없으면 소비자는 구매를 주저하게 되는 것이다.[320] 이하에서는 표준이 실현되었을 때 표준을 준수할 수밖에 없는 상황 때문에 디자인의 다양성 확보가 어렵고, 경쟁이 저하되고, 급격한 기술혁신이 어렵게 되는 문제를 설명한다. 이것은 표준의 설정과 확산이 역으로 시장에 영향을 줌으로써 나타나는 부메랑의 효과, 즉 표준화의 단점이라고 할 수 있다.

#### 1) 디자인의 다양성 감소

기술혁신은 표준화의 영향을 받는다. 현재 원격통신과 컴퓨터분야에서 일어나고 있는 많은 기술혁신이 표준화를 기초로 하고 있다.[321] 규제를 통하여 통합과 호환성을 강요할수록 제품의 다양성과 기술혁신은 제한을 받게 된다. 호환성과 상호연동성을 유지할 필요성 및 표준을 지켜야 할 필요성 때문에 회사는 제품의 디자인 선택에 제한을 받게 된다.[322] 디자인의 선택에 대한 제한은 다양성의 감소에서 비롯되는 손실을 가져올 뿐 아니라 표준과 일치하지는 않지만 혁신적인 제품을 가져올 수도 있는 연구개발을 사전에 차단하기 때문이다.

#### 2) 소비자의 선택 제한

일단 특정 제품을 많은 사람들이 사용하게 되면 그 기술을 사용하는 사용자들은 그 기술에 갇히게 된다. 사용자들은 그 제품에 익숙하게 되고, 그 제품과 상호연동성이 있는 수많은 주변기기도 함께 사용하게 되기 때문에 사용자들은 이 제품을 포기하고 대신 자신이 아직 익숙하지 않을 뿐 아니라 주변기기와 상호연동성도 떨어지는 새로운 제품을 구입할 수 없기 때문이다. 이렇게 되면 이 표준에 문제점이 발견되거나 표준보다 훨씬 좋은 새로운 제품이 출시

---

320) Carl Shapiro, *Setting Compatibility Standards*, p. 88.
321) Adams Jaffe, Joshua Lerner, and Scott Stern, eds., *Innovation Policy and the Economy*, Volume I, MIT Press, 2001.
322) Carl Shapiro, *Setting Compatibility Standards*, p. 88.

되더라도 소비자는 표준을 벗어날 수 없게 된다.

컴퓨터를 구입하려는 자가 다른 CPU와 OS로 바꾸려고 할 때, 그는 새로운 제품으로 바꿈으로써 얻을 수 있는 이익과 현재 사용하고 있는 제품에 이제까지 투자한 비용을 저울질해야 한다.323) 이제까지의 투자비에는 현 시스템을 구입할 때 투자한 비용, 현 시스템을 사용하는 방법을 배우는 데 투여한 시간, 현 시스템에 사용해 온 다른 프로그램을 교체하는 비용, 그리고 그 시스템과 함께 사용하는 주변기기 중에서 새로운 시스템과 상호연동성 문제로 교체해야 하는 비용을 포함한다. PC/윈도우 사용자들은 매우 대중적이고 편리한 컴퓨팅 환경에 방대한 시간과 노력과 다른 자원들(예를 들면, 주변기기나 게임프로그램과 같은 응용프로그램)을 투자해 왔다. 소비자들로 하여금 현재 사용하고 있는 제품을 포기하고 다른 제품을 사도록 유도하려는 회사는 소비자들이 이 모든 투자비를 포기하기에 충분한 이익을 제공하지 않으면 안 된다.

3) 경쟁의 감소

이와 같이 소비자가 기존 제품에 갇히게 되면 새로운 시장진입자, 즉 경쟁자를 위한 시장은 크게 감소되어 경쟁자는 기술혁신을 이룰 인센티브를 거의 갖지 못하게 된다. 웬만한 기술혁신으로는 갇힌 소비자를 끌어낼 수 없기 때문에 경쟁자의 기술혁신 동기가 상실되어 경쟁이 적어지면 원래의 제품 생산자의 기술혁신에 대한 인센티브도 감소한다.324) 그러나 제품 간에 호환성이 있을 때는 소비자가 어떤 제품을 구입하더라도 그 제품에 갇히게 되지 않는다. 예를 들어 어떤 소비자가 특정 회사의 CD 혹은 DVD를 사면서 그것이 자신의 컴퓨터에서나 타국의 컴퓨터에서 사용할 수 없는 것일지도 모른다는 두려움을 갖지 않아도 되는 것은 이들 CD와 DVD가 이미 표준화된 제품이어서 대부분의 컴퓨터에서 사용할 수 있기 때문이다.

---

323) Barry Fagin, *Standardization/Innovation Tradeoffs in Computing: Implications for High-Tech Antitrust Policy*, www.faginfamily.net/barry/Papers/tradeoffs. htm, 2012. 1. 21.

324) Dennis S. Karjala, *Copyright, Computer Software, and the New Protectionism*, 28 Jurimetrics Journal 33, Autumn 1987.

### 4) 기술혁신의 어려움

표준보다 더 나은 기술이 개발되더라도 일단 어떤 기술이 표준으로 채택되어 사용되면 표준을 변경하는 것은 대단히 어렵게 된다. ARPANET 표준에서 문제가 발견되었음에도 불구하고, 이 인터넷 표준에 투자된 엄청난 비용 때문에, 새로운 프로토콜 세트를 개발하는 것은 고려할 가치가 없다. 호환성이 없는 표준의 도입은 사회에 엄청난 비용을 부과하게 될 것이기 때문이다. 한마디로, 최선의 기술이 아닐지라도 표준이 되면 그 기술에서 벗어날 수 없는 문제가 있는 것이다. 기술혁신은 제품과 시스템 및 네트워크 간에 상호연동성을 유지해야 할 필요성에 의해 상당히 제한받고 있다. 나아가 기술이 성숙하여 표준화되면 호환성과 상호연동성이 확보되고 표준을 준수해야 할 필요성으로 말미암아 혁신적인 기술의 발전은 억제된다.

## 3. 표준화와 특허풀의 연계 필요성

표준은 시장참여자들에게 공통의 기준이나 규격을 제시함으로써 이를 중심으로 시장참여자들이 시장에서 함께 경쟁하는 것을 목적으로 한다면, 특허는 자신이 개발한 기술을 경쟁자가 사용하지 못하도록 배제할 수 있는 권리를 특허권자에게 부여함으로써 기술혁신에 투자할 동기를 부여하는 것을 목적으로 한다.325) 이와 같이 상반된 목적을 추구하는 표준화 기구와 특허권자 그룹 사이에는 마찰이 있을 수밖에 없다. 최근 수많은 특허가 특허숲을 형성하여 표준 참여회원들이 표준화 활동을 제대로 할 수 없을 정도이다. 특허풀은 이러한 문제를 해결할 수 있는 특징을 가지고 있다. 예를 들어 특허풀은 ① 표준화 그룹 내외에서 필수특허를 확인하고, ② 표준에 필수적인 특허와 주변적인 특허를 구별하고, ③ 거래비용을 절감하고, ④ 특허권자들 상호간의 갈등뿐 아니라 특허권자들과 표준 사용자 간의 마찰도 해결할 수 있다. 특허풀은 표준 사용자가 공정하고 합리적이고 비차별적인 조건(fair, reasonable and non-discriminatory terms: FRAND 혹은 RAND)으로 라이선스할 수 있도록 하면서, 가

---

325) Joseph S. Miller, *Standard Setting, Patents and Access Lock-in: RAND Licensing and the Theory of the Firm*, 40 Ind. L. Rev. 2007, p. 2. http://ssrn.com/abstract=924883, 2012. 1. 21.

능한 한 표준이 확산될 수 있도록 해 준다.[326]

어떤 제품의 생산이나 방법의 실시에 다수의 특허가 필요한 경우 이들 다수의 특허권자로부터 사용허락을 받지 않으면 이 제품을 생산하거나 이 방법을 실시할 수 없다. 그런데 다수의 특허권자로부터 사용허락을 얻는 과정은 복잡할 뿐 아니라 홀드업의 문제를 야기함으로써 로열티를 상승시켜 제품의 생산을 포기하게 되는 경우도 있다. 이렇게 되면 특허기술을 사용하려는 자뿐 아니라 특허권자들에게도 이익을 가져다 줄 수 없다. 이러한 문제를 해결하기 위한 방법으로서 제시된 것이 특허풀과 특허플랫폼이고, 이 중에서 특허풀은 관계된 모든 특허를 하나로 통합하여 독립된 실체에게 사용허락과 관련된 업무를 관장하도록 한 것이다.[327] 이하에서는 표준과 특허풀을 성공적으로 연계시키는 데 필요한 전략을 도출해 내기 위한 전제조건으로서 표준과 특허풀을 서로 연계해야 하는 필요성과, 이들이 성공적으로 연계된 사례와 실패 사례, 그리고 이들의 성공적 연계를 위하여 유의해야 할 사항을 순서대로 살펴보고자 한다.

## (1) 표준과 특허풀의 연계의 필요성

표준화에 따른 이익은 생산자나 소비자 모두에게 있다. 표준화가 이루어지면 기업은 확대된 시장을 대상으로 표준에 맞는 제품의 생산에 박차를 가할 수 있고 소비자는 표준화된 제품을 구입함으로써 호환성 및 상호연동성을 확보할 수 있다.

특허풀은 표준화 과정에서 생겨나는 경우가 많다. 표준화를 추구하는 과정에서 표준화에 필수적인 기술 및 특허가 어떤 것들인지 확인할 수 있게 된다. 그런데 표준의 실시에 필수적인 특허의 특허권자로부터 일일이 실시허락을 받는 것은 거래비용을 상승시키고 실시허락을 받지 못하면 특허침해의 문제가 발생한다. 그래서 표준을 추진하는 당사자들은 모든 필수특허를 찾아 이를 한데 모아 서로 자유롭게 사용함으로써 특허침해의 문제를 해결하고 나아가 제 3 자에게 실시허락을 함으로써 수익도 창출하기 위하여 특허풀을 형성하

---

326) 이를 위하여 보통 표준화 기구는 표준에 참여하는 기업들로 하여금 합리적이고 비차별적인 조건으로 라이선스할 것을 약속하도록 요구한다.

327) 같은 취지의 설명으로서 「2007 정보통신표준화백서」, p. 101.

는 것이다.

그런데 역으로 특허풀을 형성하는 과정에서 표준이 탄생하는 경우도 있다. 즉, 특허풀이 특정 기술에 필요한 필수특허로 구성되면 당해 특정기술은 표준이 되는 경우가 많다. 특허풀은 특정 기술에 대한 필수특허들이 모여 있으므로 그 기술을 표준화하기가 매우 용이하다. 따라서 표준을 추구하다 보면 자연스럽게 특허풀이 형성되고, 반대로 특정 기술을 실현하기 위하여 특허풀을 형성하면 이 특허풀을 통하여 표준이 설정된다.

한편, 표준의 목적은 호환성 및 상호연동성의 확보에 있기 때문에 사용자가 표준을 사용할 경우 표준의 필수특허를 회피하면서 호환성 및 상호연동성을 확보하기는 매우 어렵다.[328] 따라서 이러한 표준을 사용하여야만 하는 실시자는 그 표준과 관련된 특허풀에서 제시하는 요구를 수용할 수밖에 없게 된다. 이것은 특허풀과 표준을 강화시키는 결과를 가져온다.

표준, 특히 정보통신과 관련된 표준을 설정할 때에는 일반적으로 표준 실시에 필수적인 특허들이 다수 포함되고 이들 필수특허들에 대한 다수의 라이선스 체결 문제를 해결하지 않으면 표준을 실시하기 어렵다. 따라서 다수의 필수특허가 포함되어 있는 표준을 실시하기 위한 방법으로서 특허풀이 필요하게 된 것이다.[329] 이와 같이 표준을 제정하는 과정에서 형성된 특허풀로서 대표적인 것이 MPEG-2와 DVD 특허풀이고, 실패 사례로서는 DMB 특허풀을 들수 있다.

### (2) 특허풀이 표준과 연계된 사례

표준화에 기반을 둔 특허풀로는 다음과 같은 것들이 있다.[330]

- MPEG-2 Video
- IEEE 1394
- DVD/Toshiba, Hitachi, Matsushita, Mitsubishi Electric, etc
- DVD/Sony, Philips, Pioneer, etc

---

328) 전자부품연구원, 국제 특허풀 조사분석 보고서, 2005. 1, p. 3.
329) 필수특허가 대단히 많고 복잡한 기술을 포함하고 있는 경우에는 특허플랫폼 (patent platform).
330) 손수정, 앞의 논문, pp. 9-10.

○ MPEG-4 Video

○ MPEG-4 Audio

○ 3G Partnership Project for mobile phones

MPEG-2와 두 개의 DVD 풀은 표준제정기구에 의하여 형성되었다.[331] 특히 DVD 풀은 표준화와 특허풀의 관계를 명확히 보여준다.

### 1) MPEG-2 풀

국제표준협회(ISO: International Standards Organization)의 동영상전문가그룹(MPEG: Moving Picture Experts Group)과 국제전자기술위원회(International Electrotechnical Commission)는 1995년 MPEG-2 표준을 설립했다.[332] 특허풀은 이 표준의 부산물로 생긴 것이다. MPEG-2 풀은 표준화 활동을 특허풀로 연결시킨 대표적 모범 사례라 할 수 있다. MPEG-2 풀은 형성 초기에 표준에 필수적인 핵심기술 특허들을 위주로 특허풀을 형성한 것이 성공 요인이라고 할 수 있다. MPEG-2 풀은 MPEG-2 비디오 압축 기술인 국제표준을 맞추는 데 필요한 필수특허로서 최종적으로 27개를 확인하고, 이들 27개의 특허를 통합하기 위하여 9인의 특허권자들이 협정을 맺음으로써 특허풀을 창설하였다.

이 특허풀에서 일괄사용허락을 제공하는 기구, 즉 MPEG LA(중앙관리기구)의 구성을 합의하고, 협정에 따라 모든 특허권자들은 자기들의 MPEG-2 특허를 MPEG LA에 사용허락하였다.[333] 'MPEG LA'는 MPEG 표준에 대한 특허풀 라이선싱 기구(licensing agent)로서, 회원들의 특허라이선싱을 효율적으로 처리하기 위하여 1996년 5월 구성되었다. MPEG LA는 기본적으로 라이선싱 회사로서 특허풀 가입회원들을 대신하여 풀을 관리하고, MPEG-2 표준의 제품을 제조하려는 기업에게 특허포트폴리오를 라이선스한다. MPEG LA에 포함되어 있는 특허는 630개 이상이고 이들 개별 특허는 모두 동일한 가치를 인정받고 있다.[334] 삼성전자는 15개의 특허를 이 특허풀에 포함시키고 있다. 이 특허풀

---

331) Robert P. Merges, *Patent Pools*, p. 151.

332) Robert P. Merges, *Patent Pools*, p. 147.

333) Robert P. Merges, *Patent Pools*, p. 147.

334) 이대희, "특허풀 및 그 유효성에 관한 연구," p. 197.

은 이제 14인의 특허권자와 56개의 필수특허를 보유하고 있다.[335]

MPEG LA는 1997년 미국법무부에 반독점법에 위반되는지에 대한 심의를 신청하여 긍정적 결과를 얻음으로써, 1997년 7월부터 MPEG-2 관련 특허풀의 일괄 라이선싱 업무를 개시하였다. MPEG LA는 표준의 실시에 필수적인 특허에 대한 양도조항을 가지고 있다.[336]

### 2) DVD 특허풀

DVD 특허풀도 MPEG-2와 같이 표준설정과정에서 탄생되었다.[337] DVD 특허풀은 보완적인 두 개의 특허풀이 형성되어 있으므로 DVD 사용허락은 이들 두 특허풀을 상대로 해야 한다. 즉, 표준기술사용을 위한 계약이 단번이 아니라 두 번에 걸쳐서 이루어진다. 그럼에도 불구하고 거래비용은 크게 줄어들게 되었다.[338] DVD 특허풀은 독립된 상임특허전문가에 의한 평가시스템을 둔 것이 특징이다. 독립된 상임 특허전문가의 평가와는 반대로 특허권자 스스로 자신의 특허가 표준에 필수적인 기술이므로 특허풀 수입 중 더 큰 몫을 차지해야 한다고 주장하기는 어려울 것이다.

또한 DVD 특허풀은 사용권자의 홀드업 문제도 해결하기 위하여 양도조항을 두었다.[339] 즉, 사용권자가 장래에 개발하여 특허를 받은 기술이 해당 표준에 필수적인 것이 되면 특허풀에 제출하도록 의무화한 것이다. 이렇게 함으로써 사용권자의 기회주의적 홀드업의 문제를 사전에 해결하고, 기술의 발전과 환경의 변화에 따라 표준의 실시에 필수적인 특허들을 모으는 비용도 줄일 수 있게 되었다.

### (3) 특허풀이 표준과 연계되지 못한 사례(DMB 특허풀)

DMB 표준은 2003년 10월 국내 초단파 디지털 라디오의 기본 송수신 정

---

335) Robert P. Merges, *Patent Pools*, p. 147.
336) Robert P. Merges, *Patent Pools*, p. 153.
337) DVD 특허풀의 설립과정과 표준과의 관계에 대하여는 Robert P. Merges, *Patent Pools*, pp. 150-151.
338) Robert P. Merges, *Patent Pools*, p. 152.
339) 사용권자의 양도조항(grantback)에 관하여는 Robert P. Merges, *Patent Pools*, pp. 152-154.

합표준으로서 "DMB 송수신 정합표준"이 완성되고, 2004년 8월에는 "DMB 비디오 송수신 정합표준"이 완성되고, 2005년에는 "DMB 데이터 방송 송수신 정합표준"이 완성되었다.[340) DMB 표준을 국제표준화하기 위한 노력의 결과 2004년 11월 DMB는 '세계 디지털 오디오 방송 포럼(DAB: World Digital Audio Broadcasting)'[341)의 표준으로 확정되고, 2005년에는 ETSI에 의해 유럽표준으로 승인되었다.

한편, TTA(Telecommunications Technology Association, 한국정보통신기술협회)는 DMB를 표준화하는 과정에서 DAB에 대한 특허료 문제를 논의하지 않았기 때문에 DMB 표준화가 완료된 후에 DAB 특허료 문제가 부각되었다. 이 특허료 문제를 해결하기 위하여 특허풀 구성을 논의하였으나 특허권자들의 참여 저조로 무산되었다. DMB 특허풀의 형성이 성공하지 못함으로써 표준의 실시에 로열티가 가중되게 되었다.

### (4) 표준화와 특허풀의 연계시 유의사항

표준화 과정에서 특허풀을 형성하는 시기는 표준화 초기단계, 표준화 형성단계, 표준화 이후단계로 나누어 볼 수 있다. 표준화 초기단계에서 특허권자들은 표준화 여부와 시장의 형성이 불확실하고 특허풀에 가입하면 다른 기회를 상실할 수 있기 때문에 특허풀에 가입하기를 주저한다. 반면에 표준화 이후단계에서 특허권자들 중에는 특허풀 형성에 소극적인 입장을 가지는 경우도 있다. 즉, 이제는 표준화가 완료되었고 표준을 실시하기 위해서는 자신들의 특허를 사용하지 않으면 안 된다는 사실이 명확해졌기 때문에 굳이 특허풀에 가입하지 않아도 로열티를 확보할 수 있고 더욱이 홀드업을 통하여 높은 로열티를 요구할 뿐 아니라 동시에 여러 곳에서 로열티 수입을 노릴 수도 있기 때문이다.

그러나 많은 필수특허권자들이 이와 같은 행동을 보이게 되면 로열티가 지나치게 높게 되어 표준이 제대로 실시되거나 확산되지 못하여 시장이 형성되지 못할 수도 있고, 대체기술이 나타날 우려도 있다. 그래서 특허를 보유한 개별 기업의 이익의 총합은 특허풀로 결합되지 않았을 때보다 특허풀

---

340) 윤성준·길창민, 앞의 논문, pp. 18-19.
341) DAB(Digital Audio Broadcasting)는 DMB 시스템의 기본 구성요소이다.

로 결합되었을 때 더 크다.[342] 아울러 보완특허 소유권자들 상호간의 효율적인 협동은 기업의 투자효율을 높일 뿐 아니라 소비자의 복지도 증진시킨다. 따라서 특허권자들은 표준화가 완료된 후에는 오히려 적극적으로 특허풀을 형성하여 표준을 확산시킴으로써 시장을 확대하여야 수입을 증대시킬 수 있고 소비자의 유익도 확대시킬 수 있다. 또한 특허권자들은 채택된 표준과 관련된 기술과 차세대 기술에 대하여도 표준을 획득하기에 유리한 위치를 점유한다.

그러나 특허권자 간의 협력이 항상 잘 이루어지는 것은 아니다.[343] 어떤 필수특허의 특허권자는 특허풀에 참여하지 않은 채 독립적으로 라이선스를 통하여 로열티 수입을 올리려고 할 수 있다. 이러한 특허권자는 표준 제정에 참여하였다면 RAND 조건에 따라야 하겠지만, 특허풀에 참여하지 않았기 때문에 특허풀의 사용허락 정책에 매이지 않는다. 이러한 특허권자 중에는 최악의 경우로서 표준이 채택된 후에 '잠수함특허(submarine patent)'로 나타날 수도 있다. 이와 같이 갑자기 나타난 특허는 홀드업의 문제를 야기하고 로열티를 상승시킬 뿐 아니라 표준을 깨뜨릴 수도 있다. 이렇게 되면 사용권자가 복수의 특허권자 그룹으로부터 사용허락을 받을 수밖에 없다. DVD 특허풀의 경우 사용자는 두 개의 독립된 사용허락을 얻어야 한다. 특허풀의 결성이 실패하면 사용권자가 지불해야 할 로열티가 상승할 뿐 아니라 특허권자들이 받는 수익의 총액도 감소한다.

이와 같이 표준화를 특허풀로 연결시키는 것에는 관계자들의 전략 때문에 손쉬운 일만은 아니다. 아래에서는 표준을 특허풀로 연계시키려면 어떠한 사항을 유의해야 하는지를 일반적인 사항을 먼저 소개하고, 이어서 특허풀에 관계된 이해관계자들의 입장에서 검토해 보도록 하자. 표준의 제정과 더불어 특허풀을 성공적으로 설립하고 운영해 나가기 위해서는 다음 사항을 고려해야 한다.[344]

---

342) Reiko Aoki et al., *The Consortium Standard and Patent Pools*, p. 2.
343) Reiko Aoki et al., *The Consortium Standard and Patent Pools*, pp. 2-3, 17.
344) 특허풀의 기능은 거래비용을 감소시키고, 표준 실시에 필수적인 특허와 주변적인 특허를 구분하고, 특허권자들 상호간 및 특허권자들과 표준 사용자 간의 갈등을 해소할 수 있는 점 등을 가리킨다.

### 1) 필수특허의 포섭

필수특허는 조기에 포함시킨다. 어떤 특허를 침해하지 않고는 표준을 이행할 수 없는 경우 그 특허는 해당 표준의 필수특허가 된다.[345] 따라서 어떤 표준에 대하여 필수적인 특허들은 언제나 서로 보완적이고, 특허풀을 형성하여 일괄적으로 사용허락이 되도록 하는 것이 바람직하다. 그런데 표준을 위한 특허풀을 결성하기 위해서는 필수특허를 너무 늦게 채택해서는 안 된다. 필수특허를 특허풀에 포함시키기 위해서는 필수특허를 파악하고 설득해야 하는 과정이 있을 뿐 아니라, 필수특허를 모으는 일이 늦어지게 되면 다른 이해관계자 그룹에 의하여 별도의 표준이 형성될 우려가 있기 때문이다.

### 2) 공공기관의 역할

공공기관이 특허풀 형성에 핵심적 역할을 할 필요가 있다. 기업은 다른 기업을 희생해서라도 자사의 이익을 추구해야 하는 입장이므로 이들 상호간에는 협조가 이루어지기 어렵다. 이들을 협상테이블에 불러 공정하게 균형을 맞추어 나가는 데는 비영리 목적의 공공기관이 적격이라고 할 수 있다.

### 3) 열등기술의 표준화 방지

열등기술의 표준이 표준 외의 우수기술을 압도하지 못하도록 해야 한다. 특허풀의 공통 이익 때문에 특허풀과 표준에 가입하지 못하였지만 특허풀의 기술보다 더 우수한 기술이 있음에도 불구하고 특허풀이 일단 성립되고 표준이 제정되면 열등기술의 표준이라 할지라도 이것은 (우수한 기술보다 훨씬 더) 큰 사회적 비용을 요구하면서 발전해 나가게 된다. 따라서 특허권자들 간에 갈등이 있더라도 이러한 우수기술이 모두 포함되도록 하여 우수기술이 열등기술의 표준에 의해 압도되는 일이 발생하지 않도록 해야 한다.

### 4) 이해관계자별 유의사항
#### ① 특허권자

특허권자의 입장에서는 표준 형성 전에는, '표준을 미리 예측하여' 표준 실시에 필수적일 것이라고 판단되는 특허를 사전에 출원하여 등록함으로써 특

---

345) Reiko Aoki et al., *The Consortium Standard and Patent Pools*, p. 1.

허를 확보하는 것이 가장 중요하다.[346] 표준 형성 과정에서는 표준화 활동에 적극적으로 참여하여 표준의 진행방향을 예의 주시하고 있다가 결정적인 시기에 표준과 관련된 기술을 가급적 많이 포함할 수 있도록 다수의 포괄적인 특허를 출원한다. 그리고 표준이 형성된 후에는 보유하고 있는 특허 중에서 표준과 관련이 있는 특허를 발굴한다. 표준의 실시에 필수적인 특허를 보유하고 있는 경우에는 표준의 확산을 위하여 표준 형성을 주도한 기업이나 기관과 협조한다. 또한 로열티 수입을 극대화하기 위하여 특허출원국가수를 최대한 늘리고, 표준 관련 기술이나 개량기술을 개발하여 특허출원거나, 특허출원중인 기술을 개량하여 계속출원(또는 국내우선권주장)하는 방안을 강구한다.

② 실시권자

실시권자는 표준의 시장 도입 여부를 결정한다.[347] 예를 들어 방송사업자는 방송표준, 통신사업자는 통신표준의 시장도입 여부를 결정하므로 표준화 과정뿐 아니라 특허풀 연계 과정에서도 실시권자의 입장(예: 로열티의 인하, 실시권의 범위 확대 등)을 충분히 개진할 필요가 있다. TV-Anytime 표준을 특허풀로 구성하는 과정에서 이 표준의 상용화 여부를 고려하던 유럽 방송사업자들은 특허풀에 적극적으로 의견을 개진하여 특허권자들로 하여금 표준의 도입이 우선이라는 판단을 하도록 유도함으로써 로열티 요율을 크게 낮출 수 있었다고 한다.

### 5) 특허풀에 포함되지 아니한 특허의 취급

표준제정기구는 표준설정 과정에서 일반적으로 특허권자로 하여금 RAND 조건으로 실시허락할 것을 요구하고 이러한 요구가 받아들여지지 않을 경우에는 표준을 변경하거나 철회할 수 있다.[348] 그러나 필수특허의 특허권자가 표준제정 과정에서 실시허락에 대한 확약서를 제출하였다 하더라도 표준이 제정된 후에 이를 번복하는 경우 이 확약서의 법적 구속력은 어디까지 미치는 것

---

346) 윤성준·길창민, 앞의 논문, pp. 20-21.
347) 윤성준·길창민, 앞의 논문, p. 21.
348) ANSI, ISO/IEC, ITU의 경우, 특허권자가 자신의 기술을 무상으로 혹은 RAND 조건으로 실시허락할 것을 확인하는 '특허진술서'를 제출하도록 요구한다. Amy A. Marasco, *IPR and Standards: Legal Considerations*, November 13, 2001, ftp://ftp.t11.org/latest/T11_3%202011-12/marasco.pdf, 2012. 1. 21.

인지가 문제될 수 있으므로 이에 대비하여 특허권자가 확약서의 내용을 번복하는 경우에는 다른 표준기술을 사용하지 못하도록 하는 조건을 명기해 두는 것이 좋다. 또한 일단 표준이 설정된 후에 특허풀에 포함되지 아니한 필수특허를 보유한 자는 대단히 유리한 위치에 있게 되는 반면, 표준을 이용하는 기업들은 이와 반대의 입장에 처하게 된다. 특허권자가 RAND 조건으로 실시허락을 하면 문제가 없겠으나, 실시허락을 하지 않거나 과도한 로열티를 요구하는 경우, 또는 Patent Troll[349]의 경우에는 어떻게 해야 할 것인가? 이러한 상황의 원인에는 특허권자의 기만과 필수특허 선정 과정에서 필수특허의 누락이 있을 것이다.

① 특허권자의 전략적 행위

표준제정 과정에서는 특허를 보유하고 있거나 출원하고 있다는 사실을 숨겼다가 일단 표준이 제정되고 나서 특허권자가 표준 실시업자에게 특허침해를 주장하는 경우, 혹은 표준제정 과정에서는 표준으로 설정되면 차별 없이 합리적인 조건으로 사용허락을 하겠다고 약정하였다가 표준이 제정된 이후 특허권에 근거하여 침해금지청구를 하거나 일부 사업자에게 사용허락을 하지 않는 경우가 있다.

ⓐ Wang-미쓰비시 사건     이러한 사례로서 첫 번째로 "Wang-미쓰비시 사건"을 들 수 있다.[350] Wang 연구소는 JEDEC(Joint Electron Device Engineering

---

349) 김기영 판사는 Patent Troll을 "특허를 취득한 후 그 스스로는 특허발명을 실시하거나 이를 개선하려는 노력을 하지 않으면서 특허권을 행사하여 이익을 취득하는 것을 주 업무로 하는 자"라고 정의하고 있다. 김기영, "Patent Troll에 대한 법적·제도적 대응방안 연구," 2008. 8. 서울대학교 대학원 법학박사 학위논문, p. 217. Patent Troll이 다른 특허권자와 다른 점은 Patent Troll은 제품생산을 하지 않기 때문에 다른 사람의 특허를 침해할 우려가 전혀 없다는 것이다. 이들의 유일한 자산은 특허이고, 이들의 유일한 비즈니스는 소송이라고 할 수 있다. 그런데 이들은 제품을 생산하거나 서비스를 제공하지 않기 때문에 손해배상청구에 있어서 일실이익(lost profit)을 주장할 수 없고 합리적 로열티(reasonable royalty)만을 주장할 수 있을 뿐이다. 정승복, 「해외특허분쟁 가이드북」, 세창출판사, 2008, p. 84.

350) 103 F.3d 1571. CAFC, *Wang Laboratories, Inc., Plaintiff appellant, v. Mitsubishi Electronics America, Inc. and Mitsubishi Electriccorporation, Defendants/cross appellants.* Decided: January 3, 1997; Gary Lea, *A Reviews of Legal & Related Developments in the US & EU from 2001-2003 Affecting*

Council)의 표준설정 과정에 참여하여 SIMM(Single In-Line Memory Module) 기술을 표준으로 제안하고 채택되도록 노력하였으나 자사가 SIMM 관련 특허를 출원하고 있다는 사실을 알리지 않았다.[351] 그러나 사실 Wang 사는 1983년 9월 출원하여 1987년 및 1988년 특허받은 2건의 특허가 있었다. 즉, 1983년 봄에 Wang 연구소의 Clayton은 SIMM을 개발하였고 같은 해 9월 2일 특허출원하였다. 이 특허출원은 1987. 4. 7. 미국특허 4,656,605호, 1988. 2. 23. 미국특허 4,727,513호의 두 개의 특허로 등록되었다.

1983년 미쓰비시가 Wang 연구소와 접촉하였을 때, Wang 연구소는 미쓰비시에게 도면과 다른 상세한 내용을 제공하고 미쓰비시가 SIMM을 제조할 것을 반복적으로 요청하였다. Wang 사의 노력으로 JEDEC는 1986년 SIMM 기술을 표준으로 채택하였고, 미쓰비시는 1987년부터 SIMM을 대량생산하여 이를 Wang 사와 다른 기업들에게 공급하였다.

한편, Wang 연구소는 1989. 12. 22. 미쓰비시에게 SIMM 생산이 자사의 미국특허 4,656,605호 및 4,727,513호 침해라는 경고장을 보낼 때까지, 이와 관련된 자사의 특허출원이나 특허와, 특허권에 대한 실시허락을 하거나 로열티를 받겠다는 의사를 전혀 언급하지 않았다.

1992. 6. 4. Wang 사는 SIMM 관련 특허 2건을 기초로 미쓰비시를 상대로 특허침해소송을 제기하였다. 미쓰비시는 Wang 연구소의 행동이 미쓰비시에게 '묵시적 사용허락'(Implied License)을 주는 결과를 초래하였다고 주장하였다. CAFC는 6년에 걸친 두 회사 간의 전체 거래사실("entire course of conduct")을 통하여 볼 때 (Wang 연구소가) 미쓰비시로 하여금 특허제품을 생산하고 판매하는 데 동의한 것으로 추론하게 하였음을 인정하였다. 즉, Wang은 SIMM이 표준으로 채택되도록 노력하였을 뿐 아니라, 미쓰미시로 하여금 SIMM 마켓에 들어가도록 유인하였고, 디자인, 설명서, 샘플을 미쓰비시에게 제공하였고, 미쓰비시로부터 SIMM을 구입해 왔으며, 결국 미쓰비시를 특허침해로 고소하였다는 사실을 인정하면서 이러한 사실을 바탕으로 미쓰비시가 Wang의 특허를

---

  *IT Technical Standardization Activities*, SIIT 2003 Conference Proceedings, 2003(이하, Gary Lea, *A Reviews of Legal & Related Developments Affecting IT Technical Standardization*), pp. 152-153.

 351) 정연덕, 앞의 논문, pp. 130-131.

사용해도 될 것으로 추론한 것은 적절한 것이라고 판시하였다. CAFC는 금반
언의 원칙을 적용하여 미쓰비시는 Wang 사의 특허 4,727,513호에 대하여 영
구적인 무상실시권(irrevocable royalty-free license)을 갖는다고 판시하였다.

ⓑ Dell 사건    이와 다른 사례로서 "Dell 사건"이 있다. Dell 사는
1992년 비영리 표준설정단체인 VESA(Video Electronics Standards Association)의
회원사로서, VESA 로컬버스(VL-bus)352) 표준설정에 참여하였다.353) VESA 회
원사는 미국의 거의 대부분의 주요 컴퓨터 하드웨어 및 소프트웨어 제조회사
로 구성되어 있었다. VESA는 회원사들의 지적재산권 중 표준안과 저촉되는
것이 있는지를 확인하였다. 표준제정 과정에서 Dell 사는 VL-bus 표준안이
Dell 사의 어떠한 특허나 상표권이나 저작권도 침해하지 않는다고 확인해 주
었다.354) VESA는 1992년 VL-bus를 표준으로 채택하였다. 그러나 표준이 상업
적으로 성공하자 Dell 사는 VESA 회원사들에게 VL-bus 표준을 실시하면 자사
가 1991년 취득한 특허를 침해하는 것이라고 주장하였다.

이러한 Dell 사의 행위에 대하여 FTC는 Dell 사의 행위가 불공정하고 경
쟁을 불합리하게 제한하는 것이라고 판시하였다. Dell 사는 제품에 VL-bus 표
준 디자인을 포함시키는 컴퓨터제조업체에 대하여 특허권을 행사하지 아니하
고, 표준제정 과정에서 표준제정기구의 요구에 대하여 고의적으로 공개하지
아니한 특허권은 어떠한 것이라도 그 권리를 행사하지 아니할 것을 약속하는
화해조서를 제안하였다. 이 화해조서는 FTC에서 4-1로 의결되었다. FTC는 당
초의 예비조서를 약간 수정한 최종 화해조서를 1996. 1. 22. 발표하였다.355)

위 두 사건의 경우에는 실효의 원칙 또는 금반언의 원칙을 적용할 수 있
을 것이며, '우월적 지위의 남용'에 해당하는 것으로 볼 수 있다.356) 기술표준
제정 과정에서 어떠한 특허권도 침해하지 않는다고 확인해 준 사실을 신뢰하

---

352) VL-bus는 컴퓨터중앙처리장치와 하드디스크 및 주변장치를 연결하여 정보를
    전달해 주는 장치이다.
353) FTC, *Dell Computer Settles FTC Charges; Won't Enforce Patent Rights for
    Widely Used Computer Feature*, http://www.ftc.gov/opa/1995/11/dell.shtm,
    2012. 1. 21; 정연덕, "특허풀에 관한 법적 연구," pp. 131-133.
354) FTC, *Dell Computer Settles FTC Charges; Won't Enforce Patent Rights for
    Widely Used Computer Feature*.
355) 윤선희·임근영, "지적재산권과 산업표준화," p. 180.
356) '실효의 원칙'에 관한 상세한 설명은 김기영, *Patent Troll*, pp. 102-107.

여 다른 표준기술로의 전환이 불가능한 설비에 막대한 비용을 투자한 기업들을 보호해야 할 필요가 있기 때문이다. 그러나 2001년부터 미국 법원은 금반언의 원칙 또는 묵시적 사용허락의 요건을 상당히 엄격하게 적용하기 시작하였다. 그래서 미국 법원은 어떠한 진술의 성격을 꼼꼼하게 검토하고, 필요한 모든 상황에서 절대적으로 명확하지 않은 한 묵시적 사용허락이 이루어졌다고 보지 않는 입장이다.[357]

위 Dell 사건이 기업에게 주는 시사점은 다음과 같다. 첫째, 표준제정 과정에서 조사가 있을 경우 자사의 지적재산권이 표준에 포함되는지의 여부를 명확히 확인하고 포함될 경우 고의로 밝히지 않음으로써 자사의 특허권을 사실상 행사하지 못하는 사태가 없도록 유의한다. 둘째, 조사과정에서 자사의 특허권 포함 여부를 적극적으로 확인하여 '모르고서' 이를 공표하지 않는 일이 없도록 유의해야 한다. 일단 확인서에 서명한 이상 고의로 오도할 의사가 없었다는 사실을 입증하기 어렵게 되고, 이 경우 자사의 특허권을 무상으로 또는 합리적인 조건으로 실시권을 허락해야 할 가능성이 높게 되기 때문이다.

② 필수특허의 누락

표준제정 과정에서 필수특허를 충분히 검색하지 아니하여 필수특허가 누락되거나 권리자가 표준의 제정에 전혀 관여하지 않았거나 표준제정을 반대한 경우가 있다. 필수특허의 검색이 용이함에도 불구하고 필수특허에 대한 실시허락을 받지 않고 해당 필수특허기술의 실시를 포함하는 표준을 실시한 후에 필수특허권자가 과도한 로열티를 요구함으로써 협상이 이루어지지 않았다 하더라도 이것은 권리남용에 해당하지 않는다. 또한 표준에 참여하지 아니한 권리자가 라이선스를 거절하더라도 이는 법 위반이 되지 않는다.[358]

③ Patent Troll, 특허의 불실시, 과도한 로열티의 청구

Patent Troll의 행위는 특허법에 근거한 정당한 권리의 행사이므로 단지 Patent Troll의 행위라는 이유만으로 특허침해 금지청구를 인용하지 않는다면 이는 사실상 특허권의 강제실시에 해당하는 것으로서 특허권자, 특히 중소기

---

357) Gary Lea, *A Reviews of Legal & Related Developments Affecting IT Technical Standardization*, p. 153.
358) 손영화, "기술표준을 둘러싼 법률적 문제," p. 15.

업이나 개인발명자의 발명 의욕을 저하시키게 될 것이다.[359] 즉, 특허권의 이러한 성격에 의하여 중소기업은 대기업과 동등한 위치에 있을 수 있고 기술개발비의 회수가 가능하게 되므로 기술개발, 특히 생명공학이나 의약품 관련 기술과 같이 엄청난 개발비를 요하는 기술에 대한 연구개발 인센티브를 유지할 수 있다는 점에서 그 순기능도 무시할 수 없는 것이다.[360] 이와 같이 특허권의 배타적 권한에 대한 순기능을 주장하는 입장에서는 'Patent Troll'이라는 부정적 용어는 중소기업의 특허를 아무런 두려움이 없이 침해해 왔던 대기업이 그 의미를 왜곡하여 지어낸 것으로서 사실상 현실을 과장한 것이라고 주장한다.

그러나 사실 Patent Troll은 생산하는 제품이 없기 때문에 자신이 타인의 특허를 침해할 염려가 없으므로, 하나의 제품을 생산하는 데 다수의 특허가 필요한 경우에 분쟁을 피하고 서로의 특허를 효과적으로 사용하기에 유용한 수단인 특허풀이나 상호실시허락과 같은 것에는 관심이 없다. 여기서 사용되지 않은 특허에 대하여 보호를 적게 해 주어야 하는지에 대하여 미국 대법원은 Continental Paper Bag 사건에서, 특허권자의 특허권, 즉 타인의 특허 사용을 금지할 권리는 특허권자의 특허의 사용 여부에 관계가 없고, 공공의 이익이 저해되는 경우를 제외하고는 특허권자가 특허를 사용하지 않았다 하더라도 특허권자는 특허침해로부터 구제받을 수 있어야 한다고 밝히고 있다.[361] 이 사건 이전까지 일부 법원은 특허권자가 특허를 실시하지 않았거나 라이선스를 하지 않았다는 이유로 침해를 부인하였다.[362] 이러한 판례의 태도는 성문법에도 반영되어 미국 특허법 35 U.S.C. 271(d)(4)에서, 특허권자는 특허를 사용하지 않거나 라이선스를 거절하였다는 이유로 특허침해로부터 구제받지 못하거

---

[359] 김기영, 앞의 논문, pp. 16-17.

[360] 같은 견해로서 김기영, 앞의 논문, p. 30.

[361] *Continental Paper Bag Co. v. Eastern Paper Bag Co.*, 210 U.S. 405, 429(1908). "발명자는 법률에 기재된 기간 동안 타인의 특허 사용을 금지할 권리를 가지고 있고, 이 권리는 그 고안의 사용 여부에 의해 영향을 받지 않는다. 또한 공공의 이익이 관련되어 있는 경우를 제외하고 단지 발명의 불사용이라는 이유만으로 특허침해를 금지하기 위한 금지명령의 구제절차가 부인되어서는 안 된다."

[362] Hovenkamp, Herbert J., *United States Antitrust Policy in an Age of IP Expansion* (December 2004). U Iowa Legal Studies Research Paper No. 04-03. Available at SSRN: http://ssrn.com/abstract=634224 or DOI: 10.2139/ssrn.10.2139/ssrn.634224, 2012. 1. 21.

나 혹은 특허권 남용363)이나 특허권의 불법적 확장으로 간주되어서는 안 된다고 규정하고 있다. 그런데 이러한 판례와 성문법의 규정에도 불구하고 Water Techs 사건(1988)에서는 특허가 사용되지 않았다는 이유로 일실이익의 상실을 부정하였다.364)

필수특허에 대한 특허권자가 자신의 발명을 실시하지 않을 뿐 아니라 타인에게도 사용허락을 하지 않는 경우 표준의 실시는 어렵게 된다. 이러한 특허의 불실시는 특허권의 남용에 해당하는가? 표준설정 이후의 Patent Troll이 권리남용에 해당하는지의 여부를 판단함에 있어서, 공공복리에 적합하지 아니한 권리행사는 권리남용에 해당한다는 판례를 적용할 수 있을 것이다.365) 즉, 어떤 표준 제품의 일부에 해당하는 필수특허의 발명에 대하여 제품생산자가 사용허락이나 양도를 청구하였을 때 자신은 실시할 의사가 전혀 없음에도 불구하고 이에 응하지 아니하면서 과도한 로열티를 요구함으로써 표준 제품의

---

363) '특허권 남용'이란 발명을 한 발명자에게 특허권이라는 배타적 권리를 부여함으로써 발명과 그 이용을 촉진함으로써 산업의 발전을 도모하고자 하는 특허제도의 목적에 반하는 결과를 가져오는 특허권의 행사로서, 특허권의 행사가 독점규제법에 위반되거나 특허의 범위나 기간을 부당하게 확장하는 것을 말하고 이때 특허권자는 해당 특허가 유효함에도 불구하고 특허권을 행사할 수 없다. 특허권자가 특허를 사용하는지의 여부와 관계없이 특허권을 집행하는 것은 특허권 남용이 아니고, 따라서 특허권의 집행이 허락된다. 이러한 특허권 남용의 원리는 *Motion Picture Patents Co. v. Universal Film Mfg. Co.*, 243 U.S. 502(1917)에서 수립되었다; 김기영, 앞의 논문, p. 37.

364) *Water Techs. Corp. v. Calco, Ltd.*, 850 F.2d 660, 671 (Fed. Cir. 1988).

365) 소유권의 행사가 공공복리에 적합하지 아니한 권리행사라고 인정한 판례로는 대법원 1972. 12. 26. 선고 72다756 판결이 있다. 이 판결에서 대법원은 다음과 같이 판시하였다. "본 건 수로는 약 40년 전 일제 때에 평성되기 시작하여 8·15후경 지금과 같이 확장된 것이며 그 내용이 2개의 용수로에 연장거리 201미터 3개의 배수로에 연장거리 636미터의 총평수가 1,604평이요 수로의 시가가 도합 128,320원에 상당한 토지이며 이 수로의 몽리면적이 15정보에 달하는 시설이고 이 수로를 폐쇄하고 딴 데에 같은 구실을 할 새 수로를 만들려면 960,000원의 공사비가 들 뿐만 아니라 그렇게 하려면 부근지형으로 보아 많은 곤란과 시간이 들 형편에 놓여 있는 사정이라면 그 수로를 농토로 쓸 수 없음은 우리 상식이 인정하는 바 되고 원고가 특단의 사정으로 수로를 폐쇄하여야 할 주장이 없는 이 사건에 있어서 이미 수로로 되어진 사정 밑에 사들인 수로를 가지고 그 수로의 폐쇄를 뜻하는 방법으로 소유권의 행사를 함은 특별한 사정이 없으면 권리행사에 가화하는 공공복리에 적합치 않은 법의 보호를 받을 수 없는 재산권의 행사로서 충분히 권리남용이라고 단정된다."

생산을 어렵게 한다면 이는 권리남용에 해당할 수 있다.[366]

또한 표준은 불특정 다수인(혹은 일반 공중)이 사용하는 것으로서 특허권자의 침해금지청구가 인용되면 다수인이 그 표준의 실시에 따른 혜택을 볼 수 없다. 그래서 표준의 실시에 특정인의 특허가 필수적인데 특허권자가 특허의 사용허락 또는 양도를 거절하는 경우 특허권자가 얻는 이익에 비하여 사회가 입는 손해가 현저히 크다고 할 수 있으므로 특허권의 공공적 성격에 비추어 이러한 권리행사는 권리남용에 해당하는 것으로 보아야 할 것이다.

그러나 표준이 포럼이 아니라 시장경쟁을 통하여 이루어진 경우에는 거래를 거절하는 것은 특허권 등의 권리행사로 인정되는 행위로서 독점규제법의 규제대상이 되지 않으며, 이러한 표준기술을 보유한 기업은 제품의 가격을 높게 책정하여 수익을 증가시킬 수도 있을 것이다.

④ 특허권의 남용

특허는 발명자가 발명하고 이를 공중에게 공개한 대가로 공중이 발명자에게 부여하는 독점권으로서 특허제도의 목적은 산업발전에 있다. 특허권자의 침해금지청구나 손해배상청구가 권리남용에 해당되면 법원은 인용하지 아니하고, 남용행위로 인하여 타인에게 손해를 야기하였다면 이것이 불법행위의 요건에 해당하는 경우 손해에 대하여 배상할 책임이 있다.[367]

그런데 특허권자가 자신의 발명을 실시하지 아니할 뿐 아니라 타인에게도 사용허락을 하지 않게 되면 다른 사람들은 이 발명을 실시할 수 없게 되고 이와 동일한 결과를 얻기 위하여 우회발명을 하여야 할 것이다. 그러나 우회발명의 연구 또는 우회발명의 실시에 많은 비용이 들거나 우회발명 자체가 불가능한 경우[368]에는 특허의 불실시는 막대한 사회경제적 손실을 가져온다. 따라서 이러한 특허발명의 불실시는 소극적 형태의 특허권의 남용이라고 보아서 이를 규제하는 것이 바람직하다고 본다.[369]

---

366) 김기영, 앞의 논문, pp. 97-98.
367) 김기영, 앞의 논문, pp. 101-102.
368) 예를 들면, 특정 DNA 서열은 유일한 것이기 때문에 이에 대한 우회발명은 불가능하다고 할 것이다.
369) 같은 취지의 설명으로 김기영, 앞의 논문, pp. 84-86. 그러나 권리남용의 판단은 권리자의 정당한 권리행사로 보이는 행위에 대하여 제한을 가하는 것이므로 신중하여야 한다.

TRIPs 제31조 (b)는 사용예정자가 상당한 기간 동안 합리적인 계약 조건 하에 사용허락을 받으려고 노력하였으나 실패한 경우 강제실시권이 허여될 수 있다고 규정하고 있다. 즉, 합리적인 조건으로 사용허락을 받으려고 노력 하였으나 실시허락을 얻지 못한 경우는 권리자의 권리남용으로 인한 것으로 볼 수 있고 이 경우에는 국가가 강제적으로 사용허락을 부여할 수 있다는 것을 의미한다. 이러한 강제실시권에 의한 사용권은 비배타적 통상실시권이고,370) 그 사용은 국내 수요를 충당하는 것에 한정될 뿐 수출을 목적으로 생산될 수는 없다.371)

⑤ 특허발명의 불실시 및 불충분한 실시에 따른 통상실시권

특허를 실시하지 않거나 일정한 규모 이상으로 실시하지 않는 경우에 통상실시권을 설정하는 것은 일종의 강제실시권의 행사라고 할 수 있다. 특허발명이 정당한 이유 없이 계속하여 3년 이상 국내에서 실시되고 있지 않거나, 상당한 영업적 규모로 실시되지 않거나, 국내수요를 충족시키지 못하는 경우, 특허발명을 실시하고자 하는 자가 특허권자 또는 전용실시권자와 합리적인 조건 하에 협의를 하였으나 합의에 도달하지 못하게 되면, 특허청장에게 통상실시권 설정, 즉 강제실시권의 행사에 관한 재정을 청구할 수 있다.372) 그리고 공공의 이익을 위하여 상업적으로 실시하고자 하는 경우 또는 불공정거래행위로

---

370) TRIPs 제31조 (d). 강제실시에 의한 실시권을 배타적인 것으로 할 경우 이는 특허권자의 권리를 과도하게 제한하는 것이 되어 부적절할 것이다.

371) TRIPs 제31조 (f). 이 규정은 생산시설이 전무한 나라에 창궐한 AIDS와 같은 질병 치료제를 해당 질병 치료제의 생산설비를 갖춘 국가에서 저가로 생산하여 공급하는 것조차 금지하는 것이 되어 심각한 비판이 있었다. 이러한 비판으로 WTO 체제의 윤리적 정당성이 훼손될 우려가 커지자, 선진국이 적극적 자세로 임하여 2001년 도하각료회의에서는 「TRIPs 협정과 공중보건에 관한 선언문」을 별도로 채택하게 되었다. 이 선언문은 TRIPs 협정에 대하여 다음과 같은 내용을 담고 있다. ① TRIPs 협정이 공중보건 문제의 해결에 장애가 되어서는 안 된다. ② 회원국의 공중보건 보호의 권리를 옹호하는 것이어야 한다. ③ 최빈개도국에 대해서는 2016년까지 공중보건과 관련한 TRIPs 협정의 의무 이행을 유보한다. ④ 의약품 생산시설이 없는 국가가 강제실시권을 효과적으로 사용할 수 있도록 한다. 그러나 TRIPs 제31조 (f)는 TRIPs 협정의 관련 규정이 개정될 때까지 그 효력을 정지시키는 것으로 회원국들 간에 최종 합의(2003년 8월, WTO 일반이사회)되었다. 「우루과이라운드(Uruguay Round)와 TRIPs 협정의 성립」, 특허청, 2005. 1, pp. 195-196.

372) 특허법 제107조 제 1 항.

판정된 사항을 시정하기 위하여 특허발명을 실시할 필요가 있는 경우에는 협의를 하지 않고도 재정을 청구할 수 있다.

특허청장은 재정의 청구가 있으면 재정 청구서 부본을 특허권자에게 송달하고 기간을 정하여 답변서를 제출할 수 있는 기회를 주어야 한다.[373] 특허청장은 재정청구일부터 6월 이내에 재정에 관한 결정을 해야 한다.[374] 재정은 서면으로 하고 통상실시권의 범위와 기간, 대가와 지급방법 및 지급시기 등을 명시하여야 한다.[375] 특허청장은 필요하다고 인정되는 경우 산업재산분쟁조정위원회 및 관계 부처의 장의 의견을 들을 수 있다.[376]

⑥ 선사용에 의한 통상실시권

특허출원시에 특허출원된 발명의 내용을 알지 못하고 국내에서 그 발명의 실시사업을 하거나 사업의 준비를 한 경우 그 출원된 발명에 대한 특허권에 대하여 통상실시권을 가진다.[377] 따라서 위 Dell 사건과 Wang-미쓰비시 사건은 사전에 특허출원시 그 출원발명의 내용을 모르고 사업을 실시한 경우에 해당하므로 선사용에 의한 통상실시권을 가진다고 볼 수 있다. 즉, 이미 표준이 실시되고 있어서 많은 사람이 표준에 익숙해진 이후에 특허권이 설정되고 특허권자가 이에 대한 실시를 거부하는 경우라면 선사용에 의한 통상실시권에 의하여 문제가 해결될 수 있을 것이다.

그런데 위 두 사건과는 달리 사전에 특허출원시 그 출원발명의 내용을 몰랐을 뿐 아니라 사업을 실시하거나 사업의 준비를 하지도 아니한 경우에는 어떻게 될 것인가? 단순히 표준을 설정한 것만으로 사업의 준비를 한 것이라고 인정할 수 있다면 선사용에 의한 통상실시권을 가질 것이나, 표준을 설정한 것만으로는 '사업'의 준비를 한 것으로 인정할 수 없으므로 선사용에 의한 통상실시권을 가질 수 없을 것이다.

그런데 특허법의 목적이 "발명의 이용"을 도모함으로써 산업발전에 이바지함을 목적으로 하는 것이고, 표준을 설정한 것 자체가 다수인이 발명의 실시를 전제로 한 것이라고 볼 것이므로 표준이 제정된 이후에 특허권자가 합리

---

373) 특허법 제108조.
374) 특허법 제110조 제3항.
375) 특허법 제110조 제2항.
376) 특허법 제109조.
377) 특허법 제103조.

적인 이유 없이 사용허락을 거절하거나 과도한 로열티를 요구하는 것은 독점
규제법에 의하여 규제할 수 있을 것으로 본다.

　　⑦ 시장지배적 지위의 남용

　　Wang-미쓰비시 사건에서 Wang 사는 SIMM 관련 특허를 취득할 의사가
없다고 했다가 특허를 취득한 후에 특허권행사를 하였다. Dell 사는 표준안이
Dell 사의 어떠한 특허도 침해하지 않는다고 확인해 주었다가 표준이 성공하
자 특허권 침해 주장을 하였다. 이러한 Wang 사와 Dell 사의 특허권행사는 앞
에서 지적한 바와 같이 우리 특허법상 강제실시의 사유에 해당할 뿐 아니라
시장지배적 지위의 남용에 의한 경쟁제한에 해당한다고 볼 수 있다.378) 우선
Wang 사와 Dell 사는 각자의 특허권에 의하여 해당 표준의 실시 여부를 결정
할 수 있는 지위를 가지고 있으므로 시장지배적 사업자라고 할 수 있다.379) 또
한 일단 Wang 사와 Dell 사의 특허가 표준으로 설정되었고 이 표준을 변경하
기 어려운 상황이 된 이상 이러한 특허권을 보유하고 있는 이 두 회사는 시장
지배적 지위에 있다고 해야 할 것이다. 그리고 독점규제 및 공정거래에 관한
법률(이하, "독점규제법")의 목적 중 하나가 시장지배적 지위의 남용을 방지하여
자유로운 경쟁을 촉진하는 데 있고,380) 시장지배적 사업자는 상품의 가격이나
용역의 대가를 부당하게 결정하거나, 상품의 판매나 용역의 제공을 부당하게
조절하거나, 다른 사업자의 사업 활동을 부당하게 방해하는 행위 등을 하여서
는 안 된다.381) 그럼에도 불구하고 이들은 시장지배적 지위에 있으면서 자신
들의 특허를 사용하지 못하게 함으로써 적어도 다른 사업자의 사업 활동을 부
당하게 방해하였거나 특허발명이라는 상품의 제공을 부당하게 조절한 것으로
보아서 독점규제법 제 3 조의2 제 1 항에 위반하는 행위를 하였다고 볼 것이다.

---

378) Dell 사는 표준이 설정된 이후에 특허권 침해를 주장하였기 때문에 소비자의
　　전환비용(switching cost)이 커서 표준을 해제할 수 없고 따라서 특허권자는
　　시장지배적 지위에 있다고 볼 수 있다. 정연덕, "특허풀에 관한 법적 연구,"
　　p. 132.
379) "시장지배적 사업자"라 함은 일정한 거래분야의 공급자나 수요자로서 상품이
　　나 용역의 가격·수량·품질 기타의 거래조건을 결정·유지 또는 변경할 수
　　있는 시장지위를 가진 사업자를 말한다. 독점규제 및 공정거래에 관한 법률
　　(이하, 독점규제법) 제 2 조 제 7 호.
380) 독점규제법 제 1 조.
381) 독점규제법 제 3 조의2 제 1 항.

따라서 이들의 특허권행사는 시장지배적 지위의 남용에 해당한다고 보는 것이 타당할 것이다. 이러한 행위에 대하여 공정거래위원회는 가격의 인하, 당해 행위의 중지, 시정명령을 받은 사실의 공표 기타 시정에 필요한 조치를 명할 수 있다.382)

Dell 사의 특허권 행사에 대하여 FTC는 Dell 사를 FTC법 위반으로 소추하였고 Dell 사는 VL-bus에 대한 특허권침해 주장을 하지 않겠다고 FTC와 합의하였다.383)

⑧ 불공정거래행위

Wang 사와 Dell 사의 특허권행사는 독점규제법 제23조 제 1 항 제 4 호에서 규정하고 있는 자기의 거래상의 지위를 부당하게 이용하여 상대방과 거래한 경우 또는 동 제 5 호에서 규정하고 있는 다른 사업자의 사업 활동을 방해하는 행위에 해당할 수 있다. 즉, 특허권자가 표준이 설정된 이후에 합리적인 수준을 넘어서는 과도한 로열티를 요구하는 행위는 자기의 거래상의 지위를 부당하게 이용하여 상대방과 거래하는 경우이고, 실시허락 자체를 거절하는 행위는 다른 사업자의 사업 활동을 방해하는 경우로서 이러한 행위는 불공정거래행위에 해당한다.384)

⑨ 필수설비이론

독점규제법 제 3 조의2 제 1 항 제 3 호에 의하면, 다른 사업자의 사업 활동을 부당하게 방해하는 행위를 하여서는 안 된다. 그리고 '다른 사업자의 사업 활동을 부당하게 방해하는 행위'에 대한 설명으로 '독점규제 및 공정거래에 관한 법률 시행령(이하, "독점규제법 시행령")' 제 5 조 제 3 항 제 3 호는 정당한 이유 없이 다른 사업자의 상품 또는 용역의 생산·공급·판매에 필수적인 요소의 사용 또는 접근을 거절·중단하거나 제한하는 행위 등을 함으로써 다른 사업자의 사업 활동을 어렵게 하는 경우라고 하여 필수설비이론의 법적 근거를 제시해 주고 있다.385) 어떤 표준이 설정되고 이 표준에 따라 사업 활

---

382) 독점규제법 제 5 조.

383) FTC, *Dell Computer Settles FTC Charges; Won't Enforce Patent Rights for Widely Used Computer Feature.*

384) 독점규제법 제23조 제 1 항 제 4 호 또는 제 5 호.

385) 독점규제법 시행령 제 5 조 ③; 법 제 3 조의2(시장지배적 지위의 남용금지) 제 1 항 제 3 호의 규정에 의한 다른 사업자의 사업활동에 대한 부당한 방해는

동을 하려고 하는 사업자는 표준설정 이후에 특허권자가 특허권을 행사하여 특허침해를 주장하면서 사업자의 생산을 금지하거나 과도한 로열티를 요구하면 사업자의 사업 활동이 어렵게 된다. 따라서 합리적인 조건의 제시에도 불구하고 사용허락을 하지 않거나 사용허락의 조건으로 과도한 로열티를 요구하는 행위는 독점규제법 제 3 조의2 제 1 항 제 3 호 및 독점규제법 시행령 제 5 조 제 3 항 제 3 호에서 규정한 시장지배적 지위의 남용행위에 해당한다고 보아야 할 것이다.

필수설비이론을 적용하기 위해서는 특정 사업자가 필수적인 요소를 독점적으로 소유하거나 통제하고 있어야 하고, 필수요소에는 유·무형의 요소를 모두 포함한다고 보아야 할 것이다.[386] 특허권자는 자신이 보유하고 있는 특허를 독점적으로 소유하고 있고 필수요소에는 특허권이라는 무형의 요소도 포함되므로, 특허권자의 표준제정 이후의 특허침해 주장에 의한 과도한 로열티 요구나 특허 불실시는 필수설비이론에 입각하여 볼 때 시장지배적 지위의 남용행위에 해당하고 독점규제법 제 3 조의2 제 1 항 제 3 호 위반이라고 보는 것이 타당할 것이다.


## 4. 결   론

어떤 표준을 제정하고 이 표준을 실시하는 데에는 일반적으로 많은 기술이 포함된다. 이러한 기술들에 대하여 일일이 사용허락을 받는 것은 거래비용을 높이고 홀드업의 문제를 야기하므로 필수특허를 한데 모아 일괄사용허락이

---

직접 또는 간접으로 다음 각호의 1에 해당하는 행위를 함으로써 다른 사업자의 사업활동을 어렵게 하는 경우로 한다. <개정 2001. 3. 27>
1. 정당한 이유없이 다른 사업자의 생산활동에 필요한 원재료 구매를 방해하는 행위
2. 정상적인 관행에 비추어 과도한 경제상의 이익을 제공하거나 제공할 것을 약속하면서 다른 사업자의 사업활동에 필수적인 인력을 채용하는 행위
3. 정당한 이유없이 다른 사업자의 상품 또는 용역의 생산·공급·판매에 필수적인 요소의 사용 또는 접근을 거절·중단하거나 제한하는 행위
4. 제 1 호 내지 제 3 호 외의 부당한 방법으로 다른 사업자의 사업활동을 어렵게 하는 행위로서 공정거래위원회가 고시하는 행위

386) 권오승, 「경제법」 제 5 판, 법문사, 2005. pp. 170-171.

가능한 특허풀을 결성하는 것이 바람직하다.

그런데 표준의 효과적인 실시를 위하여 특허풀에 포함되어야 할 특허가 누락되어 특허권자가 특허침해금지를 청구함으로써 표준의 실시를 어렵게 하는 경우가 있다. 이러한 특허권자의 요구를 들어주는 것은 특허권자의 발명 노력에 비하여 과도한 이익을 사회가 부여하는 것으로서 형평에 어긋날 뿐 아니라 표준을 실시할 수 없음으로 인한 일반 공중의 기회비용 상실이 지나치게 크다. 그래서 표준의 제정과 함께 추진하는 특허풀에는 모든 필수특허가 포함되도록 하는 것이 바람직하겠으나 특허풀의 추진 주체가 합리적인 조건으로 특허의 사용허락 혹은 양도를 요구하였음에도 불구하고 특허권자의 거부로 인하여 일부 필수특허가 누락된 경우에는 해당 필수특허를 RAND 조건으로 사용허락하도록 강제하는 것이 기술표준과 관련하여 설립하는 특허풀의 공익성과 특허제도의 취지에 비추어 볼 때 바람직하다고 본다.

그리고 생명공학기술이나 나노기술과 같이 발명의 가치와 유용성이 충분히 알려져 있지 않은 발명의 경우에는 특허풀에 포함시킬지의 여부(즉, 필수특허로서의 인정 여부)나 특허풀이 지급해야 할 수익의 비율을 결정하기가 어렵다(그리고 이러한 새로운 기술분야의 특허청구범위는 이를 제한할 선행기술이 존재하지 않고 심사관이 이러한 기술에 익숙하지 않기 때문에 매우 넓게 작성되는 경향이 있다). 또한 기술의 발전에 따라 표준이 진화하여 이미 특허풀에 포함되어 있는 특허의 필수성이 소멸되고 새로운 필수특허가 등장하는 경우가 있을 것이다. 이러한 문제는 특허권자 간의 심각한 대립을 야기할 수 있다. 따라서 표준제정과 함께 특허풀을 결정할 때 필수특허의 선정과 각 필수특허의 기여도 및 수익의 할당을 담당하고, 특허풀이 형성된 이후 구성원의 요구나 필요에 따라 필수성 평가를 통하여 필수성이 소멸된 것으로 판명된 특허는 특허풀로부터 제외시키고 새로운 필수특허를 특허풀에 포섭하는 업무를 독립적으로 수행할 기구가 반드시 필요하다.

이들 업무 중에서 특허기술의 가치평가는 특허기술의 특성상 대단히 포괄적이고 광범위하며 시장과 기술의 변화에 따라 가치변동이 크기 때문에 예측이 어려워 극히 난해하다. 그러나 모든 특허풀의 형성과 운영에는 물론, 특허권의 행사로 공중이 입게 될 불이익과 특허권자가 얻게 될 이익 사이의 비교형량, 침해품의 일부에 관련된 특허발명의 손해액 산정, 그리고 새롭게 포함될 필수특허의 권리자에 대한 수익배분 등에 반드시 필요하기 때문에 특허기술의 가치평가 기준의 제정은 시급한 문제라고 할 것이다.

# 참고문헌

## 1. 법령, 기타

### ▶ 국 내

독점규제 및 공정거래에 관한 법률
디자인보호법
민사소송법
반도체집적회로배치설계에 관한 법률
변리사법
부정경쟁방지 및 영업비밀보호에 관한 법률
상표법
실용신안법
온라인디지털콘텐츠산업발전법
저작권법
종자산업법
특허법
특허법시행규칙
특허법시행령
컴퓨터프로그램보호법
특허청, 「상표·디자인 심사쟁점연구보고서」, 2007.
_____, 「상표심사기준」(개정 2007. 7. 26 특허청 예규 제40호).
_____, 「생명공학 길라잡이」, 2000. 4.
_____, 「생명공학분야 특허심사기준」, 2004. 10.
_____, 「전자상거래 관련 발명 심사지침」, 2000.
_____, 「특실심사지침서」, 2006.
_____, 「化學·生命特許 審査爭點研究」 第1輯, 2007. 9.
KIPO, Examination Guidelines for Biotechnological Inventions, 1999.
_____, Examination Guidelines for Genetic Engineering Inventions, 1998.

_____, Guidelines to the Internet-related Inventions, May 2000.

## ▶ 미 국

Bayh-Dole Act: United States Code (USC), Title 35, Chapter 18, § 200 (PL 96-517, Patent and Trademark Act Amendments of 1980).
United States Code, Title 35.
_____, Title 17.
United States Copyright Act of 1976.
_____, Revised Interim Utility Examination Guidelines, 64 FR 71440 (1999).
_____, The Examination Guidelines for Computer-Related Inventions, 1996.
_____, Utility Examination Guidelines, 66 Fed. Reg. 1092, 1093 (2001).
Title 17, US Copyright Act, Section 101-908 (17 U.S.C.).
Title 35, Patents of United States Code (35 U.S.C.).

## ▶ 일 본

일본특허청, 「商標審査基準」.
Japanese Patent Act, Law No. 121 of April 13, 1959.
_____, Pro-patent Era in Japan, 1997.

## 2. 판 례

### ▶ 국 내

대법원 1972. 12. 26. 선고 72다756 판결.
대법원 1985. 12. 24. 선고 85후47 판결.
대법원 1986. 7. 22. 선고 85후103 판결.
대법원 1988. 10. 25. 선고 86후104 판결.
대법원 1989. 2. 14. 선고 86후26 판결.
대법원 1990. 1. 23. 선고 88후1397 판결.
대법원 1990. 11. 27. 선고 90후410 판결.
대법원 1992. 2. 11. 선고 91후1427 판결.
대법원 1992. 6. 2. 선고 91마540 판결.
대법원 1992. 11. 10. 선고 92후452 판결.
대법원 1993. 1. 19. 선고 92도2054 판결.
대법원 1994. 9. 27. 선고 94다2213 판결.
대법원 1994. 10. 7. 선고 94후319 판결.

대법원 1994. 12. 23. 선고 93후2080 판결.
대법원 1996. 6. 14. 선고 95후19 판결.
대법원 1997. 10. 14. 선고 96후2456 판결.
대법원 1998. 2. 10. 선고 97후600 판결.
대법원 1999. 11. 26. 선고 98후1518 판결.
대법원 2000. 6. 13. 선고 98후1273 판결.
대법원 2000. 6. 23. 선고 98후1457 판결.
대법원 2000. 7. 28. 선고 97후2200 판결.
대법원 2000. 11. 10. 선고 2000후1283 판결.
대법원 2001. 3. 23. 선고 98다7209 판결.
대법원 2001. 4. 10. 선고 2000다4487 판결.
대법원 2001. 7. 13. 선고 99후1522 판결.
대법원 2001. 7. 27. 선고 99후2723 판결.
대법원 2001. 8. 21. 선고 98후522 판결.
대법원 2001. 12. 24. 선고 99후2181 판결.
대법원 2002. 8. 23. 선고 2000후3517 판결.
대법원 2003. 1. 10. 선고 2002도5514 판결.
대법원 2003. 3. 14. 선고 2001후2801 판결.
대법원 2003. 4. 25. 선고, 2001후2740 판결.
대법원 2004. 6. 11. 선고 2002도3151 판결.
대법원 2005. 1. 28. 선고 2003후1000 판결.
대법원 2005. 5. 26. 선고 2005후797 판결.
대법원 2006. 1. 26. 선고 2003후2379 판결.
대법원 2006. 1. 26. 선고 2004후1175 판결.
대법원 2006. 2. 23. 선고 2005후2441 판결.
대법원 2007. 6. 14. 선고 2006도8958 판결.
대법원 2007. 9. 6. 선고 2005후3284 판결.
대법원 2008. 9. 25. 선고 2006후2288 판결.
대법원 2009. 5. 28. 선고 2008후4691 판결.
특허법원 1999. 8. 12. 선고 99허4583 판결.
특허법원 2004. 4. 30. 선고 2004허110 판결.
특허법원 2004. 7. 15. 선고 2003허6104 판결.
특허법원 2004. 11. 12. 선고 2004허3164 판결.
특허법원 2005. 11. 3. 선고 2004허6521 판결.
특허법원 2009. 7. 10. 선고 2009허2302 판결.
특허법원 2009. 10. 8. 선고 2009허5233 판결.

▶ 미 국

*Diamond v. Chakrabarty*, 447 U.S. 303 (1980).

*Diamond v. Diehr*, 450 U.S. 175, 209 USPQ (BNA) 1 (1981).

*Feist Publications, Inc. v. Rural Telephone Service Co.*, 499 U.S. 340, 18 U.S.P.Q. 2d1275 (1991).

*Gottschalk v. Benson*, 409 U.S. 63, 65 (1972), 175 USPQ 673 (1972 US Supreme Court).

*In re Alappat*, 33 F.3d 1526 (Fed. Cir. 1994).

*State Street Bank v. Signature Financial Group, INC* 38 USPQ 2d 1530 (D. Mass. 1996), 149 F.3d 1368 (Fed. Cir. 1998).

▶ 일 본

昭和43年4月12日 昭和41年 審判 第6352号.

昭和52年10月19日 昭和50年 審判 第7860号.

*The Spline Shaft* 케이스, 1998년 2월 24일, 일본최고재판소, 1630 Hanji 35 (1998).

## 3. 조약, 협정 등

Berne Convention (1971).

The European Patent Convention (EPC).

TRIPs Agreement.

## 4. 서 적

2005년 정보통신표준화백서, 한국정보통신기술협회, 2006. 1.

2007년 정보통신표준화백서, 한국정보통신기술협회.

김석관, 「생명공학 패러다임」, 「과학과 사회」, 김영사, 2001.

기술·기업가치평가기준위원회, 「기술·기업가치평가기준 2000」, 경문사, 2001.

노태정 외 1, 「디자인보호법」, 세창출판사, 2005.

마틴 반 클레벨트, 「과학기술과 전쟁」, 이동욱 번역, 도서출판 황금알, 2006.

민철구 외, 「대학연구시스템의 활성화 방안」, 과학기술정책연구원, 2002.

송영식 외 2인, 「지적소유권법」(상), 육법사, 2005.

오승종 외 1, 「저작권법」, 박영사, 2005.

요시후지, 「특허법개설」, 대광서림, 2000.

유재복, 「특허정보조사의 이론과 실제」, 형설출판사, 2004.

윤선희, 「상표법」, 법문사, 2007.
_____, 「특허법」, 법문사, 2007.
이상경, 「지적재산권소송법」, 육법사, 1998.
이상남, 「특허정보의 이해와 활용」, 세창출판사, 2004.
이은경 외 2, 「미국 특허법」, 세창출판사, 2004.
이장규·홍성욱, 「공학기술과 사회」, 지호출판사, 2006.
이태훈, 「특허정보검색」, 기전연구사, 2004.
제임스 E. 매클렐란 3세(James E. McClellan Ⅲ)·해럴드 도른(Harold Dorn), 「과학과 기술로 본 세계사 강의」, 전대호 옮김, 모티브 BOOK, 2006.
진원숙, 「시민적 휴머니즘과 인간·역사·과학」, 야스미디어, 2005.
천효남, 「특허법」, 법경사21c, 2009. 3.
최문기 외 2, 「과학기술과 지식재산권법」, 신지서원, 2007.
케빈 G. 리베트·데이비드 클라인, 「지식경영과 특허전략」, 세종서적, 1999.
특허법원 지적재산소송실무연구회, 「지적재산소송실무」, 박영사, 2006. 6.
특허법원, 「특허소송연구」 제1집, 1999. 12.
_____, 「특허소송연구」 제2집, 2001. 12.
_____, 「특허소송연구」 제3집, 2005. 12.
_____, 「특허소송연구」 제4집, 2008. 12.
특허심판원, 「심판편람」, 2004.
특허청, 「우리나라 특허법제에 대한 연혁적 고찰」, 2007. 5.
_____, 「조문법 특허법해설」, 2002.
_____, 「지식재산권용어사전」, 2008. 2.
한국공학교육학회, 「공학기술과 인간사회」, 지호출판사, 2005. 2.
한양대학교 과학철학교육위원회 편, 「(이공계 학생을 위한) 과학기술의 철학적 이해」, 한양대학교 출판부, 2004.
Bittlingmayer, George. *Property Rights, Progress, and the Aircraft Patent Agreement*, 31 J. L. & ECON. 227.
Boyle, James. *The Second Enclosure Movement and the Construction of the Public Domain*, Law and Contemporary Problems, School of Law, Duke University, Vol. 66. Winter/Spring 2003, Numbers 1&2, The Public Domain.
Cooper, Iver P., *Biotechnology and the Law*, 2005 Revision, (Eagan, Minn, U.S: Thomson/West Group, 2005).
Cornish, W. R., *Cases and Materials on Intellectual Property*, Third Edition, Sweet & Maxwell, 1999.
Dequiedt, Vianney. and Bruno Versaevel, *Patent Pools and the Dynamic Incentives to R&D*, Documents De Travail-Working Papers, W.P. 07-03. Janvier 2007.
Granstrand, Ove, *The Economics and Management of Intellectual Property*, Edward Elgar Publishing, 1999.

Hanneman, H. W. A. M., *The Patentability of Computer Software*, Kluwer Law and Taxation Publishers, 1985.

Hardin, Garrett, *The Tragedy of the Commons,* Science Vol. 162.

James Love, *An Essential Health Care Patent Pool,* XIV International AIDS Conference, July 8, 2002, Barcelona, Spain.

JPO, *Annual Report on Patent Administration*, 1998.

_____, *Pro-patent Era in Japan*, February 1997.

_____, *The Planning Subcommittee of the Industrial Property Council*, Report of the Planning Subcommittee of the Industrial Property Council-To the better understanding of pro-patent policy, November 1998.

Keun LEE, *The Role of the Industrial Property System in Technological Development in the Republic of Korea*, WIPO, 2003.

Kingston, William ed., *Direct Protection of Innovation*, (Dordrecht/Boston/ Lancaster: Kluwer Academic Publishers, 1987).

Kingston, William, *Innovation, Creativity and Law*, (Dordrecht/Boston/Lancaster: Kluwer Academic Publishers, 1990).

Koda, Henry, *Business Model Patent*, Nikei Kogyo Shinbunsha, (Tokyo, Japan), 2000.

Koo, Dae-Hwan, *Information Technology and Law*, Pakyoungsa, 2006.

Levang, Bradley J., *Evaluating the Use of Patent Pools For Biotechnology: A Refutation to the USPTO White Paper Concerning Biotechnology Patent Pools,* 19 Santa Clara Computer & High Tech. L.J. 229, 2002.

Reichman, J. H. & Paul F. Uhlir, *A Contractually Reconstructed Research Commons for Scientific Data in a Highly Protectionist Intellectual Property Environment,* Law and Contemporary Problems, School of Law, Duke University, Vol. 66. Winter/Spring 2003, Numbers 1 & 2, The Public Domain.

Rochelle Dreyfuss, Diane L. Zimmerman and Harry First, eds., *Expanding the Boundaries of Intellectual Property*, Oxford University Press, 2001.

Takenaka, Toshiko, *Interpreting Patent Claims: The United States, Germany and Japan*, VCH Verlagsgesellshaft mbH, D-69469 Weinheim (Germany), 1995.

WIPO, *WIPO Primer on E-Commerce and IP Issues*, May 2000.

日本 特許廳, 「産業財産權 標準テキスト[綜合編], 社團法人發明協會, 2006.

高林 龍, 「標準 特許法」, 第3版, 有斐閣, 2008.

荒井壽光, 「특허전략시대」, 일간공업신문사, 1999. 9. 20.

中村茂弘, 「特許地圖作成法」, 發明協會, 2007.

中山信弘, 「註解 特許法(上卷)」, 青林書院, 2000.

# 5. 논 문

강봉수, "법률시장 환경변화에 따른 변호사의 대처방안,"「인권과 정의」, 2007. 9.

과학기술정보통신위원회 수석전문위원, "온라인디지털콘텐츠산업발전법안 검토보고서," 2001. 11.

구대환, "권리 대 권리의 소극적 권리범위확인심판청구의 적법성에 대한 검토,"「산업재산권」제34호, 한국산업재산권법학회, 2011. 4.

_____, "DNA 단편에 대한 특허보호의 문제점과 해결방안,"「인권과 정의」제395호, 2009. 7.

_____, "미국의 유전자 특허, 서울시립대학교 법학연구소,"「서울법학」제16권 제 2 호, 2009. 2.

_____, "심결취소소송의 심리범위와 기술심리관의 역할,"「법제연구」, 한국법제연구원, 2009. 12.

_____, "이용발명에 대한 통상실시권 허여의 요건에 대한 비판적 고찰,"「산업재산권」, 한국산업재산권법학회, 2010. 4.

_____, "특허청구범위 해석시 상세한 설명 등의 참조에 관한 고찰,"「서울법학」, 서울시립대학교 법학연구소, 2010. 11.

김기영, "Patent Troll에 대한 법적 · 제도적 대응방안 연구," 서울대학교 대학원 법학박사학위논문, 2008. 8.

김대웅, "특허소송의 당사자적격과 심리범위에 관한 연구," 연세대학교 법학석사논문, 2005. 6.

김원준, "진보성이 부정되는 특허권에 기초한 권리남용 법리 적용,"「법학논고」제41집, 경북대학교 법학연구원, 2013.

김원준, "특허침해소송에서 무효항변에 관한 고찰," 전남대학교 법학연구소, 법학논총 제28집 제2호, 2008. 12.

김홍균, "특허정보의 특성,"「고분자과학과 기술」제15권 제 6 호, 2004. 12.

박시득, "우리나라 특허정보운영체계의 개선방안에 관한 연구"(Ⅰ),「지식재산21」, 특허청, 2004년 신년호.

손수정, 지식재산권 공동관리방안에 대한 연구, 과학기술정책연구원, 정책자료 2006-15, 2006. 12.

송영식, "특허법원의 관할과 심리범위,"「인권과 정의」통권 제247호, 1977. 3.

신동룡, "Cyberspace에서의 저작권 보호에 관한 비판적 고찰 – 기술적 보호조치 무력화금지를 중심으로-,"「법학연구」제11권 제 2 호.

신은주, "전문변호사제도 도입의 타당성,"「인권과 정의」Vol. 362, 2006. 10.

양희진, "의약품 접근권 향상과 특허풀의 활용," 2004년 7월 민중의료연합 주최로 열린 의약품 접근권 향상 토론회 발표자료, http://ip.jinbo.net/bbs/view.php?board=ipleft_5&id=461, 2008. 9. 9. 접속.

유대종, "특허무효사유와 특허권 남용," 産業財産權 第21號, 2006. 12.

윤선희, "디지털콘텐츠의 기술보호조치 보호방안에 관한 연구," 한국소프트웨어진흥원, 2001. 12. 15.

윤선희·임근영, "지적재산권과 산업표준화 및 반독점법 관계 연구," 발명진흥회 지적재산권연구센터, 연구보고서 99-2.

윤선희 외 3인, "표준화와 관련된 지적재산권 및 독점규제법에 관한 연구," 정보통신학술 연구과제, 01-08, 2002. 2.

윤성준·길창민, "기술확산 촉진을 위한 표준화와 특허풀 연계전략," 한국과학기술기획평가원, Issue Paper 2007-07, 2007. 6.

이대희, "특허풀 및 그 유효성에 관한 연구," 「산업재산권」 제15호.

_____, "특허플랫폼의 유효성에 관한 연구," 「경제법연구」 제 3 권, 한국경제법학회, 2004.

이두형, "심결취소소송의 소송물과 심리범위," 「특허소송연구」 제 2 집, 특허법원, 2001.

이상정 외, "기술조치 및 권리관리정보의 보호 연구," 문화관광부, 1999. 12. 2.

이재성, "직무발명에 관한 연구 - 독일의 종업원발명법을 중심으로 - ," 한남대학교 박사학위논문, 2002. 8.

이한영 외, "주요국의 생명공학과 관련된 특허성 판단기준에 대한 연구 - 미국, 일본, 유럽특허청의 심결 판결례를 중심으로 -," 한국발명진흥회 지식재산권연구센터, 2002. 12.

장근익, "지적재산권의 상호실시허락에 대한 독점규제법 적용 연구," 2006. 3.

전병서, "일본의 특허심결취소소송의 심리범위에 관한 고찰," 「인권과 정의」 통권 제 254호, 1997. 10.

전상우, "특허심결취소소송의 소송물과 심리범위," 「지식재산21」 통권 제87호, 특허청, 2004. 11.

정연덕, "특허풀에 관한 법적 연구," 서울대학교 대학원 법학과, 박사학위논문, 2005. 8.

주기동, "심결취소소송의 심리," 「지적재산소송실무」, 박영사, 2006. pp. 32-58.

(사)한국저작권법학회, "디지털콘텐츠 보호강화를 위한 법령 연구," 한국소프트웨어진흥원, 2004. 12.

Adams, John, Puay Tang and Daniel, *Patent protection of computer programmes*, ECSC-EC-EAEC Brussels-Luxembourg, (University of Sussex at Brighton) 2001.

Amy Nelson, *Obviousness or Inventive Step as Applied to Nucleic Acid Molecules: A Global Perspective*, 6 N.C.J.L. & Tech. 1, 2000.

Aoki, Reiko, *Clearing Houses and Patent Pools-Access to Genetic Patents*, May 2006, Prepared for Workshop "*Gene patents and clearing models,*" June 8-10 2006, Centre for Intellectual Property Rights, Katholieke Universiteit Leuven, Belgium.

Bessen, James. and Eric Maskin, *Sequential Innovation, Patents, and Imitation*, Working Paper Department of Economics, Massachusetts Institute of Technology, No. 00-01, January 2000.

Bostyn, Sven J. R., *Patenting DNA sequences (polynucleotides) and scope of protection in the European Union: an evaluation*, Background study for the European Commission within the framework of the Expert Group of Biotechnological Inventions, European Commission, EUR 21122, 2004.

Brenner, Steffen, *Optimal formation rules for patent pools,* ISSN: 1432-0479. published online: 29 May 2008.

Burk, Dan L. and Mark A. Lemley, *Policy Levers in Patent Law*, 89 Va. L. Rev. 1575, 2003.

Choi, Jay Pil, *Patent Pools and Cross-licensing in the Shadow of Patent Litigation,* CESifo Working Paper No. 1070. November 2003.

Cotropia, Christopher A., *"After-arising" Technologies and Tailoring Patent Scope*, 61 N.Y.U. Ann. Surv. Am. L. 151, 2005.

Demaine, Linda J. and Fellmeth, Aaron Xavier, *Reinventing the Double Helix: A Novel and Nonobvious Reconceptualization of the Biotechnology Patent*, 55 Stan. L. Rev. 303, 2002.

Depoorter, Ben, *Property Rules, Liability Rules and Patent Market Failure, Erasmus Law Review*, Vol. 01 Issue. 04, 2008.

Eisenberg, Rebecca S., *Re-Examining the Role of Patents in Appropriating the Value of DNA Sequences*, 49 Emory L.J. 783, 2000.

Giunta, Peter L., *Quid Pro Whoa!: An Exponential Fee Structure For Patent Applications*, 25 Cardozo L. Rev. 2317, 2004.

Jaffe, Adams., Joshua Lerner, and Scott Stern, eds., *Navigating the Patent Thicket: Cross Licenses, Patent Pools, and Standard-Setting, Innovation Policy and the Economy*, Volume I, MIT Press.

Kaplow, Louis. and Steven Shavell, *Property Rules Versus Liability Rules: An Economic Analysis*, 109 Harv. L. Rev. 713, 716, 1996.

Karjala, Dennis S., *Copyright, Computer Software, and the New Protectionism*, 28 Jurimetrics Journal 33, Autumn 1987.

Kijima, Makoto. and Tsuyoshi Takeda, *3G Patent Platform,* NTT DoCoMo Technical Journal Vol. 5 No. 1.

Kingston, William, *Direct Protection of Innovation*, Kluwer Academic Publishers (Dordrecht, the Netherlands, Boston), 1987.

Koo, Dae Hwan, *Alternative Proposals and Effective Protection of Computer Programs*, Buff. Intell. Prop. L.J., Vol. 2:49, 2003.

Lee, Alexander, Examining the Validity of Patent Pools to the Growing Nanotechnology Patent Thicket, http://www.nanotechproject.org/file_down/oad/files/Nano-Patent-Pools.pdf, 2012. 1. 21.

Lemley, Mark A. and David W. O'Brien, *Encouraging Software Reuse*, 49 Stan. L. Rev. 255, 259-68, 1997.

Lemley, Mark A., *Intellectual Property Rights and Standard-Setting Organizations* (April 2002), California Law Review, Vol. 90, p. 1889, 2002 http://ssrn.com/abstract=310122.

Lerner, Josh. and Samuel Kortum, *Stronger Protection or Technological Revolu-tion: What is behind the recent surge in patenting?*, Working paper 6204.

Levin, Richard C., Wesley M. Cohen and David C. Mowery, *R&D Appropriability, Opportunity, and Market Structure: New Evidence on Some Schumpeterian Hypotheses*, 75 Am. Econ. Rev. 20, 1985.

Malinowski, Michael J. and Radhika Rao, *Legal History and Legal Theory: Legal Limitations on Genetic Research and the Commercialization of its Results*, 54Am. J. Comp. L. 45, 2006.

Merges, Robert P., *As Many As Six Impossible Patent Before Breakfast: Property Right for Business Concepts and Patents System Reform*, Berkeley Technology Law Journal, Vol. 14:577, 1999.

Mireles, Michael S., *An Examination of Patents, Licensing, Research Tools, and the Tragedy of the Anticommons in Biotechnology Innovation*, 38 U. Mich. J.L. Reform 141, 2004.

Olsen, Byron V., *The Biotechnology Balancing Act: Patents for Gene Fragments, and Licensing the "Useful Arts,"* 7 Alb. L.J. Sci. & Tech. 295, 1997.

Pardey, Philip G., Bonwoo Koo & Carol Nottenburg, *Creating, Protecting, and Using Crop Biotechnologies Worldwide in an Era of Intellectual Property*, 6 Minn. J.L. Sci. & Tech. 213, 2004.

Rai, Arti K., *Forstering Cumulative Innovation in the Biopharmaceutical Industry: The Role of Patents and Antitrust*, 16 Berkeley Tech. L.J. 813, 2001.

Ramirez, Heather H., Defending the Privatization of Research Tools: An Examination of the "Tragedy of the Anticommons" in *Biotechnology Research and Development*, 53 Emory L.J. 359, 2004.

Reichman, Jerome H., *Legal Hybrids between the Patent and Copyright Paradigms*, 94 Colum. L. Rev. 2432, 1994.

Reichman, Jerome H., *Of Green Tulips and Legal Kudzu: Repackaging Rights in Subpatentable Innovation*, 53 Vand. L. Rev. 1743, 2000.

Sabrina, Safrin. *Hyperownership in a Time of Biotechnological Promise: The International Conflict to Control the Building Blocks of Life*, 98 A.J.I.L. 641, 2004.

Samuelson, Pamela., Randall Davis, Mitchell D. Kapor, and J. H. Reichman, *A Manifesto Concerning The Legal Protection of Computer Programs*, 94 Colum. L. Rev. 2308, 1994.

Spranger, Tade M., *Europe's Biotech Patent Landscape: Conditions and Recent Developments*, 3 Minn. Intell. Prop. Rev. 235, 2002.

# 국문색인

# 영문색인

# [공저자 약력]


## 구 대 환

서울시립대학교 건축공학 졸업(1981)
기술고등고시합격(1980)
영국 셰필드대학교 법합박사(2003)
변리사(1990), 기술사(1993) 자격
특허청 심사관, 심판관(1981~2003)
변리사시험 출제위원
서울대학교 법과대학 교수(2003~2007)
현 독일 막스프랑크 연구소 발행 "IIC" 논문심사위원
　　캐나다 교육과학센터 발행 "JPL" 논문심사위원
　　인도 국립과학정보통신협회 발행 "JIPR" 논문심사위원
　　서울시립대학교 법학전문대학원 교수

### [대표 저서]

*Information Technology and Law*, Pakyoungsa(2005)
체제전환국 법제정비지원(구대환 외, 2006)

### [논 문]

유인이론의 관점에서 본 '통상의 기술자'의 기술수준(2014)
Comparison of the First Requirement of the Doctrine of Equivalents Between Korea
　　and Japan(2013)
특허침해소송에서 권리남용 법리 적용의 문제점(2013)
표준특허의 효과적인 관리방안: 표준제정기구의 역할을 중심으로(2013)
혼동위험 감수의 관점에서 본 기술적 상표의 효력범위(2013)
Trial to Confirm the Scope of a Patent(2012)
특허침해소송 및 권리범위확인심판에서의 진보성 판단의 필요성에 대한 검토(2011)
"하이우드"사건에 상표권 효력제한 규정의 적용 가능성 검토(2013)
기술혁신의 관점에서 본 균등요건의 치환자명성과 특허요건의 진보성의 관계(2011)
공지기술이 포함된 특허발명에 대한 권리범위의 확정(2011)
현저한 지리적 명칭의 상표등록요건과 등록된 상표의 효력(2010)
특허풀의 결성과 운영(2009)

## 차 성 민

경희대학교 법학과 졸업(1990)
서울대학교 대학원 법학박사(2000)
한국전자통신연구원 선임연구원(2002~2006)
현 한남대학교 법과대학 교수

[대표 저서]

정보사회와 법, 글누리(2011)
독점규제법의 적용범위, 어디까지인가?, 한국학술정보(2006)
정보통신과 공정거래, 법문사(공저, 2006)

[논 문]

미얀마 통신법의 형성과 주요이슈(2015)
원자력안전규제기관에 관한 비교 검토(2014)
인터넷 상호접속협정의 법적 검토(2014)
원자력사고의 책임법리에 관한 비교 고찰(2013)
ICT정부조직 비교연구(2012)
N스크린 서비스의 저작권법적 고찰(2012)
상호접속협정·표준협정서 공개의 법적 문제(공저, 2011)
방송통신융합에 따른 방송법상 금지행위 도입 방안(2011)
녹색성장과 과학기술법제(2010)
방사성물질의 안전운반규범 비교 연구(2010)
제약사업자 시장진입지연 담합에서 경쟁정책과 특허정책의 조화방안(2010)
부품소재산업진흥법의 실효성에 관한 연구(2010)
원자력법제의 체계에 관한 입법정책적 고찰(2009)
와이브로 활성화 정책개선방안(2009)

제 2 판
### 과학기술과 특허

| | |
|---|---|
| 초판발행 | 2012년 2월 29일 |
| 제 2 판발행 | 2015년 9월 30일 |
| 중판발행 | 2023년 1월 15일 |

| | |
|---|---|
| 공저자 | 구대환·차성민 |
| 펴낸이 | 안종만 |

| | |
|---|---|
| 편 집 | 김효선 |
| 기획/마케팅 | 정병조 |
| 표지디자인 | 홍실비아 |
| 제 작 | 고철민·조영환 |

| | |
|---|---|
| 펴낸곳 | (주) **박영사** |
| | 서울특별시 금천구 가산디지털2로 53, 210호(가산동, 한라시그마밸리) |
| | 등록 1959. 3. 11. 제300-1959-1호(倫) |
| 전 화 | 02)733-6771 |
| f a x | 02)736-4818 |
| e-mail | pys@pybook.co.kr |
| homepage | www.pybook.co.kr |
| ISBN | 979-11-303-2769-3  93360 |

정 가    34,000원

이 책은 2009년 한국학술진흥재단의 대학교육과정개발연구지원사업(NRF-2009-076-H00001, 「과학기술과 특허」 교과과정 개발) 지원을 받아 연구되었음.